国家出版基金项目
NATIONAL PUBLICATION FOUNDATION
国家社会科学基金重大项目
国家"十四五"重点图书出版规划项目

高等教育研究前沿
FRONTIERS IN
HIGHER EDUCATION RESEARCH

"双一流"建设与高校学科发展

胡建华　王建华　蒋　凯　陈廷柱　等著

"DOUBLE FIRST-CLASS"
CONSTRUCTION
AND
DISCIPLINE DEVELOPMENT
IN UNIVERSITIES

南京师范大学出版社

图书在版编目(CIP)数据

"双一流"建设与高校学科发展/胡建华等著. --南京：南京师范大学出版社，2024.8
(高等教育研究前沿)
ISBN 978-7-5651-5947-3

Ⅰ.①双… Ⅱ.①胡… Ⅲ.①高等学校-学科发展-研究 Ⅳ.①G644

中国国家版本馆 CIP 数据核字(2024)第 002416 号

丛 书 名	高等教育研究前沿
书 名	"双一流"建设与高校学科发展
作 者	胡建华 王建华 蒋 凯 陈廷柱 等
策划编辑	张 春
责任编辑	张 春 于丽丽
出版发行	南京师范大学出版社
地 址	江苏省南京市玄武区后宰门西村9号(邮编:210016)
电 话	(025)83598919(总编办) 83598319(营销部) 83598332(读者服务部)
网 址	http://press.njnu.edu.cn
电子信箱	nspzbb@njnu.edu.cn
照 排	南京凯建文化发展有限公司
印 刷	江苏凤凰通达印刷有限公司
开 本	710毫米×1 000毫米 1/16
印 张	32.25
字 数	511千
版 次	2024年8月第1版
印 次	2024年8月第1次印刷
书 号	ISBN 978-7-5651-5947-3
定 价	98.00元
出 版 人	张 鹏

南京师大版图书若有印装问题请与销售商调换
版权所有 侵权必究

目 录

引 言
一、大学学科调整与发展的影响因素　　001
二、"双一流"建设推动大学学科调整与发展　　004
三、本书的研究目标与研究内容　　008

理论研究篇

第一章　我国高校学科发展　　015
第一节　学科的本质　　015
一、学科的基本内涵　　016
二、学科标准与基本要素　　019
三、与学科相关的概念辨析　　023

第二节　我国高校学科专业目录的发展变化　　027
一、1954—2012年六个版本的本科专业目录　　027
二、1983—2011年四个版本的研究生学科专业目录　　031
三、我国学科专业目录变迁的特点与启示　　033

第三节　我国高校重点学科建设的历史演进　　037
一、我国高校重点学科建设的历史回溯　　037
二、我国高校重点学科建设的成就与特点　　039
三、我国高校重点学科建设的不足与展望　　042

第二章 "双一流"建设的学科意义 047

第一节 "双一流"建设的要义 047
一、如何理解"中国特色、世界一流"的含义 048
二、如何形成高等教育发展的中国模式 052

第二节 "双一流"建设背景下高校学科建设的应对 055
一、学科建设之于"双一流"建设的重要性 056
二、学科增减与布局调整 059
三、学科的交叉融合与分层分类 065

第三节 "双一流"建设中一流学科建设政策检视 069
一、从重点学科建设到一流学科建设 070
二、一流学科建设的遴选方式 072
三、一流学科建设的规模与质量 076
四、以排名论一流的风险 079
五、"双一流"建设与"双万计划" 084

第三章 "双一流"建设的学科理念与政策 088

第一节 "双一流"建设背景下学科建设的理念革新 089
一、协同创新 090
二、绩效评价 094
三、学科育人 97

第二节 "双一流"建设背景下学科政策的调整 101
一、从"国家重点"到"世界一流" 102
二、从"知识中心"到"问题中心" 106
三、从"重点资助"到"动态管理" 109

第三节 "双一流"建设背景下学科的内涵式发展 113
一、一流学科生成与传播的制度培育 114
二、内涵式发展中的制度模式及其特征 117
三、实现一流学科自主建设的创新原则 121

第四章　"双一流"建设背景下高校学科调整与建设　125

第一节　"双一流"建设背景下高校学科调整与建设的价值取向　126

一、从学科竞争力建设到学科能力建设　127

二、从重点学科建设到健全学科生态　131

三、从学科外延式建设到促进学科的内涵式发展　137

第二节　"双一流"建设背景下高校学科调整与建设的制度改革　143

一、改革高校学科设置调整制度　143

二、创新高校学科组织模式　147

三、激发学科发展内生动力　151

四、完善高校学科治理机制　155

第三节　"双一流"建设背景下高校学科建设的规划　158

一、以创业型思维规划高校学科发展的目标　159

二、以战略性思维规划高校学科建设的重点内容　166

三、以系统性思维抓好高校学科建设规划的实施　173

案例研究篇

第五章　A大学学科调整与建设　183

第一节　A大学学科调整与建设的演进脉络　183

一、学科调整的历史基础（1994年以前）　183

二、学科调整的规模化开展（1994—2000年）　186

三、学科建设的深化发展（2000年以来）　188

第二节　A大学学科调整与建设的发展目标和特征　190

一、建设有特色世界一流综合性研究型大学的办学目标　190

二、A大学学科调整与建设的特征　193

第三节　A大学学科调整与建设中的典型学科　198

一、物理学科的调整与建设　198

二、新型工程学科的建设 206
三、交叉学科的建设与发展 214
第四节　A 大学学科调整与建设效果的制度分析 222
一、A 大学学科调整与建设的成效 222
二、A 大学学科调整与建设的经验和局限性 224
三、A 大学学科调整与建设效果的制度分析 226

第六章　B 大学学科调整与建设 229
第一节　并校之初的学科发展状态与规划设计 229
一、学科布局 229
二、学科建设规划 231
第二节　20 年学科建设的主要进展是明确提出"办大学就是办学科" 232
一、一级学科博士点、硕士点建设 232
二、重点学科与 ESI 学科建设 235
三、专业学位点建设 238
四、学科评估情况 239
第三节　学科调整与建设的基本趋向及主要经验 240
一、发挥传统工科、医科优势，向高水平国际化发展 241
二、加强基础性文、理学科建设，由多科性大学向综合性大学发展 242
三、强调高新技术产业化，突出对社会发展的推动作用 243
四、加强国际合作与交流，走开放式和国际化学科建设的道路 244
五、重视科研平台建设，助力学科建设可持续性发展 245
第四节　学科发展变化的外部逻辑及关键事件 248
一、学科发展的焦点问题：外延式还是内涵式发展 248
二、学科发展的外部逻辑：在适应性调整中寻求竞争优势 250
三、学科建设与发展中的关键事件 252

第五节　学科发展变化的内部竞争及平衡举措　256
一、内部竞争：重点建设还是全面发展　257
二、学科建设资源分配的平衡举措　258

第七章　C 大学学科调整与建设　260
第一节　从转型到定型：C 大学学科调整与建设的政策演进　261
一、学科建设的基础奠定：从师范院校到综合性大学的战略转型（20 世纪 90 年代）　261
二、学科建设的方向指引：从综合性大学到研究型大学的战略定位（2001—2014 年）　267
三、学科建设的制度定型："双一流"建设背景下的战略抉择（2015 年以来）　272

第二节　制度环境与行动者：C 大学学科调整与建设的战略行动　276
一、权力结构与制约：C 大学学科调整与建设的行动舞台　276
二、制度性企业家的能动性：C 大学学科调整与建设的战略设定　280

第三节　超越"治理术"：C 大学学科调整与建设的困局与反思　286
一、"指标生产"与"精准引才"：C 大学学科调整与建设的"治理术"　287
二、"锁入效应"与制度性焦虑："双一流"建设背景下 C 大学学科调整与建设的困局　288
三、回归学术语境："双一流"建设背景下 C 大学学科调整与建设困局的破解　289

第八章　D 大学学科调整与建设　295
第一节　三校合并初期的学科布局与发展规划　296
一、学科布局　296

二、专业调整与学科发展规划 297

第二节 近20年来D大学学科调整与建设的变化 298
一、一级学科博士点、硕士点建设 298
二、重点学科和ESI学科建设 300
三、学科排名与学科评估 304

第三节 D大学学科调整与建设的逻辑分析 305
一、D大学学科调整与建设的主要特征 305
二、D大学学科调整与建设的动力机制 312
三、D大学学科调整与建设政策变迁主体 313
四、政策变迁的模式：强制性制度变迁 315
五、政策变迁的路径依赖 318

第四节 D大学学科布局调整与建设小结 321
一、D大学学科调整与建设的成功之处 321
二、D大学学科建设面临的问题与困境 322
三、D大学学科建设的愿景与展望 323

比较研究篇

第九章 美国高校学科调整与发展 327

第一节 美国高校学科调整与发展的总体历程 328
一、美国古典学院中的学科发展 328
二、美国近代大学中的学科裂变 329
三、美国现代大学的学科爆发式增长 332
四、20世纪80年代至今的美国高校学科调整 338

第二节 麻省理工学院的学科调整与发展 348
一、以工科为主的发展时期 340
二、学科的综合化、爆发式发展阶段 354
三、麻省理工学院学科发展现状 360

第三节　芝加哥大学的学科调整与发展	364
一、建校至20世纪上半叶的学科专业化发展	364
二、20世纪中叶以后学科的不均衡发展	370
三、芝加哥大学的学科发展现状	373

第十章　英国高校学科调整与发展　378

第一节　英国大学评估制度及其对学科发展的影响　379

一、绩效评估与数字化治理：两评估一排名　380

二、评估和排名影响下的大学学科发展战略　389

第二节　创业型大学的跨学科研究　394

一、跨学科研究的兴起与跨学科概念　395

二、华威大学的跨学科研究及构架　397

三、华威城市研究所与华威制造业集团的跨学科研究　401

第三节　英国大学的跨学科人才培养　404

一、伦敦大学学院的跨学科教学　405

二、华威大学的跨学科教学　410

第十一章　德国高校学科调整与发展　416

第一节　德国大学发展与"卓越计划"　417

一、德国科学基金会与学科发展　419

二、"卓越计划"的执行　422

三、"卓越计划"与学科　424

第二节　"卓越计划"与学科发展　425

一、"研究生院"与学科发展　425

二、"卓越集群"与学科发展　428

三、"未来概念"与学科发展　431

第三节　"卓越计划"与学术组织改革：以德国洪堡大学为例　436

一、科研机构改革　436

二、学院治理改革 439
三、学校治理改革 441

第十二章　日本高校学科调整与发展 449
第一节　日本大学学科发展的理念变迁 449
一、理工科大发展时期（1945—1990年） 450
二、个性化建设时期（1991—2015年） 452
三、超智能化探索时期（2015年以来） 455
第二节　日本大学学科发展和调整的政策支撑 456
一、"COE计划"：对卓越学科领域的资助 457
二、"博士课程教育引领计划"：以一流人才支撑高水平学科 460
三、全球顶尖大学项目：用高水平学科支撑高水平大学 462
四、指定国立大学法人制度：在高水平大学中遴选世界一流 464
五、日本高校学科发展的逻辑 466
第三节　学科发展与调整的案例 469
一、传统学科的成长：北里大学感染控制学科 469
二、交叉学科的创新：东京大学新领域创成科学研究科 473

结　语 478
一、知识学科与组织学科的调适 478
二、交叉融合、跨学科发展背景下的学科调整与改革 487
三、"双一流"建设背景下我国高校学科组织调整与发展趋势 492

主要参考文献 497
后　记 505

引 言

2017年9月21日,教育部、财政部、国家发展改革委联合发布《关于公布世界一流大学和一流学科建设高校及建设学科名单的通知》,开始实施世界一流大学与一流学科建设("双一流"建设)项目,标志着继"211工程""985工程"之后我国高等教育水平提升进入了一个新的时期。2021年12月17日,中央全面深化改革委员会第二十三次会议审议通过《关于深入推进世界一流大学和一流学科建设的若干意见》,将"双一流"建设项目引入新的发展阶段。党的二十大报告在第五部分"实施科教兴国战略,强化现代化建设人才支撑"中强调指出,"加快建设中国特色、世界一流的大学和优势学科"。"双一流"建设将学科建设在我国高校发展中的地位推向了一个新的高度,势必对我国高校学科建设产生深刻的影响。

一、大学学科调整与发展的影响因素

众所周知,学科在中世纪大学产生以来的大学发展、演变过程中具有重要的地位。同时,学科自身也随着大学的发展在内容、结构、表现形式等方面发生了许多变化。大学的产生源于知识传播的需要,大学中传播的知识是以体系的形式(学科的本来意义正是体系化的知识或知识体系)出现的。中世纪大学产生之后所形成的文学院、法学院、医学院、神学院的四学院模式在相当大的程度上规范了大学所传播的知识体系,规范了大学中的学科。历史研究表明,在中世纪大学产生的时代,人类的知识体系范围实际上远超出这四学院所包含的内容。而且,"如果考虑'社会需要',那么像建筑学、军事技术、造船术、机械制造和开采矿业方面的技术科学,以及像农业、兽医学和制药学方面的应用科学,都应该出现在大学里面。这些学科的训练对中世纪社会都是必需的,因此,如果从社会需要考虑,政治和经济上的统治阶级就应该对这些领域的专家培养和知识发展拥有强烈的兴趣"①。仅仅从社会需要出发,似乎不能解释中世纪大学的学科安排。"事实是,把在社会上非常重要的'技术'学科(这些学科的传播依赖于类似行会的组织安排)与大学中讲授的学科之间进行比较,就可以看出,学者获得闲暇的机会对于学院学科的发展具有相当重要的作用,这种闲暇使他们得以摆脱对获得生活必需品的直接关注(这是普通职业的特征)。这种摆脱实际利益,全身心地对宇宙神圣秩序原理和人类事务进行学术研究的思想,直接来源于希腊哲学的范畴。但是这种来源,探索理性解释现实的基本形式,是所有学院科学和学术方法的基本特征。这种探索也是中世纪大学——它的基本结构是改革的结果——特有的思想基础。"②这些历史研究告诉我们,影响中世纪大学学科安排的因素或许有不少,但是学者的兴趣、源于希腊哲学的学者学术探究的欲望对与四学院相关的学科定位于大学起着重要的决定性作用。

中世纪大学的学科安排在17、18世纪开始发生变化,变化的起因是科学革命的兴起。"16、17世纪科学的一个显著特点,就是科学处于一个堪称'革命'的时期,而不仅仅是一个变化的时期。"③在科学革命中,牛顿、伽利略、布鲁诺、开普勒、笛卡儿等科学家对科学的发展做出了重要的贡献。科学革命不仅转变了人类对自然界的认识,产生了新的自然理论,而且科学研究的方法也得到了前所未有的革新与创造,"望远镜、显微镜等科学仪器的发展鼓励并刺激了观察法的使用","实验法催生了新的科学研究方法,增进了关于'客观真理'的认识"。④ 科学革命对人类科学知识发展的影响是巨大的。科学革命所引起的变革"包括有关科学理论基本概念的重新界定,旧有传统观念的推翻以及新生的、

---

① [比]希尔德·德·里德-西蒙斯.欧洲大学史:第一卷·中世纪大学[M].张斌贤,程玉红,和震,等译.保定:河北大学出版社,2008:28.
② [比]希尔德·德·里德-西蒙斯.欧洲大学史:第一卷·中世纪大学[M].张斌贤,程玉红,和震,等译.保定:河北大学出版社,2008:32-33.
③ [比]希尔德·德·里德-西蒙斯.欧洲大学史:第二卷·近代早期的欧洲大学(1500—1800)[M].贺国庆,王保星,屈书杰,等译.保定:河北大学出版社,2008:554.
④ [比]希尔德·德·里德-西蒙斯.欧洲大学史:第二卷·近代早期的欧洲大学(1500—1800)[M].贺国庆,王保星,屈书杰,等译.保定:河北大学出版社,2008:562.

经得起时间考验的科学概念的确立。从一个更宽泛的意义上来说,这一变革意味着人在自然界中拥有了新的地位,确立了人类对自然的控制权,丰富了人们对力量(物质力量和知识力量)、进步、启蒙运动,尤其是科学在社会中的基本作用的认识"①。科学革命与当时的欧洲大学有什么样的关系呢?首先,"毋庸置疑,一些主要证据可以说明科学革命是大学的产物。一方面,无论依据任何标准都对科学革命做出贡献的人绝大多数都接受过大学教育。一些统计数字可以说明这一点。因在科学研究方面做出重要贡献而被载入《国家传记辞典》的生活在17世纪末的65名英国科学家中,75%的科学家曾在牛津大学和剑桥大学接受教育,还有5%是其他大学的毕业生"②。科学革命与大学的关系不仅表现为在科学革命中发挥重要作用的许多科学家接受过大学教育,有些科学家还在大学任教,而且科学革命所引起的知识的发展与变革深刻影响了大学中学科及课程的调整与变化。"18世纪自然科学的发展,不仅对经济、工业、采矿业、农业和军事科学的发展产生了巨大的影响,而且也使得物理学和化学的发展突破了大学的围墙,从之前单纯的辅助性学科,发展成为独立的基础科学。而它们在19世纪的进一步分化,产生出了许多新兴的专业,进而也影响到了大学。"③在欧洲大学近代化的进程中,毫无疑问,对后来大学发展具有重要意义的主要变革之一是大学学科的调整、扩展与丰富,突破了中世纪大学的四学院(学科)模式,众多自然科学、社会科学的学科陆续进入大学,使大学的发展与科学进步紧密联系起来,大学也逐渐成为科学发展的中心。因此,在大学近代化过程中,对大学学科的调整与发展起到重要影响作用的主要是科学革命所引起的科学发展与学科分化。

如果说决定中世纪大学学科安排与近代大学学科发展的主要因素还比较单纯,主要来自科学知识体系与大学内部,起决定作用的是学者与教师,那么影响现代大学学科调整与发展的因素就复杂得多,其中许多来自科学知识体系与

---

① [比]希尔德·德·里德-西蒙斯.欧洲大学史:第二卷·近代早期的欧洲大学(1500—1800)[M].贺国庆,王保星,屈书杰,等译.保定:河北大学出版社,2008:563.
② [比]希尔德·德·里德-西蒙斯.欧洲大学史:第二卷·近代早期的欧洲大学(1500—1800)[M].贺国庆,王保星,屈书杰,等译.保定:河北大学出版社,2008:567.
③ [瑞士]瓦尔特·吕埃格.欧洲大学史:第三卷·19世纪和20世纪早期的大学(1800—1945)[M].张斌贤,杨克瑞,林伟,等译.保定:河北大学出版社,2014:530.

大学的外部,起决定作用的往往不是学者与教师。在诸多影响现代大学学科调整的因素中,经济因素是可以经常看得到的。影响大学学科调整的经济因素大致可以分为两个方面。一是社会经济的变动与发展,二是大学办学经济效益的考量。现代大学与社会经济发展的紧密联系是大学产生以来前所未有的。一方面,现代大学的发展需要强有力的社会经济基础作为支撑;另一方面,社会经济发展要求大学为其提供促进技术进步与经济持续增长的知识和人才。因此,我们在一些国家的大学学科调整与发展过程中可以看到,当工业化成为国家社会经济发展的主要任务时,理工类学科尤其是工科类学科在大学中迅速发展。知识经济时代,信息技术、人工智能等成为影响经济发展的重要因素,也成为许多大学学科调整与发展的新的方向。现代大学与中世纪大学、近代大学相比的又一重要区别是现代大学规模庞大,师生数量众多,这给大学办学带来了许多变化与压力,经济因素在大学办学中的影响日益凸显,学科的调整与发展也不例外。美国学者希拉·斯劳特(Sheila Slaughter)认为,20世纪80年代市场逻辑支配了美国大学的学科布局调整,生产效率、效能和竞争力成为裁撤学科时优先考虑的因素。哥伦比亚大学在20世纪80年代撤销了在美国大学中历史最长、影响较大的图书馆学等学科,重点发展医学、商学和法学等,这一调整反映了当时的学校管理层基于成本—效益的学科发展思路。[1] 除了经济因素之外,政治因素对现代大学学科调整与发展的影响也是显而易见的。譬如,1949年中华人民共和国成立之时,随着社会政治制度的改变,我国大学课程也发生了深刻的变化。1949年8月12日,华北高等教育委员会常务委员会第三次会议决定,将辩证唯物论与历史唯物论、新民主主义论和政治经济学列为大学的公共必修课,从此政治科目进入大学,开始了马克思主义作为新中国大学学科的历史。[2]

二、"双一流"建设推动大学学科调整与发展

在中华人民共和国70多年的大学学科发展过程中,政府始终发挥着主要的指导与影响作用。众所周知,中华人民共和国成立后,为了适应计划经济体

---

[1] 孟照海.有选择的卓越:世界一流大学的学科布局调整策略——以美国哥伦比亚大学为例[J].高等教育研究,2018(3):32-33.
[2] 胡建华.现代中国大学制度的原点:50年代初期的大学改革[M].南京:南京师范大学出版社,2001:128.

制的需要,建立起了高度集中的高等教育管理体制。这一体制的主要特征在 1950 年政务院颁布的《关于高等学校领导关系的决定》中就有明确的规定:"全国高等学校以由中央人民政府教育部统一领导为原则。""凡中央教育部所颁布的关于全国高等教育方针、政策与制度,高等学校法规,关于教育原则方面的指示,以及对于高等学校的设置变更或停办,大学校长、专门学院院长及专科学校校长的任免,教师学生的待遇,经费开支的标准等决定,全国高等学校均应执行。"[①]1961 年教育部制定的《中华人民共和国教育部直属高等学校暂行工作条例(草案)》将高度集中的高等教育管理体制内容进一步渗透到高校办学的方方面面。譬如,"专业的设置、变更和取消,必须经过教育部批准。……学校必须按照教育部制订或者批准的教学方案、教学计划组织教学工作。……专业设置、教学方案、教学计划、教学大纲和教材要求稳定,不得轻易变动。课程和学科体系的重大改变,必须经过教育部批准"[②]。从 1949 年中华人民共和国成立到 1978 年改革开放政策出台的 30 年间,政府一直严格地管理着包括学科发展在内的大学办学活动,政府下达的各项文件与规定是大学办学的主要依据,政府管理与指导大学办学采取的方式主要是行政指挥,大学是国家行政体系中的一个层级,大学与政府之间是下级与上级的关系。

1978 年改革开放的方针确定之后,改革成为高等教育发展的主旋律。1985 年颁布的《中共中央关于教育体制改革的决定》中将"扩大高校办学自主权"作为我国高等教育管理体制改革的关键。《国家中长期教育改革和发展规划纲要(2010—2020 年)》中明确指出:"落实和扩大学校办学自主权。""高等学校按照国家法律法规和宏观政策,自主开展教学活动、科学研究、技术开发和社会服务,自主设置和调整学科、专业,自主制定学校规划并组织实施,自主设置教学、科研、行政管理机构,自主确定内部收入分配,自主管理和使用人才,自主管理和使用学校财产和经费。"扩大高校办学自主权的实质是调整大学与政府之间的关系,部分改变政府与大学的行政性上下级关系的现状,使大学在面向市场开展教学、科研、社会服务活动时具有更大的独立性。虽然以扩大高校办学自

---

① 政务院.关于高等学校领导关系的决定[G]//上海市高等教育局研究室,等.中华人民共和国建国以来高等教育重要文献选编(上).1979:2-3.
② 教育部.中华人民共和国教育部直属高等学校暂行工作条例(草案)[G]//上海市高等教育局研究室,等.中华人民共和国建国以来高等教育重要文献选编(上).1979:265.

主权为主要内容的高等教育管理体制改革进行了30余年,取得了明显的成效,高校的若干办学自主权已为法律条文所规定下来,但是大学与政府的关系并没有发生多少实质性的改变,政府在大学办学过程中的指导与影响作用仍然是十分强大的。如果说中华人民共和国成立后的前30年政府对大学的管理与指导依靠的是行政手段,那么后40多年则在行政手段之外更多地采用了经济(经费)手段。

学科建设作为改革开放以来我国大学发展的重要领域,受到政府的指导与影响是不言而喻的。回顾改革开放40余年来我国高校的学科建设历程,可以看到重点学科制度的建立对高校学科建设与发展起到了十分重要的作用。1985年,《中共中央关于教育体制改革的决定》指出:"为了增强科学研究的能力,培养高质量的专门人才,要改进和完善研究生培养制度,并且根据同行评议、择优扶植的原则,有计划地建设一批重点学科。重点学科比较集中的学校,将自然形成既是教育中心,又是科学研究中心。"这是政府文件中首次明确提出要在高校建设重点学科,以增强科学研究的能力,培养高质量的专门人才。1987年,评选国家重点学科的工作正式提上议事日程,国家教委发出《关于做好评选高等学校重点学科申报工作的通知》《关于评选高等学校重点学科的暂行规定》《关于高等学校重点学科评选工作的几点意见》等文件。1988年,经过申报与评审,首批国家重点学科产生,共416个,其中文科78个、理科86个、工科163个、农科36个、医科53个,分布在108所高等学校。2001年3月,教育部发出《关于开展高等学校重点学科评选工作的通知》,启动第二次国家重点学科评选工作,最终评选出964个国家重点学科。教育部为了做好国家重点学科建设工作,先后颁布了《教育部关于加强国家重点学科建设的意见》《国家重点学科建设与管理暂行办法》等政策文件。2006年12月,教育部发出《关于做好国家重点学科考核评估工作的通知》,启动第三次国家重点学科评选工作,经过考核、申报、评选,共评出一级学科国家重点学科287个,二级学科国家重点学科693个,国家重点(培育)学科219个。[①] 至此,三次国家重点学科评选构筑了我国高校重点学科建设制度,影响着高校学科建设的发展,重点学科建设制度依

---

① 谢桂华.高等学校学科建设论[M].北京:高等教育出版社,2011:28-30.

赖于政府的政策推动这一基本特点一目了然。

"双一流"建设在政府政策推动这一点上,可以说是对"211 工程""985 工程"以及国家重点学科建设制度的进一步延续。2017 年"双一流"建设项目确定的 465 个一流建设学科是国家重点学科的"升级版"。教育部在有关"双一流"建设的文件中对于大学的学科发展与调整做出了较为具体的指示。"构建协调可持续发展的学科体系。立足学校办学定位和学科发展规律,打破传统学科之间的壁垒,以'双一流'建设学科为核心,以优势特色学科为主体,以相关学科为支撑,整合相关传统学科资源,促进基础学科、应用学科交叉融合,在前沿和交叉学科领域培植新的学科生长点。与国家和区域发展战略需求紧密衔接,加快建设对接区域传统优势产业,以及先进制造、生态环保等战略型新兴产业发展的学科。加强马克思主义学科建设,加快完善具有支撑作用的学科,突出优势、拓展领域、补齐短板,努力构建全方位、全领域、全要素的中国特色哲学社会科学体系。优化学术学位和专业学位类别授权点布局,处理好交叉学科与传统学科的关系,完善学科新增与退出机制,学科的调整或撤销不应违背学校和学科发展规律,力戒盲目跟风简单化。"[①]教育部在文件中要求相关大学整合传统学科资源,发展新的学科生长点;适应国家经济发展需要,加快发展与战略性新兴产业相关的学科;加强马克思主义学科建设,构建中国特色的哲学社会科学体系;调整与撤销学科时应充分考虑学校办学的实际和学科发展的规律等。在教育部的指导与安排下,获得"双一流"建设项目的大学各自制定了一流大学和一流学科建设方案,启动了在"双一流"建设背景下的学科建设与调整。

政府政策推动成为我国高校学科发展的主要特点,这是由我国高等教育制度的行政化管理性质所决定的。毋庸讳言,政府的政策在近二三十年来的高校学科发展中的确发挥了不少积极的推动作用,政府的政策不仅导引着高校学科发展工作的走向,而且与政策相伴随的经费投入为高校学科发展提供了必不可少的物质条件。因此,有理由相信"双一流"建设政策也将在未来我国高校学科的发展中发挥应有的效应。不过,我们应该清楚地看到,学科发展有其自身的

---

① 教育部 财政部 国家发展改革委印发《关于高等学校加快"双一流"建设的指导意见》的通知[EB/OL].(2018 - 08 - 23)[2020 - 08 - 30]. http://www. moe. gov. cn/srcsite/A22/moe_843/201808/t20180823_345987. html.

内在规律,高校是学科发展的主要承担者,高校教师是学科发展的根基所在。政府制定的有关学科发展的政策应该符合学科发展的内在规律,诸如学科知识积累的长期性,学科发展的交叉、融通;政府制定的政策应该促使高校在学科建设中发挥主观能动性,改变"政策依赖"的惯习;政府制定的政策应该将高校教师的注意力吸引到与学科发展相关的教学、科研中来,保障高校教师在学科发展中的学术自由。

三、本书的研究目标与研究内容

本书紧扣我国"双一流"建设这一时代背景,在详细阐明"双一流"建设的理论内涵与实践价值的基础上,通过对高校学科调整与建设的历史与比较分析,以及一流大学学科调整与建设的政策空间分析,着力探寻"双一流"建设背景下,我国高校学科调整与建设的总体性策略与政策框架,为21世纪中叶我国基本实现建成高等教育强国的战略目标提供智力支持。

（一）研究目标

1. 构建"双一流"建设背景下高校学科调整与建设的整体框架和理论命题

本书研究将着力改变迄今为止"双一流"建设研究、高校学科调整与建设研究中普遍存在的研究问题或者过于具体,或者过于一般,理论性与科学性不足,研究内容追逐政策热点,学理性不够的现象,并从实践出发,建构"双一流"建设背景下高校学科调整与建设的整体框架,以及一系列相互关联的基本概念和理论命题,以弥补"双一流"建设背景下高校学科调整与建设研究的不足,为政府高等教育政策决策提供学术支持。

2. 将"双一流"建设背景下高校学科调整与建设研究建立在实证研究与理论探讨相结合的基础上

目前学界关于高校学科调整与建设的研究已经比较丰富,而"双一流"建设研究自2016年来也呈剧增之势。但仔细梳理相关文献可以发现,已有研究实证分析不足,这影响了学术研究成果的科学性与有效性。因此,本书以基于科学证据的教育研究理论为引领,以扎实的实证分析为支撑,将整个研究过程建立在理论与实践相结合的基础上,为"双一流"建设背景下高校基于证据的学科调整与建设的政策创新提供学术支持。

3. 将"双一流"建设背景下高校学科调整与建设研究建立在国际与校际比较相结合的基础上

对国外一流大学学科建设研究的滞后性是目前我国"双一流"建设研究和高校学科调整与建设研究中的一个突出问题。与世界高等教育强国相比,无论在一流大学建设还是一流学科建设上,我国都存在不小的差距。本书关于"双一流"建设背景下高校学科调整与建设的策略研究将以比较教育研究和院校研究的相关理论为引领,尝试将"国际"与"校际"比较相结合,为"双一流"建设背景下我国高校学科调整与建设策略寻求参考依据。

4. 为"双一流"建设背景下政府进行学科调整与建设提供政策咨询

我国政府的学科政策是影响高校学科调整与建设的决定性因素。本书拟以我国学科目录的调整为线索,对高校学科调整与建设的历史与现状进行深入分析,探究不同时期政府不同的学科政策对于高校学科调整与建设的影响,包括如何改进高校学科调整与建设的政策,如何灵活地处理好政策与制度推行过程中的阻力,如何有效协调好政府与高校以及高校之间的关系,等等。以此为基础,尝试厘清政府在"双一流"建设中的角色以及实现政府学科政策创新的可行性方案,为政府相关部门在"双一流"建设背景下改进学科调整与建设政策提供咨询。

5. 为"双一流"建设背景下高校进行学科调整与建设提供具有可操作性的对策建议

无论何时,高校都是学科调整与建设最直接的执行者与参与人。任何政策的推进与改革策略的具体实施都离不开高校的配合。本书将通过历史与比较的方法提出高校学科调整与建设的基本原则、实践依据和行动方式,使学界关于学科调整与建设的理论与思想转变成高校的具体行动,包括高校在学科建设与调整过程中应该承担什么样的角色与责任,如何根据学校实际情况进行学科专业调整,在实施过程中如何协调好高校与政府之间的关系,如何评估"双一流"建设政策推进过程中的得与失,等等。以此为基础,本书研究将在借鉴国外一流大学与一流学科建设经验的基础上,通过"国际"与"校际"比较,为我国高校的学科调整与建设提供对策建议。

(二) 研究内容

1. "双一流"建设的理论内涵与实践价值

"双一流"建设是中国特色的政策话语。在本书中,"双一流"建设是在高校学科调整与建设的时代背景下出现的,对于高校学科调整与建设具有特定的目标导向与实践价值。因此,在正式切入学科调整与建设的研究主题之前,首先要对"双一流"建设的理论内涵与实践价值进行理论探索。主要回答:"双一流"建设的"政策源流"是什么?有什么理论含义?又有何种实践价值?研究内容包括"双一流"(一流大学、一流学科)的概念界定与评价标准、"双一流"建设的由来与政策分析、"双一流"建设的政策系统包含的具体内容与实践价值以及"双一流"建设与高校学科调整与建设之间的关系等。

2. 我国高校学科调整与建设的历史与现状

高校学科调整与建设是高等教育研究中的基本问题,常谈常新。"双一流"建设对高校学科调整与建设提出了新的挑战,但学科的调整与建设不可能"另起炉灶",必须尊重历史与现实。因此,为研究"双一流"建设背景下高校学科调整与建设,必须对我国高校学科调整与建设的历史与现状进行详细梳理。本书结合社会转型和教育改革的实际,从"学科调整"与"学科建设"实践出发,阐明"学科调整"与"学科建设"的区别与联系,在历史分析和现实考察的基础上,描绘出我国高校学科调整与建设的历史演进与现状。重在从历史与现实相结合的视角,勾勒出自改革开放以来我国高校学科调整与建设的动态发展进程。研究内容既包括学科调整与学科建设在历史发展过程中的时代内涵、主要政策、发展特征、演变规律以及影响因素,也包括对高校学科调整与建设至今所表现出的中国模式、所积累的中国经验以及所面临的中国问题的凝练,并阐述其优劣得失的具体原因。

3. 世界一流大学学科的调整与发展

研究世界一流大学学科的调整与发展,是本书探究"双一流"建设背景下我国高校学科如何调整与建设这一总体问题的参照依据。现代意义上的大学产生于西方,西方大学发展至今仍具有优越性,无论是在世界一流大学还是一流学科建设上都有着较大的优势。借鉴世界一流大学学科调整与发展方面的成功经验,并吸取其教训,有利于推动我国高校通过世界一流学科建设促进世界一流大学建设的进程。本书从国际比较的视角,结合校际比较,阐明美国、英国、德国、日本四个国家的世界一流大学在学科调整与发展方面的成败得失。研究内容包括:分别论述不同国家世界一流大学学科调整与发展的历程与基本特征、主要政策与实施情况;目前存在的问题与发展趋势;以此为基础,从理念与思想、组织与制度、政府与高校等不同维度对四个国家的世界一流大学学科调整与发展的历史和现状进行比较制度分析。

4."双一流"建设背景下高校学科调整与建设的政策空间

在现有体制下,高校学科调整与建设并非完全是高校自己的事,政府的学科政策在其中起着决定性作用。因此,对政府学科政策的分析是研究"双一流"建设背景下高校学科调整与建设的重要一环。本书主要从政策(或政治)的角度,以政府与大学的关系为线索,聚焦于政府的学科政策是如何影响高校学科调整与建设的。按照本杰明·莱文的教育改革理论,教育政策可以划分为四个要素或阶段,即启动、采纳、实施与成果。本书以此四要素为分析框架,对改革开放以来我国不同时期与学科建设有关的政策的启动、采纳、实施与成果进行系统分析,并以此为基础,对"双一流"建设背景下我国政府学科政策创新的策略空间进行探究。

5."双一流"建设背景下高校学科调整与建设的对策建议

基于对高校学科调整与建设的历史与比较分析,并结合"双一流"建设背景下我国政府学科政策的现状,本书研究最终聚焦于"高校学科调整与建设的对策",主要从系统论的角度回答"双一流"建设背景下高校学科如何调整、一流学科如何建设的问题。研究内容包括:针对不同改革主体(政府、高校、学院或系科),围绕学科认识、学科制度、学科管理等方面,提出学科调整与建设的不同策略,并深入探讨相关策略的可行性。

理论研究篇

第一章　我国高校学科发展
第二章　"双一流"建设的学科意义
第三章　"双一流"建设的学科理念与政策
第四章　"双一流"建设背景下高校学科调整与建设

第一章
我国高校学科发展

研究我国高校学科的历史发展,首先要从概念上正本清源,科学界定学科的内涵和外延,抽象概括出学科的一般的、本质性的特征,详细分析学科的基本组成要素。其次,在我国高等教育管理体系中,政府主导制定的学科专业目录对高等教育工作具有根本性的指导作用,因此,梳理新中国成立以来我国学科专业目录的发展变化趋势很有必要。再次,因为新中国成立后我国采取了非均衡化的重点学科建设政策,这已成为我国学科建设的显著特色和制度依赖,为此,研究我国高校学科的历史发展,还需要了解我国重点学科建设的历史演进过程。

第一节 学科的本质

学科、专业、课程是大学教育中紧密相关的三个核心概念,是大学发展进程中的"三驾马车",学科建设、专业建设、课程建设也是大学的三大基本建设,它们的建设水平直接决定着大学人才的培养质量、学校的层次和特色。然而,在实际工作中,由于人们对这三者的认识没有到位,造成了概念上的模糊和混淆,内容上的重叠或缺位,进而导致目标上的冲突和矛盾,往往达不到预期的效果。因而,非常有必要对这些概念做进一步的厘清。

一、学科的基本内涵

(一) 研究者视角的学科:学问的分支、知识的创造

学科概念有广义与狭义之分。广义的学科(discipline)主要是指一种知识领域,即"按照学问的性质而划分的门类,如自然科学中的物理学、化学"①。人类的一切活动首先产生的是感性经验,在对丰富经验的积累和总结的基础上就形成了认识,通过思考、理解、归纳和抽象,人类的认识又上升为知识,经过实际运用并得到明确验证后,知识就跃升为科学层面上的知识体系。知识体系本质上是一个统一的整体,由于人类认识能力的局限性,为了满足人类认识和研究的需要,根据某些不同特征,人们又把整体性的知识体系划分为不同的学科,即不同的学问分支。

对于知识的分类,在西方最早可以追溯到古希腊时期的柏拉图,他把知识分为理性、理智、信念、表象四种状态。其中,理性与理智是本质的、理性的认识,信念和表象则属于派生的、易逝的知识。②亚里士多德是第一位明确提出"学科"这一概念的哲学家,他说,"任何一门涉及原理、原因和元素的学科,只有认识了这些原理、原因和元素,才算认识和领会了这门学科"③。他又将人类知识从整体上分为三大类:纯粹理性、实践理性和创造。纯粹理性主要是指几何、代数、逻辑之类可以精密研究的学科;实践理性是人们在实际活动中用以选择的方法,例如伦理学、政治学等;创造则是那些几乎无法用言语表达,只有通过实践甚至只有某些具有"天赋"的人才能把握和获得的知识。④在古希腊、古罗马时期,知识分类进一步细化,出现了"七艺"的概念,主要包括算术、几何、天文、音乐、文法、修辞、辩证法等学科。随着"文艺复兴运动"的开展以及资本主义政权陆续在欧洲各国的建立,资产阶级革命为近代科学的诞生和发展提供了社会条件,从16世纪开始进入了近代科学时代,从此,自然科学的学科划分边界日渐清晰,社会科学分野也逐步明确。而现代意义上的学科则形成于19世纪,其主要标志是各个学科逐步具有独立的研究领域、明确的研究对象和独特

---

① 中国社会科学院语言研究所词典编辑室.现代汉语词典[Z].7版.北京:商务印书馆,2016:1488.
② 黄发玉.学术论:学术的文化哲学考察[M].深圳:海天出版社,2015:20.
③ 汪子嵩,范明生,陈村富,等.希腊哲学史:第3卷[M].修订本.北京:人民出版社,2014:358.
④ 袁曦临.知识管理[M].南京:东南大学出版社,2009:12.

的理论体系,还有配套的、合适的研究方法。由于受文化传统的影响,中西方学术体系存在巨大的差异,西方学术在物质与意识二元论下强调"分",追求"真",而我国古代学术则在道德伦理学说统摄其他知识的前提下强调"合",追求"善"。因此,虽然我国古代学术也有礼、乐、射、御、书、数的"六艺"分科,以及经、史、子、集的"四部"分类,但是我国古代知识分类还是缺乏西方那种分科逻辑和学科自觉,比较笼统和模糊。由于受清末民初西学的冲击,我国现代学术发端于晚清,确立于五四时期,实现了由"通人之学"向"专门之学"的转变。[1]

(二) 教育者视角的学科:教学的科目、知识的传播

狭义的学科仅指教学的科目(subject),就是将一定的知识和技能划分为各个不同的相对独立的单元,例如中小学的语文、数学、美术、音乐等,高等学校公共管理系的公共管理学、公共政策学、公共部门的人力资源管理等,是学校教学内容的基本单位。《现代汉语词典》(第7版)对"学科"的解释之一是"学校教学的科目,如语文、数学"[2]。在英国哲学家、社会学家斯宾塞(H. Spencer)提出"什么知识最有价值?"的命题之前,其实人们对于什么样的知识才能进入学校作为教育的内容早有认识。由于学校教育具有鲜明的目的性、针对性,以及学生学习时间的有限性,并不是人类的所有知识都可以制度化地进入学校教育领域。2 000多年前,亚里士多德就指出,只有那些"中庸、可能的与适当的"知识才能作为学校的教育内容[3],这就是学校的教学科目。因此,"七艺"虽然起源于古希腊,兴盛于古罗马,然而,直到中世纪早期才作为一种制度化的教学科目进入学校,并且一直沿用到文艺复兴时期,支配欧洲中等教育和高等教育达1 500年之久,17、18世纪,这些学科不断分化,逐步建立起近代课程体系。[4] 随着"七艺"内容的不断分化,学校教育教学科目也不断扩充和丰富(见表1-1)。我国历史上以科举为统领、以儒家知识为基础的学校教育持续1 000多年,一直到清末民初,在西学的冲击和"中体西用"的理念指导下,历经壬寅学制、癸卯学制、壬子学制、癸丑学制和壬戌学制的改革,才开始"分科设学、分科立学、分门治学",建立起现代意义上的学校教育内容和教学科目。

---

[1] 刘梦溪.中国现代学术经典:章太炎卷[M].石家庄:河北教育出版社,1996:总序49-55.
[2] 中国社会科学院语言研究所词典编辑室.现代汉语词典[Z].7版.北京:商务印书馆,2016:1488.
[3] [古希腊]亚里士多德.政治学[M].颜一,秦典华,译.北京:中国人民大学出版社,2003:282.
[4] 周德昌.简明教育辞典[Z].广州:广东高等教育出版社,1992:356.

表 1-1　14—18 世纪欧洲学科的分化和发展①

14 世纪以前	14—16 世纪(文艺复兴时期)	17—18 世纪
文法	文法	文法
	文学	文学
	历史	历史
修辞	修辞学	修辞学
辩证法	辩证法	逻辑学
		伦理学
算术	算术	算术
		代数学
几何	几何学	三角学
		几何学
	地理学	地理学
		植物学
		动物学
天文	天文学	天文学
	力学	力学
		物理学
		化学
音乐	音乐	音乐

(三) 管理者视角的学科:规训与制度化、知识的社会建制

其实,无论是研究者视角的知识分类,还是教育者视角的教学科目,学科从来就不是文化无涉和价值中立的,而是以价值建构和意义阐释为目的的一种知识的社会建制,是一种社会权力关系得以实现和再生产的过程。学科具有双重含义:既是一种知识形式,又是一种权力技术。从词源来看,学科与希腊文的教学 didasko(教) 和拉丁文的 (di)disco(学) 均源自同一印欧字根。古拉丁文的 disciplina 本身就兼有知识(知识体系)及权力(孩童纪律、军纪)之意。而把知识和权力连接起来的是教育实践,所以,学科规训既要生产与传授最佳的知识,

---

① 曹孚.外国教育史[M].北京:人民教育出版社,1979:62.

又要建立一个权力结构,以达到这些知识被学习者有效地内化并控制学习者的目的。[1] 知识社会学认为,知识与社会群体、历史情境、社会潮流、时代精神和民族心理等社会文化之间具有密切的联系,这些社会文化因素影响了知识的产生和发展,知识往往是建立在意识形态和利益的基础之上的。福柯也认为,学科是"生产论述的操控体系",是一个主宰现代生活的种种操控策略与技术的更大组合。在19世纪斯宾塞提出划时代的命题"什么知识最有价值?"之后,科学知识的价值及其在学校教育中的重要性日益显现,并对当时英国古典教育提出了最有力的挑战,大大促进了19世纪中期科学教育的发展。进入20世纪,卓越的进步主义教育和批判教育理论的领军人物迈克尔·W.阿普尔,围绕知识与权力的关系即知识的合法性问题的研究,又提出了"谁的知识最有价值?"的新的时代命题,重点关注隐藏于知识背后的价值、权力、政治、阶级(阶层)和意识形态,破解了所谓"合法知识"的身份之谜,揭示了知识的合法性其实就在于与意识形态的"共谋"。

二、学科标准与基本要素

(一) 学科的标准

英国教育学家赫斯特(P. H. Hirst)认为,学科应具有以下四个特征:具有性质上属于该学科特有的某些中心概念;具有蕴含逻辑结构的有关概念关系网;具有一些隶属于该学科的独特的表达方式;具有用来探讨经验和考验其独特表达方式的特殊技术和技巧。因而,独特的概念体系、表达方式和研究方法是知识领域发展为学科的基本条件。[2]

沃勒斯坦则认为,所谓的学科实际上同时涵盖了三方面的内容:首先,学科当然是学术范畴,即一种类型,这种类型有明确的研究领域;其次,学科也是组织结构,如大学以学科命名的系、学科的学位等;最后,学科还是文化。因为属于同一个学术团体的学者在很大程度上都具有一些共同的阅历和研究方向,他们往往读相同的"经典"著作。[3]

---

[1] [美]华勒斯坦,等.学科·知识·权力[M].刘健芝,等编译.北京:生活·读书·新知三联书店,1999:78-79.
[2] 张陈.我国当代学位制度的传统与变革[M].重庆:重庆大学出版社,2014:139.
[3] [美]沃勒斯坦.知识的不确定性[M].王昺,等译.济南:山东大学出版社,2006:104.

随着库恩在其《科学革命的结构》(The Structure of Scientific Revolutions)一书中提出"范式"这一概念之后,人们开始把判断学科成熟与否的标准主要聚焦于是否建立了独特的"范式"。在库恩看来,范式就是被科学共同体所共同接受的一组假说、理论准则和方法的总和,是一组对于本体论、认识论和方法论的共同承诺。由于范式一词比较宽泛,且具有一定歧义,因此,库恩后来建议用"学科基质"加以代替,这种学科基质由各种各样的有序元素组成,库恩界定并列出了其中的四种重要成分:符号概括、共同承诺的信念、价值和范例。符号概括是指科学共同体成员一致接受或使用的公式、定律和概念;共同承诺的信念则是指科学家共同相信的特定的模型;价值则是为更为广泛的共同体所共有的看法和判断,当然,它也有极大的个体差异性;范例则是指问题解答和示范。①

(二) 学科的基本要素

从上述学科内涵、学科基本条件和标准的分析中可以看出,学科就好像是一个细胞,其中,知识是细胞核,而学科文化、学科制度、学科组织则是包裹在细胞核外面的细胞质、细胞膜、细胞壁,这几部分构成了一个完整的学科细胞,是一个相互依存的统一整体。细胞核是细胞的遗传和代谢控制中心,调控着细胞的代谢、生长、分化,控制着细胞的遗传、生长与发育,是细胞内最为核心的细胞结构。同理,作为细胞核的知识也是学科这个细胞的核心要素,前面已从研究者、教育者、管理者的视角,分别从知识的创造、传播和社会建制三个方面进行了详细的阐述。因此,除了知识这个核心要素外,学科存在着学科组织、学科制度和学科文化三个重要的基本要素。

1. 学科组织

广义的组织是指按照一定方式将诸多要素相互联系起来的统一系统。狭义的组织则是人们为了共同的目标和任务,以合作的方式组合而成的集体。学科组织就是这种狭义的组织,是知识社会建制的实体部分,是制度及其规范的载体,正如伯顿·R.克拉克所说:"学科明显是一种联结化学家与化学家、心理学家与心理学家、历史学家与历史学家的专门化组织方式。"②首先,学科组织是

---

① [美]托马斯·库恩.科学革命的结构[M].金吾伦,胡新和,译.北京:北京大学出版社,2003:163-168.
② [美]伯顿·R.克拉克.高等教育系统——学术组织的跨国研究[M].王承绪,徐辉,殷企平,等译.杭州:杭州大学出版社,1994:34.

具有能动性的学者队伍。学科就是一个学者的集合体,学者对学科的发展起着关键性的作用,既有学科带头人,也有知识背景、学缘结构和年龄结构较为合理的学术梯队。因此,在学科组织中必须以学者为中心,把人力、财力、物力、信息资源等进行合理配置,并通过组织活动实现学科的行为规范,维持学科发展的秩序和效率。其次,学科组织具有明确的目标导向。目标是学科组织希望通过努力争取达到的一种对未来状况的预期。它包括学科使命、深层次目的、具体指标和规定时限。学科组织目标既是衡量组织活动成效的标准,也是学科组织活动的动力之源。学科组织目标既要得到学科成员的一致认同,具有共同的单一性,也要具有分层次的多重性:既有总体的目标,又有具体的目标;既有中长期目标,又有短期阶段性目标;既有学者集体的目标,又有许多学者个人的目标。再次,学科组织具有精心设计的结构。学科组织结构是为实现学科目标而构建的一种分工协作体系,是学科组织在职务范围、责任、权力等方面的动态结构框架,学科组织结构一般具有对内扁平化、对外开放化的特点。最后,学科组织开展有意识的协调活动。为了高效地达成学科组织目标,就必须对学科组织所拥有的人力、财力、物力、信息等资源进行有效的计划、组织、指挥、协调和控制,争取以较少的成本取得更多的成效。

2. 学科制度

北京大学方文教授认为:"学科发展史是学科理智史与学科制度史的双重动态史。"[①]学科理智的层面,主要强调的是知识的内在逻辑;学科制度的层面,则重点突出的是知识的社会建制。一般说来,社会建制主要指包括价值观念、行为规范、组织系统和物质支撑四大要素在内的社会组织制度。由于学科组织是知识社会建制的实体部分,是制度及其规范的载体,一般在讨论学科制度时往往单列予以专门研究,因此,所谓学科制度主要是指学科的规范体系及其物质体现,以及隐藏在规范体系和物质体现背后的深层次理念。中国人民大学郑杭生教授从学科制度的硬件和软件两个方面把学科制度划分为三个层次:第一层次是学科的深层次理念;第二层次是学科的规范体系;第三层次则是学科的物质体现。第一层次和第二层次主要体现的是学科制度的软件,第三层次主要

---

① 方文.社会心理学的演化:一种学科制度视角[J].中国社会科学,2001(6):126.

体现的是学科制度的硬件。① 郑杭生主要针对社会学学科从微观视角简要分析了学科制度在这三个层面的表现。其实,从宏观视角来看,第一层次的学科的深层次理念,一方面应主要体现在关于学科的社会目标、功能的理论阐释上,其中特别是体现在阐明学科将有助于"探索未知、促进经济社会发展"的主流意识形态上;另一方面还要体现学科制度本身的目标和价值,以及对于实现学科目标和功能的意义,从而使学科成员在充分理解学科制度的基础上自觉遵从学科制度。第二层次的学科的规范体系,主要是指学科内部应当遵循的业务标准和行为准则,它既包括共同的学科"范式",也包括学科评价标准和学科奖惩制度,它不但重视对学科成员进行外在操控和制约,还强调自我内化和自我规训,以最大限度地发挥学科成员的聪明才智和积极性。第三层次的学科的物质支撑,是学科制度运行的基础保障,例如科学研究中的办公场所、实验室、仪器设备等,以及学术交流网络、规范的学科成员培养计划、权威的出版物、持续的资金和基金资助等。

3. 学科文化

对于文化,传统的观点认为,它是一个社会的全部生活方式,是人类所创造的物质财富和精神财富的总和。我国学者庞朴提出了文化结构理论,认为文化从外到内可分为三个层次,分别为物质文化、制度文化和心理文化。② 可以看出,传统的文化定义是一个无所不包的笼统和模糊的概念,什么也说明不了。其实,狭义的文化更强调的是与政治、经济相对的人类全部的精神活动及其产品。美国当代著名政治理论家塞缪尔·亨廷顿从纯主观的角度给文化下了一个狭义的定义,即文化是指一个社会中的价值观、态度、信念、取向以及人们普遍持有的见解。③ 美国跨文化研究学者则认为:"文化是群体成员连贯一致的、后天习得的、群体共享的观念,人们藉此决定事情的轻重缓急,就事情的适宜性表明自己的态度,并决定和支配后续的行为。"④这个定义清楚地表明了文化具

---

① 郑杭生.当前社会学学科制度建设的问题[J].中国社会科学,2002(3):82-83.
② 庞朴.文化结构与近代中国[J].中国社会科学,1986(5):81-98.
③ [美]塞缪尔·亨廷顿,劳伦斯·哈里森.文化的重要作用:价值观如何影响人类进步[M].程克雄,译.北京:新华出版社,2010.9.
④ [美]艾里丝·瓦尔纳,琳达·比默.跨文化沟通[M].高增安,马永红,孔令翠,译.北京:机械工业出版社,2006.4.

有"连贯一致的、后天习得的、群体共享的"三大特征,并指出文化还有"决定事情的轻重缓急,就事情的适宜性表明自己的态度,并决定和支配后续的行为"的三大功能。因此,学科文化就是在长期的学科发展过程中形成的学科共同体高度认同的价值观、信念、思维模式、伦理规范等。学科文化是学科组织和学科制度的灵魂,它决定和支配着学科共同体的态度、取向、情感和行为方式。不同的学科具有完全不同的文化。20 世纪 50 年代,英国学者 C. P. 斯诺在《两种文化》(*The Two Cultures*)的著作中就指出,自然科学与人文学科被割裂成两种不同的文化,它们之间存在着互不理解的鸿沟,对待问题的态度完全不同,在情感方面也没有多少共同的基础。21 世纪初,美国学者杰罗姆·凯根在对斯诺的观点进行反思的基础上,在其《三种文化》(*The Three Cultures*)的著作中提出了"三种文化"的学说,从九个方面比较分析了自然科学、社会科学和人文学科三种文化所使用的词语的不同意义、每一种文化的不同假定以及对人类发展的不同贡献。学科文化既可以阻碍学科发展,也可以促进学科进步。由于学科文化的深层次隐蔽性和建设的长期性,在以往的学科建设中学科文化并没有引起政府和有关机构的重视,因此,在今后的学科建设中必须把学科文化纳入学科发展的政策和规划中,充分发挥学科文化的独特作用。

三、 与学科相关的概念辨析[①]

(一) 专业的内涵

专业是最容易与学科混淆的一个概念,人们往往把它与学科一起统称为学科,在实践中造成了不少混乱。在中英文中,专业的意指有很多的不同,我国的"专业"概念从俄语翻译而来,在英语中没有完全对应的词汇或短语可以涵盖中文的"专业"概念,一般翻译为 major, academic program, specialization, concentration,大致相当于英语中的主修或专修,是指在大学进行学习并取得相应学位的某一知识领域。1995 年,潘懋元、王伟廉等学者就把大学的"专业"定义为课程的一种组织形式。[②] 在分析中美大学不同专业内涵实质的基础上(见表 1-2),卢晓东指出,我国的"专业"概念带有很强的实体意味,是相对独立的资源使用

[①] 徐高明.社会需求视域中的大学课程变革——基于江苏省入所大学的研究[D].南京:南京大学,2011.
[②] 潘懋元,王伟廉.高等教育学[M].福州:福建教育出版社,1995:128.

和产出单位,这一实体意味的专业已不适应科学技术发展和创新人才培养的新形势。为此,他对专业的定义进行了修订,认为:"专业,就是课程的一种组织形式,学生学完所包含的全部课程,就可以形成一定的知识与能力结构,获得该专业的毕业证书。《国际教育标准分类》称为课程计划(Program),美国高等学校称为主修(Major)。原词译自俄文,曾指中国、苏联等国高等教育培养学生的各个专门领域。"①这一定义从历史和比较的角度,连接了古今与中外,是一个比较完整的概念。

表1-2　中国与美国的"专业"内涵比较

中国	美国
专业名称国家定	专业名称院校自主确定
本科毕业生被授予11种学士学位	本科毕业生被授予4—5种学士学位,主要为文学士(B.A)和理学士(B.S)
对不同学校同一专业的毕业生授予同一学位	对不同学校同一专业的毕业生可能授予不同学位
专业名称统一	专业名称不统一
学生个人可选择专业,不可以自主设计专业	学生个人可选择专业,也可自主设计专业
专业根据类型由学校、学校主管部门和教育部三级审批	专业设置学校自己定
学校可以设置的专业数存在限制	专业数不限
专业类型存在限制	专业类型不限
较少的跨学科专业	广泛的跨学科专业
较慢随学科发展和市场情况对专业设置进行调整	可以迅速随学科发展和市场情况对专业设置进行调整
国家有专门机关进行管理	国家无专门机关进行管理

资料来源:卢晓东,陈孝戴.高等学校"专业"内涵研究[J].教育研究,2002(7):47-52.

(二) 课程的内涵

理论界对课程的理解和课程概念的界定见仁见智、莫衷一是。例如,鲁道夫(F. Rudolph)认为:"课程,至少是一个学校关于在人类不断增长的知识和经验中,哪些东西对于有教养的人在特定的时期内是有用的、合适的和相关的内

---

① 卢晓东,陈孝戴.高等学校"专业"内涵研究[J].教育研究,2002(7):47-52.

容的陈述。"①著名高等教育家克拉克·科尔对广义的课程做如下定义:学校或院、系、专业根据自己的人才培养目标所确定的最有价值的知识的选择与组织方案。②"课程"一词在英文里有几种含义。"curriculum"通常是较为抽象、泛指的概念,它常常与广义的"instruction"(教学)连用。与它们相对的、含义较具体的一对名词是"course"(科目③)和"teaching"(课堂教学)。所谓"课程体系"(education program)④通常是指一所学校、一个院系、一个专业或一个临时的教育计划(如培训班)根据特定的人才培养目标而制订的一系列既充分又必要的结构严密的科目。显然,课程体系可以分为校级、院系级和专业方向等多个层次。如校级的通识教育课程体系,院系级的地学院不同专业方向共同必修的"普通地质学""古生物地史"等专业基础课,以及专业方向上的各种专业课程。⑤

概括起来,关于课程的理解主要分为三类:一是"知识论",认为课程就是"学科",就是一种"知识体系",它以向学生提供科学文化知识、发展学生的认知能力为基本任务。二是"经验论",美国实用主义教育家杜威是最早将课程定义为经验的学者,他根据实用主义经验论提出了课程即儿童经验的改造,强调课程是以儿童的经验为起点并且不断改造儿童经验的工具。三是"集合论",认为课程属于一种"集合概念","是在一定培养目标指引下,由系列化的课程目标、课程内容及学习活动方式组成的,具有复杂结构与运行活力的,用以促进学生各项基本素质主动发展的指南"⑥。实际上,三种不同的课程概念适用于不同的研究或实践目的。从实践的角度看,课程(curriculum)的含义就是"学校教学的科目和进程"⑦。

(三)学科、专业、课程的关系

学科、专业、课程类型的划分是遵循各自标准的。学科是按照知识本身的

---

① F. Rudolph. Curriculum: A History of the American Undergraduate Course of Study Since 1636[M]. Jossey-Bass Publishers, 1977:i.
② Clark kerr. The Uses of the University[M]. 5th edition. Cambridge: Harvard University Press, 2001:216.
③ 这是我国港台地区的普遍译法,我国内地(大陆)多译为"课程"。
④ 美国著名课程论学者 L. Stark 提出用"Academic plan"表示课程体系,但这在高校实践中并不常见。"Education program"在我国港台地区多译为"课程计划"。
⑤ 张红霞.美国一流大学本科课程纵向结构特点初探[J].高等理科教育,2010(5):67-72.
⑥ 廖哲勋.我对当代课程本质的看法(上)[J].课程·教材·教法,2006(8):3-7.
⑦ 中国社会科学院语言研究所词典编辑室.现代汉语词典[Z].7版.北京:商务印书馆,2016:742.

逻辑标准对知识体系进行分类与建构,一个学科的形成是一个研究领域充分发展并逐渐成熟的结果,是其研究对象、研究方法和理论体系日趋完善的标志。因而,"称一个研究范围为一门'学科',即是说它并非只是依赖教条而立,其权威性并非源自一人或一派,而是基于普遍接受的方法和真理"①。正是由于作为一个成熟的研究领域的学科是基于普遍接受的方法和真理,学科又具有一定的研究边界和学术规范,即"学科构成了话语生产的一个控制体系,它通过同一性的作用来设置其边界,而在这种同一性中,规则被永久性地恢复了活动"②,所以,学科又是一种以建制化和制度化的组织方式建构的研究领域。

专业设置与划分遵循的主要是社会分工所形成的价值目标。美国高等学校专业设置的重要特点之一就是反映社会分工特点的多样化。根据美国国家教育统计局发布的专业分类目录(CIP),2000年,美国高校共有2 500多个专业。一般来讲,一所综合性大学的本科专业会有百余种。学校之间专业重复较少,跨学科专业较多,专业更新较快,学校能及时设置一些符合社会需求的新专业,满足经济社会发展对人才培养的需求。③ 由于专业设置权在高校,因此这种专业划分只是政府为了了解人才培养状况的一种统计方法,而对高校人才培养的专业设置、课程体系没有直接的影响和规约作用。与西方国家不同的是,在中国,专业是一个具有强烈实体意味的概念,它是从苏联引进的一个概念,主要指高等教育培养学生的各个学业门类。如1999年我国颁布的高等学校本科专业目录共有249个本科专业,它对专业的设置、调整和人才培养具有严格的规范和管理作用。这种体制反应迟钝,很难适应市场和社会的需求,还导致了高校专业的重复和同质化现象。

课程编制既要遵循学科的知识逻辑,又要照顾到学生的年龄心理特点、知识基础和接受能力等心理的逻辑,还要顾及社会需求,它寻求的是知识的逻辑与学生心理逻辑、社会需求之间的一种平衡。如果偏向于知识的逻辑,课程设置则追求理论体系的完整、逻辑结构的严密和追求知识的高深,具有很强的封闭性和专业性,教学内容很少顾及学生的实际认知水平,虽然有利于学科的发

---

① [美]华勒斯坦,等.学科·知识·权力[M].刘健芝,等编译.北京:生活·读书·新知三联书店,1999:13.
② [美]华勒斯坦,儒玛,凯勒,等.开放社会科学——重建社会科学报告书[M].刘锋,译.北京:生活·读书·新知三联书店,1997:35.
③ 旋天颖.美国州高等教育委员会对大学专业设置的管理[J].中国高教研究,2006(9):43-45.

展,但不利于学生的发展。同样,如果偏向于学生心理的逻辑,编制课程时就会过分地迁就学生的现有基础和能力,这样学生就会缺乏学习的动力,既不利于学科的发展,也不利于学生的发展和提高。社会需求对课程编制的约束力在不同类型的大学表现有所不同。

综上所述,虽然大学中的学科、专业和课程具有严格的划界标准和明确的范围、内涵,但这三者之间又是密切相连并且互动和互涉的。相对而言,学科和专业具有一定稳定性,而课程却是三者中最活跃、最具灵活性和弹性的部分,是沟通知识领域与社会需求、学科与专业的中介环节,但这三者又统一于大学的教育教学过程之中。

第二节 我国高校学科专业目录的发展变化

学科专业目录,是我国高等教育工作的基本指导性文件之一,是规定学科专业划分、名称及所属门类,设置和调整学科专业、实施人才培养、安排招生、授予学位、指导就业,进行教育统计和人才需求预测等工作的重要依据。在我国,学科专业目录主要分为高等学校本科专业目录和研究生学科专业目录两大类。1949年中华人民共和国成立以来,我国共颁布了六个版本的本科专业目录和四个版本的研究生学科专业目录。

一、1954—2012年六个版本的本科专业目录

(一) 1954年的《高等学校专业分类设置》

新中国成立以后,在"以俄为师"思想的指导下,1949年12月,第一次全国教育工作会议提出建设新教育要借鉴苏联教育的先进经验。为此,1952年我国大规模地调整了全国高等学校的院系设置,把效仿英式、美式构建的民国高校体系改造成了效仿苏联式的高校体系。在完成院系调整之后,为了更快、更高效地培养新中国建设所需要的高级专门人才,开始推行苏联的专业设置理论,首次将"专业"这一概念引入我国学科体系当中。按照苏联的专业化教育制度,"专业"就是一种专门职业或者是一种专长,培养高级专门人才是专业教育的目标,是高等学校一切教育工作的基础。1954年7月,高等教育部启动了制定专

业目录的工作,同年11月颁布了《高等学校专业分类设置(草案)》,这是我国第一个高等教育专业目录。这个目录完全以工业、建筑、运输、教育、财政经济、农业、艺术、保健、林业、法律、体育等行业部门作为专业划分依据,在11个行业部门之下,共设置了40个专业类,并进一步细分为257个专业,初步构建了"行业部门—专业类—专业"三级目录分类体系。这个目录的最大特点就是突出了国家建设的人才需求,强化了行业部门的生产需求;最明显的缺点则是忽视了专业目录分类的学科性基础。

(二) 1963年的《高等学校通用专业目录》《高等学校绝密和机密专业目录》

新中国成立以来,经过经济恢复时期,随着第一个五年计划的提前超额完成,国家建设对各类人才的需求更加迫切。在"大跃进"政策的推动下,1958年9月19日,中共中央、国务院发出了《关于教育工作的指示》,指出从大区到省、地、县都要建立比较完整的教育体系,要求在15年左右时间内普及高等教育,从此拉开了"教育大革命"的序幕。为此,各地方兴办高等教育的热情十分高涨。然而,由于新办专业的数量增加过多过急,专业面过窄,专业名称变动频繁,导致高等学校的专业设置缺乏必要的指导和统筹安排,高等教育界产生了不必要的混乱。针对"教育大革命"中无视教育规律和冒进做法的不良后果,1961年印发的《中华人民共和国教育部直属高等学校暂行工作条例(草案)》(简称《高校六十条》)第二章第九条提出:"高等学校的专业设置,应该根据国家的需要、科学的发展和学校的可能条件来决定。专业设置不宜过多,划分不宜过窄。每个学校应努力办好若干重点专业。专业的设置、变更和取消,必须经过教育部批准。"因此,为了纠正当时学科专业设置中的混乱不合理现象,同时根据《高校六十条》第二章第九条的精神,1963年9月,国务院批准发布了《高等学校通用专业目录》和《高等学校绝密和机密专业目录》。此次专业目录摒弃了1954年草案中的纯行业部门的分类方法,采用了学科与行业部门相结合的专业门类划分方法,如目录将过去的"工业部门""建筑部门""运输部门"等3个行业部门统合为一个一级专业门类"工科"。《高等学校通用专业目录》把原来的11个行业部门改成了工科、文科、理科、师范、财经、农科、艺术、医科、林科、政法、体育等11个专业门类,在专业门类之下又分出了20个专业类,专业类下再细分出432个专业。由此形成了"专业门类—专业类—专业"三级目录体系，我国高校专业目录开始由行业部门分类阶段进入了"学科+行业"的分类阶段。

（三）20世纪80年代的"高等学校本科专业目录"

"文化大革命"结束后，中国共产党召开了第十一届中央委员会第三次全体会议，开始全面拨乱反正，教育事业也逐步恢复并发展起来。面对世界科学技术发展的新趋势，为了更好地适应我国改革开放的新需求，1978年8月，教育部和国家计划委员会发出《关于进行高等学校专业调查和调整工作的通知》，1978—1988年的10年间我国先后颁布了7个本科专业目录[①]，设置了工科、农科、林科、医药、理科、社会科学、师范教育和体育等8个专业门类、77个专业类、702个专业。这一次目录修订有如下几个特点：一是首次实现本科和研究生的学科专业目录分层分类分别设置。1981年开始实施《中华人民共和国学位条例》，为了适应新形势下的研究生教育、科研管理和统计工作，打破了以高等学校专业目录适用全局的单一局面，分别制定了本科和研究生教育不同的学科专业目录。二是学科分类框架上进一步凸显学科的基础性。虽然这次专业目录继续沿用了以往的"专业门类—专业类—专业"三级基本结构，但一级专业门类由1963年的11个减少到8个，并且一级专业门类基本上都是学科性质的，这就进一步扩大了一级门类的学科内涵，进一步弱化了行业部门的特征。三是专业数大幅提升。专业种数由1963年的432个增加到702个，增幅达62.5%。

（四）1993年的《普通高等学校本科专业目录》

20世纪80年代的本科专业目录主要是为了满足我国高等教育事业拨乱反正的需要，可以说是一个过渡性的专业目录，存在着专业划分过细、专业口径过窄等问题。1990年，国务院学位委员会颁布了《授予博士、硕士学位和培养研究生的学科、专业目录》。为了与研究生教育专业目录保持一致，适应世界科技发展和我国经济社会发展的新要求，1989年又开始了新一轮的本科专业目录修订工作，历时4年，于1993年公布了新的《普通高等学校本科专业目录》。因此，

---

① 即《高等学校工科本科专业目录》《普通高等学校农科、林科本科专业目录》《全国普通高等学校医药本科专业目录》《普通高等学校理科本科基本专业目录》《普通高等学校社会科学本科专业目录》《普通高等师范教育本科专业目录》《全国普通高等学校体育本科专业目录》。

无论在形式上还是在内容上,此次修订较前三版都有了较大的改观,主要表现在三个方面:第一,改变了专业目录的框架结构,由原来的"专业门类—专业类—专业"三级基本结构调整为"学科门类—专业类—专业"分类结构,由原来的8个专业门类调整为哲学、经济学、法学、教育学、文学、历史学、理学、工学、农学、医学等10个学科门类;第二,规范了专业名称,拓展了专业口径,扩大了专业内涵,加强了专业适应性,共设置71个专业类、504个专业,较1963年版和20世纪80年代的专业目录分别缩减7.9%和28.1%;第三,这次调整保证了本科教育与研究生教育学科调整的联动性和学位授予的连贯性,在分类框架上进一步彰显学科基础,并与研究生学科专业目录保持基本一致,具有层次上的连贯性。

(五) 1998年的《普通高等学校本科专业目录》

历史进入20世纪的尾声,21世纪的钟声即将敲响,知识经济已见端倪,科学技术日新月异。然而,当时我国高等教育的观念、体制、结构等还滞后于时代的发展,不能很好地适应新世纪的要求,我国高校专业设置中的划分细、口径窄、基础薄等问题依然突出。因此,从迎接21世纪挑战的战略高度出发,全面推进素质教育和培养新世纪创新型人才事关国家发展和民族振兴。为此,1997年,教育部启动了新一轮专业目录修订工作。此次修订的改革力度较大、最为突出的就是"少、宽、柔",即减少专业种数、拓宽专业基础、柔性设计专业方向,[1]并设定了"拟将原有的500多种专业调减一半左右"的目标。[2] 1998年7月,新目录正式颁布实施,新目录最为显著的亮点有二:一是改变过去过分强调"专业对口"的本科教育观念,确立知识、能力、素质全面发展的人才观,专业数从504个调减为249个,减幅达50.6%,有助于引导高等学校拓宽专业口径,增强适应性,加强专业建设和管理,提高办学水平和人才培养质量;二是学科门类由10个增加到11个,增设了管理学门类。

(六) 2012年的《普通高等学校本科专业目录》

进入21世纪以来,我国社会环境发生了巨大变化,高等教育自身也实现了

---

[1] 赵文华.高等教育系统分析:高等教育结构、规模、质量、效益的系统观[M].上海:复旦大学出版社,2000:35.
[2] 国家教育委员会.关于进行普通高等学校本科专业目录修订工作的通知[EB/OL].(1997-04-15)[2021-06-05]. https://law.lawtime.cn/d502423507517.html.

历史性跨越,这些都对本科专业设置提出了新要求。为了更好地满足高校的多类型发展、人才的多规格培养需要,为了解决与研究生学科专业划分不够一致、新兴学科与交叉学科专业设置困难等现实问题,特别是为了落实《国家中长期教育改革和发展规划纲要(2010—2020年)》提出的要适应国家和区域经济社会发展需要,建立动态调整机制,不断优化学科专业结构的要求,全面修订新世纪的高等学校本科专业目录已经变得十分重要而紧迫。2012年,教育部颁布了新修订的《普通高等学校本科专业目录》。这个目录有两个鲜明的特点:一是继续按照"学科门类—专业类—专业"三级基本框架设置。除了没有军事学外,其他的学科门类与2011年的研究生学科目录完全一致,并在1998年目录11个学科门类的基础上增加了艺术学门类,达到了12个学科门类。专业类的设置与研究生学科目录中的一级学科一致,专业原则上在研究生学科目录二级学科基础上设置,少量特殊情况则在三级学科基础上设置,一定程度上兼顾了新兴学科、交叉学科的专业设置。二是新目录的弹性和适应性明显增强。共设置了92个专业类、506个专业,506个专业又分为基本专业(352个)和特设专业(154个),还确定了62个专业为国家控制布点专业。《专业设置管理规定》中还提出专业目录10年修订一次,基本专业5年调整一次,特设专业每年动态调整。

二、1983—2011年四个版本的研究生学科专业目录

(一) 1983年的《高等学校和科研机构授予博士、硕士学位的学科、专业目录(试行草案)》

1981年,我国开始实施《中华人民共和国学位条例》,在恢复学位与研究生教育制度后,当年就开展了第一批学位授权审核工作。教育部在对各部门审核工作中拟订的学科专业目录进行汇总的基础上,参照国外的学科专业目录,初步拟定了《高等学校和科研机构授予博士、硕士学位的学科、专业目录(草案)》。经过多次修改,1983年3月,教育部颁布了《高等学校和科研机构授予博士、硕士学位的学科、专业目录(试行草案)》(以下简称《试行草案》),并开始试行。《试行草案》共设置了10个学科门类,即哲学、经济学、法学、教育学、文学、历史学、理学、工学、农学和医学,63个一级学科,638个二级学科。为了培养军事学高级专门人才,1985年2月又增设了军事学门类。至此,历经5年的

《试行草案》最终正式确立,包含 11 个学科门类、64 个一级学科和 647 个二级学科。

(二) 1990 年的《高等学校和科研机构授予博士、硕士学位的学科、专业目录》

针对 1983 年的《试行草案》中出现的各种不足,国务院学位委员会做出了修订与调整《试行草案》的决定,并且规定了修订原则:一是以《试行草案》为基础,结合国民经济和社会发展对人才的需求;二是学科专业划分以学科自身内涵为主,适当考虑业务部门的特殊需要;三是划分过细偏窄的专业要适当归并,专业名称要规范、准确,能够科学反映学科内涵;四是增加一些比较成熟的新兴、边缘学科与反映当代科学技术和文化发展趋势的专业;五是处理好与本科专业设置的关系,凡是不适宜于培养研究生的学科专业不列入。历经 4 年的修订与调整,1990 年 11 月,新的《高等学校和科研机构授予博士、硕士学位的学科、专业目录》正式施行。这个新目录共设置了 11 个学科门类、72 个一级学科和 620 个二级学科。与 1983 年的《试行草案》相比较,学科门类的数量上没有变化,但一级学科增加了 8 个,二级学科减少了 27 个。

(三) 1997 年的《高等学校和科研机构授予博士、硕士学位的学科、专业目录》

随着科学技术的高速发展特别是我国由计划经济向社会主义市场经济体制转变后,高等教育体制及学位与研究生教育改革的不断深化,1990 年的学科专业目录已不能完全适应发展的需要,主要表现为:一级学科设置不规范,二级学科划分过细。为此,1996 年第 14 次国务院学位委员会会议做出决定,用一年左右的时间完成现行专业目录的修订工作。修订依据的主要原则是:科学、规范、拓宽。修订的目标是:逐步规范和理顺一级学科,拓宽和调整二级学科。1997 年的学科专业目录增加了管理学学科门类,学科门类增加到 12 个;一级学科增加到 88 个,二级学科调整后减少为 382 个。2005 年 12 月,增设了马克思主义理论一级学科,取消二级学科"马克思主义理论与思想政治教育"。2008 年 4 月,在马克思主义理论一级学科内增设"中国近现代史基本问题研究"二级学科。经过这些调整后,1997 年的学科专业目录最终共有 12 个学科门类,89 个一级学科,387 个二级学科。

（四）2011年的《学位授予和人才培养学科目录》

2010年,中国进入21世纪之后的第一个教育规划《国家中长期教育改革和发展规划纲要(2010—2020年)》(以下简称《规划纲要》)正式发布,这是21世纪第二个十年中指导我国教育改革和发展的纲领性文件。根据《规划纲要》精神,为了进一步落实和扩大高校"自主设置和调整学科、专业"的办学自主权,改变以往学科目录中过于刚性的管理要求,进一步推进学科建设,更好地适应经济社会和科技发展对人才培养的新需求,迫切需要对1997年的学科专业目录进行修订。为此,2011年3月,国务院学位委员会和教育部颁布了新的《学位授予和人才培养学科目录》。2011年的新学科目录增加了艺术学门类,共设置了13个学科门类、109个一级学科,没有设置二级学科。因此,这个新目录有两个显著的特点:一是增设了与国家重大战略需求、产业发展和改善民生相关的国家急需学科,增设了具有前瞻性且有较大社会需求的学科,增设了国家特殊需要的学科;二是取消了二级学科的设置,给复合型、创新型人才培养以及新兴学科、交叉学科的涌现预留了一定的空间。

三、我国学科专业目录变迁的特点与启示

（一）学科专业目录随着经济社会的发展而不断调整与优化

首先,学科专业目录调整与经济社会发展呈现出良性互动。新中国成立以来,我国本科和研究生学科专业目录进行了多次调整,从以上的历史回顾中可以发现,每次调整都是在世界科技发展水平、产业政策、国家战略需求以及人们对知识体系的认识能力发生重要变化的背景下进行的,同时,每次调整又较好地适应和促进了经济社会的发展,在一定历史时期中,两者呈现出良性的互动。

其次,学科专业分类的框架呈现出从纯行业部门向纯学科基础的变迁。1954年的《高等学校专业分类设置(草案)》完全以工业、建筑、运输、教育、财政经济、农业、艺术、保健、林业、法律、体育等11个行业部门作为专业划分依据。1963年的《高等学校通用专业目录》和《高等学校绝密和机密专业目录》则采用了学科与行业部门相结合的专业门类划分方法,以11个专业门类作为专业划分的依据。20世纪80年代的专业门类进一步淡化了专业目录的行业特征,学科基础得到进一步的强化。1993年以后的本科专业目录在一级分类上与研究

生学科专业目录完全保持一致,构建了纯学科基础的分类框架。最终我国形成了研究生和本科教育学科专业目录的学科门类、一级学科(本科教育中为"专业类")和二级学科(本科专业目录中为"专业")三级框架结构。

再次,学科专业的设置数量保持了有增有减的动态变化趋势。从四个版本的研究生学科专业目录可以看出,学科门类的数量变化不大,具有一定的稳定性,一级学科数量呈增长态势,二级学科数量呈递减态势,直到2011年版本的目录中不再设置二级学科(见表1-3)。

表1-3 1983、1990、1997、2011年研究生学科专业目录版本对比表

年份	学科门类/种	一级学科/种	二级学科/种
1983年	11	64	647
1990年	11	72	620
1997年	12	89	387
2011年	13	109	—

六个版本的本科专业目录也表现出了大体一致的趋势,行业部门、学科(专业)门类基本稳定,专业类的数量总体上递增,专业数量则呈现出先增后减再增的波浪式态势(见表1-4)。这些变化既反映了学科专业总体上呈现出综合化的趋势,需要拓宽学科专业的基础和口径,同时也反映了经济社会的快速发展下社会分工的进一步分化和细化。由此可见,学科专业发展的综合化和分化的趋势并行不悖。

表1-4 1954年以来六个版本的本科专业目录对比表

年份	行业部门、学科(专业)门类/种	专业类/种	专业/种
1954年	11	40	257
1963年	11	20	432
20世纪80年代	8	77	702
1993年	10	71	504
1998年	11	71	249
2012年	12	92	506

(二)学科专业目录具有很强的计划性、强制性、行政性

纵观世界各国的学科专业目录,一般分为指令性、指导性、统计性三种类

型。指令性学科专业目录也称为命令型学科专业目录,是由上级主管部门按照隶属关系依靠行政办法进行下达,具有行政性;要求高校和科研单位必须坚决严格执行,具有强制性;而且在执行过程中还不得擅自更改设置,具有权威性。因而,指令性目录其实是计划管理的一种形式,具有刚性和计划性。统计性学科专业目录具有回溯性和开放性,是对以往实际存在的全部学科专业进行条分缕析的整理、归类和呈现,不做人为的取舍,具有较大的柔性和包容性。而指导性学科专业目录则是居于指令性和统计性之间的一种目录类型。

虽然2012年的《普通高等学校本科专业目录》宣称本科专业目录是我国高等教育工作的基本指导性文件之一,2009年的《学位授予和人才培养学科目录设置与管理办法》在总则中也规定学科目录在人才培养和学科建设中只具有指导作用,但同时这两个文件又分别指出,本科专业目录是设置和调整专业、实施人才培养、安排招生、授予学位、指导就业,进行教育统计和人才需求预测等工作的重要依据,学科目录是国家进行学位授权审核与学科管理、学位授予单位开展学位授予与人才培养工作的基本依据。由此可见,无论是本科专业目录还是研究生学科专业目录,虽然教育管理部门声称是"指导性文件",但同时又强调是"重要依据"和"基本依据",而不是"参考依据",这本身就是一种自相矛盾、言不由衷的表述。

同时,透过《普通高等学校本科专业设置管理规定》和《学位授予和人才培养学科目录设置与管理办法》的相关规定,以及我国高校的专业设置和调整及教育管理部门相关的备案与审批等管理工作实践来看,我国的学科专业目录"对全国高等院校和研究机构的学科设置、科研方向和人才培养具有最根本、最实质性影响"[1],具有很强的计划性、强制性、行政性,是一个完完全全的指令性目录,刚性有余,弹性不足。因此,未来的学科专业目录改革调整方向,应该是严格执行《中华人民共和国高等教育法》,进一步落实和扩大高校办学自主权,将自主权还给学校,将选择权交给市场,从而有效调动高校的办学积极性,充分发挥市场在办学资源配置中的关键性作用。

---

[1] 刘丹青,张伯江.时势之必需,学术之大业——设立语言学一级学科的重要意义和学理基础[J].语言科学,2010(1):14-18.

(三)学科专业目录无法适应"四新"建设的新范式

2019年4月,教育部、中央政法委、科技部等13个部门联合启动了"六卓越一拔尖"计划2.0。该计划的一个总体部署,就是通过"六卓越一拔尖"计划2.0的实施,全面推进新工科、新医科、新农科、新文科建设(简称"四新"建设),进一步提高高校服务社会经济发展的能力。那么,"四新"建设到底新在何处呢?一是人才培养目标新。长期以来,在学科专业目录的行政规制下,我国高校实行的是分学科、分专业的人才培养政策和方案,我国大学跨学科人才培养具有先天性的制度障碍,跨学科教育缺乏其必要的生存空间,因此,我国高校人才培养具有专业化、封闭化和同质化的特点。[①] "四新"建设就是要突破这些制度性障碍,造就具有跨界整合能力、创新创业能力的高素质复合型人才。二是组织结构新。由于我国学科专业分类是一种强分类,我国大学基层学术组织也就具有较强的封闭性,无法促进校内资源整合和跨学科的发展。因此,我国大学需要进行学科制度改革与调整,推动学科体系从强分类走向弱分类,增强基层学术组织的开放性,促进学科的交叉与融合。[②] 特别是要顺应知识生产模式转型趋势,推动由以单学科研究为主的"模式Ⅰ"向以交叉学科研究为主的"模式Ⅱ"转型发展,建设跨学科和跨组织边界的"学术共同体"和"无边界组织"。三是学科交叉融合新。虽然人类知识的发展在学科形式上大致呈现两种结构,即一种是知识的分化和专门化,呈树状发散;另一种是知识的综合化和整体化,呈网状勾连,[③]但在大科学时代,无论是知识生产模式的转型趋势,还是科技和产业革命的现实需求,都要求学科交叉和融合。综上所述,"四新"建设中最为关键的核心因素就是强调跨学科、多学科和学科交叉,实现文理结合、理工结合、工管结合。"四新"建设代表了未来学科专业建设的新方向、新范式,而我国刚性的学科专业目录在一定程度上会阻碍"四新"建设。因此,改革我国学科专业目录的设置和管理工作迫在眉睫。

[①] 陈涛.我国高等教育学科专业目录的检视与反思[J].现代教育管理,2015(12):7-11.
[②] 蔺亚琼,覃嘉玲.学科分类与跨学科发展:基于院系组织的分析[J].高等工程教育研究,2019(3):102-109.
[③] 刘大椿,潘睿.人文社会科学的分化与整合[J].中国人民大学学报,2009(1):141-150.

第三节　我国高校重点学科建设的历史演进

国家重点学科是国家根据发展战略与重大需求，择优确定并重点建设的培养创新人才、开展科学研究、服务经济社会发展的重要载体，在高等教育学科体系中居于中坚和引领地位。重点学科建设对于推动学科发展、科技进步，促进我国经济、社会、文化发展和国防建设具有重要意义。到目前为止，我国共组织了四次重点学科的评选工作。这既成为我国学科建设的显著特色，也是学科建设一贯的制度依赖。

一、我国高校重点学科建设的历史回溯

（一）1987年第一次国家重点学科评选

1985年颁布的《中共中央关于教育体制改革的决定》提出："为了增强科学研究的能力，培养高质量的专门人才，要改进和完善研究生培养制度，并且根据同行评议、择优扶植的原则，有计划地建设一批重点学科。重点学科比较集中的学校，将自然形成既是教育中心，又是科学研究中心。"根据这一决定的精神，1987年，国家教育委员会发布了《国家教育委员会关于做好评选高等学校重点学科申报工作的通知》《关于评选高等学校重点学科的暂行规定》《关于高等学校重点学科评选工作的几点意见》等文件，决定开展高等学校重点学科评选工作，拉开了国家重点学科评选的序幕。这次国家重点学科评选的主要目标是：根据国家"四化"建设对培育高级专门人才的需求、科技发展的趋势和国家财力的可能，决定在全国高校中教学、科研水平当时已居国内同学科、专业的前列，并主要依靠自己的力量能够在1990年前建成国内一流水平、在国际上有一定影响的学科中择优确定一批重点学科点。[①] 经过申报与评审，1988年首批国家重点学科产生，共评选出416个重点学科点，其中文科78个，理科86个，工科163个，农科36个，医科53个，涉及108所高等学校。[②]

[①] 杨国桢.远望楼会议：评选全国第一批重点学科[EB/OL].(2017-11-02)[2020-02-12]. https://www.thepaper.cn/newsDetail_forward_1840064.
[②] 教育部学位与研究生教育发展中心.国家重点学科评选项目简介[EB/OL].[2020-02-12]. http://www.cdgdc.edu.cn/xwyyjsjyxx/zlpj/zdxkps/257697.shtml.

(二) 2001年第二次国家重点学科评选

2001年,根据《教育部关于开展高等学校重点学科评选工作的通知》规定,开展了第二次国家重点学科评选工作。其主要目的是促进我国高等学校的学科建设,进一步提高我国高等学校教学科研的能力,形成一批立足国内培养高层次专门人才、解决经济建设和社会发展重大问题的基地;根据我国经济建设、社会发展、科技进步和国防建设的需要,对高等学校的学科建设方向进行引导和示范,使高等学校学科建设进一步适应现代化建设的需要;优化高等教育资源配置,集中国家和地方有限财力,通过重点建设,逐步在全国范围内形成布局合理、各具特色和优势的重点学科体系,巩固和扩大高等学校在人才培养、科学研究方面的综合优势。教育部为了做好这次国家重点学科建设工作,先后颁布了《教育部关于加强国家重点学科建设的意见》《国家重点学科建设与管理暂行办法》等政策文件。此次共评选出964个高等学校重点学科。①

(三) 2006年第三次国家重点学科评选

经过近20年的建设,国家重点学科的教学、科研条件得到了明显改善,学术水平、培养高层次人才和承担国家重大任务的能力得到了显著提高,促进了高等学校学科结构的调整和优化,已成为我国高等学校重要的具有骨干和示范作用的教学、科研基地。面对世界科技革命的严峻挑战和世界范围内日益激烈的人才竞争,为适应建设创新型国家、构建社会主义和谐社会和全面建设小康社会对人才和科技的要求,根据建设创新型国家的战略部署,必须调整国家重点学科结构。2006年,教育部印发《教育部关于加强国家重点学科建设的意见》,根据该文件精神,在"服务国家目标,提高建设效益,完善制度机制,建设一流学科"指导思想下,调整的重点是在按二级学科设置的基础上,增设一级学科国家重点学科。一级学科国家重点学科的建设要突出综合优势和整体水平,促进学科交叉、融合和新兴学科的生长。二级学科国家重点学科的建设要突出特色和优势,在重点方向上取得突破。此次共评选出286个一级学科,677个二级学科,217个国家重点(培育)学科。②

---

①② 教育部学位与研究生教育发展中心.国家重点学科评选项目简介[EB/OL].[2020-02-12]. http://www.cdgdc.edu.cn/xwyyjsjyxx/zlpj/zdxkps/257697.shtml.

(四) 2015 年世界一流建设学科遴选

2013 年 11 月,党的十八届三中全会通过的《中共中央关于全面深化改革若干问题的决定》提出:"全面正确履行政府职能。进一步简政放权,深化行政审批制度改革,最大限度减少中央政府对微观事务的管理。""深入推进管办评分离,扩大省级政府教育统筹权和学校办学自主权,完善学校内部治理结构。"为此,2014 年 1 月,国务院办公厅下发《国务院关于取消和下放一批行政审批项目的决定》,取消了国家重点学科审批制度。然而,"双一流"建设在政府政策推动这一点上,可以说是对"211 工程""985 工程"以及国家重点学科建设制度的进一步延续。"双一流"建设项目确定的 465 个一流建设学科即是国家重点学科的"升级版"。① 所以,2015 年开始的世界一流建设学科的遴选可以看作第四次国家重点学科评选。

2015 年 8 月,中央全面深化改革领导小组会议审议通过《统筹推进世界一流大学和一流学科建设总体方案》(以下简称《总体方案》),对新时期高等教育重点建设做出新部署,将"211 工程""985 工程"以及"优势学科创新平台"等重点建设项目,统一纳入世界一流大学和一流学科建设。2017 年 1 月,教育部、财政部、国家发展改革委联合印发《统筹推进世界一流大学和一流学科建设实施办法(暂行)》(以下简称《实施办法》)。2017 年 9 月,教育部、财政部、国家发展改革委联合发布《关于公布世界一流大学和一流学科建设高校及建设学科名单的通知》,正式确认公布世界一流大学和一流学科建设高校及建设学科名单,首批双一流建设高校 42 所,世界一流学科建设高校 95 所,世界一流建设学科共计 465 个(其中含部分高校自定学科 44 个)。

二、我国高校重点学科建设的成就与特点

(一) 形成了学科建设的"中国效应"

教育部学位与研究生教育发展中心于 2017 年全国第四次学科评估结束之后,分析了党的十八大以来我国学科建设的总体情况,认为我国学科建设取得了巨大的成就:各学科领域高层次人才培养水平大幅提升,服务国家经济发展

---

① 胡建华."双一流"建设对我国高校学科建设的影响[J].江苏高教,2018(7):5-8.

和现代化建设能力显著增强,谱写了我国学科建设新篇章,形成了学科建设的"中国效应"。① 其时全国有研究生培养单位793个、学科11 328个,在学研究生人数198.11万,授予博士、硕士学位人数56.39万,我国已经成为世界排名第二的研究生教育大国,高层次人才自主培养能力大大增强,有力支撑了国家经济发展和现代化建设。从论文发表数量上来看,仅2016年,我国高校科技论文发表数量占全球的八分之一,部分学科已经处于世界领先地位。从论文发表数量的排名来看,截至2015年,在22个学科领域中,我国有17个领域分别位于世界前5名,特别是化学和材料科学领域多年位于世界第一。在基于论文及其被引次数的国际学科评估中,进入世界前1%的学科达到745个,学科进入世界前1%的高校达到187所。

(二) 形成了学科建设的"三级体系"

我国四次全国重点学科建设评选,不但国家层面投入了大量的经费和资源,还带动和吸引了各省级政府、高校和社会资金的投入,形成了"国家级—省级—校级"三位一体的重点学科建设体系。例如,在省级政府层面,江苏省自从2010年实施高校优势学科建设工程以来,四年为一个建设周期,已完成第一、二期的建设,2018年又开始了第三期建设,截至2019年12月,10年间累计投入70多亿元,共立项建设了31所高校的226个学科。② 2014年,根据《上海高等学校学科发展与优化布局规划(2014—2020年)》,上海市实施了高等学校高峰学科和高原学科建设计划,引导高等学校结合经济社会发展需求,优化上海高等学校学科布局结构,整体提升上海高等学校的学科建设水平。建设周期分为两个阶段:第一阶段是2014—2017年,第二阶段是2017—2020年。2014—2017年第一个建设阶段,市级财政预计投入36亿元。在高校层面,2017年,清华大学启动了"十三五"院系学科建设工作,"十三五"期间清华大学将学科建设自主权下放院系,由院系统筹规划建设任务和使用建设经费,学校层面则侧重交

---

① 教育部学位与研究生教育发展中心. 学科建设与国家发展同步共频——党的十八大以来学科建设情况综述[EB/OL]. [2020-02-13]. http://www.cdgdc.edu.cn/xwyyjsjyxx/xkpgjg/283571.shtml.
② 吴楠. 江苏以质量、贡献为导向建设高校优势学科[EB/OL]. (2019-12-21)[2020-02-13]. http://www.cssn.cn/zx/bwyc/201912/t20191221_5063125_1.shtml?COLLCC=3262425257&.

叉平台和公共平台的组织建设,为一流学科建设提供有力支撑。①

(三)形成了学科建设的"路径依赖"

从以上我国重点学科建设阶段的历史回顾中可以发现,非均衡化的重点建设是我国学科建设的基本逻辑和根本性的制度安排。重点建设原本是特定时期我国大学学科建设的权宜之计,但由于行政权力的深度介入,这种制度安排演变为一种路径依赖。② 这种路径依赖是与我国重点大学建设政策一脉相承、互为表里的。新中国成立以来,我国高等教育领域一直实行的是一种非均衡化的重点大学建设政策,它已成为我国高等教育领域的一项基本政策和重要的路径依赖。自1952年院校调整以来,我国分别于1954年、1959年、1960年、1978年、1984年、1991年、1995年("211工程")、1998年("985工程")、2015年("双一流"建设),分9次实施了重点高校建设计划和工程。也就是说,除去"文革"10年,国家持续对少数精英高校进行了长达50多年的重点建设。客观地说,根据当时的国情,我国高校的重点建设政策在实施初期是可以理解的,是十分必要的,其进步与成就也是毋庸置疑的,但随着时间的推移,这一重点建设政策的效率和公平性遭到了越来越多的质疑和批评。因此,2017年,"双一流"建设名单公布不久,我国著名高等教育学家潘懋元先生就及时地提醒,要防止"双一流"建设高校和学科成为天马行空的"独行侠"。他建议,"双一流"建设应辐射全国不同类型、不同层次的高校,要建设不同层次、不同类型的"双一流"。③

(四)形成了学科建设的"评估模式"④

我国较大规模的学科评估开始于2001年第二次全国重点学科评选之后的2002年,每四年开展一次,至今已进行了四次评估,各高校、科研院所具有博士或硕士学位授予权的一级学科,均可自愿申请参评,因而这是一个面向全体学科的评估。虽然说是各单位各学科自愿申请参评,但由于其是具有政府背景的

---

① 清华大学发展规划处.清华大学"十三五"院系学科建设正式启动[EB/OL].(2017-04-21)[2021-06-05]. https://news.tsinghua.edu.cn/info/1008/55873.htm.
② 王建华,朱青.对我国大学重点学科建设制度的反思[J].中国高教研究,2013(12):27-30.
③ 杨伏山,李静.专家吁防止"双一流"高校和学科成为天马行空的"独行侠"[EB/OL].(2017-11-18)[2020-02-14].http://www.chinanews.com/gn/2017/11-18/8390133.shtml.
④ 徐高明.学科评估要引领一流学科建设[J].高教发展与评估,2018(3):8-11.

"第三方评估",参评学科每一次都以70%以上的幅度在增长,在16年时间里,评估规模有了大幅度提升(见表1-5)。特别是2016年开始的第四次评估,在不含军事学门类等16个学科的95个一级学科范围内展开,共有513个单位的7 449个学科参评,全国高校具有博士学位授予权的学科中有94%的学科参加了评估,几乎做到了全覆盖。

表1-5 2002年以来我国四次学科评估概况一览表

评估轮次	时间/年	参评单位/个	参评学科/个	参评学科增幅/%
第一次	2002—2004	229	1 366	—
第二次	2006—2008	331	2 369	73.4
第三次	2012	391	4 235	78.8
第四次	2016—2017	513	7 449	75.9

资料来源:根据中国学位与研究生教育信息网有关数据整理而成。

2017年12月,教育部学位与研究生教育发展中心公布了全国第四次学科评估结果。这次学科评估从2016年4月开始,在短短的21个月里,要真正对如此规模的学科进行科学、精准的诊断、评价和分档,确实是个不小的挑战,其间引发了各方高度关注,应该说总体上得到了大家的肯定,当然也有一些合理的质疑和尖锐的批评。之所以会引起如此热议,主要是因为:它是一次有政府背景的"第三方评估",又恰逢"双一流"建设高校和学科的遴选,再一个就是评估指标及数据的不够透明,等等。评估虽已结束,但其后续影响才逐步显现,对这一次学科评估的总结和反思还在持续。

三、我国高校重点学科建设的不足与展望

(一)正视学科建设中的问题

由于我国学科建设形成了非均衡化的重点建设制度,由政府自上而下地推进,具有很强的行政性、垄断性,因而具有明显的问题与不足,主要表现在以下三个方面。第一,重点建设学科的布局不合理。既表现为学校分布不合理,地方高校重点建设学科占比较小,还表现为科类分布不合理,理工科学科占比较大,甚至还存在同一个学科同时建在十几所、二十几所高校里的局部过剩现象。

第二，重点建设学科遴选取向上"选优"有余，"择需"不足。重点学科遴选往往强调"选优助强"，而"择需"明显不足，这样既会造成一些学科重复投入、反复建设的浪费，还会造成学科建设不能很好地服务于国家重大战略和经济社会发展。第三，在学科建设投入上"见物不见人"。在学科建设过程中，一方面，实验设备和科研条件得到了突破性的改善，已达到世界一流的水平；另一方面，却忽视了学科建设中的决定性因素——学科队伍、学科带头人的培养与建设。出现了学科人才与资源不相匹配、学术能力不足与资源相对过剩的矛盾。[1] 还有学者从系统性的视角提出，我国重点学科建设制度制约着我国大学的学科建设从"点""线"向"面""体"的转化。第一、二次国家重点建设学科评选都是按照二级学科点来进行评选和建设的，直到 2006 年第三次国家重点建设学科的评选，才开始以学科目录中一级学科作为学科建设的主体，同时带动该一级学科下设的二级学科的建设与发展，学科建设由"点"向"线"过渡。但是我国重点学科建设制度并没有涵盖到跨学科、交叉学科或新兴学科的"面"的建设，更没有发挥高校这一建设主体的作用来推进大学制度和学科建设环境等"体"的建设。[2]

（二）调整学科建设政策导向

党的十九大鲜明提出，新时代我国社会主要矛盾已经转化为人民日益增长的美好生活需要和不平衡不充分的发展之间的矛盾。这就表明，新时代人民群众对高等教育的需要也同样发生了显著变化，不再局限于"有大学上"的"基本需求"，而是更加强调多样化、高质量以及公平正义等方面的"更高需求"。2018 年，哈佛大学第 29 任新校长巴科在其就职演讲中指出，我们追求的卓越，绝不是单纯的精英主义，也不是指人们与生俱来的优秀品质，更不是从一出生就拥有的那份特权。我们所追求的卓越只有通过不懈的追求才能实现。[3] 巴科校长所反对的这种特权式的精英主义，其实就是一种垄断性的卓越。

我国这种特权式、垄断性的重点学科建设政策，在长达 30 多年的实践中至少产生了三个不良后果：一是缺乏公平竞争环境，高校发展动力不足。从以往实践来看，我国重点学科建设政策没有公开、透明的遴选程序，并没有确立起竞

---

[1] 宣勇.建设世界一流学科要实现"三个转变"[J].中国高教研究,2016(5):4.
[2] 王建华,朱青.对我国大学重点学科制度的反思[J].中国高教研究,2013(12):27-30.
[3] 郭英剑.高等教育三大核心价值[N].中国科学报,2018-10-09.

争政策的基础性地位。而这种由政府部门推进的行政指令性运作方式,其最大弊病就在于缺乏公平有序的竞争,缺乏创新动力。二是导致了"千校一面"的同质化现象。由于我国重点学科建设的大学几乎都是研究型大学,许多地方院校为了获取自身"合法性"地位和更加有利的竞争优势,也被迫放弃和背离了它们原先的定位,强调学术研究的价值,不断模仿传统大学的学科组织特征与行为模式,产生了严重的"学术漂移"现象,发展目标虚高,更名之风盛行,同质化趋势明显。三是产生了两极分化和"内卷化效应"。我国长期持续的重点学科建设政策导致了高等教育领域的"马太效应",两极分化的现象十分突出。同时,由于近年来国家关于专科升本科、普通本科院校"创大(学)、申博(士点)"的政策空间进一步收窄,地方普通高校的学科建设最终只能无奈地局限在一个较低层次上,耗费着有限的资源,自我重复,自我懈怠,裹足不前,低水平徘徊,造成了严重的"内卷化效应"。

评估一项公共政策的指标主要有三个方面,那就是经济、效率和公平。所谓经济和效率就是花更少的钱办更多的事,所谓公平就是致力于更加合理地分配公共资源、物品和服务,追求公共利益。所以,根据我国社会主要矛盾已发生转化的新要求,新时代我国高等教育政策不仅要更好地平衡经济、效率和公平的关系,更重要的是要把经济和效率置于公平的框架中来考察,从而使经济和效率更加符合公平的要求,更多地实现高等教育发展的公共价值。

因此,实现高等学科建设的均衡化发展,是破解我国学科建设特权式、垄断性卓越的重要途径。当然,均衡化只是一个相对的概念,均衡化并非均等化。学科领域均衡化发展的关键就是要"找短板""补短板",着力点主要是要进一步缩小重点学科与非重点学科的差距、东中西部的区域差距以及研究型大学与应用型高校的差距,促进不同类型、层次和区域的学科建设协调发展,追求学科建设"有差异的平衡而又充分的发展",最终形成中国特色、世界水平的一流学科体系和可持续发展的学科生态。

(三) 完善学科评估制度

学科评估制度具有巨大的导向作用,因此,在我国缺乏真正的"第三方评估"的情况下,必须进一步完善我国教育部学位与研究生教育发展中心组织的学科评估制度。首先,在评估对象上,要从面向全体转向更加突出重点。下一次学科评估要紧紧围绕这些首批遴选认定的465个世界一流建设学科,对它们进行动态监测,及时跟踪指导,制定科学合理的绩效评价办法,及时跟进开展中期和期末评价,提出评价意见,增强建设实效。与此相配合,为了打破一流建设学科的身份固化,建立建设学科"有进有出"动态调整机制,在对465个一流建设学科进行评估的同时,还应对那些在首批遴选中没有入选的优势学科进行备选评估,可采取各校自愿限额申请的办法,在首批"双一流"建设期满前,再评选出一批优势学科作为第二次世界一流学科建设学科的备选学科,一旦有首批入选的学科在建设过程中出现了重大问题,或者不再具备建设条件且经警示整改仍无改善的建设学科被调整出建设范围,这些备选学科就可以及时予以补充。在拔尖评估的同时,还可以进行兜底的学科评估。需要进行兜底评估的学科主要有两类:一类是新增设学科点,例如,对10年内新增设的学科点要分批进行过堂式合格评估,做到评估全覆盖、无死角。另一类是通过教育部及教育部学位与研究生教育发展中心的有关数据库所掌握的信息,对那些学科建设成效不显、问题较为严重的学科进行机动巡查评估。兜底的学科评估主要目的就是要以评促建、以评促改、重在建设,确保学科建设的达标和合格。通过这种拔尖评估和兜底评估,一方面,可以避免学科评估全面开花、劳民伤财,避免对高校正常工作造成干扰,避免引发激烈的批评与质疑;另一方面,在前有标杆、后有鞭策的前提下,还可以保证除了顶尖和底层学科以外的其他绝大多数中间学科的休养生息、自主发展,从而让一流学科"冒"出来。

其次,在评估指标上,要从聚焦核心要素转向更加重视系统整合。第四次学科评估指标体系与以往评估基本一致,是一种典型的要素分析式评估。通过对学科所包含的核心要素进行逐一分析研究和精准计算,就可以实现对学科整体的把控,就能判断这个学科整体的建设成效和质量。根据笛卡儿的要素还原主义理论,这种评估方式具有一定的合理性和科学性,但随着信息论、系统论、协同理论等兴起与发展,要素主义分析科学的不足也是显而易见的:一是不利于获得一个范围广泛的问题解决方案;二是问题的解决方案往往会缺乏协同性和相互依存性;三是缺乏相互理解的不同要素之间还容易产生文化冲突。[①]

---

① 陈颖键,张惠群.新思维范式[M].北京:科学技术文献出版社,2003:17,19.

所以,为了最大限度地弥补要素分析的不足,我们的学科评估要充分发挥中国人整体思维的优势,由分入手,旨在整合,在关注学科建设核心要素"硬指标"的同时,更要关注学科建设的整体性思维和建设方案,更加关注各核心要素间的依存性和协同性,减少各学科要素间的龃龉和冲突,在评估指标中要更加注重对学科理念、学科文化、学科制度、学科认同、学科责任等"软实力"的强化和引领。这些"软实力"才是学科建设核心要素的"黏合剂",才是实现由跟跑到弯道超越的"临门一脚"。

再次,在评估理念上,要从围绕学科点转向更加关注学科体系。虽然学科点在一所高校的学科系统中是相互独立的,然而它又是按照一定的比例联系成一定的结构的,按照结构—功能理论,这种比例和结构才是决定学科系统的性质和功能的决定因素。因此,为了充分发挥高校学科整体系统的功能,我国的学科评估就一定不能仅仅局限于单个的学科点,即使是评估单个的学科点,也要着眼于优化学科系统的比例和结构,还要关注与学科点相关的学科群,由点到群,再到学科网,最终引导高校自觉构建起一个生态化的学科体系。一般说来,高校的学科建设从来就不是单兵突进的,都会有相应的纵向支撑体和横向联合体。[①] 因此,在单一学科评估过程中,既要在纵向上关注同一学科衍生出来的线性学科群,还要在横向上考察相邻学科融汇出来的相关学科群,甚至是互不相干的学科交互作用而形成的交叉学科群,从而引领和维护学科群落的健康发展,形成高校纵横联合、支撑互补的学科群,形成我国高等教育动态、多样、共生、和谐的学科生态。

---

① 冒荣.直面学科评估的透视力和导向性[J].高教发展与评估,2018(3):5-7.

第二章
"双一流"建设的学科意义

近年来,基于中央政府发布的"双一流"建设文件,各省(市)也纷纷出台了地方政策。"双一流"建设名单公布之后,各入选学校也都相应公布了《一流大学建设高校建设方案》和《一流学科建设高校建设方案》,对于一流大学和一流学科建设进行了中长期的规划,并提出了诸如学科交叉融合、体制机制改革、学科生态建设等方面的新思路。"双一流"建设中,通过科学决策制定合理的政策并坚决执行,对于"世界一流"目标的实现特别重要。在现有政策框架下,"双一流"建设面临建设周期短、突出绩效评价等政策约束,大学和学科发展非常容易陷入过度追求排名与短期效应的窠臼,导致即便前期制定了较好的规划方案也无法有效实施。为了有利于"双一流"建设背景下高校学科建设与调整的合理、有序进行,加快世界一流大学和一流学科建设,有必要对"双一流"建设的要义以及"双一流"建设背景下高校学科建设的应对策略进行理论审视,并对"双一流"建设中一流学科建设政策的非预期效果进行必要的检视。

第一节 "双一流"建设的要义

作为中华民族伟大复兴的基础工程,"双一流"建设的提出既体现了中央政府对于高等教育改革和发展所取得的成就的肯定,同时也为未来相当长时期内我国高等教育改革和发展预设了时间表、目的地和路线图。① 与以往的高等教育重点建设政策相比,"双一流"建设在吸取前期经验的基础上又有所创新。具体而言,一是在评价标准和评价体系上提出了"中国特色、世界一流"的要求,倡导"扎根中国大地办大学";二是在"双一流"建设中努力探索高等教育发展的中国模式,以"基本建成高等教育强国"为最终目标。但政策的创新与最终的落地仍有距离,实践中如何理解"中国特色、世界一流"的含义,以及如何形成高等教育发展的中国模式等问题,仍然需要从理论上进行澄清。

一、如何理解"中国特色、世界一流"的含义

"双一流"建设《总体方案》在指导思想中明确要求"坚持以中国特色、世界一流为核心,以立德树人为根本","加快建成一批世界一流大学和一流学科";《实施办法》再次强调"以中国特色、世界一流为核心,落实立德树人根本任务","推动一批高水平大学和学科进入世界一流行列或前列";教育部、财政部、国家发展改革委印发的《关于高等学校加快"双一流"建设的指导意见》(以下简称《指导意见》)也指出:"以中国特色世界一流为核心,以高等教育内涵式发展为主线……努力建成一批中国特色社会主义标杆大学,确保实现'双一流'建设总体方案确定的战略目标。"由此可见,"中国特色、世界一流"对于加快推进"双一流"建设至关重要。那么,应如何理解"中国特色"和"世界一流"的含义呢?如何处理二者的关系呢?这牵涉到如何理解"全球化"与"本土化"的关系。

无论是在理论上还是实践中,全球化与本土化之间都存在永恒的张力。这种张力并不会因为"全球本土化"(think globally and act locally)概念和"全球国家地方"(glonacal agency heuristic)分析框架②的提出而消解。我国的"双一流"建设同样面临全球化与本土化的冲突。面对冲突,"双一流"建设的政策选择是"中国特色、世界一流"。现在的问题是,"什么是中国特色,什么是世界一流"以及如何处理"中国特色"和"世界一流"的关系。对于"中国特色",一种解读

---

① 王建华.一流之后的路:朝向高等教育真正的发展[J].苏州大学学报(教育科学版),2019(3):43.
② 赵显通."全球国家地方"模式:缘起、内涵与评价——兼论对重庆高等教育国际化的启示[J].重庆高教研究,2019(1):59-70.

是中华文化或文明,一种解读是体制或政体,还有一种解读是"国情"。对于"世界一流",一种解读是在世界上的排名,一种解读是影响力,还有一种解读是学术贡献。不同的解读有不同的道理,也会对"双一流"建设产生不同的影响。但无论哪种解读都承认"中国特色"与"世界一流"有一致的地方,也有内在的冲突。有学者就认为:"所谓'中国特色',是从实践性维度提出的建设目标,就是要解决中国自己的发展需求问题。所谓'世界一流',是从学术性维度提出的建设目标,一流就是先进,一流就是前列,一流是在比较中实现的,世界一流学科意味着在人才培养、科学研究、社会服务以及文化传承方面达到国际一流水平,在思想理论、科学技术、观念价值、制度文明等方面具备改变人类社会进程的能力。"[1]按照这种看法,"世界一流"主要强调办学指标的国际可比性,而"中国特色"主要强调大学所在国家以及这个国家的大学自身的特殊性,即大学的不可比性。与将"世界一流"和"中国特色"相互区分不同,还有学者将"中国特色"置于"世界一流"之上。比如,对于中国大学发展的方向,早在20多年前涂又光先生就基于"文明本土化",特意区分了"中国的大学"(a university of China)和"在中国的大学"(a university in China),[2]意在强调中国大学不只是办在中国的大学,而必须是植根于中国(文化)的大学,属于中国的大学,为中国服务的大学。与之类似,还有学者认为:"双一流"建设要建立的是"世界一流的大学",而不是"一流的世界大学",前者是对自身发展路径的自信,后者是对世界大学模型的盲目模仿。[3] 但事实上,从全球化的发展趋势和构建人类命运共同体来看,在一个基于知识的社会和经济环境里,由于知识本身的世界性,所有地方的大学、所有国家的大学均要朝向"世界大学"的方向演变。国家特色和地区特色或许会有,但不太会是大学发展的主流。不同国家、不同地区的大学之间会有差异,但共同点会越来越多。真正的世界一流大学不仅是"世界一流"的大学,还应是一流的"世界大学"。"我们今天讲要建设'中国特色'的世界一流大学,不仅是要立足中国实际、解决中国问题,还要思考和探讨建设基于中国文化和中华文明的大学。我们当然不是回到旧时代,也不是回到旧时的书院,而是要

---

[1] 宋尘明,林梦泉,李潞锋,等.基于教育认证理念的一流学科建设路径[J].中国高等教育,2017(Z3):52.
[2] 涂又光.文明本土化与大学[J].高等教育研究,1998(6):6-7.
[3] 吴合文."双一流"建设的系统审思与推进策略[J].高等教育研究,2017(1):34.

在未来的中国文化的基础上,建设新型的大学。未来的中国文化应当融合中国传统文化、西方的科学和理性文化、马克思主义及中国的实践等等,应当是一个具有广泛包容性的文化。……未来的中国大学,也应当在吸取各种优秀文化的基础上成长壮大,成为真正意义上的'中国特色'的世界一流大学。"[1]在信息技术环境下,伴随着知识和人员全球流动的加速,大学基于地理和文化意义上的区域概念将逐渐消解。在终极意义上,所有大学都是人类的大学,世界的大学,将一起服务于构建人类命运共同体。"文艺复兴的伟大成就之一就是欧洲高校的创立、扩散和普及。面对当时欧洲的挑战(事实上是相当于如今全球的挑战),大学造就了当时能够克服愚昧无知、突破最严峻挑战、具有清楚头脑和敏锐观察力的伟人与知识分子。如今人类面临的挑战比当时更严重迫切,例如:水资源短缺、能源短缺、全球变暖、持续的贫穷、大范围教育水平落后、人类仇恨不可调和、疾病威胁、贪污腐败现象横行、人口爆炸等。地球的生存取决于这些挑战如何解决。"[2]无论哪个国家的哪所大学要成为世界一流大学,都必须能够为人类面临的共同问题提供解决方案。遗憾的是,目前人类社会仍以民族国家为主导,每一个国家在融入全球化的进程中又在不断强化自身的特殊性。大学作为一个高价值(文化与意识形态)负荷的组织无法超越民族国家体制的影响。因此,世界上现有的大学仍然多是国家的大学、地方的大学,无法形成大学间的合力,这极大延缓了那些人类面临的共同的严峻问题的有效解决。面向未来,中国作为正在崛起的世界性国家,"双一流"建设的最终目标应朝向一流的"世界大学",而不仅仅是"世界一流"的"中国特色社会主义标杆大学"。

近年来,受"双一流"建设政策的影响,所谓"特色"正在成为大学办学的一种"迷思",甚至有"以特色论一流"的危险。一些行业特色型高校过度强调一流学科评价的实践性标准,似乎只要满足了国家与社会的某个重大需求就是一流学科,就是一流大学。这种强调办学特色和学科特色的倾向凸显了一流学科评价的主观性,弱化了一流学科的国际可比性。如果说"以排名论一流"失之于评价标准的过度量化,那么"以特色论一流"则失之于评价标准的过于主观。真

---

[1] 林建华.校长观点:大学的改革与未来[M].上海:东方出版中心,2018:69.
[2] 冯达旋.全球化下的教育复兴:冯达旋谈高等教育[M].魏晓雨,译.哈尔滨:哈尔滨工业大学出版社,2018:96.

正的世界一流学科会在学科排行榜的前列,也会满足一个国家或地区经济社会发展的重大需求;但反过来,并非位于排行榜前列的就一定是世界一流学科,也并非只要能够满足区域经济社会发展重大需求就是世界一流学科。究其根本,位于学科排行榜的前列以及满足经济社会发展的重大需求都是一流学科建设的自然结果,而不能成为判断一个学科是不是一流的确定性指标。在已公布的《一流大学建设高校建设方案》和《一流学科建设高校建设方案》中,很多高校都在建构所谓的办学特色和学科特色。对于"双一流"建设,"中国特色"很重要,但绝不能离开"世界一流"的定位和目标。"中国特色"一定是要在"世界一流"的前提下的,绝不能为"特色"而"特色",更不能把"特色"当"一流"。对于国家而言,高等教育发展一定会有文化或体制上的独特性,即"国家特色"。但"特色对于学校的战略意义具有较强的时限性,并非是高校组织定位的决定性因素"①。根据"双一流"建设《实施办法》的要求,"一流大学建设高校应是经过长期重点建设、具有先进办学理念、办学实力强、社会认可度较高的高校,须拥有一定数量国内领先、国际前列的高水平学科,在改革创新和现代大学制度建设中成效显著","一流学科建设高校应具有居于国内前列或国际前沿的高水平学科,学科水平在有影响力的第三方评价中进入前列,或者国家急需、具有重大的行业或区域影响、学科优势突出、具有不可替代性"。由此可见,每一所"双一流"建设高校,每一个"双一流"建设学科,努力的方向应是提高学校和学科的绝对水平和办学实力,而不是刻意寻找或建构学科或学校的特色。在国家层面上,"双一流"建设需要"中国特色",并不意味着每一所"双一流"建设高校和每一个"双一流"建设学科都要有学校特色和学科特色。在学校和学科层面上,无论是一流大学建设还是一流学科建设都必须以高水平作为前提,没有高水平谈不上特色。真正的世界一流需要的是绝对的实力,而不是相对的特色。

"双一流"建设实践中,部分高校之所以不适当地强调"办学特色"和"学科特色",一种原因是没有理解特色和水平的关系,另一种是没有弄懂国家政策的相关要求,还有一种就是学校和学科的水平不高,有意混淆水平和特色的关系。对于"双一流"建设来说,"中国特色并不是纯粹的意识形态概念。世界一流、中

---

① 龚怡祖,谢凌凌,陈金圣,等.大学学科运行与学科发展战略中若干问题的理论分析[J].高等教育研究,2011(10):47.

国特色的学科体系是开放的,有全球共通性的。离开了全球视野和参照,就没有'世界一流';而失去了立足中国国情、服务中华复兴、体现中国创造的中国特色,学科建设的主体性不存在,'世界一流'建设也就是奢谈"①。《总体方案》虽然在"坚持以学科为基础"部分强调学校要"办出特色",但这里的"办出特色"是以"引导和支持高等学校优化学科结构,凝练学科发展方向,突出学科建设重点,创新学科组织模式,打造更多学科高峰,带动学校发挥优势"为前提的。同样,《总体方案》中关于"强化办学特色"的论述也是以"要围绕主干学科"为前提的,并将其放在"拥有若干处于国内前列、在国际同类院校中居于优势地位的高水平学科的大学……建设若干一流学科,扩大国际影响力,带动学校进入世界同类高校前列"的具体语境中。究其根本,"双一流"建设的目标是"世界一流大学和一流学科"而不是"中国特色"。大学和学科的发展与企业不同,好的企业可以分布在不同的行业或领域,各有专长,充分体现产业或行业特色,但那些追求世界一流的大学必须在基本相同的学科领域展开竞争。对于世界一流大学和一流学科建设,绝不能将"办学特色"狭隘地理解为"人无我有"。"特色化的关键在于:同样的事情,我们能做得更好。创特色不只是在竞争中出奇制胜,关键是如何通过特色化战略发展学校的综合实力,解决学校生存与发展的长远重大问题。"②实践证明,虽然无论哪所大学都不太可能在所有学科领域均实现一流,但真正世界一流的大学,为了实现"高等的教育"都会有那些作为基础的自然科学、社会科学和人文科学学科,而不可能只办某些特色学科而成为世界一流。

二、如何形成高等教育发展的中国模式

1973年,道格拉斯·诺思和罗伯特·托马斯合作出版了《西方世界的兴起》。他们在这本书中指出:西方之所以产生了资本主义,是因为它形成了一套有利于资本主义发展的制度安排,其中最重要的是所有权的确立。他们认为,一个有效率的经济组织在西欧的发展是西方世界兴起的根本所在。原因是有

---

① 周杨.在科学和法治的轨道上推进中国特色世界一流法学学科建设——张文显教授访谈录[J].中国大学教学,2017(8):8-9.
② 李立国."双一流"背景下需求导向的学科专业调整优化[J].大学教育科学,2017(4):6.

效率的经济组织能够使个人的经济努力的私人收益率接近社会收益率,从而提供最有效的激励。毕竟市场机制能够发挥配置资源的作用,关键还是参与市场的行为人得到了激励,从而实现资源的最优配置,提高经济效率。① 除了"有效率的经济组织",近代以来以欧洲为中心的西方世界之所以能够兴起,并产生科学革命、文艺复兴以及启蒙运动,还得益于另一个有效率的学术组织,即大学的兴起。大卫·威利茨在他影响深远的著作《大学教育》的开篇就写道:"大学是欧洲送给世界的最好的礼物之一……欧洲的大学孕育了文艺复兴时期的人文主义,推动了宗教改革,引领了经验科学的兴起,促进了批判历史的出现。"② 作为孕育于中世纪欧洲的"文明之花",大学为近代以来西方世界的全面兴起提供了不竭的智识动力。

作为后发外生型国家,"中国自改革开放以来一直是一个学习型国家,这是中国成功的其中一个根源"③。"文革"结束之后、改革开放以来,中国高等教育改革与发展有两条基本的线索,一条是向以美国为代表的发达国家学习,另一条是以重点建设为代表的实践探索。向发达国家的制度学习主要是为了完善我国高等教育系统的若干细节,以使我国高等教育机构能够从形式上融入世界高等教育体系。以重点建设政策为代表的实践探索则主要是为了使高等教育发展适应中国特色政治、经济以及社会建设(现代化)的需要。改革开放40多年来,中国高等教育改革和发展取得了巨大的成就,这一方面得益于由政府主导的高等教育重点建设政策的持续驱动,另一方面也得益于对以美国为代表的发达国家的高等教育经验的主动学习和积极借鉴。回顾过去,向发达国家的制度学习以及基于本土的重点建设政策是我国高等教育改革和发展取得成功的基本经验。但从"双一流"建设最终要"基本建成高等教育强国"的远景目标看,那些过去的成功经验需要重新评估。如艾略特所言:"一所大学,从根本意义上来说,必须从种子开始成长。并且,它的枝叶树干不能从英国或者德国移植。……美国高校的出现过程,不仅仅是模仿国外科研机构,或者是温室中的植物,而是美国社会和政治习惯的缓慢且自然发展的结果……美国的大学以及

---

① [美]诺斯,托马斯.西方世界的兴起[M].厉以平,蔡磊,译.北京:华夏出版社,1999:5.
② [英]安东尼·塞尔登,奥拉迪梅吉·阿比多耶.第四次教育革命:人工智能如何改变教育[M].吕晓志,译.北京:机械工业出版社,2019:7.
③ 郑永年,郑永年论中国:中国的知识重建[M].北京:东方出版社,2018:260-261.

学院是原创且无与伦比的机构。"①就像美国高等教育的崛起需要摆脱对于欧洲大学的模仿一样,中国要成为世界高等教育强国也必须摆脱对于以美国为代表的发达国家的简单模仿。就制度环境而言,中国拥有与西方不同的政治体制以及历史—文化情境。就高等教育本身而言,中国高等教育规模超级庞大,并有着悠久的教育传统,远非欧美国家可比。基于此,无论是欧洲模式还是美国模式在中国都不适用。当然,这样讲不是说我们不再需要向高等教育发达国家学习,也不是说不再需要重点建设政策,而是说制度学习的方向和重点建设的方式需要革新。长期以来,我国高等教育改革和发展对以美国为代表的发达国家的制度学习经常是零星的,多以精英科学家的个人经验为媒介,缺乏教育智库和学术共同体的深度参与,制度学习的结果(制度的变迁)具有不确定性或"形同质异"。基于此,如果说过去我国高等教育改革对于发达国家的制度学习主要是因为别的国家在某个方面做得好或有什么样的制度,而较少考虑我们是不是真的需要或真的适合,学习结果止于形式上"像"或"似",那么未来的制度学习应更多地从我国高等教育改革和发展的实践需要出发,以系统的政策科学和高等教育科学研究为媒介,经由面向世界的制度学习实现本土化的制度创新。

我们知道,大学起源于西欧,稍后扩散到北美和东亚。在中国,大学作为"西学东渐"的一部分,最早建立于19世纪末。时至今日,与欧洲那些建于中世纪的大学相比,在中国即便是最早建立的大学也还非常年轻。值得注意的是,中国大学建立的时间点非常关键。以欧洲大学史为参照的,中国大学从一开始建立就是以现代大学为参照的,起点很高。这可能也是为什么在民国时期虽历经战乱,中国大学在建立半个世纪左右的时间里仍然达到了很高的学术水平,甚至涌现出了像西南联大那样可以培养出诺贝尔奖获得者的世界一流大学的原因。新中国成立初期,我国高等教育发展走了一段弯路。改革开放以来,向西方发达国家学习重新成为我国高等教育改革和发展的重要路径。近几十年来,因为"西方发达的经济和智力优势",中国大学改革以西方大学作为"优异的标杆"被认为是自然而然的事情。然而21世纪以来,伴随信息技术

---

① 冯达旋.全球化下的教育复兴:冯达旋谈高等教育[M].魏晓雨,译.哈尔滨:哈尔滨工业大学出版社,2018:71.

革命的加速以及经济—技术发展范式的转换,中国的经济实力、综合国力及国际地位发生了巨大变化。得益于经济的持续增长和重点建设政策的不断深化,中国大学开始在世界高等教育舞台上扮演更加重要的角色。时至今日,如果中国大学始终无法"撤销对西方的依赖感","不可能培养浓厚的内在的自信"[①],将无法真正实现建立中国特色、世界一流大学的远大目标。如果说在20世纪的大部分时间里,中国大学是不得不向西方发达国家学习,那么在21世纪里中国大学一定要尽快做好"毕业"的准备。"今天的中国已经不一样了,已经成为了一个'世界性'的国家。"[②]面向未来,中国大学要成为世界一流大学,中国要成为高等教育强国,要为国家、地区乃至全球事务做出自己独特的贡献,必须走出对西方在精神和制度上的依赖,立足于创新能力和创业精神,围绕流程(制度安排)和价值观(办学理念)的再造,创造出具有中国特色的高等教育发展模式和大学模式。

第二节　"双一流"建设背景下高校学科建设的应对

根据《总体方案》,"双一流"建设要"坚持以学科为基础","引导和支持高等学校优化学科结构,凝练学科发展方向,突出学科建设重点,创新学科组织模式,打造更多学科高峰,带动学校发挥优势、办出特色"。由此可见,学科建设是"双一流"建设的基础工程。只有强化学科建设才能建成一流学科,只有通过一流学科建设才能成就一流大学,只有建成了世界一流大学和一流学科才能最终实现"双一流"建设的战略目标——基本建成高等教育强国。近年来,随着各级政府相关政策的不断落实,"双一流"建设对于高校学科建设的影响开始显现。作为对"双一流"建设的应对,很多高校围绕学科的增减、学科布局、学科交叉与融合、学科的分层与分类等对学科建设的方略进行了调整。为保障"双一流"建设中高校学科建设的顺利推进,有必要对相关应对策略的合理性进行理论审视。

---

① 冯达旋.全球化下的教育复兴:冯达旋谈高等教育[M].魏晓雨,译.哈尔滨:哈尔滨工业大学出版社,2018:96.
② 林建华.校长观点:大学的改革与未来[M].上海:东方出版中心,2018:90.

一、学科建设之于"双一流"建设的重要性

改革开放以来,政府在恢复重点大学建设的同时,启动了国家重点学科建设。1986年至1987年进行了第一次国家重点学科评选。2001年至2002年进行了第二次评选。2006年进行了第三次评选。到2007年为止,共评选出286个一级学科国家重点学科、677个二级学科国家重点学科、217个国家重点(培育)学科。2014年,国务院发布了《关于取消和下放一批行政审批项目的决定》,取消了教育部的国家重点学科审批制度。2016年,教育部、国务院学位委员会、国家语委发布了《关于宣布失效一批规范性文件的通知》,宣布废止与"985工程"和"211工程"相关的8份文件。至此,"国家重点学科"建设、"211工程"建设、"985工程"建设正式退出历史舞台,取而代之的是"双一流"建设。

长期以来,在我国高等教育重点建设中,政策运行局限于教育系统内部。由于缺乏科学的评价体系,每一项重点建设政策的出台都经常会导致高等教育系统出现制度性区隔。持续不断的重点建设导致整个高等教育系统出现身份固化、竞争缺失。近年来,政府之所以启动"双一流"建设就是因为经过从中华人民共和国成立初期的重点大学政策,到改革开放后的"国家重点学科"建设、"211工程"建设、"985工程"建设,虽然高等教育发展取得了巨大的成就,但也造成了整个高等教育系统的活力和竞争力存在不足。为了克服以往重点建设政策导致的制度困境,"双一流"建设在顶层设计上进行了制度创新。有学者对"985工程"和"双一流"建设的政策逻辑进行比较后发现:"985工程"一期原有总建设目标是"建成若干所世界一流大学和一批国际知名的高水平研究型大学,促进一批世界一流学科的形成";2015年,中央决定推出"双一流"建设,政策目标为"统筹推进世界一流大学与一流学科建设"。两者任务目标有质的区别:前者是完成时、建设重心是学校,后者是进行时、建设重心是学科;前者是政府指定学校,后者将采取竞争性途径。不同的指导思想决定不同的路线图,原有的"顶层设计"是计划配置模式为主,"双一流方案"的"顶层设计"则更重视以竞争合作模式为主。另外,虽然在"双一流方案"新文件的目标表述上,一流学校与一流学科是并列的,但在调整文件的具体描述中可以显著感受到,对大

力推进一流学科建设的比重有所加强,与原有偏重一流大学建设形成鲜明对比,这与十多年高教界实践中对学科成长规律、学科与大学关系以及世界一流大学的学科贡献的认识有关。①

从政策源流上看,"双一流"建设既是一项新的重点建设政策,也可以看作前期重点建设政策的延续。某种意义上,"世界一流大学建设"延续了"211工程"和"985工程"建设世界高水平大学的政策目标,"世界一流学科建设"则可以看作"国家重点学科建设"的升级版。虽然"211工程"建设和"985工程"建设也包含有学科建设的内容,但其建设仍然主要以学校为基本单位,而"双一流"建设则完全不同,其将"一流学科建设"置于和"一流大学建设"同等重要的地位。"双一流"建设"坚持以学科为基础"作为基本原则,既反映了一流学科建设在"双一流"建设中的基础性地位,也彰显了学科建设之于高校发展的重要性。"'双一流'建设中的世界一流学科建设与国家重点学科建设相比,体现出目标的升级、范围的扩大、标杆的提升,突出了高校学科建设的国际视野。"②与过去的重点建设政策相比,《总体方案》的顶层设计中关于一流学科建设体现出以下三个特点:一是重点强调了一流学科建设的中国特色,要求围绕"中国特色、世界一流"的核心要求进行学科建设;二是提出了明确的一流学科建设时间表;三是对"一流"的要求在数量和质量上有显著提高,明确提出一流学科数量发展上要从"若干""一批"到"更多",从质量上要进入世界一流学科的"前列"。③

需要注意的是,"双一流"建设虽然在政策设计上凸显了学科建设的重要性,但在政策实施层面,高校对于学科建设,建设什么,仍然缺乏理性的认知。作为高等教育后发外生型国家,我国大学的组织与制度建设相对滞后,对于组织和制度之于大学和学科建设的重要性的认识也不到位。虽然"双一流"建设《指导意见》也强调"创新学科组织模式",希望高校"聚焦建设学科,加强学科协同交叉融合。整合各类资源,加大对原创性、系统性、引领性研究的支持。围绕重大项目和重大研究问题组建学科群,主干学科引领发展方向,发挥凝聚辐

---

① 康宁,张其龙,苏慧斌."985工程"转型与"双一流方案"诞生的历史逻辑[J].清华大学教育研究,2016(5):18.
② 胡建华."双一流"建设对我国高校学科建设的影响[J].江苏高教,2018(7):5.
③ 谢延龙.我国世界一流学科建设:历程、困境与突破[J].黑龙江高教研究,2017(10):27.

射作用,各学科紧密联系、协同创新,避免简单地'搞平衡、铺摊子、拉郎配'",但高校学科建设实践中"重资源投入、轻制度建设"的现象依然严重,①项目制仍然占据绝对主导。大学和学者均热衷于申报人才头衔、拿项目、发论文、获奖,对于学科组织模式的创新重视不够。很多人文社科类的学科建设,仍然处于"手工作坊式"阶段。由于缺乏有效的学科组织作为科研平台,很多学者仍以"个体户"的方式从事教学和科研。所谓的学科建设成果大多由个人成果拼凑而成。"学科是知识形态、活动形态和组织形态的统一体,是主体为了教育或发展的需要,通过自身认知结构与客体结构的互动而形成的一种既有利于知识的传授又有利于知识创新的组织体系。学科的知识形态是学科的核心,学科的活动形态是学科的基础,学科的组织形态是学科的表现形式,学科的活动形态和组织形态是与学科的知识形态这一本质属性有联系的非本质属性。"②实践表明,一流的学科建设必须有一流的组织形式与制度安排作为支撑。没有有效的学科组织和制度作为基础,不可能建成一流的学科。如有学者所言:"大学学科建设建什么?就是建组织,就是促进组织在知识生产、知识劳动能力上的提升。……当下大学的学科建设往往强调的是建学位点、建实验室、引进高水平师资,这些都是学科建设的要素,我们过去的学科建设都在谈要素发展,在某些要素上投入。今天,在'双一流'战略下很重要的是,要从建组织的角度来重新思考大学的学科建设到底怎么建。……现在的学科建设大都是虚拟的学科、拼凑的学科。我国的学科建设是在政府的拉动下开展的,是用财政的拨款驱动的,为了竞争到财政的拨款,大学就拼凑学科,把在不同学院、不同的组织中的材料凑起来,组成一个学科建设的方案。但是,拨款下来以后大家就瓜分掉了,然后大家都各自做自己的事情。所以,这就是为什么学科建设的效率低下、出现边际效益递减的原因,因为,学科的组织化程度太低了。"③目前在"双一流"建设中高校之所以高度重视人才称号、项目、论文和获奖,忽视学科组织和制度创新,与政府对于高校学科水平的评价与激励机制等密不可分。在现行体制和政策框架下,政府掌握着资源,且倾向于以政策驱动

---

① 郭书剑,王建华.论一流学科的制度建设[J].高校教育管理,2017(2):34.
② 孙绵涛,朱晓黎.关于学科本质的再认识[J].教育研究,2007(12):31.
③ 宣勇.大学学科建设应该建什么[J].探索与争鸣,2016(7):30.

改革。为了不错过每一个重点建设的政策窗口，高校的学科建设自然倾向于"短、平、快"，热衷于那些在各种遴选中有显示度的东西（论文、项目、获奖、人才头衔），而不是这些东西背后的组织与制度基础。其结果就是大学组织制度创新（治理体系与治理能力现代化）对于学科建设的重要性被遮蔽。基于此，"人们需要更多地研究世界一流大学能够保持一流的制度环境，特别是生成学术生态的制度创新。由中央政府设计确定世界一流大学的指标，不仅理论上背离规律，而且客观上吃力不讨好；如果中央确定'双一流'的基本原则，放手让地方与学校创新实践，最终指标的优化选择与共识一定来自市场创新与竞争的不断收敛。何时政府放弃'重点工程'思维，何时政府的'顶层设计'就'豁然开朗'"①。从长远来看，"双一流"建设要实现一流学科建设的目标必须高度重视学科组织和制度建设，而不能只是盯着一流学科建设的遴选指标或世界一流学科排名的评价指标。高等教育发展的实践证明，没有一流的指标同样可以有一流的学科，但若没有一流的学科组织和制度绝不可能建成一流的学科。

二、学科增减与布局调整

（一）学科的增减

延续过去高等教育重点建设政策的基本模式，"双一流"建设对于高校学科建设的影响可以从两个层面来认识。一是从外部看，"双一流"建设进一步凸显了政府在高校学科建设中的主导作用，强化了高校学科建设中政策驱动改革的政治逻辑。学科原本是学术共同体的内部事务，但政府以"建设"之名左右了高深知识的生产，导致了行政权力对于学术的僭越。"学科发展有其自身的内在规律，高校是学科发展的主要承担者，高校教师是学科发展的根基所在。政府制定的有关学科发展的政策应该符合学科发展的内在规律，诸如学科知识积累的长期性，学科发展的交叉、融通；政府制定的政策应该促使高校在学科建设中发挥主观能动性，改变'政策依赖'的惯习；政府制定的政策应该将高校教师的注意力吸引到与学科发展相关的教学、科研中来，保障高校教师在学科发展中

---

① 康宁，张其龙，苏慧斌."985工程"转型与"双一流方案"诞生的历史逻辑[J].清华大学教育研究，2016(5).17.

的学术自由。"①二是从内部看,"双一流"建设"坚持以学科为基础",这表明政府开始从学术逻辑出发,对于重点建设项目中大学发展与学科发展的相关性进行重新审视。但目前在"双一流"建设实践中如何处理一流大学建设和一流学科建设的关系、一所大学内部如何处理优势学科与弱势学科的关系等关键性问题,仍然主要被行政权力所左右。突出的问题就是,为了集中资源建设优势学科以争取更好的学科排名,在很多高校一些相对弱势的学科被撤并。表面上看,"撤弱扶强"符合学科重点建设的规律,国外大学也有类似的成功案例。但事实上,对于大学的可持续发展,优势学科与弱势学科之间构成了一种学科生态。一流学科建设需要建成"一流学科体系"而不是孤立的学科点。依据第三方评价或排名随意撤并一些弱势学科,很可能危及那些原本优势的学科。"有的学校单纯地为了提高学校参与学科评估的'参评率'而砍掉一些学科,这需要慎重。这种不是经过深思熟虑、不是为了优化学科结构和建设良好学科生态,而仅仅从'参评率'功利角度给学科'瘦身'不免让人有些担心。"②更何况,大学并非只是属于优势学科的大学,大学还是一个为学生提供高等教育的机构。有些学科追求的是摘取科研的锦标或桂冠,还有一些学科主要服务于立德树人。"学校学科是学校选择教学内容的结果。选择的依据是人才培养规律或者教育规律,包括高等教育共性的规律和学校的个性主张。受教育者必须具备的知识和技能被选为学校学科。学校学科的传授使学生形成知识和能力上的共性。学术学科则是以发现和发展知识为主要目的,填补知识的空白,向未知的领域进军。"③学科建设实践中如果处理不好不同类型学科之间的关系,仅以科研指标或学科排名为参照对于学科进行撤并或调整,可能既无法实现"学科育人"的政策目标,也不利于实现"双一流"建设《实施办法》所提出的"以一流学科建设引领健全学科生态体系,带动学校整体发展"。

历史地看,在"双一流"建设启动之前我国高校大多处于从单科走向综合化的过程之中,学科建设的一个大趋势就是不断增加学科点和学位点的数量,尽可能覆盖更多的学科门类和一级学科学位点。但"双一流"建设对于学科排名、

---

① 胡建华."双一流"建设对我国高校学科建设的影响[J].江苏高教,2018(7):6.
② 张德祥.高校一流学科建设的关系审视[J].教育研究,2016(8):35.
③ 曾开富.哈佛大学与麻省理工学院学科布局的比较研究[J].清华大学教育研究,2006(S1):142.

科研获奖和一级学科评估结果的高度重视使高校意识到学科建设的质量比学位点的数量更加重要。为提升学科排名和增加一级学科评估结果的参评率和优秀率，部分高校开始裁撤一些弱势学科和缺乏学术竞争力的学位点。除尝试裁撤弱势学科和学位点之外，受到第一轮一流建设学科遴选标准的影响，很多"双一流"建设高校还开始在医学、工学和农学等学科发力，希望通过在医学、工学和农学方面的学科布局来为"双一流"建设"加分"。客观来看，虽然首批公布的建设名单中拥有医学、工学和农学的高校的确占有一定的优势，但这并不意味着一所高校只要拥有了医学、工学或农学就可以在下一轮遴选中同样占据优势。一方面拥有医学、工学和农学优势的高校会继续强化这方面的优势，另一方面医学、工学和农学的学科建设需要大量的资源投入。一所大学如果没有额外的巨额资金投入和人才引进，很难在短时期内将新建的医学、工学或农学建成一流学科。一旦资源配置失衡还会影响已有优势学科的建设，从而使学校在新一轮竞争中处于某种不利地位。

对于"双一流"建设背景下高校主动裁撤和增加的学科进行分析不难发现，那些被裁撤的学科多半是因为学校认为该学科在一流学科建设中没有竞争力，而试图增加的学科多半是被学校作为一流建设学科潜在的增长点。换言之，"双一流"建设背景下高校学科调整中对于具体学科的增减，主要依据的是学科的实力和潜力，而不是基于学科本身之于人才培养的必要性和重要性。从单所高校来看，如何调整学科布局属于高校的办学自主权，但如果很多高校都表现出类似的行为就需要引起警惕。"考虑到学科发展的不确定性、多样性和逻辑基础的差异性，绩效评价以等级制而非具体排名的方式呈现比较好。讲绩效而不过于功利、讲竞争而更重视合作，太过关注竞争，合作的土壤就会越来越贫瘠，对于学科、大学乃至于整个高等教育的发展不利。"[1]从生态系统的角度看，在一所大学中，学科与学科之间并非完全是此强彼弱的竞争关系，而是共同构成知识的整体。学科的强弱只适合在不同大学的同一类学科之间进行比较，而不适合在一所大学内部强行根据某种量化的标准对不同类型学科的水平进行简单排序。在一所大学的学科发展中，那些表面上弱势的学科可能对于优势学

---

[1] 马陆亭.一流学科建设的逻辑思考[J].高等工程教育研究，2017(1)：65.

科起到重要的支撑作用。"不同学科之间不仅仅是竞争关系,更多的是一种依存关系、合作关系。基础学科与应用学科、人文学科与社会学科、理科与工科之间具有明显的有机联系,人文社会学科与理工农医学科之间的联系正在增强。一些本身就具有交叉性质的学科与相关学科的关系更加紧密。……不能简单地把弱势学科调整掉,要综合考虑学校整体的学科生态系统,要遵照学科成长规律。……明确学科群建设中不同学科的地位和作用,弱势学科也可以在学科群发展中得到发展壮大。"①如果高校领导者只是简单地根据第三方评价结果对于学科布局进行"优胜劣汰"式的调整,会引发难以意料的教育和学术后果。

当然,强调大学学科的裁减和增加需要慎之又慎,这里并非反对学科布局的调整,而是认为"双一流"建设背景下对于学科的调整要科学规划,不可操之过急;学科调整事关大学的未来,决策时一定要避免简单化和功利主义。"这就要求学校在做学科规划和调整时必须考虑学校的实际情况、发展定位及国家需求,促进现状、目标及需求三者的协调统一是学科规划的原则和立场。一方面,学校学科建设要努力适应国家需求,学科布局要依托国家需求,并具有一定的超前意识。当学科布局不能适应国家需求时,要果断地给予调整和舍弃。另一方面,要处理好当前学科与未来学科的关系。认清国家需求的基础上,梳理当前学科现状,科学分析未来学科发展方向,基于学校发展目标,及时布局新兴学科,调整原有学科,促进学科的转型发展,促进服务国家需求与学校发展定位的有机统一。"②就大学和学科的关系而言,一流大学绝非一流学科点的简单相加,而是要基于一流学科体系。一流大学之所以为一流的关键在于一流的学科体系和健全的学科生态系统。虽然大学的学科建设不适合搞"大而全"或"小而全",但将"少而精"作为一流学科建设的原则也不是无条件的。从学术发展来看,"强大和弱小的院系可能混杂在一所大学里,并且院系的相对地位会随着时间而变化。但仅仅将评价的单元从大学转移到院系也是不够的。院系间是相互作用、相互依赖的,是变化着的社会组织。今天,科学中许多激动人心的事件是在学术院系和传统学科之缝隙发生的,是在研究所、中心、跨学科计划和新兴

---

①② 张国栋.建立学位授权点退出机制 优化大学学科布局——上海交通大学撤销学位点的探索与思考[J]. 学位与研究生教育,2015(3):18.

的院系及领域中发生的。一个一流的物理系可能受益于一个较低级别的化学、地质学、天文学、考古学、生物学、数学和计算机科学系,并且可能因为与这些相关领域的分离而消亡。支持和开发'卓越尖子'而排斥大学其他部分的政策,可能毁坏新尖子建立于其上的基础"①。更关键的是,对于一所大学,学科不只是用来排名的,学科还要用来育人;一所大学的学科无论多少,都至少要能够满足为学生提供"高等的教育"的基本需要。

（二）学科布局调整

在重点政策驱动下,由于牵涉资源配置,"双一流"建设势必引发高校学科布局的调整。"双一流"建设"坚持以学科为基础",凸显了学科建设的重要性。一流建设学科名单的公布和一流学科建设政策的推进,也为各高校重新审视学科布局,调整学科结构,制定学科规划提供了良好的契机。"国际上确定优先发展学科领域主要有三条原则。一是学术卓越原则,即现有学科已经具备了卓越品质,如果额外投入资源能迅速取得国内外领先地位,这样的学科可以列为优先发展的领域进行重点投入。这是人们常说的巩固传统优势。二是社会需求原则,即现有学科虽尚不具备卓越品质,但该学科未来发展空间很大,能满足国家或区域的重大战略需求、直接造福人类,这样的学科也可列入优先发展的领域进行重点投入。这是所谓的寻找新的学科生长点或打造潜在优势。三是跨学科原则,即如果注入资源能促进跨学科研究,促进学科交叉融合,提升大学综合实力,这样的领域也可以划入优先发展的范围。"②为能够跟上世界科技发展的前沿,并尽可能避免一级学科对于一流学科建设的消极影响,在已公布的《一流大学建设高校建设方案》和《一流学科建设高校建设方案》中,各高校在关于学科布局和建设规划方面均采取了一定的"变通",即以教育部公布的一流建设学科名单为基础,从学校的实际出发,在校内以一流建设学科为中心对整个学校的学科布局和发展进行重新规划。

比如,北京大学的一流学科建设以一级学科、学科群和学科领域为口径,按照"30+6+2"方式组织学科建设项目。清华大学的一流学科建设构建了包括学

---

① [美]达里尔·E.楚宾,爱德华·J.哈克特.难有同行的科学:同行评议与美国科学政策[M].谭文华,曾国屏,译.北京:北京大学出版社,2011:191.
② 周光礼."双一流"建设中的学术突破——论大学学科、专业、课程一体化建设[J].教育研究,2016(5):73.

科领域—学科群—学科三个层次的学科建设体系,制定分类分层次的学科发展途径。浙江大学的一流学科建设以"高峰学科建设支持计划""一流骨干基础学科建设支持计划""优势特色学科发展计划"为学科分类分层建设的主要抓手。南京大学的一流学科建设按三个层次构建学科生态布局:第一层次以15个一流建设学科为基础,建设23个学科;第二层次以第一层次学科为基础,建设9个特色发展的学科;第三层次依托9个学科群,建设5个国际一流、国内依靠的学科高峰。中国科学技术大学的一流学科建设则围绕"11+6+1"进行学科布局,具体包括数学、物理学、化学、天文学、地球物理学、生物医学科学、科学技术史、材料科学与工程、计算机科学与技术、核科学与技术、安全科学与工程等11个学科,量子信息与网络安全、医学物理与生物医学工程、脑科学与类脑智能技术、力学与材料设计、信息计算与通信工程、管理科学与大数据等6个交叉学科,以及环境与生态学科群等;瞄准新兴领域和交叉学科领域,建设科大新医学(生命科学与医学部)和科大新工科(量子信息科学部、人工智能与大数据交叉学部等),培育新的学科增长点。南开大学的一流学科建设以教育部建议学科为基础,将学科整体分为"率先冲击世界一流学科""巩固发展学科高原""新兴交叉学科与新增学科"三个层次进行建设,形成"7+8+X"的发展格局。

  通过对各高校已公布的《建设方案》的文本分析,有学者将"双一流"建设高校在一流学科建设背景下对于学科发展规划的调整归纳为"集群组合"、"领域构建"和"生态布局"三种主要方式。所谓集群组合,即将有关联或相近的几个学科组合成学科群来促进学科的调整与发展。这是多数"双一流"建设高校所采用的主要方式。比如,同济大学一流学科建设主张"强化学科集群,促进学科交叉、集成与创新"。所谓领域构建,即突破现有的学科分类,围绕一些"问题域"调整学科布局,组合新的学科(群)。比如,湖南大学一流学科建设就实施了"学科领域拓展计划"。所谓生态布局,即在现有学科的基础上,通过调整、整合构建新的学科集群,形成有利于各学科发展的良性学科生态系统。[①] 比如,天津大学一流学科建设强调"强化学科集群建设,形成互补支撑、协同发展、充满活力的学科群落和学科生态体系"。除以上三种方式之外,还有一些学校主要基

[①] 胡建华."双一流"建设对大学学科调整的影响[J].南京师大学报(社会科学版),2019(4):24-25.

于国内和国外不同学科口径对学科规划进行了调整。比如,中国农业大学在规划一流学科建设时,分别"基于国内一级学科口径"和"基于国际学科口径"提出了不同的学科建设目标;与之类似,西北农林科技大学一流学科建设规划分为"基于国内一级学科的规划""基于国际 ESI 学科的规划"以及"采用学科群口径进行建设"。

从每一所"双一流"建设高校的建设方案看,其学科布局和建设规划都有其合理性,并不乏创新之处。但将所有建设方案放在一起也会发现,各高校现有学科布局和建设规划有共同的局限——对于组织变革与制度建设重视不够。如果高校中现有的学科组织结构和学院设置无法打破,那么方案中种种看上去很好的学科布局和建设规划就只能是"编学科故事"。"经验告诉我们,再好的学科规划不去实施,只是挂在墙上的'美丽的图画'或'存档的文件'。任何大学都必须走出'为规划而规划'的怪圈;否则,无异于'构建学科的乌托邦',抑或'编写学科发展的故事'。大学要从'编学科故事'走向'谱写学科传奇'。"[1]现在关键问题是,由于"双一流"建设学科属于高校的优质资源,无论是一流大学建设高校的学科建设方案还是一流学科建设高校的学科建设方案,都在力图将首批入选的一流建设学科效用最大化,反映在学科布局和建设规划上就是"学科拼凑"。很多高校将与一流建设学科相关的诸多学科组合成一个学科群或学科领域,这并非真心进行学科的整合,更多还是为了"抱团取暖"和"利益均沾"。这些为了功利目的而临时"拼凑"在一起的学科"貌合神离",用来应对政府的量化评估和第三方的学科排名或许能够表现优异,但对于促进学术进步和解决"卡脖子"的科技难题并无实际的益处。学科布局调整要落到实处,必须以大学组织结构和学院设置的调整为前提。"双一流"建设中若没有学科组织的变革和制度建设作为必要的支撑,各高校建设方案中关于学科建设的布局与规划将很难实现。

三、学科的交叉融合与分层分类

(一)学科交叉与融合

与过去的重点大学建设、重点学科建设以及"211 工程"和"985 工程"相

---

[1] 张德祥.高校一流学科建设的关系审视[J].教育研究,2016(8):38.

比,"双一流"建设不但给予了学科建设更多的关注,而且为学科建设指出了新的方向。《总体方案》和《实施办法》均提出"鼓励新兴学科、交叉学科",《指导意见》要求"聚焦建设学科,加强学科协同交叉融合"。这些带有方向性和指导性的顶层设计符合当前世界科学研究发展的大趋势。以美国为例,在其2000年版学科分类目录(CIP)中,交叉学科大幅度增长,跨学科群交叉成为学科发展的显著特征。"交叉学科群内的学科数量从1985年的9个增至2000年的20个。学科群内部交叉是学科发展的又一趋势,CIP-2000中66%的学科群内设置了跨学科的交叉学科。绝大多数学科内设置了交叉专业。此外,作为一个快速成长的学科群,交叉学科群的学科变化率最高。"①CIP-2010在名称和代码设置上为新兴学科、交叉学科留有独立而充分的空间,单独设置了"交叉学科"和"综合学科"两个学科群,占所有学科群的比例为7%。而在最新的CIP-2020中专门设置了"30 多学科/交叉学科"(MULTI/INTERDISCIPLINARY STUDIES)②。此外,从学位授予也可以看出新兴学科、交叉学科发展的大趋势。美国的学位统计划分为七大研究领域,除了传统的六个领域之外,2013年归为"其他领域"的博士学位比例高达66.0%,硕士学位比例为25.7%。这在某种程度上也反映了美国新兴学科、交叉学科的发展情况。③

在我国,为加强新兴交叉学科发展,国务院学位委员会、教育部于2009年印发了《学位授予和人才培养学科目录设置与管理办法》,对于二级学科设置办法进行了改革,学位授予单位可在获得授权的一级学科下自主设置与调整二级学科和按二级学科管理的交叉学科。根据该办法,近年来,各学位授予单位立足学科发展前沿,在目录上的二级学科之外自主设置了一大批二级学科和按二级学科管理的交叉学科,有力推动了新兴交叉学科发展。据教育部的统计,截至2019年5月31日,普通高等学校自设交叉学科508个。此外,作为贯彻落实党的十九大关于"加快一流大学和一流学科建设,实现高等教育内涵式发展"的重要举措,继2018年公布了20家可开展学位授权自主审核的高校名单之后,2019年5月31日,国务院学位委员会根据《博士硕士学位授权审核办法》和

---

① 刘少雪,等.创新学科布局 规范院系设置[J].清华大学教育研究,2003(5):70.
② 张炜.美国学科专业分类目录2020版的新变化及中美比较分析[J].学位与研究生教育,2020(1):62-63.
③ 李立国."双一流"背景下需求导向的学科专业调整优化[J].大学教育科学,2017(4):8.

《关于高等学校开展学位授权自主审核工作的意见》，又公布了2019年增列的11所可开展学位授权自主审核的高校名单。至此，全国共有31家顶尖高校可开展学位授权自主审核。这些确定为学位授权自主审核的高校有较大的学科设置权，既可自主设置学科目录规定的一级学科和专业学位类别，还可自主设置交叉学科，按一级学科管理。

在学校层面，"双一流"建设《总体方案》《实施办法》和《指导意见》发布以后，"学科的交叉与融合"在高校学科建设实践中也得到了空前的重视，并反映在各"双一流"建设高校的整体建设方案和分学科建设方案中。比如，《北京大学一流大学建设高校建设方案》就提出，以院系和学科建设为基础，以学科交叉与融合为重点，"继续大力支持已有的状态良好的交叉学科新体制机构，在学校层面重点布局和建设若干个学科交叉领域，对于目标明确、建设方案成熟的交叉学科领域可通过建设新体制中心孵化和支持其发展。构建网络化学科结构，跨院系、跨学科聘任教师，使北大跨学科合作成为常态"。《清华大学一流大学建设高校建设方案》也提出，"构建跨学科交叉研究体系：多渠道促进跨学科交叉。实施教师跨院系兼职制度，发挥交叉学科学位工作委员会作用，改进自主科研计划支持跨学科交叉研究的方式，建立跨学科交叉研究论坛、学术沙龙等多种形式的高水平交流平台。建立跨学科交叉研究平台。建立若干独立、跨学科门类的校级交叉研究平台。建立跨学科交叉研究平台管理体制，形成动态调整与退出机制"。

值得注意的是，尽管有种种政策利好，但要真正实现学科的交叉融合，将"双一流"建设中写在文本上的建设方案落到实处，仍然还有很长的路要走。究其根本，我国现有的学科制度仍然是以政府为主导，以目录的方式对高校的学科进行分类和管理。一流学科的遴选和建设也基本以现行学科目录为参照，以一级学科为基本单位。现行学科制度以政府的行政权威为基础，带有强制性。一流学科建设以一级学科为基本单位，固化和强化了现行的学科分类制度以及资源配置方式，可以供学科交叉与融合的制度空间还比较狭窄。要促进学科交叉融合，必须淡化现有以一级学科为基本单位的学科分类。"一流学科必然要冲破已有学科的束缚，这也是国外知名大学特别注重多学科、多校协同研究的原因，构建跨学科中心也因此成为助推创新的制度性安排"，"单一学科发展得再好也难以突破"。① 在现行体制下,学科本身,甚至大学本身都无法突破学科的边界以及学科专业目录的边界。因此,首先需要做出调整的是学科分类制度和高等教育管理体制。比如,在"双一流"建设中可以将学科分类目录的地位由强制性调整为指导性。政府遴选一流建设学科时也应淡化或取消以一级学科为基本建设单位的硬性要求,在制度层面对学科的交叉与融合提供政策激励,将更多的交叉学科或跨学科研究作为一流学科建设的基本单位。在"知识爆炸"和科学快速发展的今天,传统的学科边界正在被重新划分。政府应将学科设置与分类的自主权更多地交给高校,由高校根据学术发展的规律自主决定所要建设的一流学科的边界(政府可以保有根据专家意见是否批准的审批权),唯有如此,一流学科建设才能跟上世界科学发展的前沿。

(二)学科分层与分类

在各高校公布的建设方案中,关于学科建设的规划经常提及"分层"和"分类"。所谓"分层",主要是根据学科已有水平及其重要性来决定其在一流学科建设中的优先次序。所谓"分类",主要是根据学科的不同性质确定不同的评价体系和建设方式。比如,清华大学在"双一流"建设中构建了包括"学科领域—学科群—学科"三个层次的学科建设体系,在学科领域层次又分为工程科学与技术学科领域、自然科学学科领域、人文社会科学与艺术领域、生命科学与医学领域,形成了分类、分层次的学科发展途径。浙江大学也以分类分层建设统筹协调学科发展体系,以一流学科建设牵引构筑若干学科高峰,以主干学科建设强化提升学科整体实力,以交叉学科建设驱动引领学科创新突破,以体制机制建设支撑促进学科生态和谐;以"高峰学科建设支持计划""一流骨干基础学科建设支持计划""优势特色学科发展计划"为学科分类分层建设的主要抓手,汇聚发展资源,激活内源性发展动力,推进良好学科生态体系的形成。各高校建设方案中关于学科分层和分类的设计符合"双一流"建设《总体方案》和《实施办法》关于"学科差别化发展"的指导思想。现在的问题是,"双一流"建设高校如何在学科建设中实现合理的分层以及科学的分类。

当前各高校的《建设方案》,根据"双一流"建设《实施办法》中"自主确定学

---

① 马陆亭.一流学科建设的逻辑思考[J].高等工程教育研究,2017(1):67.

科建设口径和范围"的要求,对于一流建设学科重新进行了规划和调整,适当拓宽了学科建设的口径和范围,并进行了分层分类。但在现有学科分类制度下,不同学科门类一级学科的设置对于一流学科建设的影响仍然是"刚性"的。有些学科门类因为目录中一级学科数量多(111个一级学科中理工类学科有73个,比例为65.77%),入选一流建设学科的可能性大,最后入选一流建设学科名单的数量也相应较多(465个一流建设学科中理工类学科有358个,占比达77%);有些学科门类设置的一级学科数量少,入选一流建设学科的可能性就小,最后入选一流建设学科名单的数量也相应地少。"双一流"建设第一轮的遴选,受学科目录中一级学科设置的影响,入围学科明显以理工科为主,学科建设思维也偏向"理工化"。当前在一流学科建设实践中,无论文科、理科还是工科,都在尝试通过增加以英语为主导的国际发表来争取更好的排名。以国际发表为基础的排行榜主要适用于自然科学类的基础研究和工程学科的研究。那些应用导向的人文社会科学学科如果试图通过国际发表来竞争排名意义上的"一流",则会误入歧途。按照"双一流"建设《实施办法》的要求,"双一流"建设要"支持一批接近或达到世界先进水平的学科,加强建设关系国家安全和重大利益的学科,鼓励新兴学科、交叉学科,布局一批国家急需、支撑产业转型升级和区域发展的学科,积极建设具有中国特色、中国风格、中国气派的哲学社会科学体系,着力解决经济社会中的重大战略问题,提升国家自主创新能力和核心竞争力"。"双一流"建设《实施办法》同时明确指出:"双一流"建设要"面向国家重大战略需求,面向经济社会主战场,面向世界科技发展前沿"。遗憾的是,由于受管理体制和学科制度的约束,当前在一流大学和一流学科建设实践中分层分类的规划并未成为主流,由于缺乏科学的评价体系,在理工学科建设思维的左右下,"以排名论一流"在某种程度上成为高校学科建设的"梦魇"。

第三节 "双一流"建设中一流学科建设政策检视

作为新时代高等教育重点建设的国家战略,"双一流"建设需要"为实现'两个一百年'奋斗目标和中华民族伟大复兴的中国梦提供有力支撑"。根据"双一流"建设《总体方案》的时间安排,"双一流"建设的第一个建设周期已结束,相关建设高校和学科是否已完成建设任务,有没有实现"若干所大学和一批学科进入世界一流行列,若干学科进入世界一流学科前列"的目标很快会揭晓,但作为一项长期规划和国家发展战略,相比于达成第一阶段建设目标,如何实现"双一流"建设第二阶段尤其是实现第三阶段的最终目标才是最重要的。"国家建设……始于合理制定政策。教育系统也不例外,每一步必须基于愿景、使命、战略和施行!"[①]为保证"双一流"建设总体目标的最终完成,有必要从政策层面对第一个建设周期中一流学科建设所暴露出的问题进行检视。

一、从重点学科建设到一流学科建设

"双一流"建设中的一流学科建设和原来的国家重点学科建设相比,除政策定位(一个是一流的水平,一个是重点的身份)和政策参照系(一个是世界,一个是国家)不同之外,一流学科建设和国家重点学科建设的根本区别还在于政策动因不同。

首先,对某些学科进行重点建设具有内在与外在的必然性。所谓内在的必然性,意味着任何一所大学都不可能同时建设所有人类的重要学科。一所大学总是会选择优先发展某些学科,而放弃另一些或许同样重要的学科。所谓外在的必然性,意味着政府不可能对所有大学的所有学科平均分配资源。无论何时,也无论在哪个国家的哪所大学,学科建设上的平均主义都是无效率的或低效率的。至于大学和政府到底会优先发展或重点支持哪些学科受很多因素制约。择其紧要而言,一是学科的比较优势,即政府和大学会优先发展那个时代最具有统摄性的优势学科;二是学科的潜在价值,即政府和大学会大力发展那些最具有潜力的新兴学科;三是学科的现实价值,即能够满足经济社会发展中的重大需求。"从战略发展的眼光看,一所大学无论其拥有多少学科,其基本战略架构无外乎传统优势学科或新兴拓展学科两种类型:前一类是它过去和现在一直在依靠的学科中坚力量,后一类是它将来欲有所依靠的学科中坚力量,两者共同构成现实的学科发展架构。至于那些从来没有获得过优势的传统学科,

---

① 冯达旋.全球化下的教育复兴:冯达旋谈高等教育[M].魏晓雨,译.哈尔滨:哈尔滨工业大学出版社,2018:84.

原则上都是应当被排除在战略发展目标之外的。"①其次,政府和大学选择部分学科进行重点建设符合现代社会追求效率的政策伦理。和其他社会组织一样,对于大学的学科建设而言,没有永恒的重点,但也不能没有重点。没有重点就没有政策,也就没有战略。无论是政府的政策驱动还是大学内部的知识驱动,也无论实践中是否称之为"重点学科",在某一具体的时间区间内,无论哪一所大学的学科建设总会有所侧重。当然,基于不同时期、不同国家、不同的大学传统、不同的学科制度,学科"重点建设"的方式和程度也会存在一定的差异。由于政府对于学科建设介入程度和资源配置方式的不同,加之大学制度和学科制度的差异,有些国家虽然也有重点建设,但一所大学内部学科发展的水平相对均衡,而另一些国家因为持续的有针对性的重点建设,在一所大学内部学科发展的水平则非常悬殊。

至于一个国家为什么要建设世界一流学科,既可以看作学科重点建设逻辑的自然延伸,也可以理解为政府的战略选择和政策设计。所谓重点建设逻辑的自然延伸,即某些学科经过长期的重点建设,自然会走向世界一流,成为世界一流学科。在某种意义上,世界一流学科建设相当于学科重点建设的自然而然的结果。但必须注意的是,并非随便哪个国家的重点学科都可以成为世界一流学科,也并非所有的国家重点学科都可以成为世界一流学科。所谓政府的战略选择,即政府根据高等教育发展以及经济社会发展的需要,从现有学科发展水平出发,将世界一流学科作为学科建设的政策目标,基于第三方评价,通过加大投入将某些优势学科在限定时间内建设成为世界一流学科。当前我国"双一流"建设中的"一流学科建设"既可以看作前期"国家重点学科建设"的自然延伸,也可以看作世界一流大学建设过程中政府对于高校学科建设的一种战略选择与前瞻性规划。

总之,重点学科建设与一流学科建设既有关联,也有区别。首先,重点建设是一流学科建设无法回避的政策选项。没有重点建设政策,就难以成就真正的世界一流学科。其次,重点建设并非必然导向世界一流学科。能否建成世界一

---

① 龚怡祖,谢凌凌,陆金弟,等.大学学科运行与学科发展战略中若干问题的理论分析[J].高等教育研究,2011(10):45.

流学科和重点建设学科的前期积累密切相关。只有那些具备建设世界一流学科条件的学科,经由持续的重点建设才有可能在政策实施周期内成为世界一流学科。如果忽视了准入门槛,将一流建设学科的范围扩展得过宽,那么无论如何努力,在短期内那些相对弱势或不具有比较优势的学科是无法成为真正的世界一流学科的。

二、一流学科建设的遴选方式

"双一流"建设《实施办法》明确规定,政府"采取认定方式确定一流大学、一流学科建设高校及建设学科"。具体程序包括:"设立世界一流大学和一流学科建设专家委员会,由政府有关部门、高校、科研机构、行业组织人员组成。专家委员会根据《总体方案》要求和本办法,以中国特色学科评价为主要依据,参考国际相关评价因素,综合高校办学条件、学科水平、办学质量、主要贡献、国际影响力等情况,以及高校主管部门意见,论证确定一流大学和一流学科建设高校的认定标准。""根据认定标准专家委员会遴选产生拟建设高校名单,并提出意见建议。教育部、财政部、发展改革委审议确定建议名单。"从第一轮遴选的具体操作来看,与国家重点学科建设的申报评选不一样,"双一流"建设对于"一流学科建设"的认定采取了政府指定和学校自定两种方式。所谓政府指定,即由政府部门组成的专家遴选委员会,根据前期确定的遴选标准提出一流建设学科的建议名单。然后由政府将名单通报给相关高校。高校根据政府下达的名单向上提交相关材料和建设方案。所谓学校自定,即根据现有的遴选标准,某些原"985工程"和"211工程"建设高校没有学科符合一流建设学科的遴选标准,但考虑到国家高等教育重点建设政策的连续性,有些学校需要进入一流大学建设高校行列,有些学校需要进入一流学科建设高校行列,至少要有一个或一个以上一流建设学科。为此,政府将一流建设学科的选择权和决定权下放给相关高校,由高校自定。2017年9月,教育部、财政部、国家发展改革委联合印发了《关于公布世界一流大学和一流学科建设高校及建设学科名单的通知》,确定137所高校的465个学科入选一流建设学科,其中38所高校的44个学科为"自定"学科。这44个"自定"学科中93.2%来自原"211工程"建设高校,6.8%来自原"985工程"建设高校。

2017年"双一流"建设高校和建设学科名单公布以后,这种不需要高校申报,直接由政府根据某种标准和条件,组织专家委员会进行遴选"双一流"建设高校和"双一流"建设学科的方式,既受到了好评,也面临质疑。这种方式的优点是避免了遴选对学校办学活动的干扰,可以最大限度地避免材料申报和人情关系等对于确定学校和学科建设名单的干扰。缺点是无论政府如何科学组织,也无论专家委员会如何客观、公正、负责,通过公共数据获得的关于高校和学科的数据都是不完整的。仅仅基于学校和学科发展的部分状态数据,尤其是某些带有高显示度的数据,进行一流建设学科的遴选,经常会导致以标志性成果代替学科整体发展水平或以排名代替学科发展水平。"双一流"建设学科最后的名单中有部分高校的学科仅是凭一项国家自然科学奖二等奖就入选了一流建设学科。这种单一指标的遴选虽然很客观,容易操作,但也存在巨大的不确定性,极容易导致忽视学科的综合实力和发展潜力。这也是最终很多高校由政府指定的一流建设学科,并非该学科领域公认的优势学科,而有些高校真正的优势学科并未入围一流建设学科的根本原因所在。比如,华南理工大学的"农学"凭借在第三方评价中的良好表现入选了一流建设学科,"建筑学"却没有入选;同样,复旦大学的"机械及航空航天和制造工程"由于符合某项遴选条件而入选一流建设学科,"新闻学"却没有入选。与复旦大学相比,航空航天原本是西北工业大学、哈尔滨工业大学、南京航空航天大学等高校的优势、强势学科,但这些高校的一流建设学科里均没有航空航天学科。

对于一流学科建设,如果说政府根据遴选标准指定的学科存在"误差",那么高校自定的学科则存在明显的"差距"。在已公布的465个一流建设学科中,高校自定学科的水平普遍不高。从全国第三次学科评估结果来看,44个"自定"学科得分排名最高的是第3名,仅有3个学科,且得分与第1名差距较大,一般相差10分左右;得分排名第4和第5的各有3个学科;得分排名前5的学科加起来仅占"自定"学科总数的20.5%。大多数"自定"学科排在第6名之后,其中第6至第10名的有13个学科,占29.5%;第10名以后有12个学科,占27.3%,其中有3个学科的排名排在最后3名;还有9个学科未参加全国第三次学科评估。从全国第四次学科评估结果来看,44个"自定"学科中等级最高的为A(2%~5%),有6个学科;被评为A-(5%~10%)的有5个学科,两者加起来排名前10%的学科只有11个,仅占高校"自定"学科总数的25%;被评为B+(10%~20%)的学科最多,有15个,占34.1%;被评为B(20%~30%)的学科有6个;被评为B-(30%~40%)的学科有5个;被评为C(50%~60%)的学科有1个;还有4个学科位于全国学科评估排名的后30%,另有2个学科未参加第四次学科评估。

根据"双一流"建设《实施办法》的规定,为"打破身份固化,建立建设高校及建设学科有进有出动态调整机制","双一流"建设第一个建设周期结束后,政府将"根据期末评价结果等情况,重新确定下一轮建设范围"。基于此,在下一轮的"双一流"建设学科的遴选中,对于政府指定和高校自定这两种一流建设学科的认定方式,需要有针对性地进行改进。对一流建设学科的认定,既不能完全交给政府,也不能完全交给高校。完全交给政府容易导致行政权力对于学术权力的僭越,完全交给高校则容易导致办学自主权的滥用。比较理想的方式是,将政府的审定与学校的自主选择结合起来,即学校可以根据政府公布的遴选标准,自主确定一流建设学科的名单,政府根据经济社会发展需要择优资助。比如,香港的"卓越学科领域计划"就"将部分管理权下移,由高校负责学科建设的初步环节,由政府把控学科建设的筛选、审核和监督,形成'有限自由'的学科建设模式,不仅能充分发挥高校的主动性与积极性,还能有效保障学科建设质量与资源使用效率"[①]。"双一流"建设中第一批"一流建设学科"名单的遴选方式虽然也包括政府指定和高校自定,但两种方式均单独使用,没有相互结合。政府指定完全自上而下,高校自定则完全自下而上,从而导致名单中相同的一流建设学科之间水平悬殊。

截至目前,政府一直没有公布"双一流"建设学科的具体遴选标准,《实施办法》也只是原则性地规定"以中国特色学科评价为主要依据,参考国际相关评价因素,综合高校办学条件、学科水平、办学质量、主要贡献、国际影响力等情况,以及高校主管部门意见"。但综合近年来媒体公布的信息以及名单本身所透露的信息仍然可以看出,对于一流建设学科的遴选,主要标准仍然是第三方的量化评价,大致包括国际上主要的学科排行榜,基本科学指标数据库(Essential

---

① 包水梅,常乔丽.从政府战略到院校行动:香港世界一流学科建设的经验及启示[J].高等工程教育研究,2017(3):98.

Science Indicators,ESI①)排名,国内的一级学科评估成绩以及国家自然科学奖等。由于这些遴选标准相互独立,一个学科只要符合某一个遴选条件即可以被认定为一流建设学科,从而导致有些学科由于可能符合的条件多,一流建设学科入选频率过高,而另一些学科由于可能符合的条件少,入选的比例则极低。以现行学科目录中的一级学科设置为参照,第一批"一流建设学科"中重复入选数量超过20次的有材料科学与工程、化学两个学科,分别为30次和25次;重复入选数量在10—20次的为生物学(16次)、计算机科学与技术(14次)、数学(14次)、生态学(11次)、机械工程(10次)等。而人文社会科学类学科,如法学、马克思主义理论、政治学、管理科学与工程、应用经济学、外国语言文学与中国语言文学,最多重复入选6次。其余学科入选都在5次及以下,如民族学、社会学、公共管理、商业与管理、教育学、心理学、考古学等入选2次,社会政策与管理、会计与金融、艺术与设计等入选1次。这种过于简单化的遴选方式不但造成了现有入选学科门类上的分布不均衡和水平上的巨大差异,对于后续的学科建设方式也产生了消极影响。

近年来,由于一流建设学科遴选标准的不良导向,"双一流"建设高校对于第三方评价和学科排名给予了过度关注,从而导致大学和院系在一流学科建设上愈来愈重视可量化的评估指标。其结果是,在各种排行榜上我国高校学科的排名不断攀升,但学科的原始创新能力并没有根本提升。据统计,"自2016年9月到2019年9月三年间的数据,中国高校入围ESI前1%、1‰、1‱的学科数均显著增加。以前1%学科为例,从绝对数量上来看,中国高校每年新增学科数过百。2016年9月中国高校的入围总数为745个,到2017年9月增加了121个达到866个,2018年继续增加达到971个,而在2019年9月达到了1 138个,三年累计增加了52.8%"②。虽然ESI数据喜人,但与世界顶尖高校的一流学科的实力相比,中国大学的学科发展水平差距依然巨大。中国高校贡献的学术论

---

① ESI是美国科学信息研究所于2001年推出的衡量科学研究绩效、跟踪科学发展趋势的基本分析评价工具,它是基于科睿唯安公司Web of Science(SCIE/SSCI)所收录的全球12 000多种学术期刊的1 000多万条文献记录而建立的计量分析数据库。目前,ESI已成为当今世界范围内普遍用以评价高校、学术机构、国家/地区国际学术水平及影响力的重要评价指标工具之一,其数据库分为22个学科领域,采集面覆盖全球几万万至十几万家不同研究单位的学科。
② 李志民.大学竞逐ESI会扭曲学科生态[N].光明日报,2019-12-31.

文总数庞大,但突破性的进展匮乏。再比如,根据《美国新闻与世界报道》(U.S. News & World Report)2020年世界大学计算机学科排行榜,中国有4所大学进入前10名。其中,清华大学高居榜首,东南大学位居第6位,上海交通大学位居第7位,华中科技大学位居第8位。相比之下,前10名仅有3所美国大学。其中,得克萨斯大学奥斯汀分校排名第5,斯坦福大学和麻省理工学院则位居第9和第10位。根据《美国新闻与世界报道》2020年世界大学工程学排行榜,中国也有4所高校进入前10名。其中,清华大学位居榜首,哈尔滨工业大学第6名,上海交通大学第8名,浙江大学第9名。同样地,前10名也仅有3所美国大学。其中,麻省理工学院排名第2,加州大学伯克利分校排名第7,斯坦福大学排名第10。单看《美国新闻与世界报道》2020年的学科排行榜,似乎中国大学在计算机学科和工程学方面都超过美国大学,但事实可能没有这么简单。就学科的原始创新能力来看,中国大学无论在计算机学科还是工程学科方面距离真正的世界一流都还有很大的差距。"数量指标容易达到,而制度内涵不容易建立。因此,实现'双一流'建设目标的艰巨性不容低估。"[1]对于一流学科建设而言,根本的任务在于科研的原始创新和拔尖创新人才的培养。若没有产出原创性的科研成果,并培养出具有创新能力的拔尖人才,再漂亮的数据和排名都是无意义的。

三、一流学科建设的规模与质量

与以前诸多重点建设政策相比,"双一流"建设的一个显著特点就在于明确提出"建设高校实行总量控制、开放竞争、动态调整"。但遗憾的是,截至目前政府已发布的相关政策文件中并没有透露"双一流"建设高校的总量是多少,因此所谓"总量控制"仍然只是一个"软约束"而非"硬约束"。此外,第一个建设周期虽已结束,但新一轮的建设名单尚未公布。现有的137所建设高校、465个建设学科在第一个建设周期之后,政府是否会真的实施"总量控制、开放竞争、动态调整"也不得而知。在某种意义上,"双一流"建设的过程也是"双一流"建设政策逐渐完善的过程。现在的关键问题是,"双一流"建设如何实现"总量控制、开放竞争、动态调整"的后续政策没有跟上,使得"双一流"建设的第二个建设周期有

---

[1] 阎凤桥.我国高等教育"双一流"建设的制度逻辑分析[J].中国高教研究,2016(11):49.

极大的可能会重复过去重点建设的老路,相关建设名单只做"加法"、不做"减法",从而导致《总体方案》和《实施办法》中相关政策设计逐渐"变形"。

早在"双一流"建设名单公布之时,相关部门就曾反复强调,公布的名单只是"建设"名单,并不意味着中国大学已经有465个一流学科。但在媒体的报道以及网络传播的过程中,"建设"二字往往被忽视,似乎入选名单的学科就是世界一流学科。参照《总体方案》和《实施办法》的相关表述,对于世界一流学科建设的数量,政府部门最初也是比较克制和谨慎的。在《总体方案》所描述的阶段性目标中,凡涉及一流学科数量的表述都是经过模糊化处理的。比如,到2020年一批学科进入世界行列,若干学科进入世界一流学科前列;到2030年更多的学科进入世界一流行列,一批学科进入世界一流学科前列;到21世纪中叶一流学科的数量和实力进入世界前列。《实施办法》的"总则"第五条更是明确提出:"支持建设一百个左右学科,着力打造学科领域高峰。""双一流"建设最终公布的一流学科建设名单远远突破了《实施意见》中所提出的"一百个左右"。据相关专家披露,在实际遴选过程中,根据专家委员会投票确定的"遴选条件",共有421个学科符合要求,涉及99所高校。[①] 最终的"双一流"建设名单包含465个学科,涉及137所学校,比专家委员会第一轮投票后的建议名单新增了44个自定学科,38所学校。之所以增加38所学校,主要是为了保证全国31个省份中的每个省份至少有一所"双一流"建设高校。之所以增加44个自定学科,则是因为有的学校需要进入"双一流"建设,但没有符合遴选条件的学科。这种局面的出现使得"双一流"建设在一开始就面临规模过于庞大的压力,接下来建设高校和学科如果不能切实实行"总量控制、开放竞争、动态调整",那么很多"一流大学建设高校"和"一流建设学科"将很难成为真正的世界一流。无论是大学还是学科,真正的世界一流数量都是很少的。以中国高校现有的学术竞争力,能够成为世界一流大学的大学屈指可数,能够成为世界一流学科的学科恐怕也不会太多。

与其他国家类似的"卓越计划"相比,我国"双一流"建设名单过于庞大,入选名单的学科和大学彼此之间的水平差异过大。基于"政治"和"行政"种种考

---

① 谭畅,郑可书,肖薇薇."双一流"开局[N].南方周末,2017-09-28.

量,现有建设名单将"最好的""较好的"和一些"还不错的"高校(学科)一起列为"双一流"建设高校(学科)。不同建设高校的一流建设学科之间的实力悬殊。有些高校的某些学科接近世界一流,经过"双一流"建设可以成长为真正的世界一流学科,还有不少高校的一流建设学科,尤其是某些"自定学科",学科水平距离世界一流的差距较大,在"双一流"建设周期内很难成为真正的世界一流。表面上看,似乎只要有若干个"最好的"高校和一批"最好的"学科最后成为"世界一流","双一流"建设就取得了成功;事实上,由于有大量水平一般的高校和学科同样属于"双一流"建设,无形之中不但稀释了优质资源,同时也降低了"双一流"建设高校的含金量和竞争力,不利于那些原本"最好的"高校和"最好的"学科冲击"世界一流"。

如果说由于受遴选标准以及建设数量的限制,"双一流"建设中能否入选一流学科建设名单有一定的偶然性,那么要建成世界一流学科则没有任何的运气可言。每一个真正的世界一流学科一定是在与同类学科的激烈竞争中脱颖而出的,一定拥有绝对超群的学术实力。但"双一流"建设中各建设高校和学科对于进入世界一流学科"行列"和"前列"的理解趋于简单化,似乎只要进入了某个学科排行榜的前多少名就是世界一流学科,从而导致地方政府和建设高校在学科建设规划中对于一个学科成为世界一流的难度估计严重不足:低估了世界一流学科建设所需要的"硬实力",高估了"双一流"建设中一流学科建设在数量上可能取得的突破。究其根本,政策制定者和最终决策者"容易看到表面的目标并低估实现总体目标的难度,在制定发展规划时容易出现激进,以跨越式作为制定激进政策的工具。有些发展目标可以跨越,而有些目标则难以跨越,制度建立及其功用的发挥就是难以跨越的内容"[①]。从学科成长的机缘来看,虽然不同时期、不同大学"建设某一学科的决策由谁做出、凭什么做出……依靠什么来建设学科,以及建设的方式"[②]上会有所不同,但世界一流学科之所以为一流的绝对标准必须是一样的。无论过去、现在还是未来,也无论基于什么机缘,世界一流学科之所以为一流都有赖于它的一流的学术贡献。没有世界一流的

---

① 阎凤桥.我国高等教育"双一流"建设的制度逻辑分析[J].中国高教研究,2016(11):49.
② 张胤,温媛媛.行政推动、学术内生与市场引领——一流大学学科建设理论模型及其现实模式研究[J].高教探索,2016(7):58.

学术贡献,便谈不上是世界一流的学科。当然,这里所谓学术贡献既包括对学术本身的贡献,也包括通过学术对于经济社会发展的贡献。当前一流学科建设以量化的排名代替了学术贡献,遮蔽了一流学科之所以为一流的本质,导致"双一流"建设中对于建成一流学科的难度估计不足。目前各省(区、市)级政府以已公布的一流建设学科名单为基础,在制定省域"双一流"建设规划时,对于预期的可能建成的一流学科在数量上存在"冒进"趋向。"随着各地及各高校'双一流'建设规划和举措的逐步出台,可发现有不少地方和高校提出了超越自身可能性的规划目标","如果把全国各地和各高校规划目标合并起来,可以发现远远大于国家的规划目标"。[①] 就各省(区、市)级政府"双一流"建设方案的具体内容来看,一流学科建设存在过度依赖量化评价和过度追求数量目标的风险。"通过梳理30份省域'双一流'建设方案发现,湖北、浙江、重庆等11个省域在制定政策文本时明确将ESI评价指标确定为建设目标的参考依据;山东、黑龙江等7个省域利用学科评价来遴选一流学科,其中山东和云南两个省提出把全球ESI学科排名前1%的学科作为建设项目和立项条件。"[②]此外,湖南省以ESI排名为发展目标,提出到2050年要让约60个学科进入ESI前1%,约20个学科进入前1‰。山东省提出"到2030年有10个左右学科进入ESI学科排名前1‰,1—2所大学进入世界高校500强"。青海省提出要在近10年将13—15个学科建设成为国内一流并力争达到世界一流水平。省域"双一流"建设政策在数量目标上的过度积极,表面上看,反映了地方政府对于"双一流"建设的高度重视,但在实际的学科建设过程中,若处置不当有可能会适得其反。

四、以排名论一流的风险

作为高等教育发展中国家,在我国无论官方还是民间对世界大学排名和学科排名都充满期待。这种期待非常类似于20世纪80年代全社会对竞技体育世界冠军的期待。究其原因,"全球和/或区域大学排名是一场现代的学术界奥

[①] 方守恩,曹文泽,谢辉.推进世界一流大学和一流学科建设的思考与实践[J].中国高等教育,2017(Z1):21.
[②] 李春林,邓寒怡.中国省域"双一流"政策的典型特征及主要问题——基于30个省域的政策文本内容分析[J].唐山学院学报,2019(3):96.

运会"①。目前在世界高等教育舞台上,中国大学开始崭露头角,但不断在各种排行榜上获得更高的排名被认为是中国大学和学科获得世界承认的一种捷径。现在"双一流"建设高校和学科对于"世界一流"有一种焦虑,希望借助排名意义上的"一流"来缓解对于自身发展水平的不自信。"对于被公认为顶尖的大学,它们是超脱于这种形式的评估的。反而,对那些第二层的大学,'大学排名'如果不是唯一指标的话也是重要的指标。"②对于一流大学和一流学科建设,好的科研成果的确可以反映在好的排名上,但绝非学科排名在前多少名就意味着世界一流。当前若以大学和学科排名来看,我们似乎已完成了"双一流"建设第一阶段的目标,即"若干所大学和一批学科进入世界一流行列,若干学科进入世界一流学科前列"。但这种排名上的突飞猛进也为"双一流"建设第二、第三阶段目标的实现埋下了隐患。"中国大学经历了一段快速发展的黄金时期。从本质上看,这阶段的发展属于资源驱动,很多体制机制上的问题被掩盖起来。而这些问题不解决,是很难实现健康可持续发展的。在未来一个时期,中国的发展和转型仍将为大学提供新的资源动力,这是中国大学改革发展的关键时期。我们应当借助外在的资源动力,深化综合改革,建设更加合理的现代大学制度,真正使人们的创造潜力充分发挥出来。"③从长远发展来看,"双一流"建设面临的真正挑战绝不是某个大学或某个学科在某个排行榜上排名前多少,而是如何建立起一种能够激励创新的高等教育体制,并培养出适应创新驱动发展需要的人。

当前在"以排名论一流"的评价体系下,"双一流"建设有被一流的指标"绑架"的危险。很多高校领导者关注的只是科研指标或排名指标的一流,对于成果本身之于科学或经济社会发展的价值并不关心。将"一流学科"等同于"一流指标"是一个极大的误区。每一个学科排行榜只对它的指标体系负责,每一个学科排名也只相对某个排行榜才有意义。无论对于一流大学建设还是一流学科建设,唯一重要的就是人才,而不是指标。"创建世界一流大学需要有好的战略,需要建立完善的管理制度,但最重要的还是人。战略和制

---

①② 冯达旋.全球化下的教育复兴:冯达旋谈高等教育[M].魏晓雨,译.哈尔滨:哈尔滨工业大学出版社,2018:16.
③ 林建华.校长观点:大学的改革与未来[M].上海:东方出版中心,2018:239.

度是人制定的,也要靠人来执行。"①只要有了一流的人才,一定会有一流的成果,一定可以成就一流的学科和大学。一流的人才会自我激励,以产生最优秀的成果,成就一流的学科和大学。"建设一所有质量的研究型学府既易也难。简单是因为你只需要找到一流的人才,困难是因为你不得不找到一流的人才。"②因此,那些真正一流的大学不会为了一流的指标而出台专门政策以激励教师提高科研产出,它们最擅长做的是,寻找各学科最顶尖的人才,以充实师资队伍。对于一流学科建设,一流的人才是根本,一流的学科是目标,一流的指标是误区。

当前一流学科建设中对于排名的过度关注,一部分是政策设计的问题,另一部分则是对政策的误解造成的。之所以会对政策造成误解,一种情况是政策内容在传递过程中不可避免会失真,另一种情况则是由于惯性思维。长期以来,我国高等教育重点建设一直是政策驱动,高校不但缺乏办学自主权,更缺乏改革自主权。"双一流"建设的政策内容与目标虽然发生了变化,但政策运行的体制环境和动力机制仍没有变化,高校的重点建设思路也没有随之而变。和过去的重点建设政策一样,"双一流"建设仍主要由教育部主导,依靠行政力量驱动改革,大学也在沿用过去重点建设的旧办法应对"双一流"建设的新任务。"由于一些执行主体对'政策目标和政策实质的把握不准确或执行理念与政策目标不相符'等原因,政策内容信息在传递过程中容易偏离政策目标。'双一流'政策执行过程中之所以潜在'巨额投资''重金挖人''只重学科''青睐排名'等问题,在很大程度上源于执行主体对'双一流'政策的根本目的缺乏正确认识。"③高校对于"双一流"建设政策的理解之所以与政策的初衷存在差异,一部分原因是信息不对称和思维惯性造成的,但也不排除是一种主动的"理性选择"。高校之所以有意忽视政策文本上的明确要求,而相信"潜规则",是因为经验表明"潜规则"往往是能够起作用的。比如,关于"双一流"建设的总体目标,《总体方案》讲得非常清楚。"推动一批高水平大学和学科进入世界一流行列或

---

① 林建华.校长观点:大学的改革与未来[M].上海:东方出版中心,2018:7.
② 冯达旋.全球化下的教育复兴:冯达旋谈高等教育[M].魏晓雨,译.哈尔滨:哈尔滨工业大学出版社,2018:178.
③ 孙科技.论"双一流"政策执行的阻碍因素及其优化路径——基于政策工具理论的分析框架[J].复旦教育论坛,2019(3):70.

前列"只是其中之一,此外还包括"加快高等教育治理体系和治理能力现代化,提高高等学校人才培养、科学研究、社会服务和文化传承创新水平,使之成为知识发现和科技创新的重要力量、先进思想和优秀文化的重要源泉、培养各类高素质优秀人才的重要基地,在支撑国家创新驱动发展战略、服务经济社会发展、弘扬中华优秀传统文化、培育和践行社会主义核心价值观、促进高等教育内涵发展等方面发挥重大作用"。但实践中,高校对于"双一流"建设的主要期待就是政府加大资源投入,对于一流大学和一流学科建设绩效的主要评价就是"排名",而提升排名的主要方式就是"人才引进"或"挖人"。究其根本,"推动一批高水平大学和学科进入世界一流行列或前列"是唯一可以量化的"硬约束",其他建设目标都是"软约束"。其结果,对于建设高校来说,"双一流"建设就成了提升一流大学建设高校和一流建设学科排名的工程。虽然这与政府的政策初衷相左,也不利于建设一流的高等教育体系和一流学科体系,但不能不说这也是建设高校的"理性选择"。因为面临绩效评价的巨大压力和遴选标准的不确定性,高校虽然明知片面追求大学和学科排名不利于高等教育的内涵式发展和建设高质量的高等教育体系,但面对后续建设中政府有可能会强化量化评价,其唯一可以做好的就是确保一流建设学科在第三方评价中的良好表现,以避免在下一轮遴选中被淘汰。

就像在其他领域一样,我国高等教育发展中以"双一流"建设为代表的追赶战略也面临着一个困境,即游戏规则或话语权的问题。中国的大学和学科要得到世界的认可,成为世界一流,首先要符合世界公认的学术标准。没有标准就谈不上一流,更谈不上位于"行列"或"前列"。没有世界公认的学术标准就没有世界一流大学和一流学科。基于此,在现有情况下一流学科建设完全忽视学科排名也是不可能的。作为一种相对客观的评价方式,基于文献计量学的学科排名的确可以为某些一流学科建设提供参考,关键还是要合理应用。大学里学科之间存在显著差异。有些自然科学和工程技术类的学科具有较强的国际可比性,学科在世界上的排名大体上可以反映一个学科发展水平的高低,但还有很多人文社会科学的学科以应用为主,具有显著的文化差异性,国际可比性较弱,世界排行仅具有参考价值,甚至连参考价值都没有。那些真正的世界一流大学,其一流的声誉更多的是通过那些具有国际可比性的学科的高排名获得的。对于不具有国际可比性的学科,以排名论一流只会误导学科发展的方向。自然科学以及工程技术类的学科拥有共享的研究范式和方法,较少受文化和意识形态因素的影响,容易通过量化方法比较彼此间水平的高低,对于哪个学科是世界一流相对容易达成共识。而人文社会科学,尤其是那些应用导向的人文社会科学学科具有鲜明的民族性和国家性,研究方法和范式以及结论容易受文化和价值观的影响,很难通过量化的方法来比较不同国家的人文社会科学学科哪个水平更高,哪个是世界一流。"'世界一流'是一个工作术语,而不是一个学术术语。从学术角度看,'世界一流'的说法成立与否,因学科而异。自然科学、社会科学与人文学科有着不同的属性,其横向可比性也是有差别的。"①现有的一流学科建设忽视了学科的差异,将所有学科纳入"世界一流"的竞争性范式,很容易导致人文社会科学学科建设的"理工化"倾向,即简单地以国际发表、引用、影响因子以及学科排名等量化评价标准来判断一个学科是否属于"世界一流"。其结果往往是为提高学科排名,很多人文社科类的一流建设学科过度强调国际发表,尤其是SSCI。对于理工类的学科而言,以英语进行国际发表是学科的常态,但对于偏向应用和价值传播的人文社会科学类学科,以母语发表再正常不过。如果为了追逐学科排名,将英语发表的学术成果置于母语发表之上,既不利于这些学科的学术创新,实现"建设具有中国特色、中国风格、中国气派的哲学社会科学体系",也不利于这些学科为本土实践服务,"扎根中国大地办大学"。

在评价体系方面,"双一流"建设面临的最大困境就是"以排名论一流"。一方面,不参照排名无法确定哪些大学和学科是"世界一流",更不清楚是位于"行列"还是"前列";另一方面,无论何种排名都不能准确反映大学和学科发展的真实状态。"排名的计算过程只是'常见的统计分析过程'。"②现在政府的决策者以及高校的领导者面临的问题是,一方面,在盛行文献计量的今天,"双一流"建设无法摆脱排名的影响;另一方面,超越排名的羁绊又是"双一流"建设最终必须解决的最紧迫的问题。实践中既不能无视标准化和计量化的大学和学

---

① 阎凤桥.我国高等教育"双一流"建设的制度逻辑分析[J].中国高教研究,2016(11):47.
② 冯达旋.全球化下的教育复兴:冯达旋谈高等教育[M].魏晓雨,译.哈尔滨:哈尔滨工业大学出版社,2018:11.

科排名,也不能"以排名论一流"。一方面,必须承认对于一流的追求,包括对于排名的关注,是特定时期特定国家高等教育发展的必然选择,其背后有着某种客观必然性,不以人的意志为转移。另一方面,也必须清楚,如果继续延续以提升排名为中心的发展战略和政策导向,那么无论是"追跑""并跑"还是"领跑",我们将始终是在按照西方的或第三方的"游戏规则"办学,一旦陷入路径依赖,很难实现自主创新。① 这种近乎两难的困境绝不是由行政权力主导通过反对教育和科研评价中的"四唯"或"五唯"所能解决的。高校之所以高度重视第三方评价机构的学科排名与政府对于学科的评价方式密切相关。根据政府的文件,"双一流"建设以5年为一个周期。无论对于一流大学建设还是对于一流学科建设,5年一个周期都太短。很多建设规划要么来不及实施,要么即便实施也很难见成效。大学是具有相对惯性的机构,"每2年或3年就评价一次大型科研团队没有意义(甚至浪费资源),如果每6到8年(甚至10年)对它们的真正变化进行一次观察,会更有现实意义,同时也节省了成本"②。考虑到相关建设方案的实施需要时间以及学术发展自身的规律,后续的"双一流"建设可以考虑适当提高一流建设学科遴选的综合标准、减少绩效评价的频率、延长建设的周期,以避免建设周期过短以及强化绩效评价可能引发或加剧大学和学科发展的"数据"主义。

五、"双一流"建设与"双万计划"

"双一流"建设从方案出台、名单发布至今已有几年时间,政策的巨大影响正在显现。伴随着"双一流"建设的推进,一些新的政策也在不断推出。比如,在一流大学和一流学科建设之外,又提出了建设一流本科教育,在建设一流本科教育的基础上,又提出了一流本科专业和一流本科课程建设,这些后续的一流建设计划的不断推出导致了"双一流"建设目标不断泛化。"双一流"建设《总体方案》特别强调"统筹推进",但由于"统筹"本身的内涵过于模糊,缺乏具体的制度保障,实践中往往伴随着改革任务的逐级分解,改革的实际内容距离

---

① 王建华.一流之后的路:朝向高等教育真正的发展[J].苏州大学学报(教育科学版),2019(3):45.
② [加]伊夫斯·金格拉斯.大学的新衣?——对基于文献计量学的科研评价的反思[M].刘莉,董彦邦,王琪,译校.上海:上海交通大学出版社,2019:61.

预期的目标愈来愈远。"就教育部门来说,每出台一个政策,其都能找到很大的合理性。……但是,每一政策的实施则和政策的意愿有很大的距离,很多场合甚至是背道而驰。"①近年来,为强调一流本科教育的重要性,教育部先后启动了以一流本科专业建设和一流课程建设为中心的"双万计划"。且不说完全由政府主导的"双万计划"的实施能否造就一流的本科教育,仅就其庞大的规模和以遴选为主导的建设方式而言,以"双万计划"为支撑的"一流本科教育"建设就无法与"双一流"建设既定的"世界一流"的政策目标相匹配。"双万计划"将"双一流"建设从大学和学科的层面拉低到了本科专业和课程建设,从而使原本追求卓越的世界一流大学和一流学科建设正在蜕变为利益相关者的"利益均沾"。具体而言,那些无法入选"一流大学建设高校"和"一流学科建设高校"的高校有机会入选"双万计划",从而也可以成为"双一流"建设的一部分。此外,经由"双万计划",原本应由高校主导的本科专业和课程建设日益被政府主导的一流本科专业和一流课程遴选所左右,高校自身的办学自主权和改革自主权在无形之中被侵蚀。原本为扭转"重科研轻教学"而提出的一流本科教育建设的政策愿景反倒固化了本科专业和课程的建设空间。改革的目的与方法之间失去了平衡。唯一可以预期的就是,由政府主导评选出了一大批所谓的一流本科专业点和一流课程。

近年来,"双一流"建设之所以会衍生出"双万计划",从"世界一流大学和一流学科"衍生出"国家一流""省级一流"本科专业和课程,在某种意义上反映了国家层面对于世界一流大学和一流学科建设的"统筹"不够,目标不明。政策实践中,"双一流"建设局限于教育系统内部,由教育部主导。而教育部的内部依然是条块分割的思维,部分政策的出台明显带有部门倾向性,依然是计划经济时代的计划思维方式。为了平衡不同利益主体的不同诉求,在"双一流"建设推进的过程中,不同政府部门基于对政策的不同理解和不同的部门需要,不断推出新的计划,大学只能服从。表面上看,各级政府对于"双一流"建设都高度重视,热情高涨,入选名单的大学、学科、专业、课程也皆大欢喜,但事实上,无论在哪所高校,整个教师群体对于改革的参与都远远不够。"仍然没有跳出一贯

---

① 郑永年.郑永年论中国:中国的知识重建[M].北京:东方出版社,2018:117.

存在着的'上级热、学校温、教师冷'的状况。"[1]现有体制下,政府与大学的关系和大学与院系的关系具有同构性。在外部,政府以政策驱动大学改革,大学相对于政府处于弱势。而在内部,大学以文件驱动院系改革,院系相对于大学同样处于弱势。实践表明,"当创新是组织自己研发出来的时候,组织成员对创新的接受度、学习和采纳速度会相对加快;而来自组织外部的创新,如果使用者没有参与再发明和创造过程,他们会认为这种创新是外来的,是强加给他们的,创新就会受到一定的抑制。在这种情况下,使用者接受、学习、采纳该创新的速度会大大的减慢"[2]。目前"双一流"建设中来自政府的文件太多,前一项政策还没有落实,后一项政策又已经启动。为了落实来自不同层级政府不同部门的红头文件,大学的行政管理部门又会不停地给院系转发文件和工作通知,从而导致院系忙于应对学校层面的各种会议和通知,填写各种表格、准备各种申报材料。其结果是,由于政府的行政命令过多,政策驱动过于频繁,大学和院系,尤其是处于教学科研一线的广大教师,对于改革失去了新鲜感,很多时候面对以"计划"或"工程"为标识的改革,大学、院系和教师只能疲于应对。

对于政府而言,高等教育重点建设的核心是效率,必须需要着眼于明确的、具体的目标。如果尝试在一项重点建设中去追求两个相反的或多个相互掣肘的目标,最终既得不到效率也实现不了均衡。"双一流"建设坚持"以一流为目标""以学科为基础""以绩效为杠杆""以改革为动力",政策的初衷是要提升中国大学和学科在世界上的科研竞争力。但项目启动之后,为了表示对本科教育的重视,又逐渐转向了一流本科专业和一流课程的遴选。当然,这里不是认为本科专业建设和课程建设不重要,也不是要否认一流本科专业和课程建设与世界一流大学和一流学科建设之间的相关性,而是认为不应把它们混在一起。一流本科教育建设并非不重要,但如果为了实现一流本科教育而将"双一流"建设引向了一流本科专业和一流课程建设,会有违"双一流"建设的初衷,不利于"双一流"建设最终目标的实现。对于政府而言,之所以要出台与"双一流"建设相

---

[1] 刘华东.本科教育如何跳出上级热、教师冷[N].光明日报,2019-11-05.
[2] [美]E. M. 罗杰斯.创新的扩散[M].唐兴通,郑常青,张延臣,译.北京:电子工业出版社,2016:450.

关的政策,自然是希望能够对"双一流"建设产生合意的、直接的、可预期的结果。但事实上,由于受各种因素的制约,政府的政策所带来的并非总是积极的结果,也可能会产生不合意的、间接的、不可预期的后果。[①]"双一流"建设作为一项国家战略,是一项系统工程,其总体目标的实现涉及高等教育改革与发展的方方面面;为了确保"双一流"建设"三步走"战略目标的顺利实现,政府的相关政策需要不断反思和修正,新政策的提出与实施应与"双一流"建设的总体目标相匹配,应强化顶层设计和系统思考,充分考虑单项政策可能引发的非预期效应。[②]

---

① [美]E. M. 罗杰斯.创新的扩散(第5版)[M].唐兴通,郑常青,张延臣,译.北京:电子工业出版社,2016:32.
② 王建华.关于一流本科专业建设的思考——兼评"双万计划"[J].重庆高教研究,2019(4):127-128.

第三章
"双一流"建设的学科理念与政策

　　学科是一个不断发展的概念体系,也就是说知识在时间的流变中要面临不断的拆解、重组与再次建构。学科同时也是一种社会制度,学科的产生、演变与发展离不开外部社会在资源与理念上的制约,而学科产生的知识优势与生产力通常会影响整个社会。所以说,学科的发展层次代表了整个社会在理念、制度与知识形态上的成熟程度,"科学是工具性的知识——关于物(包括人)的性质与行为的事实,并且旨在利用这些事实以为实现各种给定目的之工具的知识。但是'扎实'的科学同时也是社会知识"。[①] 发展的学科代表制度和理念,也影响着大学的办学实践。大学要为学科产生出持续的理念与制度供给能力,也需要整个社会为知识生产提供合适的环境。对今天任何一个重视高等教育的国家来说,推动学科发展已经成为国家之间国力比拼的一种新的竞争方式。在新时期我国高等教育正在进行内涵式发展的环境中,学科建设已经成为高等教育发展的主要方向。从2015年至今,从各级政府到各个高校都将注意力和资源集中在由学科形成的办学优势与特色上。2018年印发的"双一流"建设《指导意见》又进一步明确了"强化内涵建设,打造一流学科高峰",高校在2018年之后公布的"双一流"建设进展报告也纷纷将优化学科布局、推动学科建设作为主要议题。故而,不论是从学术还是从实践角度看, 流学科建设都具有非同一般的意义,"从学术标准来看,一流学科有两个标志,一是拥有一流科研,产出一

---

① 汪丁丁.新政治经济学讲义:在中国思索正义、效率与公共选择[M].上海:上海人民出版社,2013:266.

流学术成果;二是有一流的教学,培养出一流的人才……从实践性标准来看,一流的学科不但要为区域工商业创新做出贡献,而且要为区域人力资源做出贡献,甚至还要为区域文化建设、环境建设做出贡献"①。具体来看,学科建设需要经历从建设理念到发展理念的革新,也应实现从建设效应到实践效应的转换。学科建设政策的创新就成为实现这种转换的关键,在2015年颁布的"双一流"建设《总体方案》中提出了"要完善配套政策,根据本方案组织制定绩效评价和资金管理等具体办法",更明确地说,就是需要实现从建设理念到建设政策的创新,并对既有的学科建设策略进行不断调整和革新。不论是理念还是政策创新,其最终的目的都是要使"双一流"建设实现由目标达成到内涵塑造,使知识生产、人才培养和社会服务能真正引领各个行业的创新。只有将创新作为所有行业的发展内涵,"双一流"建设才是真正持续有效的。

第一节 "双一流"建设背景下学科建设的理念革新

随着高等教育发展方式的转型,"双一流"建设的持续推进对于我国大学而言不仅意味着新的发展背景与目标的营造,同时也代表了一种更新的发展理念的产生。"双一流"建设带来的是更高的目标要求、更准确的发展定位以及更明确的发展方式。在2017年发布的"双一流"建设《实施办法》中,对于发展理念和发展方式做出了明确的界定,即"按照'四个全面'战略布局和创新、协调、绿色、开放、共享发展理念,以中国特色、世界一流为核心,落实立德树人根本任务,以一流为目标、以学科为基础、以绩效为杠杆、以改革为动力,推动一批高水平大学和学科进入世界一流行列或前列"。其中,对于学科建设的要求更加聚焦。对各个大学与学科来说,新的发展背景意味着建设任务的调整与革新。在各校具体的建设举措中,"优化学科布局,加强学科交叉融合"几乎成为入选"双一流"建设项目的统一做法。将资源进行重新整合,发掘学科建设的潜力、利用学科提升大学整体的发展实力也成为部分学校的做法。例如,北京大学除了实现跨学科的资源整合之外,还布局了农学相关学科的发展,为的是从学科建设

---

① 周光礼,武建鑫.什么是世界一流学科[J].中国高教研究,2016(1):68.

和调整中获得更大的优势。不论是《总体方案》中提出的"坚持以学科为基础""坚持以绩效为杠杆",还是《实施办法》中提出的"支持一批接近或达到世界先进水平的学科,加强建设关系国家安全和重大利益的学科,鼓励新兴学科、交叉学科,布局一批国家急需、支撑产业转型升级和区域发展的学科",政策上的关注点都将学科建设的地位放在了非常显著的位置。更重要的是,学科建设不仅是一项具体的发展举措,而且带有一系列的驱动特征,会带来一系列高等教育发展方式上的联动效应,"国家发展政策从大学层面向学科层面转移,实质上也是倒逼大学内部要放权,不能再实行简单化、机械化的管理了。这种激发学科发展活力的思维模式也有助于实现学科之间的横向联合"[①]。从国家到地方政府再到高校,学科建设驱动着各种组织参与到系统创新、绩效评价和学科育人的职能上来,最大可能地调动了政府与高校的积极性。值得关注的是,从已有的学科高峰中获得发展绩效成为各个利益主体的建设指导理念,清华大学在所发布的《清华大学关于持续深化改革提升工科发展水平的实施意见》中就提出"落实'工科+'的整体发展思路,以提升工科发展水平为主要目标,以工程基础研究、学科交叉和工程教育为着眼点"。由此可见,只有在建设理念上进行革新,建设效应与高等教育驱动方式的辐射面才能尽可能地扩大。

一、协同创新

协同创新不只是知识生产和学科建设的需要,还是整个社会组织关系和价值生态发展的需求。学科建设既是在处理知识问题,同时也是在处理不同组织之间的社会关系。结合历史梳理看,学科建设所经历的过程是由自由生长到政府规划的变迁。之所以要对学科进行建设规划,其原因一方面是大学结构的完整需要有效的学科组织与制度的协作,知识上的协作能够产生更新的知识分裂与创造的土壤;另一方面在于学科的演进与组织发展之间是一种共生的关系。二战后,各类社会组织的发展都对大学的科研能力提出了更高要求。知识生产和学科建设也成为国家综合国力的重要组成部分,尤其是需要科学研究引领整个社会在知识、制度和理念上的创新。只有在知识生产、传播与社会的认知状

---

① 王洪才."双一流"建设的重心在学科[J].重庆高教研究,2016(1):9.

态保持协作的时候,创新的活力才能被激发出来。事实上,不论是历史上对知识的有序分类,还是今天复杂的交叉学科与新兴学科的诞生,这种知识之间的协作关系始终伴随着人类社会发展的进程。今天我们所熟知的"科学是第一生产力"的背后是作为学科与外部社会共同展示出的协同创新关系,科学知识价值的释放需要的正是这种社会化的协作关系。"科学既是一门实践性学科,也是一门理论性的学科,它的起源不仅依赖于观念,同时也依赖于实践。政治、科学、经济的变化是密不可分的。"①大学的作用也因为学科知识与社会实践间的协同创新而被全世界各地所接纳。

协同创新不只是知识生产的协作理念,也是超越学科和组织,引领整个社会的发展理念。协同创新不仅是大学和学科内部的事务,还要充分考虑现实社会的发展和需求。尤其是 2010 年后,以互联网企业为领头雁的"会聚观"引领着最新的创新理念,商业利益不再是以迎合顾客需求为出发点,而是从创新出发重新激发市场需求的结构性调整。为此,我国也在 2020 年根据形势发展的需要,开始研制《交叉学科设置与管理办法》,以此作为指导学科和大学知识创新的核心纲领。协同创新不再由过去的单向行为来构成,而是试图打破组织界限,在大学、学科和不同社会机构之间形成创新网络,并以此驱动价值生态关系的形成。

从知识的角度看,学科的价值需要依托于大学才能被实现,由于众多学科在性质、地位等方面存在差异,这就需要不断协调学科之间的关系,使不同学科在大学内发挥协同的合力。部分高校在"双一流"建设举措中,学科建设被作为资源整合的重要手段,利用学科建设措施牵引起对创新的规模性投入,也就是利用组织和制度整合实现问题发掘机制的前沿化。例如,复旦大学围绕人类表型组、脑与类脑、微纳电子与量子组建了三个交叉研究中心,推动前沿和新兴学科发展。南京大学在学科建设中也采用了相似做法,成立了人工智能学院、自然资源研究院、脑科学研究院等新的组织机构。由此可见,对学科的组织与制度重构也是"双一流"建设中诸多大学的共同举措。

大学对学科的规划更多地体现在调和知识间的矛盾上,使不同知识产生新

---

① [英]法拉.四千年科学史[M].黄欣荣,译.北京:中央编译出版社,2011:68.

的组合形态,从而获得更高的社会地位。历史上,在中世纪大学诞生之后,学科建设与调和就一直充斥在大学中,神学和科学并不是天然地和谐共生的,而是经历了社会思想的融合,由特定的群体完成了知识上的整合,"整个神学家-自然哲学家(theologian-natural philosophers)群体非同寻常地发展起来,这是理解西欧中世纪科学和自然哲学命运的一个关键。正是由于这批神学-哲学家的出现,神学与科学之间才极少发生冲突。他们在自然哲学和神学上都训练有素,因此能够比较轻松地将两门学科关联起来。他们之所以能够这样做,是因为基督教在很大程度上早已适应了希腊世俗思想"①。正是因为中世纪的大学与基督教之间的融洽甚至是协作关系,使得知识与信仰之间建立起一套有利于知识创新的有效秩序。这种秩序的存在达成了两个积极效果:首先是科学的知识生产方式在大学中开始流行,知识的创新机制得以由学科之间的协同效应来完成;其次是大学与社会外的知识传播获得了认可,科学创新的制度基础在知识的协作状态中逐步积累起来。

从组织的发展逻辑上看,在我国"一流学科建设"是"知识创新"的前提,也就是有了优势的学科平台和学科资源,知识产出和创新才能顺理成章。不论是过去的"重点学科"还是"211工程""985工程"对于学科地位的强调,都说明了一流学科的建设是一个优势积累的过程。2011年出台的"2011计划"将学科建设政策进行了阶段性的总结,提出"通过选题培育,确定协同创新方向,选择协同创新模式,组建协同创新体",这在政策与机构上为"一流学科"建设提供了阶段性的基础。"2011计划"布局学科建设的"协同创新"路径,在努力营造竞争机制的同时,也构建了学科、大学之间的合作关系,具体说就是:"推动一流学科向世界一流大学特别是层次较高的大学集中,鼓励一流大学逐渐淘汰发展水平较低的学科","在非一流大学建设有利于一流学科发展的飞地,逐步形成溢出和拉升效应"。② 我国在建设一流学科的历程中不断进行的政策与组织整合本身也是一种创新过程。比如中国农业大学在2018年发布的《"双一流"建设2018年度进展报告》中就强调了组织化对新知识生产所起到的积极作用,其举

---

① [美]格兰特.近代科学在中世纪的基础[M].张卜天,译.长沙:湖南科学技术出版社,2010:105.
② 傅维利,雷云.中美一流学科的校际布局特征及对我国建设一流学科的启示[J].教育科学,2018(1):77-79.

措包括"推进前沿交叉科学研究院建设,构建新的学科建设机制,培育新的学科增长点"。还有诸多大学的建设举措是设置新的组织形式,根据实践中的问题设置研究组织成为流行的做法。比如河北工业大学实施了"以关键工程技术问题为牵引,加强基础支撑学科建设,新建了'数学研究院'等基础学科平台,提高基础研究水平"。以政策创新带动组织及机构创新,同时为学科的生长培育空间,这是许多高校学科建设过程中的突出特征。

今天的学科建设早已不再是"单一"和"重点"的知识规划过程,而是走到了"会聚"不同知识主体进行创新的活动。回顾知识生长的历程,可以发现从知识到学科一直充满着协同发展与重建。但总的来说,知识与学科是在向创新与协作的方向发展。因为不论是传统学科的自由生长,还是现代政府所进行的学科规划,所有人都意识到学科的作用应该从内向外,从大学走向社会,为国家提供创新和发展的平台。换句话说,社会的发展与创新能够在学科建设与知识创新的前提下有效推进,"学科建设是一个创新的过程。世界一流大学学科发展的历程体现了创新下的连续和连续下的创新,体现了尊重传统和追求创新的和谐统一"[①]。今天的创新需要在有效规划与不同学科的边界中展开。此外,科学职能的发挥离不开知识与学科的协同,也只有协同才能产生创新。"双一流"建设《总体方案》中提出学科建设和大学发展的方式是通过制度变革与组织重构,实现知识与组织间协同创新的活力,尤其提出"高校要根据自身实际,合理选择一流大学和一流学科建设路径,科学规划、积极推进。拥有多个国内领先、国际前沿高水平学科的大学,要在多领域建设一流学科,形成一批相互支撑、协同发展的一流学科,全面提升综合实力和国际竞争力,进入世界一流大学行列或前列"。具体举措上,虽然有部分高校在"一流学科"建设高校的行列,但仍然利用学科协同与集群创造更大的优势。比如南京信息工程大学所提倡的就是"特色发展、优势发展、集群发展、协调发展"的学科建设理念。整合学科集群或是利用部分学科实现研究领域整合,为不少学校取得了明显的发展优势。武汉理工大学入选一流学科建设的是"材料科学与工程学科",其在建设过程中将来自国防、建筑材料、能源转换等领域的问题集中到材料科学与工程学科中,获得了较

---

① 翟亚军,王战军.理念与模式——关于世界一流大学学科建设的解读[J].清华大学教育研究,2009(1):18.

为显著的成绩。

在今天流行的"会聚观"的科学研究认知中,学科建设不是为了扶植某一强势学科,而是为了增加不同学科共同的创新空间,"会聚是一种通过跨越不同学科来解决问题的方法;这个方法融合了生命科学与健康科学、物质科学、数学,以及计算机科学、工程科学等众多专业领域的相关知识、工具和思维方式,构建一个全面综合的框架,用以应对多领域交叉的科学与社会挑战。通过整合不同专业领域的知识,形成合作伙伴网络,会聚策略将激励基础科学发现不断向实际应用转化"[①]。也就是说,学科建设本身就意味着创新,只有制度规划和组织重构保持创新的步伐,知识上的创新才能体现价值。其中会有学科在组织规模上的增减,如中南大学在规划一流学科建设举措时就提出要实施学科结构优化动态调整,如对部分学科实施关停并转。这意味着指导理念上突破了单一学科组织规划和集中资源到部分学科身上的趋势,注重使不同学科都能在交汇的边界中找到创新的机会。网络化创新正在影响着今天世界各国的学科建设理念。不论是个体还是组织,网络化创新已经成为一种新的知识生产范式,挑战着今天任何一所大学中的学科。

二、绩效评价

如果说传统的学科建设与发展注重组织规模和建设过程的话,"双一流"建设则对绩效评价提出了更高的要求。其中,《总体方案》中明确规定:"坚持以绩效为杠杆。建立激励约束机制,鼓励公平竞争,强化目标管理,突出建设实效。"对于绩效的要求,以及增加激励约束机制,成为评价一流学科的主要标准。2018年多部委出台的"双一流"建设《指导意见》中对于绩效评价的方案是:"学科专业建设与学校整体建设评价并行,重点考察建设效果与总体方案的符合度、建设方案主要目标的达成度、建设高校及其学科专业在第三方评价中的表现度。"可以说,绩效约束机制是基于所有学科和专业来展开的,是下一个阶段建设一流学科和一流大学的总体目标,因此如何确定有效的绩效评价,如何利用绩效评价结果来指导学科建设,就成为从主管部门到大学最需要思考的问

---

① [美]美国科学院研究理事会.会聚观:推动跨学科融合——生命科学与物质科学和工程学等学科的跨界[M].王小理,熊燕,于建荣,译.北京:科学出版社,2015:1.

题。实际上,学科建设的绩效具有多重属性,它既包括了政府的行政绩效,又与知识创新绩效、人才培养绩效和学科组织的发展绩效捆绑在一起。绩效评价本身也成为从政府到学科影响社会知识生态环境的重要手段,"以效率政府、顾客至上、追求公共责任为核心,政府绩效评估正在以多样的功能影响着世界各国的政府体制改革进程"[①]。所以说,建设学科所产生的多重属性的绩效反过来又促进政府机构进行相关改革。正因为学科建设所产生的多重属性,因此绩效评价范围、评价机制的运行以及评价结果的使用就显得尤为重要。

在"双一流"建设的背景下,绩效评价面临的最大困难是如何从组织绩效评价过渡到创新绩效评价。从过往的学科绩效认定机制上来看,表面上是对一个大学学科建设成果的肯定,尤其是对知识生产和人才培养成效的认可,而实际上,学科建设的绩效评价机制却会造成对学科发展方向的误导。由政府部门主导并组织,学科权威控制的评价机制既是学科建设的动力,也是阻力。一方面,政府机构所组织的学科评价机制,体现了从政府到大学再到学科的强大动员能力,学科建设者与利益相关者的积极性都能被调动起来。现实中,在各个高校发布的"双一流"进展报告中,几乎都将有多少学科入选 ESI 学科前 1% 作为显著绩效公布出来。例如四川大学在总结截至 2018 年的成绩时,就突出了"学校 ESI 前 1%学科领域新增 2 个(精神病学/心理学、免疫学),达到 16 个;ESI 前 0.1%学科领域新增 1 个(临床医学),达到 3 个"。换句话说,这是将不同的组织与个人通过绩效相结合的形式发起的动员,"通过将个人与组织绩效相结合创造激励和责任机制,提高政府组织绩效"[②]。通过学科建设和学科发展的绩效评估机制,动员从上到下的各种力量参与已经成为一种新的建设策略,而且这种策略一直在起主要作用。另一方面,学科建设的绩效评估又形成了强大的约束力量。从一定程度上来看,学科建设绩效的评估仍然离不开政府对其行政绩效评估所使用的"目标—责任"制的形式。更加消极地来看,通过对目标达成情况的考量来评价学校、学院层级的建设责任,这种建设责任带来的压力已经超过了学科发展应有的绩效。众多大学突出的都是在学科建设上的"增加项",由此显示建设绩效的显著性。比如河海大学总结建设绩效时就列出了"新增材料

---

① 蓝志勇,胡税根.中国政府绩效评估:理论与实践[J].政治学研究,2008(3):106
② 蓝志勇,胡税根.中国政府绩效评估:理论与实践[J].政治学研究,2008(3):115.

科学和地球科学两个 ESI 前 1% 学科。新增社会学、马克思主义理论、海洋科学、测绘科学与技术 4 个一级博士学位授权点"。因为对于组织的管理者来说,最大限度规避并弱化建设责任可能成为他们的主要策略,"目前的学科评估事实上形成了对'双一流'建设成效的逐级问责机制。这一机制包括政府部门对高校的'软问责'、高校对院系的问责、院系对教师的问责等三个层级。在三个层级中,问责压力由上而下逐级传导,问责强度由'软'而'硬'逐级加大,问责内容逐级具体,处于底层的教师往往经受着学科评估所带来的强大问责压力"[1]。所以,随着学科评估机制的定期开展,学科组织的领导者就必须定期进行"卸责",并向下传导责任压力。长此以往,建设绩效就会被"卸责"的需要所取代,学科建设的目标就被扭曲了。

  作为一种高等教育的治理方式,绩效评价与政策设计与执行合为一体,通过设定绩效目标、成果验收及掌控相关资源,可以使不同层级的政府实现对高等教育发展成效的强化。从政策源头确立绩效的出口与评价尺度兼具激励与问责双重功能:"近些年来我国宏观政策设计越来越突出另外一种取向,政府的宏观政策在依旧强调科层控制与规则约束的同时,更为青睐以利益诱导、绩效考核的问责机制来强化政策的实施效果。"[2]从逻辑上说,如果经过有效的政策设计与执行,建设绩效自然水到渠成。然而,在政策执行的过程中,绩效评价标准往往会超越绩效本身,成为学科建设相关政策执行的唯一尺度。不少学校虽然强调特色,但其实都在围绕能够产生绩效的学科进行,有的学校围绕"特色优势学科体系"仍然是在巩固传统学科的优势地位,并没有将评价举措放在对创新的激励上。诸多高校的学科建设重心还是放在 ESI 学科排行榜较为青睐的材料与工程科学、化学、电子科学与技术、计算机科学等容易保持排行榜地位的学科上。在"双一流"建设《总体方案》出台之后,各地方索性就将"双一流"建设等同于实现绩效目标,不仅设立了本省(市)高校完成绩效的数量目标,而且规定了详细的时间节点。这样一来,本来是异质性的政策就被绩效约束机制变得"同质化"了,"其一,部分地方政府计划于短期内(10~15 年)建设若干'国内

---

[1] 张应强."双一流"建设需要什么样的学科评估——基于学科评估元评估的思考[J].清华大学教育研究,2019(5):12.
[2] 阎光才.政策情境、组织行动逻辑与个人行为选择——四十年来项目制的政策效应与高校组织变迁[J].高等教育研究,2019(7):34.

一流''世界一流'的大学和学科;其二,地方政府以3~5年为一个周期,在此期间投入大额资金用于'一流学科'和'一流大学'建设。这些特征与先前所进行的重点学科建设具有极大的相似性"①。不仅如此,一流学科的建设绩效被放大,成为大学保持或冲击下一轮资助的主要工具。在遴选"双一流"资助名单时,主要的标准就被放在了学科上,尤其突出了"以学科为基础,确定遴选认定标准",对于所使用的第三方评价标准上,也着重强调"体现高校的学科水平",第三方学科评价成为重要的参照标杆。但在充斥着大量商业性质的学科排行榜与绩效评价体系面前,学科建设的实际效用与社会效应都无法获得真正的释放。而学科建设的真正作用应该是提供整个社会进行协作的知识平台,推动各项职能真正走向实处。

三、学科育人

作为学科建设的延伸功能,提升人才培养的质量在一流学科建设的举措中被格外突出。借助"双一流"建设项目,几乎所有大学都提出了利用学科建设的平台实现本科教育培养"拔尖人才"的目的。但是育人逻辑与学科建设的逻辑能否有效相融则是各方都没有经过细致思考的。这就导致两种逻辑之间产生较大的隔阂,甚至完全不相关。从逻辑上来说,建设学科的目的丰富了学科在大学中的知识布局方式,还使得知识生产能够真正朝向创新。知识功能的释放能够为人才培养创新理念带来制度上的变革。从国外历史来看,20世纪末驱动美国大学本科人才培养转型的政策来自博耶委员会1998年发布的《重构大学本科教育——美国研究型大学的蓝图》(以下简称《蓝图》)。值得注意的是,由此掀起的美国研究型大学人才培养模式改革并没有单纯局限在"课程—教学—教师"的单一逻辑上,而是将人才培养与科研创新融合在一起,形成一种新的发展理念。"《蓝图》报告发表后,让本科生参与研究与创新活动已成为研究型大学本科教改的一大重点,教师与管理者都认识到本科生参加研究是一种重要的教学资源。"②美国研究型大学改革的经验说明,学科建设、知识生产与人才培养

---

① 郭书剑 王建华.论一流学科的制度建设[J].高校教育管理,2017(2):35.
② 伍红林.美国研究型大学本科教育改革新进展——《博耶报告三年回顾》解读[J].比较教育研究,2005(3):71.

并不存在先后的逻辑顺序,在一个变革越来越快的时代中,这几项往往是共同进行的。本科生参与研究和创新活动并不是直接进入相关的研究课题或实验室中,而是由独立的组织和机构进行指导。衡量学科在组织建设过程中所取得的绩效通常就来自这种育人机构的设立,也可以说,学科建设只有带来足够的组织效应,育人功能才能得到释放。布尔迪厄曾说过:"正如学生选择学科,学科也选择学生,而且它在选择学生的同时,还向他们强制推行关于学科的,关于职业生涯的,以及关于他们自身能力的感知范畴。"[①] 从组织与人群的互动关系上来看,优秀的学科组织能够对优秀的人才形成吸引力,当然更关键的是优秀的学科组织往往都能拥有一流的制度运行逻辑。这套逻辑能够保持知识生产与人才培养的优势被互相利用,按照克拉克的描述,科研和教学正是借助一种制度连接体的存在而得以产生相互的漂移,由于在制度上定了界限,科研—教学—学习连接体"事实上成为高等教育在院校类型之间和全部学位层次进行分化的惟一基础",按照这样的情况,连接体"在把院校评级和造成的等级中是首要的成分",连接体"被大家追求,产生学术漂移的潮流"。[②] 所以说,一流学科的设计既是一种组织设计,更意味着制度创新。而且,这种新的制度是平衡大学不同职能的连接体,保证各项职能的效率都能被最大利用。

利用学科建设实现人才培养质量的提升,主要目的还是整合资源,实现效率最大化。但是现实中长期以来人才培养与学科建设的脱节,使得我们的学科建设产生的知识绩效很难使各个层级的人才培养受益。具体来说,学科建设需要使本科人才培养从新的学科或制度中受益。然而,随着一流本科教育"双万工程"等项目的出台,大学的注意力迅速被吸引,本科人才培养在制度上与学科难以产生共融。在不少大学公布的"双一流"建设进展报告中,很难看到"人才培养"与新学科、交叉学科有多大关系。从制度上来说,学科建设的利益倾向性过强与大学的基本职能又会产生抵触,大学要么建立新的人才培养制度,使并行制度基础上的双方产生的效益互不相关;要么人才培养的各项制度被学科建设制度所同化,也就是人才培养的效果以"科研模式"来评价。在总结学科建设

---

① [法]布尔迪厄.国家精英:名牌大学与群体精神[M].杨亚平,译.北京:商务印书馆,2018:32.
② [美]伯顿·克拉克.探究的场所:现代大学的科研和研究生教育[M].王承绪,译.杭州:浙江教育出版社,2001:276.

经验中的人才培养成绩时,不少学校仍然在以本科教学获奖数、开设新课程数、提高新生录取率等结果来衡量成效。由于学科是以分类知识系统界定自身的边界,分类学科下的人才培养一方面会产生学科专家,但另一方面也会削弱高等教育的完整性,使之成为职业教育的跑马场,不少学校仍然将就业率的连年提高作为主要的绩效。"工业化带来了劳动的专业化和教育的专业化,人成为片面的职业人和专业人;科学的日益专业化使人们失去了对世界的整体性认识,影响了人的全面培养和发展,只有利于掌握一技之长的专家们的培养,高等教育日益堕落为职业性的专门教育。"①大学中日益崛起的职业教育不仅无法反映学科知识生产与学科建设的各种问题,反而会想方设法抢占资源和合法性的高地。

学科建设同专业设置与运行、课程设置等一系列人才培养的环节联系在一起。实施学科建设的组织同时也是承担人才培养和专业发展的组织,这种一体化的关系意味着学科建设无法离开人才培养单独进行。"从学科、课程、专业一体化的角度来看,高水平人才培养体系是学科、课程、专业之间一体化关系的组织化、具体化与操作化的根本依托与核心落脚点,也是一流本科教育顺利开展的制度化保证与组织化载体。只有切实构建高水平人才培养体系,才能真正落实一流本科教育的基础性地位,才能有效促进一流学科建设与一流本科教育耦合整生。"②事实上,在现实功能层面,学科建设和学术研究的成效无法同人才培养有效接轨。本科人才培养中的专业设置、课程配置以及培养方案都没有产生实质性变化,依然在以就业率上升、教学成果奖等指标性目标的达成作为内涵。学科建设和人才培养都是需要发展出特色的,尤其是在学科建设的具体举措中,教学资源整合、大类培养、利用多种学科交融搭建通识教育的平台差不多是共同的做法。有不少大学虽然提到了学科建设的育人功能,但还是在本科专业评估等相关指挥棒的影响下进行,在制度和组织上都是与学科建设相分离的。

一流的学科建设制度与运行机制能够提升高校相应的办学能力。学科建设的绩效往往要通过学术成果的评价机制来呈现,在没有更好的评价机制产生

---

① 陈洪捷.观念、知识和高等教育[M].合肥:安徽教育出版社,2012:38.
② 林杰,洪晓楠.论一流学科建设与一流本科教育的耦合整生——基于学科、课程、专业一体化的视角[J].教育科学,2019(5):65.

之前,人才培养的评价机制也在效仿科学研究。当然,不可否认的是,大学所进行的人才培养及其改革本身也是一种科学化的研究过程,但这并不意味着人才培养在评价策略上使用"科研化"的方式。以各级各类教学成果奖评选条件来看,教学成果报告、教学成果应用及效果证明材料被视为人才培养质量提高的主要依据,论文、奖励、报道、研究报告等支撑或旁证材料的数量增加也被视同为本科教育质量获得了提升,这些同科研绩效的认定方式如出一辙。以结果评价为导向的人才培养方式难以获得独立的发展逻辑,这也就不奇怪为何教育活动总是难以获得重视。"教学不受重视,课程变成了政治皮球,而学术圈在描述自己业务时用词的自夸程度却达到了空前水平。在广告技术的操纵之下,'卓越'、'深刻'、'有益人生'这样的词嵌入了大学生活的词汇。它们仿佛在告诉青少年'在大学你就能完成自我实现'。"[①]学科建设的功能对人才培养的影响也有限,在评价机制倒逼的人才培养中,二者难以实现功能与组织耦合,但评价制度逻辑高度同质,这是造成今天人才培养功能落后于学科建设的主要原因。

总之,"双一流"从建设背景落实到具体的策略执行需要在理念上进行重新构建。理念的调整意味着需要将前期的建设效果整合到新的建设环境中来,还意味着对未来可能产生的知识环境与教育环境进行预判。从本质上看,学科建设的理念即意味着制度上的调整,也意味着知识生产观念的革新,只有这二者共同产生作用并带动相应的组织行动,相关的功能才能获得释放。创新依赖于组织与制度的有效结合,政策绩效服务于建设绩效,只有实现了这两个方面的理念转换,人才培养的功能才能从学科建设中发掘出来,才不至于游离于学科之外。现实中诸多大学都利用学科建设扩展了相关组织,并增加了制度生产的力度。利用学科建设,大学内的诸多职能都被调动起来,"学术教育供求发生调整转换的规模非常适度,大多数情况下这种调整都是由科学进展引起的,并且都局限在新兴课程领域和专业性大学里"[②]。当然,实现这一突破需要各种社会组织都能参与到协同创新中来,各级政府和行政管理部门应逐步由追求行政绩效转到注重知识生产与创新的效果上。此外,人才培养是衡量学科建设与知识

---

① [美]雅克·巴尔赞.美国大学:运作和未来[M].孟醒,译.杭州:浙江大学出版社,2015:导论7.
② [瑞士]瓦尔特·吕埃格.欧洲大学史:第四卷·1945年以来的大学[M].贺国庆,王保星,屈书杰,等译.保定:河北大学出版社,2019:21.

生产的终点,评价机制确定了人才培养与科研产出的同质化取向。"双一流"背景下的学科建设除了面对知识创新的问题之外,更需要解决如何使人才培养受益于知识创新的效应。只有在制度理念上营造整体创新的环境,增加对不同职能组织的激励,"双一流"建设才不至于停留在提升科学研究的单一功能的水平上。建立统一的"价值链",使各类组织共享"双一流"的建设价值,人才培养和科学研究的动力才能同时被激发出来。

第二节 "双一流"建设背景下学科政策的调整

作为驱动学科建设的重要工具,政策理念与执行举措一直影响着我国高等教育的发展进程。大学和学科的常规发展是由知识与组织逻辑来驱动的,而这二者需要"跨越式"或"加速式"发展的时候,其驱动机制就来自额外的政策与资源投入。学科建设政策代表着一系列新的制度创新与转型,我国大学与学科建设曾经历了多次发展方式转型,其背后都离不开政策设定的制度环境。不少大学在回顾"双一流"建设的绩效时,都强调了第四次学科评估结果、国际对标、排行榜名次等明确的目标来源对学科建设的影响,正是这些塑造了一流学科建设的政策环境。从实质上说,制度目标依然是影响学科建设走向的主要逻辑,正如科斯所说的:"制度的转变则遵循着不同的逻辑。制度是多层面的,由于太过复杂,任何单一的维度都不足以衡量其优劣。因此,一般而言,保证制度的多元化是更为可取的方式。"①政策理念影响着工具的投放效果以及政策工具的使用,政策价值和理念都要面对不同的环境进行调整。"双一流"建设的初衷就是实现政策转型与调整,构建更新的学科生长环境。政策转型涉及政策理念的构建、问题识别、政策后果的评估以及由此带来的成本与收益衡量等多重问题,也使得"双一流"建设背景下的政策调整面临着更大的挑战。从学校的角度看,对政策中的各项激励条款的敏感性更大,构建更多的学科高峰、营造联动优势是各所高校理性的选择。由于公立大学的归属层级不同,所以政策的设计与执行又必须带有持续效应,一项政策的出台往往必须带来更多的激励效果,这样才

---

① [美]罗纳德·哈里·科斯,王宁.变革中国:市场经济的中国之路[M].徐尧,李哲民,译.北京:中信出版社,2013:76-77.

能带动更多的利益相关者参与大学与学科建设。但是,不论从《总体方案》还是到地方层面的政策文本,政策工具仍存在性质单一、缺乏成本收益间的比较评估以及偏重命令与驱动的特征。不同学校之间在政策制定与执行结果的表述上也保持了高度的相似性,"顶层谋划""对标一流""巩固特色"几乎变成了各所大学共同的政策语言,但同时也可以看出政策工具上的贫乏,"政策工具呈现全面性和多样性,但工具间缺乏科学组合;命令性工具使用过溢,忽视'双一流'建设的高校和学科差异;政策工具偏向长期能力建设,短期规划不足易导致'跃进式'建设;政策工具使用重点和稳定性发生变化,工具系统性程度不高"[①]。从一定程度上看,"双一流"建设中的不少政策都偏重于目标设定、资源配置以及绩效评价标准层面,缺乏对大学和学科发展逻辑的理解。"双一流"建设相对于"985工程""211工程",在政策层面上有了理念的调整,但在政策议程设定与执行层面依旧保持了高度的相似性,这也是学科建设在未来一段时间内所面临的最大困境。

一、从"国家重点"到"世界一流"

"重点建设"政策在我国由来已久,不论是在经济还是公共管理领域都带有较大的普遍性。"重点建设"政策源头来自新中国成立后特殊产业的优先发展理念,在不同的行业中我们都可以看到"重点"的痕迹。"重点建设"或"重点策略"还意味着优先发展。表面上看,这一策略来自新中国刚成立的国情以及对苏联发展模式的效仿,背后则意味着权力关系的重新整合。管理机构以"整体规划"和"统一调配"的形式确立了"重点建设"在各项国家治理中的权力分布格局,"每一个组织,不论它的目的或性质如何,都涉及权力的某种再分配。每一个组织必定有一个管理机构,它以整体的名义作出各种决定,并在关系到组织目的时,总比单个成员有更多的权力"[②]。新中国成立之后,由于经济和工业发展的需要,重工业成为优先发展的产业。不仅如此,随着时间的变化,"重点建设"开始分领域、分层级扩散开来。不仅有"国家重点",还有"省重点""市重

---

① 周付军,胡春艳.政策工具视角下"双一流"政策工具选择研究———基于政策工具和建设要素双维度的分析[J].教育学报,2019(3):84.
② [英]伯特兰·罗素.权力论[M].吴友三,译.北京:商务印书馆,2012:128.

点",不仅有工业建设上的重点,还有农业、交通和文化发展上的"重点"。直到今天,除了部分来自工业发展上的"重点项目"之外,还存在着大量的"重点景区""重点学校"。之所以会采用这种治理策略,一方面是因为"重点建设"策略可以实现资源调配与成果产出的高效率;另一方面,"重点建设"又体现了一种国家意志,法定权力可以利用资源投放与人事调整获得整合。正如鲁森斯发现的,法定权力有三个主要来源:第一,当前社会、组织或团队的文化价值观决定什么是法定的;第二,人们可以通过被接受的社会结构来获得法定权力;第三种法定权力源可以来自被指定成为一个强有力的个人或团体的代表或代理。[①] 所以说,"重点建设"或"重点发展"策略是一种围绕权力关系所构建的资源分配机制,其对社会组织和生产力的高效整合也因此成为高等教育发展的主要选择。

梳理下来,高等教育的"重点建设"策略并不完全来自对工业领域的模仿,而是有着历史与时代两方面的需求。在新中国成立之前,大学就已经根据经费来源和办学者不同分为"国立""省立"和"私立"三大类,事实上此时的大学显示出一定的资源与地位优势。1950年开启的教育制度改造和1952年所进行的大学"院系调整"则是放大了大学中的学科优势,尤其是将私立大学与教会大学的资源并入当时的公立大学,更是让部分大学与学科获得了更大的"先发优势"。那些单科大学则获得了更聚焦的发展优势。而这一切则以"国家建设"的名义形成了统一的政府、大学与学系的严格行政隶属关系。1950年出台的《关于高等学校领导关系的决定》就明确规定:"凡中央教育部所颁布的关于全国高等教育方针、政策与制度,高等学校法规,关于教育原则方面的指示,以及对于高等学校的设置变更或停办,大学校长、专门学院院长及专科学校校长的任免,教师学生的待遇,经费开支的标准等决定,全国高等学校均应执行。"[②]换句话说,当时并无独立的"学科建设"概念,知识生产与学科组织关系是依附在行政隶属关系上进行活动的。

同重点大学建设过程相似,对学科的建设也依托于"重点大学",通过学位

---

① [美]弗雷德·鲁森斯.组织行为学:第9版[M].王垒,等译.北京:人民邮电出版社,2003:312.
② 中央人民政府政务院.关于高等学校领导关系的决定[G]//上海市高等教育局研究室,等.中华人民共和国建国以来高等教育重要文献选编(上).1979:3.

点、重点实验室以及各级重点学科进行资源投放。总结下来,"长达70年的高校重点建设政策实施经历的阶段内涵是:建国初提出了'抓住重点,带动全局'的办学方针;1954—1963年,分4批共确定出68所高等学校为全国重点高校;1978—1981年,经恢复和发展确立出96所全国重点高校;1984—1985年,经国务院批准将十多所高校列为国家'七五'计划重点建设项目;1984、1986和2000年,教育部分别在55所高校建立研究生院;1995年,国家正式启动'211工程'建设;1999年,国家正式实施一流大学即'985工程'建设"以及2011年"协同创新计划"[①]。之所以采用以大学为目标的高等教育发展策略,一方面是由于大学在高等教育历史中的标签痕迹更重,更能加深人们的识别与记忆;另一方面则是可以带来较大的示范与模仿效应,短时间内可以实现"集中力量办大事"的目的,在特殊时期也可以呈现出一定的资源投放效率。

在我国高等教育的改革历程中,学科建设是作为改革工具出现的。如果说在2015年之前,我国一直在坚持"重点大学"的建设策略,以学校为资源投放单位的话,从2015年"双一流"建设开始,则是丰富了高等教育建设的内涵,学科开始成为政策支持和资源投放的单位。不论是《总体方案》还是《实施办法》,都尤其突出学科建设的必要性。从政策源头上看,"双一流"建设不仅承担着新时期高等教育战略发展的责任,更主要的是肩负了高等教育改革的任务。从过往的发展方式来看,学科建设一直是服务于学校建设的,新中国成立后的1952年院系调整就是以建设大学为目的调整学科的。直到1985年《关于教育体制改革的决定》出台之后,学科建设的概念和学科的必要性才开始被人们所重视,发展一批重点学科也作为改革工具产生。1987年国家教委组织了全国第一次重点学科评选,经过47个学科组、203位专家的小组评议,最后经国家教委审核批准,确定了416个高等学校重点学科点,其中文科78个,理科86个,工科163个,农科36个,医科53个,共涉及108所高等学校和36个主管部门。到了2001年又完成了第二次重点学科评选,2006年则首次开启了重点建设学科评估。我国重点学科建设的制度化过程也标志着以学科为抓手的高等教育改革过程。

在两次重点学科的遴选与建设过程中,"学科综合化已显示出强劲的发展

---

① 马陆亭.新时期"双一流"建设的推进战略[J].中国高教研究,2019(12):15.

优势和潜力。第二次重点学科评选中出现了许多新兴学科和交叉学科,它们通过传统优势学科之间的组合、融合而形成,地方高校入选重点学科的比例有所提高"①。更关键的在于,重点学科建设与发展制度成了资源与地位博弈的新场域。尤其是借助前几次学科评估积累的成绩,重点学科已经积累了诸多的先发优势。在一流学科建设的措施上,许多大学也是围绕和巩固之前的重点学科进行的。而且,重点学科制度也成为以大学为示范单位之后的另一种示范性工具,"重点学科评选制度实际上是对既有高校分层与博弈结果的检验与确认,同时又促使高校在新的发展平台上进一步分层与博弈。为抢占先机,争夺资源,高校尤其是具有一定实力的中央部委所属重点高校,自然会竞相追逐重点学科的入选,以使自己获得更有利于生存与发展的优势资源"②。重点学科制度作为一种高等教育的改革工具,其政策上的目的更加明确,也为以学科为基础的高等教育发展策略打下了基础。

传统的高等教育发展策略关注的是"国家重点",政策目标的计划性特征依然很强。而当前的高等教育发展政策更加关注"世界一流"的竞争实力,也就是将大学和学科作为一种独立的竞争方式和国家战略推出。"学科建设"的长远目的不再单纯服务于部分行业,而是直接参与世界高等教育竞争。由于今天各国都将发展学科视为高等教育变革的主要力量,这也就使得"双一流"建设将学科的地位与大学同等并列。比如中山大学在总结"双一流"建设成就时就列举了发展战略上的成就:"立足大科研平台、大科研团队、大科研项目'三大'建设,聚焦重大前沿科学问题和国家重大战略需求,谋划重大科研任务,加强学科交叉融合。"历史上,同样作为高等教育后发外生型国家,日本在明治维新之后就将发展的重点放在优势学科上,天野郁夫认为:"他们在'文明开化'、'富国强兵'、'置产兴业'等口号下,为了迅速推动近代化和产业化,从各个领域比较、探讨各国学术的优劣,欲从最合适的国家选择最优学科的意识从一开始就十分强烈。可以认为,这不仅与留学生派遣国的选定,而且与本国将要创设的高等教育机构的选择,都具有相当密切的关系。"③通过学科去理解大学,并且将其提升

---

① 左兵.政策导引下的重点学科建设制度分析[J].高等教育研究,2006(10):38.
② 左兵.政策导引下的重点学科建设制度分析[J].高等教育研究,2006(10):39.
③ 天野郁夫.大学的诞生[M].黄丹青,窦心浩,等译.南京:南京大学出版社,2011:10.

至国家竞争的战略,这也是我国对于新时代高等教育发展的更新理解。从某种程度上看,关注学科和建设学科体现了知识与组织上的独特规律,也为资源的投放效率寻求到了更新的目标。学科能够使大学和国家都关注到专业知识的内涵,"大学通过推动学术发展,复制、适用和改进学科实践来促进新的专业知识"①。立足于"世界一流"反映了一种国家愿景,同时也意味着将"学科"和"建设世界一流学科"作为一种新的社会标签开始重塑人们的认知。

一、从"知识中心"到"问题中心"

在传统的认知中,大学是新知识的策源地。不同的知识只有在大学中才有栖身之地。换句话说,成型的学科都是围绕大学的知识根系逐渐生成的。大学通过管理学科而实现对知识的规划,这是从中世纪就开始的。不管是大学还是学科,围绕"知识中心"构建知识生产的思维是未曾改变的。以特定的知识和研究以及学习人群构建起特定智识生活方式,也是中世纪至今的大学演进路径,"十三世纪开始,大学或是学者的组合,都包括有三种学科的师傅教授团,三种学科即神学、法学及文学,医学还未是其中之一。牛津的医学则与法学看齐。其中神学地位最高,不仅是大学学科之一门,且是大学学科的代表,文学则垫底"②。以知识为中心的"学科思维"造成的影响持续至今,其主要表现就是人们通过学科来施加对知识的管理。不论是组织知识生产、人才培养还是进行社会服务,以学科和特定的知识中心展开总能获得足够的合法性,甚至可以说,以知识为中心的学科不仅构成了解释世界的方式,也成为今天遍布世界的大学的组织形式。从国家到个人,学科可以赋予其足够的社会角色,"欧洲精英型的高等教育模式,通过殖民扩张和帝国占领传遍了全世界。它的主要特征包括:国家资助和控制,集中的规划和政策制定,分别强调高层次学习、专业训练和研究的大学专门化分类"③。通过"知识中心"来对大学和学科施加影响,也成为民族国家出现之后高等教育的主要发展策略。

---

① [美]罗伯特·波斯特.民主、专业知识与学术自由:现代国家的第一修正案理论[M].左亦鲁,译.北京:中国政法大学出版社,2014:75.
② 林玉体.欧洲中世纪大学[M].台北:文景书局,2008:10.
③ [美]休·戴维斯·格拉汉姆,南希·戴蒙德.美国研究型大学的兴起:战后年代的精英大学及其挑战者[M].张斌贤,於荣,王璞,译.保定:河北大学出版社,2008:4.

以"知识中心"为核心构建起的学科制度意味着专业的社会分工。这种形式一方面有利于知识的规模化产出,另一方面则有利于组织生长,尤其适合早期大学内部需要组织化进程的要求。学科通过知识构建起自身的社会地位,并且在大学内实施各项职能。尤其是可以将人按照特定的专业知识进行分类教育,通过学科,专业知识带给人们的可信度更高,"我们之所以可以信赖专业'知识',恰恰是因为它们被我们所相信的人审查过。所有现存的学科都是生产这种'知识'的体制"①。但是学科制度和组织也意味着社会隔阂的产生。从"知识中心"为主的学科开始以"专业权威"自居,演变成为对大学的"知识约束",学科内的从业者构建起属于自身学科的屏障,拒绝旁观者的进入。通过同行和专业期刊构建起来的"学科声誉"反而更囿于利益外部控制,"从与学科相关的传统声誉控制体制转换到与学科相脱离的声誉控制体系,如此,就更容易受到政府政策与管理政策的外部调节",而且"当研究群体受到关联性与承担责任这样强大的外部压力时,大学体系中的知识结构与社会结构常常会出现重组机能失调"。② 学科内的学者们通过资源的获取与规则的设立,其目的不仅是为了探究新知识,也是使自身的"学科围墙"更加坚固。以"知识为中心"的学科边界不仅形成了对资源的占据,而且也阻碍了大学其他功能的生长,就像巴尔赞所说的,"现代大学的失败在于它不愿意进行跨越学科边界的'整体性的'思考。进行身心分离的假设,是对自我所有成分相互依存的误解。同时,对自我,对自我利益的热衷,把大量的学习变成了对'我'的追逐"。③ 换言之,传统的以知识为中心的学科生长模式在遭遇网络社会的兴起,在面临多学科与跨学科的研究方式的冲击时,已经走向了"专业封闭",这显然已不适合未来的知识生产与应用场景。

从"双一流"所规划的学科建设路径来看,基于"问题导向"和"问题中心"的学科发展趋势已经十分明显。2018 年出台的"双一流"建设《指导意见》中就明确提出,"围绕国家战略需求和国际学术前沿,遵循学科发展规律,找准特色优势,着力凝练学科方向、增强问题意识、汇聚高水平人才队伍、搭建学科发展

---

① [美]罗伯特·波斯特.民主、专业知识与学术自由:现代国家的第一修正案理论[M].左亦鲁,译.北京:中国政法大学出版社,2014:13.
② [英]托尼·比彻,保罗·特罗勒尔.学术部落及其领地:知识探索与学科文化[M].唐跃勤,蒲茂华,陈洪捷,译.北京:北京大学出版社,2015:190.
③ [美]雅克·巴尔赞.美国大学:运作和未来[M].孟醒,译.杭州:浙江大学出版社,2015:导论 17.

平台,重点建设一批一流学科"。2019年,诸多大学发布的建设绩效总结也突出了围绕前沿问题构建的学科与研究组织。比如哈尔滨工业大学提出"支持国际一流基因组测序、量子信息科学与技术等前沿交叉方向建设",中国矿业大学在一流学科建设中集中在"以解决能源生产与消费中存在的关键共性问题为导向,凝练研究方向,搭建研究平台"上。实际上,知识生产与人才培养面临的环境已经发生了剧烈的变化。在"问题中心"的引导下,新颖的问题能在短时间内汇聚众多的研究主体。网络化的知识生产方式正在重新定义学科,以"项目制"为核心的商业知识生产正在引发新的创新潮流。"私营企业充分利用了大学的技术开发,这不仅是因为私营企业有能力投资,而且是由于它们没有受到学科结构的限制,这种学科结构构成所谓的'模式1'知识,而这种知识早已过时。科学越来越多地介入'模式2'知识,即跨学科知识结构,这是以解决问题为中心的知识。"[1]现代企业最大的优势在于组织与理念,以谷歌和亚马逊为代表的一批企业都是从实际的问题出发,变革自身内部的组织结构,服务于创新环境的营造。从前以大学学科生产专业知识和专业人才的模式也在被现代企业所颠覆。网络构成了一个个"问题中心",这些"问题中心"又能吸引不同的专家和研究人员开发新知识或技术。以学科权威为代表的知识结构正在崩塌,而以问题节点汇聚研究力量的新型网络化知识生产模式正在越来越多的行业涌现。"'涌现'对于权威的胜利意味着知识生产和传播的结构性转变,专业和知识开始从互联网等分散式的网络中涌现。'涌现'时代已经取代了权威时代。国际遗传工程机器大赛之类的机制对于学术领域而言并非无足轻重,而是成了不可或缺的一部分。"[2]学科的边界正在随着创新群体的加入和问题的涌现变得越来越宽,这也意味着对学科的认识需要做出调整。

学科建设的真正目的应该是朝向未来可能出现的问题,从解决问题转向寻找问题。作为引导学科走向创新的真正环节,"双一流"建设从背景设置到政策文本已经为学科建设的未来指明了方向。然而,建设学科并不意味着使学科能突破现有的组织与制度格局,摆脱路径依赖的思维。从当前的措施来看,对学

---

[1] [英]托尼·比彻,保罗·特罗勒尔.学术部落及其领地:知识探索与学科文化[M].唐跃勤,蒲茂华,陈洪捷,译.北京:北京大学出版社,2015:9-10.
[2] [美]伊藤穰一,杰夫·豪.爆裂:未来社会的9大生存原则[M].张培,吴建英,周卓斌,译.北京:中信出版社,2017:37.

科认定的主要依据仍然来自产出端,学科建设往往到最后演变成了"建设产出成果"的数量和规模。不少学校依然以传统的"人才培养状况、师资队伍建设、科学研究和社会服务、传承创新优秀文化"等目标达成度作为学科建设的衡量依据,具体来说就是数量的增长成为学科建设的主要绩效。由于传统的大学制度形式与学科结构限定了方向,学科之间并列的序列结构让知识难以产生融合,现实中发现的问题极其有限,"在一个疑问、问题、话题或主题上。学科并列可以促进更广泛的信息、知识和方法交流,但学科依然保持独立性,现有的知识结构没有受到挑战"①。不论是正在进行的学科评估,还是参照各类排行榜实施的资助项目,结果认定与数量指标限定了知识生产的"问题空间"。

需要澄清的是,学科建设并不是为了大学和声誉,而是必须面对未来。因为多种知识生产方式的出现已经打破了传统的智识生活的宁静,以"会聚"和"众包"为主的知识生产技术构建了无数"问题中心",每个"问题中心"完全可以承担传统学科的职能。"会聚是一种通过跨越不同学科来解决问题的方法",通过整合不同专业领域的知识,形成合作伙伴网络,会聚策略将激励基础科学发现不断向实际应用转化。② 仅有问题意识,将目光停留在解决问题层面,今天的学科也许可以暂时保住自己的专业领地,但最终有一天,越来越多大学外的"问题中心"会取代学科。如果将未来的学科建设视为一条河流的话,只有实现学科建设引导理念和方式的上游创新,才能带动学科建设下游的知识产出与评估方式发生质的改变。说到底,网络化的知识生产方式正在到来,大学和学科如果仍寄托在获得声誉的路径上,最终会被更先进的知识生产方式与教育方式淘汰。

三、从"重点资助"到"动态管理"

重点建设是我国高等教育发展的主要方式,与重点建设相联系的是对大学和学科的"重点资助"。从20世纪80年代起,一直持续到2014年,重点学科评选与资助总共进行了三次。首次学科评估结束之后,第一批重点学科就获得了集中的经费投入。1989年,我国"利用世界银行近1亿美元贷款,在高等学校理

---

① [美]美国科学院研究理事会.会聚观:推动跨学科融合——生命科学与物质科学和工程学等学科的跨界[M].王小理,熊燕,于建荣,译.北京:科学出版社,2015:29.
② [美]美国科学院研究理事会.会聚观:推动跨学科融合——生命科学与物质科学和工程学等学科的跨界[M].王小理,熊燕,于建荣,译.北京:科学出版社,2015:1.

工科重点学科点上建设和装备57个重点实验室(每个约120万美元)和58个专业实验室(每个约45万美元)"①。20世纪90年代起,不少经费投入也从重点走向精确。1991年6月,国家教委又从"高等学校博士点科研基金、教育事业费、科研事业费和文科'七五'科研费中筹集了1 100万元人民币支持高等学校重点学科的建设"②。90年代,以"211工程"和"985工程"为主的项目在资源投入上对学科建设起了一定的支持作用。由此可见,我国在大学与学科建设上所运用的主要策略就是资源的集中投入,通过集中建设一批学科和大学,在短时间内提升学科建设的效率。

资源投放方式反映出政府对大学的权力控制关系,主要通过设置资助项目、控制学科的资源以及对建设绩效的验收确定下一阶段的资助策略。大学则通过学科办学条件建设、争取更多的研究项目以及吸引高水平学者来巩固学科声誉地位。在"重点投入"的背后,是资金来源、筹措、使用以及审计等方方面面的制度配置与权力控制体系。利用"重点建设项目",学科建设就从"政府主导"逐渐演变为政府主导与监控,"在项目规划或方式决策未集权化的情况下,投资决策的集权化与通过会计机制而实施的各层次之间的垂直控制的形成具有正的相关性"③。可以说,"重点建设"和"重点资助"的建设策略决定了我国大学与学科在全世界的竞争方式。

虽然"重点资助"给大学的学科建设带来了一系列建设绩效,但是在不同资助项目、资源管理以及使用上却是充满矛盾的。在"综合定额+专项补助"的拨款机制下,形成了我国大学发展特有的资助方式。具体看,"重点资助"是一系列的制度与权力机制安排,在源头上是资助资源和资金筹措方式的差异化布局。1993年发布的《关于重点建设一批高等学校和重点学科点的若干意见》中,在筹资模式上采取的是多种渠道,虽然都是以"重点资助"的形式确立了资助对象,然而筹资方式上并没有"重点配置",而是有了"地域差别",换句话说,地方政府和学校承担了重点资助的主要部分。"九五"建设资金为186.3亿元,"其中中央安排专项资金27.55亿元,部门和地方配套103.2亿元,学校自筹

---

① 郝维谦,龙正中.高等教育史[M].海口:海南出版社,2000:456-457.
② 刘英杰.中国教育大事典[M].杭州:浙江教育出版社,1993:1303.
③ [美]沃尔特·W.鲍威尔,保罗·J.迪马吉奥.组织分析的新制度主义[M].姚伟,译.上海:上海人民出版社,2008:141.

55.6亿元",此后的"十五"建设资金为187.5亿元,"其中中央安排专项资金60亿元,部门和地方配套59.7亿元,学校自筹67.8亿元"。① 与"211工程"和"985工程"建设的筹资方式相类似,重点学科的资金来源也被分散了。例如,一个省的重点学科建设经费来自列入省教育厅年度部门预算的经费(含国家重点学科、重点培育学科、强势特色学科、省级重点学科、重点发展学科等),中央和省追加的专项用于重点学科建设的经费,学校筹集的专项用于重点学科建设配套的经费三个方向。具体到支出层面,在两个重点工程之下,学科建设的资金投入力度显然被分散了。比如不少学校公布的"双一流"建设进展报告中,对经费的使用与以往相比并无差异,某一流学科建设大学在总结经费使用状况时,和普通高校的经费决算也差别不大,"主要用于创新人才培养、师资队伍建设、科技创新与成果转化、社会服务、国际合作交流等方面支出"。从经费配置和使用的情况看,"重点投入"被诸多的建设内容给分散了。但"重点投入"营造出一种身份上的差异,"虽然'211工程'提出要资助重点学科,但两项工程还是以学校整体资助为主,这同样带来办学目标不清晰、不具体的问题,还造成了学校之间的身份壁垒"②。由"重点资助"产生了一批能够影响世界的学科,但是也导致了地域、学科和学校之间的身份固化,这使得传统的学科建设与资助方式已经出现了制度创新的瓶颈。

如果说高等教育改革的落脚点要放在制度创新上,那么资助政策改革则是直接对高校和学科产生影响的因素。实际上,2010年政府发布的《国家中长期教育改革规划纲要(2010—2020年)》中就提出:"适应国家和区域经济社会发展需要,建立动态调整机制,不断优化高等教育结构。优化学科专业、类型、层次结构,促进多学科交叉和融合","改进管理模式,引入竞争机制,实行绩效评估,进行动态管理"。紧接着,2011年出台的《高等学校创新能力提升计划》("2011计划")对资助政策进行了调整,逐步由对学校进行整体资助转向学科,促使许多"非211工程"高校能够以其优势学科参与进这项新的建设项目中来。实际上,将传统的"重点资助"变革为"动态管理"的建设制度,其意义虽然重

---

① 国家发展和改革委员会."211工程"建设基本情况[EB/OL].(2008-04-02)[2021-05-21]. http://www.ndrc.gov.cn/fzggw/jqsj/shs/sjdt/200804/t20080402_1122469.html.
② 伍宸.论高等教育政府资助方式的转变——兼论"985工程""211工程"的存废[J].重庆高教研究,2015(3):11.

大,然而如何打破已经形成了几十年的地域、学校与学科的等级格局才是"一流学科建设"最需要考虑的。长期的"重点资助"已经造成了"重点学科"和"重点大学"很难退出。如果不能对高等教育治理方式做出调整,不能从根本上引入新的竞争机制,所谓的"动态竞争"就会变成在各级政府强势扶持下的"重点竞争"。换句话说,在高等教育集权治理中的"重点资助"在"一流学科"建设的起点上就带有很大的不平等。我国虽然在科学研究与大学发展水平上缩短了与发达国家的差距,但是在无形中造成了地域之间、大学之间和学科之间的差距。"集权治理的政府控制逻辑一直贯穿始终,大学缺乏自主发展的内在土壤,市场的中介协调作用未得到充分发挥。"① 加上拨款机制在区域与学科上的差异,更使得"双一流"建设在动态竞争与动态管理上的难度加大了。

"动态管理"的核心并不是使高校在现有办学水平上竞争,更不是让学科在不同起跑线上展开竞争,而是要对政府影响高等教育的模式,对学科管理制度进行创新与改革之后进行的竞争。"'985'高校、'211'高校形成了一种垄断性较强的稳定市场结构,而普通本科与高职高专则形成了一种竞争性较强的市场结构","这种由重点工程的实施所形成的高等教育分层与区隔,对我国高校竞争机制与运行效率产生了极为深远的影响"。② "双一流"建设《指导意见》规定了"加强对各类需求的针对性研究、科学性预测和系统性把握,主动对接国家和区域重大战略,加强各类教育形式、各类专项计划统筹管理,优化学科专业结构,完善以社会需求和学术贡献为导向的学科专业动态调整机制",但在既定的现实中,如何打破固化的身份格局应该成为"一流学科"建设主要努力的方向。虽然"双一流"建设强调了对学科建设绩效的考核与管理,但绩效不应作为学科建设的起点,真正能够影响绩效的是各种利益相关的组织结构与制度行为。从目前身份固化的结构下看,传统的"重点大学"与"重点学科"处在一个市场中,而"普通大学"与"一般学科"处在另一个市场中。但这两个市场内都在进行不完全竞争,也就是没有退出机制。这两个市场构成了"双一流"建设所要面对的主要结构。"动态调整"的目的应该是打通这两个市场,尤其是在"重点竞争市

---

① 胡德鑫.我国世界一流大学建设的历史演变、基本逻辑与矛盾分析——基于历史制度主义的分析范式[J].教育发展研究,2017(13-14):1.
② 周志刚,宗晓华.重点建设政策下的高等教育竞争机制与效率分析——兼论对"双一流"建设的启示[J].高教探索,2018(1):22.

场"中设立退出机制,才能实现完全竞争的目的。在这个改革过程中,政府首先需要界定自己的位置与身份,才能进行学科结构与大学结构的变革。"二十一世纪中国的一个显著进步在于,越来越多的人开始意识到公民社会治理成本最低,'小政府,大社会'与建设一个'权小责大'的政府日益成为人们的共识。一个好的政府只是负责提供公共产品,担任社会'裁判者'和'守夜人'的角色。政府不能成为经济活动中的普遍竞争者,也不能随意进入公民的私人领域。"① 说到底,"动态管理"并不是完全调整学科和大学的竞争方式,最需要的是对政府与学校关系进行调整,设立有效的竞争规则与退出机制,这样才能打破已经固化的身份。

总之,对于今天以及未来的学科来说,真正有效的竞争并不完全来自同行和学校,未来学科还必须面临企业知识生产与网络化创新的挑战。作为一种新的学科发展理念,"双一流"建设担负着对高等教育各项制度改革的责任。由于长期以来的"重点建设"政策已经造成了身份固化、评价机制单一等问题,而一流学科建设所面临的问题还不止来自高等教育系统内部,这就要求变革学科建设的理念,在经历了大学与学科建设的"国家重点"阶段之后,在目标朝向上学科建设更多地必须面向世界与未来。传统视角下,学科是作为知识中心发挥各项职能的,但是这也限制了学科的组织与制度生长空间,在网络化创新已经变得愈加普遍的今天,以问题为生长点的创新方式正在席卷整个世界,学科未来的竞争领域可能是全世界范围的创新机构。在未来,增加学科活力的方式是有效引入市场机制,改变重点资助的格局,逐渐打通不同层次学科的"竞争市场"。只有学科建设的理念是面向未来和立足创新的,才能为我国大学更多的学科提供更长的"望远镜",使学科建设具有真正价值。

第三节 "双一流"建设背景下学科的内涵式发展

作为新时代高等教育的发展方式,"双一流"建设项目为我国高等教育发展提出了明确的战略目标定位,规定了大学与学科在组织与制度上的改革方向。

---

① 熊培云.重新发现社会[M].北京:新星出版社,2011:17.

《指导意见》已经明确提出:"坚持内涵发展。创新办学理念,转变发展模式,以多层次多类型一流人才培养为根本,以学科为基础,更加注重结构布局优化协调,更加注重人才培养模式创新,更加注重资源的有效集成和配置,统筹近期目标与长远规划,实现以质量为核心的可持续发展。"从我国高等教育要面临的任务来看,学科建设是高等教育内涵式发展的主线,建设学科可以带动一系列高等教育的职能提升。从更长远视角看,全世界范围内的知识创新氛围正在发生剧烈变化,学科组织与社会其他机构之间的关系正在被重新构建,"当今高等教育面临的主要挑战之一是如何满足世界各地对于专业资质的大量需求,同时还要让高等教育在以研究为目的和手段的培养工作中继续起到重要作用。在全球竞争日益激烈的情况下,需要重新界定将高等教育机构与社会联系起来的社会契约"①。所以说,"双一流"建设中对于高校和学科的发展不仅是主动的,还有未来高等教育发展环境的不确定性带来的影响。在政府高投入、学校数量规模扩大和学术论文高产出的浪潮逐渐退去之后,学科建设可能要面临精英与普及化教育的理念、学科知识生产与企业知识创新、各类学科排名提升与创新能力停滞并存的三个主要矛盾。传统意义上,通过重点投入可以迅速提升高等教育的实力,然而是以牺牲更多大学与学科的利益为代价的,"几乎无任何证明表明:如果某国将其资源集中在少数机构或整个教育体系变得更陡峭就能有效提升高等教育的总质量"②。今天我们都在提倡高等教育应该转向内涵式发展,只有关注整体的"内涵"生成,才能推动大学与学科建设质量的提升。

一、一流学科生成与传播的制度培育

学科既是一种知识存在状态,又是组织,还是社会的知识制度。以流行的标准来看,一流学科通常具备高质量的知识生产能力,拥有卓越的学术声誉,并且能够发现面向未来的研究问题。在大学产生之初,四大学科就有了高低之别。这种差异一方面来自研究水平造就的声誉,另一方面则来自其有效的学科制度。中世纪大学的神学与法学之所以能够拥有盛名,就是得益于这两个原

---

① 联合国教科文组织.反思教育:向"全球共同利益"的理念转变? [M].联合国教科文组织总部中文科,译.北京:教育科学出版社,2017:45.
② [韩]郑俊新,[美]罗伯特·K.陶克新,[德]乌尔里希·泰希勒.大学排名:理论、方法及其对全球高等教育的影响[M].涂阳军,译.长沙:湖南大学出版社,2018:53.

因,"在意大利,学习文法有助于法律文件的撰写,比学习圣经和教父作品更为重要,而逻辑和修辞是法律辩论中必不可少的技艺,是法律科学的基础。意大利北部的城市无论是在精神上还是在制度上都从未与古代罗马世界中断过……当西欧社会出现知识复兴迹象的时候,这里的法律首当其冲"[①]。有效的学科制度是连接知识与现实社会的桥梁。进入现代社会之后,大学之间与学科之间的竞争都开始加剧,大学中的不少学科迅速完成了现代化意义上的制度进程,学科制度决定了资源配置方式,也使不少学科获得了独立地位。借助这股契机,一些新兴的学科迅速崛起,获得了知识与社会的双重认同。"从19世纪中期开始,大学教育竞争的加剧要求按照学科来配置资源,这样,大学中的'通才'教育日渐式微。19世纪经济学在萌芽之初,主要被设在哲学院,也有少数设在法学院中。随着社会发展,经济学的研究越来越多地反映现实中的经济现象、问题和其中的普遍规律,由此获得了学科的独立性。"[②]在社会科学与人文学科领域中,能够率先实现现代化,在知识认同与社会认知之间完成连接的学科,都能生产出一流的学科制度。

从概念上说,制度是一套完整的知识秩序。学科制度是关于学科与大学的知识秩序,对于今天的学科来说,有效的学科制度不仅可以推动高质量的知识生产,而且还能塑造完整的学科组织。与人们观念中的学科制度不同,今天那种卓越的学科,其制度合法性是多元化的,"一种制度的确立基本上是知识的、经济的和政治的过程。聚焦最基本的社会形式,就会显露出合法性的来源"[③]。一流学科的生成有其必然的时间资本,更重要的是结合了可以自我完善的制度资本。梳理下来,不论是自然科学还是人文社会科学,一流的知识生产力与高质量的人才产出能力往往包含着学科自治、鼓励创新和保护产权等多元化的制度。更关键的地方在于,科学研究并不是完成任务,一流学科内部具有创新的自我驱动机制,这也是源自制度激励的。"技术创新的进程依赖于一套复杂的制度安排。其中不仅包含产生创新的制度(例如农业研究系统),而且包含确定

---

① 孙益.西欧的知识传统与中世纪大学的起源[M].北京:北京师范大学出版社,2012:102.
② 袁曦临.学科的迷思[M].南京:东南大学出版社,2017:23.
③ [美]玛丽·道格拉斯.制度如何思考[M].张晨曲,译.北京:经济管理出版社,2013:57.

所有权和新式契约,或分担外部风险(例如环境污染、失业和安全性风险)的制度。"①在大的国家与社会制度不变的前提下,一流学科的制度效果很快就体现出来。诸多高校在"双一流"建设进程中也延续了这种制度激励,从策略上开启了顶层设计、传统学科升级、布局不同学科的协作机制,并实施有效的知识生产集群措施。这些都形成了有效的制度激励系统。

一流学科的形成包含了制度的生成与传播两个过程。中世纪大学在拥有四大学科之后,能够通过文艺复兴引入科学,其生成制度所起作用尤为关键,这使得近代科学得以顺利出现。"中世纪科学家真正完成的工作,是唤回了欧洲知识分子对科学问题的兴趣。中世纪的自然哲学家大多跟大学有联系,他们翻译并传播了希腊、阿拉伯的科学和数学著作,也发展了科学。中世纪科学家还以早期现代科学家的工作为基础,建立起了一个学科体系。科学革命降临之时的社会,科学问题已被知识阶层接纳,还有了相应的科学制度。"②在塑造现代科学的同时,国家和社会制度同样在塑造学科制度。二者互相强化,这使得不少西方的现代科学在今天能够获得举世瞩目的成就。

一流的制度生成能力决定了知识生产力,所谓建设学科的制度化,其实就是在塑造制度。"学科制度化的过程中包含了2个方面的认同,其一是认知认同,二是职业认同。前者是指学术界对这个研究领域的正当性的评判和认可,比如学科基本问题的确定,研究方法或程式的构建,学术规范的确立以及学术话语体系,如学术期刊的形成;后者主要落实到社会应用层面。"③从认知认同到职业认同,这就涉及制度的传播,也就是如何将特殊的知识生产制度与应用制度联系起来。制度效果决定了学科的生产力与声誉。学科的制度传播过程通过人才培养来实现。一流学科的成长是漫长的,其制度化过程的时间可能更长。

现实中,"双一流"建设更多是在进行制度培育,通过制度整合、新制度的创造构建一套低成本、高质量的体系,这应是未来一段时间内一流学科建设的主要方向。例如,中国科技大学主要的建设策略就放在交叉学科,培育新的学科

---

① [美]奥斯特罗姆,菲尼,皮希特.制度分析与发展的反思:问题与抉择[M].王诚,等译.北京:商务印书馆,1992:10-11.
② [美]威廉·E.伯恩斯.知识与权力:科学的世界之旅[M].杨志,译.北京:中国人民大学出版社,2015:71.
③ 袁曦临.学科的迷思[M].南京:东南大学出版社,2017:54.

增长点上;其制度上的激励措施都放在了资助交叉学科上。历史上,以柏林大学为代表的现代大学制度,其优势就在于完成了不同制度的连接,从而生产出一套全世界大学普适的制度体系。"洪堡主张高等学校应当建立在脱离于国家政治之外的、纯粹的科学概念之上,其本质在于客观科学与主观教养的内在结合。同时,由于人性中的精神效应是诸多效应的综合,因此高等学校的组织应当创造和保持一种连续的、永远保持着生命力的、非外力强制且没有目的的综合效应。科学研究应当被视为教授者与学生们共同的、无休止的知识追求和精神生活本身。科学应当是来自精神深处的创造,而非诸多单独科学门类知识的简单积聚。"[1]从这个意义上看,学科所展示出的制度能力不仅在于其创造了多少高质量的科研成果,而且还要看其传播力度有多强。

知识制度的传播不仅需要一定的社会与文化土壤,最主要的是能够嫁接到不同的学科与文化体系内。相对于学科造成的知识隔阂,学科制度可以引发足够的共鸣。一流的学科制度往往带有普遍的传播特征,这种传播不仅存在于国与国之间,而且来自不同的教育阶段。从一定程度上看,今天我国正在进行的一流学科建设,除了要在不同的大学和学科之间实现传播效应,还要打通不同教育阶段的制度隔阂。在具体的建设举措中,关注新的知识生长点和交叉学科也是一流学科发展过程中的重点内容,"因为中国的初等教育和中等教育或多或少延续了中国传统的教育思路,而大学的制度构架却完全是向西方学习的结果。在西方国家,中学与大学之间就没有这样的跳跃感"[2]。从更宏观的角度来说,只有降低学科运行的社会成本,打通学科与大学、大学与其他社会组织以及初等与高等教育之间的制度隔阂,"双一流"建设才是有价值的。如果仅仅从学科出发建设学科,无疑仍会回到重点建设与重复建设的制度循环中去。相较于大学制度来说,学科制度在知识与人才培养功能上应尽可能保持稳定,这样才能降低制度的传播成本,使其能够融入整个社会制度体系中。

二、内涵式发展中的制度模式及其特征

高等教育的现代化意味着其制度构成已经带有明显的国别特征。这种国

---
[1] 梁展.欧洲现代人文教育:起源、理念及其内涵[N].中华读书报,2017-10-11.
[2] 吴国盛.什么是科学[M].广州:广东人民出版社,2016:115.

家差异来自本土的文化、制度及发展战略。任何一个国家的高等教育受到关注并不是因为其对他国的发展模式复制得多么成功,而是其发展方式的独特性。表面上看,现代高等教育发展的成效反映在量化数据、排名声誉等一切可视化的内容上。而实际上,真正产生巨大影响的是由高等教育发展带动的国家整体实力的提升。最能将高等教育各项职能联系起来的是制度,也可以说是制度驱动了高等教育的发展方式变革,正如中国经济在改革开放40多年来的成就一样,高等教育获得人们关注也是因为其降低了大多数利益相关者参与其中的制度成本。就像周其仁所说的:"改革激发了中国人掌握知识的诱因,而开放则降低了中国人的学习成本。综合起来,早已存在的要素成本优势、改革开放显著降低制度费用以及中国人力资本的迅速积储,共同成就了中国经济的竞争力。其中,制度成本的大幅降低,是中国经验的真正秘密。"[①]对于高等教育的发展来说,内涵式发展同样来自独特的制度或是制度改革机制。

一流学科的声誉除了与强大的资源投入有联系之外,最关键的来自同时期的大学制度与国家、社会制度的互动。具体表现为对知识和创新的共同渴望,也就是从学科组织到其他社会组织,各方更愿意提出现实的研究问题,利用较低的成本共享知识成果,以及从问题与知识的角度培养人才。诺斯就提出:"知识的发展方式影响着人们对周围世界的感知,进而影响他们理性化那个世界、解释那个世界以及证明其为合理的方式。而这又反过来影响到建立契约的成本。"[②]随着近年来我国对知识创新需求的扩大,在学科建设层面不仅实现了新的知识增长点培育,而且实现了人才培养机制的优化。众多高校也加大了对"高层次应用型人才的培养力度"。例如,上海交通大学从交叉学科入手,对研究生招生和课程系统进行改革,这些可以视为在制度上的顺势行为。说到底,驱动高等教育内涵式发展的因素来自一套完整的、联结各个组织的制度,再具体到学科建设层面,这套制度又意味着可以共享的知识体系。

高等教育内涵式发展意味着知识创新。从驱动机制上看,创新来自两个源头。第一是以经验知识为主的驱动机制。从大学诞生至今,知识的合法性都建

---

① 周其仁.改革的逻辑[M].北京:中信出版社,2017:25.
② [美]道格拉斯·C.诺斯.制度、制度变迁与经济绩效[M].杭行,译.上海:格致出版社,上海三联书店,上海人民出版社,2014:91.

立在创新的基础上。但创新从来不是从知识到学科的,而是从知识问题到社会接纳,知识的可通约性成为建立这种认知的核心。这种知识契约就建立在经验知识的基础上。例如不少国家在经济上的崛起离不开高等教育在知识上的贡献,尤其是大学教育传授的经验知识使社会获益至今,努斯鲍姆就认为:"美国经济增长的明显特点之一,就是我们一直依靠全面的文科教育,以及在科学中依靠科学的基础教育和研究,而不是仅仅重视更狭窄的实用技能培训。"①以经验知识驱动的高等教育内涵式发展,因为知识的普适性更大,故而其制度运行成本相对较低。学科的作用在于积累并传播经验知识,早期的文理学院多数就在这个层面上发挥作用。

第二种驱动形式来自对专业知识的需求。当专业知识从经验和常识中分离出来的时候,就建立了一套独立的制度。专业知识的独立不仅提供了学科之间的分工形态,而且刺激了更广泛的社会分工。就像博克所说的,高等学校是"推动美国进步三大要素中的主要贡献者。这三大要素分别是:一,科技及其他探究性领域的新发现;二,那些最重要的组织机构开展工作所必需的专业知识;三,训练有素的人才。这些人才能很好地胜任专业岗位、管理不同类型的机构组织"②。由专业知识构成的社会分工越彻底,对学科与大学的内涵式发展塑造就越充分。因为分工会推动学科内的专家成为知识权威,使依照专家和知识权威形成的学科组织的发展更加稳定。在这种模式中,学科所进行的创业完全是基于专业领域的,学科专家的话语权更大,而且也能在同学科内聚集从业者的共识继而扩大学科声誉。由学科同行建立共识和学科发展规则,并且影响大学,这是二战之后各国所主要采用的学科制度与逻辑,"同行评议或许看起来是对新的研究倡议的一个不受欢迎的阻力;而在其他例子中,其稳定性给现代科学带来了有益的稳固性(robustness),保护科学免受政治的、社会的和科学的趋势的影响,并促进研究中的连续性。因此,同行评议像一个飞轮,维持着研究的惯性"③。在这种模式下,高等教育的发展制度由不同的学科群制定,学科组织的共生状态推动了大学逐步融入现代社会。利用学科权威的专业影响,国家关

---

① [美]玛莎·努斯鲍姆.功利教育批判:为什么民主需要人文教育[M].肖聿,译.北京:新华出版社,2017:68.
② [美]德里克·博克.大学的未来:美国高等教育启示录[M].曲强,译.北京:中国人民大学出版社,2017:1.
③ [美]达里尔·E.楚宾,爱德华·J.哈克特.难有同行的科学:同行评议与美国科学政策[M].谭文华,曾国屏,译.北京:北京大学出版社,2011:41.

注到了现代学科对科学的推动力,以美国为代表的各国政府纷纷对一些学科进行资助,这也成为二战之后影响至今的高等教育发展模式。

进入21世纪后,以网络创新为主的知识生产模式已经开始影响全世界,大学的学科制度和高等教育的发展形态都面临着重建。"近年来,许多公司、个人和学术界开始利用全球通信网络汇集智慧,并用于解决单个问题。更重要的是,提高公司或学术实验室通常所缺乏的认知的多样性。"①网络时代的来临不仅改变了传统的经验知识与专业知识形成的认知,而且还在冲击着不少国家的高等教育发展方式。在企业式创新正在成为一种新的知识生产制度时,产品化知识重新为今天的学科塑造了一种制度样本。我们所熟知的硅谷式创新实际上正在被现代企业的网络式创新所改变。"作为创新之重镇,美国硅谷的名气也源于个体、企业及教育机构通过多元和重叠的网络所创造出来的知识(Saxenian,1994)。在许多其他产业里,如生物技术(Powell,Koput et al.,1996),知识创造的中心一直从企业内部向相互关联的企业网络迁移。"②我们今天都在谈论的知识环境正在成为一个跨越学科的知识增长网络。"产品思维"正在向学科和大学传播一种新的制度形式。

今天的知识创新已经变成了一种"模块化"或"元件化"的联合形式,"在'联合创新'这样的创新过程中,新的一项技术或是一系列技术为我们提供了一整套元件并能通过组合或重组产生新的产品和服务。如果各领域的发明家竭尽所能开展工作,这样的技术元件将促进技术的蓬勃发展"③。同经验知识与专业知识需要时间沉淀不同,产品知识形成制度的速度更快,而且能自我迭代,随时用新的理念与认知模式构成规则。用那些更新的、更值得关注的问题才能帮助高等教育重塑自身的内涵,在这之中让大学的职能有所扩展是关键,美国商务部的一份报告就认为:"大学在当地社区中扮演着一种独特的角色。他们能够提供一个平台,让所有的利益相关者(包括研究人员、风险投资人、公司、创业

---

① [美]伊藤穰一,杰夫·豪.爆裂:未来社会的9大生存原则[M].张培,吴建英,周卓斌,译.北京:中信出版社,2017:184.
② [日]竹内弘高,野中郁次郎.知识创造的螺旋:知识管理理论与案例研究[M].李萌,译.北京:知识产权出版社,2006:217.
③ [美]美国科学院研究理事会.会聚观:推动学科融合——生命科学与物质科学和工程学等学科的跨界[M].王小理,熊燕,于建荣,译.北京:科学出版社,2015:13.

家、顾问、地方当局和组织)齐聚一堂,共同解决寻找拨款和其他资金来源这样的地方发展所面临的重要问题。"[1]网络塑造了问题,而且也能够在短时间内形成跨学科的研究力量。我国的诸多大学利用已有的制度已经开辟了网络化的知识生产方式,众多的大学自主设置前沿交叉学科的学位点,如中国农业大学自主设置的"营养科学"博士点、大连海事大学围绕海洋运输工程交叉学科领域分别组建了6个交叉学科研究中心。这些举措都可以视为各个高校正在强化对网络化创新的敏感度。今天高等教育内涵式发展模式不再独属于某一个国家、某个大学或学科,网络化的知识生产模式正在重新为大学与学科塑造发展制度,这种新的模式在资助方式、研究问题和组织形式上突破了传统的政府与大学。传统理念是先塑造制度,而后形成新的知识生产模式,然而如今情况正在发生改变,新的知识生产模式已经开始塑造制度,并最终改变高等教育的形态。

三、 实现一流学科自主建设的创新原则

进入20世纪后,卓越的知识生产方式的塑造已经带上了明显的国家特征。最开始的创新带有明显的模仿色彩,西方之所以能够掀起几次科学革命和工业革命,离不开这些从城市到城市的模仿运动。从12世纪开始,意大利、西班牙和法国等国家都掀起了创建大学的模仿活动,这种模仿并不是无序或一时兴起,而是建立在深厚的知识土壤上,早期学科知识在城市间的传播构成了这种模仿成功的基础,"中世纪科学家真正完成的工作,是唤回了欧洲知识分子对科学问题的兴趣"[2]。15—16世纪,德国兴起了建立大学的潮流,而到了17世纪路德派开始进入大学,包括威登堡、耶拿、莱比锡、杜宾根、罗斯托克,他们主要接受亚里士多德主义,以形而上学建立了神学的本体论基础。同新教大学不同,路德派接受经院哲学的统治,但也同新教大学形成了两股鲜明的力量。实际上,早期的科学研究基本上也是建立在这种制度与组织的模仿机制上实现的。如果没有这种普遍的模仿行为在西欧展开,就不会有科学革命和新学科的诞生。

---

[1] [美]美国商务部创新创业办公室.创建创新创业型大学:来自美国商务部的报告[M].赵中建,卓泽林,译.上海:上海科技教育出版社,2016:51.
[2] [美]威廉·E.伯恩斯.知识与权力:科学的世界之旅[M].杨志,译.北京:中国人民大学出版社,2015:71.

进入工业时代之后,大学已经开始思考如何扩展并完善组织职能,传统的办学行为已经超越了单纯的组织与制度复制,开始思考独创性的发展模式。"在研究型大学模型的模仿中,趋势的追随者们采取的策略与实践实际上回答了3个大学最重要的战略问题:(1)我们为什么样的学生提供服务?(2)我们要强调什么样的学科?(3)我们追求的是什么类型的学术?对这些模仿者来说,答案是:(1)在普通大学生之上的精英本科生和研究生;(2)各种各样的学科而非专注于某类实践性学科;(3)发现型研究,而非将研究发现应用于实践或如何最好地教育学生的实践性研究。"①但这些思考依然是在模仿层面的,虽然在组织职能上有了部分的创新,却依然缺乏新的制度支配大学与学科的创新。尤其是对于高等教育后发外生型国家来说,不论是对高等教育强国的模仿,还是普通大学对精英大学的模仿,大学和学科在经历过前期优势积累之后,很快就会陷入瓶颈期:"传统高等教育机构之所以处于今天的窘境,不仅在于它们的总体趋势在于模仿和复制精英研究型大学的活动和特征,使它们在财务压力下挣扎。典型的大学不仅像那些难以复制的佼佼者那样进行组织,还采用它们的成功测度指标和激励系统。结果是,高等教育界无法制定出一致的、首位连贯的战略选择。"②因为模仿的成本很低,不仅高等教育后发型国家模仿先发国家,而且在大学之间和学科之间也展开了广泛的模仿行为。而这种模仿偏重控制机制设立的较多,激励层次的制度则较少。这样一来,虽然国家整体高等教育发展的成本降低了,但大学和内部组织的发展成本提高了许多。

组织与制度自主是学科建设创新的基础。学科建设的创新需要制度激励,而制度运行本身也是需要成本的。所以我国在高等教育发展模式上一直坚持制度的独创性,也造就了一批具有卓越声誉的学科。学科建设一方面要着力于知识创新和人才培养,另一方面需要逐级下放组织权力。逻辑上看,权力变革意味着组织能自主进行制度创设,每个组织群体的制度创新能力被激发出来,基于知识与人才培养的创新才能被进一步开发出来。在现实中,学科建设需要经历从理念到制度,再到最后推广的过程,只有解决了理念问题,技术问题才会

---

① [美]克莱顿·M.克里斯坦森,亨利·J.艾林.创新型大学:改变高等教育的基因[M].陈劲,盛伟忠,译.北京:清华大学出版社,2017:171.
② [美]克莱顿·M.克里斯坦森,亨利·J.艾林.创新型大学:改变高等教育的基因[M].陈劲,盛伟忠,译.北京:清华大学出版社,2017:326.

迎刃而解。托夫勒在《未来的冲击》中提出了技术变革的几个关键阶段,也可以认为是学科建设制度创新的参照原则:"技术改革包括三个阶段,而这三个阶段汇成一种循环性的'自我强化'结构。第一个阶段是产生具有实际用途的、创造性想法的阶段;第二个阶段是创造性想法得到实际应用、产生技术的阶段;而第三个阶段是技术在社会上普及的阶段。"①学科建设的核心是制度建设,在强调了国家特色和学科特点时,实际上强调了学科建设的自主性理念,"双一流"建设《指导意见》也突出了"优化学术学位和专业学位类别授权点布局,处理好交叉学科与传统学科的关系,完善学科新增与退出机制,学科的调整或撤销不应违背学校和学科发展规律,力戒盲目跟风简单化"。在现实中,这种自主并不能完全放在国家层面,也不意味着单纯强调国别差异,而是意味着组织层面的权力自主与制度自主。创业型大学的兴起正是得益于这种组织层面的自主,"创业型大学是一所大学,有很强的自主性来确定自己的战略方向,并在平等的基础上与其他机构相互作用,共同为经济与社会发展提供发展策略与合作计划,这种特性特别展现在科技研发与人力素质的层次上"②。在创业型大学兴起的过程中,强烈的组织自主及权力构成是推动其兴起的核心。而对于我国的大学与学科来说,这种组织自主并不意味着机构分立,而是意味着学科组织能对自己负责,拥有自主决定未来规划的权力。在地位上,学科与管理组织之间在权力上是平等的,这种平等需要自主的制度来保障。

学科建设创新机制既来自独立的组织,又需要为学科赋予制度保障的权力。值得注意的是,这种权力并不是来自管理层面的,而是为了学科要面临的未来进行的准备,未来的学科建设更多是在向知识交叉与多元合作进行,只有独立的制度和朝向知识交叉的权力配置才能为新学科的诞生创造空间。"一个学科的分类(该学科的内容根据其他学科的内容来描述的程度)和框架的制定(一个经过约定且清晰明确的内容传输给学生的过程,以及学者控制这个传输活动的程度)从本质上反映了权力关系","当一门学科分类清晰、框架明确而且拥有一个功能强大的累积制度时,该学科领域的学者就被赋予了权力"。③ 对我

---

① [美]阿尔文·托夫勒.未来的冲击[M].黄明坚,译.北京:中信出版社,2018:20.
② 汤尧,成群豪.高等教育经营[M].台北:高等教育文化事业有限公司,2010:347.
③ [英]托尼·比彻,保罗·特罗勒尔.学术部落及其领地:知识探索与学科文化[M].唐跃勤,蒲茂华,陈洪捷,译.北京:北京大学出版社,2015:42.

国的学科组织而言,从交叉学科的发展趋势看,新的产生的学科归属于何种组织,获得何种权力是当前面临的最大问题。随着国家在学科建设制度上的调整,有越来越多的学校正在将资源投放到交叉学科和跨学科的发展上。知识生产方式变革意味着新技术的出现,以"众包"和"大数据""人工智能"为代表的新技术正在传统学科外创造新的制度,"一种新的技术常常会推行一种新的制度,包括社会制度、政治制度、经济制度,以及宗教制度。比如大学和印刷书的出现使知识分了崛起,使重武轻文的贵族衰落,官僚阶级与王权的结合导致传统的封建骑士制度瓦解"[1]。如果传统的学科不能积极准备好新的制度,不仅会落后于同行业大学的学科,而且迟早会被企业的知识创新技术甩开。最终,学科的价值也会被变革的社会放弃。

总之,"双一流"建设本身是一个为高等教育创造新的发展方式,为各种活动提供制度基础的过程。从党的十九大提出"加快一流大学和一流学科建设,实现高等教育内涵式发展"之后,倡导发展方式的转型就成为一流学科建设的主要任务。内涵式发展的目的在于制度构建,通过制度创新与激励来使大学的各项职能创造出新的价值。内涵式发展并不是将大学的各项职能拆开进行同义反复的表述,而是需要进行制度重建。一方面,学科发展需要新制度的激励;另一方面,知识生产和人才培养的制度成本应进一步降低。内涵式发展的对象不是学科或具体的组织,而是应朝向未来,尤其是在网络知识创新崛起,多元知识生产主体融入的环境中,制度创新应该是第一位的。内涵式发展具有强烈的主体性,这意味着只有通过自主的制度构建,脱离从国家到学科的模仿,制度只有与学科组织自身的权力相结合,才能真正发挥作用。

---

[1] 杜君立.现代的历程:一部关于机器与人的进化史笔记[M].上海:上海三联书店,2016:126.

第四章
"双一流"建设背景下高校学科调整与建设

学科既是知识的分类体系,同时也是一种社会建制。大学中的学科是高等教育系统中的学术组织,是大学各种功能(教学、科研、社会服务等)的具体承担者。这种院校和学科纵横交叉的矩阵结构,有利于大学中的学科组织发挥大学的教学、科研等多重功能。学科自身连续不断进步变化的过程即学科发展,它既有量的变化,也有质的变化,既包括科学知识体系的不断分化整合,也包括学科组织的功能复杂和结构变形的过程。自2015年10月国务院正式下发"双一流"建设《总体方案》以来,"双一流"建设成为一项"国家工程"。在"双一流"建设背景下,高校的学科建设被提到了前所未有的重要地位,为了能在"双一流"建设中取得进展,高校的学科调整也如火如荼地展开。在这样的背景下,如何理解高校学科调整与建设,使得高校学科调整与建设能够真正促进一流大学建设,是一个值得深入思考的问题。本章主要探讨三个问题:第一,在"双一流"建设背景下,我国高校的学科调整与建设应该秉持何种指导思想、达到何种目标,即高校学科调整与建设的价值取向。第二,高校学科调整与建设的重点是制度建设,因此需要反思我国高校学科调整与建设中存在的问题,通过制度改革和机制创新建设世界一流学科,即高校学科调整与建设的制度改革。第三,"双一流"建设的时间跨度长,需要几代人的努力,且当今大学处于转型时代,因此需要提前探讨如何通过做好高校学科调整与建设的规划,完成建设世界一流大学和一流学科的任务,即高校学科调整与建设的规划。当然,严格来说,学科调整与建设是两个并不对等的概念。在我国高校,学科调整往往是学科建设的重要手段。为了研究的方便,本章中对"调整"与"建设"不做严格的区分。

第一节 "双一流"建设背景下高校学科调整与建设的价值取向

在"双一流"建设背景下,高校的学科建设应该秉持何种价值取向,从而通过学科建设真正促进一流大学建设,这是一个值得深入思考的问题。20世纪以来,价值问题日益成为哲学研究的一个重要领域,价值理论也开始广泛地应用到高等教育领域。"价值观是价值,即客体属性与主体需要之间的关系在主体观念上的反映。不同时代,不同角度,不同主体对价值有着不同的反映,因此产生出不同的价值观。高等教育价值观是高等教育的价值在人们观念上的反映。"[1]有学者认为,一流学科建设涉及政府、高校和学者三个主体,不同主体基于不同的立场有不同的价值取向,从而在实践上形成了一流学科建设的三种不同导向:政府关注的服务社会导向、高校关注的大学排名导向和学者关注的学术成果导向。知识转型带来学科建设的转型,一流学科建设必须坚持服务社会导向,在服务社会导向下实现三个主体价值取向的统一。[2] 在高校学科发展中,基于不同的价值观,人们对学科发展采取了不同的策略,在这种对价值观的选择中就隐含着高校学科调整与建设的价值取向。一般而言,学科包含三层含义:学科作为一种知识体系,学科作为一种组织建制,学科作为一种文化。[3] 学科建设包括知识形态、组织形态和活动形态三种形态的建设。[4] 在"双一流"建设背景下,作为一种知识体系的一流学科,应该适应知识转型的需要,真正提升其服务社会的能力。作为一种组织建制的一流学科,应该处理好学科与大学组织及其他组织的关系,即建设学科生态。作为一种文化形态的一流学科,代表着一种文化和精神,应该处理好学科硬件建设与学科文化建设的关系,真正发挥学者在学科建设中的作用,从而将一流学科不断推向新的高度。

---

[1] 胡建华,陈列,周川,等.高等教育学新论[M].南京:江苏教育出版社,2006:217.
[2] 刘小强,彭颖晖.一流学科建设的三种导向:价值的冲突与统一[J].研究生教育研究,2019(1):64.
[3] 王建华.高等教育学的建构[M].广州:广东高等教育出版社,2009:49.
[4] 康翠萍.高校学科建设的三种形态及其政策建构[J].高等教育研究,2015(11):37-41.

一、从学科竞争力建设到学科能力建设

竞争力是一个比较概念,往往强调的是某一个组织在同类组织中的相对地位。在实践中,高校的学科是历史的,也是建构的。从学科发展的历史来看,学科是人们创造发明出来而非自然而然的产物,每个时代都有每个时代的知识类型。现代研究型大学兴起以后,作为"高深知识"的提供者,大学的学科具有封闭取向,学科与社会的关系属于产品提供者与产品使用者的关系,大学在知识上具有优势。今天研究型大学如日中天,导致我们在实践中往往认为学科发展的目的就是产出科研成果。同时,由于各种排行榜的推波助澜,量化指标成为判断高校学科发展成效的圭臬。因此,学科之间的竞争往往集中在大学系统内部,知识意义上的学科优势往往表现为学科竞争力优势。

我国的学科制度是从西方引进的,在很长一段时间内,我国开展一流大学和一流学科建设,主要是通过学习借鉴西方发达国家研究型大学的制度经验。在评价主义指导下,政府组织和大学往往会依据各种大学和学科排行榜及评估结果对大学和学科"排座次""分资源",我们可以把这种做法称为高校学科建设的竞争力取向。事实上,抛开排行榜的科学性和可信度问题不谈,学科的竞争力排名只能体现该学科在大学组织系统中客观可比显性指标方面的强弱排序,可以在一定程度上反映学科的相对价值,却并不能反映出学科的全部价值。同时,由于我国高等教育政策驱动的特征,一流学科建设由政府主导,政府往往会根据各种第三方学科评价数据来强化学科建设绩效,给予相应的资金支持,并对一流学科进行动态管理。对于高校来说,一流学科建设最紧要的任务不是提高学科水平,而是提高学科的竞争力排名。为了保证学科在同类学科中的相对排名,研究各种学科"排行榜"的指标体系,按照指标体系对一流学科开展"建设",就成为高校学科建设的路径选择。就各类大学和学科排行榜而言,其排名指标往往更依赖于显性的、容易量化的学术成果,如论文、课题、各类获奖等,而对于诸如学科文化、学术氛围、学科贡献度等很难量化的软性指标,在实践中常常容易遭到忽视。同时,为了在一流学科建设中取得优异的成绩,很多高校除了按照指标体系对一流学科开展"建设"外,最简单快速的办法就是通过不计成本地"挖人"和"人才大战"来直接对学术指标进行建设,这也的确可以在短时

期内提升学科在排行榜上的排名,当然也可以在一定意义上提高学科的竞争力。由于这种竞争力的提升只是学术指标排名的提升,学科发展水平并未发生根本性改变,实际是一种同类学科之间的相对排序,并未真正体现学科的真实水平及贡献度。

"双一流"建设《总体方案》中明确指出,"双一流"建设要"坚持以一流为目标。引导和支持具备一定实力的高水平大学和高水平学科瞄准世界一流,汇聚优质资源,培养一流人才,产出一流成果,加快走向世界一流";同时,将"双一流"建设目标的实现分为三个阶段,即到"2020年,若干所大学和一批学科进入世界一流行列,若干学科进入世界一流学科前列","到2030年,更多的大学和学科进入世界一流行列,若干所大学进入世界一流大学前列,一批学科进入世界一流学科前列,高等教育整体实力显著提升","到本世纪中叶,一流大学和一流学科的数量和实力进入世界前列,基本建成高等教育强国"。当前,知识社会正在扑面而来,大学在高深知识生产、传播与应用上的优势正在丧失。作为网络结构的学科是现在和未来的趋势,网络化时代的一流学科强调学科的立体化发展,即穿越大学与学科边界,同企业和其他知识生产机构进行联合,集中于问题的"大学科"。[①] 在这种背景下,高校的学科的竞争对象将不再局限于高校系统内部,而是扩展到整个社会,学科在整个社会体系中发挥的作用和能力成为评价学科水平的一个重要指标,这迫切需要高校学科建设树立学科能力建设的价值取向。

当前,虽然没有太多关于学科能力的提法,但是我们可以借用大学能力来认识学科能力的含义。按照宣勇教授的说法,大学能力是大学组织认识世界和引领社会的本领,大学能力的大小以其认识世界和引领社会中所取得的客观效果为衡量标准,可以从内蕴力(包括大学资源、大学制度、大学声誉三个维度)、自觉力(包括大学的使命自觉、组织自觉、质量自觉、文化自觉四个方面)和外显力(包括人才培养影响力、科学研究创新力、社会服务贡献力、文化传播引领力、国际交流行动力五个方面)三个层面来理解。[②] 参照宣勇教授有关大学能力的提法,我们可以认为,与学科竞争力相比,学科能力强调的是学科自身所具有的

---

① 李海龙.重新定义学科[J].江苏高教,2018(8):15.
② 宣勇.大学能力建设:新时代中国高等教育面临的重大课题[J].高等教育研究,2018(5):16-20.

认识世界和改造世界的能力,可以分为三个方面:一是学科自身的生长力,即对于知识的贡献;二是学科对于大学的影响力,即对大学整体功能发挥的贡献;三是学科对于社会的服务力。

学科自身的生长力强调学科对于知识领域的贡献。一流的知识成果是学科的"质料",应该具有高深性、系统性、创新性等特征。学术成果的形式多样,一流的学术成果应瞄准世界科技前沿,强化基础研究的前瞻性和引领性原创成果,能够为建设科技强国提供有力支撑。据统计,目前累计有七成影响人类生活方式的重大科研成果由高等教育机构研发。斯坦福大学是美国硅谷技术密集知识的供给方,其技术转化中心至今已经有累计超过6 000项发明公布,创造了近10.3亿美元的总转让收入。① 我国一流学科建设的目标首先是立足于产生一流的学术成果,这一"共识"在我国首批"双一流"建设高校的方案中得到了体现。譬如,《北京大学一流大学建设高校建设方案》中提出:"北京大学的核心使命是培养引领未来的人,产生推动国家和人类进步的新思想、前沿科学和未来技术。核心使命是学校竞争力的基础,也是支撑学校服务社会的基础。学科规划围绕学校核心使命来布局。"《上海交通大学一流大学建设方案》中提出,要"牢牢把握新一轮世界科技革命和产业变革、中国建设世界科技强国、中华民族伟大复兴、上海市建设具有全球影响力的科技创新中心的战略机遇,坚持'四个服务',扎根中国大地,加快建设具有中国特色的世界一流大学……努力实现从'跟随式'发展向'引领式'发展跃升"。《中国科学技术大学世界一流大学建设方案》中提出,到本世纪中叶,将学校建设成为"我国基础研究和原始创新的重要承载者和策源地,以及人才培养高地、国家科教中心、创新文化殿堂和学术交流圣地"。随着知识生产模式的转型,近代以来形成的以学科为中心的学科体系正在瓦解,新的学科形态正在兴起。这需要我们在高校学科建设中把握学科发展趋势,从学科本位转向问题本位,紧跟世界高等教育发展趋势,并引领世界学科发展方向。

学科对于大学的影响力体现在学科对于大学的促进和整合功能,从而发挥大学的整体功能。从常识来看,学科是大学发展的基石,大学的发展离不开学

---

① 王战军,蓝文婷.新时代一流大学的内涵探析[J].现代教育管理,2019(8):6.

科的发展,而高校学科建设要有利于大学的整体功能的发挥,要有利于大学使命的完成。但是,在实践中,这一常识并未成为大学人的"共识"。这是因为,学科的取向是分裂的、封闭的,容易只考虑自身的发展;而大学的取向则是开放的,融合的,其承担的功能是多样的。在学科竞争力建设的价值导向下,高校的学科建设往往只考虑自身的发展,而不顾及大学整体功能的发挥。2018年8月,教育部等部委出台的"双一流"建设《指导意见》中明确指出要"拓展学科育人功能",要求"以学科建设为载体,加强科研实践和创新创业教育,培养一流人才。强化科研育人……学科建设要以人才培养为中心,支撑引领专业建设,推进实践育人"。这是对高校学科建设从科研产品导向转向学科功能导向的有力说明。大学具有人才培养、科学研究、社会服务、文化传承与创新等功能,学科作为大学的基石和细胞,理应对这些功能的发挥产生作用。近年来,随着一流本科教育的推进和全国研究生教育大会的召开,学科育人工作正在各个高校稳步推进,学科建设的价值取向绝不只是生产知识产品正在成为共识。在高校学科建设中,应拥有系统观念,做好学科结构的调整和优化,从而提升学科功能。

学科对于社会的服务力主要强调学科对于社会发展的功能。大学是时代的大学,学科也是时代的学科,高校学科发展要服务社会,要对社会其他系统发展有作用,才会具有生命力。在大学史上,大学的学科发展可谓是跌宕起伏、潮起潮落。大学学科如果和社会需求相结合,就会获得大发展,也会在大学中占有优势地位。譬如,巴黎大学的神学在中世纪独领风骚,而在近代民族国家兴起以后则逐渐衰落。二战时期麻省理工学院的崛起、"冷战"时期斯坦福大学的崛起,都与这两所大学密切服务社会需求紧密相关。这些例子无不说明,大学的学科发展必须密切结合社会需求,这个需求既包括当前社会的需求,也包括未来社会的需求。随着信息社会的来临,大学在知识社会中的作用不仅仅是知识的提供者,更是人才的输出者。在一个复杂的社会中,高校学科建设必须为建设人类命运共同体贡献力量。这就要求,一方面,高校的学科发展要放眼世界,认识到学科的历史性,建设世界一流学科,不能完全按照今天的学科来建设;另一方面,高校学科调整与建设也必须结合高校实际,密切服务地方,在社会发展变迁中找到自身的位置。2017年1月,教育部、财政部、国家发展改革委联合印发的"双一流"建设《实施办法》第三条提出:"面向国家重大战略需求,面向经济社会主战场,面向世界科技发展前沿,突出建设的质量效益、社会贡献度和国际影响力,突出学科交叉融合和协同创新,突出与产业发展、社会需求、科技前沿紧密衔接,深化产教融合,全面提升我国高等教育在人才培养、科学研究、社会服务、文化传承创新和国际交流合作中的综合实力。"这也充分说明国家高度认识到高校学科建设的症结所在,认识到了高校学科建设"面向社会、面向世界、面向未来"的原则。大学是一种文化的存在,一流学科建设应该植根中国传统文化,发展中国特色的、本土化的学科体系,而不是一味地移植国外的学科发展思路。原南京大学校长陈骏在"论剑"双一流时指出,我们与世界一流大学的最大差距是——我们仍然缺乏能够解决经济社会发展重大问题的标志性成果,缺乏能够解释自然现象和规律、具有突破性意义并被广泛引用的原创性成果。[1]

总之,在"双一流"建设背景下,高校学科建设应该立足于知识生产模式转型的大背景,做好价值选择,实现从片面追随各类排行榜的学术竞争力导向到学科发展能力提升导向的转变,从提高学科能力出发进行学科布局,使学科发展真正适应未来,服务自身、服务大学、服务社会。

二、从重点学科建设到健全学科生态

大学是由学科构成的,学科的发展必然带来大学的发展。理论上,如果所有学科都是一流的,大学就必然是一流的;但在实践中,真正做到大学中所有学科一流既是不可能的也是不现实的,因此,几乎所有一流大学在学科建设中都秉持"有所为、有所不为"的策略。就我国高校学科发展而言,一直秉持的是重点学科建设的策略,有力地提升了我国高校学科建设水平,但是在实践中也存在着身份固化、竞争缺失、重复交叉等问题。2017年,教育部等三部委联合印发的"双一流"建设《实施办法》中强调:"建设方案要以人才培养为核心,优化学科建设结构和布局……以一流学科建设引领健全学科生态体系,带动学校整体发展。"有研究者认为,大学学科生态系统包括组织生态子系统(由学科组织、组织种群、学科群落等要素构成)和知识生态子系统(由知识共享、获取、内化、创新

---

[1] 赵秀红,刘博智.三位大学校长"论剑"双一流[N].中国教育报,2017-03-09.

等活动构成)两个部分,两个子系统的协同耦合为世界一流学科的生长营造了良好的学术环境。① 高校学科生态系统至少包括两层含义:一是大学是由若干学科共同构建起来的松散连接的组织,大学内部的各个学科需要和谐共生、良性互动,从各自不同的视角出发,共同探究知识、培育人才;二是不同类型的高校间是否能够和谐共处、良性竞争,依托其各有所长的学科基底,共同构筑丰富而多样的国家高等教育生态系统。因此,在"双一流"建设背景下,高校学科建设应该逐步从重点学科建设的价值取向转向发挥优势学科引领、健全学科生态体系。

(一)高校内部学科生态系统建设

客观而言,由于资源的有限性,高校在其发展过程中,往往都会基于自身的资源状况和学科的发展状况选取部分学科进行重点建设,从而通过重点学科发展带动整体学科发展。学科发展具有不平衡性,重点取向的价值观主要立足于"扶优",只有部分学科发展起来了,高校的整体学科水平才能达到提升。但是同时,高校学科构成了一个生态系统,优势学科的发展离不开其他学科提供的养分,优势学科的人才培养离不开相关学科的支持。从大学发展的历史来看,很少有孤零零地办好一两个优势学科就能实现建成一流大学的目标的情况,正确的做法是以一流学科建设引领,健全学科生态体系,带动大学整体发展。② 譬如,美国一流研究型大学学科布局的共性特征是基础学科主体齐全(作为学科主干的自然科学、社会科学和人文学科这三大支柱不可或缺),同时根据需要设置专业学院。麻省理工学院和加州理工学院虽然以理工为主,但都有一个精干的人文学科与社会科学学院。香港科技大学共有四所学院:理学院、工学院、人文社会科学院以及管理学院(该校虽然被称为科技大学,但也拥有人文社会科学院)。③ 这其实就是一种典型的健全学科生态理念的体现。

要健全学科生态,首先需要我们认识学科价值的多元性,需要在学科调整与建设的过程中深刻认识到高校内部不同学科之间不仅仅是竞争关系,更多的是一种依存关系与合作关系。学科的调整与建设不能简单地把弱势学科调整掉,要综合考虑高校整体的学科生态系统,要遵循学科成长规律,还需要认识学

---

① 武建鑫.超越概念隐喻的学科生态系统研究——兼论世界一流学科的生成机理[J].学位与研究生教育,2017(9):8.
②③ 李立国."双一流"背景下需求导向的学科专业调整优化[J].大学教育科学,2017(4):7.

科对于大学的功能和社会的功能。大学由学科构成,但大学和学科的目标并不总是一致的。从一定意义上来看,学者像是候鸟,学科是适应这种候鸟的生态栖息地,而大学则是一个更大的生态系统。学者、学科、大学的目标并不总是一致的。大学是一个学科生态系统,在这个生态系统中,各个学科之间是相互依赖的,需要服从大学发展的根本目标。就学科而言,追求自身强大是其发展的根本动力;就大学而言,追求更多的学科强大是自身发展壮大的根本动力。当然,大学不是学科的简单叠加,大学的目标除了发展学科外,还有人才培养、服务社会等职能。在实践中,大学往往会对那些"优势学科"给予更多的支持,而对于"一般学科""弱势学科"采取维持的力度。大学内部的每个学科都会根据自身的处境,采取不同的发展策略,从而使本学科可以生存、发展、壮大下去。对于学科内部的人而言则不同,有的可能会采取更换大学的方式继续发展自身学科,有的则需要通过与其他学科的联合、融合来发展壮大自己。

在"双一流"建设背景下,为了在学科评估中取得好成绩,部分大学裁撤掉部分弱势学科。应该说,这具有一定的合理性。从学科生态的角度来看,可以在组织层面裁撤,但是知识层面的裁撤则需要谨慎。"双一流"建设高校在学科调整优化中,应该重视基础学科的建设,这既是人才培养和探求高深学问的基础,也是发展其他应用型学科与专业学院的基础,更是建成高水平大学的基础。在人类发展的历史中,之所以会有各个学科的分化,就在于不同类型的学科在发展过程中形成了不同的发展逻辑和价值取向,知识生产模式不同,研究方法各异,这需要根据学科差异而采用适切的评价体系与方法。英国学者将学科分为纯硬科学(如物理学)、纯软科学(如历史学)、应用硬科学(如机械工程)、应用软科学(如法学、教育学)四大类。[1] 有研究者在此基础上将学科划分为纯硬学科、纯软学科和应用学科三种类型,提出在"双一流"建设背景下,纯硬学科主要遵循的是知识演绎逻辑,纯软学科的发展以社会与政治逻辑为主,应用学科主要是以实践逻辑为主。我国一流学科建设应该通过分类引导,实现分类发展;通过分类评价,实行动态管理;创设学科交叉融合的外部环境,促进一流学

---

[1] [英]托尼·比彻,保罗·特罗勒尔.学术部落及其领地:知识探索与学科文化[M].唐跃勤,蒲茂华,陈洪捷,译.北京:北京大学出版社,2008:中文版前言 2-3.

科协同发展。① 目前,很多一流大学建设高校开始采用差别化的方式来进行高校的学科建设。例如,《浙江大学一流大学建设高校建设方案》中提出要"立足中国特色、世界一流目标,优化结构布局,凝练发展重点和发展方向,形成学科自我发展机制,以一流学科建设带动学科板块和学校整体优势特色凸显。按照分类统筹、一流牵引、主干强身、交叉驱动、生态优化的思路,以分类分层建设统筹协调学科发展体系,以一流学科建设牵引构筑若干学科高峰,以主干学科建设强化提升学科整体实力,以交叉学科建设驱动引领学科创新突破,以体制机制建设支撑促进学科生态和谐";同时以"高峰学科建设支持计划""一流骨干基础学科建设支持计划""优势特色学科发展计划"为学科分类分层建设的主要抓手,推进良好学科生态体系的形成。《上海交通大学一流大学建设方案》提出了"学科生态建设计划",内容是"以优势学科为主干,以特色学科、新兴学科、需求学科为支撑,构建学科群,促进学科交叉融合,健全学科生态体系,带动学校整体发展"。同时,着力发挥工科在国家重大工程建设中、在重要技术进步中不可替代的作用,重点建设船海工程与科学、制造科学与工程、电子电气工程、计算智能与系统控制、先进材料科学与工程等5个学科群。围绕人类健康与发展的根本问题,重点建设生命科学、药学、临床医学、基础医学、口腔医学等5个学科群;瞄准国际前沿,重点建设数理科学、前沿化学与绿色化工等2个学科群;在人文社科领域,重点建设商业、经济与管理,法治国家与社会治理,创新设计,人文与科技交叉,高等教育学等5个学科群。应该说,很多"双一流"建设高校已经开始重视学科生态问题。但是,我们也应该看到,高校内部的学科生态建设是一个长期的过程,不仅需要理念更新,更需要制度建设。

(二)国家高等教育生态系统建设

学科生态建设不仅包括高校内部各个学科之间的生态建设,还包括不同类型高校与高校之间的关系以及高校学科与外部生态的关系。美国学者伯恩鲍姆(Robert Birnbaum)也指出:"世界各国真正需要的不是更多的世界一流大学,而是更多的世界一流的理工学院、世界一流的社区学院、世界一流的农业学院、世界一流的教师学院和世界一流的地区州立大学。如果说美国因拥有众多世

---

① 刘艳春.学科分类体系下一流学科建设的路径选择[J].江苏高教,2019(8):8.

界一流大学而形成了世界一流的高等教育体系,倒不如说正是由于美国拥有世界一流的高等教育体系,它才有了这些世界一流大学。"①一方面,高校的学科划分是人为的,也是历史的,每个时代的学科是不同的。另一方面,当今世界的很多重大问题亟须多学科的协同,世界高等教育发展也愈来愈强调学科的协同。2017年教育部等三部委联合印发的"双一流"建设《实施办法》中提出:"加强总体规划,坚持扶优扶需扶特扶新,按照'一流大学'和'一流学科'两类布局建设高校,引导和支持具备较强实力的高校合理定位、办出特色、差别化发展,努力形成支撑国家长远发展的一流大学和一流学科体系。""双一流"建设不是"要使若干所大学一枝独秀,而是要维护我国高等教育生态的平衡,通过竞争开放和动态管理打破身份固化和制度区隔,为不同层次和类别的大学创造更大的发展空间"②。这些无不说明,国家高等教育生态系统建设也是"双一流"建设的要义。

中华人民共和国成立70多年来,高等教育重点建设政策一直是影响和导引我国高等教育改革和发展的一项重要策略。③ 重点建设政策提高了我国高校学科建设的总体水平。但是,在重点建设政策的实施下,我国高校学科发展的"差序格局"已经形成。有研究者基于我国历年的《学科专业目录》,对三次国家重点学科评选和2017年一流学科评选的比例考察后发现:在我国高等教育学科建设从"重点"向"一流"迈进的30年历程中,理工学科门类始终占据着"重中之重"的领头雁地位,经济学门类在21世纪以后异军突起,成为重点学科建设的"新宠",而以教育学、法学和文学门类为代表的人文社会科学则受到了持续的相对忽视。④ 在重点学科建设制度影响下,高校为了获取建设资源和一流学科的身份声誉,从而在高等教育的竞争中保持优势,往往会将有限的资源投入到重点学科建设中。这一现象的持久蔓延并不符合高校发展的长远利益,影响学科间的正常对话与交流,影响不同类型大学间的良性竞争,也不符合我国开展"双一流"建设的初衷。

从2017年9月教育部、财政部和国家发展改革委正式公布的首批465个一

---

① 转引自:刘贵华,孟照海,等."双一流"建设突破研究[M].上海:华东师范大学出版社,2020:22.
② 刘贵华,孟照海,等."双一流"建设突破研究[M].上海:华东师范大学出版社,2020:28.
③ 胡建华.70年高等教育重点建设的变化及影响[J].江苏高教,2019(10):1.
④ 申超.我国重点学科建设中的科际不平衡现象[J].教育发展研究,2019(7):69-72.

流学科建设名单来看,理工科占据绝大部分"江山",部分一流学科建设高校数量过大,如材料科学与工程学科有 30 个建设单位,化学学科有 25 个建设单位,生物学学科有 16 个建设单位,多个一级学科则没有一流学科建设单位。同时,一流学科建设仍然是以一级学科为单位进行建设,对于交叉学科建设重视得不够,这样的学科布局并不符合一流学科的发展趋势。随着知识生产模式和学科范式的转型,跨学科、交叉学科以及以问题为中心的知识生产模式正在兴起,一流学科的建设正在向着交叉学科、问题中心、跨学科的方向发展。例如,德国大学实施的"卓越集群"项目,不仅仅局限于一个大学的学科组织,还包括其他大学或非高校组织。其自主方式不以某个大学或者某个学科为资助单位,而是将一个项目作为资助对象。① 面对知识生产模式的变革,我国的一流学科遴选方式需要改革。

在"双一流"建设背景下,一流大学和一流学科建设高校毕竟是少数,对于广大的非"双一流"高校而言,应该立足于自身实际开展差别化的学科建设方略,积极探寻不同类型大学的一流学科建设之道,不同类型的大学可以根据自身特色优势所在,依据所在地域社会需求差别和校本传统特色文化来布设大学学科建设模式。② 有学者认为,真正卓越的大学一定是独特的而非同质的,世界上不会有第二个哈佛,也不会有第二个耶鲁,哈佛与耶鲁都是独一无二的。它们都深深植根于自己的历史,并努力以不同方式持续开创各自的未来。哈佛与耶鲁之间不存在排名意义上的竞争,如果有创新创业意义上的竞争的话,也是各美其美、美美与共。③ 在学科调整与建设中,完善治理机制,既不能基于学科本位,也不能从短期功利主义出发,只保留优势学科。譬如,很多行业性高校与所在行业之间的协同也是学科生态建设的应有之义。在世纪之交,我国很多行业性大学逐步脱离了原来行业主管部门的管理,大学与行业之间的协同机制基本被瓦解,行业在大学的学科建设、人才培养、科技创新等方面的经济资助与话语权力日渐减少,彼此协同的内生性动力缺失,大学对行业发展与产业转型的响应度极低。很多高水平行业性院校在学科布局上不再局限于原来的行业需

---

① 王世岳,蒋凯.告别"洪堡":"卓越计划"下的洪堡大学改革[J].教育研究,2019(11):91-99.
② 龚洪,陈亮."双一流"建设下大学优势特色学科的发展理路[J].现代教育管理,2019(7):60.
③ 王建华.从优秀到卓越:"双一流"建设的价值澄清[J].江苏高教,2019(1):5.

求,而是模仿综合性大学的学科布局模式,采取盲目求全、求新、求变的错误做法。① 在"双一流"建设背景下,高校学科发展应该立足于加强与行业的联系,协同创新。

总之,在"双一流"建设背景下,高校学科建设更应该强调学科发展的多元卓越取向。大学的学科主要是为了满足人类需求而存在,而非为了自身的再生产而存在。学科之间的关系是一种协作的关系而非一种"中心—边缘"的关系。只有大学的学科之间形成良好的生态系统,大学在知识经济时代才可能继续承担起培养卓越人才、引领社会发展的重任。

三、从学科外延式建设到促进学科的内涵式发展

学科建设是一个具有中国特色的词语,它是指不同的主体根据学科发展的规律,结合社会需要和自身实际,采取一定的手段或者措施来促进学科发展和学科水平提高的社会实践活动。学科建设有两种形态,即学科知识形态的建设和学科组织形态的建设,其基本内容包括调整学科布局、完善学科组织、确定学科方向、组建学科队伍、建设学科基地、确立学科项目、建立学科制度、营造学科环境等内容。② 从结构要素来看,学科建设包括内在性要素和外显性要素两个方面。内在性要素包括学科研究方向、师资队伍、研究基地等。外显性要素是学科作为一个子系统在社会系统中外显的功能性要素,包括科学研究、人才培养和服务社会等。③ 就知识层面而言,大学学科建设的根本目的是促进学科在知识形态上的发展。可是,在实践中,尤其是在我国高等教育领域中,大部分高校的学科建设主要是学科组织形态的建设,通过组织形态建设来促进知识形态的学科发展。组织层面的学科建设其实是一种外延式建设,即通过对学科发展所需要的外部要素进行建设,促进学科发展。与学科外延式建设相对的是学科内涵式建设。有研究者认为,外延式发展是以事物外部因素作为动力和需求的发展,表现为规模扩大、数量增长;而内涵式发展则是以事物的内部因素作为动

---

① 曾开诚,于钊."双一流"建设背景下行业性院校的学科生态治理研究[J].江苏高教,2018(3):25-26.
② 罗云.中国重点大学与学科建设[M].北京:中国社会科学出版社,2005:40.
③ 胡炳仙.重点学科建设对地方高等教育系统的影响:以H省为例[J].大学教育科学,2017(5):21-22.

力的发展,侧重于结构、质量、特色与效益的发展。① 在"双一流"建设背景下,高校学科建设应该从以外延式建设为中心转向以学科内涵式建设为中心。

（一）从以学科外延式建设为中心到以学科内涵式建设为中心的必要性

在西方,大学中的学科建设主要以科学知识发展为内在标准,大学中学术知识的创新性、优势性和学术地位直接影响了大学学科的知识建构和组织建构。我国高等教育是后发外生型的,在学科建设上,主要采用以行政权力为主导的社会建构模式。具体而言,就是采用重点建设的方式,由政府主导,运用国家政策,通过评选、资助某些高校的重点学科,引导和推动高等教育系统的学科发展。这种建设模式背后的理念就是把学科看成一套人、财、物的组合,看成具体的知识形态,认为只要根据一定的目标对学科发展做出规划,学科知识就能不断增长。这是一种典型的工具主义取向的价值观。对于高等教育"后发"国家而言,学科建构取向价值观具有很大的合理性,通过模仿、规划往往在一定时期内可以使得高校学科获得快速发展。

我国高校学科的外延式建设模式主要表现为一种资源建设,资源建设的目的不仅仅是创造条件促进学科发展,更表现在根据指标来促进学科目标的实现。毋庸置疑,高校学科发展离不开资源建设,只有为学科发展配置好人、财、物才能促进知识的创新,资源是重要的手段。但是,在实践中,为了学科排名的上升,很多高校将资源建设泛化,将学科发展的要素全部"资源化",其典型代表便是学科建设中的人才工作。人是学科发展的重要资源,也是稀缺资源,对于学科发展起到至关重要的作用,但是由于高层次人才的成长和汇聚有其内在的规律,非一朝一夕所能成就。很多高校为了迅速改进学科和大学的排名,学科建设的重点就是频繁引进人才、相互"挖人",在人才引进工作中存在"过度简单化"的倾向,相关政策文件根据人才头衔、主持的课题、发表的论文、获得的奖励直接将人才分成三六九等,然后为不同层次人才提供不同的年薪和科研启动费。这种人才工作的"数目字管理"做法一方面激化了学术的功利主义和学者精致的利己主义,另一方面也不利于大学自身的内涵式发展。② 除了"人才大

---

① 李元元.持续抓好学科建设不断推进高校内涵式发展[J].中国高等教育,2013(19):3-4,8.
② 王建华.人才竞争、资源配置与理念重审:关于"双一流"建设的若干思考[J].中国高教研究,2019(1):17.

战",外延式发展模式还表现为简单的"发表为王"、量化考核等特征。总之,在工具主义或功利主义取向价值观的指引下,高校学科外延式建设的目的是学科的排名取向,而非学科的生长取向。

与高校学科外延式建设模式不同,高校学科内涵式建设所秉持的主要是学科生长取向的价值观。学科生长取向的价值观将学科看作一种生命体,主张根据学科成长的自身规律,以学科生长为本位。学科的要素是知识,知识所构成的"世界3"(World 3)不是静止不动的,学科的发展需要动力,动力来源于学科自身的逻辑。"学科生长的两种形态是学科自身的内在互动与学科群内的科际共生。一切生长总是自生、自动、自主的,学科生命体的生长亦是如此:学科内向互动机理凸显了学科生长的自为性,学科外向互动机理凸显了学科生长的开放性,学科群生机理凸显了学科群体生长的联动性。"[1]学科生长取向价值观要求我们在学科建设过程中,应该顺应学科自身发展的逻辑,把学科看成一个"生命体",尊重生命体的生长规律。从学科生长取向价值观出发,我们应该认识到,高校学科发展往往都需要经历一个漫长的学术积累过程,离不开学科人的艰辛奋斗和薪火相传,学科发展的轨迹其实就是学科生长的过程。在这一过程中,外部的政策波动、资源增减等往往只能起到辅助作用。学科生长的最根本动力来源于学者的主动作为、学术自治、弘扬学术传统等学科自身规律。因此,高校学科调整与建设应该秉承一种"事后承认"的态度,通过为教师提供条件,激发其开展研究的积极性,逐渐形成课程、学科,从而促进学科的发展。譬如,19世纪的德国大学就是通过设置"讲座教授"的方式进行学科调整与建设的。现在很多高校里,一些教授依据自身兴趣开展学术研究,慢慢形成课程,扩展到其他高校,也可以看作生成学科生长取向价值观的一种表现。

现实中,我国高校学科调整与建设的主要动力来源于外部。具体而言,就是在政府的主导下,采用重点建设和选优激励两种方式,通过评选、资助某些高校的重点学科,达到引导和推动高等教育系统的学科发展的目标。[2] 在高等教育重点建设政策和项目制两种方式的影响下,高校作为学科建设的主体,其最直接的动机是获取建设资源和重点学科的身份声誉,从而在高等教育的竞争中

---

[1] 龙宝新.学科作为生命体:一流学科建设的新视角[J].高校教育管理,2018(5):19.
[2] 王建华.政策驱动改革及其局限——兼议"双一流"建设[J].江苏高教,2018(6):6.

保持优势。由于重点学科或一流学科的遴选和动态管理都与各种第三方评价的数据密切相关,所以高校纷纷将学科排名指标作为学科建设的核心目标,按照"怎么评就怎么建""评什么就建什么"的逻辑来组织实施学科建设。在这种背景下,大学发展目标与学科建设目标发生偏移也就不可避免了。"双一流"建设的目标是建成世界一流,从"追随者"变成"引领者",在这种背景下,高校必须实现从以学科外延式建设为中心到以学科内涵式建设为中心的转变。

(二) 从以学科外延式建设为中心到以学科内涵式建设为中心的关键

学科的外延式建设模式其实就是关注学科的外部资源建设,而学科的内涵式建设则更关注学科的创新发展。有研究者提出,学科创新发展要素分为支持性要素和增长性要素。支持性要素包括学科的创新基础、创新资源、创新环境等;增长性要素是指能促进学科创新能力增长的最根本因素,其最终目的是以创新推动学科竞争力的提升从而带动整个大学竞争力的提升。而学科创新发展的增长性要素,即最根本的动力来源是知识创新。[①] 因此,在"双一流"建设背景下,实现从以学科外延式建设为中心到以学科内涵式建设为中心的关键就是要处理好增长性要素和支持性要素的关系,突出学科人员的主体性(增长性要素),同时加强文化建设(支持性要素)。

知识创新的根本是激发学者的内在热情,使其投入到学科建设中去。学术研究是一项寂寞的事业,一流学科是引领性、原创性的知识领域,其主要动力仍然来源于学者的学术热情。马克斯·韦伯将这种热情称为"志业","无论什么事情,如果不能让人怀着热情去做,那么对于人来说,都是不值得做的事情。不过事实却是,这热情,无论它达到多么真诚和深邃的程度,在任何地方都逼不出一项成果来。我们得承认,热情是'灵感'这一关键因素的前提"。[②] 在"双一流"建设背景下,高校的学科建设除了要注重有形的硬件组织建设外,还需要关注无形的人的建设,即以人为中心来开展学科建设。因为说到底,人才是学科建设的根本,也是学科发展的生命所在。对于学科发展而言,其根本目的在人,根本动力也在人。要促进知识创新,就必须激发学者的创新动力。学者创新动

---

① 许赞,李东,孔祥浩.学科创新动力系统的构建与运行机制研究[J].中国高教研究,2012(3):33.
② [德]马克斯·韦伯.学术与政治:韦伯的两篇演说[M].冯克利,译.北京:生活·读书·新知三联书店,2005:24.

力的激发既来自对知识探索的好奇心,也来自外界学术共同体的承认。"虽然在越来越多的自然和社会科学领域,比如分子生物、人工智能和风险管理,学术研究完全取决于其潜在的商业价值,但是传统的学术奖励机制——同事的尊敬、诺贝尔奖或者其他享有声誉的奖项的获得——仍旧是一种强有力的驱动。金钱的诱惑并没有取代对学术荣誉的追求,相反,二者是重叠的并且相互强化。"① 大学组织与学术工作的特殊性决定了它不是一个适合于强激励的组织,过强的激励无法改进大学的品质,反倒会败坏学术风气、恶化学术生态。② 真正的世界一流大学里的一流学术团队,更多的是靠一种内在自我驱动力在持续发展,而不是靠行政的规章制度在驱动。

在重点建设政策的作用下,无论是在大学内部,还是在"双一流"高校与非"双一流"高校之间,学科发展的"差序格局"正在形成,"马太效应"愈演愈烈,并逐步呈现出"阶层固化"的现象。由于政策激励,很多教师戴上了"高层次人才"的帽子,但也使得部分教师跟不上学校快速转型发展的节奏,无法完成个人职业生涯发展模式的转型,成了与高层次"领跑型"人才相对应的角色——"跟跑型"教师。③ 大学为了自身发展,很多时候根据学科指标体系将压力传导给优势学科所在的学院,进而将这种压力转嫁给广大教师尤其是年轻教师。有的学科因为不甘人后而制定出超出学科发展能力的指标,并进而将这些指标细化成"任务",给学者尤其是年轻学者"施压",其结果是高校内部"内卷化"日益严重,很多教师成了一个纯粹被动的"服从者""缄默者""操作者",④ 青年教师沦为"青椒""打工人"。因此,要建设世界一流大学和一流学科,既需要顶层设计,发挥"自上而下"模式的优势,也更需要采用"自下而上"的基层创新模式,发挥大学人的作用。

大学是由有学识的一群社会人共同组成的"学术社会",大学与学者相携而行,共同成长。大学是一类特殊的学术组织,大学制度是由一群特殊的人所创

---

① [美]亨利·埃兹科维茨.麻省理工学院与创业科学的兴起[M].王孙禹,袁本涛,等译.北京:清华大学出版社,2007:9.
② 王建华.人才竞争、资源配置与理念重审:关于"双一流"建设的若干思考[J].中国高教研究,2019(1):17.
③ 刘小雪,汀珊.世界一流大学建设道路上"跟跑型"教师现象探析——基于 Z 大学的案例研究[J].现代大学教育,2019(3):76-83.
④ 吴康宁.教育改革成功的基础[J].教育研究,2012(1):30.

设的,如果忽视了对于大学人的人性理解,大学制度的制定和实施是不可能成功的,因为"对于大学的生存来说,最关键的是它要依靠人,而非制度,因为制度说到底不过就是一个物质前提而已"①。大学人与其他社会群体的最大区别就在于大学人的精神气质,正是由于"大学的从业者们具备一种不同于其他领域的人们的精神气质"②,我国高校学科发展更应该注重学科内在动力的发挥,只有学科文化中拥有那种敢为天下先的精神,并形成鼓励创新、注重责任的氛围,学科的发展才会有动力。学科文化对于学科成员开展学术研究具有重要的促进作用,有利于建构基于学科的学术共同体意识,增强组织成员的身份认同感和自律性。学科文化是改造学科制度、实现学术创新的主要力量。因此,需要通过学科文化建设,使学术自觉、学术自治和学术自律最终成为我国大学尤其是研究型大学基层学术组织的精神标识和文化基因,创建有共同使命和共同语言、能相互协商的学科文化共同体。

近年来,部分高校在一流大学建设方案中也都提出了人事制度改革的策略,总的思想就是要通过人事制度改革助推学科建设。譬如,《北京大学一流大学建设高校建设方案》中提出要"加强激励体制机制建设。统筹规划薪酬体系;重视荣誉激励和精神激励,推崇和倡导高尚师德师风,鼓励重大原创性学术成就,建立以成就奖励和荣誉职位为主要内容的高层次荣誉激励体系;强调建立院系的人力资源核算体系,建立教师联合聘用及考核激励机制"。《北京师范大学一流大学建设高校建设方案》提出要"建立分类发展和分类评价的人事管理制度"。《中国科学技术大学世界一流大学建设方案》提出要"建立并完善体现现代大学制度的人力资源管理体系,营造先进的制度环境和文化氛围","传承中国科大的红色文化和学术文化;营造创新创业文化氛围,提供敢为人先、敢冒风险、宽容失败的学术环境"。总的来看,一流大学建设高校注意到了人员的分类管理,也注意到了文化建设,但是从方案到落实还有很长的路要走。

总之,在"双一流"建设背景下,实现学科内涵式发展是高校学科调整与建设的最终目标。在"双一流"建设背景下,高校学科内涵式发展更多的是强调从"物"到"人"的转变,从学科外部的资源建设到学科内部的文化建设的转变。

---

① [德]卡尔·雅斯贝尔斯.大学之理念[M].邱立波,译.上海:上海人民出版社,2007:117.
② 阎光才.学院人的"癖好"与大学的制度安排[J].高等教育研究.2006(1):48.

只有真正让大学内部的人更加专注于知识创新和人才培养,才能真正建成一流大学和一流学科。

第二节 "双一流"建设背景下高校学科调整与建设的制度改革

2015年10月,国务院正式下发的"双一流"建设《总体方案》中将"双一流"建设的内容分为建设任务和改革任务两个方面,同时指出:"坚持以改革为动力。深化高校综合改革,加快中国特色现代大学制度建设,着力破除体制机制障碍,加快构建充满活力、富有效率、更加开放、有利于学校科学发展的体制机制。"可见,要真正实现"双一流"建设目标,离不开系统改革和制度创新,因为"在改革深入发展的今天,人们愈来愈清楚地认识到在大学改革这样一个系统工程中,制度改革、制度创新是关键与核心,制度改革的成败、制度创新成效的大小将直接关系到大学自身的发展及其在社会进步中作用的发挥"[1]。在"双一流"建设背景下,高校学科发展面临着许多新问题和新挑战,迫切需要我们进行制度改革和创新。所谓制度,"其实就是在组织活动的过程中,逐渐形成的游戏规则。这些规则有些是人为精心设计的成文规定,而更多的是出于偶然后来渐渐成为惯例,尤其是后者,因为带有约定俗成的特点,它可能不具正式组织的强制性,但对参与者却构成一种强大的自我约束力,即一种自律意识"[2]。相较于建设任务,高校对于改革任务的重视程度普遍不足,这需要我们在"双一流"建设背景下,反思我国高校的学科建设制度存在的问题,通过制度改革与创新,助力"双一流"建设目标的实现。其中,改革高校学科设置调整制度、创新高校学科组织模式、激发高校学科发展内生动力、完善高校学科治理机制,应成为高校学科建设制度改革的四个重要方面。

一、改革高校学科设置调整制度

"双一流"建设《总体方案》中指出:"坚持以一流为目标。引导和支持具备一定实力的高水平大学和高水平学科瞄准世界一流,汇聚优质资源,培养一流

---

[1] 胡建华,王建华,王全林,等.大学制度改革论[M].南京:南京师范大学出版社,2006:3.
[2] 阎光才.精神的牧放与规训:学术活动的制度化与学术人的生态[M].北京:教育科学出版社,2011:8.

人才,产出一流成果,加快走向世界一流。"在这一目标下,"引导和支持高等学校优化学科结构,凝练学科发展方向,突出学科建设重点"。因此,要实现"双一流"建设目标,既需要高校结合自身实际开展专业建设,也需要改革我国高校的学科设置与调整制度。

中华人民共和国成立以来,我国高校的学科发展取得了很多成绩,也呈现出具有中国特色的特征,具体表现为我国高校的学科设置与调整主要依据国家学科专业目录来进行。众所周知,西方大学实行的是"学术共同体"学科制度。[①] 在这一制度下,学科主要是理智层面上的存在,指的是某个知识的领域或是从事这一领域的学术人员的集合或统称。在这种学科制度下,一门学科能否被称为学科,关键是看其是否得到了学术共同体的认同,并不需要获得学术共同体之外任何权威(如政府、教会等)的批准,学科身份与资源获取也没有必然联系。一门学问即使不被称为学科,也可以在高校中设立相应的研究和教学组织,获得人、财、物的资源支持。与西方国家不同,我国高校的学科制度主要是一种"国家学科制度"[②],即一门学科能否成立,能否建立起教学、研究等方面的社会建制,关键看它是否进入政府颁布的学科目录。改革开放以来,我国于1983年首次颁布《高等学校和科研机构授予博士和硕士学位的学科专业目录(试行草案)》,此后进行过三次修订。其内容通常分为学科门类、一级学科和二级学科共三级目录(2011年的目录仅包含学科门类和一级学科两级目录),每一学科门类下包含若干一级学科,一级学科下包含若干二级学科。学科目录是学科设置合法化的依据,只有进入了学科目录的学科才是合法的学科,才能得到设置以及发展的可能性,并获得相应的人、财、物等各种资源,才能申请学位授予单位、开展学位授予与人才培养工作等。一个学科如果处于目录外,就相当于"没有户口","如果一门学科没有户口,那悲哀可就大了。什么研究生招生、重点学科评审、学科基地建设,通通没有你的份儿,因为这些重大的学科建设举措都是照二级学科来设置的。这还不算,在教学课程设置、教材编写出版、各类基金项目的申请中,没有户口的学科也是难上加难"。[③] 在这种学科制度

---

① 张应强,唐萌.高等教育学到底有什么用[J].中国高教研究,2016(12):56.
② 刘小强,聂翠云.走出一流学科建设的误区——国家学科制度下一流学科建设的功利化及其反思[J].学位与研究生教育,2019(12):18.
③ 方文,韩水法,蔡曙山,等.学科制度建设笔谈[J].中国社会科学,2002(3):80.

下,我国高校的学科设置必须在国家学科目录中获得"学科身份"才能进行学科建设,即将非学科、前学科的知识领域建设成为"学科"并获得官方承认进入学科目录,从而获得正统、合法的身份,或是对已经获得承认的学科进一步加强建设,推动其在学科目录中升格并且分化出更多的次级学科。由于学科成立与否、成熟与否,能否进入学科目录以及学科层次的高低等等都与学科的发展空间和资源获取密切相关,与学科从业人员的"饭碗"休戚与共,所以学科的学术共同体成员都会着力推动本学科进入学科专业目录。除了学科设置制度外,重点学科遴选、课题申报、学术评奖等也都以学科专业目录为"纲",按照一级学科建设国家重点学科和一流学科。由于学科专业目录的刚性,高校学科建设无法突破现有的学科分类体系。

在这种学科管理体制下,我国高校的学科设置制度比较刚性单一,具有典型的政府控制特征。"控制"和"服从"成了大学学科设置制度建构的基本逻辑。在制度建设中过分强调控制,只会带来负面影响。忽视了为学科发展服务这一要义,学科制度容易成为束缚学科发展的工具。[①] 学科建设的主要内容是学位点建设。但是我国高校学位授权点申报长期缺乏自主权,这使得高校无法完全根据社会发展及学科建设的实际需要增列学位授权点。一方面,由于学位授权点增列依赖行政限额审批,学位授权点一直成为稀缺资源,只要能增列学位点,高校就会动用一切力量尽可能多地申报学位授权点,使得部分不符合社会需求及学校发展定位的学位点获批并开始招生。另一方面,部分对于学校发展至关重要或社会需求旺盛的学位点因受制于审批限额而无法获得授权。例如,北京航空航天大学的化学学科本已凝聚了高水平的师资队伍,进入了 ESI 前1%学科行列,但多年来由于国家新增学位点审核工作具有周期性,化学学科没有获批博士点,原有教师只能依托相近学科招收博士生,严重制约其发展。[②] 近年来,我国研究型大学在学科设置方面获得了一定的自主权。如国务院学位委员会和教育部于2002年起开展了在博士学位授权一级学科范围内自主设置学科、专业的试点工作,在一级学科下自主设立学科专业方面给予大学更多的

[①] 宣小红,崔秀玲,谭旭,等.新制度主义的视角:我国研究型大学学科制度建设困境及消解[J].国家教育行政学院学报,2010(2):41.

[②] 范丽丽,吴瑞林."双一流"背景下高校学位授权点申报和建设质量问题——基于专项评估和动态调整结果数据的分析[J].研究生教育研究,2018(5):73.

自主权,然而这种自主权是有限度的,仅限于在国务院学位委员会批准的博士学位授权一级学科范围内进行。

当然,我们看到为了适应形势的发展,我国在学科管理制度上也进行了一系列改革。譬如,为加强新兴交叉学科发展,国务院学位委员会、教育部于2009年印发了《学位授予和人才培养学科目录设置与管理办法》,规定学位授予单位可在获得授权的一级学科下自主设置与调整二级学科以及按二级学科管理的交叉学科。根据该办法,很多学位授予单位在国家专业目录的二级学科之外,自主设置了一大批二级学科和按二级学科管理的交叉学科,有力推动了新兴交叉学科发展。据教育部的统计,截至2020年6月30日,学位授予单位(不含军队单位)自主设置二级学科4 917个、自主设置交叉学科549个。2018年和2019年,国务院学位委员会又根据《博士硕士学位授权审核办法》和《关于高等学校开展学位授权自主审核工作的意见》,分别公布了20家和11家可开展学位授权自主审核的高校名单。这31家确定为学位授权自主审核的高校有较大的学科设置权,既可自主设置学科目录规定的一级学科和专业学位类别,还可自主设置交叉学科,按一级学科管理。2020年12月,国务院学位委员会、教育部发布《关于设置"交叉学科"门类、"集成电路科学与工程"和"国家安全学"一级学科的通知》,决定设置"交叉学科"门类、"集成电路科学与工程"一级学科和"国家安全学"一级学科,标志着国家对于交叉学科的重视。但是,交叉学科门类下设一级学科的思路仍然没有摆脱原有的学科设置制度的思维惯性。从学校层面来看,在"双一流"建设《总体方案》《实施办法》和《指导意见》发布以后,"学科的交叉与融合"在高校学科建设实践中也得到了空前的重视,并反映在了各"双一流"建设高校的整体建设方案、分学科建设方案中。然而,尽管国家的学科目录有调整,也赋予了高校自主权,要真正实现学科的交叉融合仍然还有很长的路要走。虽然高校可以自主设置交叉学科,但其设置仍然以一级学科为基本单位,仍然需要遵循审批备案制,仍然需要在一定的政策范围内起舞。

在高校内部,与学科设置制度密切相关的还有学科调整制度。美国学者德鲁克(Marvin Druker)的一项针对美国大学的调查研究显示,大部分高校在确定自身学科发展重点时运用了四个相关的指标,分别是学科在院校核心使命中的地位、学科点质量、学生需求以及与大学战略规划的相关性。在实践中,学科布局调整是一个做出选择的决策过程,需要考虑的主要因素就是院校使命、外部需求与内在实力,这些因素的"匹配"才形成了最终关于学科发展重点的决定。① 有研究者认为,高校学科调整的方式主要包括重点投入、裁撤院系、结构再造等。② 高校内部的学科调整往往是综合博弈的结果。2017 年教育部等三部委联合印发的《实施办法》中指出:"打破身份固化,建立建设高校及建设学科有进有出动态调整机制。"在竞争压力下,我国部分"双一流"建设高校开展了学科调整工作。综合来看,高校的学科调整其实包括两个方面:一是学科组织建制的调整,二是学位授权点的调整。譬如,2016 年 7 月,兰州大学对于教育学的学科调整方式就是撤销教育学院及其内设机构,原教育学院人员调整至其他组织。在宣布裁撤教育学院的同时,兰州大学还公布了《关于重新组建高等教育研究所的通知》《关于组建兰州大学教师教学发展中心的通知》等一系列机构调整及人员安排的文件,隶属于原教育学院的应用心理学本科专业和教育经济与管理硕士学位授权点并入管理学院。2016 年上半年,山东大学撤销高等教育研究中心,调整到学校党委办公室、校长办公室,并更名为高等教育政策研究室。2015 年 4 月,南开大学撤销高等教育研究所的独立处级建制,保留机构名称,调整为隶属于周恩来政府管理学院的非处级研究机构。③ 以上大学对于教育学科的调整主要表现在组织层面的调整。与之相对,学位授权点的调整则体现在知识层面的调整,如 2016 年中南大学,2017 年西安电子科技大学,2018 年西安交通大学、中山大学、华南理工大学、南开大学和中国矿业大学都宣布撤销教育学硕士学位授权点。由以上分析我们可以看出,高校的学科调整主要是资源配置方式的调整,学科组织的设立方式往往决定了学科资源的获取,所以高校的学科调整与建设也往往体现为组织意义上的学科建设。当然,此次对于教育学科的调整效果如何,还有待于时间和实践的检验。

二、 创新高校学科组织模式

学科在大学中是作为一种组织存在的,大学学科组织有学科发展目标、学

---

① 刘贵华,孟照海 等."双一流"建设突破研究[M].上海:华东师范大学出版社,2020:48.
② 刘贵华,孟照海.等."双一流"建设突破研究[M].上海:华东师范大学出版社,2020:50—53.
③ 韩琨.教育学科遭遇裁撤:功利 or 理性[N].中国科学报,2016 - 07 - 21.

者、学术信息、学术物质资料四个基本组成要素。① 大学学科组织的形式有大学中的学部、学院、讲座、研究所、教研室等。学科是存在于大学中的,大学组织和学科组织如何形成协同关系、学科组织与非学科组织如何配合,都是高校学科建设的重点内容。任何一次知识生产模式的变革,往往都对应着一种新的学科组织模式。"双一流"建设《总体方案》中要求"双一流"建设高校要"大力推进科研组织模式创新,依托重点研究基地,围绕重大科研项目,健全科研机制,开展协同创新,优化资源配置,提高科技创新能力"。在"双一流"建设背景下,高校的学科调整与建设需要结合知识生产模式的变革趋势,创新高校内部学科组织模式,通过学科组织模式的创新助推一流学科建设。

我国现行的高等教育制度形成于20世纪50年代初期的大学改革,此次改革的内容主要包括被称为"院系调整"的大学体制改革和以专业设置为中心的教学制度改革。前者的结果是建立了以单科院校为主的大学体制,后者的结果是成立了以专业为中心的大学教学制度。② "如果说院系调整在体制上改变了中国的大学,那么以专业设置为中心的教学制度改革则在如何培养人才这样一些深层次问题上改变了中国的大学。"③我国高校内部的专业具有浓厚的实体性特点,具体表现为专业不仅是一个课程的序列,还是一定的人、财、物等资源的组合;包括与特定专业相连的学生及教学班级、教师及教师组织、教学经费、实验室、仪器设备、图书资料以及实习场所等。④ 改革开放以后,我国恢复了研究生教育,其组织模式基本沿袭了专业的实体性特征,具体表现为对高校的学科建设基本就是对于作为人、财、物等要素集合的具体学科点的建设,也就是国家学科目录上的学科在高校内部的建制化。一个学科点就是一个组织系统,对应着开展学科教育和研究所需要的各种人、财、物资源,学科建设往往意味着学科组织系统的扩大和加强,意味着物质资源的获取和实际利益的获得。加上教育行政部门所开展的国家重点学科、省级重点学科、一流学科等都是以一级学科或二级学科为单位,获得这些重点项目的支持资金往往也都投入到了这种实体

---

① 庞青山.大学学科论[M].广州:广东教育出版社,2006:155-159.
② 胡建华.现代中国大学制度的原点:50年代初期的大学改革[M].南京:南京师范大学出版社,2001:279.
③ 胡建华.现代中国大学制度的原点:50年代初期的大学改革[M].南京:南京师范大学出版社,2001:175.
④ 卢晓东,陈孝戴.高等学校"专业"内涵研究[J].教育研究,2002(7):47-52.

性的资源建设上。

　　知识创新的基础在于不同组织之间建立起互相关联和依赖的知识关系,作为学科建制的大学院系来说,往往遵循的是知识分类体系和相应的知识政策,并没有为跨学科研究和学习提供充足的制度空间。为了保障一流知识的生产,必须创新组织形式。因此,部分世界一流大学在传统的院系之外,开始建立一些有组织的科研机构,为跨学科研究和学习搭建平台。譬如,美国的洛克菲勒大学在医学、化学领域拥有36位诺贝尔奖获得者(校友及教职工),是世界上在生物医学领域拥有诺贝尔奖获得者最多的机构。洛克菲勒大学从创立之初就聚焦于生物学科,同时极为强调多样化,为不同国家、不同学科背景的人才自由进行学术交流创造条件。洛克菲勒大学在学术组织结构上也很有特色,不设学系,而是通过实验室和临床医学院促进学术共同体的日常交流。[①] 随着知识生产模式的变革,今天的知识创新更多由开放边界的知识组织来完成。当前,很多国家也在进行着类似我国"双一流"建设的行动。需要指出的是,很多情况下,他们建设的对象并不是如我国一样的纯粹单一学科,而是聚焦重大现实问题,建设跨学科的问题研究中心。譬如,澳大利亚新南威尔士大学建设的气候问题卓越中心,就是联合了美国、英国、瑞士等多个国家的大学、政府部门、航天中心等不同机构开展研究。[②] 知识创新往往伴随着风险性,要建设世界一流学科,必须改变科层制对于知识创新的阻滞,要求大学组织不再以社会的中心自居,而是主动融入社会,与社会其他组织加强联系,在联系与协作中实现自己的使命。

　　在"双一流"建设背景下,我们需要根据知识生产模式的新特点,借鉴国外一流大学的研究中心模式,以重大问题为导向、整合多学科的力量、打破高校的围墙,鼓励校际联合申报,鼓励学科联盟或高校联盟共建一流学科和研究中心;要打破行业边界,加强高校与科研院所、企业和政府的跨界联合,组建代表世界最高水平的精英团队,实现一流的科研创新,做到真正的世界一流。[③] 从公布的

---

① 刘贵华,孟照海,等."双一流"建设突破研究[M].上海:华东师范大学出版社,2020:157.
② 刘小强,聂翠云.走出一流学科建设的误区——国家学科制度下一流学科建设的功利化及其反思[J].学位与研究生教育,2019(12):24.
③ 刘小强,蒋喜锋.论世界一流大学建设的"学科模式"和"中心模式"——"双一流"首轮建设期满之际的反思[J].中国高教研究,2020(10):32.

首批入选一流大学高校的建设方案中可以看出,一般都提出要加强跨学科研究。譬如,《北京大学一流大学建设高校建设方案》中提出,"构建网络化学科结构,跨院系、跨学科聘任教师,使北大跨学科合作成为常态",同时要"突破学科、院系壁垒,打造学科集群,在真正认识和把握学科规律的前提下,推进院系结构和学科架构的优化调整"。《清华大学一流大学建设高校建设方案》中提出:"建立跨学科交叉研究平台;构建并完善重大项目推进模式。"《同济大学一流大学建设高校建设方案》中提出:"发挥各学科特色与优势,完善有效推动学科交叉融合的体制机制,打造多样化的学科交叉平台,进一步促进学科间的相互交叉和支撑,引领各学科协同发展。"近年来,我国部分"双一流"大学也在实践中积极探索建立适应新时代知识生产模式的学科组织。譬如,北京大学为推动学科交叉融合,近年来成立多个新的跨学科研究机构和院系,包括2018年成立的生物医学前沿创新中心、区域与国别研究院、跨学科生物统计系、健康医学大数据中心,2019年成立的人工智能研究院、科学技术与医学史系、医学部医学技术研究院、经济学院经济史学系、敦煌学研究中心、纳光电子前沿科学中心等。南京大学为了积极培育交叉学科、打造新的学科高峰,于2018年正式成立了人工智能学院、自然资源研究院、脑科学研究院,2019年成立了化学和生物医药创新研究院、南京大学健康医疗大数据国家研究院等。2017年9月,浙江省举全省之力建设的混合制新型科研机构——之江实验室正式成立。该实验室由浙江省政府、浙江大学、阿里巴巴三方共建,浙江省省长袁家军任理事会理事长,浙江大学党委副书记朱世强出任实验室首任主任。根据规划,未来5年,浙江省将投入100亿元建设之江实验室,将其打造成引领未来的网络信息国家实验室。这些举措,可以看出我国部分一流大学在传统的组织之外,正积极探索成立新的学科组织模式。

最后需要强调的是,高校创新一流学科的组织模式不能仅仅改革学科的组织模式,还应该从大学层面做好规划,使得大学内部各种组织都能适应新的知识生产模式的需要,从而达到组织促进知识发展的功能。例如,有研究者提出,应该着眼于职能分离的原则,促使大学内部组织从三级结构向两级结构转变,形成虚实结合、纵横交叉、多元开放的矩阵结构,竭力避免组织层次、类型之间的功能漂移和目标错位,努力实现大学组织纵向结构的扁平化和横向结构的多样化,促进学科交叉融合和创新型人才培养。①大学内部具有多种类型的亚组织,为了适应一流学科建设需要,应该允许不同亚组织具有不同的结构和运行逻辑。譬如,研究组织对学术自由和跨学科研究的需求要高于行政组织和教学组织,其在组织结构上应有更多的灵活性和多元性。"科研组织应该以项目为中心,往往要求网状结构;教学组织应该按照学科来组织,往往要求块状结构;行政组织往往要求树状结构。"②当前,我国很多高校都设置了学科建设的职能部门来统筹高校的学科建设工作,但是学术组织在学科调整与建设中的作用还发挥得不够。我国高校在内部组织的设置上还比较刚性,高校内部组织的趋同性较强,在知识创新中的核心地位并不强。近年来,我们还发现诸多的知识创新都是由企业发起的,这一方面是因为企业能够在较短时间内聚集起一流的知识研究队伍,另一方面更在于企业内部的组织结构更有利于知识的创新。因此,紧跟知识生产变革的逻辑,创新组织模式应当成为我国高校学科建设的重要内容。

三、激发高校学科发展内生动力

高校学科发展的动力包括内部动力和外部动力两大类。在学科演进的过程中,学科发展的内部动力和外部动力共同推动着学科向前发展。长期以来,我国高校学科调整与建设的动力主要来源于外部,且主要来源于政府。在高校内部进行学科调整与建设的过程中,也是行政部门占据主导地位,学科组织执行各级行政组织的决议,开展"命题作文"。但是,学科发展离不开学科人的参与,离不开学科人从事学科建设的内生动力的激发,学科发展的外部动力过强也会抑制内部动力的发挥,不利于知识的创新发展。在我国高等教育由"跟跑"到"领跑"的过程中,迫切需要激发学科发展的内生动力。对此,"双一流"建设《指导意见》中再次提出:"充分激发各类人才积极性主动性创造性和高校内生动力。"在"双一流"建设背景下,迫切需要通过制度改革激发高校学科发展的内生动力。这需要我们强化基层学术组织、改革完善高校学科评价制度、处理好

---

① 宋争辉,王勇.大学基层学术组织的发展困境及治理路径——学科制度的视角[J].南京师大学报(社会科学版),2019(5):51.
② 魏小琳.治理视角下大学基层学术组织的重构[J].教育研究,2016(11):72.

高校建设任务和改革任务的关系、重视高等教育体制改革。

（一）强化基层学术组织

有研究者根据推动学科创新发展的动力源的不同，将学科创新动力划分为自主动力和外驱动力两大类。其中，自主动力来源于学者、学科组织以及大学对知识创新的需求，其"动力"可进一步分解为知识自身积累产生的原动力、学者对新知识发展的主观要求产生的内驱力以及知识的交叉融合产生的协同力。[1] 学科的要素是知识，知识借助于"人"这个载体进行生长，只有通过学术人的生产、传播和应用，学科才能不断发展。学科发展的另外一个载体是学科组织。学科组织是学科生存和发展的重要载体，学科的发展必须以学科组织为依托。任何一个学科组织都是一个活的有机体，包括学科带头人、学科队伍、学科设施、学科制度等。当组织发展到一定阶段后也会形成由特定的学科语言、研究范式、学科思维方式、伦理规范等所体现的学科文化，对学科新人和学科队伍起到一定程度的凝聚、导向、约束、激励和协调作用。在这种作用下，传播和发展学科文化的愿望，也会成为推动学科发展的一种动力。由此不难看出，学科发展需要内生动力，而这种内生动力来源于学者和基层学术组织。大学是传播、生产、应用和管理高深知识的学术组织，具有"松散联结"和"底部沉重"的结构特点。研究大学运行的基本规律，提高大学的组织创新能力，最佳的切入点和最终的落脚点应聚焦大学的核心技术层，即基层学术组织。譬如，《北京大学一流大学建设高校建设方案》中提出："积极推进院系和学科结构调整与优化，提高资源利用效率。加强院系权责，把人才培养落实在院系，学科建设主体放在院系，管理重心下沉到院系，切实赋予院系自主权。严控增量、盘活存量，集中资源和精力抓好高精尖，处理好学科建设中'舍'与'得'、'增'与'减'、'大'与'强'的关系，激发院系办学活力。"在当前知识转型和社会变革的大背景下，我国大学基层学术组织治理面临着发展困境。从学校层面到基层组织，几乎全面复制政府的管理模式，导致大学基层学术组织高度体制化、趋同化，缺乏基层探索和治理创新。这需要我们将完善基层学术组织作为工作的重点，将权力下沉到基层，激发学者的内生动力。

---

[1] 许赟,李东,孔祥浩.学科创新动力系统的构建与运行机制研究[J].中国高教研究,2012(3):34.

（二）改革完善高校学科评价制度

学科发展是一个动态的过程，高校学科调整与建设也是常态化现象。但是，在重点学科和一流学科建设过程中，由于是通过第三方评价来"强化绩效"，对建设对象进行"动态支持"，学科建设的成效就表现为各种学科评价下学科排名数据的升降，学科"一流身份"的动态进退则由各种各样的学科评价和排名说了算。[①]"排名专政现象"带来的后果就是学科评价与一流学科建设之间的角色、地位发生了"倒置"。与其说是学科评价引导一流学科建设，不如说是学科评价"主宰"了一流学科建设。本来学科评价是为了更好地进行一流学科建设而使用的一种工具和手段，现在反而成了一流学科建设的目的。[②] 在这种背景下，很多高校提出自我评价的做法。譬如，《同济大学一流大学建设高校建设方案》中提出，在整个建设周期中，"要始终按照循证分析的基本原则，对学校整体建设和学科建设进行发展状态动态监测和合理调整……加强动态性的学校发展和学科发展状态监测"。只有完善高校学科的多元评价制度，才能真正促进学科发展。2020年12月30日，教育部、财政部、国家发展改革委联合印发了《"双一流"建设成效评价（试行）》的通知，评价办法提出"双一流"建设成效评价是对高校及其学科建设实现大学功能、内涵发展及特色发展成效的多元多维评价，综合呈现高校自我评价、专家评价和第三方评价结果。相信在政策指引下，我国高校的学科评价制度一定会有新的改革举措。

（三）处理好高校建设任务和改革任务的关系

在"双一流"建设过程中，要激发高校学科发展的内生动力，尤为需要处理好2015年出台的"双一流"建设《总体方案》中提出的建设任务和改革任务的关系问题。总的来看，建设任务目标较为明确，而改革任务则缺乏时间感。但是，相较于建设任务，改革任务可能更具有可操作性。因为所谓的改革就是改变现有不合理的、阻碍一流大学和一流学科建设的制度。未来的大学虽然和现在不会完全不同，但是也不会完全相同。建设任务是显性的，而改革任务则是隐性的，两者之间其实并无严格的界限。如果在原有的体制机制下无法完成建设任

---

① 李军,田小红,张升芸.全球大学排名、科研评估与高等教育重构——中国内地、香港和日本的案例比较[J].高等教育研究,2017(6):2.
② 刘小强,彭颖晖.从学科生产能力看一流学科评价[J].高等教育研究,2018(11):15.

务的话,就必须推进改革,以改革促发展。譬如,《北京大学一流大学建设高校建设方案》中提出:"对接国家'放管服'改革,加快学校管理体制改革,进一步实现管理的规范与决策执行的高效。继续推进管理重心下移,进一步激发院系的积极性、创造性。"即发挥外部监督力量,刺激内生发展。另外,注重社会公众和专家智囊团队的参与。在第三方审核过程中,充分发挥专家团队、毕业校友、社会公众的外部监督作用,从不同角度和视角综合评估院校发展实际与学位授予能力。① 即从外部评价转向内部评价,从阶段性(节点性)评价转向常态性评价。

（四）重视高等教育体制改革

近年来,得益于我国经济改革的成功,政府对于高等教育的资金投入不断加大,高等教育发展的成就有目共睹,但暂时的成功有可能会掩盖政策的失误或改革的不力,以发展代替改革会逐渐成为教育行政部门的政策定式。② 短时间内,巨大的政治激励和财政投入可以改进高等教育发展的数量和质量指标,"政府通过政策倾斜或加大投入的确可以为部分高校,甚至整个高等教育系统注入活力或增强动力,但长远来看,整个高等教育系统的繁荣必须基于大学的自主成长和自由竞争"③。改革不是一蹴而就的,真正影响深远的改革运作往往需要较漫长的时间才能发挥作用。"大学内在改革动力与觉醒意识是制度创新的来源。在上世纪90年代确定了重点大学后,没进入重点圈子的南京大学与浙江大学的崛起不亚于一场地震,迫使政府改变规则重新确定名单;'985工程'的初始也是希望突破原有'211工程'的僵局,而'双一流'也是迫于整个高教界对'985工程'运作机制的质疑……没有大学的自觉,不会等来政府的制度创新。"④ "双一流"建设尽管仍然是由政府主导的重点发展政策,但是发展的方式发生了显著变化。"双一流"建设的动态开放性,决定了一流大学和一流学科建设必须重视自身的发展、必须突出自身的特色,从而依据自身实力和优势走出不同的发展道路。

---

① 何爱芬,赵世奎.美国学位授权审核第三方参与机制:历程、路径与实施[J].研究生教育研究,2018(4):82.
② 王建华.重申高等教育体制改革[J].教育发展研究,2018(1):4.
③ 王建华.重申高等教育体制改革[J].教育发展研究,2018(1):5.
④ 康宁,张其龙,苏慧斌."985工程"转型与"双一流方案"诞生的历史逻辑[J].清华大学教育研究,2016(5):13.

四、完善高校学科治理机制

高校的学科调整与建设,应该顺应学科自身发展的逻辑,完善学科治理体系、提升学科治理效能。所谓学科治理,就是"学科建设和发展过程中学科诸多重大事务决策的结构和过程。即在特定的治理环境下,依托相应的治理文化,学科决策主体依据既定的学科决策权安排,经由特定方式和过程来做出学科发展相关重大事务的决策"[1]。在"双一流"建设背景下,可以从完善高校内部学科治理结构、培育大学和学科文化、规范学科治理权力运行机制、处理好高校学科治理的内外部关系这几方面着手,以真正达到学科治理体系和治理能力的现代化。

(一)完善高校内部学科治理结构

结构决定功能,只有对大学内部的学科组织进行重整,才能推进学科治理。在学科治理中应减少管理层级,通过设立学部制,明确大学的主要职能是开展学术分类管理、担负学科建设和学术研究相关管理,大学不是一级行政组织,不履行党政职能。应使学部成为学校学术权力下放的承载体,成为学术权力的行使机构,从而形成学校学科治理的"学校—学部—院系"三级体系。[2]《上海交通大学一流大学建设方案》中提出,完善内部治理结构包括"完善科学的学术决策与学术评议体系""进一步推进校院两级管理改革""拓宽教职工参与民主管理和监督的渠道"三方面内容。《浙江大学一流大学建设高校建设方案》提出"健全学术治理架构",包括"完善学术委员会自身运行机制及与行政职能部门的协同机制,充分发挥学科建设、教师聘任、教学指导、科学研究、学术道德等若干专门委员会的作用,加强专项学术事务管理"。学科治理应突出学科本位,以学术权力为核心,优化大学内部的权力结构,推动大学从学校层面的横向分权向纵向放权转变,向基层放权,给予基层必要的规划权、人事权、财务权、资源配置权,实现基层学术自治。在纵向放权的过程中,应坚持行政权力与学术权力适度分离、相互制约,使行政权力适度集中,学术权力全面下放,确保行政权力集中于学院,学术权力集中于基层学术组织。[3] 总之,应通过完善学科治理结

---

[1] 谢凌凌,陈金圣.学科治理:地方高校学科建设的核心议题[J].教育发展研究,2017(7):38.
[2] 王周谊.论"治理"视域下的大学学科建设[J].中国人才教学,2017(7):42-43.
[3] 周光礼.从管理到治理:大学章程再定位[J].湖南师范大学教育科学学报,2014(2):71-77.

构,提高学科治理能力。

(二) 培育大学和学科文化

在经典的制度经济学里面,一般将制度分为两种类型:一种是所谓的风俗习惯等自然而然形成的规范,另一种则是由人自身所特意设计的一些规则体系。大学文化是推进学科治理的重要支撑。制度认同是一流学科建设得以实施的基础,学院治理应有利于促进学科建设主体达成落实学科建设规划、执行学科建设方案的共识。"在任何高度复杂的组织中,要想使任何决策得以贯彻执行,必须调动各个层次的人员。只有他们的决心、他们的积极性和他们的认可(总之,避免他们的消极抵抗)才能决定一项决策能否及时得以贯彻。"[1]在传统学院管理方式下,若干重大事务的决策都产生于顶层行政机构,基层学术人员无法直接参与其中,他们的主张难以在决策中体现,基本利益时有被损害的可能,因而对这些决策和规则缺乏认同。德国社会学家马克斯·韦伯曾经说过:"直接决定人们行为的是(物质和观念的)利益,而非观念。但是,观念所创造的'世界观'往往像扳道工规定着利益驱动行为前进的轨道。"[2]对于学科发展而言,学术人形成的学科文化是隐形保障,可以促进学科建设水平的不断提升。譬如,《上海交通大学一流大学建设方案》提出了"一流大学文化建设",以"崇尚科学精神、传播人文情怀为价值追求,建成校风优良、教风严谨、学风勤勉的学术殿堂;建成展现高等教育风范、社会文化先锋、都市形象标杆的城市名片;建成学生团结、教师融入、校友凝聚的精神家园;建成特色鲜明、环境优美、服务完善的人文生态系统"。因此,培育大学和学科文化是完善学科治理的重要一环。

(三) 规范学科治理权力运行机制

我国高校学科调整与建设的方式是行政主导。学科是由学者来建设的,但由于我国学科制度的特殊性,我国高校的内部学科的调整与建设往往都是由行政部门(如学科建设办公室、发展规划处等)主导的。作为学科建设主体的学院,在学科建设中存在主体缺位或错位的现象,导致学院的学科建设行政化色

---

[1] [美]菲利克斯·A.尼格罗,劳埃德·G.尼格罗.公共行政学简明教程[M].郭晓来,等译.北京:中共中央党校出版社,1997:158.
[2] 张立娟.弗莱克斯纳现代大学思想及其实践研究[D].苏州:苏州大学,2015:64.

彩十分明显。由于历史和现实因素,长期以来大学学院内部行政机构独大,学术委员会、教授委员会等十分不健全,然而正是此类机构应该承担学科建设职能。行政权力泛滥于学科建设过程中,如高校管理以行政机构为主体、资源配置以行政权力为主导、信息沟通以行政文件为媒介、制度建设以行政命令为内容等,学科建设行政化困境难被突破。① 高校学科建设的运行机制僵化,过度强调自上而下的科层化的执行机制。这就需要高校规范学科治理权力运行机制,坚持"教授治学"和"共同治理",以推进学科治理能力的现代化。

有研究者认为,学科治理能力现代化的要素包含学科治理主体的多元互动性、学科治理制度的跨界创新性、学科治理组织的自治契约性和学科治理文化的包容生态性四个方面。② 大学,是一个由学科和事业单位交叉组成的复杂而庞大的系统,其中学科系统和行政系统是这个复杂系统中最重要的两个组成部分。随着国家和社会对大学的日益依赖和重视,大学管理不断走向专业化、制度化。同时,渐渐建立起一个管理人员阶层,其目标追求和价值导向一开始就隐含着与学者群体的冲突。在现代大学中,坚持"教授治学"和"共同治理"理念是提升学科治理能力现代化的重要一环。譬如,哥伦比亚大学新闻学院和密苏里大学新闻学院的组织管理都在学科管理和行政管理之间用"共同治理"的模式取得了双方之间微妙的平衡。

当前,政府主管部门以及大学行政力量仍然使用"一刀切"的刻板管理模式,追求学科建设向更高层次、更大规模提升;大学在学科建设上往往求大求全,盲目追随,热衷于热门学科,很多高校陷入重复建设,反而失去了学科竞争力。③ 事实上,不同学校因办学类型和层次的不同,需要在学科建设方面凸显特色和差异性。今后,需要以"善治"的理念推进学科治理,不断提升学科治理能力的现代化。

(四) 处理好高校学科治理的内外部关系

高校学科发展有其客观的运行规律和发展机制,科学发展的内在逻辑是影响学科发展的内部力量,也是衡量学科发展的根本标准。大学中的学科也是一

---

① 郭书剑,王建华.论一流学科的制度建设[J].高校教育管理,2017(2):36.
② 陈亮.学科治理能力现代化:"双一流"建设的逻辑旨归[J].高校教育管理,2019(6):37-50.
③ 杨岭,毕宪顺.学科治理视域下教授治学运行机制研究[J].大学教育科学,2019(3):88-89.

个处在张力影响下不断发展变化的学术组织,有其自身的系统结构和运行机制。组织的自适应行为、分叉、正反馈机制,各自的作用不同组合在一起,形成了学科发展的动态平衡机制。[①] 一流学科的声誉来自整个社会系统的知识创新,如果我们想要建设真正的一流学科,进而转化为真正的知识实力,最需要变革的是当前的大学内外各种组织的关系。从今天世界一流学科的生成机理上也可以发现,一流知识生产能力需要的是个体、组织到大学的协作。

在实践中,由于政府政策的变化,高校学科建设经常受到影响。要保证高校学科发展规划的实施,调整高校与政府的关系、理顺大学内外部治理关系是不可绕过的关键一环。尽管高等教育去行政化问题已经引起了政府、高校、学术界的广泛关注,政府也出台了相关文件提出去行政化的任务,并且在治理实践中有所体现,但是大学与政府行政化关系的形成非一日之寒,去行政化也无法一蹴而就。我国大学与政府行政化关系的形成有着深刻的历史因素、体制因素和文化因素。就历史因素而言,大学与政府的行政化关系特征是在计划经济体制和高度统一的高等教育管理体制背景下形成的,已有 70 多年的漫长历程。尽管近 30 多年来扩大高校办学自主权的改革在一定程度上改变了在计划经济体制下形成的大学与政府间的关系,但是长期形成的行政化惯性仍然主导着政府管理大学的方方面面。[②] 学科建设是离不开大学治理改革的。在"双一流"建设背景下,协调好高校学科建设的内外部环境,推进高等教育治理体系和治理能力现代化当是一流学科建设的应有之义。

第三节 "双一流"建设背景下高校学科建设的规划

学科建设的本质是促进知识的增长与创新。在一个转型时代,高校学科必须做好规划方可适应转型的需要。在《现代汉语词典》中,"规划"一词有两种解释:一是动词,表示"做规划";二是名词,表示"比较全面而长远的发展计划"。作为名词,规划是一个组织的长远发展设想或计划,属于义本层面。作为动词,规划是一个动态的过程,是思考和制定组织发展战略目标的持续行动过

---

① 冯向东.张力下的动态平衡:大学中的学科发展机制[J].现代大学教育,2002(2):67-71.
② 胡建华.大学与政府关系 70 年(1949—2019)[J].高等教育研究,2019(10):18.

程,需要组织各方成员的共同参与。就过程而言,规划属于一个组织的集体行动。① 就高校学科建设规划而言,也包含以上两层意思,即作为名词的高校学科建设规划和作为动词的对高校学科建设进行规划。"双一流"建设《总体方案》中明确提出,"高校要根据自身实际,合理选择一流大学和一流学科建设路径,科学规划、积极推进"。在"双一流"建设背景下,针对学科发展环境发生的变化,我们需要在反思我国高校现有的学科建设规划的基础上,以创业型思维规划高校学科发展目标,以战略性思维规划高校学科建设的重点内容,以系统性思维抓好高校学科建设规划的实施,真正建成世界一流大学和一流学科。

一、以创业型思维规划高校学科发展的目标

应该说,一部大学发展的历史就是一部知识规划的历史。② 大学的发展离不开知识的规划,一流学科的发展也离不开知识的规划。在不同时代,不同的主体总是需要对大学和学科开展规划,不同的规划也会导致不同的结果。世界一流大学和一流学科并没有明晰的、统一的概念,正如阿特巴赫(Philip G. Altbach)所说的那样:"人们都想要拥有一所世界一流大学,却没有人知道世界一流大学到底是什么,也没有人知道怎样才能成为世界一流大学。"③"双一流"建设《指导意见》第十五条指出:"学科建设的重点在于尊重规律、构建体系、强化优势、突出特色。国内领先、国际前沿高水平的学科……抢占未来制高点,率先冲击和引领世界一流。"我们所要建设的一流大学和一流学科是面向世界、面向未来的,这需要我们以一种创业型思维来规划高校学科发展目标。

(一)在知识生产模式转型的大背景下审视高校学科发展目标

纵观历史的发展,每一所一流大学和每一个一流学科的产生都与特定的历史背景密切相关,都与时代精神同频共振。当前,人类正处于一个新的历史转型期,这要求我们必须基于现在,规划未来,培养面向未来的人,建设未来世界所需要的一流大学和一流学科。可以预见,未来世界的一流大学必然不完全是现在的研究型大学的形态,虽然它们也是在现有的研究型大学的基础上生长出

---

① 王鹏.集体行动理论视角下中国大学战略规划有效性研究[M].北京:人民出版社,2014:57.
② 李海龙.知识规划视野中的大学[J].中国地质大学学报(社会科学版),2015(2):83—91.
③ 刘贵华,孟照海,等."双一流"建设突破研究[M].上海:华东师范大学出版社,2020:23.

来的。一流学科同样如此，因为从长时间的视野来看，学科本身就是一个近代以来才有的概念，未来大学的"一流学科"肯定与今天的不同。与以往的高等教育重点建设政策不同，作为一项国家战略，"双一流"建设是由政府制定的跨度长达35年的政策规划，这在世界高等教育史上是少有的。从某种意义上来说，这是基于高等教育发展和人才培养的长周期而出台的政府规划，对于我国高等教育发展是有利的。但是同时，由于"我们所处的时代是一个加速发展的时代，政治、经济、社会、文化、技术都在加速变化并急剧转型；高等教育系统以及大学范式本身也处于转型之中。……我们必须对于高等教育改革与发展的其他可能的政策选项保持高度的敏感性"①。高校一流学科的建设目标不是按照现有的标准去建设一流大学和一流学科，而是需要把握未来的发展趋势，建设引领未来的大学和未来的知识，这需要我们在知识生产模式转型的大背景下确定高校学科发展目标。

随着知识经济的迅猛发展，以知识为基础的后工业社会在给现代大学带来新的发展机遇的同时也带来了巨大的挑战。在知识经济背景下，科学知识生产成为国家创新系统的重要组成部分，科学与政府之间正在形成新的契约，大学与企业之间正在建立新的联系，科学知识生产正在呈现新的特点和多元发展的新格局。② 按照英国学者迈克尔·吉本斯等人的观点，20世纪80年代中期以来，西方学术界正在发生一场革命性的学术转型，即由知识生产模式Ⅰ转向知识生产模式Ⅱ。与传统的强调纯科学的知识生产模式Ⅰ不同，知识生产模式Ⅱ强调学术研究的应用导向和跨学科。知识生产模式Ⅰ的成果形式主要表现为公开发表的专著和期刊论文，成果评价方式以同行评价为主导，成果质量的高低取决于它对所在学科知识增长的贡献大小；知识生产模式Ⅱ的成果形式主要表现为专利技术、研究报告以及政策方案等内部报告，成果评价并非完全以学科知识创新为标准，政策价值、实践意义也是成果评价的重要维度。③ 知识生产模式的变革对于当今世界的研究型大学产生了巨大的挑战。面对新生的知识生产理论的质疑和日益严峻的现实问题的挑战，原有的学科制度出现了重大危

---

① 王建华.一流之后的路：朝向高等教育的真正发展[J].苏州大学学报(教育科学版),2019(3):43-44.
② 李正风.科学知识生产方式及其演变[D].北京:清华大学,2005:1.
③ 文东茅,沈文钦.知识生产的模式Ⅱ与教育研究：北京大学教育学院的案例分析[J].北京大学教育评论,2010(4):65-74.

机,包括研究领域的危机(如学科边界之争)、研究方法的危机(如质的方法和量的方法之争)、知识生产取向的危机(如学科取向和市场取向之争)、学科组织建制的危机(如封闭型和开放型之争)等等,呈现出全面化、纵深化和加速化趋势。[1] 各种打破和超越学科制度的实践活动风起云涌,如多学科、复合学科、跨学科和超学科活动等兴起。知识生产模式的变革给正处于转型发展之关键时期的中国高校带来了难以回避的冲击和挑战。目前,我国高校的人才培养模式、学科制度、科学研究制度总体上依然是建立在"知识生产模式Ⅰ"的基础之上的,面对知识社会的来临和知识生产的新模式,我国高校唯有积极应对、主动调整,才能真正在变革时代取得发展先机。

20世纪80年代以来,随着人类在科学世界和生活世界面临一系列复杂问题,以学科建设为中心的学术研究范式越来越显示出局限性。当前世界范围内,以气候变化、环境污染、重大传染性疾病、核扩散、信息安全、恐怖主义和极度贫困等为代表的一系列重大而复杂的问题,正直接威胁着人类的生存和社会的发展。对于这些重大而复杂的问题,很难用任何单一学科的知识来研究和解决,"攻克它们需要前所未有的资源和能够补充传统学科的非传统途径"[2]。基于创新驱动发展的需要,为了克服传统学科制度和学科建设范式的局限,使学科能够应对现实社会的发展,大学的学科建设需要或必须引入创业思维,以创业思维重新理解学科建设,其目的主要是促进科研成果向实际应用的转化,以提升国家科技事业的社会价值。[3] "双一流"建设的根本任务是建设世界一流大学和一流学科,一流大学和一流学科如果不能对变化中的"知识生产模式"和社会形态做出适时而有效的反应,不能在知识社会中占据核心地位,是无法称为"一流"的。在这种背景下,我国高校迫切需要以一种积极的态度去迎接挑战,做好学科规划,并不断付诸努力,才能真正建成世界一流大学和一流学科,我国也才能真正建成世界高等教育强国。

(二)面向时代重大需求制定学科发展规划

从大学发展的历史来看,每个时代的世界一流大学或一流学科都是不同

---

[1] 钱志刚,崔艳丽.知识生产视域中的学科制度危机与应对策略[J].中国高教研究,2012(10):47.
[2] [美]霍尔登·索普,巴克·戈尔茨坦.创新引擎:21世纪的创业型大学[M].赵中建,卓泽林,李谦,等译.上海:上海科技教育出版社,2018:15.
[3] 王建华.以创业思维重新理解学科建设[J].清华大学教育研究,2018(4):40-48.

的。中世纪的一流大学或一流学科是巴黎大学的神学、博洛尼亚大学的法学、萨莱诺大学的医学;近代柏林大学的一流学科则是哲学;而现代哈佛大学的一流学科是经济学、数学、生理学等。同一所大学一流学科的不断更替也是"长江后浪推前浪""你方唱罢我登场"。在这种一流学科的易位之际,后来者要实现"弯道超车""后来者居上"则必须采用创新举措,提前做好知识的规划并付诸实施。学科规划运用得当可以有效地促进学科的发展,规划不当则会阻碍大学的发展。譬如,斯坦福大学被认为是美国二战以后崛起最快的大学,其崛起的历史也是其把握时代重大需求进行学科规划的结果。1946 年,电子工程学教授特曼出任工学院院长,后被提升为副校长兼教务长。特曼提出了"学术尖顶"的构想,决定打破学科均衡发展的传统做法,重点发展一批有条件的科系,把它办成学术尖顶。为此,他首先选择了化学、物理和电子工程三个学科作为突破口。经过几年的努力,除了化学学科成就稍逊以外,物理学成就斐然。特曼出租学校的土地,建立高科技工业园,使该地区成为美国高新技术发展的集散地——硅谷,为全校的资金、人才、教学和科研的大发展创造了更好的条件。① 20 世纪 90 年代,清华大学认识到解决现代社会所面临的人口、食物、资源、环境和卫生健康等方面的许多问题都与生命科学密切相关,为此,将学校"985 工程"一期学科建设经费的 1/5 集中投入于建立并加速发展生命科学学科群,并且注重发挥清华大学工科优势,促进生(命)、医(学)、工(程)的结合,使生命科学很快成长为国内优秀学科群进而进入世界先进的行列。② 由此不难看出,斯坦福大学和清华大学的一流学科建设事例,都离不开学校在把握时代重大需求基础上所开展的学科规划。

"双一流"建设的时间节点与我国建设社会主义现代化国家的时间节点高度一致,建设世界一流大学和一流学科必须与国家宏观发展战略相契合,必须在高等教育强国发展战略的统筹协调下进行。③ 因此,高校制定学科群建设方案时,应将国家需求纳入考虑范围之中,重视民生福祉问题,深入对接国家重点项目。有研究者收集整理了 2017 年确立的 42 所我国首批世界一流大学建设

---

① 庞青山.大学学科论[M].广州:广东教育出版社,2006:98.
② 瞿振元.知识生产视角下的学科建设[J].中国高教研究,2019(9):11.
③ 汤苏宁,岳岩峰,裴子慧."双一流"建设与高等教育强国发展战略[J].黑龙江高教研究,2017(8):69.

单位"双一流建设方案"中的学科及学科群布局信息,统计分析了其布局特征,并在此基础上映射了其与国家重点研发计划和科协发布的重大科学问题的对接情况。研究发现,42所世界一流大学在学科布局上对接国家重大战略存在一定的不足,如电力、公共安全、林业暂无高校布局相应学科群给予对接。而在2018年第20届中国科协年会对外发布的由中国科协组织征集遴选的60个重大科学问题和重大工程技术难题中,中国科协提出的60个难题几乎都有对应学科,但是少数高精尖领域与核心技术问题暂未有对接。如交通运输领域中,交通运输工程对应高铁列车运行控制、悬浮隧道建设等技术难题;数理化基础领域中,物理学、化学与单分子化学反应、极端条件下的可控燃烧等难题对接;而信息科技和智能制造领域中的大部分难题均暂无对接。[1] 当前,我国部分一流大学建设高校也在其建设方案中提出了对接国家重大需求的发展规划。譬如,《北京大学一流大学建设高校建设方案》中提出,要"跨学部研究中国互联网、物联网、大数据、云计算、智能制造、智慧管理、极致效率、互联互通系统化控制等重大的学术及实践问题"。《浙江大学一流大学建设高校建设方案》提出了"会聚型"学科领域建设的目标与思路,内容包括"对接国家战略部署,发挥我校的学科综合优势,面向2030年进一步强化战略性、前瞻性、针对性问题研究,启动实施会聚型学科领域发展计划。……通过对突破性思想、颠覆性技术、革命性产业的前瞻,以及国家战略、全球性重大科技和治理问题的带动,推动基础研究、技术开发、产业应用的全链条贯通,促进学科板块、学科领域的联动发展和会聚造峰。通过计划实施,实现重大原始创新和颠覆性技术的突破,支撑与推动一批高水平学科领域进入世界一流行列或前列"。因此,只有面向时代重大需求,才能真正建设世界一流大学和一流学科。

(三)从执行性规划向创业型规划转型

从大学发展的历史来看,一流大学和一流学科的诞生往往伴随着新的大学理念的产生和知识生产模式的转型。譬如,麻省理工学院(MIT)的崛起得益于其率先探索与实践的创业型大学理念。麻省理工学院的理念融合了三种学院潮流:一是欧洲集中于应用研究的多科性技术学院;二是如今被我们称作基础

---

[1] 袁子晗,张红伟.42所在建世界一流大学学科群布局及对接国家战略的分析[J].科学管理研究,2018(6):33-36.

研究型的大学;三是集研究、培训和服务于一体并致力于农业创新,后来被称为"赠地"模式的学院。① 作为创业型大学办学模式的起源,与传统大学相比,"MIT展示了一种以创新的对比模式为基础的创造性学术研究综合体。研究型大学展示的是一种从学术研究到实际应用的线形创新模式,通常采用发表研究成果的方式,这些研究成果满足了企业科学家发展生产的需要。赠地大学则展示了另外一种反向的线形创新模式,形成其研究项目的基础常常是社会的需要,比如农民希望改进他们农业耕作的愿望。麻省理工学院结合了这两种模型,正向和反向的,沿着非线形的交互创新模式在发展"②。正是由于麻省理工学院没有简单复制已有的大学模式,坚持新的发展理念和制度样式,才成就了它的兴起,并为创业型大学模式的兴起奠定了基础。

新中国成立后,重点大学建设政策一直贯穿我国高等教育发展的始终,围绕着一流大学和一流学科,我国设立了多个国家级、省级甚至校级的大学和学科规划项目,也取得了巨大的成就,我国大学和学科的很多指标在国家排行榜上开始"崭露头角"。但是同时我们也发现,目前我国高校在进行学科规划时,往往是一种"对标型"的规划。所谓"对标型规划",就是以某个"先进典型"作为标杆设立学科发展规划。这个"先进典型"可以是国内外某个一流学科,也可以是某个排行榜上的指标体系,还可以是大学内部某个优秀学科。在当前的一流大学和一流学科建设过程中,人们通常采用"指标分析"和"对标找差"的方式研究一流大学和一流学科的生成机制。例如,提炼世界一流大学和一流学科的构成要素或共同特质,从而形成若干评价指标,再对这些指标进行量化分析,看中国大学和学科在哪些指标上处于劣势,认为达到这些量化指标,或进入排行榜的某一名次,就是世界一流大学或一流学科。③ 应该说,研究分析目前世界一流大学和一流学科的优势特征,通过模仿的方式进行建设的确可以在较短时间内追赶样板、缩小差距,但是模仿总是存在"最后最小的差距",要实现超越,

---

① [美]亨利·埃兹科维茨.麻省理工学院与创业科学的兴起[M].王孙禹,袁本涛,等译.北京:清华大学出版社,2007:9.
② [美]亨利·埃兹科维茨.麻省理工学院与创业科学的兴起[M].王孙禹,袁本涛,等译.北京:清华大学出版社,2007:27.
③ 崔乃文.知识演变与组织创新:世界一流大学的生成机制分析[J].清华大学教育研究,2017(5):98.

必须进行创新。① 要建设世界一流大学和一流学科,必须真正以新的理念做好学科建设的战略规划,从而实现"双一流"建设目标。

我国高校自 20 世纪 90 年代开始,就自发地开展战略规划的制定工作,尤其自 2003 年以来,在教育部的推动下,高校战略规划工作成为高校的重要工作内容,特别是与政府同步的五年规划成为高校的固定工作,许多高校还成立了发展规划处等部门专职开展此项工作。但是,由于受到长期计划经济体制下办学的影响,我国高校发展规划还存在不少问题,存在着"绝对理性模式、计划管理倾向、缺少必要弹性"三大问题。② 陈廷柱教授认为,我国大学发展规划主要存在两种类型:一是"长官型规划",主要反映的是学校领导特别是党委书记、校长的意见、愿望和构想,规划只是反映了高校主要领导的愿望和构想,没有群众基础;二是"拼凑型规划",主要由各部门的子规划拼凑而成。③ 不但规划制定过程存在问题,很多规划在实施过程中也存在问题。张应强教授认为,一些大学把规划作为工作任务,作为上报交差的"文本",不考虑实施,没有实践基础。④ 战略规划常常被视为一个"文本"(Strategic Plan),而非一个"过程"(Strategic Planning)。⑤ 就学科建设规划而言,往往将其作为大学规划的一部分,缺乏调研论证,往往是一种"布置工作型"的计划。同时,我国高校的学科建设规划往往基于现有的国家学科目录、各类大学或学科排行榜进行规划,规划是为了在排行榜上取得好的名次,对于跨学科和现有的知识生产模式变迁应对不够。

在"双一流"建设背景下,高校的学科发展规划越来越重要,这迫使我们必须以一种新的视野来重视高校的学科发展规划。针对知识生产模式的变迁,我们必须从执行性规划转向创业型规划、从对标型规划转向引领型规划,做好学科定位规划,真正引领高校学科发展。

---

① 袁广林.香港科技大学何以成就大学传奇——基于后发优势理论的思考[J].高教探索,2013(2):66.
② 王鹏.复杂性科学视域中的大学发展规划[J].现代远距离教育,2011(1):21.
③ 陈廷柱.学校发展规划与管理创新[M]//刘献君,陈敏.院校研究与现代大学管理.青岛:中国海洋大学出版社,2006:257-258.
④ 张应强.科学规划,强化实施,建设高水平综合人学[J].高等教育研究,2005(4):57.
⑤ 王鹏.集体行动理论视角下中国大学战略规划有效性研究[M].北京:人民出版社,2014:12.

二、以战略性思维规划高校学科建设的重点内容

按照马克思主义的观点,生产力决定生产关系,生产关系反作用于生产力的发展。如果说学术生产力表现为知识创新的话,那么作为生产关系在学科领域的体现,就是学科组织、学科制度。"战略"一词起源于军事领域,在不同的语境下有不同的内涵。美国学者波特(Michael E. Porter)认为"战略的本质是选择",他认为,企业战略包括三个层面的问题:战略就是创造一种独特的定位,战略就是取舍,战略就是匹配,核心是选择。选择的目的在于构造特色,而特色本身就是竞争优势。[①] 每个时代的人们都会对学科组织和学科制度进行战略规划,使其能够适应知识创新的要求。在"双一流"建设背景下,高校学科调整与建设的战略规划需要重点关注学科布局、学科队伍和学科资源三个方面。

(一)学科布局的规划

学科是大学的基本单元,这种无形的知识领域在大学中是通过学科组织的形式得以确认的,正是通过一个个的学科组织如院、系、研究所等,我们才真切地感受到一个个学科的存在。但是,学科在大学中处于何种地位,学科之间是何种关系,这些需要做好规划。学科定位的规划是基于一定背景对具体学科发展水平的理性判断及在此基础之上制定的今后一段时间内的发展战略与举措。学科定位与规划通常有两个层面的指向:一是大学层面的定位和规划,即具体学科在学校内部结构布局中的位置及未来发展趋向,其影响因素主要有学科建设水平、特色优势、与学校发展定位的对应程度等。二是学科自身发展层面的定位和规划,即从学术前沿的角度对高校相应学科的定位与规划。[②] 这里所谈的学科定位规划主要是第一种,也可以称为学科布局规划。

"双一流"建设《总体方案》中提出,要"坚持有所为有所不为,加强学科布局的顶层设计和战略规划,重点建设一批国内领先、国际一流的优势学科和领域"。学科布局的规划必须考虑到大学目标与学科目标的统一问题。在制定学科建设规划时,必须认识到学科整体综合水平的定位要与学校的层次定位相吻合。定位太高,不切实际;定位太低,则失去规划的指导意义。学校的发展战略

---

① 王鹏.集体行动理论视角下中国大学战略规划有效性研究[M].北京:人民出版社,2014:48.
② 章风云,童淑娟.学科之治:现代大学治理语境下的"教授治学"[J].中国高教研究,2015(2):32.

目标是对学校未来事业的构想和远景期待。学科建设规划要与学校的远景建设规划相结合,体现全局性、整体性、方向性和指导性。应明确今后优先发展、积极扶持或减少、淘汰的学科专业,实现资源配置的最优化。同时,可以考虑学科的分类规划思想,针对不同学科制定不同的发展目标。譬如,北京大学以一级学科、学科群和学科领域为口径,按照"30+6+2"方式组织学科建设项目。具体是:面向2020年,重点建设30个国内领先、国际一流的优势学科;面向2030年,以6个综合交叉学科群(理学、信息与工程、人文、社会科学、经济与管理、医学)培育新的学科增长点,为未来发展奠定基础;面向更长远的未来,以2个重大领域(临床医学+X、区域与国别研究)为导向,推进学校的学科布局整体调整。浙江大学在其"双一流"建设方案中将全校的学科分为人文学科、社会科学学科、理学学科、工学学科、信息学科、农业生命与环境学科、医药学科七大板块,进行分类建设,同时对于每个学科板块都设置了不同的建设目标。清华大学在新出台的"双一流"建设方案中,把全校11个学科门类整合为工程科学与技术、自然科学、人文社会科学与艺术、生命科学与医学等四大领域,同时组建20个相互支撑、协同发展的学科群及8个具有很强竞争力且学科知识体系相对独立的学科;并对不同领域采用不同的发展路径,如工程科学与技术学科领域的建设路径是统筹协调国家重大需求和前沿基础研究,加强技术研究和创新,促进成果转化;人文社会科学与艺术领域的建设路径是延续文脉,创新思想,表达中国价值观,提升中国国际话语权的支撑能力。这种针对自身学科基础及未来发展需要的学科重构对于我国的"双一流"建设而言,无疑是具有远见卓识的创举。只有做好学科的定位和规划,方可使得一流学科建设有方向。学科规划也是如此,高等学校学科建设的定位虽然是由学校的层次定位决定的,但对某一地方高校而言,其部分重点学科却可以超越学校的层次定位,达到国际国内领先水平。

在当今世界,自然科学、社会科学和人文学科之间的结合是科学发展的重要趋势,很多人类重大课题的解决都需要多学科知识的支撑,特别是跨越自然科学、社会科学和人文学科类别的多学科知识的共享与交融。例如,麻省理工学院的经济学、心理学、语言学、通信科学与工业管理等学科间曾进行过交叉研究,斯坦福大学的计算机学科除了与传统的数学、工程学等学科交叉外,还融合了社会学、管理学等人文社会科学学科。[1] 麻省理工学院校长查尔斯·维斯特在《一流大学 卓越校长——麻省理工学院与研究型大学的作用》一书中曾提到,麻省理工学院的系科规划不仅要在人文、艺术和社会科学之间进行细致的平衡,也要在数学、物理和生命科学之间达成平衡,还要能够为人文学科与工程学科的互惠提供非同寻常的契机。麻省理工学院的教育应该扩充个人的选择机会——科学与数学的共同体验,人文、艺术和社会科学的严谨探索,以及这些领域之间的持续对话。[2] 2017年9月,教育部、财政部和国家发展改革委正式公布了首批世界一流大学和一流学科建设高校及建设学科名单。其中,一流大学建设高校42所,一流学科建设高校95所。之后,这些高校均出台了相关建设方案。有研究者分析了入选一流大学建设高校中的41所高校(国防科技大学除外)公布的一流大学建设方案,发现这些高校的一流学科建设总体规划的重点是发展优势特色学科、学科前沿领域和促进学科交叉融合;拟建设的一流学科形成了以学科评估榜单前列学科建设为主、应用学科多于基础学科、自然科学多于人文社会学科的布局;拟建设的一流交叉学科群以榜单前列学科与未进入榜单前列学科间的交叉、基础学科与应用学科间的交叉以及自然科学内部的交叉建设为主。[3] 同时,也有研究者对以上41所高校世界一流大学建设方案中所提到的学科群及所依托的一级学科等信息进行统计分析,发现建设方案中提及规划建设的有352个学科群,其中,自然科学领域267个,占比76%,人文社科领域85个,占比24%;自然科学领域学科群布局比重达到50%以上的高校有37所,达到80%以上的有22所,达到100%的有14所,自然科学领域在学科群布局中占绝对优势。[4] 此外,从教育部公布的《学位授予(不含军事单位)自主设置交叉学科名单(截至2020年6月30日)》来看,人文学科所设交叉学科相对较少,如中国人民大学自主设置了12个交叉学科,有3个人文交叉学科

---

[1] 申超,杨梦丽.一流学科建设蓝图是如何描绘的——基于41所"双一流"建设高校建设方案的文本分析[J].高等教育研究,2018(10):41.
[2] [美]查尔斯·维斯特.一流大学 卓越校长:麻省理工学院与研究型大学的作用[M].蓝劲松,主译.北京:北京大学出版社,2008:11.
[3] 申超,杨梦丽.一流学科建设蓝图是如何描绘的——基于41所"双一流"建设高校建设方案的文本分析[J].高等教育研究,2018(10):38-41.
[4] 袁子晗,张红伟.42所在建世界一流大学学科群布局及对接国家战略的分析[J].科学管理研究,2018(6):34.

(中国学、中国特色社会主义理论、国学);北京航空航天大学设置了9个交叉学科,有1个人文交叉学科(文化传播与管理);清华大学、北京大学均未设置人文交叉学科。① 由以上研究不难看出,虽然我国"双一流"建设高校在进行学科建设规划时都意识到了交叉学科群建设的重要性,但目前列出的交叉学科以自然科学内部的交叉结合为主,这似乎与未来交叉学科发展的方向不相符。目前在建的世界一流大学虽然提到了学科交叉的建设动议,但是各高校仍然遵循着相对严格的知识逻辑界限,在人文社会学科与自然科学之间难以实现系统搭配。受学科发展评价指标和发展方式的影响,人文社会学科在国内一流大学的发展中受重视程度不够。因此,在"双一流"建设背景下,高校需要重视学科布局的规划,尤其需要重视多学科的协调。学科建设绝不是仅限于学科自身的发展,作为大学的组成部分,学科建设应该基于大学这一学科组织利益联盟的公共价值,也就是说学科建设应该基于大学、回归大学、为了大学,使得学科能够站在科学发展前沿,满足产业发展的最新需求,更好地培养社会所需要的拔尖创新人才。

(二) 学科队伍的规划

学科的可持续发展是由学术队伍薪火相传创造的,学科队伍建设是一流学科建设的核心。无论是国家层面的政策文件,还是院校层面的建设规划,以及院系层面的工作计划,都把学科队伍建设作为最重要的工作之一。但是,我国高校的学科队伍建设也存在很多问题,其最典型的问题体现在高层次人才的引进上。近年来,在重点建设项目的刺激下,各高校越来越重视高层次学科带头人、高水平学术领袖、拔尖学术中坚和精英学术后备力量的引进,带动了学科建设和发展,培育了重点学科和优势学科。但是,也存在着高层次人才引进模式"资本化"、团队建设和管理"行政化"以及人才考评机制"机械化"三个问题。② 大学高层次人才引进中存在的这种"帽子化""资本化"的情况甚至引起了教育主管部门的警觉。教育部在2018年出台的"双一流"建设《指导意见》中指出:"精准引进活跃于国际学术前沿的海外高层次人才,坚决杜绝片面抢挖'帽子'人才等短期行为。"这些无不说明,在我国高校学科建设规划中,往往重视引进,

---

① 张庆玲.世界一流学科建设背景下人文学科的生长困局分析[J].大学教育科学,2021(1):50.
② 李艳,张进平."双一流"建设中高层次人才的引进与管理[J].中国高校科技,2019(12):20-21.

而不重视师资队伍的培养,不能把学科队伍建设等同于人才引进尤其是高层次人才的引进。就高校学科队伍建设的规划而言,主要包括做好人才引进工作、做好师资队伍的培养规划工作、推进高校人事制度改革三个方面。

第一,做好人才引进工作。应正确对待高层次人才的引进,引导高层次人才流动从"资本主义"到"学术本位"的转变。① 与我国不同的是,国外政府极少会以头衔作为标准并通过使其与薪酬、研究资源挂钩的方式来介入学术,人才头衔和各类荣誉并不与收入、研究资源挂钩,仅仅是象征性的学术认可。② 在师资规划中,需要抛弃那种单纯基于现有学科进行师资规划的做法。目前我国高校人才引进还存在着"趋同化""对标化"的情形。很多地方的高水平大学在人才引进上趋同于"双一流"高校,且其在引进高层次人才的人才需求规划方面过于精细化。在引进高层次人才之前,往往对学科未来要发展哪些具体领域已经进行了精心的设计,然后再来审视各个方向点上的高层次人才配备是否齐全、哪些方向还需要引进。③ 这些做法看似科学合理,但其实仍然是一种行政主导型的人才引进方式,同样不利于学科的发展。这需要地方高水平大学转变规划思维,以"先人后事"理念引进高层次人才。

第二,做好师资队伍的培养规划工作。"双一流"建设《总体方案》中要求高校"遵循教师成长发展规律,以中青年教师和创新团队为重点,优化中青年教师成长发展、脱颖而出的制度环境,培育跨学科、跨领域的创新团队,增强人才队伍可持续发展能力"。在"双一流"建设背景下,做好学术队伍的规划是建设一流学科的根本。譬如,《浙江大学一流大学建设高校建设方案》提出实施学术大师汇聚计划、实施高层次人才和高水平团队引育计划以及实施高水平师资百人计划。《北京大学一流大学建设高校建设方案》提出:"细化岗位分类分级体系,打造专业化、职业化的管理职员和教学科研辅助支撑队伍。"《上海交通大学一流大学建设方案》提出完善师资发展体系,建立"同台竞技、同轨运行、共同发展"的师资队伍建设新机制。总之,为保障高校的可持续发展,高校需要做好长时段的师资培养,这需要高校有足够的耐心,将学科发展与人才培养结合起来。

---

① 郭书剑,王建华."双一流"建设背景下我国大学高层次人才引进政策分析[J].现代大学教育,2017(4):89.
② 阎光才.学术等级系统与锦标赛制[J].北京大学教育评论,2012(3):15.
③ 许日华,乐传永."双一流"建设中地方高水平大学高层次人才引进的困境与突围[J].教育发展研究,2017(21):47-48.

第三,推进高校人事制度改革。有研究者认为,在目前学科建设中存在着"符号化评价"现象,即以量化、排名、绩效评价来表征、测评、监督、展示和证明一流学科建设成效,一流学科建设中最具能动性的生命个体,即"学者"被掩盖。① 师资队伍建设是一个复杂的工程,与高校的人事制度改革密切相关,其中尤其需要将高校学科队伍建设与高校人事制度改革结合起来。譬如,《北京大学一流大学建设高校建设方案》提出:"着力推进符合现代一流大学要求的人事管理体制改革,积极完善和优化招聘聘任、考核评价、晋升激励、薪酬福利、开发培训等制度,构建具有全球竞争力的人才管理制度体系。"《上海交通大学一流大学建设方案》提出:"建立跨学院教师双聘、多聘机制,鼓励并支持院系之间、院系与研究院之间双聘或联聘优秀人才,促进学科交叉,促进大团队建设,全面提升学校核心竞争力。"《中国科学技术大学世界一流大学建设方案》提出:"深化人事制度综合改革。在用人制度、稳定薪酬保障、强化考核流动等方面加大改革力度,建立并完善体现现代大学制度的人力资源管理体系,营造先进的制度环境和文化氛围。"总之,只有将人作为高校学科建设的中心,才能真正促进学科的可持续发展。

(三)学科资源的规划

大学是一个资源依赖型组织,学科的发展离不开资源的支撑。一方面,资源总是有限的,政府不可能为每个学科发展提供其所需的全部资源。另一方面,无论是大学还是学科,在一定时候并非资源越多越好,资源使用的效果往往更重要。在特定的时空背景下,一流大学和一流学科的数量总是有限的。无论如何努力,也无论投入多少资金,不可能把所有大学或学科都建设成一流大学或一流学科。② 在"双一流"建设背景下,高校学科建设规划应该更加注重学科资源的规划,以真正发挥资源应有的效能。

纵观世界一流大学和一流学科的发展,无不得益于其良好的资源规划。譬如,香港科技大学的学科建设目标是"小而精"的研究型大学。创校校长吴家玮强调,办学资源是有限的,我们要将有限的资源集中到4~5个学科的建设和发

---

① 朱冰莹,董维春.从"符号化评价"到"真实性评价":一流学科建设评价的核心向路[J].学位与研究生教育,2018(6):4.
② 王建华.人才竞争、资源配置与理念重审:关于"双一流"建设的若干思考[J].中国高教研究,2019(1):18.

展上,这样才有可能快速做到世界领先。① 正是这种"有所为、有所不为"、学科发展优先于学者声誉的学科建设规划理念才促进了香港科技大学的发展。我国的重点大学及重点学科建设政策实施至今,基本上都是由政府主导推进的,通过资源投入、通过行政的力量自上而下逐步实施。按照政策导向争取资源、使用资源成为高校学科建设的主要动力和模式。但是,"双一流"建设所需要的资金是巨大的,也需要对我国高校学科建设资源进行重新反思。2015年出台的"双一流"建设《总体方案》中提出,高校需要"加快建立资源募集机制,在争取社会资源、扩大办学力量、拓展资金渠道方面取得实质进展","高校要不断拓宽筹资渠道,积极吸引社会捐赠,扩大社会合作,健全社会支持长效机制,多渠道汇聚资源,增强自我发展能力"。学科资源规划的问题也引起了一流高校的关注。因此,很多高校在积极争取政府资金支持的情况下,也开始重视拓宽资金来源。譬如,《同济大学一流大学建设方案》提出:"建立资金多元筹集机制,共同支持学校一流大学建设。……积极拓宽筹资渠道,争取社会各方资源,广泛吸纳包括校友捐助、社会捐赠、基金收入等社会多方面的支持和投入,形成多元支持、稳定发展的长效机制。"《浙江大学一流大学建设高校建设方案》提出:"资源配置应聚焦一流,注重水平和质量,落脚于学科与人才队伍建设,进一步优化创新人才培养、学科建设、师资队伍建设、科技创新、文化传承创新、国际交流合作、条件支撑等七个部分为主要方向的资源配置结构。""进一步盘活存量资源,加强成本核算和管理,通过滚动投入、配套投入等多种模式最大限度提高专项经费的使用效益和效率,并引导激励各院系和项目单位积极争取校外资源。"《北京大学一流大学建设高校建设方案》提出:"鼓励院系等机构合理适度开展外延服务工作,通过产学研转化直接服务于国家和地方的经济发展、产业创新、科技进步。借助社会力量拓展办学空间、获取经费支持、建设先进科研基础设施及平台,做出更高水平的研究,在直接服务地方经济与国家战略的同时,间接或直接反哺学校核心使命的完成。"《中国科学技术大学世界一流大学建设方案》提出:"建立专项经费三级预算保障体系,进一步强化专项经费的预算管理,明确

---

① 肖笑飞,眭依凡,张衡,等.人文价值:一流大学治理的新取向——香港科技大学集体访谈录[J].复旦教育论坛,2019(3):10.

专项经费使用范围和管理办法。"……应该说,扩大一流大学和一流学科建设经费来源,提高资源利用率,正逐步成为各个高校的共识。

在"双一流"建设背景下,高校学科建设应该借鉴创业型大学的理念,坚持自力更生、自主创业。"大学的未来取决于它们的自力更生。现代学术创业精神的研究教导我们,而且很好地教导我们,随着21世纪的展开,大学一个一个地,主要地将得到它们应得的东西。"①只有大学真正实现了自力更生,只有大学自身的经费投入能够与政府投入、非政府投入平分秋色,甚至略占优势时,大学的学科建设自主性才能真正达成。

三、以系统性思维抓好高校学科建设规划的实施

针对我国高校学科建设规划存在的问题,要使高校的学科调整与建设的规划目标真正得以实现,就必须对学校内部的发展规划有一种过程的认识,学校发展规划绝不能仅仅关注静态规划文本,而应该更加关注动态的规划过程。规划必须发挥"学校共同体"成员的协同作用。② 美国学者乔治·凯勒认为:"规划和实施必须同步进行,密不可分。如果规划和实施是在两个完全不同的阶段进行的,那么就可能出现因执行者不赞同或过于谨慎,规划不被采纳的情况。规划应该通过各种会议和论证在不知不觉中形成;战略的各部分应该被那些将会担负实施之责的人所拥护。"③因此,在"双一流"建设背景下,高校的学科调整与建设规划必须在实施中实现其应有的使命。

(一)利益相关者应该参与到高校学科规划的制订过程中

"战略规划的关键是使组织的每一个成员都以某种方法思考问题。"④说到底,高校内部的各种规划尤其是战略规划是高校的一种公共政策,体现的是对高校资源的分配,其目的在于实现公共利益。大学战略规划制定的过程,就是

---

① [美]伯顿·克拉克.大学的持续变革:创业型大学新案例和新概念[M].王承绪,译.北京:人民教育出版社,2008:247.
② 倪梅,陈建华.参与式规划与学校发展[M].北京:北京大学出版社,2010:1-2.
③ [美]乔治·凯勒.大学战略与规划:美国高等教育管理革命[M].别敦荣,主译.青岛:中国海洋大学出版社,2005:173-174.
④ [美]乔治·凯勒.大学战略与规划:美国高等教育管理革命[M].别敦荣,主译.青岛:中国海洋大学出版社,2005:124.

"通过利益整合达成共同契约的集体行动"①的过程。在应然层面上,大学的各利益相关者都和高校规划密切相关,规划制订过程也是高校各个利益相关者博弈、磋商与讨论的互动过程。但是,当前我国高校各类规划实际上遵循的是行政主导逻辑,规划的实际参与者或者说核心参与者主要是校级领导、行政部门负责人和少数学术精英,高校教师、学生以及基层行政管理人员都处于"缺席"状态。②这导致高校内部的规划并未成为高校内部各个利益相关者的共同目标。

高校学科建设的核心参与者应该是教师和部分学生。高校学科建设规划的制订离不开高校师生的有效参与。"大学的前途,就其协调传统与革新的职能而言,应多取决于成千上万个别教师的价值观,而很少取决于大学的理事或校长。因为思想与创造不能由行政部门以命令方式向下推行,只能由个别学者或专家以征求领导人许可的意见书的方式,去向上渗透。任何重要机构都无法这样干的,大学却必须这样由下而上地进行工作。"③在大学规划和学科规划制订的过程中,应该培育学术人对于战略规划的认同感、培育大学各利益群体对于大学战略规划的信任、培育正确的利益观。④但是由于在我国大学内部治理中,行政权力与学术权力的关系失衡,行政机构成为学校主导部门。我国高校内部并不缺少高校教师的参与和"协商机制",但是很多大学和学科建设在规划制订中,教师仍然处于缺席状态,导致规划在制订过程中就缺乏共同的观念基础。

一流学科建设是一个复杂的系统工程,其中院系谋划与学校顶层设计,学科高峰、学科高原和学科生态是需要着重关注与处理的关系。高校不能完全以高层管理人员为单一决策群体,不能在一流学科建设上采取简单决策。因此,在学科建设规划中,应实施"参与性"规划,在"参与性"理念指导下,学科规划的各方利益相关者积极参与,共同协商和决策分析学科发展中存在的问题,确立战略发展目标,在此基础上形成战略规划文本,并构建实施和再规划、再实施的循环过程。⑤高校应该成立相关的学科决策委员会,让学科专业、院系的相关利益者——院系管理人员、教授、青年教师等实现多元参与、共同协商。在学科

---

① 王鹏.集体行动理论视角下中国大学战略规划有效性研究[M].北京:人民出版社,2014:156.
② 王鹏.集体行动理论视角下中国大学战略规划有效性研究[M].北京:人民出版社,2014:155.
③ [英]阿什比.科技发达时代的大学教育[M].滕大春,滕大生,译.北京:人民教育出版社,1983:150-151.
④ 王鹏.集体行动理论视角下中国大学战略规划有效性研究[M].北京:人民出版社,2014:234-237.
⑤ 王鹏.集体行动理论视角下中国大学战略规划有效性研究[M].北京:人民出版社,2014:240.

资源分配、增删改撤等重大问题上,应实现基于内部理解的理性治理,围绕核心战略实现长远的生态化发展。① 在实践中,人们也深刻认识到,大学的目标和学科的目标应该统筹规划,应该建立在科学的调研基础之上。但是在具体实施中,仍然存在着偏差。萨卡洛普洛斯认为,改革失败的原因在于,"预期的政策没有被执行"以及政策是建立在"美好的愿望"而不是"研究证实了的因果关系"的基础上的。② 造成这一结果的原因是多方面的,其中规划的多个主体之间是否形成了共同的目标是非常重要的。只有这样,学科建设规划才是一个集体的行动过程,学科建设的核心利益者才能对规划产生认同。

(二) 建立完善规划执行体系

规划一旦形成文本以后,最重要的就是实施。"实施是战略规划的生命所在。大学行政力量比较重视战略规划的制订,轰轰烈烈地推动战略规划的编制,但一旦制定,付诸实施的时候,却又变得悄无声息。"③有研究者认为出现这种现象有六个方面的原因:一是在于明确的目标执行体系没有建立;二是高校领导和职能部门忙于事务性工作,在实际工作中常常忽略将日常工作与战略规划相联系,导致战略规划的目标措施与大学日常运行不吻合而形成"两张皮",以规划的目标来指导和约束自己行动的习惯并未形成;三是规划实施过程中在政府和学校领导的层面上走样,规划常常因国家政策的骤变而失去实际意义;四是规划实施过程监控机制不到位;五是规划与资源配置没有直接挂钩;六是民主性和程序性缺失,导致与战略相匹配的组织结构变革和组织文化难以形成。④ 学科建设规划需要有较高的执行力,除了在制订过程中保证利益相关者的参与外,还必须在实施中使规划落到学校工作的方方面面,关注总规划与子规划、子规划与子规划的衔接问题。一定程度上讲,高等学校学科建设规划是学校发展战略目标的具体分解、细化的目标任务,也是高校发展战略目标的实施方案和根本途径。高等学校学科建设规划必须服从、服务于学校的总体战略目标。香港科技大学副校长贺致信(Mark Hodgson)在访谈中说,香港科技大学不仅要为香港成为以知识为本的社会服务,而且要为国家的经济及社会发展服

---

① 段梦涵,柯佑祥,黄彧.封闭嵌套与开放交叉:一流学科建设行动结构探究[J].现代大学教育,2019(2):92.
② 转引自:刘复兴.国外教育政策研究基本文献讲读[M].北京:北京大学出版社,2013:82.
③ 王鹏.集体行动理论视角下中国大学战略规划有效性研究[M].北京:人民出版社,2014:120.
④ 王鹏.集体行动理论视角下中国大学战略规划有效性研究[M].北京:人民出版社,2014:111-112.

务,并在纳米科技、生物科学及生物技术、无线通信及资讯科技等5个学科领域走在世界前沿,为世界服务。正是围绕着这个目标定位,香港科技大学的内部治理体系或者说各个部门的职能都是围绕和服务于此的。[①] 反观我国高校的发展规划,可以看到一些大学规划与各学院、各职能部门专项规划之间缺乏有机衔接,导致目标任务既缺少纵向分解(学科—专业—课程),也缺少横向分解(院系—职能处室—人员),更缺少进程分解(年度—学期—季度),目标的各执行层责任不明,到底谁来实施战略规划不清楚,各职能部门和各院、系拿着规划无所适从。尤其是规划与财务制度并未衔接,不是基于经费开展规划,以致经费不足往往就会放弃规划或更改规划。

我国一些高校的发展规划尤其是学科发展规划往往缺乏顶层设计、细化方案和实施路径。当前,虽然很多大学都制定了名目繁多的学科建设方案和规划,但这些方案或规划只是全面而宏大的,要把规划落到实处,还需要各个学院、各个学科点加以细化并予以实施。事实上,大多数二级学院并没有具体的学科建设实施细则,学院负责人往往在获取资源后优先投入少数优势二级学科,而忽视了一级学科的整体发展。在"马太效应"影响下,同一学院、同一级学科之下的二级学科发展水平参差不齐,有的学科方向生源与师资充足且注重团队建设,有的学科却面临被裁撤合并的命运,这对学科发展是严重不利的。此外,跨学科研究的兴起呼吁学科进一步走向融合,一级学科学术共同体走向破裂的学科建设方式难以满足这一要求,原因在于原本以一级学科建制的学院或被大学分立为多个学院,或被自身内部二级学科的各自为营所分裂。[②] 这些都要求我们在学科规划方式上做进一步的改变。因此,在学科建设规划中必须重视实施,还需要在保证高校民主管理的基础上,加强学术委员专业化建设,推进学术委员会委员从"正当"到"胜任"的转变。[③] 同时,重视高校管理人员的专业化建设。譬如,美国大学中的行政事务均是由具备管理技能的专业人士来承担,他们在大学中的身份性质是专门从事贯彻大学校长或职能部门政策和命令的行政专职人员,其职业定位是专业化、职业型的高校管理人员。在美国大学

[①] 肖笑飞,眭依凡,张衡,等.人文价值:一流大学治理的新取向——香港科技大学集体访谈录[J].复旦教育论坛,2019(3):9-10.
[②] 郭书剑,王建华.论一流学科的制度建设[J].高校教育管理,2017(2):36.
[③] 王建华.从正当到胜任:高校学术委员会建设的进路[J].中国高教研究,2018(5):58-63.

治理结构中,由高校管理人员所组成的行政职员评议会(Staff Senate)是大学校长的附属组织,并不具备与教师评议会或学生评议会等同的地位。因此,从根本上说,能够保证其不侵犯大学学术权力和干扰学术事务,但是又可以很好地、忠实地执行治理主体所提出的决议。[①] 对于我国高校而言,要提升保证学科建设规划的实施,在"去行政化"的基础上,推进管理人员的专业化十分必要。

(三) 关键人物的担当

面对知识转型的复杂局面,大学规划和学科规划除了保证利益相关者尤其是核心利益相关者的参与外,更需要大学领导者、知名学者的勇气和担当。大学史上的每一次变革都需要有精英的引导。大学作为实施高等教育的主要机构,其制度建设还必须有教育家的参与。"悠久的历史和优越的地理位置却并不是哈佛大学成为世界上最重要的大学的唯一原因,更不是首要原因。哈佛最大的财富在于它成功挑选了历届的校长。在它历史上的重要时刻,哈佛总能设法挑选到一位义无反顾地带领哈佛继续创新,走向辉煌的领袖。"[②]在现代大学中,由于对于平等主义的向往和学科日益分化,很多高等教育的改革都越发难以形成共识,在高等教育改革和大学制度的建设中,"我们并不敢相信单纯凭借投票的办法就能制定出最完善而有效的高等教育政策来,相反的我们宁可相信那些属于少数的专家学者"。在高等教育改革上,"只有靠真正的教育家来突破现实的枷锁,用比较开放的态度,为人类未来的理想开创一线生机"[③]。大学领导人,特别是大学校长应当成为战略规划行政动员的最重要的领导者、组织者和推进者。"在哈佛具体的管理实践中,对校长个人性格和意志的依靠与对这套古老的行政结构的依靠同等重要。"[④]具有学术企业家精神的学术管理者对于学科发展往往可以起到积极的促进作用。美国学者乔治·凯勒认为,大学的发展,应当有一个强有力的领导,以实施良好的管理和规划,大学校长应该是一个善于应对变化的管理者,"在所有事情中,特别重要的是,校长必须指明大学的

---

① 于杨.美国大学行政职员评议会制度述评——兼谈对我国大学教育职员制度的启示[J].外国教育研究,2010(7):54-58.
② [美]理查德·布瑞德利.哈佛规则:捍卫大学之魂[M].梁志坚,译.北京:北京大学出版社,2009:序10.
③ 卢增愷.高等教育问题初探[M].台北:南宏图书公司,1992:158.
④ [美]莫顿·凯勒,菲利斯·凯勒.哈佛走向现代:美国大学的崛起[M].史静寰,钟周,赵琳,译.北京:清华大学出版社,2007:22.

发展目标,制定学校发展战略,作出果敢的决策,为实现学校发展目标配置资源"①。具体到我国现在的高校学科建设中,仍然需要高校党委书记、校长、知名学者的勇气和担当,仍然需要他们成为教育家。

大学与大师之间存在相互依存、相互成就的关系。在一流学科建设过程中,人们关注较多的是在学科框架内通过"挖人才"的方式实现跨越式发展,而不太重视整合不同学科的一流人才,"颠覆"现有的学科组织结构,从而实现创新性发展。一流学科建设不仅要重视学科在一流人才培养过程中的基础性作用,也要重视一流人才对于学科组织结构的重建作用。譬如,芝加哥大学的创校校长哈珀(William Harper)在创立社会学系时,并没有预先制订好详细的学科发展规划,而是带有很大的随意性,他对一流学者的关注,超过了对学科规范的关注。他以"去学科化"的思维,聘用斯莫尔担任系主任,并招聘了斯塔尔、亨德森、塔波特三位来自不同专业的学者。哈珀校长的"去学科化"思维为芝加哥大学汇聚了不同学科领域的专家学者,造就了米德(George Mead)、戈夫曼(Erving Goffman)等一大批学术大师,形成了极具影响力的"芝加哥学派"。② 事实上,很多学科的发展都离不开具有学术企业家精神的带头人,只有这些人的积极参与,大学人的精神品性才可显出,大学制度才会有生命力,也才会不断得以完善。

(四)"久久为功"与"功成不必在我"

学科发展水平的提升是一个不断积累的过程,现实中不乏一些能实现跨越式发展的成功案例,但是对于大部分高校而言,仍然需要高校及学术骨干理性分析自身学科基础,制订出切实、可行的学科建设规划,分步实现近期、中期及长期的学科建设目标。学科发展是知识积累、筛选、创新的过程,是知识量变、质变交替进行的演进,因而,违背常理的急功近利方式不利于学科长远持续发展。美国学者弗莱克斯纳认为,几乎每一项科学发现都有其漫长的历程,这个过程是极其坎坷的,也凝聚了多人的心血,往往由最后一位天才把这些发现拼在一起激发了创造性的贡献,科学发明才最终成功。"科学像密西西比河,开始

---

① [美]乔治·凯勒.大学战略与规划:美国高等教育管理革命[M].别敦荣,主译.青岛:中国海洋大学出版社,2005:167.
② 刘贵华,孟照海,等."双一流"建设突破研究[M].上海:华东师范大学出版社,2020:67-69.

来自遥远森林的小河,众多的小河汇聚在一起,终于形成了能冲破堤坝的湍流。"①纵观历史的发展,每一次一流大学的产生都是和特定的历史时代相关的。当前我们正处于工业社会的后期,随着信息技术和人工智能的发展,人类正处于一个新的历史转型期,可以预见,未来的一流大学和一流学科必然和今天不同。这也说明,我们建设未来的世界一流大学,必然需要避免短期行为,而立足于可持续发展。"对一所大学来说,必须有好的学术制度、学术精神以及学术成果,这样,它才有可能长久,才有'可持续发展'的根基与机遇。"②说到底,"双一流"作为一项国家战略,更应该具有稳定的保障机制。因为要实现超越、引领,不是一代人所能实现的,必须有多代人的薪火相传。在学科建设中,如何坚持学科建设的"久久为功",坚持"功成不必在我"和"功成必须有我"是考验一流学科建设规划实施的重要一环。

我国高等教育改革由政府主导,依靠政策驱动。这种政策驱动、政府主导的改革有一个显著特点,即周期性。由于政治的周期很短,教育的周期很长,为了即时的效果,由政府发起并负责实施的政策往往只能是短期性的变革,长期的、持续性的体制变革往往被无限推后。由于政府的任期有时间限制,所以每一届或几届政府所主导的高等教育改革可能更关注短期的结果。③ 作为一个国家战略,与以往政策相比,"双一流"政策的变化在于,它将一流大学和一流学科的建设目标的完成时间拉长到30余年,并且分"三步走"。但在具体的建设路径上,一流学科的遴选仍然是每5年一个周期。如何处理好长期规划与短期规划的关系仍然是一个需要探索的问题。一流学科的建设目标不是按照现有的标准去建设一流大学和一流学科,而是需要把握未来的发展趋势,建设引领未来的大学和未来的知识,而要实现这一目标,就要求我们必须培养面向未来的人。人是世界一流大学和一流学科产生的核心要素,人才培养具有未来指向性,今日的人是明天的栋梁,也决定着未来大学的样式,更决定了未来的一流大学和一流学科身在何方。

---

① 张立娟.弗莱克斯纳现代大学思想及其实践研究[D].苏州:苏州大学,2015:55.
② 陈平原.大学何为[M].北京:北京大学出版社,2006:47.
③ 王建华.政策驱动改革及其局限——兼议"双一流"建设[J].江苏高教,2018(6):10.

案例研究篇

第五章　A大学学科调整与建设
第六章　B大学学科调整与建设
第七章　C大学学科调整与建设
第八章　D大学学科调整与建设

第五章
A 大学学科调整与建设

A 大学是我国"双一流"高校中一所著名的综合性大学,在建设世界一流大学的过程中,该校注重学科调整与建设,将其作为实现世界一流大学办学目标的重要途径。本章回顾了 A 大学学科调整与建设的演进过程,选取该校学科调整与建设中具有典型性的物理学科、新型工科、交叉学科等三个学科进行案例研究,并结合新制度主义社会学理论对该校学科调整与建设的效果进行制度分析。

第一节 A 大学学科调整与建设的演进脉络

作为我国近代第一所国立大学,A 大学先后设立了国内高校最早建立的一些学科。建校一百多年来,A 大学学科结构不断发展变化,国家发展需求、政策变迁和 A 大学自身办校目标促使该校在各时期进行学科调整与建设。

一、学科调整的历史基础(1994 年以前)

(一)中华人民共和国成立前 A 大学的学科设置

A 大学是晚清时期戊戌变法的产物,于 1898 年建校。1902 年颁布的《钦定大学堂章程》规定,大学堂(A 大学的前身)时期的该校分预备科、专门分科和大学院三级,相当于现今的预科、本科和研究生院。专门分科共设七科十三目,七科包括政治科、文学科、格致科、农业科、工艺科、商务科和医术科,目在各科之下,相当于系。这一章程描绘了现代综合性大学的基本学科框架,但在实际操作过程中,A 大学前身的主要部分仍是以传统经学为主的经科,其他科目规模较小。①

辛亥革命后,民国政府于 1912 年颁布《大学令》,A 大学前身改称现名,取消经科,大学不再以忠孝为本、经史为基,而是以教授高深学术、养成硕学闳材为宗旨。1916 年,当时一位著名教育家出任 A 大学校长,大力进行改革,开全国风气之先。就学科建设而言,受到德国古典大学观的影响,这位校长认为大学应当重点追求高深学问,针对当时 A 大学学生盛行的官派作风,提出大学为纯粹研究学问之机关,不可视为养成资格之所,更不是贩卖知识之所,A 大学应当以文理两科为重。之前 A 大学的医科和农科已经独立,经过改革,工科分入北洋大学,商科停办,原计划法科分离,后未实现。原先学科设置比较齐备的 A 大学只剩下文、理、法三科,但三科课程质量大大提高,学科实力显著增强。

后来,A 大学文、理、法三科之分取消,原各科下的"门"改为系,各系成立教授会,负责教学规划。全校共设 14 个系,即数学系、物理系、化学系、地质学系、哲学系、中文系、英文系、法文系、德文系、俄文系、史学系、经济系、政治系、法律系,后新增教育学系、东方文学系、生物学系、心理学系。废"门"设系旨在提高各系自主性,树立学术主体地位,同时打破文理科别,以便利各系师生相互交流,促进学生全面发展,推动各学科知识相互融通、共同发展。

A 大学设文科、理科、法科和地质四个研究所,其中文科研究所下设考古研究室、方言调查会、明清档案整理会等。这些研究机构的创立将 A 大学的自由学风落实为多样化的学术研究,大大活跃了 A 大学求新求变、交流论辩的学术氛围。1921 年,A 大学计划在研究所的基础上开展研究生教育,次年先开办国学门,制定了最初的研究生培养制度。

经历九校合并与大学区改组的风波,1929 年 A 大学恢复校名,著名教育家 J 于 1930 年出任校长,恢复设立文、理、法三个学院,严抓教授专任制度,整顿教风、学风,提高了学校管理水平。1932 年,A 大学各研究所改为研究院,原国学门改为文史部,新设自然科学部和社会科学部,开始大力发展研究生教育。抗日战争全面爆发后,A 大学南迁,与另外两所著名大学先到长沙成立临时大学,后来转往昆明,成立西南联合大学。

---

① 萧超然,沙健孙,周承恩,等.北京大学校史 1898—1949 [M].上海:上海教育出版社,1981.

抗日战争胜利后,A 大学北返复员,恢复了文、理、法三个学院的学科设置,同时接收并改组伪 A 大学的医学院、农学院,并以原北洋大学北平部师生为主体建立了工学院。A 大学再度拥有文、理、法、工、农、医科齐全的学科设置,设有 6 个学院、33 个系。

(二) 中华人民共和国成立至 1994 年 A 大学的学科设置

中华人民共和国成立后,和其他大学一样,全国性院系调整对 A 大学造成了巨大的影响。为了创建农业大学,A 大学农学院分立。A 大学教育系并入北京师范大学,工科各系并入清华大学。医学院独立建校为北京医学院。A 大学的文理学科则得到了兄弟院校教学科研力量的补充。清华大学的文、理、法各学院主体并入 A 大学,南京大学、武汉大学和中山大学的哲学系,辅仁大学的经济系等也相继并入。A 大学仿照苏联模式取消院级设置,改为以系为管理单位,以专业为教学主要架构。院系调整后,A 大学成为一所文理综合性大学,设有数学力学、物理、化学、生物、地质地理、中国语言文学、历史、哲学、经济、东方语言、西方语言文学、俄罗斯语言文学系共 12 个系,33 个本科生专业。

到 1966 年,A 大学学科又有所发展,主要是在国家对专业人才的需求下,为了回应国家建设的迫切技术要求,改制和新增以下 6 个系:地球物理系(由清华大学物理系气象专业以及物理专业的地球物理专门组组成)、无线电电子学系(从物理系中独立)、技术物理系(在教育部和核工业部的领导下从物理研究室中创建,是我国第一个培养原子能科学人才的机构)、法律系(院系调整时停办,后恢复重建)、国际政治系(根据党中央加强外国问题研究的指示,由政治学系改建)、图书馆学系(前身是中文系图书馆学专科)。

改革开放以后,A 大学教学科研氛围趋于活跃,学术科研成为推动学科建设的重要动力,该校在新形势下积极探索学科发展道路,学科建设不断发展。到 1989 年,A 大学改制和新增共 11 个系,包括从数学系独立出来的概率统计系、力学系,由数学系和无线电系相关专业组建的计算机科学技术系,从哲学系独立出来的心理学系,从地质地理系分立出来的地理学系,从历史系独立的考古学系,恢复重建的社会学系,从原经济学系分立出来的国际经济系、经济管理系,由西方语言文学系和公共英语教研室组建的英语语言文学系,由原国际政治系相关专业组建的政治学与行政管理系。

这段时期，A 大学的本科专业增至 78 个，同时在国家新的科研政策的大力支持下，各个学科陆续成立了一些研究所，如理科专业的力学研究所、重离子物理研究所、计算机系统与软件研究所，文科专业的东方文化研究所、高等教育科学研究所、亚非研究所等，还建立了一些跨学科教学科研单位，如信息科学中心、管理科学中心、物理化学研究所等。A 大学直属的重要教学科研机构还包括马克思主义理论教育中心、环境科学中心等。A 大学由原来的文理综合性大学有计划、有步骤地努力转变为包括自然科学、技术科学、人文学科、社会科学、管理科学等在内的新型综合性大学。

二、学科调整的规模化开展（1994—2000 年）①

改革开放后，A 大学各学科在相对宽松的氛围中部分地恢复了自主发展的活力，学科多样性有所增长，努力加强科学研究，但院系调整后 A 大学集全国之力进行建设的独一无二的地位已经成为过去。一方面，经过社会变迁和学校内人事长年变动的冲击，A 大学师资队伍、学科体系的相对优势都大不如前，校园建筑、图书资料、仪器设备也捉襟见肘、拥挤不堪。另一方面，市场化浪潮冲击着刚刚恢复正常教学科研活动的 A 大学，教师待遇过低，人才大量流失，院系发展缺乏规划，一些院系的分立和反复更名体现了背后的学校、院系教师对毕业生就业、学科定位、学科资源分配的犹豫和困惑。在设施和办学资源上，A 大学面临紧缺的局面。A 大学领导层深刻意识到，必须大力改变院系调整后以文理基础学科为主的学科发展定位，将文理基础优势与学术前沿科研突破相结合，将学科知识积累与国家发展需要、现实技术问题相结合，推动 A 大学学科调整和建设升级。②

1993 年，中共中央、国务院发布《中国教育改革和发展纲要》。1995 年，中共中央、国务院发布"211 工程"计划，这是新中国成立以来国家首次在高等教育领域进行的大规模、高层次的重点建设工作，A 大学积极把握这次机遇。为了响应《中国教育改革和发展纲要》精神，1994 年 A 大学第九次党代会通过

---

① 参考：A 大学内部资料《A 大学 1994 年改革与发展纲要》《A 大学 1999 年创建世界一流大学规划》。
② 主要参考课题组对 A 大学原常务副校长 W 教授的访谈，W 教授在 1985—1999 年先后担任该校重要职能部门负责人和学校主要领导，亲历了 A 大学包括学科调整建设在内的多项重大改革。

《A大学改革与发展纲要》,明确了创建世界一流大学的办学目标,将学科发展规划与学校创建世界一流大学的办学目标相结合,落实发展目标。该纲要提出建设面向现代化、面向世界、面向未来的,门类比较齐全且有自身特色的,整体达到国内先进水平、部分学科达到国际先进水平的学科体系,从而将A大学建设成为与国际接轨的真正意义上的综合性大学。

按照该纲要,为了适应解决社会、经济、科技发展等综合课题以及培养高层次跨学科人才的需要,A大学建设了12个学科群,其中文科6个(中国传统文化、政法理论与民主法制建设、经济学与市场经济、国际政治与国际关系、世界文化与跨文化研究、中国特色社会主义理论),理科5个(数学、生命科学与生物工程、新功能材料器件与分子工程学、电子信息与科学技术、地球系统与资源环境),文理互相渗透学科1个(社会持续发展)。A大学保持和发扬文、史、哲、数、理、化、生、地等基础学科的优势,进一步调整学科结构,拓宽专业口径,继续有选择地增设一些应用学科,发展一些新兴前沿学科和交叉学科,开办一些与新技术、高科技产业相适应的新型工程技术学科和医药学科,保护校内一些稀有学科。

20世纪90年代中后期,A大学提出构建"行列式"学科体系。其中,"列"是指按照三级管理体制的整体规划,性质相近的学科成立学院,形成基础与应用相结合的教学、科研、开发协调发展的学科联合群体;"行"是指以重点综合课题为纽带,形成以科学研究为带动的横向联合学科群体,组建各类多学科联合研究中心,如新型功能材料及器件研究中心、生命科学研究中心、光子学与光信息技术研究中心、数学研究中心、社会持续发展研究中心等。

在此规划下,A大学先后以生物学系为基础建立生命科学学院,以管理科学研究中心和经济管理系为基础建立工商管理学院,以化学系为基础建立化学与分子工程学院,以数学系和概率统计系为基础建立数学科学学院,以英语语言文学系、东方语言文学系、西方语言文学系和俄语语言文学系为主体组建外国语学院。不久,A大学得到我国台湾地区G教育基金会的部分资助,以原工商管理学院为基础建立G管理学院,为当时国内少见的探索学院新管理体制、吸收境外资金办学的尝试。1999年,学校设立发展规划部,同时设立事业规划委员会,具体负责包括学科建设在内的发展规划事务。

三、学科建设的深化发展（2000年以来）

1998年5月4日，党和国家主要领导人在庆祝A大学建校100周年大会上代表党和中央政府向全社会宣告："为了实现现代化，我国要有若干所具有世界先进水平的一流大学。"1999年，国务院批转教育部《面向21世纪教育振兴行动计划》，"985工程"正式启动建设。

2000年，在中央政府的推动下，A大学同与其有着同样深厚历史渊源的X医科大学合并，A大学再度拥有了医学学科群，其学科结构发生了重大变化。经过多年的筹备和努力，A大学学科建设进入了深化发展时期。①

2001年，A大学修订《创建世界一流大学规划》，提出坚持按照有利于教学改革和学科整合、有利于资源优化配置和有效利用、有利于加强管理和减员增效的原则，重新调整和组合现有院系，使系成为基层学术单位②，使学院成为拥有较大自主权的管理实体，学校发挥宏观调控和决策职能。在经验积累与规划指导下，该校院系调整工作向更具时代创新性的方向推进。在整合5个系所有关专业的基础上，A大学成立了学科架构更加紧密互补的物理学院；在整合3个系所有关专业的基础上，组建了与实践动态贴近的新闻与传播学院；在5个系所有关专业的基础上，组建了符合该校地球学科特色的地球与空间科学学院；在原政治学与行政管理系和原城市与环境学系的区域经济专业的基础上，组建了国内高校首个政府管理学院。

2003年，A大学深化原有学科建设思路，提出鼓励创新，发扬传统优势，建成一批公认的具有国际水平的基础学科，使基础学科成为促进其他学科发展的强大源头；加强对应用技术学科和新型工程学科的支持和整合；有选择地重点发展一些新兴的前沿交叉学科，增加一些国家急需的应用学科和技术学科；强化学术组织的作用，支持跨行政单位的人才培养和科研机制，鼓励跨学科研究机构发展。

2005年，A大学重建工学院。新的工学院着眼于未来工程科学和新技术的

---

① 主要参考：A大学内部资料，2001年《A大学"十五"学科建设规划》，2002年、2005年《A大学创建世界一流大学规划》，2010年《A大学"985工程"2010—2020年总体规划》。

② 目前，A大学的系既包括实体性系，如中文系、历史系、哲学系、社会学系、信息管理系，也包括实体性学院下设的，作为虚体、主要协调教学和人才培养活动的系。

发展,不片面追求规模,而是以核心创造能力为中心,坚持"有所为、有所不为"的办院方针,优中求精。次年,力学与工程科学系并入工学院。A 大学再度形成了工科学科群。

2006 年,A 大学前沿交叉学科研究院成立(Academy for Advanced Interdisciplinary Studies,简称 AAIS),在国内高校中率先开辟了跨学科研究的试验田。次年,A 大学非专业类本科学院 X 学院正式成立,标志着 A 大学本科教育也进入了跨学科发展的新阶段。X 学院先后设置古生物学,政治学、经济学与哲学(PPE),数据科学与大数据技术等 5 个跨学科专业。

到 2010 年,A 大学院系调整基本完成,该校学科建设的新动力主要来自区别于传统院系的大量新体制研究机构的设立。这些新体制研究机构以跨学科人才培养和学术前沿研究为目标,聘任处于全球研究前沿的优秀学者特别是优秀青年学者,聘任方式灵活,呈现出更突出的前沿跨学科特征。这些新体制研究机构包括生物动态光学成像中心、高等人文研究院、量子材料科学中心等。[①]这些机构通常挂靠在有关院系之下,但拥有相对独立的人员编制和管理体制,直接对学校负责,既保持了与有关院系教学科研的密切交流,又具有前沿开拓的灵活性。

2014 年,为适应交叉学科的快速发展、理顺交叉学科人才培养环节,A 大学成立了国内高校第一个交叉学科学位评定分委员会,该校前沿交叉学科研究院自主设立了数据科学、纳米科技、整合生命科学三个强调学科交叉的二级学科。2015 年,国务院发布《统筹推进世界一流大学和一流学科建设总体方案》,揭开了"211 工程""985 工程"之后国家大力支持高等教育发展的又一个重大战略建设的序幕。

2017 年,筹建三年的 A 大学现代农学院正式成立。同年,教育部发布《关于公布世界一流大学和一流学科建设高校及建设学科名单的通知》,A 大学位于"双一流"建设高校 A 类名单,以 41 个"双一流"建设学科居全国高校之首。[②]

A 大学提出:面向 2020 年,重点建设 30 个国内领先、国际一流的优势学科;面向 2030 年,基于 6 个综合交叉学科群(理学综合交叉学科、信息与工程综合

---

① 参考:A 大学学科建设办公室内部资料《A 大学学术实体机构梳理情况报告》(2016 年)。
② 陈鹏.全国第四轮学科评估结果(A+、A 类学校)[N].光明日报,2017-12-29.

交叉学科、人文综合交叉学科、社会科学综合交叉学科、经济与管理综合交叉学科、医学综合交叉学科)培育新的学科增长点,为未来发展奠定基础;面向更长远的未来,以 2 个重大领域(临床医学+X 专项、区域与国别研究专项)为导向,推进学科布局整体调整。① A 大学重点布局若干学科交叉领域,构建网络化学科结构和教师聘任体系,着力使跨学科合作常态化,建立跨学部学科协调机制。同时,A 大学发挥多学科优势,通过智库建设、规划咨询、科技支撑等方式服务经济和社会发展,积极参与"一带一路""京津冀协同发展""雄安新区建设"等国家重大战略部署。为了促进学科发展,A 大学进一步明确院系为学科建设主体,切实扩大院系自主权,激发办学活力;推动人事制度改革和机制创新,建设合理的人才引进、培养、流动体制,探索科学的绩效考核和评价机制。

第二节　A 大学学科调整与建设的发展目标和特征

进入 21 世纪以来,A 大学学科调整与建设紧密围绕该校建设有特色世界一流综合性研究型大学的办学目标,体现出综合布局、创新学术组织、重视学科交叉融合、发掘学术带头人、通过资源联动方式促发展的特点。

一、建设有特色世界一流综合性研究型大学的办学目标

学科是一所大学安身立命的根基所在,是凝聚师生力量的基础,是一所大学前进的动力和保障,也是大学能为现代化建设做贡献、为文化传承与创新做先锋的力量源泉。学科设置是否合理,学科建设是否先进,是衡量一所大学发展水平的基本标准。② 从上述历史脉络的梳理中可以看出,学科调整与建设一直是 A 大学发展规划的重点内容。

A 大学是中国第一所国立综合性大学,也是中国最早传播马克思主义和民主科学思想的地方。一个多世纪以来,A 大学的发展与国家民族命运紧密相连,其始终秉承着推动国家发展、社会文明进步的使命。经过百余年变迁与探索,参考国际高水平大学的办学模式,以学科基础为抓手,以学科发展规律为依

---

① 参考:A 大学内部资料《A 大学一流大学建设高校建设方案》(2017 年)。
② 谢桂华.高等学校学科建设论[M].北京:高等教育出版社,2011:223.

据,A 大学当前学科调整与建设的目标主要包括两方面的内容:建设世界一流大学,建设有特色的综合性大学。前者对 A 大学整体发展做出了定位要求,将学科调整建设与整体大学制度改革发展相结合,将建设成果着眼于世界一流水平,具有引领发展方向的重要意义;后者对 A 大学具体布局做出了全面要求,要求将学科调整建设与基础学科、应用学科、交叉学科、前沿领域分别进行对接与整合,在有所为、有所不为的原则下发展 A 大学特色综合学科体系。

(一)建设世界一流大学

早在 20 世纪 80 年代中期,A 大学就提出了建设世界一流大学的发展愿景。但是,在"211 工程"建设助力 A 大学大规模展开学科调整建设之前,该校以文理基础学科为主的学科布局由于没有很好地与国家现代化建设发展相结合,同时也由于办学经费紧张,使得该校面临科研经费短缺、招生困难、师资流失等问题,原本在历史积累和政策扶持下获得的学科优势大幅缩小,不但距离世界一流大学的发展愿景遥远,而且一些学科的国内一流水平地位也开始动摇。社会的瞩目与期待,A 大学自身的定位与执着,促使 A 大学必须坚持建设一流大学的发展目标。因此,A 大学在历次改革和发展规划中都强调建设世界一流大学的办学目标,并多次讨论修订创建世界一流大学规划;学校多次组团前往国外名校参访调研,师生员工积极参与学校发展建设讨论,使这一目标成为 A 大学师生校友的共识。A 大学对世界一流大学的理解体现在以下三个方面。

一是就学科建设本身而言,许多世界一流大学具有文、理、法、农、工、商、医科的全面学科布局,但这并非每一所一流大学的固定配置,各所大学需要突出自身特色,在一定的学科领域范围内达到顶尖水准。本科生培养要突出宽口径、厚基础的要求,研究生培养则突出学术规范、学术前沿的要求,同时师生在所属的学科领域突出学术主体地位,并开展跨学科的交流与合作,推动整体学科结构和内容的升级。

二是就广义的学科调整建设而言,一流大学离不开高效合理的管理体制。在治理架构上,A 大学较早实行校、院、系三级管理,整合相关系所,形成紧密的学科群体系,以有利于校级管理,促进院系交流。A 大学坚持兼容并包、自由探索的氛围,树立行政服务意识,发挥学术在其领域内应有的主导作用。在教师聘任制度上,A 大学也是国内最早探索预聘长聘制的高校之一,在大力提高教师待遇的同时,对教师学术能力和成果提出严格要求,着力培养中青年学术骨干,引入竞争机制,鼓励创新,在全球范围内吸引优秀人才。

三是就一流大学的社会引领作用而言,A大学意识到学科调整建设必须积极回应国家发展需求,努力解决紧迫问题,探索学术前沿方向,学校不能对学科发展完全放任散养,而应该有所组织,在方向上给予指导,在资源上给予整合,在组织上给予探索空间。近年来,A大学学科建设以组织创新为突破点,新成立的一些学术组织以其回应社会需要、学术前沿发展要求的优势,成为原有组织框架改革升级的重要参照和竞争动力,带动了学校学科整体水平的发展。

(二)建设有特色的综合性大学

自建校之初,A大学就以综合性大学为基本定位。但在不同发展阶段,该校"综合性大学"概念之下的具体学科设置经历了反复的扩张和收缩,这取决于不同时代、不同政策和不同大学理念对于"综合性大学"的理解与诠释。

进入21世纪后,A大学坚持基础性、综合性、交叉性的学科发展思路。A大学发扬基础学科的传统优势,瞄准学科前沿,建成一批公认的具有国际水平的基础学科,使其成为促进学校其他学科发展的强大源头。A大学加强对现有应用学科、技术学科和新型工程学科的支持和整合,选择若干领域,整合全校力量,做好全面规划和布局,加强生物医学研究、区域与国别研究、经济社会发展研究等重大领域的规划与整合。根据学科发展趋势和国家战略需求,A大学在学校层面选择一些交叉学科领域进行重点建设,继续支持前沿与交叉学科研究院、分子医学研究所、纳米科学研究中心、理论生物学中心等交叉学科机构的建设和发展,将主要交叉学科研究机构纳入重大领域建设规划中,并完善注重本科生通识教育的X学院的本科生跨学科培养,发挥学部的交流渠道功能,形成可持续发展机制,以发挥学校业已形成的跨学科人才培养和科学研究的优势。对一些小众学科则保持适当支持力度,为其学术系发展奠定基础,也为应对社会不时之需做准备。基于学科整合基本完成的总体布局,A大学对新设立的学科及其组织加强严格要求与审定,坚持"有所为,有所不为,择优扶重,重点突破",警惕将"综合"泛化为"无所不包",从而保持学科综合发展的凝聚力。

在此基础上,A大学创新学术组织管理,将行列式学科组织升级为网络化学科结构。在纵向院系层面,明确职能部门、学部和院系的责任、权利和义务,使系成为有一定自主性的基层学术单位,使学院成为相对整合的学科群发展基础平台;在横向研究中心方面,保持跨院、系、研究中心的相对独立状态,鼓励组织管理模式探索,通过各具特色的研究中心将基础学科、应用学科和交叉学科有机融合,促进学科整体发展,建立教师兼聘制度、跨院系招收和指导研究生制度,促使交叉跨学科研究制度有保障,资源投入有倾斜。

在科技创新需要越来越集中的资源投入、科学技术迅速发展、解决现实问题迫切需要学术文化支持的背景下,新中国成立初期文理基础综合大学的学科布局已经不再适应 A 大学的发展要求。打造中国特色的国际一流综合性大学这一目标,引领 A 大学在学科建设道路中不断探索新形态、达到新水平。

二、A 大学学科调整与建设的特征

A 大学有其独特的历史传承和发展定位,在新时代学科调整与建设过程中,基于该校学科基础和传统,结合国家政策的需要和支持,在学科调整与建设方面形成了以下特点。

(一)注重规划:综合布局与学科分类管理

1952 年院系调整后,A 大学作为全国顶尖综合性大学的定位得到国家和社会的认可。自此以后,综合性大学和一流大学一直是 A 大学师生始终不忘的前行动力。20 世纪 90 年代以来,A 大学获得了更大的办学空间和更丰富的资源。如何利用好日益增长的办学自主权和资源?对此,学校历届领导层都十分重视发展规划工作,抓住"211 工程""985 工程""双一流"建设契机,将 A 大学学科建设工作不断细化、科学化。早在 1994 年,《A 大学改革与发展纲要》就已经奠定了该校基础学科、应用学科、技术学科和跨学科协同发展的基本框架,并将这一框架延续至今。这一方面得益于当年 A 大学领导管理团队对各系所、教研室的深入调研[1],得益于领导管理团队和教师群体对世界学术发展态势与国家发展需求的敏锐意识;另一方面体现出 A 大学历任领导管理者对大学办学规律的尊重,对学术主体作用的共识,也反映出该校学科建设规划一旦在科学论证的基础上得到确立,就不能轻易人为改变。

---

[1] 参考:课题组成员对 A 大学原常务副校长 W 教授的访谈。

此后，A大学的综合性学科布局不断细化要求，对各类学科的历史传承和发展态势进行梳理，根据各自特点进行分类规划管理，以突出不同学科有所区别的发展重点，在综合性框架内更好地发挥差异化发展所带来的规模效应和联动效应。具体而言，A大学对基础学科的要求是，保持和发扬文、史、哲、数、理、化、生、地等学科的传统优势，进一步合理调整现有方向，拓宽专业口径，使基础学科成为学校学科发展的源头动力；对应用学科，有选择地增设与A大学既有学科、与社会发展需求具有较好契合度的新型工程技术学科和生物医药学科；对交叉学科，挖掘其在学科相互渗透、交叉、综合中所蕴含的创新潜力，适应解决社会、经济、科技发展等综合课题及培养高层次的跨学科人才；对小众学科，给予一贯的支持和适当的鼓励，健全各大小学科之间的交流合作机制，促进学科总体均衡发展。①

（二）创新学术组织：调整院系与成立新体制研究机构

学科调整与建设离不开学术组织的创新改造。学术组织不但反映教学科研方向的归类化过程，而且涉及学术力量、配套资源、管理机制的整体统筹设计。在院系调整方面，A大学不少院系经历了反复曲折的建制调整过程。例如，组建地球与空间学院、物理学院、城市与环境学院时，对相关物理类和地理类系所进行了调整，环境学院合并成立后又拆分，力学系多次易名等。这个过程中存在原有系所的利益平衡问题、学科整合方向问题、学科群建设问题等等。这些问题的解决，既需要学校领导管理团队与教职工团队的沟通与协商，又需要以学术需求为主体，注重在组织管理上开拓思路，进行创新。

A大学更具创新性的学术组织体现在该校新体制研究机构中。这些新体制研究机构包括规模较大的前沿交叉学科研究院，采取与国际接轨的理事会制度的科维理天文与天体物理研究所，实行跨学科独立实验室研究组长（Principal Investigator，PI，也称首席研究员）之间合作的生物医学前沿创新中心，以及挂靠在各院系的享有不同程度的人事、经费自主权的各种研究机构等。这些创新性研究机构秉持科研为先的宗旨，针对具体的学术人才和学术需求采取灵活措施，有的为吸引知名学者而设，有的为与国际机构合作而设，有的为国家重大战

---

① 参考：A大学学科建设办公室内部报告《A大学学科总体规划2016—2020》。

略项目而设,其人事、财务、招生等管理权限各不相同,大胆试验各种管理形态。它们既吸引了全球范围内的优秀人才,与全球优质学术资源进行合作,又通过跨学科、跨院系架构的设置,最大限度地挖掘学术创新潜力。不可否认,A 大学也存在着一些新体制研究机构发展不可持续、虚体化、面临不得不摘牌撤销的问题。① 但是,总体来说,院系调整建设和新体制研究机构的创新探索,为 A 大学落实学科建设规划提供了灵活高效的组织框架。

(三) 跨越边界:前沿探索中的学科交叉融合

目前,A 大学学科建设的重点开始向交叉学科的前沿探索倾斜。一方面,该校传统院系的调整建设已经基本完成,校、院、系三级治理架构基本建立起来,系作为基层学术单位,享有一定的学术自主权;另一方面,作为顶尖综合性大学,A 大学很早就认识到学科之间的相互渗透、交叉、综合是当代科学技术和学术发展的重要特点,也是适应现实需要,培养创新人才,解决社会、经济、科技发展等综合课题的重要途径。A 大学具有扎实的基础学科优势与较为全面的整体学科布局,在发展交叉学科方面具有得天独厚的条件,在国内率先建立了前沿交叉学科研究院、非专业类本科学院 X 学院,先后设置古生物学、政治学、经济学与哲学、数据科学与大数据技术等 5 个跨学科本科专业,在前沿交叉学科研究院成立了全国高校第一个交叉学科学位评定分委员会,自主设立了数据科学、纳米科技、整合生命科学 3 个新的交叉二级学科等。

网络式的学科结构、学部建设以及新体制研究机构的设立都是 A 大学从不同方面促进学科交叉融合的举措。与此同时,A 大学积极发挥各层次各领域学术委员会的作用,促进教师开展跨学科交流合作,从而以交叉学科的前沿探索建设师资团队,培养新时代创新人才,推动学术前沿发展。

(四) 提升队伍:发掘学术带头人促学科发展

吸引和留住中青年学术人才,发掘和培养学术骨干,是学科建设的基础工作,而其中学术带头人的出现则是学科调整与建设的关键一环。优秀的学术带头人能够为新成立的学术组织带来物质资源支持、学术人力支持和大学内外的社会声望支持。

---

① 参考:A 大学内部课题结题报告《A 大学学科发展态势分析与研究》(2013 年)。

A大学积极探索教师聘任制度和职称考核制度改革,落实有竞争力的薪酬制度,同时加大竞争力度,激励教师在教学科研岗位上不断成长。在积极提升学术队伍的同时,A大学积极发掘符合该校学科建设发展战略的学术带头人。学术带头人首先要具备过硬的学术专业知识,以资深的学识和前沿的研究深化学科领域发展,指导学科建设;其次要有全面深刻的学科发展全局观,对学科与技术应用、社会发展需求、学术前沿问题探讨的结合可能性有独到见解,以明确的方向引领学校某一学科的特色化发展;再次必须具备管理才能,具备资源统筹、人事协调和架构设计能力,能够作为学科团队的核心人物,肩负对外争取资源、对内统筹协调的责任。

A大学重建工学院、建立跨学科研究中心、建设重点实验室等多项学科调整与建设举措,都离不开在各学科发挥核心作用的学术带头人。学术带头人不但以个人学识为该领域的学术建设出谋划策、指明方向,而且凭借个人的能力和眼光,能够迅速物色和提拔有潜力的学术新星,建立强大的研究团队,培养学科建设的后备力量。[①] 发挥学术带头人的积极领导作用,能够大幅减少学科调整建设中的阻碍,以实力凝聚人心,以效率带动竞争。

(五)加强保障:学校管理体制综合改革优化

学科调整与建设必然涉及大学组织架构、人才培养、科学研究、教师聘任等方方面面,在大学资源配置重新组合的这一过程中需要对与之配套的学校管理体制进行改革,以保障学科调整建设的顺利落实与可持续发展。

A大学较早将校、系两级管理改为校、院、系三级管理。以物理学院为例,通过将之前分立出的各系进行重新整合并建立学院,既扩充了物理学科的整体实力,有利于厚基础的学生培养、宽口径的科研合作,又以原物理学系的教学科研高标准带动了当时相对处于式微状态的原物理学系以外系所、中心的发展,促进了资源的优化整合。

A大学设立了发展规划部,将学校整体规划纳入重点支持的管理事项,后来又成立学科建设委员会,统筹支持一流大学与一流学科建设经费的日常管理工作;在院系层面推进学术事务民主决策,扩大院系自主权,营造教师能够潜心

---

① 参考:课题组成员对A大学物理学院时任院领导D老师的访谈。

做学问的学术氛围。在人事制度上,建立预聘长聘制、博雅人才体系等,对于在细分教师队伍、优化待遇的同时引入竞争机制、健全评估和淘汰机制发挥了重要作用。

制度改革并非始终一帆风顺,A 大学许多院系经历了拆分、合并、更名的反复调整,人事制度改革也曾引起很大争议,新老体制并存带来了许多问题。但是,在学科调整和建设的过程中,A 大学通过不断改革获得了在资源统筹、组织协调、方向把控上的自主性,同时保障了整体学科建设规划的规模化落地与可持续发展。

(六) 响应需求:内外资源联动带动学科发展

改革开放以来,A 大学大规模学科调整与建设的设想始于呼应国家和社会发展的需求。如上文所述,A 大学虽然在 20 世纪 50 年代末发展了一些应用学科和专业,但长期以来,A 大学学科发展未能很好地与国家重点建设项目、战略攻关项目相结合。这使得 A 大学学科在发展过程中一方面缺少来自现实议题的推动力,另一方面缺少现代科研发展所必不可少的资金和投入。

为了改变这种不利的学科发展状况,A 大学后来注意保持与时代发展的有效互动,发挥全局观以及与国家政策互动的资源观,平衡教师的专业发展需求、大学学科建设需求与国家发展需求,制定合适的学科发展战略。在这一过程中,学校致力于回应内外两方面的需求,调动内外两方面的资源优势。一方面,教师作为学科调整建设的直接受影响者,最先受到冲击,因此必须平衡好教职工权利、义务与资源的分配,以学科制度建设调动教师的积极性,将对变化的抵抗转变为积极的合作。另一方面,现代大学并非自足型组织,它依赖外界尤其是政府的资源支持,A 大学始终保持与教育部、科技部、国家自然科学基金委员会等部门的密切交流,把握政策需求和导向重点,A 大学学科调整与建设的一大动力便来自回应外界需求以从外部获得充足的发展资源。

A 大学以世界一流大学的标准自我要求,指导学科建设升级,通过国家重点实验室、省部级重点项目、与企事业单位合作、国际合作等多种形式促进内外资源联动,使学校跟上时代发展的需要,进而引领人才培养和科学研究的方向。

第三节　A 大学学科调整与建设中的典型学科

在 21 世纪以来的学科调整与建设过程中，A 大学出现了一些学科发展成效比较显著的学科，物理学科、新型工程学科、交叉学科是其中的三类典型学科，积累了积极有益的学科建设经验。

一、物理学科的调整与建设

（一）A 大学物理学科历史演进与调整前的危机

1. A 大学物理学科发展概述

1913 年，A 大学设立物理学门，这是我国最早建立的物理学本科。此后，该校物理学科在艰难曲折中不断发展。1952 年，全国进行高等院校院系调整，将原来三所高校（含 A 大学）的物理系的大部分以及另一所高校地质地理气象系的气象部分合并，成立 A 大学物理系，设置了物理学、气象学两个专业。1956 年，全国《1956—1967 年科学技术发展远景规划纲要》（简称"十二年科技规划"）制定后，国家迫切需要培养应用技术人才，因此 1958 年 A 大学决定将物理系分成三个独立的系，即物理系、无线电电子系和地球物理系。普通物理、中级物理实验、理论物理、光学、半导体物理、金属物理、磁学等 7 个教研室及相应的专门化机构被划入新的物理系。

1955 年，为了尽快建立我国的核工业体系，国家在 A 大学建立了全国第一个原子能人才培养基地，即物理研究室。1958 年末，物理研究室更名为原子能系，设原子核物理、放射化学两个专业。1961 年，原子能系更名为技术物理系。2001 年物理学院成立时，原技术物理系分为三个部分，分别并入物理学院、化学与分子工程学院、环境科学与工程学院。为了传承原技术物理系的历史，进入物理学院的粒子物理与原子核物理专业，仍沿用技术物理系这一名称。1983 年在技术物理系设立的重离子物理研究所，在物理学院成立后保持原所名，成为物理学院开展核科学研究的一个重要科研单位。

A 大学地球物理系天文专业于 1960 年成立，因为以天体物理为主，该专业也称为天体物理专业。天文专业在前两届学生毕业后，暂停招生。20 世纪 70

年代初期,天文专业的教学活动逐渐恢复。2000年6月,为适应创建世界一流大学的需要,A大学在原天体物理专业的基础上成立天文学系。2001年5月,物理学院成立后,天文学系成为物理学院下设的一个系。

1952年院系调整期间,清华大学地学系、气象学系调整到A大学,以其气象学部分为基础成立物理系气象专业。1956年,我国"十二年科技规划"制定后,A大学地球物理系于1959年1月正式成立,下设四个专业,分别是地球物理学、应用地球物理学、天气动力学和大气物理学专业。1998年,地球物理系在专业设置上将大气物理学和天气动力学合并成大气科学专业。2001年,A大学物理学院成立后,原地球物理系的大气科学专业成为物理学院中的大气科学系。

2. 历史上的辉煌

A大学物理学科先后为国家培养了大批优秀人才,其中包括130多位两院院士,当选为美国物理学会会士的总人数居全国各高校之首。23位"两弹一星"元勋中,有12位曾经在A大学物理学科学习和工作过。在近百年的历史征程中,A大学物理学科群星璀璨、薪火相传。这里曾聚集了饶毓泰、吴大猷、丁燮林、朱物华、周培源、叶企孙、王竹溪、胡宁、黄昆等一大批中国物理界的领军人物,先后联合培养了郭永怀、彭桓武、杨振宁、邓稼先、朱光亚、于敏、李政道、周光召等众多享誉世界的杰出科学家。其中,A大学物理学科校友李政道、杨振宁在1957年获得诺贝尔物理学奖,是中国人首次获诺贝尔科学奖;各时期的校友黄昆、谢家麟、曾庆存先后获国家最高科技奖;许多校友当选美国物理学会会士,是国内高校毕业生当选美国物理学会会士人数最多的一个学科。

3. 学科调整前的危机

物理学院成立前,A大学物理系曾面临师资队伍新老交替、青黄不接的局面。受访的物理学院时任院领导D老师谈到,新中国成立后A大学物理系鼎盛时期的教师大多是"文革"前培养的,2000年前后正是这批教师的退休高峰期,而"文革"期间学生的水平普遍较弱。受八九十年代大环境的影响,特别是市场经济体制建设的影响,当时许多毕业生选择了出国或下海,留在学术界的毕业生为数不多。A大学物理系以外的其他高校物理系,以及A大学物理系以外的该校物理学科其他系所面临的问题同样严峻。在"985工程"建设政策出台后,国家提出实现建设世界一流大学的目标,A大学意识到要及时止损,学校必须大力解决人才流失问题。在国家政策和资金的支持下,A 大学努力改善教师待遇,提高办学质量,参与国际竞争,培养更多国家需要的人才。

20世纪90年代,高校的窘迫状况与国家在高等教育方面长期投入不足紧密相关。物理学院时任院领导 D 老师在访谈中提到,当时青年教师的工资甚至是"负数"——原本仅有的几百元月薪在扣掉水电费、房租等费用后,变成倒欠学校钱了。1996年《中国青年》杂志发表了一篇题为"A 大:魂兮归来"的文章,文中谈及 A 大学面临的许多问题。此后,有记者到 A 大学调查,并发文曝光此事。该文章当时在海外引起了巨大的反响,很多海外学者开始担忧回国发展的前景。这些情况在1998年前后引发了国家领导人的关注,推动了"985 工程"的出台。虽然创建世界一流大学的紧迫感早已有之,但改革开放后至"985 工程"政策出台前,国家在高等教育建设中的投入比较有限,导致教师待遇低,住房条件简陋。在 A 大学等高校,许多教师是出于学术情怀而选择在大学坚守。

1958年,A 大学物理系分设为三个独立的系,即物理系、无线电电子系和地球物理系。此后,从物理系分立出去的学科在各自领域内独立发展。在 A 大学物理学院成立之前,物理学科各二级学科发展不平衡,一些二级学科在发展中碰到了较大的困难。物理学院时任院领导 D 老师在访谈中提到,地球物理系在1958年从物理系独立出去之后,在相当长的一段时间里为国家培养了大批人才,全国各省市气象局局长大多数都是地球物理系培养的。但是,在物理学院合并之前,地球物理系的师资和招生都陷入岌岌可危的境地。如果不进行资源整合,A 大学地球物理学科不仅会丧失当年在全国高校中的领先地位,甚至还会面临生存危机。

(二) A 大学物理学科调整与建设的路径

1. 成立物理学院,加强制度建设

世纪之交,随着改革开放的深入进行和科教事业的发展,高校人才培养模式和格局也发生了深刻的变化,A 大学物理学科师资队伍建设和科学研究都面临着前所未有的挑战。在国家提出科教兴国战略和 A 大学提出建设世界一流大学的背景下,该校进行了一系列体制改革和结构调整。2001年5月,在原物理系、原地球物理系的大气科学专业,原技术物理系的核物理专业及辅助机构,原天文学系、原重离子物理研究所,以及一些交叉研究机构的基础上,成立了 A

大学物理学院。原物理系分成三个研究所,即理论物理研究所、凝聚态物理与材料物理研究所、现代光学研究所。

经过各二级学科长期的建设和积累,目前 A 大学物理学院积累了丰厚的学科资源。目前,物理学院下设 2 个教学实体单位和 10 个系所、研究中心、实验室,其中 2 个教学实体单位为普通物理教学中心、基础物理实验教学中心,10 个系所、研究中心、实验室为理论物理研究所、凝聚态物理与材料物理研究所、现代光学研究所、重离子物理研究所、技术物理系、天文学系、大气与海洋科学系、电子显微镜实验室、量子材料科学中心、科维理天文与天体物理研究所。

A 大学物理学院按照原物理系的教学水准制定教学标准,统一规范全院的教学工作。学院精简历史上规模较大的教研室,设立了普通物理教学中心、基础物理实验教学中心两个教学实体单位,以此作为本科教学方面组织、管理、教学研究、对外交流、历史传承的依托。物理学院统一管理教学,整体提高了生源质量、教学质量和本科生培养质量。学院的科研则由各系所承担,不受学院的行政管制。A 大学传统上强调学术自由,尊重学术上的独立性和学者研究的自由度,尊重自由探索,尊重教师学术兴趣。表现在管理上,即学校和物理学院总体上很少去干预教师科研工作的具体内容。学院不干涉系所的科研工作,各系所的教师自行申请课题,保持了较大的独立性。

A 大学物理学院成立后,颁布和实施了一系列重要的规章制度,涉及教学、科研、机构设置、干部、人事、管理服务等,使得各方面工作公开透明、有章可循。与合并前各系对自己负责不同,合并后各系所将一部分权力交给学院。为了协调各系所的关系,减少或消除系所之间、教师之间的矛盾和分歧,物理学院成立了许多委员会,如教学委员会、岗位聘任委员会、岗位评审委员会、仪器设备委员会、财务方面的委员会等等。委员会举办研讨会时,物理学院各学科都派代表参加并进行充分的沟通交流,以期在学院发展的重要问题上达成共识。

2. 加强教师队伍建设,大力引进人才

2001 年 A 大学物理学院成立后,通过"长江学者奖励计划"、国家"千人计划"、"青年千人计划"、国家杰出青年科学基金等引进了一大批国内外优秀人才。2002 年至 2004 年,在学校的大力支持下,物理学院从校外引进了 19 位教师(含 9 位正教授),同时从本校毕业生中留用了 18 位教师,初步缓解了师资紧张的局面,此后继续稳步加强教师队伍建设。2007年至2013年,该学院通过国家"千人计划"和学校"百人计划"引进人才47人,特别是在学校大力支持下建立的国际量子材料科学中心以新体制方式引进了一批优秀人才。[①]

3. 促进学科均衡发展,推动学院整体实力提升

A大学物理学院成立后面临的一个主要困难是学科之间发展不平衡。受访的物理学院时任院领导D老师表示,各系所合并成立学院时,原物理系是最强的,而技术物理、大气、天文学科则属于小学科。合并之后,如何让这些小学科相对比较平衡地发展是物理学院面临的最大困难。就目前来看,原物理系在学院资源分配上占优势,教师和学生也更认同原物理系,认为A大学物理系在国内外更有影响力。学校希望依托原物理系强大的学术、科研实力来提升物理学科中的其他学科。学院成立后,学科发展不平衡的历史遗留问题有待逐步解决。无论是在生源方面,还是在教学、科研和管理方面,技术物理系、大气科学系和天文系都比原物理系弱很多。物理学院时任院领导D老师在访谈中提到,鉴于各专业教学、科研力量的差距,院系合并后小学科不负责教学,教学由学院统一安排。

为了解决学科发展不平衡的问题,学院积极发挥各学科学术带头人的作用。有学术眼光、能够看得比较长远的带头人能很好地规划未来发展方向,会对具体学科产生积极影响。以原物理系为例,受访的物理学院时任院领导D老师提到,原系主任G院士善于为物理系布局,他对学科的发展方向有敏锐的洞察力,并且有很强的执行力,主动找一些教师来做这些方向,为物理系以后十年、二十年的发展打下了较好的基础。同时,G院士很重视科技成果转化,推动物理系积极回应国家重大战略需求,推动社会经济发展。D老师还提到了后来担任过A大学校长的凝聚态物理与材料物理研究所学术带头人W院士。凝聚态物理与材料物理研究所是A大学物理学院中最大的一个单位。2009年物理学院行政班子换届的时候,A大学经过很大的努力,专门从中国科学院引进学术声望高、学术能力卓越且执行力强的校友W院士,以期带动凝聚态物理学科的发展。W院士引进许多优秀的年轻学者,发起成立了量子材料科学中心,目

---

① 沈克琦,赵凯华.北大物理百年:1913—2013[M].北京:北京大学出版社,2013:77.

前该中心是 A 大学最有活力的新体制研究机构之一。

院长遴选也是促进物理学院学科均衡发展的考虑因素之一。D 老师谈到，现任院长 N 院士的方向是核科学。这个学科的发展与 A 大学物理学院主流学科相比而言比较弱，缺乏一位"灵魂"人物。因此，物理学院从兄弟院校引进了以前的校友 N 做院长，希望能发挥他的学术带头人的作用，切实提升 A 大学核科学学科的能力。D 老师在访谈中还提到，N 院长在学术上和管理上都很有想法，也很有大局观，学院希望通过他带动核物理学科的发展。

4. 建立新的研究机构，探索新型科研机制

A 大学物理学院成立后，建立了新的研究机构，探索新型科研机制，其中最突出的是建立了量子材料科学中心、科维理天文与天体物理研究所。

A 大学量子材料科学中心成立于 2010 年，是一个直属于 A 大学的新体制教学科研机构。该中心致力于研究凝聚态物理和量子材料科学的前沿问题，营造国际化的学术创新环境，力争成为国内领先、国际一流的物理学研究教学平台。量子材料科学中心成立后，一直致力于人才队伍建设，面向全球招聘教学科研人员，成功地引进了一批拥有国际知名度的海内外专家以及众多活跃于国际前沿的青年科学家。量子材料科学中心十分重视对年轻学者的培养（包括博士后和研究生培养）。在博士后人员方面，该中心在世界范围内积极发掘有潜力的研究人员，多名博士后在相关领域的研究取得了重要进展。在研究生培养方面，该中心的研究生均来自著名高校，成绩名列前茅，对科研有较高的热情。中心给他们提供了良好的学习、交流和科研平台。此外，通过夏令营、暑期学校、学术讲座等方式，该中心为青年学生提供了了解凝聚态物理前沿课题的众多机会。

A 大学量子材料科学中心自成立以来，已承担多项国家重点科研项目，并涌现出一批高质量科研成果，获得了国际科学界的广泛关注与认可。随着对外合作交流日趋深化，量子材料科学中心已先后与得克萨斯大学奥斯汀分校、宾夕法尼亚州立大学、莱斯大学等多所国际著名大学签署了战略合作协议，积极推荐学生参与联合培养、双学位等项目。该中心还通过举办具有国际影响力的学术活动和采取推动顶级学者经常性互访等方式，广泛探索科研合作和人才培养的创新机制，为年轻物理学者和学生营造了一个开放性的、国际化的学术交流环境。

A大学科维理天文与天体物理研究所是A大学和美国科维理基金会合作的,于2006年6月成立,2007年起正式运行。研究所致力于建成一个国际一流的天文与天体物理研究中心,在活跃的学术氛围下,开展前沿天体物理领域的基础科学研究。研究所的主要研究领域包括:观测宇宙学,星系的形成与演化;星际介质,恒星形成和行星系统;引力物理和高能现象;计算天体物理。研究所积极参加理论和观测天体物理研究项目,开发和利用观测设备,培养本科生、研究生,招收博士后。科维理天文与天体物理研究所是A大学国际化程度最高的学术单位之一,工作语言为英语,该所定期举办专题研讨会和学术会议,并开展一系列旨在推动与国内外天文界合作与交流的学术活动。该研究所与其他国家和地区的科维理研究所以及世界上许多大学和研究机构建立了一系列交流与访问计划。

(三) A大学物理学科调整与建设的成效及思考

1. A大学物理学科调整与建设的成效

A大学物理学科调整以来,获得了显著的成效,建立了高水平师资队伍。2019年,物理学院有教授106位,其中有中国科学院院士20位(含9位双聘院士),"千人计划"学者55位(其中"青年千人"学者44位),教育部长江学者特聘教授13位、长江学者讲座教授8位、"青年长江学者"5位,"万人计划"学者11位,国家杰出青年科学基金获得者39位,北京市杰出青年基金获得者2位,北京高等学校卓越青年科学家2位。

在2002—2004年全国第一次学科评估中,A大学物理学科落后于中国科学院物理研究所,但在高校中排名第一。在2009年全国第二次学科评估中,A大学物理学科的排名落后于南京大学和中国科学技术大学,排名第三,A大学及物理学院都深感危机。在2012年全国第三次学科评估中,A大学物理学科排名回到国内第一。在2016年全国第四次学科评估中,A大学物理学学科评级为A+。2012年以来,A大学物理学科的国内排名重返巅峰水平。A大学物理学科现拥有2个国家重点实验室、1个北京市重点实验室,设立了一批各具特色的系所、研究中心。2018年科研和教学经费约3.13亿元,学科总体实力居国内高校首位。

2019年2月27日,"2018年度中国科学十大进展"揭晓。A大学物理学院/量子材料科学中心J教授和W院士领导的"揭示水合离子的原子结构和幻数效应"研究成果入选。2020年4月,A大学人工微结构和介观物理国家重点实验室、纳光电子前沿科学中心G院士团队在国家重大科研仪器研制项目的支持下,研制成功了"飞秒-纳米超高时空分辨光学实验系统"。该实验系统能够同时实现几个飞秒的超高时间分辨率和4纳米的超高空间分辨率,成为介观光学与微纳光子学研究的强大实验测量手段。

在国际上,A大学物理学科也处于前列,并且影响力不断提升。根据2015年英国QS世界大学学科排名,A大学物理与天文学科位居全球第32位、国内第1位。2016年,A大学物理与天文学科排名保持全国第一不变,全球位列第30名。2017年和2018年,A大学物理与天文学科排名都稳居全国首位,世界排名攀升至第18位。

在《美国新闻与世界报道》2019年世界大学排名中,A大学物理学科排名为全世界第22名。根据ESI基本学科指标数据库统计,A大学物理学科自2002年起连续17年进入全球前1%。根据2019年泰晤士高等教育世界大学学科排名,A大学物理学科在国内排名第一,世界排名第19位。2018年,A大学组织了对物理学院的国际评估,以艾伦·麦克唐纳(Allan MacDonald)为组长的15位专家(包括9位美国国家科学院院士)将A大学物理本科教育誉为全球物理学本科教育的最重要机构之一。整体上,A大学物理学院保持了我国物理学科顶尖人才摇篮的地位。

2. A大学物理学科调整与建设的不足

首先,A大学物理学科的重大原创性成果不够突出,评价激励制度有待完善。例如,过去40年来A大学物理学科没有获得国家自然科学一等奖成果,而南京大学、清华大学、中国科技大学物理学科成果先后获得国家自然科学一等奖。近年来,物理学院的科研和教学经费高达3亿元以上,学科总体实力居国内高校首位,国际排名也位居世界前列。但是,重大原创性成果却不够突出,其原因值得A大学领导层及物理学科领导和教师深思。

其次,优秀生源出国率高,流失严重。2018年,A大学物理学院本科毕业生出国率达44.9%,硕士毕业生出国率为16.1%,博士毕业生出国率为21.5%,优秀学生出国率高,人才流失严重。一流学科应当能够吸引自身培养的最优秀学生继续深造,A大学物理学科的发展不应当只追求在国内的一流,更应当在世界范围内达到一流水平,方能吸引更多的优秀生源。

再次,最近40年的毕业生中优秀物理学家多,杰出物理学家少,在培养杰出物理学家方面有待提高。改革开放以来,A大学物理学科毕业生当选为美国国家科学院院士的校友尚付阙如,而复旦大学、上海交通大学、中国科技大学物理学科毕业生当选为美国国家科学院院士者共达4人。未来,A大学物理学科有待进一步进行调整和建设,完善评价激励制度,打造顶尖团队和顶尖带头人,加强人才培养和科研攻关,努力取得重大原创性成果。

二、新型工程学科的建设

(一)A大学工科沿革与重建工学院的背景

A大学工程学科和工科教育历史悠久。1910年,A大学的前身组建了工学院(当时称工科分科大学),下设土木、矿冶两个专业。1916年起,A大学工科先后经过停办、再建、扩大的变迁,至1952年全国院系调整前培养了近5 000名学生。院系调整期间,A大学工学院的机械、电机、土木、建筑四个系调整至清华大学,化工系并入天津大学,工学院建制就此取消。

新中国成立后,现代工业技术对我国经济社会发展的影响至关重要。在工业化进程初期,中国与发达国家的工业技术差距产生了"技术引进"的巨大需求,从国外大规模引进先进的设备和产品来改进国内较为落后的生产手段和产品结构,同时也成套地引进国外的生产线和产品技术以发展工业。工业技术引进虽然在一定程度上促进了中国经济的发展,但是对中国工业发展的贡献是有限的,无法满足中国工业自主发展的根本需求。

在学校层面,1952年全国院系调整后,A大学整体学科设置偏重文理基础学科,在基础学科教学、科研方面处于全国领先水平,而面向现代化技术的工程学科未能得到应有的发展。工程学科的缺位,让A大学除了政府办学经费供给办学开销外,少有结余资金能够用于开展科学研究。如何调整A大学的学科结构,弥补办学经费不足,成为A大学面临的一项重要挑战。随着"211工程""985工程"的推进,A大学将建成世界一流大学作为奋斗目标,想要在未来世界顶尖大学占一席之地,完备的学科建设就显得十分重要。①

在创造现代化工业自主知识产权促进国家经济社会发展、实现工业兴国战略和建设世界一流大学的多重需求下,A 大学决定利用其强大的理科、医科和人文社会科学的综合优势重建工学院,并于 2003 年邀请国际著名力学家、校友 C 院士组织筹备工学院重建工作。经过两年的准备,2005 年 2 月,A 大学校长办公会议上正式决定重建工学院。

在 A 大学工学院重建之前,我国已经有大量理工院校,但这些高校大多以培养制造型工学学生为主,对学生自主创造能力关注不足。因此,如何突破传统工学院建制,将国家需求、学科发展和创造力培养融入学院建设中,成为 A 大学建立新型工学院的关键。

(二) A 大学新工科的定位与建设

A 大学工学院在重建之初,就将学院定位在"新"工学——未来的工学、交叉的工学、前沿的工学上,以科技创新为己任,以培养核心创造力为中心。这就要求重建的工学院要突破传统工学的结构和思维定式,优化工程学科结构,超越传统工科的专业设置,依据经济、科技、产业发展的需要来理解和认识工程学科及其范畴。

2005 年 6 月,A 大学工学院组建完成,受 A 大学特聘,C 院士担任重建后的工学院第一任院长。在建院演讲时,院长 C 院士指出,A 大学工学院强调"engineering science",学生要学"why"多一点,这是跟主要做"how"的工科(传统制造型工科)的主要区别。以自主创新理念为基础对工学知识进行内在探究,是 A 大学创建未来工学的主要理念。

一方面,学科是高校最基本的构成元素,也是某一领域内相对独立的知识体系,是人类按照自身对客观世界的认识和对科学的知识体系进行的学术划分②,是按照社会劳动分工的原则进行的活动。因而,学科发展受到人类社会历史发展需求和人类认识主观性及局限性的约束。随着现代化进程的推进,当代学科发展进入了高度分化而又高度融合的时期,不同学科之间的知识、理论、方法的交叉渗透是未来学科建设的主要方向之一,将传统工学与 A 大学文、理、医

---

① 资料来源:A 大学工学院官网,https://www.coe.pku.edu.cn/xyjs/xygk/index.htm.
② 林健.面向未来的中国新工科建设[J].清华大学教育研究,2017(2):34.

等传统优势学科相融合,是"新"工学院建设交叉工学的主要表现,其内在逻辑在于弥合工程学科与其他学科之间的人为界限。

另一方面,我国工业化初期的基本任务是集中力量发展重工业,因而机械、土木、化工等传统专业是工程教育中不可缺少的组成部分。随着第四次工业革命和产业变革的到来,我国逐渐进入产业转型关键期,发展符合现代工业需求的工程学科,尤其是将工业与互联网、人工智能、基因工程、新材料、新能源等前沿新兴领域融汇交叉,是 A 大学建设前沿工学的主要方向。

基于以上定位,A 大学工学院从建院之初,就从高起点出发,立足于尖端科技、交叉科学,着眼于未来工程科学和新技术的发展方向,面向国家迫切需要及关系国家长远发展的科学与技术研发,成立了能源与资源工程系、生物医学工程系、材料科学与工程系[①]、工业工程与管理系;2006 年 3 月,A 大学力学与工程科学系[②]整体并入工学院;2010 年,工学院增设航空航天工程系;2020 年,工学院增设先进制造与机器人系。截至目前,A 大学工学院形成了一院七系的系科架构,如图 5-1 所示。

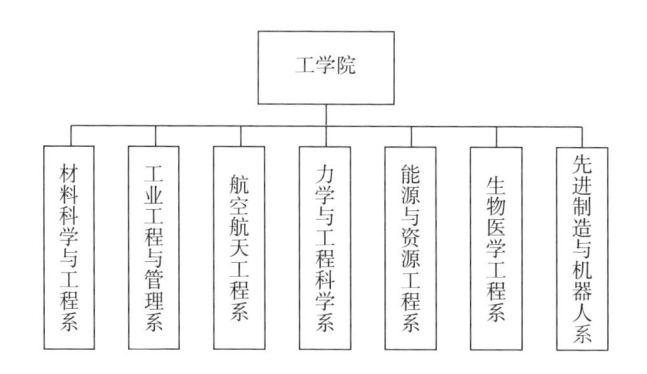

图 5-1　A 大学工学院系科架构

A 大学工学院的各个主要学科在建立之初,就定位为"新"工学。例如,生物医学工程学科在融合 A 大学实力雄厚的理科与医学科学的基础上,建立了理、工、医相结合的多种交叉研究取向,面向国家人口健康方面的重大需求,紧

---

① 2005 年 A 大学工学院成立时,材料科学与工程系名称为先进材料与纳米技术系。
② 2006 年力学与工程科学系并入工学院时,更名为力学与空天技术系,后于 2013 年恢复系名为力学与工程科学系。

扣生物医药产业发展趋势和所需关键技术,形成了以纳米医学、生物材料与再生医学、生物力学和生物信息学、分子医学影像学、微创医学、神经医学工程、移动/远程医学与健康信息学为主的研究方向。① 材料科学与工程学科结合 A 大学自身的理科、医学科学的优势和互补性,在传统材料科学与工程学科基础上,注重与物理、化学、生命科学、医学、能源、信息等学科的学术交叉,将信息技术运用到教学实践中,将化学、物理等基础学科与材料制备、加工、检测、应用等密切相关的力学、纳米科学、技术和工程相融合,发展出有机高分子及其复合材料、纳米材料与微纳器件、新能源材料与器件、生物医学材料与器械四个主要研究方向。②

在专业设置上,A 大学工学院设有理论与应用力学、工程结构分析、能源与资源工程、航空航天工程、生物医学工程以及材料科学与工程六个专业。在每个专业下,设有更为细致的专业分类。例如,航空航天专业包含航空航天材料、航空航天控制和信息、航空发动机和高速空气动力学、新型飞行器设计 4 个本科专业,以及航空航天工程 1 个硕士专业,航空航天工程 1 个博士专业。在理论与应用力学专业下,设有理论与应用力学、工程结构分析 2 个本科专业,控制理论与控制工程、生物医学工程 2 个硕士专业,力学与力学基础、固体力学、流体力学、工程力学、生物力学与医学工程、力学系统与控制、能源动力与资源工程、先进材料与力学 8 个博士专业。

A 大学工学院各专业都致力于培养符合未来国家发展需求的复合型人才。为了实现这一目标,工学院对新入学的本科生采取综合培养方式——入学第一年不划分专业,全院学生统一学习数学、物理、化学、计算机等基础课程;入学第二年,在充分尊重学生能力特长和自主选择权的基础上进行专业分流,力求让每位学生都具备广博的知识并能进入自己所擅长的领域学习。例如,生物医学工程专业要求本科生在培养过程中接受自然科学、工程科学与生物、医学领域的跨学科训练,能够运用理论分析、实验研究和工程设计等手段解决生物医学工程领域的相关问题,毕业后既能够继续攻读生物医学工程及相关交叉学科的研究生学位,也可以直接进入与生物医学工程相关的工程技术、产业或管理部

---

① 资料来源:A 大学生物医学工程系官网,https://bme.pku.edu.cn/zw/index.html.
② 资料来源:A 大学材料科学与工程系官网,https://mse.coe.pku.edu.cn/.

门从事应用研究、技术开发或管理工作。

在科研方面,A大学工学院还建立了包含药物信息与工程研究中心、北京天然气水合物国际中心、清洁能源研究院、航空航天动力学与控制实验室、创新教育中心在内的13个研究院、研究所、研究中心。部分科研机构除承担科研职能之外,还要兼顾对硕士、博士研究生的培养。例如,2018年成立的北京天然气水合物国际中心就承担了研究生培养任务。

A大学工学院目前有1个国家重点实验室——湍流与复杂系统国家重点实验室(来自原力学与工程科学系);6个省部级重点实验室,即国家湿地保护与修复技术中心、高能量密度物理数值模拟教育部重点实验室、城市固体废弃物资源化技术与管理北京市重点实验室、先进电池材料理论与技术北京市重点实验室、北京市智能康复技术研究中心、磁电功能材料与器件北京市重点实验室。重建工学院后建立的6个省部级重点实验室完全依照新工学的定位建立。例如,2010年成立的国家湿地保护与修复技术中心是A大学在整合与湿地的认知、保护和利用相关的物理、化学、生态学、生物地球化学、水力学、环境科学与工程、经济学、法学乃至国际关系等学科的基础上成立的跨院系研究机构。

综上所述,A大学工学院的重建,是依托A大学作为综合性大学所具有的文、理、医等优势学科,对传统工学进行转型、改造与升级的成果,既包含对工学内涵的拓展,即未来的工学、交叉的工学、前沿的工学,也包含对工学人才培养目标及培养模式从制造型到创造型、从单一学科向交叉学科的转型和改革。

(三)A大学新工科建设的保障条件

A大学将重建的工学院当作一片改革试验田,在工学院运作初期就赋予工学院较大的自主权,允许工学院在运行体制和管理机制方面进行创新性探索。2005年工学院重建时,A大学批准该院实行院长负责制和预算制。人事与财务方面的较大自主权让工学院在原有体制内不断探索体制边界,在人事管理制度和经费管理制度上不断革新,为工学院改革奠定了良好的基础,其经验在校内和国内都产生了较大的影响,被称为"A大工学院现象"。

1. 经费管理自主权

在经费管理方面,A大学工学院推行预算制。但是,在一定额度内,A大学工学院有权自由支配资金。学校当时拨给工学院的办学经费远远无法兼顾学院基础建设和科研的需要。本着科研为先的发展理念,工学院自主决定将学校拨给的大部分经费用于实验室建设,同时积极承接科研项目以补给项目经费,向社会募集资金支持学院基础建设。经过多番努力,A大学工学院办学后期所能调用的经费远超学校拨款的20~30倍。[①] 在经费管理方面的自主预算制,极大促进了A大学工学院重建和发展的脚步,但与之相比,由院长负责制所推动的人事管理制度改革,才是"A大工学院现象"的核心。

2. 新人事管理政策

A大学工学院重建初期规模较小且管理灵活,能够循序渐进地推进改革。工学院人事制度改革主要包括实行全球招聘、破除近亲繁殖;采用预聘长聘制的聘任方式,打破终身制"铁饭碗",非升即走;建立同行评审机制,取代量化考核;为青年教师提供充分的科研支持,激发他们的潜能。

在人才引进方面,A大学工学院面向全球公开招聘优秀教师,注重教师学科背景的多元化组合。例如,材料科学与工程系在招聘教师时兼顾物理、化学、生命科学、能源、信息学科等多元背景。与此同时,工学院原则上不聘用本院培养的博士生,积极鼓励未来有意向任职A大学的学生前往海外学习,培养国际视野和国际能力。

A大学工学院率先引进目前英美高校通行的预聘长聘制。在聘任教职人员时,不再实行终身制,而是签订6年聘任合同,在聘任期满时,学院组织评审小组对教师的成果进行评估,对评估通过者授予长聘副教授或教授职位。该院生物医学工程系采用上述招聘方式,引进了20多位来自国际一流大学或科研机构的具有较大发展潜力的年轻学者,形成了一支既能从事学科前沿基础和国家重大课题研究,又能进行产学研转化的师资队伍。工学院人事制度改革经验推动A大学自2014年1月1日起在各院系全面实行预聘长聘制。

A大学工学院建立同行评审机制,取代量化考核。在工学院重建前,国内高校量化考核制度重数量轻质量、功利主义科研取向的弊端逐渐显露。建院之初,A大学工学院院长就意识到,在影响因子的作用下,很多尚未建立权威期刊却具有极大发展前景和应用潜力的新兴研究领域往往无人问津,这会阻碍"新"

[①] 言咏.循序渐进扩大体制边界——张东晓谈北大工学院改革[N].经济观察报,2017-04-17.

工学的创新与发展。为了鼓励教师积极探索新兴学科,不断突破原有工学的界限,工学院引入同行评审机制。当教师申请考核和晋升时,学院组织征集国内外同行的评审意见,综合评估申请者在所在学科领域中的位置、科研成果的质量及效用,以此考评申请者的综合能力。为保障同行评审的权威性,工学院在选取评审专家时,优先考虑学科领域里具有影响力、公信力的学者做评审者。同时,工学院尽量控制"人情"因素对评审结果的干扰。例如,工学院要求在选取同行评审专家时,应当回避申请者的导师或其合作伙伴,如果无法回避,也会将名额限制在1~2个之内。在同行评审后,评审内容及结果还会由系、学院、学校三个层级的委员会进行复议,最终由学校委员会做出决策。这种评审方式鼓励教师积极探索新兴领域,落实"新"工学的发展。

A大学工学院大力支持教师的科研工作。该院规定,所有在编教学科研系列教师均有博士生配额,这打破了当时只有教授才能担任博士生导师的惯例,让不同层次的教师与博士生在相互合作与互动中共同发展。不仅如此,工学院还给新教师提供科研启动经费,允许其自主支配经费以建设自己的独立实验室。每一位青年教师都是一个独立的PI,能够招收硕士和博士生开展科研,申请科研课题和项目。这项人事制度对国内外申请者具有很大的吸引力,为"年轻"的工学院引入了一批年轻的、充满活力的研究人员。据统计,截至2015年底,工学院50岁以上的教师占全院教师人数的30%,40~50岁的教师占40%,30岁及30岁以下的教师占30%,教师年龄结构比较年轻化。

虽然A大学给予工学院一定的自主权,但是该院人事制度改革并非易事。循序渐进扩大体制边界是工学院人事制度改革的主要特征,这是对A大学2003年人事改革"一刀切"[1]等不成功案例反思的总结,主要表现为:其一,不期待一蹴而就,不直接改革人事制度的根本;其二,谨慎划定改革波及群体,不搞"一刀切"。从权限上说,工学院人事改革并没有超越A大学原本的人事制度,因此得到学校的支持。从对象上说,工学院改革只针对

---

[1] 2003年,A大学校长助理Z教授提出要对A大学人事制度进行改革,并在《关于新体制的基本特征和设计的理由》中阐述了改革的基本特征及方式。但是,那次人事制度因为改革的对象不仅包括即将入职的教师,还包括已经在任多年的教师,"一刀切"的改革方式在校内引起了巨大的争议,最终未能实施。

新聘教师,对原有教师仍沿用老体制,因而推行得较为顺利,没有产生大的纠纷和矛盾。

(四) A 大学工科建设的成效与思考

经过十余年的努力,如今的 A 大学工学院已经成为一个学科丰富多元、师资力量雄厚、科研成果突出的学院。在教育部第四次学科评估中,A 大学工学院的力学、生物医学工程专业分别获得 A+、B+ 的成绩。在 2020 年 QS 世界大学学科排名中,A 大学工程学科以 85.8 分位列工程学科全球第 22 位,亚洲第 3 位,中国大陆第 2 位。

在师资方面,A 大学工学院目前有正式教师 120 人,其中包含 9 位中科院院士、11 位"千人计划"学者、8 位教育部"长江学者"、25 位国家杰出青年科学基金获得者、11 位"青年千人学者"、11 位优秀青年科学基金获得者,是 A 大学校内乃至全国高校高端人才比例最高的学院之一。[①]

在对外合作方面,截至 2015 年,A 大学工学院已与全球 20 多个国家和地区的高校和科研院所建立了交流合作关系,学院承办了"全球工学院院长大会""国际太阳能十项全能竞赛""第二届国际新能源高峰论坛"等一系列重要的国际科技活动,被评为国家外国专家局和教育部联合实施的"高校国际化示范学院推进计划"第二批试点学院之一。此外,2009 年 A 大学工学院生物医学工程系与该领域国际一流的美国佐治亚理工学院、埃默里大学生物医学工程系结成教学科研战略合作伙伴,成为国内首个由国务院学位办正式审批通过的国际联合培养博士生项目。

在科研项目进展方面,学院重建以来,A 大学工学院负责和参与各类科研项目 1 000 余项。其中,2018 年工学院生物医学工程系 XP 课题组与澳大利亚阿德莱德大学、麦考瑞大学的研究人员一起,实现了低淬灭、高浓度掺杂的上转换纳米粒子(Upconversion Nanocrystals)技术,相关论文在《自然·纳米技术》(*Nature Nanotechnology*)杂志上发表。A 大学工学院 ZHP 课题组和化学与分子工程学院 YCH、SLD 课题组的研究成果"阐明铕离子对提升钙钛矿太阳能电池寿命的机理"入选"2019 年度中国科学十大进展"。

---

① 数据为 2005—2015 年这十年的统计数据。

A大学工学院重建后，从小到大，倾注了两三代人的心血和期待，通过大胆创新，注重学科交叉和科研创新，取得了丰硕的成果，这既是A大学兼容并包精神的重要体现，也是创新体制机制和注重创新能力的结果。

三、 交叉学科的建设与发展

（一）交叉学科的内涵与交叉学科建设的意义

　　关于交叉学科的定义，学术界有着不同的见解。钱学森先生指出，所谓交叉学科是指自然科学和社会科学相互交叉地带生长出的一系列新生学科。[①] 乌家培指出：交叉科学是与单一科学相对应的综合性科学；两门以上的科学相互结合、彼此渗透的交叉，不但分别存在于自然科学和社会科学各自的内部，而且还大量发生在自然科学与社会科学之间。[②] 一般来讲，交叉学科是两门及两门以上学科的理论和方法在相互渗透、彼此借鉴、融合共生的过程中所产生的新兴学科。

　　进入21世纪以来，随着第四次工业革命和产业革命的到来，科学技术愈发走向高度分化与高度综合，理论和实践上所提出的重大问题往往难以通过单一学科的理论架构和研究方法得到解答。交叉学科在保持单一学科的深度挖掘的基础上，将相互割裂的多个学科有机整合起来，达到广度的拓展和视角的融合，对复杂问题给出更多元、更深入的分析和解答。可以说，交叉学科发展为当代知识生产方式提供了新的思路，也为现代科学技术发展带来了新的活力。

　　学科是人才培养和科学研究的基本单位。为解决前沿科技领域的许多问题，尤其是当中的中国问题，我国高校需要适应时代发展需要，相应调整自身人才培养和科学研究的模式，加强交叉学科建设，以培养更具竞争力的跨学科复合型人才，提供尖端科技成果，应对新的时代问题。A大学作为国内顶尖高校，在交叉学科建设方面率先做出了许多尝试，并且获得了可观的成果。该校一些重要领导和著名学者重视交叉学科。如中国科学技术协会名誉主席、原A大学常务副校长H院士指出，两个世纪以来科学发展一方面表现为学科的分化或细

---

① 钱学森.交叉科学：理论和研究的展望[N].光明日报，1985-05-17.
② 乌家培.交叉科学发展的原因和途径[M]//中国科学技术培训中心.迎接交叉科学的时代.北京：光明日报出版社，1986：37.

分,另一方面表现为学科边界的不断打破和融合,基于对重大科学问题的探索形成了学科的交叉与融合。从物理学转向原子钟研究的 A 大学原常务副校长 W 教授在学科发展上强调,"切忌奉行'学科中心主义',而要以'问题导向'的大领域、大方向为区块,整合学科集群,发扬个体优势,互相取长补短,在协同合作中追求学科整体卓越"。① A 大学前沿交叉学科研究院执行院长 T 院士在一次关于"学科为什么要交叉"的讲话中谈道:第一,许多科学问题都是交叉学科的问题,而非单一学科的问题;第二,科学上的重大突破往往是交叉学科的产物,而非单一学科的产物。这两点解释了 A 大学前沿交叉学科研究院以及该校其他跨学科平台建立的必要性。

2020 年 8 月,我国新增交叉学科作为新的学科门类,即交叉学科成为我国第 14 个学科门类。在当今科学技术和产业背景下,国家急需的许多高层次人才分布在交叉学科领域。设立交叉学科,加快培养交叉学科人才,是我国科学技术和经济社会发展、应对国际复杂形势的需要,同时也将推动科学研究和研究生教育的深层次变革。

(二) A 大学交叉学科建设的路径

1. 规划和建立综合交叉学科群

A 大学在《一流大学建设高校建设方案》中围绕建设目标,提出"30+6+2"学科建设项目布局:① 面向 2020 年,重点建设 30 个国内领先、国际一流的优势学科;② 面向 2030 年,以 6 个综合交叉学科群培育新的学科增长点;③ 面向更长远的未来,以 2 个重大领域为导向,推进学科布局整体协调。

A 大学对 30 个优势学科的重点建设包括从院系层面对基础学科发展的支持和对前沿交叉学科的培育与扶持;6 个综合交叉学科群分别为理学、信息与工程科学、人文学科、社会科学、经济与管理学科、医学综合交叉学科群,注重从学部层面推动战略性、全局性、前瞻性问题研究,着力提升重大问题解决能力和原始创新能力;2 个重大领域分别为以临床医学+X、区域与国别研究为代表的前沿和交叉学科领域,重在从学校层面带动学科结构优化与调整,培育新的学科增长点。

---

① 王义道."漏网之鱼"或许是"卓越"之源——从《"双一流"建设,学科真的那么重要吗》一文说开来[N]. 中国科学报,2019-12-18.

2. 促进跨学科人才培养和科学研究

A 大学就本校"双一流"建设提出了一系列深化综合改革的措施,其中人才培养体系改革为重中之重。为培养更多引领未来的人才,A 大学致力于创设推动学生跨学科学习的条件和氛围,并分别对本科生培养和研究生培养两个阶段做出了不同的设计:本科阶段强调通识教育与专业教育相结合;研究生阶段强调以提高质量为核心,致力于打造世界一流的研究生教育。

在本科教育体系中,A 大学设立了多层次的跨学科教育,从小到大依次设计了跨院系课程、辅修/双学位、跨学科项目和跨学科专业,以向学生提供跨学科教育,帮助学生找到自己的成才路径,构建自身的知识体系。[1] 在最基本的课程层面,每个学生都要修 12 学分的通识课,限选课、自主选修课部分可分别在学部内和全校进行自由选择。如果对本专业以外的其他方向感兴趣,学生可通过辅修或双学位进一步学习。此外,A 大学还提供了更具融合性的跨学科项目供学生学习。截至 2019 年 10 月,A 大学的跨学科项目已扩展至 6 个,包括古典语言学,文物保护技术(化学基础),思想与社会,政治、法律与社会,社会科学基础人才培养项目,多语种国际化卓越外语人才拔尖学生培养实验班项目。这些项目发挥了 A 大学基础学科的优势,涵盖了多个学科方向。

对于一些有着巨大的社会需求并具有较强的学科结合优势的前沿方向,A 大学设立了专门的跨学科专业。截至 2019 年 10 月,A 大学设立了 5 个跨学科专业(另有 1 个专业方向),包括古生物学,政治学、经济学与哲学,外国语言与外国历史(该专业下还另设考古学专业方向),数据科学与大数据技术,整合生命科学专业,其中前 3 个专业(另有 1 个专业方向)都由强调本科生通识教育与专业教育相结合的 X 学院开设。

在研究生教育方面,A 大学提出学术性研究生教育的整体质量达到世界一流大学水平的目标,并且要在某些重要的前沿领域培养一批具有全球竞争力的高层次人才,为实现国家"高层次人才培养主要立足国内"的战略目标做出突出贡献。[2] 在这一思路下,A 大学通过设立实虚结合的交叉学科平台、发挥学部和

---

[1] 资料来源:A 大学招生办. 在 A 大学,每个人都"跨学科",https://www.sohu.com/a/238317309_177046.
[2] 参考:《A 大学学科总体规划(2016—2020)》(暂定稿)。

各交叉学科委员会的作用、设立交叉学科学位评定分委员会、建立专有招生和培养通道、创新师生管理模式等方式,为交叉学科人才培养提供全方位的保障。①

在科学研究方面,为进一步加强跨学科领域问题的应对能力,充分发挥学校基础学科和应用学科的积累优势,提高创新能力并取得具有重要影响的原创性科研成果,A 大学设立了前沿交叉学科研究院、生物医学前沿创新中心、分子医学研究所、麦戈文脑研究中心和现代农学院等跨学科机构,开展跨学科研究。以现代农学院为例,该院重点发展农业交叉学科,着力解决农业现代化发展中的重大关键问题,致力于建设成"学、研、产、管"一体化,集理论、应用、战略、政策、规划研究以及中高端人才培养和培训、咨询为一体的,国际一流的现代农业技术与管理学院,为国家新农村发展建设提供基础理论支撑、前沿核心技术支撑、人才队伍支撑和政策咨询支撑。②

此外,A 大学通过加强校本部与医学部的深度融合,整合医学部和各附属医院的优势资源,进行跨学科合作研究,建立病人—人群—实验室医学数据大平台;信息科学技术学院与中文系合作建立计算语言学研究所,以大规模文本内容计算和跨语言信息处理为应用目标开展研究;区域与国别研究院则以各院系现有相关学科的研究基地为依托,对全球重点国家和地区以及重大问题开展综合性的、跨学科的研究。

3. 建立跨学科平台和前沿学科研究中心

根据 A 大学学科建设办公室负责人之一的 Z 老师 2016 年在《A 大学学术实体机构梳理情况报告》中所提供的数据,A 大学从 1996 年尤其是 2000 年以后增设了 37 个研究机构,其中跨学科平台和前沿学科研究中心达 32 个(见表 5-1),有的独立设置,有的挂靠其他院系设置,新设的跨学科平台和前沿学科研究中心都开展跨学科研究和/或人才培养。③

---

① 黄俊平,陈秋媛,瞿毅臻.交叉学科人才培养模式的探索与实践——以北京大学为例[J].学位与研究生教育,2017(5):39-42.
② 资料来源:A 大学现代农学院官网,https://www.saas.pku.edu.cn/xygk/xyjj/index.htm.
③ 蒋凯,张存群."双一流"高校学科调整与建设的特点——组织变迁视角下的北京大学个案研究[R].《江苏高教》2018 高层论坛大会报告,2018.

表 5-1　A 大学新设立的跨学科平台和前沿学科研究中心

单位名称	成立时间	性质	人才培养层次	单位名称	成立时间	性质	人才培养层次
分子医学研究所	2004 年	独立	研究生教育	北京核磁共振中心	2002 年	挂靠化学学院	研究生教育
软件工程国家工程研究中心	1996 年	独立	研究生教育	景观设计学研究院	2003 年	挂靠建筑与景观设计学院	研究生教育
前沿交叉学科研究院	2006 年	独立	研究生教育	儒藏编纂与研究中心	2004 年	挂靠哲学系	研究生教育
北京国际数学研究中心	2005 年	独立	研究生教育	量子材料科学中心	2009 年	挂靠物理学院	研究生教育
中国教育财政科学研究所	2005 年	独立	研究生教育	生物动态光学成像中心	2010 年	挂靠生命科学学院	研究生教育
科维理天文与天体物理研究所	2008 年	独立	研究生教育	统计科学中心	2010 年	挂靠数学学院	研究生教育
中国社会科学调查中心	2006 年	独立	研究生教育	高能效计算与应用中心	2010 年	挂靠信息科技学院	研究生教育
先进技术研究院	2006 年	独立	研究生教育	合成与功能生物分子中心	2011 年	挂靠化学学院	研究生教育
元培学院	2007 年	独立	本科生教育(非科研机构)	定量生物学中心	2001 年	挂靠前沿交叉学科研究院	研究生教育
歌剧研究院	2010 年	独立	研究生教育	麦戈文脑科学研究院	2011 年	挂靠心理学院	研究生教育
建筑与景观设计学院	2010 年	独立	研究生教育	西方古典学中心	2011 年	挂靠历史系	研究生教育
中国画法研究院	2010 年	独立	研究生教育	崔琦实验室	2012 年	挂靠物理学院	研究生教育
海洋研究院	2013 年	独立	研究生教育	软物质科学与工程中心	2013 年	挂靠化学学院	研究生教育
人文社会科学研究院	2016 年	独立	无	社会研究中心	2012 年	独立	研究生教育
现代农学院	2017 年	独立	研究生教育	国家竞争力研究院	2014 年	挂靠新闻传播学院	研究生教育

续表

单位名称	成立时间	性质	人才培养层次	单位名称	成立时间	性质	人才培养层次
燕京学堂	2014年	独立	研究生教育（非科研机构）	国际战略研究院	2013年	挂靠国际关系学院	研究生教育

说明：除元培学院和燕京学堂外，以上跨学科平台和前沿学科研究中心均开展科学研究。表中化学学院为化学与分子工程学院的简称。

在机构类型上，2000—2016年A大学新设立的32个跨学科平台和前沿学科研究中心中，属于独立机构的有16个，属于挂靠机构的有16个。新设立的独立学术实体机构具有独立的人事聘任、财务、固定场地、设备和统一标识等管理权限；挂靠机构则设在传统机构或独立机构下，一般具有相对独立的经费来源支持，但不具有人事聘任、招生等管理权限，需要通过所挂靠的单位来完成这些职能。在功能定位上，有30个机构定位为科研机构，其中除人文社会科学研究院不承担人才培养任务外，其余29个机构都承担研究生培养任务；元培学院和燕京学堂为人才培养机构，分别承担本科生和研究生培养工作。

在A大学众多跨学科研究机构中，前沿交叉学科研究院最具代表性。该院于2006年4月成立，是A大学的直属院级研究机构。其成立不但对A大学的学科建设、人才培养、科学研究等具有重要意义，而且是国内高校开展跨学科科研人才培养和科学研究的典型范例之一。A大学前沿交叉学科研究院现任院长为全国政协原副主席、中国科学技术协会名誉主席H院士，执行院长为国际著名理论生物学家、A大学讲席教授T院士。[①] 作为A大学跨学科人才培养和科学研究的一个核心机构，前沿交叉学科研究院依托A大学雄厚的基础学科和前沿技术学科，通过探索科研与管理机制创新、推动基础条件建设、聘任和引进优秀科研人才、组织学术交流与研究项目申请等方式，有力地促进了前沿交叉学科建设、队伍建设和机制建设。

A大学前沿交叉学科研究院设有生物医学跨学科研究中心、生命科学联合中心、定量生物学中心、纳米科学与技术研究中心、磁共振成像研究中心、环境

---

① 资料来源：A大学前沿交叉学科研究院官网资料，http://www.aais.pku.edu.cn/.

与健康研究中心、科学史与科学哲学研究中心、大数据科学研究中心、脑科学与类脑研究中心、睡眠研究中心、科学技术与医学史系共 11 个研究中心,涵盖数学、物理学、化学、生物学、工学、医学等学科的众多交叉研究领域。

A 大学前沿交叉学科研究院正逐步完善以中心为主体、以交叉为特色、以需求为导向的跨学科研究生培养体系,培养视野广阔的高层次跨学科人才。目前,该院招收硕士和博士研究生的机构主要有生命科学联合中心、定量生物学中心、纳米科学与技术研究中心、大数据科学研究中心、脑科学与类脑研究中心等,学生类型主要为以推荐免试和申请考核方式录取的直博生以及部分以推荐免试录取的硕士生[①],招生专业范围广泛,学科构成丰富多元。2014 年,为推动交叉学科发展,理顺交叉学科学生培养、毕业和获得学位等各个环节,前沿交叉学科研究院协助并推动 A 大学成立了全国高校第一个交叉学科学位评定分委员会。此后,为了适应学科发展要求,经前沿交叉学科研究院牵头、交叉学科学位分会与校学位评定委员会审核,教育部批准 A 大学先后在该院自主设立了数据科学、纳米科技、整合生命科学三个新的理工类交叉二级学科。

另外,A 大学前沿交叉学科研究院通过持续引进包括"千人计划"专家、长江学者、国家杰出青年科学基金获得者、"百人计划"研究员等在内的一批优秀的高层次人才,组建了一支学科背景丰富、科研能力突出的教学科研团队。在他们的悉心指导下,前沿交叉学科研究院研究生在开展前沿问题研究与科学技术攻关方面取得一系列重要进展,每年均有研究生完成或合作完成的不少研究成果在《科学》(Science)、《自然》(Nature)、《细胞》(Cell)、《纳米通讯》(Nano Letters)、《物理评论通讯》(Physical Review Letters)、《美国化学会志》(Journal of the American Chemical Society, JACS)、《先进材料》(Advanced Materials)等顶级期刊上发表,在国际学术界引起了广泛的关注。此外,前沿交叉学科研究院各中心先后承担了"863 计划"、"973 计划"、国家自然科学基金、国家重大科技专项课题等在内的数百项国家级、省部级科研项目,获得多项国家自然科学奖和国家技术发明奖。[②]

---

① 赵瑞颖,蔡旻恩.理工类交叉学科人才就业状况分析——以北京大学前沿交叉学科研究院为例[J].中国大学生就业,2019(15):34-38.

② 资料来源:A 大学前沿交叉学科研究院官网资料,http://www.aais.pku.edu.cn/.

（三）A 大学交叉学科建设的成效

1. 创立跨学科人才培养模式，培养一批跨学科人才

A 大学在国内率先创立了交叉学科的人才培养模式，不断探索和完善跨学科人才培养体系，培养了一批具有敏锐的问题意识和突出的解决能力的跨学科复合型人才。其中，前沿交叉学科研究院经过十多年的探索与运行，已经建立了一套统筹全院大局、突出中心特点的跨学科研究生培养制度，持续地培养了多届全新设立的交叉学科毕业的跨学科交叉型学术人才，历届博士、硕士毕业生多数继续从事科研工作，或去往与生物、医学、电子和材料等领域相关的高新技术产业与就业单位，得到了科研院所、企业、政府部门、事业单位等用人单位的高度评价。

2. 探索跨学科前沿领域，产生一批创新性成果

在鼓励交叉融合的科研氛围下，前沿交叉学科研究院一系列具有国际影响力的重要跨学科科研创新成果不断诞生，为 A 大学前沿科技和学术领域注入了强有力的新活力。例如，2019 年 9 月 12 日，A 大学分子医学研究所、生命科学联合中心 CL 课题组在《自然》杂志发表了题为"Structural Insights into the Mechanism of Human Soluble Guanylate Cyclase"的论文。该论文首次解析了人源可溶性鸟苷酸环化酶（sGC）在无活力状态及一氧化氮激活状态下的高分辨冷冻电镜结构，并结合突变体活力实验，提出了可溶性鸟苷酸环化酶的工作机制。2014 年 9 月，在 A 大学第三医院 Q 院士团队、生物动态光学成像中心（BIOPIC）X 院士团队和 T 教授团队共同合作下，世界首例经 MALBAC 基因组扩增高通量测序进行单基因遗传病筛查的试管婴儿诞生，该成果标志着我国胚胎植入前遗传诊断技术已处于世界领先水平。

3. 丰富学科发展组织结构，促进学术生态建设

在跨学科教学科研机构体制机制改革中，A 大学搭建跨学科合作平台，设立跨学科教学科研机构，充分发挥学部和各交叉学科建设委员会的作用，打破了学科、院系壁垒，有力地推动了院系结构和学科结构的优化调整。A 大学跨学科平台和相关机构的建立为交叉学科研究提供了沃土，学部在调配院系形成和跨学科科研团队组建中积极发挥作用，促进了 A 大学跨学科、跨院系、跨机构的教学科研合作。A 大学建设和发展交叉学科的一系列举措丰富了该校的学术生态，

完善了学科结构,提升了该校的人才培养能力和科研创新能力。

第四节　A 大学学科调整与建设效果的制度分析

A 大学学科调整与建设取得了比较显著的成效,积累了积极有益的经验,但同时也存在一些局限性和不足之处。制度分析表明,A 大学在学科调整与建设过程中应当更加重视学科发展的规律和内在力量,注意学科整体发展,避免功利化取向和短期行为,走具有自身特色的学科建设之路。

一、A 大学学科调整与建设的成效

目前,A 大学设有理学、信息与工程科学、医学、人文、社会科学、经济与管理 6 个学部,设有理学、工学、医学、农学、交叉科学、文学、历史学、哲学、艺术学、经济学、管理学、法学、教育学 13 个学科门类。截至 2018 年 12 月,A 大学共有 49 个博士学位授权一级学科点,51 个硕士学位授权一级学科点,26 个专业学位授权点;54 个直属院系,6 家附属医院。[①] 仅 A 大学校本部就有 32 个传统院系,其中多数院系经历了 1994 年以来的学科调整建设,建立起了综合全面、各具特色、注重质量的学科整体布局。

在传统院系之外,A 大学在 2000 年后新设了大量新体制研究机构。一是具有独立人事聘任、财务权、固定场地、设备和统一标识等管理权限,承担教学、科研、社会服务等功能的类院系实体机构,如分子医学研究所、北京国际数学研究中心等,具有学科交叉或开展前沿探索的特点。二是挂靠在传统院系下,具有相对独立的经费来源,但在人事聘任、招生或固定场所等管理权限上并不充分自主,一般是半实体或虚体机构,包括为引进世界著名科学家学者专门设立的机构,如 CQ 实验室、生物动态光学成像中心、社会调查研究中心等;为国家战略发展专门设立的机构,如儒藏编纂与研究中心等;交叉学科平台机构,如核磁共振平台等。这些管理体制不同、功能各有侧重的机构数量达到 37 个之多[②],构成了 A 大学跨学科发展、学科前沿探索的先锋力量。

[①][②]　参考:A 大学学科建设办公室报告,《A 大学学术实体机构梳理情况报告》(2016 年)。

2018年,在A大学3 358位专任教师中,有中国科学院院士78人,中国工程院院士18人,两院院士增选人数在2011年、2013年、2015年连续三年居全国高校之首,另有发展中国家科学院院士30人,哲学社会科学资深教授11人,博雅讲席教授77人,博雅特聘教授271人,博雅青年学者266人,人文讲席讲授7人,国家"千人计划"入选者64人,"青年千人计划"入选者169人,"万人计划"入选者42人,"青年拔尖人才计划"入选者41人,"长江学者奖励计划"入选者250人,国家重点研发计划首席科学家74人,国家杰出青年科学基金获得者254人,国家基金委创新群体40个,博士生导师2 582人。[①] A大学与60多个国家或地区共380多所高校和研究机构建立了交流合作关系,与世界顶尖学术机构开展了卓有成效的国际合作交流,大力拓展了师生的国际视野,聚集了国际顶尖师资和一流学生团队,扩大了该校在国内外的影响力。

目前,A大学有国家重点一级学科18个、重点二级学科25个、重点培育学科3个。A大学建有1个国家研究中心,9个国家重点实验室,3个国家工程实验室,2个国家工程研究中心,126个省部级设置的研究院、所、中心和实验室,举办46种定期出版的专业刊物。在ESI统计中,从2002年到2016年,A大学进入全球前1%的学科数量从4个增加到21个。[②] 在"双一流"学科建设名单中,A大学以41个学科入选数量居全国高校之首。在全国第四次学科评估中,A大学的A类学科数量达到参评学科总数的70%,A+学科广泛分布在人文学科、社会科学、理学、工学、医学等大类学科。

2012—2017年,A大学教学科研人员在《科学》《自然》《细胞》三个顶尖科学期刊上发表第一作者论文和通讯作者论文共计49篇,A大学作为第一完成单位获国家自然科学奖14项、国家科技进步奖8项、国家技术发明奖3项。在依据高水准期刊上的科研成果衡量学术机构水平的自然指数Nature Index方面,A大学从2016年的全球第14位上升至2019年的第10位,超越牛津大学、耶鲁大学,位居全国高校之首。在泰晤士高等教育世界大学排名中,A大学从2015年的第42位上升至2019年的第24位。目前,A大学设有16个智库,在

---

①② 本章作者根据A大学有关数据整理。

众多领域为国家战略决策提供学术支持。①

20世纪90年代特别是进入21世纪以来，A大学学科调整与建设的成果获得了国内外学术界和社会各界的高度认可。A大学在发挥基础学科优势的同时，将基础学科与前沿探索、交叉研究不断结合，以科技和学术创新回馈社会，以优良学风吸引和凝聚世界范围内的优秀人才，努力创建世界一流学科。

二、A大学学科调整与建设的经验和局限性

A大学学科调整与建设所取得的丰硕成果，得益于学校领导管理层和全体师生的共同努力，得益于政府、社会和国内外其他学术机构的支持。本节总结A大学学科调整与建设的经验和局限性，并对该校学科发展建设进行展望。

（一）布局合理，但有待高峰突破

A大学学科规划布局和办学定位清晰，旨在建设有特色的综合性研究型大学，争创世界一流大学。这一发展目标为A大学凝聚人心、改革创新提供了方向指导，是20世纪90年代以来A大学不断前进的动力。稳步推进的学科建设策略是A大学对外争取支持、对内进行评估的重要依据，在学科之间产生了良好互动，在该校扎实的基础学科优势之上进行整体布局优化升级。以该校工学院为例，从规模上看，力学与工程科学系占据主体，其他系规模较小，方向较窄，但注重术有专攻、高水平突破。A大学技术应用学科依托基础学科和交叉学科优势，在具体的研究项目中稳步展开。例如，现代农学院筹建三年后始建，在与生命科学学院、化学与分子工程学院等相关学科的密切交流中，扎实探索学科设置、人才培养、研究方向、师资队伍建设的合适发展路径。

经过20多年的努力，A大学已经出现了一大批以主干学科为基础的优势学科，进入ESI全球排名1%，形成"高原"之势。但是，与哈佛大学等世界顶尖学府相比，A大学进入全球千分之一的"高峰"学科数量仍然很少，并且集中在少数几个方向，学科发展不够均衡，"高峰"学科发展缓慢。对此，A大学学科规划部门在传统的基础学科、应用学科、技术学科和交叉学科的分类之外，提出了更符合A大学学科发展趋势的新分类，以对学科进行分类管理，灵活支持。具

---

① 参考：A大学学科建设办公室报告，《A大学学科建设现状与未来》（2017年）。

体分类如下：① 已进入 ESI 全球排名千分之一、可冲击 ESI 全球排名万分之一的"冲锋"学科；② 发展较好、成就较显著、应持续进行重点支持的高原学科；③ 潜力巨大、利于开拓新学术领域、有发展前景的潜力学科。①

（二）机构创新，但缺乏退出机制

研究机构的组织创新是 A 大学当前注重前沿探索的交叉学科研究的重要特点，取得了一些国内领先的成果，积累了宝贵的经验，同时在学科建设中也出现了许多需要处理的问题。新体制研究机构本身绕开了与现有传统院系的整合问题，这一方面带来了效率上的优势和管理上的创新潜力，但另一方面容易在绩效评估下急功近利，忽视学科建设发展的长远规划与策略。例如，为了引进一些国际著名学者，出现了投入大量资源为其量身定制的"因僧造庙"现象；一些小规模研究机构虽然在短期内比较繁荣，但是与 A 大学既有学科缺乏交流，缺乏可持续发展机制，也因缺乏监管和退出机制，造成了一定程度的资源浪费。②

A 大学给予部分著名学者以较大的人事自主权后，他们发起成立的新体制研究机构的学术带头人和人才队伍并没有得到可持续发展的保障，这成为该校整体学科布局中的一个难题。A 大学给予相关院系和教师较大自主权以设置新体制机构，但机构设立后却缺乏有效的评估与监管。挂靠和虚体设置允许相关院系较为便利地探索成立新体制研究机构，但是也给学校监督造成了很大的困难，许多资源投入与权限开放缺乏校级管理授权机制，随意性较大。此外，对新体制教学科研人员流动也没有很好地进行监督，甚至出现了同一学科领域机构和人员的重复设置，造成资源浪费，并且引起了不良竞争。以大规模的资金投入和特殊通道吸引外部人才，如果只是达成一些短时性、局部性的合作，也容易引起校内一部分其他教师的心理不平衡。对于那些效益不佳、浪费资源、管理失控的新近成立的研究机构，A 大学已经在探索建立考核和退出机制。

（三）重视指标，有效合作不足

在学科发展建设过程中，学科评估和大学排名推动着各高校的竞争式发

---

① 蒋凯，张存群."双一流"高校学科调整与建设的特点——组织变迁视角下的北京大学个案研究[R].《江苏高教》2018 高层论坛大会报告，2018.
② 参考：A 大学学科建设办公室报告，《A 大学学术实体机构梳理情况报告》(2016 年)。

展。A 大学在吸引人才、评估师资的过程中也比较重视论文发表、影响因子、引证次数等与大学评估排名直接相关的指标数据。但有访谈显示,A 大学一些教师认为该校"应该有信心和自信说出自己工作的水平和领先之处,而不是过于依靠外部评价来告诉别人自己有多好"。① A 大学一部分老教师认为学科评估这类行政指标积极度不高,是学术之外的无用功,不利于教师的自由探索,在某种程度上这种竞争反而加剧了教师之间、学科之间的隔阂和壁垒。

在学科布局体系壮大的过程中,A 大学一些教师指出单兵作战模式较多,"学科建设队伍体量大,团队规模小"的现象普遍存在。② 研究领域细化是当代学科发展的普遍趋势,但各学科的科学研究越来越依赖团队合作。A 大学独立性越来越强的小规模研究机构不但管理幅度大、难度高,而且易导致学术壁垒,各研究团队缺乏相互交流,不能及时进行交流合作,难以形成活跃自由的学术氛围。各团队的研究主要着眼于自身单一领域的指标成果,在指标竞争下追求短期"高效"的科研产出,从而缺乏大规模、长期性、合作型的科研突破。A 大学整体学科结构上表现出学科发展不平衡、学科资源整合成效不足、创新机制不充分等问题,不利于学科发展的高水平突破。

三、A 大学学科调整与建设效果的制度分析

以下借助新制度主义社会学理论,对 A 大学学科调整与建设过程中的有关现象和问题进行阐释。新制度主义社会学家认为,需要将组织的制度建设与社会文化背景联系起来,外在的制度环境建构地方结构,为其提供制度元件,可以将其理解为外生模式。外生模式是组织框架建立的参照和建设蓝图,为其发展目标、自我存续、合法性建设提供对照和动力。地方结构及其所参照的外生模式都源于更广阔的集体性和文化性的社会过程,这一过程不是单一政治、经济或优势阶级的主导结果,也不是理想模式下的效率功能调试结果,而是历史进程中多方力量协调、形成集体共识的结果。其中,最基础的制度扩散机制是在一个特定的组织场域中,组织倾向于模仿它认为具有高度合法性的成功的同类

---

①② 参考:A 大学内部课题结题报告,《A 大学学科发展态势分析与研究》(2013 年)。

组织。③

20世纪90年代以来,A大学的学科调整建设与学校发展规划离不开宏观的社会背景,同时也需要看到"建设世界一流大学"这一办学目标背后的外生模式。这一模式以大学排名和学科评估结果为主要竞争指标,以论文发表、师生流动为交流机制,以企业化管理模式、竞争型资金分配模式为效益控制手段,以教学、科研、社会服务的三种主要功能为合法性来源。在我国融入全球经济、中国高等教育积极参与国际学术交流的过程中,大学的制度不可避免地受到这些源自政治、经济、文化认知等非学术要素的影响。A大学的积极经验很大程度上在于积极适应大学制度的变革趋势,在世界一流大学和国内高等教育重点建设的影响下,化被动为主动,分析自身进行世界一流综合性大学学科建设的优势与不足,优化内部人员结构和治理结构,保持与外界环境的积极互动,从而保持并强化自身作为顶尖大学的合法性地位,争取支持学科建设的政策资源、财政资源和其他资源。

A大学在学科调整与建设过程中也出现了一些问题。外生模式在驱使地方结构遵从其基本框架的同时,会造成松散耦合现象,即组织虽然看似遵守了既定框架,但是会由于在具体实践中面对与框架不符的实践要求而无法进行有效调整,从而使组织的持续发展面临困难。引入制度合法性元件的活动,可能与绩效逻辑相冲突,例如投入大量资源聘任校外一位著名教授,为其配备实验室和研究团队,设立享有独立地位和较大自主权的新体制机构,其收益反而可能不如将这笔成本投入大学现有教学科研的改进而产生的收益。A大学等国内重点大学在通过论文发表指标、获奖成果等外在评估筛选意图引进一些顶尖人才时,是为了提升学术声望,通过资源投入获得合法性来源。但是,在这个过程中如果忽视了本校学科发展现状与需求,没有很好地发挥学校的监督作用以及忽视这些新机构与校内其他院系和研究机构的交流合作,这些引进和投入就可能会造成一些封闭低效的学术"孤岛",产生学科布局中既难以切除又难以消化的"变异组织",不利于大学的学科整体建设。

---

③ [美]沃尔特·W.鲍威尔,保罗·J.迪马吉奥.组织分析的新制度主义[M].姚伟,译.上海:上海人民出版社,2008:78.

在考虑学科发展建设的松散耦合问题时，高校还必须注意到地方结构的具体实践和制度惰性给学科发展建设带来的挑战。在高校学科调整与建设过程中，利益群体的利益分配、组织稳定性与合法性之间的关系、校内的共识性理解都是关系学科调整建设能否成功的重要影响因素。A 大学的院系调整、人事管理调整都触及许多教职工的切身利益；该校许多院系历史悠久，学术积淀深厚，学校不能轻易触动；兼容并包、追求卓越的学术氛围是该校学科建设的宝贵财富，不能在指标化管理的当下为功利化竞争所取代。

在学科调整与建设的进程中，A 大学努力争取政府部门和社会各界的支持，积极借鉴许多世界著名大学的办学经验，同时回应大学外部的国际排名、学科评估、科研项目制与大学内部的学术传统、综合学科布局、学术自主的发展需求。时代对 A 大学学科调整与建设提出了众多要求，A 大学将在积极回应国家发展需求、科学技术和学术发展需求等各种主要需求的同时，努力寻求具有该校自身特色的学科建设发展道路。

第六章
B 大学学科调整与建设

2000年5月,国家决定将三所大学合并组建成B大学。三校合并组建B大学之前,这三所大学各有自己的办学历史、地位与特色。原E大学被誉为"新中国高等教育事业发展的缩影",如是赞誉现在的B大学亦同样恰如其分。B大学始终是国家重点建设高校,包括成为"211工程"和"985工程"建设高校,更是国家首批"双一流"建设高校。2020年,B大学合并组建已逾20年,梳理总结B大学学科发展20年的轨迹与逻辑,对于回顾反思20世纪90年代以来我国高等教育管理体制改革的是非成败,对于正确评价我国政府主导型学科建设体制及相关举措的利弊得失,对于合理谋划B大学学科建设的目标定位、结构布局与资源配置等,具有多方面的重要价值。

第一节 并校之初的学科发展状态与规划设计

了解B大学的学科调整与建设,必须立足于其在并校之初的学科发展状态和关于学科发展的基本考虑。对B大学来说,2000年既是并校之年,也是对学科调整与建设有较大动作和较为系统谋划的一年。

一、学科布局

合并组建之前,原E大学以工科见长,原F大学以医科见长。合并之后,B大学归并了东校区各学科与主校区相应学科,新组建了建筑与城市规划学院、土木工程与力学学院、环境科学与工程学院，完成了人文学院、法学院、计算机学院、交通学院、外语系、数学系、电力系等院系有关学科的融合，并以此院系架构为基础形成新的学科建设与发展思路。同时，学校组建了学科建设领导小组和学科建设办公室，负责学校的学科建设工作。

（一）博士点、硕士点布局

2000年，学校组建合并时，教育部启动了全国第九批博士和硕士学位授权审核工作。此次学位审核首次制定并发布申报学科专业指南，并增加了答辩程序，加大了按照一级学科对硕士、博士学位授权点审核的力度。根据申报指南，B大学学科建设领导小组和学科建设办公室整合校内资源，积极申报博士学位、硕士学位授权学科。第九批学位授权审核的结果是，学校新增博士学位、硕士学位一级学科4个，博士学位二级学科18个，硕士学位二级学科27个。至此，学校拥有一级学科博士点15个，其中工科12个、医学2个、管理学1个；博士学位授权二级学科92个，硕士学位授权二级学科149个。具体分布情况见图6-1。

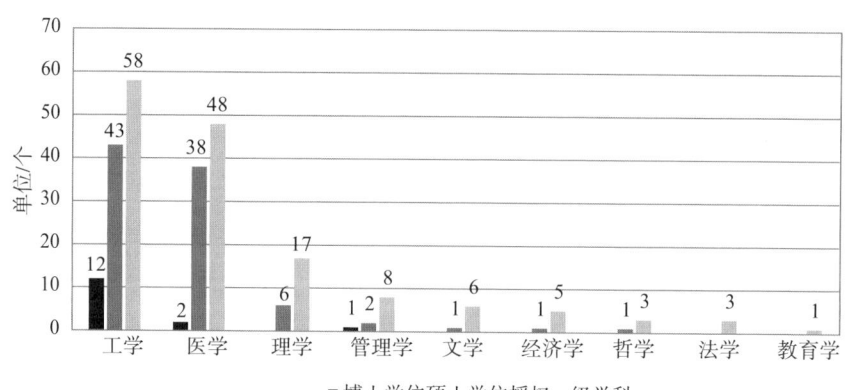

图6-1　B大学博士点、硕士点布局（2000年）

（二）国家重点学科布局

1988年2月，国家首次进行了全国高等学校重点学科评选工作，最终评选出416个国家重点学科。原E大学有4个国家重点学科，分别是机械制造、压力加工、电厂热能动力及其自动化、电机，均属工科。原F大学有2个国家重点学科，分别是外科学（普外）、环境卫生学，均属医科。

从博士点、硕士点和国家重点学科分布来看，合并之初的B大学的学科布局覆盖了哲学、经济学、法学、教育学、文学、历史学、理学、工学、医学等 9 个学科门类,工科和医科的学科优势明显,但是文科、理科学科实力较弱,是一所以工科和医科为主的多科性大学。

二、学科建设规划

B 大学在合校当年就启动了学科建设和发展战略大讨论,制定了《B 大学创建世界知名高水平大学战略规划(2001—2020 年)》《B 大学学科建设与发展(2001—2005 年)》。《B 大学创建世界知名高水平大学战略规划(2001—2020 年)》将"新世纪学科建设工程"作为学校的五大工程之一,并提出拟成立学科建设领导小组和学科建设办公室,全面负责此工程的推进工作。《B 大学学科建设与发展(2001—2005 年)》提出学科发展的总体目标是:适应建设世界知名高水平大学的要求,以文科、理科为基础,以工科、医科、管理学科为主导,以信息学科、生命学科为龙头,建立一个面向 21 世纪、布局及结构合理、重点突出、特色鲜明、充满活力的学科体系。

(一) 大力建设基础学科,实现跨越式发展

文科、理科作为基础学科,是学校的办学基础。学校提出要建设好人文与社会科学学科,一方面应加强文、史、哲等基础人文学科建设;另一方面要适应社会需求,发展法律、经济、教育、公共管理等新兴的、交叉的和边缘性的社会科学应用学科。同时,建设好理科学科,一方面在基础理论研究方面紧扣学科前沿,取得有影响的理论研究成果;另一方面要加强理科与技术学科的结合,通过学科交叉推动理科和其他学科的共同发展。

(二) 快速发展主导学科,向国际先进水平进军

学校的优势学科是工科和医科,在学科建设中要发挥其主导作用,不断巩固和增强学科优势,在争创世界一流学科方面率先取得突破,带动其他学科的协调发展,推动学校整体学科建设的快速提高。

(三) 突破性发展龙头学科,抢占高科技制高点

信息学科、生命学科是 21 世纪的领头学科,也是高新技术的代表性学科,因此将信息学科、生命学科作为龙头学科进行建设,占领高新技术学科前沿,是学校建设世界知名高水平大学不可缺少的重要方面。

第二节 20年学科建设的主要进展是明确提出"办大学就是办学科"

2000年合并组建的B大学,明确提出"办大学就是办学科",坚持把学科建设作为学校发展的关键,经过20年的发展,B大学的学科建设格局发生了明显转变,从一所以工科、医科见长的多科性大学逐步发展成为一所综合性大学。本节以学科建设的标志性事项或事件为线索,从四个方面分析B大学学科建设的主要进展。

一、一级学科博士点、硕士点建设

严格的学位授权审核工作对保证学位授予质量、促进学科建设、推动教学质量和提高科学研究水平,都有着极为重要的作用。[①] 申报硕士点、博士点的过程实际上就是一个进行学科建设的过程。在相当长的时期内,学位授权点直接与国家重点建设计划和学校获取学科建设资源密切相关,因此学位点的申报与获批,就成为大多数普通高校学科建设的首要目标,也成为许多高等学校学科建设的主要抓手。

我国的学位授予审核工作始于1981年2月,至今已经开展了十二次博士点、硕士点授予审核工作。1995年,首次在5个一级学科按一级学科审核博士学位授予权。2006年,全部按照一级学科审核博士学位与硕士学位授予权。这一举措有利于扩大学位授予单位培养研究生的自主权,促进了一级学科整体条件的提升,为各个学科按较宽口径培育研究生奠定了重要基础。

B大学在2003年进行的第九次博士点、硕士点增补工作中,新增一级学科博士点4个,分别是物理学、土木工程、临床医学、中西医结合。在2006年进行的第十次博士点、硕士点增补工作中,B大学新增一级学科博士点5个,分别是新闻传播学、生物学、环境科学与工程、工商管理、公共管理。2010年,在第十一次博士点、硕士点增补工作中,新增11个一级学科博士点以及13个一级学科硕士点。新增的一级学科博士点分别是哲学、理论经济学、应用经济学、社会学、

---

① 谢桂华.高等学校学科建设论[M].北京:高等教育出版社,2011.

教育学、中国语言文学、数学、化学、建筑学、水利工程、药学。2011年,教育部对学位授予和人才培养目录进行了调整,B大学因此又新增5个一级学科博士点(分别是生态学、统计学、城乡规划学、软件工程、护理学)以及13个一级学科硕士点。

截至2015年,B大学工科、医科、理科、人文社会学科的一级学科博士点、硕士点分布及增长情况详见表6-1、表6-2、图6-2。

表6-1 B大学一级学科博士点分布(2000—2015)

单位:个

年度	工科	医科	理科	人文社会学科	合计
2000—2002	12	2	0	1	15
2003—2005	13	4	1	1	19
2006—2009	14	4	2	4	24
2010—2011	16	5	4	10	35
2012—2015	18	6	6	10	40

表6-2 B大学一级学科硕士点分布(2006—2015)

单位:个

年度	工科	医科	理科	人文社会学科	合计
2006—2009	16	5	4	10	35
2010—2011	19	7	4	18	48
2012—2015	22	8	6	18	54

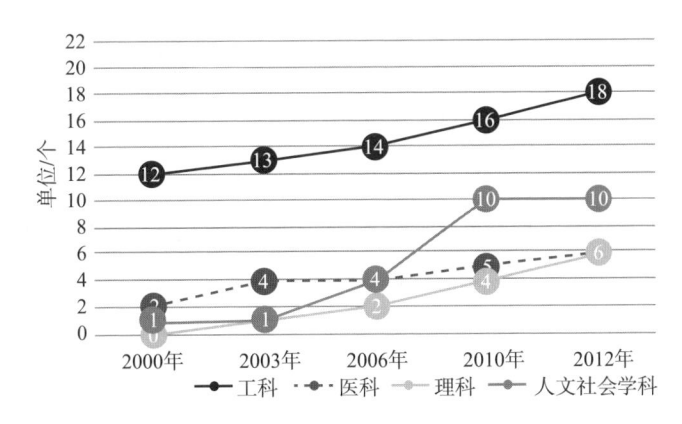

图6-2 B大学各学科门类一级学科博士点增长折线图(2000—2015)

总体而言,工科和医科继续保持优势,学位授权点数量稳步增长;理科和人文社会学科类(包括哲学、经济学、法学、教育学、文学、管理学)一级学科授权点有了快速增长。人文社会学科类一级学科博士点由1个增加到10个,占比由0.07%增长为25%;理科由0个增长到6个,占比达到15%。

特别需要指出的是,B大学在努力扩充博士点和硕士点的同时,也在不断调整、优化学科结构布局。对于一些生源与就业质量较差、师资力量较弱,整体排名比较靠后的学科,学校一直在进行动态调整。如历史学和农学就属于这种情况,且均未获得过一级学科博士点,因此学校在发展过程中逐渐取消了历史学和农学一级学科硕士授予点。而有些学科本身还不错,但为了把相关学科做得更强更大,于是也被并入了更强的学科中。如仪器科学与技术这个学科经过2003年整合之后获得了一级学科博士点授权,通过将这个学科整合并入更强的优势学科中,达到了强强联合的目的。

2016年,B大学参与了第四次学科评估。此次评估采取的是"绑定"评估,即"同一门类下具有硕士一级学科授权及以上的学科要参评同时参评,不参评都不参评"。在这种评估要求下,多数学校在参评之前会对本校的学科进行一些调整。B大学在收集、整理前三次学科评估相关数据的基础上,运用科学计量学方法和可视化技术,全面分析了学校学科的优势与短板。结合教育部有关学位授权点合格评估及动态调整文件精神,B大学还认真分析了相关高校被教育部撤销和要求整改的学位授权点情况,细致调研了十余所"985工程"高校自主调整学位授权点的思路与结果,重点分析前三次均未参加学科评估的学位授权点的发展状况,进而研究生院逐一研究了相关学位授权点的发展定位。同时,在积极听取省学位办关于省学位授权点布局的意见基础上,B大学提出了动态调整学位授权点的建议方案。按照内涵式发展、提升质量的思路,B大学主动对学位授权点进行调整,新增马克思主义理论一级学科博士点,着力加强马克思主义理论建设,充分发挥其在立德树人等方面的作用;主动撤销了12个学位授权点,包括2个一级学科博士点、2个二级学科博士点、7个一级学科硕士点与1个二级学科硕士点。

B大学对本校的学位授权点进行调整后,制定了动态调整学科专项支持计划。在过渡期,学校对撤销学位授予点的学科给予一定的支持,比如对撤销学位授予点的教师给予 30 万~50 万的研究经费,支持这些教师继续开展研究。对有些可以归并的学科进行了整合,比如当时学科建设相对较弱的心理学一级学科,硕士点被撤销后,其所在的教育科学研究院增设了教育心理学等硕士点与博士点,有关教师仍可以在交叉学科领域开展研究,同时也增强了教育学学科的实力。B 大学通过此次学科调整,尤其是大量撤销硕士点,提高了学科优质率,使学科优势更加突出,学科特色更加鲜明,学科建设资源更加集中,为开展一流大学和一流学科建设提供了有力的支撑。

2019 年 5 月,国务院学位委员会下达 2019 年增列的学位授权自主审核的单位名单,B 大学与另外 10 所高校入选。此前,北京大学等 20 所高校已入选可开展学位授权自主审核的单位。11 月,学校印发《B 大学博士硕士学位授权自主审核实施办法》,学校可以新增学位授权点和动态调整学位授权点。新增学位授权点包括新增《学位授予和人才培养学科目录》内的一级学科和专业学位类别,新增《学位授予和人才培养学科目录》外的交叉学科。动态调整学位授权点是指学校根据学科建设规划,自主撤销已有的博士硕士学位点,新增不超过撤销数量的其他博士硕士学位点。主动撤销学位授权点后不同时增列学位授权点的,可在今后自主调整中增列。拥有了学位授权自主审核权,将进一步推动学校交叉学科的发展,也使学校动态调整学科更灵活。

二、重点学科与 ESI 学科建设

(一) 重点学科建设

1986 年至 1987 年,教育部开展了首次重点学科评选,这次高等学校重点学科评选所提出的要求与条件为高等学校学科建设指明了方向,对在全国范围内推动高等学校学科建设起到了引领作用。1988 年,国家评选出 108 所高校的 416 个学科为重点学科,原 E 大学有 4 个学科入选,原 F 大学有 2 个学科入选。2001 年至 2002 年,教育部进行了第二次高等学校重点学科评选工作,B 大学共申报了 31 个学科,最终 14 个学科入选国家重点学科,其中工科 10 个、医科 3 个、管理学科 1 个。在此基础上,学校通过整合学科优势,重点学科数量由合并前的 6 个增长到 14 个学科,继续巩固和增强了工科与医科的学科优势。

2006—2007 年,教育部进行了第三次国家重点学科评选工作。此次评选在原有二级学科的基础上,增设一级学科国家重点学科和国家重点培育学科。B大学有7个学科入选一级学科国家重点学科,入选学科全部为工科;15个二级学科入选国家重点学科,其中人文社会学科类2个,理科1个,工科3个,医科9个。西方经济学、高等教育学、生物物理学入选二级学科国家重点学科。B大学人文社会学科类、理科学科能够入选国家重点学科,标志着学校的学科建设迈上一个新台阶,也标志着学校致力于发展成为综合性大学的小学目标基本达成。B大学的国家重点学科详见表6-3。

表6-3 B大学国家重点学科(2007年)

一级学科国家 重点学科	0802 机械工程 0805 材料科学与工程 0808 电气工程 0831 生物医学工程	0803 光学工程 0807 动力工程及工程热物理 0811 控制科学与工程
二级学科国家 重点学科	020104 西方经济学 071011 生物物理学 081201 计算机系统结构 100104 病理学与病理生理学 100201 内科学(血液病) 100210 外科学(普外) 100211 妇产科学 100402 劳动卫生与环境卫生学	040106 高等教育学 080903 微电子与固体电子学 081504 水利水电工程 100201 内科学(心血管病) 100201 内科学(呼吸系病) 100210 外科学(泌尿外) 100217 麻醉学
国家重点 (培育)学科	081001 通信与信息系统 100207 影像医学与核医学 100601 中西医结合基础 1201 管理科学与工程	100201 内科学(传染病) 100404 儿少卫生与妇幼保健学 100706 药理学

(二) ESI 学科建设

基本科学指标数据库 ESI 是衡量科学研究绩效和跟踪科学发展趋势的基本分析和评估工具,是由世界著名的学术信息出版机构美国科技信息所(ISI)在 2001 年首次推出的一种文献计量分析数据库。ESI 针对 22 个学科领域,对 Web of Science 数据库中全球所有高校及科研机构近 11 年的论文数据进行统计,并按被引频次确定衡量研究绩效的阈值,然后分别排出居世界前 1% 的研究机构、研究论文和科学家等。

ESI 成为各高校和科研机构普遍用于评价其学术水平和科研绩效的重要指

标工具之一。我国教育部2012年学科评估也开始将ESI纳入学科评估体系,并在评价指标中同时纳入"ESI高被引论文数"和最新发表的高水平期刊论文。在此背景下,B大学越来越重视ESI学科建设。首先,深入分析研究ESI学科排名。从2013年开始,B大学每年都会对美国大学协会、英国罗素大学集团、澳大利亚八校联盟、国内一流高校ESI学科发展变化进行跟踪分析,掌握学校与同类型或标杆高校之间的差距。其次,研究ESI学科特点与发展趋势,并制定相应奖励措施。学校根据学科建设与发展目标,研究提升ESI排名措施,特别是针对人文与社会科学的国际影响力,研究制定了《B大学社会科学ESI论文奖励暂行办法》,旨在促进社会科学总论早日进入ESI前1%;2015年,学校评估了社会科学ESI论文奖励办法效果,研制新的文科ESI论文奖励办法,组织开展2015年社会科学、经济学、商学ESI论文发展趋势分析,并出台了《B大学社会科学、经济学与商学ESI论文奖励暂行办法》。最后,开展ESI学科内涵研究,引导师生全面理解ESI学科排名的意义。在前期调研分析的基础上,在校内发布研究报告并组织院系师生学习。当前,B大学将ESI学科建设纳入学院评价指标,并不断改进院系贡献度计算方法。

2013年11月,B大学进入ESI全球排名前1%的学科有9个,包括工程学、材料科学、计算机科学、药理学与毒理学、物理学、化学、神经科学与行为科学、生物学与生物化学、临床医学等,学校ESI学科全领域排名为全球第468名。2019年11月,ESI公布的数据显示,B大学的全球前1‰学科数达到4个,前1%学科数达15个,国内高校排名第10名,全球排名第234名。(见表6-4)

表6-4 B大学ESI优势学科一览表(2019年11月)

优势学科	学科位置百分比/%	国内高校排名/名	全球排名/名
工程学	1.07	6	16
计算机科学	3.81	3	18
材料科学	4.45	9	40
临床医学	9.83	10	433
化学	12.2	26	156
药理学与毒理学	17.7	12	160
生物学与生物化学	29.2	9	311

续表

优势学科	学科位置百分比/%	国内高校排名/名	全球排名/名
物理学	39.5	9	289
社会科学	45.8	11	706
神经科学与行为科学	47.6	8	416
分子生物学与遗传学	51.1	9	413
环境科学与生态学	61.2	29	641
免疫学	61.6	8	469
数学	64.3	23	169
农业科学	75.3	48	645

注：位置百分比越小，表明排名越靠前。学科位置百分比≤10%，表明该学科进入全球前1‰。

三、专业学位点建设

专业学位作为具有职业背景的一种学位，主要是培养经济建设和社会发展所需要的高层次应用型专业人才。其与学术型学位相比，两者处于同一层次，只是类型不同、规格不同、培养目标各有侧重。1990年，国务院学位委员会审议通过了《关于设置和试办工商管理硕士学位的几点意见》，设立了我国第一个专业学位，并于1991年开始正式招生。2010年，国务院学位委员会第27次会议审议通过了《专业学位教育发展总体方案》，明确增设硕士、博士专业学位类别的条件、程序，进一步规范硕士、博士专业学位授权点审核条件、办法，第一次制定硕士、博士专业学位目录，作为专业学位授权审核、学位授予、人才培养和教育统计分类等工作的依据。[①] 至今，国务院学位委员会先后批准设置了40种硕士专业学位、6种博士专业学位，涉及国民经济和社会发展的主干领域。

随着我国专业学位研究生教育的发展，教育部逐年增设专业学位类别，学校的专业学位招收点也逐步增加。2000年，国家试点招收"公共管理硕士"，B大学获得全国首批"公共管理硕士"招生试点权；2006年，B大学获得博士专业学位（临床医学博士）授予资格。学校授予工程硕士专业学位领域由2002年的

---

① 教育部学位管理与研究生教育司.中国学位与研究生教育大事记(2010年)[J].学位与研究生教育,2011(7):72-77.

16个增加到20个。从整体上看,学校继续保持了工科、医科方面的学科优势。

2009年,教育部增招硕士研究生,将增招名额全部用于招收应届本科毕业生全日制攻读硕士专业学位,并逐年减少学术学位硕士研究生招生计划,专业学位成为研究生教育的重要组成部分。2010年,国务院学位委员会明确提出增设硕士、博士专业学位类别的条件、程序,第一次制定硕士、博士专业学位目录,并审议新增19种硕士专业学位类别。在此背景下,学校的专业学位点建设取得了较大发展,从2012年开始,学校在教育、工程、临床医学3个领域招收专业博士,在26个学科招收专业硕士,具体见表6-5。

表6-5 B大学专业学位一览表(2012年至今)

专业博士学位 (3个)	0451 教育	0852 工程	1051 临床医学
专业硕士学位 (26个)	0451 教育 0252 应用统计 0257 审计 0453 汉语国际教育 0553 出版 0953 风景园林 1053 公共卫生 1251 工商管理 1256 工程管理	0852 工程 0254 国际商务 0351 法律 0551 翻译 0851 建筑学 1051 临床医学 1054 护理 1252 公共管理 1351 艺术	0251 金融 0256 资产评估 0352 社会工作 0552 新闻与传播 0853 城市规划 1052 口腔医学 1056 中药学 1253 会计

四、学科评估情况

学科评估由教育部学位与研究生教育发展中心(以下简称学位中心)组织开展,是按照国务院学位委员会和教育部颁布的《学位授予和人才培养学科目录》的学科划分,对具有研究生培养和学位授予资格的一级学科进行整体水平评估。评估既是促进学位与研究生教育质量的重要手段,也是促进学科建设的重要手段。

2002—2004年,教育部启动第一次学科评估,此次学科评估对除军事学门类外的全部81个一级学科进行整体水平评估,学位授予单位的一级学科拥有一个及以上二级学科硕士点的,均可自原申报参加该一级学科的整体水平评估。B大学共31个学科参与了此次评估,其中5个学科进入全国前5名,另有

11个学科进入全国前10名。2006年,教育部组织对31个一级学科进行评估,B大学共17个一级学科参加了评估。2008—2009年,教育部组织对50个一级学科进行第二次第二批学科评估工作,B大学共10个一级学科参加了评估。B大学分两批共27个一级学科参与了第二次学科评估,其中8个学科进入全国前5名,另有7个学科进入全国前10名。2012年,教育部开展了第三次学科评估,B大学共46个一级学科参加了评估,其中40个一级学科博士点全部参加了评估,8个学科进入全国前5名,另有9个学科进入全国前10名。B大学参加前三次学科评估及其排位情况详见表6-6。

表6-6 B大学学科评估结果一览表

单位:个

评估轮次	全国前5名	全国第6—10名	全国第11—20名	其他	参评学科数量
第一次学科评估	5	11	12	3	31
第二次学科评估	8	7	11	1	27
第三次学科评估	8	9	16	13	46

2016年,学校41个一级学科全部参与了第四次学科评估。第四次学科评估根据"学科整体水平得分"的位次百分位,将排位前70%的学科分为9档公布:前2%(或前2名)为A+,2%~5%为A(不含2%,下同),5%~10%为A-,10%~20%为B+,20%~30%为B,30%~40%为B-,40%~50%为C+,50%~60%为C,60%~70%为C-。B大学有9个学科被评为A(其中4个A+,4个A,1个A-),28个学科被评为B(其中19个B+,5个B,4个B-),2个学科被评为C(其中1个C+,1个C-)。

第三节 学科调整与建设的基本趋向及主要经验

上一节分析了B大学合并组建20年来学科建设的主要进展,本节聚焦B大学学科调整建设的基本趋向及主要经验,以期对B大学的学科建设有更全面和深入的了解。

一、发挥传统工科、医科优势，向高水平国际化发展

传统优势学科被分为两种类型：一是国内领先、国际前沿高水平的学科，强调加快培育国际领军人才和团队，实现重大突破，抢占未来制高点，率先冲击和引领世界一流；二是国内前列、有一定国际影响力的学科，主要围绕主干领域方向，强化特色，扩大优势，打造新的学科高峰，加快进入世界一流行列。

原 E 大学成立于 20 世纪 50 年代初期，是全国范围内大规模院系调整的产物，是一所典型的工科类型的新院校。原 F 大学最早创办于 1907 年，1985 年改校名时是全国 6 大医科院校之一。学校在合并之初有博士学位授权一级学科 15 个，其中工科 12 个、医学 2 个；国家重点学科 6 个，其中工科 4 个、医科 2 个。学校的工科、医科学科优势十分明显，其中工科的优势学科集中在机、电两大类上，相比而言，文科、理科和工科中的土木工程、建筑工程、环境保护等学科，创办历史短，实力较为薄弱，博士点较少。

因此，学校在原有工科机、电等优势学科布局基础上，逐步向工科、医科、理科其他各领域拓展，以强化内功，带动学科整体实力水平的提升。一是立足传统，不断强化传统优势学科。机械工程、光学工程、电气工程、公共卫生与预防医学、临床医学等传统优势学科不断探索扩展研究领域，排名进入全国前 2%。在 2019 年公布的 ESI 学科排名中，B 大学的工程学、计算机科学、材料科学 3 个工科学科和临床医学 1 个医科进入全球前 1‰，工程学、计算机科学进入全球前 20 位，材料科学保持全球前 50 位。从这个角度看，学校工科和医科部分学科实现了冲击和引领世界一流的目标。二是积极推动交叉融合，催生新兴学科方向，形成新的特色。学校在原有工科、医科的基础上，建设了诸多交叉学科，如生物医学工程、仪器仪表、机械制造、材料科学、激光技术、电气与控制、信息处理、化工、环境以及生物技术等多个学科，并与基础医学、临床医学、公共卫生、药学、医学信息管理等学科开展全面的合作，形成了"纳米中药""PET 工程中心"等若干有重大发展前景的研究项目或科研平台，为相关学科的高水平发展开辟了道路。

二、 加强基础性文、理学科建设，由多科性大学向综合性大学发展

在学科体系建设中，基础学科很重要。对于理工科而言，数理化是基础；对于文科而言，文史哲是基础。"基础不牢，地动山摇。"①正如张楚廷先生所说："在世界上最好的大学里，人文科学都具有崇高的地位。包括麻省理工学院（MIT）这样似是以理工科著称的一流大学，也不例外。人文科学甚至是一个尺度。有很强的人文科学不一定是一流大学，但若没有很强的人文科学，它就一定不是世界一流大学。"②1979年，原E大学党委书记、院长受教育部委托，领队到美国、加拿大、日本三国考察高等教育两个半月，从中得到的一个突出印象是，这些国家的一流大学都是从单科、多科发展到现在的综合性大学的，"在培养高素质的精英人才上，综合性大学远远优于单科性大学"这一观点，已成为教育界的共识，综合性是不以人们意志为转移的客观规律。③ 回国后，原E大学领导班子统一思想，着手进行改革，创建综合性大学。

基础理科的学科建设可以依托工科、医科等传统优势学科，通过建设科研平台、学科群等来实现。2019年11月发布的ESI学科排名中，B大学的化学、生物学与生物化学、数学等已经进入全球前1%。理工科大学文科水平与综合性大学文科水平的差距，主要表现为基础文科发展水平上的差距。并校以来，B大学采取了一些措施，大力发展基础文科。例如，引进著名哲学家来校工作，聘请著名作家驻校讲学，设立论坛从国内外引进有发展潜力的中青年学者等，从而增强了师资力量；建立哲学学院，为哲学学科发展创设空间；建立艺术学院，提出"一生一艺"，支持艺术学科发展等。

在起步创建阶段，学科建设主要面向的是二级学科；到了发展提高阶段，学科建设必须立足于一级学科。建设一级学科更有利于多学科之间的交叉、融合，形成学科的协同共生效应。现行的国家学科评估制度主要按一级学科进行评估，如2016年比较有影响力的第四次学科评估，全部按照一级学科进行评估。因此，学科建设若仍停留在二级学科层面，生存则成为问题，更谈不上发展

---

① 刘献君.华中科技大学文科发展的战略分析[J].西南交通大学学报(社会科学版),2010(5):60-64.
② 张楚廷.高等教育哲学通论[M].北京:高等教育出版社,2010:253.
③ 朱九思.文革后中国第一所实行改革的大学[J].高等教育研究,2003(5):7.

提高。近十多年来,B 大学文科、理科力求按一级学科建设。例如,语言学及应用语言学二级学科博士点,发展为中国语言文学一级学科博士点,包括文艺学、语言学及应用语言学、汉语文字学、中国古代文学、中国现当代文学、少数民族语言文学、古典文献学、比较文学和世界文学等 8 个二级学科博士点。高等教育学由二级学科博士点发展为教育学一级学科博士点,包括高等教育学、教育学原理、课程与教学论等二级学科。至此,B 大学文科、理科一级学科建设已取得初步成效,拥有博士学位授权一级学科共 41 个,其中文科 10 个、理科 6 个。在第四次学科评估中,文科、理科一级学科全部参评,评估结果中没有出现 C 等级,其中 1 个文科学科被评为 A,2 个文科、2 个理科学科被评为 A-。

三、强调高新技术产业化,突出对社会发展的推动作用

加强技术创新,发展高科技,实现产业化,是我国科技工作的指导方针,也是高校学科建设实现跨越式发展的目标所在。B 大学坚持学、研、产协调发展,致力于把大学办成既是教学中心,又是科研中心,也是高新技术产业化的生力军。B 大学学科建设特别强调"顶天立地"原则。"顶天",就是要加强基础研究和应用研究,创造世界一流的科研成果,在世界科技领域占有一席之地;"立地",就是要将科技成果更好地转化为现实生产力,使科研成果在国家的支柱产业和主导行业发挥重大作用,为国家的经济建设和社会发展做出重大贡献。[①] 纵观"硅谷现象"和"剑桥奇迹",依托高校形成高新技术产业群,已成为知识经济发展的成功经验,也是现代高等学校飞跃发展的必由之路。学科建设的目的不仅在于创建具有国际竞争力的一流大学和一流学科,更在于通过一流大学和一流学科的创建引领国家的创新发展,尤其是在我国科技发展的核心领域做出突破性的贡献。以 B 大学为依托单位建立的光电国家研究中心,其建设目标就是着眼于 B 大学周边"中国光谷"的建设需要。这里云集着近 500 家不同规模的光电子信息企业,年销售额约 150 亿元。学校努力在高新技术产业化方面重点突破、快速发展,发挥优势、形成特色。学校完善了集知识创新体系、技术创新体系、国防科技创新体系、区域创新体系于一体,科学研究、人才培养和学科

---

① 李振文,周前进.在共和国的旗帜下——华中科技大学建设社会主义一流大学纪实[J].华中科技大学学报(社会科学版),2003(6):1-6.

建设有机统一的创新体系,以提升自主创新能力和研究水平。B大学注重大力发展高科技产业,形成高科技产业化孵化体系和风险投资机制,建成了具有世界先进水平的大学科技园,学校产业集团年总产值达到100亿元。

近年来,B大学在社会服务的广度和深度上又实现了新拓展。例如,服务于国家发展战略和省"两圈一带"发展战略,深度融入国家自主创新示范区建设,对接市产业发展规划,全面推进了生物医药研究院和新能源研究院建设;利用广东省和教育部、科技部深化省部产学研结合工作的机遇,组建了相关行业产学研联盟;积极推进"大企业合作战略",成立了校企合作委员会;形成了"校内建技术研发中心、学校周边建孵化器、开发区内办大学科技园"的科技产业格局,形成了初具规模的产业化运作平台;附属医院坚持以病人为中心,以服务人民、奉献社会为己任,赢得了人民群众的充分信赖,已成为中南地区的医疗服务中心。

四、 加强国际合作与交流,走开放式和国际化学科建设的道路

高等教育国际化是大学改革发展的必然趋势,而学科国际化是大学国际化的内在原动力,它反映着一所大学国际化的程度和水平。我国高校在相关学科能否"主导国际话语权、发出中国声音、讲出中国故事"也是衡量是否能够建成一流学科的重要标志。[1]

高校要致力于走开放式办学的道路,通过加强与社会各界的广泛合作,加强与企业、科研机构的联合协作,面向经济建设和社会发展的主战场,以服务求支持,以贡献求发展。具体举措为,要使学校的教学、科学研究和科技成果产业化全面与国际接轨,进入国际学术界,达到国际水平,参与国际竞争;要主动深化开放,全面加强国际交流和合作,通过在竞争中的合作、合作中的竞争,来促进学校的建设;所培养的学生应具有国际意识,有能力参与国际交流,同时要大量招收留学生,为世界各国培养人才;还要研究世界上最前沿的科学技术和经济建设课题,努力推行国际学、研、产相结合的新模式。

B大学着力打造对德交流与合作中心。B大学以落实中德合作项目为依托,以"中德大学校长会议"联盟和"中德医学协会"(国家级民间社团)为桥梁,

---

[1] 郑伟涛."双一流"背景下学科内涵式发展策略研究[J].中国高校科技,2018(5):4-7.

巩固和扩大了与德国一流大学、研究机构和产业界的传统合作和优势,将学校建设成为国内重要的对德合作交流中心。学校与美国耶鲁大学、日本东京大学、德国海德堡大学、美国微软公司、法国阿尔斯通公司等100多所一流大学和企业建立了合作关系,特别是保持着与德国合作的悠久传统。近年来,光电国家研究中心和脉冲强磁场实验装置重大科技基础设施迅速发展成为一流的国际交流与合作大平台,汇聚和造就了一批有重要国际影响的学者。学校积极参与国际热核聚变实验堆(ITER)计划,这是我国迄今为止参加的全球规模最大、影响最深远的国际科技合作项目。学校筹办的"中欧清洁与可再生能源学院",是继中欧商学院、中欧法学院之后,由中国和欧盟共同主办的第三个培养国际化人才的学院。近年来,B大学启动了学科国际化评估,力争其理工科率先建成一批世界一流学科。

五、 重视科研平台建设,助力学科建设可持续性发展

(一) 科研平台建设有利于汇聚和培养优秀的科研人才

科研平台是凝练科研方向、汇聚优秀科研人才、开展高水平科学研究、培养高层次人才的重要基地。当然,人才队伍也是科研平台建设的核心力量。一个科研平台如果没有一个卓越的科研团队,自然不能取得国际领先的突破性进展。对于高校来说,学术队伍的层次反映了高校科研绩效和学术水平的高低,学术队伍的规模关乎学校的影响力,因此学术队伍的建设是一项极其重要的工作。科研平台不仅为优秀科研人才提供了先进的仪器设备,创造了良好的科研氛围,还有助于吸引更多的优秀科研工作者加入,共同承担重大科研项目,形成协同创新,取得先进的科研成果和关键性科研技术,推动成果的转化与应用。[1]同时,也能为国家培养出一大批具有创新精神的学术带头人和优秀的青年学术骨干。但凡成熟的科研平台都具有一支职称、学历、年龄结构合理的科技队伍,拥有一套良好的人才培养和流动机制,能够提供人才培养的条件和机会。一般优秀的科学家和学者都曾在优秀的科研平台或团队中接受过严格的科研培训,并且都具有严谨的科学态度和创新意识。建设顶尖的科研平台为学术队伍创造良

---

[1] 郑伟涛."双一流"背景下学科内涵式发展策略研究[J].中国高校科技,2018(5):4-7.

好的科研条件和发展环境,为人才施展才能提供舞台,利于汇聚和培养高层次科研工作者。而加强科研平台学术队伍建设,就能提升科研人才的层次和创新实力,进一步开展更好的科学研究工作,获得重大研究成果,提高科研平台建设成效,并通过平台凝聚人才、稳定人才、培养人才,为学校事业发展和建设国内知名高水平综合性大学做出积极贡献。这两者是相辅相成、互相促进的关系。因此,科研平台要实现可持续发展,必须培养、凝聚高水平科研人才,形成高科技创新团队,从而为学科发展储备优良的科研团队,提供高、精、尖的科学技术和成果。

(二)科研平台建设有利于资源储备和积累

创新平台建设的成效最终必将反映在学科建设的水平上。创新平台要实现可持续发展、凝聚人才和形成团队,必须以学科建设作为支撑。同时,学校对科技创新平台建设进行了大量投入,平台也应担负起相关学科建设的重任,并做出应有贡献。总之,创新平台建设不能脱离学科建设,否则就会成为无本之木、无源之水,失去可持续发展的动力和源泉。在科研工作中,场地建设、实验设备购置与维护保养都是非常重要的环节,这既是顺利开展科研工作的前提和基础,也是进行科学研究的重要保障。有鉴于此,科研平台的建设首先要拥有可以支撑平台建设和发展的基础设施以及相关保障措施等。基础设施的好坏,关系科研平台建设和学科发展的高度。科研平台建设可以有效地整合实验空间和设备,实现平台内的资源共享,尤其是大型仪器设备的统筹购置与维护,不仅可以全面提高科研平台投入效益,有效节省资源,而且从整体上提高了科研平台的综合使用效能。同时,在资源共享过程中,又可以起到推动相关领域科研人员之间互相交流的辅助作用。除了拥有优势基础设备资源之外,学科的发展主要依靠持续的、深厚的学术研究积累,而一流的研究则离不开一流的技术和一流的设备。平台的汇聚效益可以有效吸引试剂供应商和仪器制造商前来合作,生产和制造出更具有特色、更符合用户需求的产品,从而帮助科学研究向更深领域、更前沿方向发展。科研平台的科研工作者们因为隶属于同一个机构,交流相对频繁,也有机会从不断交流中寻找研究交叉点和突破点,为科研的累积带来更多机会。

随着科研平台的提升,学校会不断地储备和累积原创资源,包括原创的实验材料、文章、专利、奖励、产品、技术等。这些成果不仅是科研平台最具代表性、最能体现平台特色、最能反映平台实力的成果，同时也为高校学科发展提供了有力的资源支持。

（三）科研平台建设能够促进协同创新机制

科研创新能力是高校科研绩效和学术水平高低的决定性因素，是体现高校综合办学实力的核心指标，也是促进高校职能充分发挥、高校可持续发展的关键因素。高校科学研究的发展越来越依赖于多学科交叉。在这一过程中，科研平台是培养和造就高层次创新人才的摇篮，更是产生创新知识、促进科学技术成果转化的机构。科研平台为大批科技创新人才提供了合作和交流的机会，有助于共同探讨科技创新的交叉点和切入点，凭借汇集的基础设施和高新技术优势，承担国家各类重大研究项目，促使研究成果具有前沿性、创新性，从而在科技创新活动中具有不可替代的作用，已成为高等院校协同创新体系的主要支撑。同时，对于技术开发本身，科研平台也更具实力，能够有效组织科研人员进行技术探索，并根据研究需要，统一部署，有针对性地研发技术，寻找最合适、最有效的技术手段和方法。科研平台在促进协同创新方面正在不断发挥作用，其高效的团队作战和组织协调能力为高校学科发展抢占了制高点。

B 大学拥有 1 个国家研究中心（武汉光电国家研究中心）、2 个国家重大科技基础设施（国家脉冲强磁场科学中心、精密重力测量国家重大科技基础设施）、1 个国家制造业创新中心（国家数字化设计与制造创新中心）、1 个国家工程实验室（下一代互联网接入系统国家工程实验室）、1 个国家级人文社科基地（筑牢中华民族共同体意识研究基地），另有 4 个国家重点实验室、6 个国家工程（技术）研究中心、2 个国家专业实验室、8 个国家其他类别研究机构和 10 个省部共建（国家地方联合）科研基地，并率先在教育部直属高校中建立起较为完备的国防科研体系，承担了较多国防重大科研任务。武汉光电国家研究中心、国家脉冲强磁场科学中心、精密重力测量国家重大科技基础设施被誉为 B 大学的三颗明珠，是可以代表国家最高水平的科技创新平台，对学校相关学科建设起着举足轻重的作用。以光电国家研究中心为例，该中心对学校 6 个一级学科下属的光电工程、光电信息工程、物理电子学、微电子学与固体电子学、计算机系统结构、计算机应用技术、信号与信息处理、通信与信息系统、生物医学工程、机械电子工程等 10 个二级学科的发展产生了推动作用。

第四节　学科发展变化的外部逻辑及关键事件

21世纪以来,高等学校与社会的联系日益紧密,学校的学科建设与发展离不开外部环境的影响。从我国高等教育的整体发展来看,近20年来面临的最突出的问题就是数量增长与层次提升的矛盾。随着我国高等教育规模越来越大,高等学校的数量、接受高等教育的人口都有了较大的增长。新形势下,我国高等教育要实现科学发展,就必须在规模、数量和投入等外在要素达到一定程度的条件下,从高等教育本质属性出发,走内涵式发展之路。党的十八大报告中明确提出"以提高质量为核心,推动高等教育内涵式发展"的思路。党的十九大报告中再次强调"加快一流大学和一流学科建设,实现高等教育内涵式发展"。高校内涵式发展就是要转变高校的发展方式,实现从重规模、重数量为特征的外延式发展向重质量、重特色、重效益为核心的内涵式发展转型。

一、学科发展的焦点问题：外延式还是内涵式发展

(一)外延式发展和内涵式发展的关系

外延式发展包括扩大办学规模,改善办学条件,获取更多的办学资源等;内涵式发展主要是提升办学质量和水平。外延式发展是内涵式发展的前提,内涵式发展是外延式发展的目的,不能将两者割裂开来或对立起来。强调内涵式发展,并不是不要外延式发展,外延式发展有利于内涵的巩固和提高。因此,应在稳定一定规模的同时,重点放在办学资源的有效利用和争取更多的办学资源上。通过完善资源配置机制以及资源优化和共享机制,切实提高资源的利用效率,从而与学校的发展目标相适应。

内涵式发展是相对外延式发展而言的,外延式发展主要是以事物外部因素作为动力和需求,表现为规模的扩大、数量的增长;而内涵式发展主要是以事物内在要素作为动力和导向,更加强调质量的提高、结构的优化、特色的突出与效益的提升。[1] 内涵式发展和外延式发展并不是对立和矛盾的,二者相辅相成。

---

① 李元元.持续抓好学科建设　不断推进高校内涵式发展[J].中国高等教育,2013(19):3-4.

(二) 外延式发展为建设综合性大学奠定基础

合并组建之后,B 大学明确了建设综合性、研究型大学的办学定位。在 2003 年国务院学位委员会和教育部组织的第九次博士点、硕士点增补工作中,学校增加了农学、历史学 2 个新的学科门类,使得学校的学科门类从 9 个增加到 11 个(仅缺少军事学)。学校的传统优势学科是工科和医科,其中工科的优势又集中在机、电两大类上。相比而言,文科、理科和工科中的土木工程、建筑工程、环境保护等学科,办学历史短,基础较为薄弱,博士点较少。2003 年新增的 4 个一级学科博士点、33 个二级学科博士点中,上述弱势学科分别占了 2 个和 21 个。这样的发展格局,为学校建设国际化、研究型、综合性的世界知名高水平大学奠定了良好的基础。

经过 10 多年的发展,B 大学在 2013 年形成了覆盖工学、医学、理学、管理学、经济学、哲学、法学、文学、历史学、教育学、艺术学、农学等 12 个学科门类的综合性学科布局。可以说,B 大学的学科布局基本完成,学校的学科总数不会有大幅度增长,各学科的规模也会保持相对稳定。在后续的学科发展中,B 大学遵循着内涵式发展的办学理念,对于学科建设成效不佳的历史学和农学,学校取消了这两个门类的学科设置,精简了博士和硕士一级学科授权数量。从图 6-3 中可以看出,学校在经过了数量增长的阶段后,整体规模趋于稳定。

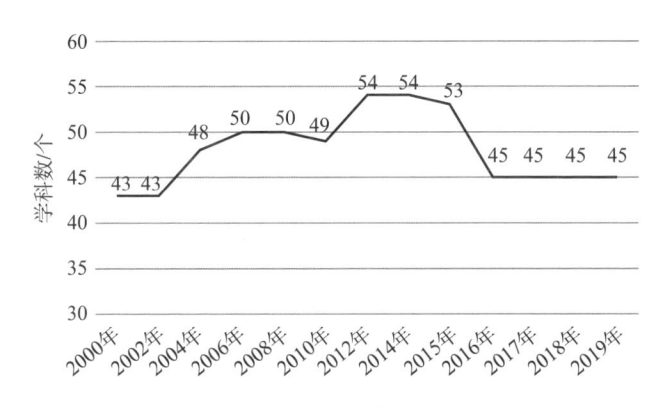

图 6-3 B 大学博士学位授予权一级学科数量变化图

(三) 内涵式发展为建设世界一流大学助力

在规模稳定之后,学科水平的提升将更多依靠内涵式发展、内部结构的调整以及学科自身实力的增强。这包括学科方向的调整和布局、教学科研环境的优化、教师水平的提高、科研项目质量的提升、高水平论文数量的增加、学术评价标准的改进、资源配置机制的完善等。学科内涵式发展就是学科建设发展更注重内在素质的提升,即实现从以追求规模、数量的表象特征为主向追求质量、水平和特色的转变,实现学科建设在发展模式、投入方式、产出效益、评价标准等方面的转变。内涵式发展对 B 大学的学科建设而言,意味着从量的扩大到质的提升。

为此,学校加强人才引育,打造高层次人才队伍。没有一流的人才,就没有一流的学科,高层次人才是学科建设的关键。提高学科建设水平必须加强高层次人才队伍建设,尤其要充分发挥学科带头人的关键作用。同时,注意学科梯队建设,打造一支具有较强竞争力的学科建设团队至关重要。学校围绕重点学科、优势学科、特色学科的建设,有针对性地培养和引进了一批高层次人才和学术领军人物。必须强调的是,自主培养和引进人才两个方面都很重要。高校要根据发展阶段性特征和学科建设需要,有针对性地开展人才引进工作,并不断健全完善人才引进制度,为引进的优秀人才提供良好的学术和制度环境,使引进人才和本校教师形成发展合力,充分发挥其在学科建设、人才培养、科学研究等方面的重要作用。同样,加强校内师资队伍培育也是一项常规性重要工作,学校千方百计地提升学校教师队伍的整体素质,并从中造就一批高层次人才和优秀青年学术骨干,通过制度创新,构建科学的人才培养评价考核和激励约束机制,为广大教师提供人尽其才、才尽其用的环境和氛围。据 B 大学网站上公开的人才信息中,该校教师中有院士 18 人、"973"项目首席科学家 87 人、重大科学研究计划项目首席科学家 2 人、国家重点研发计划项目首席科学家 87 人、国家级教学名师 9 人、教育部新世纪人才计划入选者 224 人、国家百千万人才工程入选者 43 人,国家自然科学基金群体 11 个,教育部创新团队 19 个。连续多年,B 大学入选各类国家级人才项目的学者人数稳居国内高校前列。

二、学科发展的外部逻辑:在适应性调整中寻求竞争优势

明确的办学思路,是一个关系建设什么样的大学和怎样建设大学、培养什么样的人和怎样培养人的问题,是直接关系学校发展方向、奋斗目标和前途命运的根本问题。

(一) 全校师生参与,共同谋划学科建设

B 大学合并组建后不久,学校组织各院系师生开展学校发展战略大讨论,全校师生围绕 B 大学应该把自己摆在一个什么样的位置上、按照什么样的目标发展进行了广泛而深刻的讨论。学校集思广益,在总结办学经验和展望未来发展趋势的基础上,制定了《B 大学创建世界知名高水平大学战略规划(2001—2020 年)》,明确将学校发展的远景目标定位为"具有世界先进水平的一流大学"。2016 年,B 大学在全校师生中组织开展教育思想大讨论,研讨"双一流"建设思路,形成了"强基础、上水平、占高峰"的学科布局共识,进一步明确了学校"十三五"发展目标,即到 2020 年部分学科达到世界一流,学校初步进入世界一流大学行列。在学校发展的关键阶段或者国家重大政策出台的重要时期,B 大学都会不断思考自己的学科发展定位,并力求全校师生达成共识,为这一发展目标共同努力。

(二) 紧跟学科建设政策和趋势,不断调整学科建设方向

近年来,高校之间的竞争日趋激烈,呈现出"千帆竞发、百舸争流"的态势:清华大学提出 21 世纪中叶跻身世界一流大学前列,并制定了战略措施;浙江大学提出在 2017 年该校建校 120 周年之际,基本建成世界一流大学;中国科学院、教育部与安徽省政府签署了重点共建中国科技大学的协议,力争在 2018 年将中国科技大学建成世界一流研究型大学;上海交通大学提出了 2020 年建成世界一流大学的目标,并列出了创建时间表。学校发展面临巨大挑战,但机遇大于挑战,学校依然处于可以大有作为的重要战略机遇期。在这样的环境下,B 大学的领导层始终保持清醒头脑,紧跟学科建设政策和趋势,不断调整学科建设方向,力求始终保持国内顶尖大学的地位,不能掉出这一梯队。2010 年之前,B 大学就已经有 5 个进入 ESI 前 1% 的学科,但是学校对 ESI 学科建设并不重视,也从未深入研究过 ESI 学科。2012 年,教育部学科评估开始将 ESI 纳入学科评估体系,并在评价指标中同时纳入"ESI 高被引论文数"和最新发表的高水平期刊论文。从 2013 年开始,B 大学深入分析研究 ESI 学科排名,每年都对国内外高校 ESI 学科发展变化进行跟踪分析,开展学校与同类型或标杆高校发展趋势对比,制定相应奖励措施等。在这一系列努力下,学校在 ESI 学科建设中取得了较好成绩。2019 年 11 月,ESI 公布的数据显示,

B大学前1‰学科数达到4个,前1%学科数达15个,国内高校排名第10位,全球排名第234位。学校在2003年通过多方努力,获得了历史学和农学二级学科硕士点,学校的学科门类也从9个增加到11个。但是在2016年的学科评估中,根据"绑定评估"的政策,为了取得更好的结果,学校坚定地取消了这两个学科的硕士点。最终学校参评的41个学科中,仅有2个C等级学科(其中1个C+,1个C-),其余都是B等级以上。

2018年4月,国务院学位委员会下达学位授权自主审核的单位名单,北京大学等20所高校入选,B大学不在此列。拥有学位自主审核权,对于推动交叉学科发展与学科动态调整至关重要。学校未入选的一大关键因素是生师比过高,其原因之一是延期毕业的博士生人数过多,且延期时间过长。为此,学校出台了一系列措施,如清退学习时间超过8年的博士生,制定博士生中期考核制度等。经过多方努力,学校在2019年入选学位授权自主审核单位。

三、学科建设与发展中的关键事件

(一) 重点大学建设

1993年2月,中共中央、国务院联合印发的《中国教育改革和发展纲要》明确提出:"为了迎接世界新技术革命的挑战,要集中中央和地方等各方面的力量办好100所左右重点大学和一批重点学科、专业。"同年7月,国家教委印发《关于重点建设一批高等学校和重点学科点的若干意见》,宣告我国将"面向21世纪,重点建设100所左右的高等学校和一批重点学科点","211工程"由此诞生。1998年12月,教育部发布的《面向21世纪教育振兴行动计划》提出:"今后10—20年,争取若干所大学和一批重点学科进入世界一流水平。"1999年1月,国务院批转该计划,"985工程"正式启动。

"211工程""985工程"在一定程度上缓解了入围高校教育经费不足的紧张局面,被众多学校誉为"久旱逢甘霖"的"及时雨工程",稳定人心、调动积极性的"凝聚工程",做强学科、激励创新出成果的"造血工程",[1]对于促进学校的改革和发展,迎接新世纪的挑战,适应国家现代化建设的需要发挥了重要的作

---

[1] 陈廷柱,李良立.重点大学建设70年:历史传承与创新发展[J].吉首大学学报(社会科学版),2019(6):33-40.

用,产生了显著的成效。入围学校使用"211工程"与"985工程"建设经费购置了一批较为先进的大型精密仪器设备,从而使教学、科研的运行条件和环境得到较大改善,为争取及完成重大科研项目,培养优秀人才,稳定、吸引优秀骨干教师创造了条件。首先,一批重点建设学科不仅继续保持了在国内领先的地位、优势和特色,而且通过学科的交叉、融合,培养了新的学科生长点和新的研究方向,增强了开展学科前沿研究和解决重大科技问题的能力,取得了一批标志性成果,为国民经济建设和社会发展做出了新的贡献。一批优秀的青年学术骨干得到了锻炼,已经或正在成为新的学科带头人。其次,校园信息网络和图书文献资料等公共服务体系建设普遍得到加强。20世纪90年代初期,已建校园网的学校普遍对原有校园网进行了大规模更新改造,校园网的主要技术指标得到进一步提升。目前所有学校均已建成校园网,在教学、科研和管理工作中发挥了重要作用,并为解决合并高校面临的多校区、远距离管理、提高运转效率等问题提供了先进的手段。同时,图书馆电子文献藏量不断丰富,管理手段的现代化水平提升,资源共享度提高,使得图书文献购置经费和期刊种类逐年下降的困难得到初步缓解,较大程度地满足了教学、科研的需要。再次,部分基础实验设备条件得到改善,基础实验课的教学水平有了提高。特别是计算机教学实验室、计算机辅助教学实验室、公共英语视听教室、基础物理、化学实验室等得到了重点改善,部分文科、财经类专业还新建了实验室,这使多年来因基础教学实验室的陈旧、落后而制约本科教学水平与质量提升的状况得到了一定程度的缓解。最后,校园基本建设特别是基础设施改造的力度加大,教学、科研用房,学生、教职工宿舍和体育活动场馆等"211工程"配套建设任务的完成,增加了校舍建筑面积,改善了办学基本条件,校园面貌普遍有了不同程度的改观。学校开始为教师配备办公室,逐步改变了我国高校长期以来教师不坐班的状况。

B大学是获批立项建设的"211工程""985工程"高校。"十五"期间,学校"211工程"包括重点学科建设、公共服务体系建设、师资队伍建设、基础设施建设,计划投资2.46亿元,其中中央专项资金8 200万元,省政府共建资金8 000万元,学校自筹资金8 400万元。在计划投资中,用于重点学科建设1.1亿元,公共服务体系建设2 000万元,师资队伍建设2 000万元,基础设施建设9 600

万元。B大学通过多方努力加大了自筹资金力度,实际完成建设经费超过计划投资。2008年,B大学"211工程"三期全面启动,包括创新人才培养、人才队伍建设、12个重点学科建设项目,获批中央专项资金12 900万元,其中,国家发改委安排的资金7 875万元,主要用于9个重点学科项目建设;财政部安排的资金5 025万元,主要用于3个重点学科项目建设。

2004年,B大学"985工程"建设二期全面启动,11个科技创新平台和1个哲学社会科学创新基地建设项目获批。光电国家实验室(筹)是B大学"985工程"二期最重要的建设项目,是国家创新体系(高校)的重要组成部分。"985工程"二期建设,推动了学术创新团队的建设和成长,促进了新型的科研管理与学科组织模式的形成,建立了人才跨学科汇聚和联合机制,在更多地争取国家与地方经济发展科研课题等方面发挥了积极作用。2010—2020年"985工程"三期建设工作全面启动,主要包括学科建设、拔尖创新人才培养、学术领军人物和创新团队建设、自主创新和社会服务能力提升、国际交流与合作等五大建设任务。B大学获批重点专项经费投入7.1亿元,较好地推动了学校从"工医优势"向"综合优势"转化,学科结构布局进一步优化,学科发展更加均衡,学科生态显著改善。

鉴于"211工程""985工程"等重点建设存在身份固化、竞争缺失、重复交叉等问题,为加强系统谋划和资源整合,加大改革力度和创新实施方式,2015年8月,中央全面深化改革领导小组第15次会议审议通过《统筹推进世界一流大学和一流学科建设总体方案》。① 2015年10月国务院印发此方案,2017年1月具体实施办法出台,2017年9月公布世界一流大学和一流学科建设高校及建设学科名单。137所高校入围"双一流"建设高校,其中"一流大学"建设高校42所,"一流学科"建设高校95所,累计覆盖465个一流学科(含44个自定学科)。B大学入选一流大学建设高校,机械工程、光学工程、材料科学与工程、动力工程及工程热物理、电气工程、计算机科学与技术、基础医学、公共卫生与预防医学入选一流学科。B大学获中央高校建设世界一流大学(学科)和特色发展引导专项资金3.82亿元,启动了一流学科建设、一流队伍建设、拔尖创新人才培

---

① 陈廷柱,李良立.重点大学建设70年:历史传承与创新发展[J].吉首大学学报(社会科学版),2019(6):33-40.

养、科研能力提升、一流文科建设等七大建设计划。学校提出"双一流"建设目标为到2020年部分学科达到世界一流,学校初步进入世界一流大学行列。2019年11月,ESI公布的数据显示,B大学工程学、计算机科学、材料科学分别在全球排名第16位、第18位、第40位,均进入前1‰,达到世界一流水平。

(二) 学科评估与排名

学科评估是指利用专门的科学手段或工具对高校或科研机构的一级学科开展科学研究、人才培养、社会服务、国际合作与交流、师资队伍建设等活动,以及通过这些活动所要达到的目的、价值、水平或效果、效率等进行综合评价或综合估量的过程。学科排名是根据各项科学研究和教学等不同的指标和标准,针对相关学科在不同方面的量化评价结果,再通过数据分析、权重赋值等计算的数据结果,加权后进行的排序。两者都属于学科评价的范畴。

学科评估对学科建设与发展具有较强的导向性,学科建设与发展深受学科评估影响。高校学科评估是学位与研究生教育评估的重要组成部分,是国家对高校学科实行宏观指导和管理的一项重要措施。目前,对高校学科发展影响比较大的是由教育部学位中心开展的全国学科评估,是一种学科水平评估。全国学科评估已经进行了四次,分别是2002—2004年,2006—2008年,2012年和2016年,大致以四年为一个周期,基本遵循了学科的生长规律。虽然每次评估指标体系都有微调,但一级指标基本上都是按照学术队伍、科学研究、人才培养、社会服务和学术声誉五项来设置,运用客观数据采集和学术声誉调查相结合的方法进行。全国一级学科评估目前已成为我国规模最大、最权威的学科水平评估,其评估结果对高校的学科建设影响重大,受到社会各界越来越普遍的关注。

学科排名是国际上较为普遍运用的学科评价标准之一,其通过学科排名指标对不同学科进行排名。现在世界上卓有影响力的大学排名有四种:《美国新闻与世界报道》发布的世界大学排名(Best Global Universities Rankings);社会机构Quacquarelli Symonds发布的年度世界大学排名(QS World University Rankings);英国泰晤士高等教育(Times Higher Education,THE)发布的世界大学排名;上海软科发布的世界大学学术排名(Academic Ranking of World Universities,ARWU)。

以上四种最有影响力的排名机构也会发布学科排名,但是不同的学科专业有不同的发展属性,不同的院系有不同的优点和缺点,所以根据各评价体系所使用的标准、数据来源和指标或权重的不同,对优秀程度的解读也可能变化。另外,这些机构的排名不能囊括中国所有的大学和学科,因此也不适合用来研究学科建设或学校发展的相关问题。目前,各高校和科研机构普遍用于评价学科学术水平和科研绩效的重要指标工具之一是 ESI 学科排名。ESI 学科排名针对 22 个专业领域,通过论文数(Total Papers)、论文被引频次(Total Citations)、论文篇均被引频次(Total Citations per Paper)、高被引论文(Highly Cited Papers)、热点论文(Hot Papers)和研究前沿(Research Fronts)等 6 大指标,从各个角度对国家/地区科研水平(Countries-Territories)、机构学术声誉(Institutions)、科学家学术影响力(Authors)以及期刊学术水平(Journals)进行全面衡量。ESI 数据库在横向维度上基于 SCI/SSCI 所收录的全球 11 000 多种学术期刊的 1 000 多万条文献记录而建立的计量分析数据库,在纵向的时间维度上滚动覆盖最近的 10 年,并每两个月更新一次数据,有助于计量科学家、研究机构(或大学)、国家(或地区)及学术期刊的研究成果数量和影响力指标,及其在全球各研究领域中的排名。

B 大学在学科建设和发展的过程中,多次开展深入研究,分析国内外学科评价指标体系及其排名,比较分析国内外高校 ESI 学科排名及趋势,对学校学科发展情况进行梳理与思考,形成了一系列分析研究报告。如开展国内外大学与学科评价指标体系及其排名规律研究,阐释世界一流大学学科体系。深入开展上海软科 ARWU 学术排名、《美国新闻与世界报道》世界大学排名、泰晤士高等教育大学排名、QS 世界大学排名等国际主要大学与学科评价指标体系的共性与特性研究,对四大排名结果进行相关性分析,深度剖析排名结果影响因素,深化对四大排名与 ESI 排名结果的相关性研究,阐明四大排名中前 100 位的大学与 ESI 前 1%、前 1‰学科数量之间的关系,为学科建设顶层设计提供参考。

第五节　学科发展变化的内部竞争及平衡举措

从大学内部看,一方面,任何一所大学都不可能均衡发展所有学科,应该突出特色与优势,推进重点建设;另一方面,学校所有学科都有发展壮大的诉求,只有兼顾全局、统筹发展才能实现学校和学科的持续和谐发展。本节将探讨 B 大学如何处理重点建设与全面发展的关系,以及如何分配学科建设资源,以促进学科的整体性发展。

一、内部竞争：重点建设还是全面发展

学科建设的首要原则是集中有限资源打造优势学科,强化传统优势,即现有学科已经具备卓越品质,额外投入资源,能够迅速取得国际领先地位。要坚持"有所为,有所不为"的原则,集中优势兵力打歼灭战,努力在优势与特色方向上实现重点突破,实现学科建设的跨越式发展。没有特色或者特色不够鲜明,学科就缺乏可持续发展的比较优势和竞争优势。当前我国高校学科建设普遍存在着多而全的问题,在单科性向多科性发展、多科性向综合性转变的过程中,这种趋同现象往往与特色不突出相伴而生。多而全的学科设置并不代表着实力强,因为一所高校的资源相对有限,很难全面支撑所有学科都成为强势学科。

同时,学校的学科建设要兼顾全局,统筹发展。即在学校内部推进学科间的交叉融合,以综合孕育特色、以交叉催生特色、以创新形成特色,产生一批新的特色优势学科。应面向问题、面向实践、面向国家重大战略需求,努力推进技术创新,强化学校应用学科的领先优势,发挥学校对相关行业的技术引领作用。同时,调整政策,整合资源,实现基础研究的新突破,发挥基础学科对应用学科的支撑作用。还应重视人文社会科学建设,推动理论创新和哲学社会科学的繁荣。

B 大学致力于走有特色的综合化道路,进一步优化学科布局,对传统学科进行全面而深刻的改造,超常规发展符合国际潮流的新兴学科,从而以文科、理科为基础,以工科、医科和管理学科为主导,以信息学科和生命学科为龙头,建设结构合理、特色突出的 B 大学学科体系。在学科门类比较齐全的基础上,B 大学将重点放在学科交叉、综合集成上,努力构建一个有利于学术发展的生态环境,实现工、医、理、文、管诸学科相互渗透、交叉融合、协调发展。

二、学科建设资源分配的平衡举措

2000年以来,国家学科建设逐步从单位制向项目制转型。与单位制相比,项目制具有明确的指向性,项目制不是以"单位"为整体进行全面建设,而是为了实现特定目标,对某些"项目"进行重点建设。"211工程""985工程"就带有比较明显的项目制特点,均以重点建设项目为基础,根据立项情况将经费分配到不同的学科中。B大学以工科和医科见长,如果以项目制进行申报,传统的工科、医科将完全瓜分重点建设项目。实际操作中,因为理科与工科、医科联系密切,学校通过学科交叉建立学科群等方式推动理科与工科、医科的共同发展。对于人文社科类,与传统的工科、医科学科距离较远,难以开展学科交叉,于是学校在"211工程""985工程"重点建设项目申报时,将人文社科打包,内部整合学科资源,作为一个项目申报和建设。

B大学在"十五"期间,"211工程"共有9个重点学科建设项目,分别是生物信息获取与开发技术平台、多波段宽带高速光电子器件与系统、数字化工程中心、微制造与微系统、环境友好的多联产资源化系统、强磁场研究中心、基本物理量测量与研究中心、外科及移植治疗终末期疾病研究、环境与健康研究中心。通过学科交叉,学校理科和工科中的土、建、环等弱势学科与工科中的机、电和医科等组织起来一起申报重点项目建设。B大学"985工程"二期共有12个重点学科建设项目、11个科技创新平台和1个哲学社会科学创新基地建设项目。通过这样的方式,相对弱势的学科也可以参与到以项目制实施为中心的重点建设中。这样一来,相对弱势的学科也可以获得一定的学科建设经费和政策等资源,这就既促进了学科的进一步发展,又能保证传统优势学科获得相对较多的资源,进一步强化学科的领先优势。

纵观B大学发展和学科建设的历史,就是坚持综合性大学办学目标、适应和依托国家重点建设项目、主动服务国家和地方经济社会发展需求而逐步和完善学科架构的历史。与很多综合性大学相比,B大学在创办之初就是一所工科大学,即使合并组建之后也是一所以工科、医科为主的多科性大学,学科布局有待优化,学科实力有待提升。但是,20年来,B大学与同时期创建的其他大学相比,进步十分明显,不论是在国内外大学排名还是在学科排名中,都跻身于中国顶尖大学行列。

2009年10月,中国成立首个名校联盟C9,很多人认为C9将是我国第一批可能建成的世界一流大学群体。当有学者问当时的B大学校长,没有进入C9对学校世界一流大学建设有何影响时,他说道:"世界一流大学是建设出来的,不是指定出来的……没有进C9对我们建设世界一流大学的目标及其实现没有什么影响。"①正是有了创办世界一流大学的信心,B大学紧跟国家政策和国际形势,秉承求真务实的态度,不断开拓进取,在学科建设中取得了优异成绩。

---

① 别敦荣.大学排名与中国的世界一流大学建设[J].苏州大学学报(教育科学版),2015(1):54-64.

第七章
C 大学学科调整与建设

作为院校变革的核心议题,学科调整与建设的研究一直处于高等教育研究的"核心地带"。对特定高校学科调整与建设进行深入的案例研究,必须根植于案例的特定情境,回溯政策的形成过程,厘清关键行动者在改革决策中的影响。C 大学作为地方高校的卓越代表,其从师范院校到综合性大学再到研究型大学的发展历程,展现了一所具有创新创业精神的大学如何在竞争激烈的政策空间和制度环境中,以"制度性企业家"的行动者身份获得各类办学资源,提升院校地位的。[①] 不同于宏大的理论叙事和微观个案的细节扫描,本研究倾向于以院校研究的中层理论建构为立场,对 C 大学的学科调整与建设进行深入的制度分析。借助新制度主义理论的分析视角,试图对 C 大学为何能够在一系列大学排行榜和各类大学评估指标(如 ESI 前 1% 和前 1‰)中获得优异表现,并在众多地方高校中脱颖而出,乃至在一些指标上超越一些传统的部属高校和"985 工程"院校进行制度解释。与此同时,C 大学在对学科建设战略的成功之处进行理性分析的同时,也试图从学科概念的重新界定这一逻辑基点出发,审慎地反思政策语境下学科建设的不足与弊病。基于此,C 大学的案例研究表明,在"双一流"建设背景下,高等学校的学科建设与调整亟待从政策语境转向学术语境,以促使学科建设与调整回归其服务于学术繁荣与创新,以及增进社会公共利益的本质和初衷。

---

① [美]W. 理查德·斯科特.制度与组织——思想观念与物质利益(第 3 版)[M].姚伟,王黎芳,译.北京:中国人民大学出版社,2012:86.

第一节　从转型到定型：C 大学学科调整与建设的政策演进

为了更好地诠释 C 大学学科建设与调整的动力机制和变革效应,本研究首先将目光聚焦于 C 大学学科建设与调整的政策过程。诚如周光礼教授所言,"院校变革政策过程的研究应该包括如下内容:第一,院校改革政策是在什么样的政策环境和决策制度下被制定和实施的;第二,对院校改革政策的制定和实施产生影响的重要变量有哪些,其中哪些变量是起决定作用的;第三,对院校改革政策制定起决定作用的群体与个人,其政策取向和价值观是什么"。[①] 换言之,院校学科建设与调整的政策过程分析,应立足于以上三方面内容。据此,本研究通过 C 大学 1995 年至 2019 年工作要点、C 大学发展规划以及 C 大学战略研讨会会议资料的文本分析,梳理 C 大学在不同历史时期学科建设与调整的重点内容和思路,考察作为关键行动者的校长[②]在"政策之窗"(如"211 工程"、院校合并、学科评估、学位点申报以及"双一流"建设等)打开时所采取的行动策略。

一、学科建设的基础奠定:从师范院校到综合性大学的战略转型(20 世纪 90 年代)

1952 年,经由高校院系调整,东吴大学之文理学院、苏南文化教育学院、江南大学之数理系合并组建了苏南师范学院,同年更名为江苏师范学院。1982 年,学校更复名 C 大学。回顾 C 大学的历史,对其学科建设与调整影响意义巨大的是 20 世纪 90 年代的院校合并浪潮。在这一阶段,E 桑蚕专科学校(1995 年)、F 丝绸工学院(1997 年)和 G 医学院(2000 年)等相继并入 C 大学。实际上,在 20 世纪 90 年代实施院校合并之前,以江苏师范学院为主体的 C 大学是一所典型的师范院校,学科门类相对单一。然而,在经历了 20 世纪 90 年代末期的院校合并和"211 工程"建设之后,C 大学跃升为一所拥有多学科、办学水平较高的地方综合性大学。值得指出的是,在 20 世纪 80 年代,一些教育学家、科

[①] 周光礼. 政策分析与院校研究:中国高等教育研究的中层理论建构[J]. 高等教育研究,2009(10):41-48.
[②] 从 1996 年至 2020 年,C 大学历经三任校长。他们在不同的历史时期和阶段,围绕 C 大学的学科建设开展了大量的工作。三任校长的治校经历,书写了一段筚路蓝缕、前赴后继的创业史和奋斗史。

学家认为,综合性大学是高等教育发展的方向,也是知识生产、科技进步所需要的组织形式。譬如,匡亚明等人认为,"现代科学技术发展的特点是学科高度分化和高度综合,世界各国一些知名的高等学校几乎全部是综合性、多科性大学。我国现有高等学校主要分为文理科综合性大学、多科性工学院、单科学院。现在看来,这种学校设置不完全符合科学技术发展的规律,不完全适应高等教育发展的趋势,就培养人才来说,也不是最有效、最经济的"。[1] 与其类似,朱九思在1980年《光明日报》上刊载的题为《对目前高等教育中几个问题的我见》中认为,"我国现在的高等教育结构,是一九五二年院系调整时大体上按苏联高等教育那一套形成的。这种结构,把文、理科搞在一起,叫做'综合大学',实际上也并不综合。至于工、农、医、师范学院,则分开设立。现在看来,这种结构值得研究。……高等教育把理与工、农、医几乎完全分开,是不符合客观规律的",经过反复研究,希望把学校"办成以理工为基础的综合大学。这就不仅要求实现理工结合,而且要把实际上已经开始设立的文科和经济管理学科加以扩大。这样做,好处甚多。第一,符合客观教育规律,有利于学校的发展和提高。第二,符合国家的需要。现在的情况是工突出的多,理科少,文科少,经济管理更少。第三,符合扩大国际交往的需要。孤零零的'工',是难以搞好国际交往的"。[2] 此后,1985年10月6日,时任南京大学校长的曲钦岳院士在《人民日报》上撰文,进一步指出:"使各学科易于交叉、渗透、相互结合,形成和发展新的学科……这类大学必须成为教学和科研的中心,成为我国高等教育体系中的'骨干企业',成为国家进行科学技术研究的重要基地。"[3]

实际上,这些观点在当时受到舆论的普遍认可。诚如翟亚军所言,"20世纪90年代,随着社会主义市场经济的建立和国际高等学校交流的不断深化,我国大学学科建设模式的弊端越来越明显,文理渗透、理工综合、拓宽专业口径、学科综合化开始成为大学学科建设的重要思想,高校合并成为优化高校学科布局的主要途径"。[4]值得指出的是,舆论关于建设综合性大学的观点,与1992年开始的大规模高校合并相呼应。这次高校合并是20世纪50年代以来院系调

---

[1] 张国兵.高等教育重点建设政策研究[M].北京:北京大学出版社,2010:132.
[2] 朱九思.高等教育刍议[M].武汉:华中工学院出版社,1984:1-3.
[3][4] 翟亚军.大学学科建设模式研究[M].北京:科学出版社,2011:79.

整之后中国高校布局调整规模最大的一次。① 在这一历史时期,许多高校都开始向综合性大学发展。如1992年扬州六所高校合并组成扬州大学,国家教委批文认为这"是一项具有开创性的工作,是我国高等教育发展中的一件大事,对于探索创办具有中国特色的社会主义多科性综合大学有着重要意义"②。据统计,1992年至2000年,按照"共建、联合、调整、合并"的方针,全国由556所高校(其中普通高校387所,成人高校169所)合并资源,"促进了学科的融合,培植出新的学科生长点;组建了一些文、理、工、农、医等各大学科门类比较齐全、规模较大的综合性大学,提升了学科发展的能力"③。正是在这样的时代背景下,C大学合并了多所院校,进而发展成为一所具有多学科基础的综合性大学。此举对C大学此后的学科建设具有决定性的作用,它为C大学的学科建设奠定了多学科的基础,为不同学科之间的交叉融合提供了可能。更重要的是,它契合了当时国家有关高等教育改革的政策动向和诉求。

通过对C大学年度工作要点的文本考察,我们能够发现自C大学合并E桑蚕专科学校后的1996年春季学期开始,C大学就已经开始重视运用其多学科的优势,提升学科建设水平。譬如,C大学《1995—1996学年度第二学期工作要点》明确要求,"组织学科群体,促进学科间交叉融合,逐步形成我校新的学科特色和优势。加大学科建设的投入和力度,以抓好重点学科建设为基础,加强学科建设和改造,努力扶植新兴学科,力争使我校的科研经费以及在SCI检索系统中的名次持续保持上升势头。抓好重点实验室的科研方向、应用开发和开放工作"。此后,1996年9月印发的《1996—1997学年度第一学期工作要点》则明确要求,"把握发展机遇,深化各项改革,为争取早日进入国家'211工程'行列而努力以'建'促'进',以'进'促'建',力争以改革发展的崭新面貌早日跻身于国家'211工程'预审行列。认真组织学科群体,加强重点学科和重点实验室建设,全面提高科学研究和科技开发工作水平。组织部分学科群体研究成果报告会,推动全校的交叉学科建设。继续抓好省级重点学科和省级重点实验室建设"。根据C大学改革与发展"十五"规划的介绍,"九五"期间C大学以"211

---

① 张佩.中国大学制度变迁研究[M].北京:社会科学文献出版社,2017:220-221.
② 张国兵.高等教育重点建设政策研究[M].北京:北京大学出版社,2010:132-133.
③ 翟亚军.大学学科建设模式研究[M].北京:科学出版社,2011:79.

工程"建设规划的制订和实施为重点和契机,加强了学科建设,重点建设了中国纯文学与通俗文学、低维物理和低维复合材料、有机合成化学、计算机信息处理新技术、区域(苏南)经济与社会发展、现代桑蚕丝绸工程、现代光学与技术等学科建设项目,形成了一批标志性成果和优势学科。除此之外,这份规划还对C大学的院校合并进行了简要的回顾。该规划提出,在全国高教管理体制改革形势的有力推动下,"九五"期间,学校推进了多种形式的管理体制改革,先后完成了与E桑蚕专科学校、F丝绸工学院、G医学院等学校的实质性合并。通过并校,原四校人员全面融合,学科专业全部重组,学科优势得到了加强,学科特色更加突出,克服了"小而全"和重复设置的问题,教育质量和办学效益明显提高。

不难发现,"211工程"建设与院校合并是在同一时期发生的。抓住战略机遇期,跻身国家"211工程"行列,形成多学科之间的交叉融合格局,是20世纪90年代末C大学学科建设与调整的努力方向。也正是在这一时期,C大学开始从一所典型的师范院校转变为具有多学科基础的综合性大学。值得关注的是,进入"211工程"建设行列,对C大学各项改革的推进产生了强有力的影响。在《1996—1997学年度第二学期党政工作要点》中,C大学强调要以"211工程"建设为动力,积极推进办学体制、管理体制、教学、科研、管理、后勤服务社会化等各项改革,全面提高教育质量和办学水平,力争以"211工程"建设的优异成绩迎接国家"211工程"建设中期评估;结合"211工程"的重点学科建设,建设好生物技术学院,进一步办出水平和特色;按照"211工程"重在建设的指导方针,加强学科建设,认真处理好重点建设和普遍提高的关系;成立重点学科建设小组,加强重点学科建设,做好迎接重点学科中期检查、评估的准备工作;加大重点实验室建设力度;加强学位点建设,为下半年学位点申报工作做好准备;加强科研队伍建设,争取重大项目,力争使1997年科研经费有较大幅度提高。

毋庸置疑,在"211工程"建设的引领下,C大学开始明确提出开展重点学科建设的要求,并试图处理好重点建设与普遍提高的关系。这意味着在多学科的高校,如何处理不同类型、不同层次的学科的问题,已经进入院校决策者的视野。换言之,在重视生物技术学院建设、促进生物技术学科建设的同时,C大学尤为关注院校合并所产生的多学科优势的发挥,强调通过学科交叉融合,建设特色学科群的改革思路。譬如,在1998年8月30日印发的《C大学1998年下半年主要工作》中,就曾明确提出,要"根据学科建设会议精神,对学科建设状况进行宏观调研,对照各学科签订任务责任书,落实各项建设任务,特别是师资队伍建设任务。发挥并校后学科门类齐全的优势,促进学科间交叉融合,建设一批特色学科群,促进学科水平更上新台阶。努力建设一支不少于师资队伍总数10%的专职科研人员队伍,完善科研激励机制,激发广大教师从事科学研究的积极性,争取一批基础科研项目、国家基金项目和横向大课题,力争使年度科研经费有较大幅度提高。根据我校学位点建设的现状,做好申请博士生导师自审权的各项准备,积极申请法律和工程专业硕士学位授予权"。又如,1999年3月1日印发的《C大学1999年度工作要点》提出,要"加强学科建设,提高科研综合实力,推进'211工程'建设进程。进一步确立学科建设的龙头地位,促进学科建设水平的进一步提高。继续加强基础学科建设,大力发展工科,努力强化特色学科,促进学科间交叉渗透,争取形成一批具有鲜明特色的新兴学科。加强师资队伍建设,特别要加强学科带头人和学术骨干的培养。在对各学院师资队伍以及学位点学术梯队进行调查、分析的基础上,建立各学科人才数据库;梳理全校学科,促进学科联合,建立3~5个学科群;建立学科建设情况定期汇报制度。继续实施'215工程',把人才引进的重点放在高层次人才和紧缺专业人才的引进上。全面落实1997年度科研工作会议精神,提高我校科研综合实力。继续下大力气建设一支专职科研队伍,同时努力争取一批基础科研项目、国家基金项目和横向大课题,使年度科研经费有较大幅度提高"。类似地,1999年8月23日印发的《C大学1999年度下半年工作要点》提出,"要加强学科和学位点建设,提高科研水平,推进'211工程'建设进程。努力争取一批基础科研项目、国家基金项目和横向大课题,力争使本年度科研经费及各类项目获奖数都能有较大幅度提高。积极推行科研经费管理改革,充分提高广大科研人员的积极性。进一步落实校学科建设规划,明确近期学位点建设目标,做好本年度学位点申报和建设的各项准备。加强师资队伍建设,特别要加强对学科带头人、学术骨干的培养和高层次人才的引进,实现师资队伍'215工程',遴选第三批优秀中青年骨干教师和首批跨世纪学术带头人"。

实际上,在进入"211工程"高校建设行列和经历了院校合并之后,C大学已经形成了基于综合性大学的战略转型,实现了学校学科建设大规模扩张与发展的目标。此时,大力引进高层次人才,增补学位点,促进学科平台建设,重构学科组织架构,已经被纳入C大学学科建设的战略部署。对此,2000年2月24日印发的《C大学2000年度工作要点》指出,要加强学科建设,推进"211工程"建设进程;继续贯彻落实学校学科建设的指导思想,进一步提高文理基础学科水平,大力加强、快速发展工科和应用学科、特色学科,扶持一批具有鲜明特色的新兴学科,增强为地方经济建设和社会发展服务的能力;加强信息技术、光学、生命科学及技术、材料等学科建设,重点建设现代光学工程研究所,筹建加工中心。以学科建设为龙头,以有利于学科发展为原则,抓好并校过程中院(系)和学科专业结构的调整与优化,进一步完善学院制,克服"小而全"和重复设置,促进学科的交叉和渗透;认真做好学位点申报的组织工作,力争在学位点增补工作中取得较大突破;以管理体制改革为契机,积极争取尽早成立研究生院;加强师资队伍建设,特别要加强对学科带头人和学术骨干的培养,做好高层次人才的引进工作等。

通过Q校长(1996年至2006年在任)任期内的努力,C大学已经逐步形成了创建研究型大学的思路。尽管在20世纪90年代末和21世纪初,C大学尚未明确提出建设研究型大学的观点。但是,围绕研究型大学建设所要求的一系列指标的增加已经被纳入C大学的工作要点。例如,2000年9月4日印发的《C大学2000年度下半年工作要点》强调,要着力实施以下措施:① 认真做好全国第八次学位点申报的组织工作,力争有较多的学位点申报成功;② 采取一定的激励措施,调动各方面的积极因素,使学校科研项目、科研经费、科研奖励数以及被三大检索工具收录的论文数有较大增加,提高科研综合实力等;③ 继续抓好师资队伍建设,特别要加强对学科带头人和学术骨干的培养,做好高层次人才的引进工作;④ 努力将国际合作交流与学科和师资队伍建设、"211工程"建设需要相结合,设立国际学术交流基金,开辟国际交流新领域,探索与国外高校、教育机构开展各种形式的合作办学。类似地,2001年2月13日印发的《C大学2001年度工作要点》提出以下要求:① 进一步明确学科建设指导思想,加大一级学科建设力度,不断提高文理基础学科水平,大力加强、快速发展工科、医科和应用学科、特色学科,扶植一批具有鲜明特色的新兴学科,增强为地方经济建设和社会发展、为国家有关行业发展服务的能力;② 加强学位点建设,做好新增学位点申报的各项准备,并在适度发展本科教育的同时,努力扩大研究生培养规模,提高研究生培养质量,学校与各院系签订学科建设责任书;③ 认真做好国家和省"十五"规划各类项目申报的组织工作,重点加强省各项基金和国家自然科学基金项目、国家社会科学基金项目、国家重点基础研究项目等重大项目的申报工作;④ 加大科研创新力度,积极鼓励原始创新,鼓励科研成果在国外或国内有影响力的刊物上发表,根据并校后的实际状况,调整好学校核心期刊和权威核心期刊目录。

显然,增设学位点,扩大研究生规模,增加国家级课题,鼓励科研成果发表等措施,印证了研究型大学建设的政策诉求。2000 年 G 医学院并入 C 大学后,快速发展工科、医科和应用学科、特色学科的建设,扶持新兴学科建设的目标被进一步明确。对于这一阶段 C 大学学科建设的成效,继任者 Z 校长在上任之初举行的 2009 年 C 大学战略研讨会上指出,"从历史发展来看,我校在高等教育改革发展进程中数次把握住了历史机遇,实现了跨越发展:80 年代初由师范院校顺利建成综合性大学,'九五'期间加入'211 工程'建设高校行列;作为地方高校,在高等教育发展的关键时期,适时扩展内涵与外延,建设新校区、创办新专业、合并学校,为学校的长期发展奠定了坚实的基础"。

二、学科建设的方向指引:从综合性大学到研究型大学的战略定位(2001—2014 年)

20 世纪 90 年代末,C 大学经历了从师范院校向综合性大学的战略转型后,C 大学开始有意识地利用其多学科的优势向研究型大学迈进。在世纪之交,C 大学在其年度工作要点中,开始明确对论文发表、项目申报、学位点建设与申报以及高层次人才引进等事项做出要求。例如,2001 年 9 月 2 日印发的《C 大学 2001 年度下半年工作要点》指出,要加强学科建设和科学研究,促进科技成果转化。具体包括:① 进一步明确学科建设指导思想,加大一级学科建设力度,大力加强、快速发展工科、医科和应用学科、特色学科,改造传统学科,扶植一批具有鲜明特色的新兴学科,努力实现国家级重点学科的零的突破,增强学校为地方经济建设、社会发展以及国家有关行业服务的能力;② 继续加强学位点建设,做好新增学位点申报的各项准备;③ 制订并实施《C 大学科研机构管理办法》,强化科研机构管理,并根据学科发展实际,调整学校文、理、工等学科的核心期刊及权威期刊目录,提高高质量论文的发表率及成果转化率,促使力量分散、重复性的科研向群体性、学科交叉的创新性科研转变,做好各类科研项目、奖项的申报及成果鉴定工作,在保证省部级奖项不断增加的同时,力争新增国家级奖项。又如,《C大学改革与发展"十五"规划》明确指出,到"十五"期末,在原有的博士点学科基础上,建设国家博士点学科1~2个,国家级重点实验室1个,省优秀学科梯队20个;博士后流动站达到6个,一级学科博士点达到4~6个,二级学科博士点60个,硕士点120个;国家基础学科科学研究和人才培养基地4个。"十五"期末,努力使年度科研经费超过8 000万;在 Nature 或 Science 上发表的论文数达1~2篇;被国际三大检索系统收录的论文数在全国高校的排名分别为——SCI索引进入前25位,EI索引进入前35位,ISTP索引进入前80位;获国家级科技成果奖8~10项,省部级奖100~120项;取得发明专利50项。强调以学科建设为龙头,优化教职工组成结构,加强教师队伍建设,引进高层次人才……通过培养和引进,实现院士达8人左右,人文社科类全国著名学者达10人左右。

回溯历史,"随着综合院校的逐渐增多和'985工程'的实施,'国家创新体系'等概念的提出,到20世纪末期时,'研究型大学'这一概念逐渐明晰起来并受到青睐。研究型大学意味着更重视研究生教育和教师的科研活动,意味着更强的科研和服务社会的能力,从而也意味着更多的科研课题和更充足的科研经费。因而这样的大学更符合'国家科技创新体系'的要求,更符合'世界一流大学'的标准。一些处于办学优势地位的高校强化这一概念以区别于其他院校"[①]。实际上,也正是在这一历史背景下,C大学开始明确提出研究型大学的建设目标。2006年,在Z校长上任之初,他就开创了颇具特色的C大学战略研讨会制度,该研讨会每3年举办一次,至今已举办5次。在2006年的C大学首届战略研讨会上,Z校长明确指出,C大学在"十一五"期间的奋斗目标是加快实现从"教学研究型大学"向"研究教学型大学"的全面转变,为迈向研究型大学奠定坚实的基础;通过10~15年的努力,将C大学建设成为具有学科、区域和国际化特色的国内一流、国际知名的综合性、研究型大学,成为区域内高水平创

---

① 张国兵.高等教育重点建设政策研究[M].北京:北京大学出版社,2010:133.

新人才培养、高新技术研究、高层次决策咨询的重要基地。围绕研究型大学的战略定位,Z校长对"十一五"期间C大学的学科建设提出了具体目标,即"到2010年,建设国家级重点学科2~4个,省部级重点学科增加到25个左右。一级学科博士点增加到10个,二级学科博士点增加到100个。建设6~8个进入全国同类学科前20强的高水平学科"。除此之外,Z校长还指出,在"十一五"期间,C大学的科研经费要力争年均增长10%~15%;被国际三大检索系统收录的论文数在全国高校的排名分别达到——SCI索引保持前20位,EI索引进入前30位,CSSCI索引论文排名居全国前25位;获国家级科研奖4~5项、省部级科研奖励140项、专利80项;年均科技成果转化率达到20%左右等。

此后,在2009年举办的第二届C大学战略研讨会中,Z校长围绕研究型大学的战略目标,提出要通过5年左右努力,实现"五个一"工程,具体包括:引进高学术水平(特别是从海外引进)特聘教授100位左右;每年在SCI来源期刊和人文社科一类核心期刊上发表论文达到1 000篇;每年申请获得国家级自然科学基金、社会科学基金项目100项;重点建设好功能纳米与软物质材料实验室(FUNSOM)、唐仲英血液学研究中心、现代光学技术平台等10个左右开放性、综合性、高水平的科研机构平台;每年实际到账科研经费达1个亿。此后,在2011年印发的《C大学2011年度工作要点》中,C大学将"五个一"工程的表述转变为要求"翻倍"的"五个二"工程。该工作要点指出,"以第十一批一级学科学位授权点和江苏省优势学科申报获批为新起点,全面加大学科建设力度,尽快形成一级学科学位授权点下新设二级学科建设方案,加快推进五个省优势学科,集中精力做大做强优势和特色学科。认真筹划国家级重点学科申报和省重点学科遴选工作,为'十二五'期间学科建设打下坚实基础。继续推进'顶天立地'发展战略,启动实施'五个二'工程,着力推进'五大突破'(2011年至少实现一项突破)"。

所谓"五个二"工程,是指到"十二五"末,引进高学术水平(特别是从海外引进)特聘教授、培养"东吴学者"200位左右;每年在SCI、EI来源期刊和人文社科一类核心期刊上发表论文达到2 000篇;每年申请获得国家级自然科学基金、社会科学基金项目250项;重点建设好20个左右开放性、综合性、高水平的科研机构平台;每年纵向科研经费到账2个亿。所谓"五大突破"则包括:"973"和"863"项目首席科学家的突破,国家基金重大项目及创新研究群体项目的突破,国家重点实验室的突破,在 Science 或 Nature 等国际著名期刊上发表论文的突破,国家科研成果奖(国家自然科学奖和技术发明奖)的突破等。除此之外,该工作要点还指出要抓好科技"四大培育工程",围绕科技创新团队、平台、重大项目及重大成果开展培育计划,加强项目管理考核,增强冲击国家重点实验室和国家级创新团队的水平与实力。

从20世纪90年代末形成研究型大学建设的概念雏形到2006年Z校长明确提出研究型大学的建设目标,乃至2011年C大学明确提出"五个二"工程和"五大突破"的要求,显然C大学已经将研究型大学明确作为学校的发展战略。根据研究型大学建设的战略定位,C大学将学科建设的目标量化,并制定了一系列可操作、可量化、可观测的指标,形成了所谓的"指标生产"[①]模式。换言之,在研究型大学的战略定位下,C大学的指标生产特征日趋鲜明。为在特定的时间内实现这一系列量化目标,C大学出台了诸多关于科研激励和人才引进的计划与方案。例如,在《C大学2011年度工作要点(补充部分)》中,提出要加大学科领军人才培养和引进力度,把建设一流人才作为学校发展的战略基础;立足学科发展与产业需求,争取在"千人计划"、国家杰出青年科学基金、"江苏特聘教授"等人才工程方面有新突破;继续做好省"333工程""青蓝工程""六大人才高峰"等人才培养工程相关工作,以及学校"东吴学者计划"第二批项目资助工作和第三批遴选工作;大力建设若干个创新团队,打造一支适应学校和区域发展的高水平人才队伍等。

研究型大学的战略定位为C大学的学科建设指明了具体的发展方向。在资源有限的情况下,促进重点学科择优发展,成为C大学的理性抉择。诚如Z校长在2009年举办的C大学第二届战略研讨会中所指出的,一流大学不可能所有的学科均达到一流水平,但一流大学一定要有若干学科在教学、科研方面达到一流水准。在重点建设中,我们要站在全局的高度,正确认识"有所必为、有所不为"的发展战略,在对待某些具体问题上采取"扶强不扶弱"的重点建设方法。各学院(部)、各学科要从各自实际及发展趋势出发,科学准确地进行定位,确定各自的近期和中长期发展目标,使各学院(部)、各学科各得其所、各有

[①] 阎光才.政策情境、组织行动逻辑与个人行为选择——四十年来项目制的政策效应与高校组织变迁[J].高等教育研究,2019(7):33-45.

所为。学校将从实际出发,探索构建与各学科特点相适应的目标责任制和考核评估体系。Z校长认为,重点学科建设的基本任务包括三方面:第一是凝练学科方向——要充分预见到学科的发展趋势,瞄准学科前沿,结合自身相对优势,在创新中努力形成自己的学科优势和学科特色,使一批学科能异峰突起,出奇制胜;第二是汇聚学科队伍——培养学术大师、学科领头人,形成创新团队。要整合人才资源,组建大团队(项目)联合作战,将各方面优势力量通过集成融合,争取重大项目和成果的突破;第三是构筑学科基地——建设一流的实验室、研究基地或者工程中心,创造良好的科研条件和氛围,使之成为学校一些学科保持领先地位的基础和保障。

在"非均衡"的学科建设思路下,C大学的人才强校战略也开始进行调整,包括:① 从"好的都要"到"从需要的里面选更好的";② 重点培养和引进可以成为"杰青"或"大师"的青年人,这是大学的希望;③ 引进和培养一些战略科学家;④ 引进和培养未来新学科和新科技储备人才;⑤ 为以上这些人提供更好的服务。对此,Z校长提出,要积极探索以重点学科、创新平台、重点科研基地为依托,以学科带头人为核心,围绕重大项目和学科前沿研究凝聚学术队伍的人才培养模式,形成一批优秀创新团队,促进师资队伍建设与学科建设的紧密结合,致力于打造"学术大师+创新团队"的人才队伍组织模式。要面向国内外引进高层次人才,重点引进大师级专家学者和学术带头人,继续完善"特聘教授"制度,实施"千名博士进学校"计划,加大外国专家引进力度,从而大力提升整体师资水平。

实际上,人才强校战略的实施也确实为C大学的学科建设做出了巨大贡献。2012年,时任C大学党委书记的W在接受《中国教育报》采访时提出,"学校如果是一棵大树,学科建设就是树干和树根。只有树干粗壮、树根扎实,创新人才培养才能枝繁叶茂"。在这样的发展思路下,C大学围绕学科建设,深入实施人才强校战略,坚持"有选择性引进、有计划性培养"的方针,加强高水平人才队伍建设。近5年来,C大学引进高层次人才的经费达5亿多元。高水平的学科建设吸引高水平的人才,高水平的人才又反过来促进高水平的学科建设。在C大学2012年获批的国家自然科学基金项目中,近5年引进人员的贡献超过了55%。除了引进人才外,C大学同时加强了对师资队伍的培养。学校启动了"东吴学者计划"等一系列人才工程,以项目资助的形式为各类人才铺设发展路径。与此同时,C大学清晰地认识到,学科建设要有质量,离不开各类科研平台。同样是以学科建设为基础,现代丝绸国家工程实验室、免疫学研究中心、功能纳米与软物质研究院等一批研发平台相继成立。①

三、 学科建设的制度定型:"双一流"建设背景下的战略抉择(2015年以来)

经历了从师范学院向综合性大学的战略转型和从综合性大学向研究型大学发展的战略定位以来,C大学一直将学科建设作为学校建设的核心和龙头。围绕学科建设,C大学形成了非均衡的学科发展思路,强调重点学科建设的重要性。与此同时,C大学基于多学科的优势,尝试在医学、工学、理学与人文社会科学之间寻求学科交叉融合,探索新的学科增长点。与学科建设相匹配,学校重视博士学位点的申报以及高层次人才的引进和培养工作,强调科研论文发表的高强度激励。得益于这种学科建设的思路,C大学在有关研究型大学建设的各项指标(师资队伍、科研项目、ESI指标、一级学科博士点/硕士点、国家级科技进步奖等)中,都取得了长足的发展。而在以科研论文发表(尤其是SCI、SSCI索引)为主要观测指标的各大排行榜中,C大学的表现更"抢眼"。

表7-1　C大学高层次人才队伍建设状况

单位:人

类别		2006年12月	2009年9月	2012年9月	2015年9月	2018年8月
师资队伍	院士(含外籍)	3	3	5	4+3②	7+4③
	"千人计划"	—	1	8	12	18
	"青年千人"	—	—	10	31	47
	长江学者(含青年)	—	—	5	7	16
	国家杰青	2	3	10	18	25
	国家优青	—	1	4	21	32

---

① 高毅哲."只有树根扎实,才能枝繁叶茂"[N].中国教育报,2012-10-01.
② C大学统计数据显示,截至2015年9月,共有院士7名,其中外籍院士3名。
③ C大学统计数据显示,截至2018年8月,共有院士11名,其中外籍院士4名。

表 7-2 C 大学科学研究相关指标状况

类别		2006 年 12 月	2009 年 9 月	2012 年 9 月	2015 年 9 月	2018 年 8 月
科学研究	国家自然科学基金项目数/个	41	92	281	301	311
	国家自然科学基金经费/万元	1 103	2 775	14 932	17 000	15 606
	国家社科基金项目数/个	7	15	32	26	31
	国家社科基金经费/万元	62	202	552	631	685
	三大检索收录论文数/篇	637	1 374	2 217	2 217	—
	国家级/省级协同创新中心	—	—	—	1/4	1/4
	国家级科技进步奖项（累计）/项	2	3	4	7	9

表 7-3 C 大学学科建设相关指标状况

类别		2006 年 7 月	2009 年 9 月	2012 年 9 月	2015 年 9 月	2018 年 8 月	2020 年 2 月
学科建设	全球 ESI 前 1% 学科	—	—	5	7	9	13①
	全球 ESI 前 1‰ 学科	—	—	0	0	2	2
	一级学科博士点/硕士点	6/24	7/24	24/47	24/47	28/51	28/51

表 7-4 C 大学在各大排行榜的表现状况

排行榜	C 大学排名 2015 年	C 大学排名 2018 年	备注
泰晤士高等教育亚洲大学排行榜（大陆/亚洲高校）	17/—	15/72	
《美国新闻与世界报道》世界大学排名（大陆/世界高校）	32/511	26/479	
上海软科世界大学学术排名（ARWU）（大陆/世界高校）	28-32/401-500	10-18/201-300	

---

① 截至 2020 年 2 月，在 22 个 ESI 学科分类中，C 大学已有 13 个学科进入全球前 1%，分别是化学、材料科学、临床医学、物理学、工程学、药学与毒理学、生物学与生物化学、神经科学与行为科学、分子生物与遗传学、免疫学、数学、计算机科学、农业科学。其中，化学、材料科学 2 个学科进入全球 ESI 排名前 1‰。

续表

排行榜	C大学排名 2015年	C大学排名 2018年	备注
"Nature Index"（大陆/全球高校）	12/97	10/54	2013年国际排名第192位，全球上升最快的高校
"Nature"全球最具创新力高校与科研机构（大陆/中国/世界高校）	—	1/3/173	
全球学科排名（ESI）（大陆/全球高校）	28/—	21/418	截至2020年2月，13个学科进入ESI前1%，2个学科进入ESI前1‰

实际上，在各大排行榜以及各项科学计量指标中获得卓越表现的背后，是C大学院校转型与制度定型的必然结果。作为一所以研究型大学建设为旨归的大学，其知识生产模式的选择嵌入了特定的制度环境之中。选择何种学科建设与调整的策略，本质上是制度环境与行动者之间互动的产物。基于"双一流"建设的战略机遇和挑战，C大学开始重新谋划与设计学科建设方案，对长期以来积淀形成的既有学科建设思路进行一定的调整。

在2017年入选"双一流"建设高校之后，C大学对学科建设的思路进行了新的规划与布局。在《C大学改革与发展"十三五"规划纲要》中，C大学提出要"积极面向学术发展前沿和国家、区域重大需求，以有利于提升人才培养质量和科研创新能力为导向，加强顶层设计，明确学科建设的层次、重点和方向，凝练学科特色和比较优势，重点培育多个在国内外有重要影响的高峰学科，引领带动一流大学建设"。在《一流学科建设高校建设方案》中，C大学提出要"优化学科建设格局和生态，努力形成'立足人才培养、汇聚一流师资、面向学术前沿、突出交叉融合、强化高峰引领'的建设格局；加强学科建设顶层设计，明确学科建设重点和目标，妥善处理好学科规模与质量、全面推进与重点突破等关系，努力营造良好的学科生态；构建分层分类学科建设体系，着力实施基础学科强固计划、新兴交叉学科促进计划、优势学科群提升计划、世界一流学科攀登计划；着力提升自主创新能力，面向国际学术前沿、国家战略需求和区域产业布局，着力提升承担重大科研项目的能力；完善科研创新评价机制，建立以创新质量和社会贡献为导向的学术评价体系"。

实际上,以"分层分类学科建设体系"为核心的学科建设方案设计,源于 C 大学对"双一流"建设背景下学校学科建设基础与外部政策环境变动形势的分析和判断。在 2018 年举行的 C 大学第五次战略研讨会中,X 校长毫不避讳地指出,C 大学目前的学科建设存在三方面问题:第一,学科体量过大,聚焦不够,存在学科建设"碎片化";第二,学科高原初步形成,但高峰尚未显现;第三,学科特色不明,缺乏垄断和所谓的"独角兽"学科。概括而言,在 X 校长的视野下,C 大学学科建设的症结在于如何打破学科建设的"碎片化"格局,如何打造学科高峰,如何形成具有垄断优势、特色鲜明的"独角兽"学科。显然,这一思路反映了国家"双一流"建设政策对高校建设更多世界一流学科的期盼。

表 7-5　C 大学的发展目标

发展目标	具体目标定位
近期发展目标	紧紧围绕学校中长期改革发展规划和第十二次党代会提出的宏伟目标,全面深化综合改革,完善内部治理体系,提高教育教学质量。到 2020 年,建校 120 周年时,将学校建设成为国内一流、国际知名高水平研究型大学,成为区域高素质创新创业人才培养、高水平科学研究和高新技术研发、高层次决策咨询的重要基地,综合实力跻身全国高校前 30 位
中期发展目标	到 2030 年,建校 130 周年时,有 4~5 个学科进入世界一流学科前列,汇聚一批卓越科学家、学术领军人物和创新团队,初步构建形成面向国际的拔尖创新人才培养体系、科研创新体系、优秀文化传承创新体系和现代大学治理体系,全面建成国内一流、国际知名的高水平研究型大学,综合实力跻身全国高校前 20 位
远期发展目标	到 21 世纪中叶左右,有更多学科进入世界一流学科前列,在人才培养、科学研究、社会服务等领域具有较强的国际竞争力和话语权,建成国内一流、国际有重要影响力的高水平研究型大学

值得指出的是,在 C 大学《一流学科建设高校建设方案》中,学校对学校近期、中期和远期的发展目标做出了明确规定(见表 7-5)。这些目标充分反映出 C 大学已经将高水平研究型大学的建设目标贯穿于学校学科建设的始终。换言之,基于研究型大学建设目标的非均衡性学科建设思路,作为 C 大学学科建设战略的核心,将实现制度的"定型"。作为一种特定的制度逻辑,科学逻辑已经深深地根植于 C 大学学科建设的制度体系之中。从 Q 校长在"211 工程"建设和院校合并的背景下,谋划以重点学科建设为龙头的综合性大学建设,到 Z

校长明确提出研究型大学建设的战略目标,再到 X 校长将高水平研究型大学建设作为学校建设的远期目标,C 大学学科建设的思路可谓"一以贯之"且不断明晰。这种以科学逻辑为核心的学科建设体系的制度化,促使 C 大学在特定的制度环境中获得了更加充足的办学资源和政策支持,也赢得了较高的社会认可与良好的国际声誉。

第二节　制度环境与行动者：C 大学学科调整与建设的战略行动

从 1996 年 C 大学入选"211 工程"再到 2017 年进入"双一流"建设高校行列,C 大学的三任校长始终扮演着制度性企业家的角色。作为制度性企业家,其根本的职能在于敏锐地感知到制度环境中已经或即将出现的制度性利益。因此当"政策之窗"打开时,他们能够抢抓政策机遇期,赢得广泛的办学空间和充足的办学资源。根据组织分析的新制度主义的观点,要解释一个大学采纳新的学科建设战略的原因,"必须将大学置于具体的时空背景下以及其所处的组织场域中,特别关注大学管理者和大学组织在制度性利益建构中的能动性。当然,尽管我们强调组织可能追求他们自己独特的利益,但是他们是在受到强有力的制约情况下追求他们自己的利益。在很多情况下,制度性利益是预先就由法律或市场过程给定的;但是在某些情况中,这些制度性利益又是渐渐形成的,是在特定结构和空间背景中逐步建构而成的。在特定的制度环境中,存在显著的权力结构和机会空间,这是行动者的行动舞台。总体而言,行动者是一种受行动舞台制约的开拓者和创新者"①。

一、权力结构与制约：C 大学学科调整与建设的行动舞台

任何一个社会,处于主导地位的组织对从属组织都具有显著的影响力。学科建设与调整政策的形成是在"一个更大的权力和社会结构场域中发生的。制度分析旨在确定和描述这些场域,并揭示它们如何影响和制约其中的行动者"②。在 C 大学学科建设与调整的案例中,有两个权力中心对学科调整与建

---

①② 周光礼,黄容霞.教学改革如何制度化——"以学生为中心"的教育改革与创新人才培养特区在中国的兴起[J].高等工程教育研究,2013(5):47-56.

设战略部署的领导者(往往是校长)所面临的环境产生了决定性影响。这两个权力中心,分别是掌握办学资源和"符号资本"的政府及在高等教育竞争场域中有声望的大学。

具体而言,"现行体制下,决定一个组织社会地位的仍然主要是政治权威而非市场机制。无论个人还是组织其地位变迁对于国家政策都极其敏感。国家政策可以通过改变资源配置的份额、扩大或减少机会等方式对于所有社会群体、机构,甚至个人产生巨大影响。在高等教育领域从'国家重点学科建设''211工程建设''985工程建设'再到'双一流'建设,能否顺利入选相关名单始终是决定高校和学科发展的最关键因素"[①]。通过符号资本的创设,政府在大学间形塑了特定的制度区隔机制。值得指出的是,符号资本的获得具有明显的"马太效应",呈现出"捷足先登""好者更好"的效果和特征。[②]

实际上,在C大学学科建设与调整的政策演进历程中,始终可以看到政府对大学的控制权及其无处不在的影响力。从某种意义上而言,C大学选择研究型大学作为其办学的战略定位,进而谋划学科建设的具体布局,是由政府所设定的机会空间所决定的。回顾我国高等教育重点建设的政策,往往强调的是一种以科学逻辑为导向的学科建设思路。政府对高校的各项评估和项目遴选(包括学科评估、国家与省重点学科的遴选等)一直将高水平的科学研究作为关键指标。对于政府而言,最简单和最可以观测的指标,是被科学计量学所简化的一系列指标设计。以对大学学科建设影响最为深刻的学科评估为例,其指标体系的设计中最为核心的指标是科学研究,其他三项指标分别是学术队伍、人才培养和学术声誉。其中,科学研究指标分别包括科研基础、获奖专利、论文专著、科研项目等四项二级指标。以论文专著为例,它涵盖CSCD或CSSCI收录论文数,人均CSCD或CSSCI收录论文数,SCI、SSCI、AHCI、EI及MEDLINE收录论文数,人均SCI、SSCI、AHCI、EI及MEDLINE收录论文数,出版学术专著数等三级指标。显然,这些指标的设计对高校的组织变革和行动逻辑具有较强的指引功能。又如,根据教育部印发的《国家重点学科建设与管理暂行办法》(教研

---

① 王建华.政策驱动高等教育改革的背后[J].清华大学教育研究,2019(1):58.
② 胡建华.70年高等教育重点建设的变化及影响[J].江苏高教,2019(10):1.

〔2006〕3号)的规定,国家重点学科①须具备的基本条件是:① 主要学科方向对推动学科发展、科技创新,促进我国经济建设、社会进步、文化发展和国防建设等具有重要意义。② 拥有学术造诣高、具有一定国际影响或国内知名的学术带头人,有一支结构合理的高水平学术团队。③ 应有完整的本科生和研究生培养体系,培养的博士生质量和数量位于国内同类学科的前列。④ 具有鲜明的学科特色,在本学科领域有较大的学术影响;已取得较高水平的成果,对经济建设和社会文化发展做出了重要贡献;承担着国家重要的研究项目。⑤ 教学、科研条件居国内同类学科先进水平,具有较强支撑相关学科的能力,有良好的图书文献和现代化信息保障体系。⑥ 学术气氛浓厚,国际国内学术交流活跃。显然,这些基本条件与高层次人才的汇聚、高水平科研成果的发表以及国家级科研项目、科研奖项的获取有着密切关联。

从国家重点学科和学科评估政策的价值导向及其指标体系设计中可以鲜明地发现,一种以指标生产为显著特征的学科建设模式正在被制度化。在某种意义上而言,这种政策取向的背后是典型的科学逻辑。值得指出的是,作为一种以学术声誉竞争和真理探寻为旨归的科学逻辑,其核心要义应由"科学共同体"自我设定,而非由政府等外部力量强制输入。在我国,由政府设定的针对学科的评估指标体系,对高校学科建设与调整的战略设定具有直接而深刻的影响。高校的学术评价(如绩效考核和职称评审等)和人才引进工作,往往围绕着这些指标展开。

除了政府之外,有声望的大学也对C大学的学科建设与调整战略产生了重要影响。中国高等教育体系是一个"金字塔形"的等级结构,以清华大学、北京大学和浙江大学等为代表的"一流大学"建设高校处于金字塔的顶端。随着项目制在高等教育治理中的广泛运用,竞争逻辑在高等教育场域中逐步确立,实现竞争优势、避免劣势的同型竞争十分激烈。如何在竞争激烈的环境中脱颖而出

---

① 国家重点学科是国家根据发展战略与重大需求,择优确定并重点建设的培养创新人才、开展科学研究的重要基地,在高等教育学科体系中居于骨干和引领地位,满足经济建设和社会发展对高层次创新人才的需求,为建设创新型国家提供高层次人才和智力支撑,充分体现全国各高校科学研究和人才培养的实力和水平。到2007年为止,我国共组织了三次评选工作:共评选出全国286个一级学科国家重点学科、677个二级学科国家重点学科、217个国家重点(培育)学科,其中一级国家重点学科所覆盖的二级学科均为国家重点学科。根据国务院《关于取消和下放一批行政审批项目的决定》(国发〔2014〕5号)的要求,教育部的国家重点学科审批已被取消。

并且稳固地位,是高等学校竞争的目的。C大学作为一所在20世纪90年代末通过合并获得综合性大学地位的地方高校,其竞争的对象既包括部属高校,也包括其他与其具有类似地位的地方高校。C大学在这种复杂的竞争环境中,既对政府所设定的一系列评估指标和方案设计予以积极回应,又通过一系列制度性渠道学习和模仿有声望的大学的学科建设与调整战略。

应该认识到,通过政府"诱导式监督"体系的建立和声望较高的大学关于学科建设与调整战略的"理论化",科学逻辑在高等教育系统中持续扩散。C大学的成功之处在于,它能够迅速学习和模仿声望较高的大学所采取的战略,并对政策系统的调适做出响应。在很长一段时间内,我国高等教育系统强调计划体制和行业经济导向,这种制度环境塑造了特有的应用逻辑。而改革开放以来,高等教育重点建设的方向明显开始转向学科逻辑,并重塑了高等学校的组织行动逻辑和知识生产模式。越来越多的大学开始将以综合性大学为基石的研究型大学建设作为学校的办学目标,并由此引领学校的学科设置、结构和调整方向。基于此,大学的治理目标服务于学科建设与调整的方向,如何促进高峰学科、高原学科或"独角兽"学科的产生,形成一流效应,是高校学科建设的战略方向和核心要义。

在学科建设与调整的战略设定中,大学也并非简单的制度环境的形塑对象。相反,它对于制度环境产生着独特的影响,并基于自身的制度性利益应对制度环境的变动。例如,在国家重点学科建设、"211工程"、"985工程"等高等教育重点建设政策的出台过程中,声望较高的大学的校领导(尤其是拥有院士头衔的学者)往往发挥着特殊的作用。在一定意义上而言,这些校领导扮演制度性企业家的角色,通过其在学术界的影响力对高层的决策产生特定的影响,进而使政府决策更大程度地符合其治校办学的理念和利益诉求。当然,C大学作为一所地方高校,并不能如南京大学、华中科技大学等原"985工程"建设高校那样,拥有广泛的政策资源。但是,C大学能够通过各种渠道搜集有关学科建设与调整的信息,并紧跟声望较高大学的学科建设步伐。"实际上,各个大学的决策者在面临复杂问题时,都会寻求政策制定的捷径。其中一个重要的捷径是选择那些已经在别的大学被证明有效或有前途的方案。正是由于'985工程'大学在大学场域中占据了有利位置,使其有能力把它们的意志输出给其他大学,从而对其他大学的行为产生实质而深刻的影响,这是中国大学同质化的一个重要原因。"①

二、 制度性企业家的能动性:C大学学科调整与建设的战略设定

作为制度性企业家,C大学在模仿声望较高的大学和积极回应政策系统的同时,也根据自身的传统和独特优势,积极制定其学科调整与建设的战略。实际上,从C大学学科建设与调整的政策梳理中可以发现,C大学学科建设与调整的战略设定是一以贯之的。对于C大学而言,作为制度性企业家的能动性,正是不断从政策系统中获得政府的身份认定,并由此获得声誉、办学资源(尤其是项目经费)和一系列"特权"。在政府设定的"准市场"中获取资源,是包括C大学在内的中国高校开展学科建设与调整的重要手段。为了在学科评估、学位授权审核以及重点学科建设的评估中获得国家认可,并获得更高的学科排名和更多的博士、硕士学位授权点,C大学的"指标生产"特征日趋鲜明。成为"指标意义"上的一流,构成C大学学科建设与调整的基本目标。毋庸置疑,作为一所地方高校,仅仅靠自身的办学传统和积淀,是很难在指标层面超越传统的高水平研究型大学的。因此,C大学采用了比较特殊的学科建设战略:一方面,围绕学科建设,加强人才的引进、培育与激励;另一方面,采用分层分类的学科建设战略,精细化部署学科建设的重点、层次与方向。

1. 精准的高层次人才引进战略

在C大学的学科调整与建设战略中,最为成功的经验是实施了人才强校战略。在Z校长和X校长时期,加强高层次人才的引进工作一直是卓有成效的。诚如C大学学科建设办公室主任S所言,"相比于其他同类高校,C大学大概是没有走那些老路,就是把现有人员的待遇弄得高高的,原因是Z校长一直说,我们学校的教授普遍水平上不能跟上C大学的发展,迫切需要'新鲜血液',只要引进来的人比退下来的人好就行,就大量引进人才"。② 在Z校长执掌C大学的初期,人才引进的思路是只要比校内的教师强,即可引进。换言之,引进的教

---

① 周光礼,黄容霞.教学改革如何制度化——"以学生为中心"的教育改革与创新人才培养特区在中国的兴起[J].高等工程教育研究,2013(5):47-56.

② 对C大学学科建设办公室主任S的访谈,访谈日期:2020年1月10日。

师是否是其急需的方向,是否与既有的学术团队相匹配,并非考虑的重点。当然,随着"学术大师+创新团队"思路的提出,Z校长开始调整人才引进的思路,强调"精准引才"。对此,现任C大学校长X在2018年召开的第五次学校战略研讨会中表示,通过精准调研,梳理人才需求清单;精准寻觅,打造人才智力蓄水池;精准服务,确保供需无缝对接等举措,将有限的资源用于急需人才的引进中。同时,在此次会议中,C大学人力资源处处长Z指出,人才引进的落脚点是学科,要继续坚持"有所为,有所缓为",不能"捡到篮子就是菜"。

"学术大师+创新团队"模式是指由引进的高端学术人才负责组建创新团队和创新平台,学校全权委托他们进行人员招聘及团队建设,充分发挥教授治学的积极性。对教授们来说,能按照自己的想法建设一个科研团队,这非常有吸引力。诚如该校人力资源处处长Z所言,在高层次人才引进的过程中,学校仅负责宏观层面的制度建设和政策把握,人才引进主动权交由学院(部)和专家。例如,在C大学争取S教授加盟的过程中,正是一句"给你一个研究院,由你全权负责"的承诺彻底打动了S。而这种模式也给学校带来了实实在在的好处。教授们有了用人权,在选人时就会更加慎重,尽可能选拔有较高水平的人才。2008年,C大学引进中科院院士、材料科学与技术领域著名科学家L,由他全权负责组建了功能纳米与软物质研究院。短短3年,L就从全球知名大学、科研机构招聘了18名特聘教授、副教授,这些人才成了C大学的宝贵资源。[①] 图7-1是C大学创新团队情况。

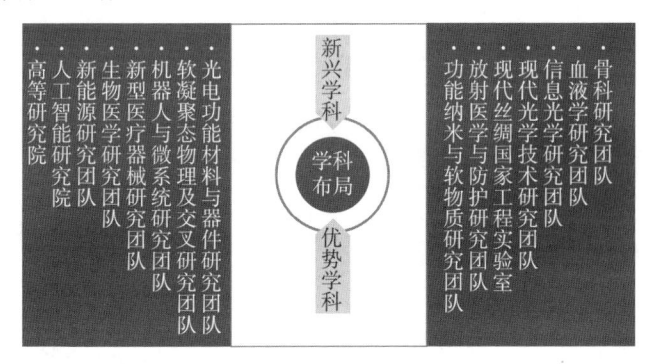

图7-1　C大学创新团队示意图

[①] 高毅哲."只有树根扎实,才能枝繁叶茂"[N].中国教育报,2012-10-01.

对于人才强校战略,C 大学学科建设办公室主任 S 指出:"人才引进的培育、激励是 C 大学的法宝,是不会丢的。培育和引进人才,对学科的影响是根本性的,或者说是本质性的。它始终是促进学科发展的重要因素。比如,材料学这个领域中现在 19 位'高被引科学家',我们大概有 13 位。"如果没有人才引进这一"法宝",很难想象 C 大学能够从一所师范院校成功转型为一所综合性研究型大学。正是因为人才的汇聚,C 大学的一系列博士学位授权点才能够成功申报通过并有序运行。

概言之,C 大学学科建设的根本是人才强校战略。为进一步推动人才强校战略的实施,2017 年以来 C 大学出台了一系列有关人才引进、培育与激励的规范性文件,包括《C 大学高端人才计划实施办法》《C 大学优秀青年学者管理办法》《C 大学增补基本师资管理办法》《C 大学专职科研队伍管理暂行办法》《C 大学师资博士后管理办法》等。面对"双一流"建设的新挑战,C 大学人力资源处处长 Z 坦言,近些年学校发展迅速,排名节节攀升,屡创新高,但在发展中也遇到新问题,即"有高原无高峰",缺乏一批大师级的团队来助推形成"高峰"。为此,他表示,C 大学"将围绕学科建设,瞄准国内外人才市场,进一步加快和加大人才引进力度,精准、快速出击"。其中,瞄准国外人才市场,实施全球引才机制,是 C 大学的最新举措。2018 年第五次 C 大学学校战略研讨会的报告显示,全球引才的方式包括党政领导率团赴外引才、打造国际化引才品牌、赴海外创办研究机构、建立海外高端人才库、采用柔性人才引进机制等。

2. 精准的科研激励战略

如何激励人才更好地发挥效能,是 C 大学学科战略的另一个重要组成部分。从 C 大学年度工作要点的梳理中可以发现,C 大学自 20 世纪 90 年代末就已经开始重视激励高水平科研论文的发表。例如,《C 大学 1995—1996 学年度第二学期工作要点》中指出,要"加大学科建设的投入和力度,以抓好重点学科建设为基础,加强学科建设与改造,努力扶植新兴学科,力争使我校的科研经费以及在 SCI 检索系统中的名次持续保持上升势头"。又如,《C 大学 2000 年度下半年工作要点》中明确提出,根据"按劳分配,效率优先,兼顾公平"的原则,推进校内分配制度改革,利用增量部分扩大收入差距,将岗位待遇与业绩挂钩。具体而言,在涉及科研激励部分,该工作要点中指出要"采取一定的激励措施,调动各方面积极因素,使我校科研项目、科研经费、科研奖励数以及被三大检索工具收录的论文数有较大增加,提高科技综合实力"。

对于该校实施的科研激励战略,C 大学学科建设办公室主任 S 在接受访谈时指出,对于科学研究,"还是要有一定的激励政策的。我们的激励政策,我理解在全国是中等水平,激励强度不算高。我们现在强调高水平的论文,在 SCI Ⅲ 区、SCI Ⅳ 区发表的论文已经不怎么奖励了。一般这类文章,一篇才奖励一千元,象征性的奖励。因为我们是二级分配体制,教师要跟学院算绩效,奖给个人的大概只有一千多元。但 SCI Ⅱ 区的我们大概就升到八千元了,SCI Ⅰ 区是一万五,还有 *Top Journal*、*Science*、*Nature* 之类,那就每篇可能奖励几十万吧。就是我们主要鼓励 SCI Ⅱ 区及以上的论文,鼓励发表高质量的论文。所以,这几年另外一些指标,如 ESI 的引用率逐步升高。实际上,我们的论文数是不多的,在全国排不上号的,但是平均引用率特别高"。[①]

据了解,为激励高水平论文的发表,C 大学于 2017 年出台了《C 大学学科前沿研究激励计划》,根据该计划的规定,在国际期刊发表重要国际论文将获得学校的奖励。被奖励国际期刊论文目录以及奖励标准,将在该校学科建设办公室网站公布且于每年 1 月份更新一次。毋庸置疑,通过精准的科研激励战略,教师将调整科研发表的时间和期刊。这种激励策略,使得 C 大学在以 SCI、SSCI 论文发表为统计指标的各大排行榜中占据了较大的优势。

3. 学科分层分类建设战略

除了精准的人才引进与科研激励战略以外,对于学科建设本身而言,C 大学形成了所谓的分层分类学科建设的战略。这一战略的形成,从根本上源于 C 大学对自身的战略定位。根据该校 2017 年印发的《C 大学改革发展"十三五"规划纲要》制定的"十三五"期间的发展目标,C 大学将通过"分层分类"学科建设体系的建立,实现科学研究与社会服务水平稳步提升。具体而言,涉及学科建设的发展目标是:"承担一批面向国际学术前沿、国家战略和区域需求的重大重点科研项目,取得一批具有重要影响的标志性科研成果,实现由'跟跑型'研究向'跟跑与并跑型'研究转变,部分研究实现'领跑',促进学科交叉协同的新

[①] 对 C 大学学科建设办公室主任 S 的访谈,访谈日期:2020 年 1 月 10 日。

机制基本建立。8~9个学科进入 ESI 前 1% 且位次前移,1~2 个学科进入 ESI 前 1‰。支撑引领区域创新体系的高技术研发能力显著提升"。为了实现该目标,C 大学在学科建设战略的部署中侧重于明确学科建设的层次、重点和方向。基于此,凝练学科特色与比较优势,重点培育多个在国内外有重要影响的高峰学科,引领带动高水平大学建设。为此,C 大学的"十三五"规划指出,要"建立健全科学合理的学科设置决策程序,按照国际通行的评估体系设定学科发展目标和评估标准,结合资源配置模式改革,探索实行分类考核评估、动态调整机制,妥善处理好学科规模与质量、全面推进与重点突破等关系"。

与国内一些高校采取的裁撤调整"弱势学科"的做法不同,C 大学并未采取激进的学科调整战略,而是采取了"有所为,有所缓为"的做法。所谓"有所为",指侧重发展特定的学科方向,形成学科优势。所谓"有所缓为",指相对于重点发展的学科,其他学科在资源投入的力度上相对"放缓"。对此,C 大学学科建设办公室主任 S 提出,分层分类的学科建设体系实际上就是采取了一种"有所为,有所缓为"的学科建设策略,"学校有重点,学院有重点,两级重点"。他特别提出,"C 大学明确学院建立在一级学科上。原来没有一级学科学位点的学院都有了一级学科学位点,哪怕是硕士点,我们想尽一切办法要调给它,比如原来的钢铁学院没有引进工程学,我们就调给它了;城市轨道交通学院没有轨道交通工程,我们也调给它了;建筑学院原来只有风景园林,没有建筑学,我们也调给它了。一个学院不管它建院最初的目的是什么。最终,之所以成为一个学院,是因为有一级学科。我们现在只有一个学院不是这样,就是能源学院,作为一个交叉学科,也许未来还有交叉学院支撑。但一级学院支撑便于管理,而且便于找到方向,一个学院还是要有自己主打的东西,也就是说,学科建设还是要有传统框架,其他的交叉、新兴学院可能是一个增量"。他强调所谓的"主打"学科,其实就是需要"有所为"的 A 学科。他提出,C 大学每个学院都要有 A 学科计划,当 A 学科与 B 学科在资源配置中发生冲突时,学院会优先发展 A 学科。显然,这种战略的选择,也符合资源配置"精准"投入的理性选择原理。一方面,基于一级学科建设学院,有利于适应既有的以一级学科为导向的学科评估和管理政策;另一方面,在办学资源尤其是资金有限的情况下,学校聚焦优势学科,将有利于在短期内进一步巩固和提升优势学科的优势地位。

值得指出的是,为落实分层分类学科建设体系构建的目标,C 大学提出学科建设的"四大计划",即"基础学科强固计划""新兴交叉学科促进计划""优势学科群提升计划""世界一流学科攀登计划",详见表 7-6。

表 7-6 "十三五"期间 C 大学学科建设的"四大计划"

"四大计划"	"十三五"期间 C 大学学科建设计划的主要内容
基础学科强固计划	支持基础学科稳定发展,强化学科主流特色,夯实基础学科的雄厚基础,以支撑其他学科的可持续发展。通过"十三五"建设,基础学科水平要得到显著提升,在学科排名中要争先进位,一些学科达到国际和国内先进行列
新兴交叉学科促进计划	瞄准对转变经济发展方式具有前瞻性和开创性意义的基础技术研究与应用研究前沿领域,调整学科布局、发展战略及保障机制,以学校文理医工基础学科为依托,遴选建设一批新兴学科和交叉学科,抢占学科发展制高点
优势学科群提升计划	以重大科学问题和国家重大战略需求为导向,进一步推进优势学科间的交互与融合,在物质科学、医学与生命科学、工程科学及人文社会科学等领域形成若干具有较强发展活力、创新能力和 C 大学特色的优势学科群
世界一流学科攀登计划	集中优势资源,加大对进入 ESI 前 1%学科的建设力度,引导其瞄准国际、国内一流,加快提升学科水平。到 2020 年,有 2~3 个学科进入 ESI 前 1‰,在此基础上统筹推进一流大学的建设

以上"四大计划"的内容,实际上反映出 C 大学在学科建设中始终基于其综合性大学的多学科优势以及基础学科的传统底蕴。这种根植于 C 大学办学优势的学科建设战略,使得 C 大学能够采用资源集约化、精准化配置的方式,取得一系列排名、指标的大幅度"跃升"。通过精准引才、精准激励、精准发展 A 学科等一系列精准的学科建设战略的部署,C 大学已经在"指标"上成为一流大学,在许多一流大学排行榜中,作为地方高校领头雁的 C 大学开始超越一些老牌名校。正因为如此,本书将 C 大学作为重点分析的案例。然而,在院校研究中,案例的意义远不仅仅是为其他高校提供所谓的"样本"乃至"模式"。相反,它可能更多带来的是对于既有政策环境和组织行动的理性反思。作为一个在"项目制"的政策环境下,不断获得政策资源的制度性企业家,C 大学无疑是成功的。然而,在所谓"成功"的背后却也不可避免地隐藏着危机和风险。对此,C 大学现任校长 X 在 2018 年召开的 C 大学第五次战略研讨会中明确提出,C 大学在

若干硬性指标上可与研究型大学比肩,实现了"形似",但在思维方式、发展模式、文化氛围等方面与真正的研究型大学差距还很大,尚不具备"神似"。在此次会议中,他不无忧虑地指出,我们的"脚"已经踏进研究型大学的门槛,但"头脑"和"身体"还在门外。实际上,这种"形似而神不似"的状况,并非C大学所特有。在既有的学科建设体制机制以及高校学科建设战略的驱动下,研究型大学的建设势必会衍生出"指标一流"而精神气质却相去甚远的学科建设效应。根据C大学的案例,审慎地评估和反思既有的学科建设政策和组织变革策略,具有重要的理论和实践价值。

第三节 超越"治理术":C大学学科调整与建设的困局与反思

从C大学学科调整与建设的发展过程中可以清晰地发现,C大学在20世纪90年代进入"211工程"建设行列以及院校合并之前并未在高等教育场域中展现出强有力的竞争优势。作为一所地方高校,它的发展来源于20世纪90年代末以来卓有成效的学科建设与调整战略部署。尽管C大学在20世纪90年代之前,并未能够进入国家重点高校的建设行列,但这并不影响其通过学科建设,在"211工程"、博士学位授权点、学科评估、国家重点学科以及"双一流"建设高校等"符号资本"的竞夺中占据优势。在我国高等教育场域的竞争中,高校之间最为激烈的竞争并非从市场中竞争经济资本,而是从国家那里寻求认可,获取"符号资本"及其背后的经济资本。实际上,"国家掌握了所有的符号资本和绝大部分经济资本,并在治理过程中生产出一套复杂的资本分配技术,其核心是:设置一套制度化的凭证符号,不同符号给予不同经济资本;凭证符号的总量与组合及其背后的经济资本,构成了各个位置之间的差异;国家通过对这些凭证符号的控制和有限制的授予,决定了各位置的空间关系和等级关系;高校通过各种策略,激烈地竞争这些凭证符号和经济资本,从而占据不同的场域位置"[①]。换言之,围绕学科建设成效所建构的一系列符号资本,是高等教育竞争场域中高校之间竞争的主要对象。在政策的语境下,学科调整与建设成为高校

---

① 栗晓红.国家权力、符号资本与中国高等教育的等级性和同质性——以新中国成立后的三次重点高校政策为例[J].北京大学教育评论,2018(2):134-150.

获取国家资源的重要手段。实际上,一系列新型符号资本的创设,构成政府增强其对高等学校控制权的方式。"国家权力正是通过对高等教育场域中符号资本的控制实现对场域中位置的界定和控制,从而导致高等教育出现等级性高和同质性强的特征。"换言之,不同高校之间的趋同,包括学科建设与调整思路的趋同,从某种意义上而言是由国家形塑的,而非单一的高校自主选择的结果。

一、"指标生产"与"精准引才":C大学学科调整与建设的"治理术"

为了在最短的时间内实现一系列学科建设相关指标的"跃升",C大学采取了精准化的办学资源配置战略。基于此,C大学高度关注与学科评估和大学排行榜相关的指标,尤其是ESI指标,重视激励国家级项目申报和高水平论文的发表,并将这一系列指标与人才的引进、培育、晋升、评价、绩效等紧密关联。换言之,"指标生产"与"精准引才"都服务于学科建设"指标增长"的目的。以特定的资源配置的方式,最优化地提高学校在ESI、学科评估中的位次,是C大学学科建设战略获得成功的关键所在。实际上,创建分层分类的学科建设体系,"有所为,有所缓为"地推进学科建设与调整,是C大学优化配置办学资源,促进学科建设在最短的时间内取得成效的基本思路。"指标生产"与"精准引才"作为C大学学科建设的"治理术",适应了研究型大学建设的范式。然而,不得不指出的是,"在以研究型为范式的大学里,随着学术激励和承认机制的过度强化,手段最终异化为目的。为发表而发表,为论文而论文,甚至成为科研生活的一种常态。其背后的哲学就是研究者只负责研究,并写成论文公开发表"[①]。

当前,C大学也深刻地认识到在"双一流"建设战略实施的背景下,C大学的生存空间被挤压。对此,C大学X校长在2018年第五次战略研讨会中指出,C大学目前面临着如下挑战:"起得早、醒得早、动得早的红利消耗殆尽;学科交叉融合体制机制尚未有效形成;高端人才队伍建设可持续性面临考验;资源紧缺与办学效益低下的情况并存;发展不平衡、不充分的问题逐渐凸显等。"

---

① 王建华.以创业思维重新发现大学[J].教育研究,2019(5):103-112.

二、"锁入效应"与制度性焦虑:"双一流"建设背景下 C 大学学科调整与建设的困局

从 C 大学在入选"双一流"建设项目后的学科建设政策中,我们可以发现 C 大学清晰地认识到,"双一流"建设的本质仍然是强调学科建设的科学逻辑。作为一种制度逻辑,受政府管理(包括评估与资源分配)的科学逻辑"在一种较有意识的水平上提供了认知框架,并用来证明此种或彼种行动的正当性"。在新制度主义看来,"权威机构的评价对于某种安排的合法性起着决定作用。组织的很多结构之所以存在和扩散,是因为它们被相对独立的强大机构视为是'适当的',尽管组织结构的合法性会受到其他较少权力的机构的挑战"。基于此,不难理解 C 大学缘何从 20 世纪 90 年代以来就开始形塑这一套学科建设的"治理术",并且将其持续固化、延续、调适乃至"再生产"。

"双一流"建设战略无疑为 C 大学提供了固化其学科建设思路的重要政策诱因,从"双一流"建设高校遴选的标准能够发现以量化评估为导向的所谓的科学逻辑依旧占据支配地位。从最初的国家重点建设政策到"双一流"建设战略的出台,国家政策环境所能够提供的政策窗口都是基于学科逻辑展开的,高校在"政策之窗"开启后必须通过强大的指标生产与项目运作机制回应乃至迎合外部政策环境的评价。当前,"双一流"建设战略的实施并没有削弱高等学校之间的竞争以及减轻高等学校内部的焦虑。相反,高校之间的竞争更加具有不确定性、动态性和流变性。在一个"流动"的、变动不居的高等教育竞争场域之中,所有的高校都可能被淘汰"出局"。值得指出的是,与传统的国家重点建设政策不同的是,"双一流"建设引入了"动态调整机制"。能否保持"一流"学科建设的身份乃至获得"一流"高校建设的地位,使得 C 大学对于学科建设的前景陷入不确定性之中。受此影响,制度性焦虑弥漫于"双一流"建设背景下高校的学科建设与调整之中。在对 C 大学学科建设办公室主任 S 的访谈中,笔者可以深深地感受到 C 大学的学科竞争焦虑。S 主任坦言,"C 大学此前所采取的学科建设战略的红利,已经逐渐消失。实际上,越来越多的高校采取了比 C 大学激励力度更大的措施"。在谈及"破五唯"新政是否会对 C 大学既有的学科建设思路形成冲击时,S 主任表现出一种无奈。他认为,需要在一定程度上与国家政策

保持适当的距离,形成自己的学科建设定力,只有不变,才能应对万变。[①]

在这种"制度性焦虑"之下,高校能否理性地制定学科建设与调整战略,教师能否摆脱指标生产机制的束缚进而安心地开展教学科研活动,不无疑义。实际上,C 大学并未抛弃既有的学科建设思路。相反,C 大学持续固化了以"指标生产"和"精准引才"为核心的学科建设思路。而所谓的分层分类学科建设体系,则是为了更好地适应"双一流"建设对于学科高峰培育的政策诉求。C 大学陷入了学科建设的"路径依赖"之中,而与此相伴的是一系列"锁入效应"(lock-in effect)的滋生和蔓延。这种基于理性设计的学科建设模式的问题在于,"以指标作为规划目标,以规划作为运筹、管理和控制的依据,不仅指标详尽,而且管理过于刚性,自上而下的目标分解与责任落实,虽然不乏数量产出之功,但却在一定程度上抑制了基层自主探索与学术人创新的活力"[②]。概言之,学科建设的"治理术",衍生出学科生态恶化、学科交叉融合乏力、高校"挖人大战"、专利研发脱离实际应用以及学术研究"功利化"与"短视化"等一系列学术治理乱象和困局。

诚如阎光才教授所言,"一个无法摆脱的现实困境在于:'双一流'建设不仅没有消解项目的象征意义,反而又成为一种新的身份标识。理论上,它的确为消除身份区隔与固化提供了可能性,但这种可能存在的身份流动性却加剧了组织内部的焦虑、紧张与不确定性。因此,一切围绕项目绩效评估(无论指标与标准是清晰还是模糊)的自上而下动员、规划、组织和制度重塑,就成为组织不得不为之的理性选择,因为它至少是减少不确定性和规避风险的最安全应对策略。由此带来的结果便是:高校实现了由传统倡导学术自主的规范性到功利性、强制性兼具——即一种混合性组织的转变"[③]。

三、回归学术语境:"双一流"建设背景下 C 大学学科调整与建设困局的破解

随着"双一流"建设进程的深化,关于"双一流"建设遴选标准的重新设计开始进入决策者的视野。如何促使"双一流"建设超越高等教育评价的"五唯"

[①] 对 C 大学学科建设办公室主任 S 的访谈,访谈日期:2020 年 1 月 10 日。
[②③] 阎光才.政策情境、组织行动逻辑与个人行为选择——四中年来项目制的政策效应与高校组织变迁[J].高等教育研究,2019(7):33-45.

顽疾乃至陷阱,是高等教育政策系统变革的战略目标。例如,2019年9月,教育部在《关于政协十三届全国委员会第二次会议第3078号(教育类335号)提案答复的函》中提出,"学科评估结果使用上,你们建议作为'双一流'建设单位遴选的参考,不要直接挂钩,我们表示赞同。学科评估是教育部学位中心以第三方评价方式开展的非行政性、服务性水平评估项目,其目的是服务大局、服务高校、服务社会,不是为某特定项目量身定做的产品。政府和高校在资源分配过程中,不仅要关注学科发展水平,更要关注社会对该学科的需求程度,要注重构建良好学科生态"。2020年2月,教育部与科技部联合印发了《关于规范高等学校SCI论文相关指标使用 树立正确评价导向的若干意见》,明确要求高等学校破除论文"SCI至上",规范各类评价工作中SCI论文相关指标的使用,探索建立科学的评价体系。具体而言,"高校、高校主管部门及其下属事业单位要按照正确的导向引领学术文化建设,不发布SCI论文相关指标、ESI指标的排行,不采信、引用和宣传其他机构以SCI论文、ESI为核心指标编制的排行榜,不把SCI论文相关指标作为科研人员、学科和大学评价的标签"。

显然,无论是避免学科评估与"双一流"建设单位遴选直接挂钩,抑或规范SCI论文相关指标的使用,都旨在破除以"指标生产"为基本特征的僵化的、管制导向的学科建设模式,以促使高等学校的学科建设回归学术语境,优化学校的学科生态。

在教育部关于规范高等学校SCI论文相关指标使用的《关于规范高等学校SCI论文相关指标使用 树立正确评价导向的若干意见》下发后,C大学迅速对此做出了回应。2020年6月,C大学学科建设办公室发布了《关于暂停学科前沿研究激励计划(国际论文)的通知》。该通知明确提出,"2018年,学校试行《C大学学科前沿研究激励计划(国际论文)》(C大学科〔2017〕第3号),在全校科研人员的共同努力下,有效提高了我校学科前沿领域研究水平,提升了我校学科的国内外影响力。2020年初,教育部与科技部印发《关于规范高等学校SCI论义相关指标使用 树立正确评价导向的若干意见》(教科技〔2020〕2号),要求探索更为科学合理的论文评价体系。按照文件相关精神,我办就如何提升学科前沿领域研究水平,正在征求相关专家意见和建议,拟对《C大学学科前沿研究激励计划(国际论文)》(C大学科〔2017〕第3号)进行修订。经研究决定,从2020年6月起暂停实施该文件。同时,为及时了解学科前沿发展动态,继续收集高水平国际论文发表情况"。从C大学发布的这份通知中可以发现,C大学对《关于规范高等学校SCI论文相关指标使用 树立正确评价导向的若干意见》持有审慎的保留意见。尽管C大学暂停了2018年开始试行的国际论文激励计划,但是,变相的绩效激励措施和信息搜集机制依旧被保留了下来。C大学作为一所以"指标生产"实现学科竞争力迅速提升的地方综合性大学,在面对政府强制性政策约束的背景下,仍通过特定的方式延续着实施已久的"治理术"。

除了政府评估方式与理念的转变以外,传统的基于《学位授予和人才培养学科目录》对学校的学位点、招生以及财政资源进行配置的政府管理方式也亟待改变。《学位授予和人才培养学科目录》作为计划经济的产物,已经严重制约了高等学校学科建设的思路和方式。在C大学的案例中,学科建设办公室主任S将传统学科与新兴学科的建设模式进行区分对待。他主张学院依旧需要以一级学科①为基础,形成学科建设的基本框架,而其他涉及学科交叉的领域则只能作为增量。这种思路的存在,导致我国高等学校二级学院往往是所谓的一级学科设置。必须清醒地认识到,以一级学科为基准的二级学院设置方式,迎合了基于学科目录的高等教育行政管制体系,却忽视了学科建设的自主性,人为地限定了不同学科之间交叉融合的空间,违背了基层学术组织建设的内在规律。对此,陈洪捷教授提出:"我们的学科制度是一套行政制度,从学科目录的制定和颁布,到学科资源的配置,都是在行政管理的框架下进行的,政策、资源、条件都是跟随学科建设走的。一级学科管理在实践中往往会忽视二级学科层面上的知识活动需求。或许我们实施一级学科管理是为了促进二级学科的发展,但在实践中,被做大做强的一级学科未必能促进二级学科之间的合作,未必能激励教师进行跨学科研究,未必能培养出知识面宽广的学生。"②概言之,基于一级

---

① 根据教育部颁布的《学位授予和人才培养学科目录》(2011年),大学所研究和传授的知识分为13个学科门类,每个门类分为若干一级学科,一级学科之下又分为若干二级学科。目前的一级学科有110个之多,比如物理、化学,或法学、教育学。二级学科接近400个,比如一级学科数学之下设基础数学、计算数学等5个二级学科,一级学科教育学之下设教育学原理、教学与课程论、比较教育等10个二级学科。参见:陈洪捷.一级学科还是二级学科?这是个问题![N].中国科学报,2019-08-21.
② 陈洪捷.一级学科还是二级学科?这是个问题![N].中国科学报,2019-08-21.

学科开展学科建设、评价以及资源配置的学科政策体系,无益于学科的交叉融合以及基层学术组织的创新发展,既阻碍了交叉学科领域学者的常态化互动,又忽视了与一级学科关联性弱的二级学科的自主性。

实际上,政府设定的所谓一级学科,并不能反映学科建设的应然形态。作为一种资源配置的管制工具,学科目录与高校学科生态建设之间的冲突日趋凸显。值得一提的是,政府也已经认识到这种冲突的存在,并通过相应的试点政策开展"增量变革"。例如,2020年1月,教育部、国家发展改革委、财政部联合印发的《关于"双一流"建设高校促进学科融合 加快人工智能领域研究生培养的若干意见》中明确要求健全学科设置机制,完善学科评价机制。一方面,健全以人工智能基础理论和产业发展需求为导向的学科专业结构动态调整机制。有条件的高校可根据经济社会发展和人才培养的需要,采用自主试点、先行先试的方式,自主设置人工智能交叉学科。另一方面,完善以人才培养、知识创新、应用成效为核心的学科评价体系,探索有利于新兴交叉学科深度融合发展的评价办法,给予相对宽松的建设和评价周期。鼓励高校开展自我评估,支持学会、行业协会开展第三方评价,合理借鉴国际评估。构建激励学科交叉研究人员动态流动的复合评价机制,认可其对来源学科和交叉融合学科的双重贡献,以及论文、专利、软件著作权等成果形式。

显然,这份《关于"双一流"建设高校促进学科融合 加快人工智能领域研究生培养的若干意见》中已经充分认识到既有的学科设置与评价机制严重束缚了高校人工智能相关学科建设和人才培养的步伐。相比于发达国家,我国人工智能领域发展的现实问题包括高层次领军人才、创新团队和跨学科创新平台不足,学科建设缺乏深度交叉融合,基础理论、原创算法、高端芯片等方面突破较少,复合型人才培养导向性不强,高校和企业的产学研合作缺乏有效的激励机制等。从深层次而言,我国人工智能领域人才培养的现实困境,只是我国高校学科建设困局的一个现实"缩影"。以C大学为例,尽管C大学作为一所综合性大学,具有多学科的优势。但是,这种优势受一级学科政策的束缚并未真正凸显出来。医学、工学与理学之间的交叉融合深度存在严重不足,学术研究与创新应用之间也呈现出典型的"两张皮"现象。诚如C大学X校长所言,C大学学科交叉融合的体制机制尚未有效形成。作为一个理性的行动者,C大学必须借助跨学科合作项目与平台实验室,以"学术大师+创新团队"的方式,构建多学科合作攻关机制。

然而,这种增量式改革的效应仍然相对有限。"在那些本身实际上已经具有交叉学科性质的科学领域里,科研项目无法被拆解为一个个研究者个人有限专业领域内的独立子项目。科研项目的进展,需要大量有着不同学科背景的专家们积极的日复一日的合作。即便是一项研究表面上看来只是集中在一个主要的传统学科领域,但它仍然需要大量不同专业技术人员的共同投入。现在,几乎没有哪个物理学家同时熟练掌握有助于其研究领域的实验技能和理论技能。因此,与技能互补的同行联合发表成果就会具有优势。"[1]例如,在德国,一个卓越集群的建立,不是某个院系、某个学科的内部事情,而是需要若干院系的合作,需要大学层面的支持。对于一所大学来讲,一个卓越集群就是本校学术的一个亮点、一个特色、一个具有国际竞争力的学术高峰。卓越集群是以某一重大问题为导向的研究团队,而不是按照传统学科的逻辑集合而成的团队。它旨在推进大学内部院系的合作,隶属不同学科和院系的教师在卓越集群的框架下得以合作。[2] 显然,围绕一流的研究问题,开展跨院系、跨学科的广泛而深入的合作,是德国大学卓越集群建设的亮点。

当前,棘手的问题在于,无论是政府抑或高校,都缺乏突破传统管理框架的内在驱动力。实际上,高校作为此种管理体系的对象,已经成为"制度性利益"的占有者。例如,高校获得更多的一级学科博士学位授权点甚至成为自主设置博士学位授权点单位,高校在学科评估中获得更高的位次等。显然,尽管高校与政府都认识到基于学科目录的管理体系不符合学科建设的内在规律,但是该制度的"路径依赖"效应已经产生,并不断制度化。

在"双一流"建设的背景下,大学学科建设与调整的外部政策系统亟待从管理走向治理。学科治理的现代化,呼唤高等教育治理体系与治理能力的现代化。C大学的案例鲜活地揭示出一所富有创新创业精神的大学能够通过精准的"治理术",在学科建设的一系列量化指标中获得持续增长,并实现"指标的一

---

[1] [瑞士]瓦尔特·吕埃格.欧洲大学史:第四卷·1945年以来的大学[M].贺国庆,王保星,屈书杰,等译.保定:河北大学出版社,2019:458.
[2] 陈洪捷."双一流"建设,学科真的那么重要吗?[N].中国科学报,2019-11-27.

流",然而却无法实现精神气质与文化认知层面的真正一流。换言之,学科治理的传统思维与框架,适应了高等教育规模和数量持续扩张的外延式发展思路和诉求,却无法实现高等教育系统的内涵式发展,更无法达致"灵魂的卓越"。值得欣喜的是,包括 C 大学在内的"双一流"建设高校,为了建设世界一流学科所确定的学科发展规划、集群组合、领域构建和生态布局,正在成为这些高校学科调整与发展的主要方式。① 而由此所带来的组织变革与政策效应,仍有待进一步观察与考证。

---

① 胡建华."双一流"建设对大学学科调整的影响[J].南京师大学报(社会科学版),2019(4):20-26.

第八章
D大学学科调整与建设

　　D大学是2001年8月经教育部批准,由三校合并组建的以工科为特色的综合性研究型大学,2017年成为省部共建高校。D大学与南京大学、东南大学等校同宗同源,办学历史可追溯到1902年在南京创办的三江师范学堂。1978年D大学被国务院确定为全国88所重点大学之一,1981年成为全国首批具有博士、硕士学位授予权的高等学校。时至今日,D大学学科涵盖工学、农学、理学、医学、管理学、经济学、哲学、法学、文学、教育学、历史学、艺术学12大学科门类,拥有14个一级学科博士点,44个一级学科硕士点,13个硕士专业学位类别,26个工程硕士授权领域,并设有13个博士后科研流动站。工程学学科进入ESI全球前1‰,农业科学、化学、材料科学、临床医学、药理学与毒理学、生物学与生物化学、环境生态学、分子生物与遗传学等8个学科进入ESI全球前1%。

　　D大学学科发展与建设颇具代表性,在学科发展过程中,先是无缘国家"211工程"和"985工程"建设,再与"双一流"建设失之交臂,但是学科建设一直稳步前进,在国内外诸多世界大学排名中位居全国百强之列,被称为国内"四非"大学的排头兵。因此,在D大学即将迎来合并组建20周年之际,梳理并总结D大学学科发展20年的轨迹和经验,对于总结追赶型学科发展的成败得失,正确评价我国政府主导型学科建设体制及相关举措的利弊得失,具有重要的价值。

第一节 三校合并初期的学科布局与发展规划

一、学科布局

三校合并前的 J 大学原隶属于机械工业部,该校学科以农业机械设计制造和内燃机为主,1981 年成为全国首批具有博士、硕士、学士学位授予权的高校,培养了我国第一批农机本科、硕士和第一位农机博士、博士后。原 Z 医学院和 Z 师范专科学校并没有学科建设。

1. 博士、硕士点学科布局

经过近 20 年的学科建设,在 2001 年合并时,D 大学拥有博士后流动站 3 个,分别是机械工程、动力工程及工程热物理、食品科学与工程;一级学科博士点 2 个,其中工学 1 个、管理学 1 个;博士学位授权二级学科 10 个,其中工学 9 个、管理学 1 个;硕士学位授权二级学科 33 个,其中工学 27 个、管理学 3 个、经济学 1 个、理学 1 个、医学 1 个;专业学位授权领域 6 个。其博士、硕士学位点具体如图 8-1 所示。

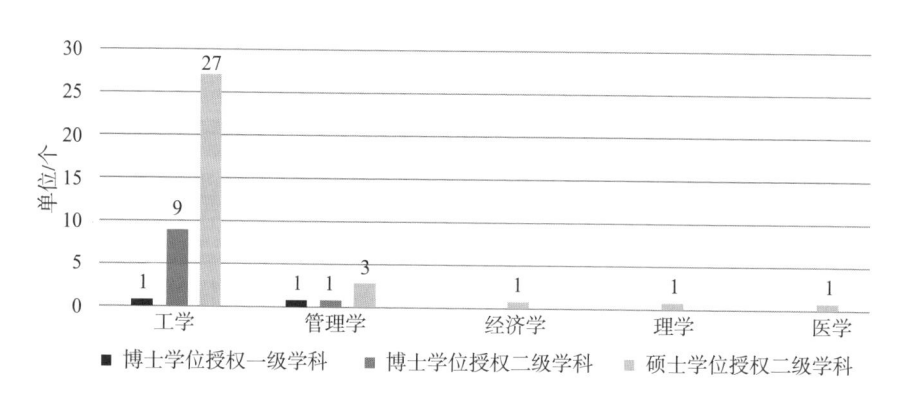

图 8-1 2001 年 D 大学博士、硕士学位点一览

2. 重点学科布局

重点学科建设对提高国家创新能力、建设创新型国家具有重要意义。它一方面可以带动我国高等教育整体水平全面提高,提升人才培养质量、科技创新水平和社会服务能力;另一方面能够满足经济建设和社会发展对高层次创新人

才的需求,为建设创新型国家提供高层次人才和智力支撑。

1985年5月颁布的《中共中央关于教育体制改革的决定》中提出,"根据同行评议、择优扶植的原则,有计划地建设一批重点学科"。根据这一要求,原国家教育委员会于1987年8月发布了《国家教育委员会关于做好评选高等学校重点学科申报工作的通知》,决定开展高等学校重点学科评选工作。第一次国家重点学科评选,D大学没有重点学科入围。

但D大学的省重点学科表现突出,共有7个,分别是机械制造及其自动化、机械设计及理论、材料学、动力机械及工程、农业电气化与自动化、农产品加工及贮藏工程、流体机械及工程,主要分布在机械工程、材料科学与工程、动力工程及工程热物理、农业工程、食品科学与工程5个一级学科,均属于工学。

从以上可以看出,D大学在2001年三校合并时学科建设以原J大学学科为基础,学科分布在工学、管理学、经济学、理学和医学5个学科门类,学科布局以工学为主,其他4个学科都是与工学交叉派生出来的,基础学科薄弱,呈现出学科发展的极不均衡。在这一现实情况下,合并之初通过的《D大学2002—2005年教育发展计划》中提出学科建设以"提高工医,加强文理,发展经、管、法、教,拓展边缘学科和新兴学科"为基本思路,努力在保持传统特色的同时,在材料科学、生命科学、生物工程、环境工程、通信工程、软件工程、医学技术、应用化工等学科领域形成新的优势。这规定了D大学未来学科建设的起点,锁定了D大学学科建设的路径。

二、专业调整与学科发展规划

三校合并后,D大学优化资源配置,促进学科融合,构建了建设综合性大学的基本框架。在合并过程中,D大学坚持把学科重组和学院调整作为关键,成立了专门的课题组,多次深入各校区调研,充分听取院系负责人、学科带头人及广大教师的意见。学校先后调研了40多所国内综合性大学的专业结构和院系设置,召开十余次座谈会、研讨会,在此基础上确定了学科调整和学院设置的五大基本原则,即有利于突出重点、形成特色;有利于学科交叉;有利于梯队建设;有利于教学科研相结合;按照一级学科设置学院。

D大学根据三校原有基础,对全校学科资源进行了大幅度的整合,制定了学科重组和院系调整方案，组建了22个学院，覆盖9大学科门类，形成了结构相对合理、重点突出的学科专业体系。学科重组和院系调整方案实施后，D大学工科类专业的比例由原来的63%调整到43%，理科类由5.3%调整到12%，文法类由8%调整到15%，经管类调整到20%，医学类调整到10%，师范教育类调整到10%。这充分反映了经过学科重组调整，D大学在保持工科特色的前提下，文理科得到了加强，经管和医教比例较为恰当，从而为D大学构建以工科为主、理工医教相结合、多学科协调发展的综合性大学奠定了基础。

第二节　近20年来D大学学科调整与建设的变化

依据D大学学校统计年鉴（2002—2018）、四次党代会报告、"十一五"到"十三五"学校发展规划、"十一五"到"十三五"学科发展规划、学校学科建设和研究生教育工作会议的文本资料，以学科点的变化作为阶段划分的标准，D大学的学科调整和建设20年来经历了从学科领域、门类和数量跨越式增长阶段到综合性大学学位授权体系基本建成阶段再到学科建设水平大幅度提升阶段的发展历程。

一、一级学科博士点、硕士点建设

合校之初，D大学抓住三校合并的契机，充分利用资源优势加速学科整合，按照优势学科做强做大、新兴学科形成亮点的要求，着力构建了五大学科板块，包括工科板块、生命医药板块、理学板块、经管板块、人文板块，形成重点突出、交叉渗透、板块联动、相互支撑的学科建设新格局，并通过加大投入、加快建设，使学科建设取得了重大进展，实现了学科建设的跨越式增长。

2003年，D大学在全国第九批学位点审批中，新增动力工程及工程热物理、食品科学与工程、农业工程等3个一级学科博士学位授权点，新增固体力学、电力电子与电力传动、环境工程、系统工程、载运工具运用工程等二级学科博士点15个（含一级学科覆盖的博士点），新增硕士点27个，实现了理科博士点，医学、人文硕士点零的突破。此外，新增农业工程、管理科学与工程等2个博士后科研流动站。D大学一级学科博士点数从2个增加到5个，是合并前的2.5倍，新增的一级学科博士点数是合并前的 1.5 倍。博士点数从 10 个增加到 25 个,增加了 15 个,增长率为 150%。硕士点数从 33 个增加到 60 个,增加了 27 个,增长率为 82%。博士后流动站从 3 个增加到 5 个,增长率为 66.7%。新增工商管理硕士(MBA)学位授予权,工程硕士专业学位数从 6 个增加到 9 个,增加了 3 个,增长率为 50%。学科领域、门类和数量均实现跨越式增长。如表 8-1 所示。

表 8-1　2003 年与 2001 年相比学科数变化一览表

类别	一级学科博士点数/个	二级学科博士点数/个	硕士点数/个	博士后流动站数/个	工程硕士授权领域数/个
2001 年	2	10	33	3	6
2003 年	5	25	60	5	9
新增数/个	3	15	27	2	3
新增比/%	150	150	82	66.7	50

2005 年,教育部开展第十次博士、硕士学位授权审核工作,D 大学在本次学位点博士申报中表现不佳,一级学科博士点数无增加,二级博士点数增加 8 个,但 5 个为原来自设,新增实际为 3 个,即控制理论与控制工程、计算机应用技术和临床检验诊断学。硕士点数从 60 个增加到 100 个,增加了 40 个,增长率为 66.7%,学科领域包括哲学、经济学、法学、教育学、文学、理学、工学、医学和管理学 9 大学科门类,开始具备综合性大学的特征,但是层次普遍偏低,一级学科授权点少,二级硕士授权点多。

这一时期,工程硕士点个数从 9 个增加到 16 个,增加了 7 个,增长率为 77.8%;专业学位增加了工商管理硕士(MBA)和高校教师在职攻读硕士学位。专业学位在种类和数量方面都持续增加。

2011 年,根据国务院学位委员会《关于下达 2010 年审核增列的博士和硕士学位授权一级学科名单的通知》和《江苏省学位委员会关于下达 2010 年审核增列博士和硕士学位授权一级学科名单的通知》,D 大学获批材料科学与工程、控制科学与工程、交通运输工程、环境科学与工程 4 个一级学科博士点,获批马克思主义理论、应用经济学等 15 个一级学科硕士点,硕士学位授权学科达到 169 个。本次学位点增列实现了 D 大学法学、经济学、教育学、理学一级学科硕士点的突破。

根据国务院学位委员会和教育部批准印发的《学位授予和人才培养学科目

录(2011年)》和国务院学位办有关学位授权点对应调整的通知。D大学共调整获批了5个硕士学位授权一级学科,即美术学、生态学、统计学、软件工程、安全科学与工程。根据全国医学专业学位教育指导委员会的通知,开展了全科医学领域和临床病理学领域的申报工作,均顺利获批。农业推广硕士专业学位新增食品加工与安全、农业机械化2个领域。此时期的专业学位包括工程硕士、工商管理硕士(MBA)、公共管理硕士、临床医学硕士、护理硕士、会计硕士、教育硕士、法律硕士、国际商务、汉语国际教育、艺术硕士、高校教师在职攻读硕士学位,共12类。综合性大学学位授权体系基本建成。

2017年3月,国务院学位委员会颁布了《关于开展2017年博士、硕士学位授权审核工作的通知》(学位〔2017〕12号),标志着我国第十二次博士、硕士学位授权审核工作正式启动,D大学此次新增5个一级学科博士点,分别是力学、仪器科学与技术、电气工程、计算机科学与技术、临床医学;新增二级学科博士点22个;新增一级学科硕士点9个,包括哲学、法学、中国语言文学、外国语言文学、物理学、冶金工程、信息与通信工程、土木工程、水利工程,在不断增强工科的前提下,持续扩大了文理基础学科的比例。二级学科硕士学位点数增加到213个,增加了44个。专业学位新增图书情报硕士,总数达到13个。学科建设水平有了大幅度提升。D大学一级学科博士点分布如表8-2所示。

表8-2 D大学一级学科博士点分布(2001—2018)

年份	一级学科博士点数/个		
	工学	管理学	医学
2001年	1	1	0
2003年	4	1	0
2006年	4	1	0
2011年	8	1	0
2018年	12	1	1

二、重点学科和ESI学科建设

国家重点学科是国家根据发展战略与重大需求,择优确定并重点建设的培养创新人才、开展科学研究的重要基地,在高等教育学科体系中居于骨干和引领地位。2001—2002年,根据教育部《关于开展高等学校重点学科评选工作的通知》的规定,全国开展了第二次高等学校重点学科评选工作。D大学合并后,积极谋划,提早布局,在本次重点学科评选中,动力工程及工程热物理获批为国家重点学科,实现了D大学国家级重点学科零的突破。2006年,在第三次国家重点学科评选中,D大学农业工程和机械工程分别入围,由此国家重点学科数达到3个(见表8-3)。

表8-3 D大学国家级重点学科

国家重点学科		
序号	所在一级学科	二级学科代码	二级学科名称
1	动力工程及工程热物理	080704	流体机械及工程
2	农业工程	082804	农业电气化与自动化
国家重点(培育)学科		
序号	所在一级学科	二级学科代码	二级学科名称
1	机械工程	080201	机械制造及其自动化

2006年,D大学在"十一五"省重点学科遴选中取得了优异成绩,省重点学科点数从"十五"期间的6个增加到13个,其中机械制造及其自动化、载运工具运用工程、农产品加工及贮藏工程等3个学科被列为国家重点学科培育建设点,固体力学、机械设计及理论、车辆工程、材料学、动力机械及工程、系统工程、农业生物环境与能源工程、农业电气化与自动化、临床检验诊断学、管理科学与工程等10个学科被列为江苏省重点学科,实现重点学科领域由单一的工学领域拓展到管理学和医学领域。

第三次国家重点学科评选结束后,江苏省人民政府自2010年开始高校优势学科建设工程。D大学动力工程及工程热物理、农业工程2个一级学科入选江苏高校优势学科建设工程一期项目。由材料科学与工程、机械工程联合申报的材料科学与工程学科增列并进入江苏高校优势学科建设工程一期项目。控制科学与工程、交通运输工程、食品科学与工程、管理科学与工程4个一级学科被遴选认定为江苏省"十二五"一级重点学科;力学、临床医学2个一级学科被遴选认定为江苏省"十二五"一级重点(培育)学科。

2016年,D大学申报江苏省"十三五"重点学科8个,并全部顺利获批,其中力学、控制科学与工程、计算机科学与技术、交通运输工程、环境科学与工程、管理科学与工程6个学科被评为江苏省"十三五"一级重点学科,化学和应用经济学获批为江苏省"十三五"一级重点(培育)学科,省重点学科马克思主义理论直接进入江苏省"十三五"一级重点学科。(见表8-4)

表8-4 D大学江苏省重点学科

江苏省"十三五"一级重点学科		
序号	所在一级学科	一级学科代码
1	马克思主义理论	0305
2	力学	0801
3	控制科学与工程	0811
4	计算机科学与技术	0812
5	交通运输工程	0823
6	环境科学与工程	0830
7	管理科学与工程	1201
江苏省"十三五"一级重点(培育)学科		
序号	所在一级学科	一级学科代码
1	应用经济学	0202
2	化学	0703

2012年,D大学工程学和材料科学2个学科(领域)的ESI排名进入全球大学和科研机构的前1%。这是学校首次有学科进入ESI排名前1%,标志着该校朝着"工科特色更加鲜明,若干学科国内一流、国际有影响,多学科协调发展的高水平、开放式教学研究型综合性大学"的建设目标有了新的突破。工程学在所有进入该学科ESI排名前1%的1 230个科研机构中,排名第903位;材料科学在进入该学科ESI排名前1%的698个科研机构中,排名第543位。

2013年,D大学临床医学和化学2个学科(领域)在ESI学科排名中进入全球大学和科研机构的前1%。在所有进入ESI临床医学学科前1%的3 734个科研机构中,排名第3 533位;在所有进入ESI化学学科前1%的1 068个科研机构中,排名第1 027位。原来进入ESI全球前1%的工程学和材料科学2个学科排名又有较大提升,其中工程学排名提升至第782位,材料科学排名提升至第446位。

2016年,D大学农业科学学科(领域)成功进入ESI全球排名前1%,位列全球第709位。与2015年同期相比,临床医学上升353位,化学上升183位,工程学上升104位,材料科学上升86位。随着农业科学进入ESI全球排名前1%,D大学已有5个学科(领域)进入ESI全球排名前1%,并列全国高校第37位、江苏高校第4位。这标志着近年来D大学通过凝练方向、强化特色、提升内涵等措施,学科建设取得了明显突破,部分学科及相关领域已具有较高的国际国内学术影响力。

2019年,D大学药理学与毒理学学科(领域)首次进入ESI全球大学和科研机构排名前1%。原已进入ESI全球前1%的5个学科排名均有较大提升:工程学学科在所有进入ESI前1%的1 420个学术机构中,排名第284位,提升29位,列前2‰;化学学科在所有进入ESI前1%的1 212个学术机构中,排名第298位,提升45位,列前2.46‰;材料科学学科在所有进入ESI前1%的852个学术机构中,排名第254位,提升20位,列前2.98‰;临床医学学科在所有进入ESI前1%的4 161个学术机构中,排名第1 798位,提升61位,列前4.32‰;农业科学学科在所有进入ESI前1%的814个学术机构中,排名第353位,提升20位,列前4.34‰。

2020年,D大学第7个学科生物学与生物化学进入ESI排名全球前1%。2021年,D大学环境生态学、分子生物与遗传学2个学科新晋全球排名前1%。至此,D大学共有工程学、农业科学、化学、材料科学、临床医学、药理学与毒理学、生物学与生物化学、环境生态学、分子生物与遗传学共9个学科进入ESI全球前1%(见表8-5)。ESI数据库中D大学的综合影响力列全球高校第650位、全国高校第46位、江苏高校第5位。

表8-5 D大学进入ESI全球前1%的学科(截至2021年5月)

序号	学科	全球排名	2021年提升排名	千分位
1	工程学	144	43	0.84‰
2	农业科学	156	56	1.65‰
3	化学	180	35	1.27‰
4	材料科学	187	10	1.84‰

续表

序号	学科	全球排名	2021年提升排名	千分位
5	临床医学	1 695	64	3.47‰
6	药理学与毒理学	563	71	5.66‰
7	生物学与生物化学	794	112	6.71‰
8	环境生态学	1 051	1月新晋	8.36‰
9	分子生物与遗传学	874	5月新晋	9.73‰

注：千分位越小，表明排名越靠前，越接近世界一流学科。

三、 学科排名与学科评估

英国泰晤士高等教育世界大学排名、上海软科世界大学学术排名、《美国新闻与世界报道》世界大学排名、英国QS世界大学排名为目前世界四大最具影响力的大学排名。D大学在这四个国际大学排名中表现突出。

2016年，D大学首次进入英国泰晤士高等教育亚洲大学和世界大学排行榜，分列亚洲第195位和世界第864位，在大陆高校中列第37位；2020年，英国泰晤士高等教育发布了首届中国学科评级（China Subject Ratings）。D大学以3个A类学科数、22个上榜学科数并列大陆高校第44位，在非"985工程""211工程"高校中排名第二，仅次于深圳大学。其中，化学、化学工程与技术、环境科学与工程等3个学科为A类等级；动力工程及工程热物理、食品科学与工程等14个学科为B类等级。

2020年6月，上海软科世界大学学术排名发布了2020"软科世界一流学科排名"，D大学共有15个学科上榜。其中，化学工程学科首次进入世界前50名，食品科学与工程进入前75名，仪器科学学科进入前100名。学校上榜学科数量在全国高校并列第50名，省属高校第2名，在全国非"双一流"高校中位列第3名。

2020年10月，《美国新闻与世界报道》世界大学排名公布了2021年世界大学学科排名，此次排名共有200所中国大陆高校的1 488个学科上榜，该排名包含38个一级学科，与其他国际学科排行榜相比，其所涵盖的学科更多。此次世界大学学科排名，D大学以3个前100位学科总共11个上榜学科数列国内高校第 46 位,其中,机械工程、能源和燃料、化学工程等 3 个学科进入全球前 100 位。

2020 年,QS 世界大学排名发布了 2021 年亚洲大学排行榜,共有 650 所大学上榜,是 QS 世界大学排名有史以来对亚洲地区高等教育系统进行的最大规模的比较评估研究成果。该榜单中共有 177 所中国高校,其中大陆高校 124 所。该榜单显示,D 大学位居中国大陆高校第 48 位,亚洲排名第 204 位。

2016 年,D 大学共有 36 个学科(9 个一级博士点学科、26 个一级硕士点学科、1 个二级硕士点学科)参加了第四次学科评估。与第三次学科评估只有 2 个学科进入前 20%、4 个学科进入前 30% 的结果相比,第四次学科评估 D 大学共有 1 个学科进入前 10%、3 个学科进入前 20%、5 个学科进入前 30%(见表 8-6),不管是绝对排名、百分位排名,还是进入全国前列的学科数,D 大学在这些方面都取得了巨大的进步。

表 8-6 D 大学第四次学科评估结果

A 等级			B 等级			C 等级		
A+	A	A-	B+	B	B-	C+	C	C-
—	—	1 个	3 个	5 个	1 个	7 个	7 个	6 个

第三节 D 大学学科调整与建设的逻辑分析

在对 D 大学学科调整和建设的发展脉络进行梳理后,本节拟从表现特征、动力机制、变迁主体、建设路径等方面分析 D 大学学科建设的发展逻辑,并讨论这一发展所带来的启示。

一、D 大学学科调整与建设的主要特征

时代变迁孕育了 D 大学的发展,也促进了 D 大学的学科建设。纵向梳理 D 大学的学科建设史,表现出如下特征。

(一) 社会适应性

学科发展要适应国家和社会需求,因此大学的学科设置既要保持一定的系统性和稳定性,符合知识体系的内在规律和关联,又要及时调整和改革,以适应

社会和国家发展的需求。D大学作为错失"211工程"机会的非省会城市大学，学校的学科建设和调整必须以国家建设的战略布局以及经济社会发展为依托，与当时、当地的社会需求变化相适应，从而在国家资源配置非均衡政策所带来的限定中寻求发展。

D大学合并后，制定了《2002—2005年教育发展计划》，计划中指出，"'十五'期间是我国经济和社会发展的重要时期，为适应加入世界贸易组织后竞争加剧的形式，我国正在进行经济结构的战略调整，社会主义市场经济体制正在进一步完善，对各类人才的需求也更为迫切。江苏省在未来5年要实现富民强省、率先基本实现现代化的宏伟目标迫切需要人才和科技的支撑"。这一计划成为D大学"十五"期间学科建设的指导。

"十一五"是我国全面建设小康社会、加快推进社会主义现代化建设的关键时期，以国家"十一五"经济社会发展规划纲要和江苏省"十一五"经济社会发展战略为指导，D大学制定了学科规划纲要。

"十二五"期间，我国进入改革发展的关键期，优先发展教育、建设人力资源强国、建设创新型国家成为国家意志，这些都对高等教育提出了更高的新要求。"十二五"时期是江苏全面建设更高水平的小康社会、向基本实现现代化迈进的关键阶段，这一时期的国家和社会需求指导着D大学"十二五"期间的学科建设。

"十三五"期间，D大学加快创建世界一流大学和高水平大学的步伐。这一时期，培养一批拔尖创新人才，形成一批世界一流学科，产生一批国际领先的原创性成果，为提升我国综合国力贡献力量成为国家需求。因此，学科建设要立足于学术前沿和国家重大需求，才能在国家和区域发展的重大战略中担当重任，在国家崛起和民族复兴的历史进程中做出贡献。

（二）动态发展性

万物皆流，无物常驻。时代发展、社会进步、政策调整等一系列因素，都决定着学校的学科建设不可能一劳永逸。如何在有限的资源环境中继续拓宽学科发展的空间，是D大学长期以来思考和规划的问题。D大学合并以来学科建设的发展，在不同的历史阶段侧重点不同，D大学不断调整与更新学科建设的目标和内容，呈现出明显的动态发展性。

第一,从各政策阶段的目标设置来看,"十五"期间主要是提高学科整体水平,大力发展研究生教育;"十一五"期间主要是学位点总量有新突破,学科内涵有新提升,学科结构有新改善,专业学位有新拓展;"十二五"期间主要是优化结构、完善体系、突出重点、提升水平、稳扩规模、提高质量;"十三五"期间主要是优化学科结构、完善学科布局、打造一流学科、引领转型发展;到2023年,学校滚动进入国家"双一流"建设高校的行列,学科建设水平大幅度提高。

第二,从政策内容来看,D大学在《2002—2005年教育发展计划》中提出,2002—2005年期间,D大学学科建设的工作重点是适应现代科技和知识经济的发展趋势,适应教学研究型、综合性大学的建设要求,适应江苏省工业结构的提升和"五大战略"的实施,拓展学科覆盖面,加速学科的交叉、渗透和综合发展,在巩固和提高现有学科水平的基础上,创建一批优势学科和特色学科,全面提高学术水平,努力实现学位授权点的新突破;在高层次科研领域形成一批在国内具有较大影响的新的学科和方向,造就一批在本领域有较大影响的知名学者;优先支持理工结合、理工医结合、科技与人文结合、传统学科与高新技术学科结合的新学科、新研究方向或新研究领域,大力提倡和支持各学科研究内容和方法上的推陈出新、寻找新的突破点、形成新的生长点;进一步加大对学科基地建设的投入,加大政策倾斜的力度,创造一切必要条件确保重点学科得到重点建设和重点发展;重视学位授权点的申报,全校所有的本科专业原则上都应获得硕士学位授予权。

具体而言,"十一五"期间学科发展的内容为实施打造重点特色学科战略。① 倾注全力打造学校的重点特色学科,改革重点特色学科遴选及经费资助的模式,对重点特色学科建设进行跟踪,对照所提出的建设规划和目标进行检查和考核,必要时采取末位淘汰;② 打造学科建设与研究生培养综合创新平台,充分发挥学校的工科主体优势,结合重点学科和重点实验室的建设,通过整合各学科的资源,完善学科建设经费使用的绩效考核机制,以及采取构建信息化服务体系等措施,努力实现全校设备资源共享,倾力打造一个为全校的高水平科研、学科建设与研究生创新能力培养服务的综合创新平台;③ 创新学科团队管理机制,积极实行"学科带头人负责制"。

"十二五"期间学科建设的内容包括:① 优化学科布局。坚持"有所为,有所不为",大力推进国家、省、校三级重点学科建设工程,尤其要切实加强优势学科建设,通过重点建设带动整体发展,通过优化布局形成鲜明特色。集中国家、省级重点学科的优势,抬升学科高原,倾力打造机械动力工程、大农业工程两大学科群,努力实现一级学科国家重点学科的突破。切实加强人文经管学科建设。重视并加强基础学科、支撑学科的建设与发展。适应现代学科相互渗透的发展趋势,大力倡导淡化学科界限,加强学科融合,重视加强工学与医学、工学与理学的交叉融合,提升学科可持续发展能力,推动学科建设整体水平迈上新的台阶。② 加强队伍建设。根据学科发展需要,切实把引进和培养两院院士及候选人、海外高层次人才、长江学者特聘教授、国家杰出青年科学基金获得者等作为重点学科建设的重要目标。鼓励中青年优秀教师脱颖而出,努力实现高层次人才队伍与科技创新团队建设的新突破。积极创立学科特区,为特别优秀的人才、学科急需引进的人才开辟绿色通道。按照一级学科博士点、二级学科博士点和硕士点三个层次,认真开展学科带头人和学术方向带头人的遴选工作。③ 加强平台建设。首先要重点强化科技创新基地建设,加快专职科研机构的内涵建设,提升科技创新能力和服务经济社会的发展能力。其次要加大重点实验室、工程中心、科技园的建设力度,不断深化产学研合作。最后要大力推进管理创新,建立大型仪器设备开放与共享机制。④ 扩大对外交流。鼓励学校优势学科面向世界,支持参与和设立国际学术合作组织、国际科学计划,支持与境外高水平教育、科研机构建立联合研发基地。制定落实交流合作计划,重点在人才培养、科学研究、基地建设、学术活动等方面与世界同类先进学科开展实质性合作,吸引国外知名学者参与和指导学校的学科建设。⑤ 加强学科管理。改进管理模式,引入竞争机制,实行绩效评估,进行动态管理。

"十三五"期间,学科建设有以下内容:① 高峰学科打造工程。加强学科建设的顶层规划和战略布局,明确了将农业工程、动力工程及工程热物理作为建设高峰学科的定位,以建设学科高峰。明确了将食品科学与工程、机械工程、材料科学与工程等学科以建设成为高峰学科的支撑学科为目标。② 学科特色强化工程。国家一流学科和江苏高校优势学科要以世界先进水平为目标,着力形成具有国际竞争力的主流研究方向;省重点学科和博士点学科要以建成江苏高校优势学科为目标,聚焦行业和区域经济社会需求,力争若干方向达到国内领先;校级重点学科要以建成省级重点学科和一级学科博士点为目标,努力形成特色鲜明的学科方向。设置交叉学科研究中心。选择部分学科进行学部制改革试点。③ 学科国际化推进工程。通过国际化战略,最大限度地争取国际学术资源,促进学校的优势学科领域尽快达到国际一流,把学科建设国际化作为学校高水平大学建设的重要推动力。加强对 ESI 学科排名体系的研究,完善 ESI 分析工作,与 QS 公司、泰晤士高等教育等机构合作开展国际学科评估工作。④ 基础学科振兴工程。逐步扭转基础学科偏弱的局面,使相关基础学科与建设高水平研究型大学的战略目标和整体进程相适应,提升基础学科的原始创新能力和对优势学科的支撑能力,力争取得一批原始创新成果。⑤ 学科实力支撑工程。坚持高端引领,强化队伍支撑;坚持整合资源,强化平台支撑。按照"统筹规划、突出重点、开放共享、整合集成"的原则,切实加强重点学科、重点实验室、人文社科基地和工程中心相互促进、协调发展的创新平台建设。⑥ 博士后工作提升工程。进一步扩大博士后规模,提高质量,大力发展博士后创新实践基地规模。⑦ 学科管理创新工程。以考核评估为抓手,强化目标管理,完善学科动态调整机制。

(三)相对稳定性

D 大学学科建设的相对稳定性表现在政策价值导向的稳定性上。虽然 D 大学学科建设的具体目标和内容在不断变化,但在 D 大学合并之初就确定的"做强做大,有所为有所不为"的政策理念一直没有变,始终贯穿在 D 大学学科建设过程中。

在并校后的"十五"期间,D 大学按照"规模发展与质量提高相结合、外延扩张与内涵充实相结合、布局调整与结构优化相结合、基础加强与特色创建相结合"的要求,做到"提高工医,加强文理,发展经、管、法、教,拓展边缘学科和新兴学科",努力在保持传统特色的同时,在纳米材料、生命科学、生物工程、环境工程、通信工程、软件工程、医学工程、应用化工等学科领域形成新的优势。实施"重点学科建设工程",对国家级和省级重点学科进行强支持,在资金、高级职称岗位设定、人才引进、基地建设等方面实行重点倾斜,扶持 2~3 个重点学科达到国内先进水平,10 个左右重点学科达到省内先进水平。

在"十一五"期间,D 大学按照"优势学科做强做大、新兴学科形成亮点"的要求,进一步优化学科结构。如实施"重点学科建设工程",全力打造重点学科和特色学科,对已有的国家重点学科和国家重点学科培育点,集中力量,重点建设,使之成为国内一流并具有一定国际影响力的标志性学科。

在"十二五"时期,D大学以国家实施特色重点学科项目和江苏省实施江苏高校优势学科建设工程为契机,按照"高端引领、集约发展、政策聚焦、做强做大"的要求,交叉集成、整合资源、重点建设,力争农业工程一级学科进入学科评估全国排名前3位,动力工程及工程热物理、机械工程、食品科学与工程3个一级学科中的2个学科进入学科评估全国排名前30%。除流体机械及工程、农业电气化与自动化2个二级学科作为国家重点学科继续保持全国排名前2位外,农产品加工及贮藏工程、农业机械化工程、农业生物环境与能源工程、载运工具运用工程、车辆工程、临床检验诊断学6个二级学科中的3~4个学科进入全国排名前5位。建成10个左右在国内具有明显特色和优势的学科,崛起一批应用型、交叉性学科,形成若干新的学科增长点和学科优势。对一些与战略性新兴产业、创新型经济发展密切相关,具有较大发展潜力的学科方向,建立学科特区,在人才引进与考核、资源配置、研究生招生、经费投入、运行机制等方面给予倾斜与扶持。

在"十三五"时期,D大学根据"合理布局、优化结构、交叉发展、突出重点、形成特色"的要求,按照拓展工科前沿研究领域,提升理科整体水平,挖掘生命医学学科发展潜力,推动人文社科繁荣发展,扶持新兴交叉学科的建设思路,集中精力,重点建设2~3个能够增强原始创新能力的基础学科,打造一批与经济社会发展密切相关的应用学科,拓展一批与学科发展趋势相适应的新兴、交叉学科。通过农业装备一流学科建设,重点支持农业装备率先冲击世界一流,全面提升学校人才培养水平和创新能力。采取切实有效的措施,确保在教育部新一轮学科评估中,农业工程进入全国前3位,力争食品科学与工程进入全国前10%,机械工程、动力工程及工程热物理和管理科学与工程进入全国前20%,材料科学与工程、控制科学与工程和环境科学与工程进入全国前30%。

从中不难发现,选取部分学科以集中资源对其进行建设始终是D大学学科建设的价值主导,即D大学学科建设政策的发展自始至今延续着"效率至上"的价值导向。

(四) 系统规划性

事物之间是普遍联系的,学科之间、学科内部之间、学科建设与其他工作之间都有着相当紧密的联系。因此,学科建设是一项复杂且漫长的系统工程,不可能一蹴而就。D大学学科建设的系统规划性表现在以下两个方面。一是将学科建设作为龙头,促进其他工作的开展。为保证学科建设工作的顺利实施,学校在各个阶段都对其他相关配套工作做出了具体安排。比如,编制和实施"十五"规划到"十三五"规划,召开学科建设工作会议,出台加强学科建设的文件,申报和增加硕士点、博士点,建设重点实验室、重点研究基地等。

二是以重点学科建设为龙头,带动其他学科的建设和发展,这主要体现为两点:第一,重点学科建设对其他学科发展的牵动和辐射。学校在重点建设优势、特色学科的同时,积极努力地推动相关学科的发展。D大学按照"工科创一流、生医谋跨越、理科求突破、社科强特色、交叉促增长"的建设思路,构建一流学科、高原学科、基础学科和新兴学科协同发展的学科生态体系。例如,以农业工程学科为引领,以江苏高校优势学科为基础,集中力量对农业工程、动力工程及工程热物理、食品科学与工程、机械工程、材料科学与工程、控制科学与工程、计算机科学与技术、环境科学与工程等一批传统优势工科进行重点建设,同时着力提升力学等基础工科对优势学科的理论支撑,通过设立若干学科特区,给予人事、财务等学科自主权以及资源配置倾斜,以进一步巩固和扩大传统优势,推动工科整体实力达到国内一流水平。第二,其他学科依托重点学科,构建新的优势学科。比如,D大学进一步加大对理学学科的扶持力度,通过专项经费支持,以及借助在师资队伍、实验室建设、学术交流等方面的政策倾斜,推动数学、化学和物理学等理学学科实现新突破。进一步强化理学学科与传统优势工科的交叉与融合,提升D大学理学学科的原始创新能力和对优势学科的支撑能力,力争取得一批原始创新成果。这种良性互动有利于在诸多学科间建立起互为支撑、相互推进的系统优势。同时,大力推动学科交叉,加强新兴学科培育。以打造一流学科为核心,完善新的学科建设组织形式,开展科研机构体制调整和学科结构调整,积极培育新的交叉学科生长点,推动食品科学与工程、动力工程及工程热物理、机械工程、控制科学与工程、计算机科学与技术、环境科学与工程等学科与农业工程学科的交叉与融合。

二、D大学学科调整与建设的动力机制

本部分主要对推动D大学学科调整与建设的动力机制展开探讨。美国高等教育哲学家J.S.布鲁贝克(John Seiler Brubacher)认为,高等教育得以合法存在的哲学基础包括以追求高深学问为宗旨的"认识论"哲学和以国家利益与国家发展为宗旨的"政治论"哲学。进一步推动对高深学问的探索和更高效地服务国家发展并实现自身的发展是推动D大学学科建设的动力。

(一)内部动力:知识发展的客观结果

伯顿·R.克拉克认为:知识材料,尤其是高深的知识材料,处于任何高等教育系统的目的与实质的核心,高深知识的特征影响整个大学组织。在大学变革过程中,虽然以高深知识为核心的大学特性不曾改变,但知识本身却发生着日新月异的变化。因此,从根本上说,D大学学科建设的根本动力是知识发展的客观结果。

20世纪后半叶以来,世界科学技术发展迅猛,学科间日益呈现出相互融合、互为支撑、彼此促进的新格局。在这种背景下,由于传统的单科性大学人为地割裂了学科间的联系,难以再适应和满足科学技术发展的需要,学校的生存环境受到严峻的冲击和挑战。因此,学校要继续存在和发展,必须改变这种单一的学科结构。D大学从单科性大学转变为综合性大学后,也面临着丰富的学科多样性的考验。于是,学校合并后不久,就提出"加速学科的交叉、渗透和综合发展,进一步拓展学科覆盖面,立足于做大、做强、做优。采取行之有效的措施,优先支持传统学科与高技术学科结合的新学科、新研究方向或新领域"。在这之后的各个时间关键点,学校都坚持继续拓宽学科领域的发展空间,适时充实和更新学科建设的具体目标,逐步形成具有较高水平与特色的综合性学科体系。D大学现有学科涵盖工学、理学、医学、管理学、经济学、哲学、法学、文学、教育学、艺术学等10大学科门类。

纵观近20年的学科建设史,我们可以发现D大学的学科建设并不是简单复制或者模仿其他高校,而是对自身知识基础的再认识,是与知识的发展变化相伴共进的。因此,D大学的学科调整与建设并不是无源之水、无本之木,而是确切地依托于知识的整体性、学科之间的内在联系与科学技术的调整更新等,

它们共同构成了学科发展的内部动力。从这一层面上看,知识对于D大学的发展,尤其是对于学科建设而言,发挥着更为深刻和本质性的影响。

(二)外部动力:政府干预与社会需求

总的来看,政府干预的催生推力与社会需求的诱致拉力,共同构成了D大学学科调整与建设的外部环境。两者相互补充并形成一定的张力平衡,共同推动学科建设在规模、质量、结构、效益上的持续优化和全面提升。

其中,D大学合并后,代表国家利益的中央政府在政策决策与制定中始终发挥着主导作用。2001年,教育部开始第二次全国高校重点学科评选,并最终批准了964个高校重点学科。2006年,教育部又开展第三次全国高校重点学科评选。政府运用评选和考核重点学科的方式,直接引导和介入大学学科建设,通过评估指标体系的设定去规范和影响大学学科建设行为,使得大学学科都把政府评估指标体系作为大学学科建设目标设定的标尺。2015年,国家开始"双一流"建设,"双一流"建设不同于"211工程""985工程"建设的重要特点是"建立健全绩效评价机制","动态调整支持力度",打破"终身制",避免贴标签、身份固化。D大学在从机械工业部下放到江苏省的过程中错失了进入"211工程"建设的机会,也与后来的"985工程"建设无缘,因此在"双一流"建设启动后,滚动进入"双一流"建设行列成为D大学学科建设的头等大事,这也说明政府政策对D大学学科建设的直接影响。

三、D大学学科调整与建设政策变迁主体

对制度与组织之间关系的探讨是美国经济学家道格拉斯·C.诺斯对制度变迁激励展开分析的基础,诺斯将组织及组织中的企业视为制度变迁的主体,并进一步划分为制度变迁方向的塑形者、制度变迁的推动者和制度变迁的受益者。基于此,我们从塑形者、推动者和直接受益者三个方面,分别分析D大学学科调整与建设的政策变迁主体。

(一)D大学学科布局调整的塑形者:中央政府

根据制度变迁理论,在市场中,由于资源的有限性,组织与企业家必须在现有制度的基础上不断创新,才能够在激烈的市场竞争中获得发展空间,因而组织与企业家是产权制度变迁方向的塑形者。自我国1981年实施第一次学位点

申报以来,学科建设的最终目的是满足国家经济与社会建设的需求,因而国家所面临的激烈的国际竞争是D大学学科建设和调整得以产生且不断演变的最根本原因,国家不断出台各种政策以规范高校学科建设。在D大学学科建设演进过程中,对D大学学科建设方向起到塑型的主体主要是中央政府。

D大学在合并后的近20年间,共经历了4次学位授权点申报工作、2次重点学科评审工作、4次学科评估工作和1次学位授予与人才培养学科目录调整工作。在D大学学科布局调整变迁过程中,中央政府各类机关始终扮演着学科布局调整方向的塑形者角色。

(二)D大学学科布局调整的推动者:地方政府与高校自身

在诺斯看来,新制度得以出现的重要原因在于制度的更新会使成本与收益发生变化,进而致使制度的相对价格发展改变,因而在制度变迁中必然存在着促使制度能够实现交叠更替的推动者。在D大学学科建设和政策调整的演变中,地方政府与D大学自身是促使D大学学科建设和政策调整的历次变迁得以实现的推动者。

中央政府不但是我国学科布局调整和建设的政策制定者,还是政策落实的指导者。然而,新政策的顺利推行不仅需要指导性政策的配合,亦需要具体的执行者予以行动上的支持。在D大学学科布局调整的发展过程中,其所在省也对学科布局调整发挥了积极推动作用。从政策的落实过程来看,在中央政府学科建设政策发布之后,与之相关的地方政府与高校都会在政策文件的指导下,依据自身实际制定相应的规划与发展方案,并采取相应的举措以推动政策的落实。比如,D大学所在的省政府在国家停止重点学科评审之后,提出了建设高水平大学和优势学科建设工程,从而填补了停止重点学科评审后所带来的空白。在国家提出"双一流"建设战略之后,D大学所在省又在财政资金中安排专门款项用以支持本区域的"双一流"建设。与此同时,在国家公布"双一流"建设名单之后,D大学和其他多所进入"双一流"建设的高校一样,陆续制定了各种方案以推动本校的一流学科建设。可见,地方政府与D大学自身在学科布局调整和建设的变迁中扮演着支持者的角色。

(三)D大学学科布局调整的直接受益者:传统优势学科和新兴学科

收益被诺斯视为制度变迁得以展开的关键因素,而制度改革为行动主体所带来的收益则是支持制度不断变革的核心原因,D大学学科布局调整政策变迁中的直接获益者则是传统优势学科和新兴学科。

在教育部第四次学科评估中,D大学农业工程由全国并列第5位提升至全国第3位,获评为A-,进入全国前10%;食品科学与工程并列全国第8位,动力工程及工程热物理提升至全国并列第9位,机械工程提升至全国并列第20位,这3个学科均获评为B+,进入全国前20%;材料科学与工程、控制科学与工程、计算机科学与技术、环境科学与工程和管理科学与工程5个学科获评为B,进入全国前30%。与教育部第三次学科评估中D大学2个学科进入前20%、2个学科进入前30%的评估结果相比,第四次学科评估中D大学传统优势学科不管是绝对排名还是百分位排名都取得了显著的进步。

D大学重点学科建设不断取得突破,流体机械及工程、农业电气化与自动化2个学科继续保持"国家重点学科",机械制造及其自动化继续保持"国家重点(培育)学科"。动力工程及工程热物理、农业工程、材料科学与工程(含机械工程)3个学科入选江苏高校优势学科建设工程一期项目,获1.29亿元建设经费,验收结果全部为"优秀";同时,在优势学科建设工程二期项目申报中,动力工程及工程热物理、农业工程、材料科学与工程、食品科学与工程、新能源汽车、生物技术及其医药转化6个学科全部入选二期项目,并均被列为A等资助,获批建设经费2.4亿元,位居全省第一。管理科学与工程、控制科学与工程、交通运输工程和食品科学与工程4个学科被遴选为省"十二五"一级重点学科,力学和临床医学2个学科被遴选为省"十二五"一级重点(培育)学科;马克思主义理论学科被遴选为省重点学科,实现了该校人文社会学科省重点学科的新突破。

通过学科建设,D大学的传统优势学科和新兴学科的影响力得到了显著提升,获得了发展所需的资金支持。因此,传统优势学科和新兴学科是学科调整政策变迁的直接受益者。

四、政策变迁的模式:强制性制度变迁

政府被诺斯视为制度变迁的核心主体。诺斯认为,政府应该通过为社会制定合理的制度结构来降低交易成本,并保证制度的变迁始终以推动社会发展为方向。为此,依据对制度变迁中政府所发挥作用的判断,诺斯将制度变迁分为

强制性制度变迁和诱致性制度变迁两种。其中,依赖于政府指令或者法律引入才得以实现的制度改变是强制性制度变迁;人们为争取获利机会而自发倡导和组织实施的对现有制度的调整或更替是诱致性制度变迁。可见,以政府为主导,并通过"自上而下"的政策程序来推进政策演进的属于强制性制度变迁;诱致性制度变迁则主要是发挥了非政府部门的力量,通过"自下而上"的政策程序以推动政策演进的模式。基于制度变迁理论的分析可以发现,D大学学科建设和调整的变迁模式属于强制性制度变迁,即政府在政策变迁中发挥着主导作用,遵循着"自上而下"的政策程序。

表8-7 D大学合并后国家学科政策调整一览表

时间	行为主体	主要政策	政策行为/结果
2001—2002年	教育部	《教育部关于开展高等学校重点学科评选工作的通知》	开展第二次高等学校重点学科评选,共评选出964个高校重点学科
2002—2003年	国务院学位委员会	《关于开展第九批学位授权审核工作的意见》	开展第九批学位授权审核工作,我国有博士、硕士学位授权一级学科点974个,博士点1 707个,硕士点12 590个;博士学位授权单位341个,硕士学位授权单位775个
2005—2006年	国务院学位委员会	《关于进行第十次博士、硕士学位授权审核工作的意见》	开展第十批学位授权审核工作,批准增列博士学位授权一级学科点390个,博士点678个;增列硕士学位授权一级学科点2 163个,硕士点4 099个;新增博士学位授予单位19个,新增硕士学位授予单位32个
2006—2007年	教育部	《教育部关于开展高等学校重点学科评选工作的通知》	开展第三次高等学校重点学科评选,共评选出286个一级学科,677个二级学科,217个国家重点(培育)学科
2007—2011年	国务院学位委员会	《博士、硕士学位授权审核办法改革方案》	开展第十一批学位授权审核工作,审核通过博士学位授权一级学科点1 004个,硕士学位授权一级学科点3 806个
2011年	国务院学位委员会、教育部	关于印发《学位授予和人才培养学科目录(2011年)》的通知	目录中授予学位的学科门类增加到13个,即哲学、经济学、法学、教育学、文学、历史学、理学、工学、农学、医学、军事学、管理学、艺术学

续表

时间	行为主体	主要政策	政策行为/结果
2016—2018年	国务院学位委员会	《关于开展博士、硕士学位授权学科和专业学位授权类别动态调整试点工作的意见》《博士、硕士学位授权学科和专业学位授权类别动态调整办法》《国务院学位委员会关于印发〈博士硕士学位授权审核办法〉的通知》	在全国范围内开展博士、硕士学位授权学科和专业学位授权类别动态调整工作。开展第十二批学位授权审核工作，审核通过博士学位授权一级学科点1 004个，硕士学位授权一级学科点3 806个
2015年	国务院	2015年10月，国务院印发《统筹推进世界一流大学和一流学科建设总体方案》	启动"双一流"建设战略
2017年	教育部、财政部、国家发改委	《统筹推进世界一流大学和一流学科建设实施办法(暂行)》	组织实施"双一流"建设战略
2017年	教育部、财政部、国家发改委	《关于公布世界一流大学和一流学科建设高校及建设学科名单的通知》	首批"双一流"建设高校共计137所，其中世界一流大学建设高校42所(A类36所，B类6所)，世界一流学科建设高校95所；"双一流"建设学科共计465个(其中自定学科44个)

从表8-7中可以发现，在D大学学科建设初期，也就是其跨越式发展阶段，开展重点学科评审的是教育部，进行学位点授权工作评审的是国务院学位委员会。在这一阶段，D大学学科建设的外部动力都来自中央政府，学科建设由政府主导。在D大学作为综合性大学的发展阶段，情况依然如此，教育部继续开展高等学校重点学科评审工作，国务院学位委员会开展第十次学位授权审核工作，政府作为政策启动和实施的主体，依然发挥着主导作用，引导着D大学的学科点建设。在第三阶段，国务院学位委员会开展第十一次学位授权审核工作。其时国务院学位委员会和教育部联合发文，对学位授予和人才培养的学科目录进行调整，将原属文学门类的艺术学科从与文学所属的4个并列一级学科中独立出来，成为新的第13个学科门类，即艺术学门类，艺术学门类下设5个一级学科。此外，《学位授予和人才培养学科目录(2011年)》中将一级学科由89个增加到110个。对应学科目录调整，D大学学科也随之进行调整。进入第四阶段，自从2015年"双一流"建设启动以来，D大学猛然发现虽然自己1978

年曾经是全国重点大学,但是错失进入"211工程"和"985工程"建设高校资格后,综合性大学的学科布局反而让D大学滚动进入"双一流"建设高校愈加困难,D大学反思学科建设布局,痛定思痛,决定回归到学校学科重点建设道路上来,但受国家资源配置非均衡的政策影响,依然困难重重。

因此,D大学学科建设与调整一直依赖于政府相关部门制定的各种政策文件的指导,在身份固化和资源配置非均衡的情况下,始终遵循着"政府主导,高校落实"的方式。D大学学科建设与调整的变迁模式符合制度变迁理论中的强制性制度变迁,即政府始终发挥着主导作用,并表现出"自上而下"的政策程序。

五、政策变迁的路径依赖

在寻找制度变迁模式差异的形成原因和低效率制度存在的原因时,诺斯发现,"路径依赖"是制度变迁的一个重要解释变量——微小的一些历史事件会影响到当前和未来的政策路径。诺斯认为,制度变迁过程中必然存在着路径依赖。其中,偶然的选择和制度发展过程中的机会环境促使了路径依赖的形成。初始制度的发展轨迹则决定了路径依赖的呈现形式:若初始制度通过不断的政策优化进入良性运行轨迹,则会表现出路径优化;反之则会陷入路径闭锁。依据诺斯的制度变迁理论,我们对D大学学科建设变迁中的路径依赖进行了具体分析。当前,D大学学科建设已经表现出多层固化的路径闭锁,而形成此种路径依赖的根源在于制度障碍。

(一)多层固化:D大学学科建设政策变迁中路径依赖的具体表现

自2001年D大学三校合并以来,该校不断调整学科建设,已经有近20年的发展,并大致有四个发展阶段。当前,D大学学科建设政策的演进已经形成既定的路径依赖,并陷入了路径闭锁,这具体表现在D大学重点学科的身份固化、利益固化(资源固化)和"自上而下"的观念固化三个方面。

1. 重点学科的身份固化

学科是高校发现、应用、传播知识的基本单元,是实现各类办学功能的基础。教学科研、服务社会、文化传承创新都以学科为基础。高校的实力、竞争力、水平要靠学科支撑,也靠学科成就代表体现。D大学合并时,省级重点学科有7个,分别是机械工程、材料科学与工程、动力工程及工程热物理、农业工程、食品科学与工程等。第二次重点学科评审时,动力工程及工程热物理成为国家重点学科,其他仍为省级重点学科。第三次重点学科评审时,国家重点学科是动力工程及工程热物理、农业工程,国家重点(培育)学科是机械工程。国家重点学科是从省重点学科中推荐出来的。虽然国家不再进行重点学科评审工作,但是在江苏省优势学科评审过程中,这些学科都成为优势学科。"只进不出"和非均衡化资源配置使得重点学科的数量受限,重点学科和非重点学科之间构筑起了一堵"围墙":对于"墙内"的学科而言,已"终生"享有"重点学科"的荣誉和权利;对于"墙外"的学科而言,则很难进入重点学科建设行列。可见,在缺少"进出有序"的动态竞争环境下,重点学科身份逐渐固化,由此不仅容易导致重点学科的发展动力不足,也会造成其他非重点学科建设积极性不高的问题,从而降低资源的使用效率。

2. 利益固化

一方面,D大学"有所为,有所不为"的学科建设政策所具有的集中资源和优先发展的政策特性,使得重点学科在资源建设上享有优先的分配权和有力的支持。在历次学科规划中,D大学都提出在重点学科人才引进与考核、资源配置、研究生招生、经费投入、运行机制等方面给予倾斜与扶持。重点学科从高校外部也获得了支持,如获批江苏高校优势学科建设的学科都获得了大量经费投入。另一方面,社会对重点学科和优势学科普遍认可,使重点学科享有"盛誉",如在毕业生就业方面,重点学科毕业生比非重点学科的毕业生拥有更多的机会与优先权。因此,在D大学学科建设与调整过程中,重点学科必然是政策的直接受益者。然而,重点学科的身份固化已然成为D大学学科建设发展中路径锁定的一种具体呈现,由此所造成的部分重点学科的长期获益必定会促使利益集团的形成和利益格局的稳定,即造成利益固化。

3. "自上而下"的观念固化

无论是国家、地方政府还是高校,在学科建设方面都投入了大量的人力、物力和财力,已经基本形成较为固定的学科建设思路和体系。因此,除非政府和高校在学科建设创新中能获得新的收益,或者收益能有效支撑创新的成本,否则,政府和高校不会随意进行学科建设的制度创新或变革,而是倾向于维持原有学科建设思路和体系,从而形成学科建设的路径依赖。学科建设主体更多是在降低成本的同时对原有学科建设制度进行适当调整和修改,而这种调整和修改可能会产生制度主体可以承受的结果。在国家"双一流"建设背景下,倘若地方高校大胆进行学科建设创新,就需要新的管理制度、学术制度和学科制度作为支撑和保障,而这些新制度和机制的设计也同样需要大量的转换成本。然而,在身份固化和利益板结化的影响下,重点学科已是稳定且长期的受益者,为维护自身的利益,则必然会成为当前政策的坚定维护者和政策创新的抵制者。因此,从政府到 D 大学再到传统优势重点学科,均已形成了固化的观念。

(二)制度障碍:D 大学学科建设政策变迁中路径依赖的形成

正如诺斯的观点,一些微小的结果和机会环境能决定结局,并且结局一旦出现,便会产生一条特定的路径。因而,最初的制度选择是决定 D 大学学科建设政策的变迁路径的历史原因,而政策发展过程中由于内在制度的约束和配套机制的缺失所营造出的政策发展环境,则进一步导致了学科建设政策变迁中路径依赖的形成。

1. 制度的初始选择:集权化的行政管理体制

教育家朱九思认为,"大学不是党政机关,不是企业单位,而是教育与研究相结合的学术性事业组织","学术是大学之灵魂,之根本"。然而,由于历史和文化传统的原因,我国高校长期在一种集中管理的行政体制中运行,高校隶属于行政机构或演变为行政组织,缺乏相对独立性。教育行政部门掌握着高等教育的发展资源以及资源分配权,采用行政性极强的"项目审批"的方式来分配教育资源。受此影响,高校行政权力泛化,行政权力强于学术权力、行政资源支配学术资源等现象普遍存在。这使得本应由学术主导的学科建设变成了行政支配的学科管理,从而造成学科建设中各主要利益相关主体的利益博弈以及地位不平等状况,以致出现"非帕累托改进"问题。在今天,加强符合广泛相关主体利益需求的学科建设创新,已成为新时代高等教育改革与创新的重要方向和内容,政府和 D 大学也提出了一些新的举措和制度建设,但是,由于部分原有既得利益者群体在长期的学科建设中已形成较为牢固的利益联盟和利益链条,一方面,他们可通过利用行政力量、政策信息和学术资源等优势,避开学科建设的新举措和新制度,甚至阻碍学科建设的改革;另一方面,他们可通过既得利益主体之间的相互妥协和协商,或让其他利益主体形式上参与等方式,以"修饰"和"美化"原有制度,使得原有制度得以继续存在并发挥作用。由此导致了 D 大学学科建设政策的发展对初始制度选择的路径依赖。

2. 有效配套机制的缺失:动态竞争机制与利益表达机制

伴随着"双一流"建设的实施,我国学科建设的管理方式开始发生转变,开始强调高校在学科建设中的自我管理职能。然而,尽管在政策措施方面,譬如管理方式已逐渐向市场体制转变,但就政策具体实施而言,最初的制度选择所带来的诸多问题并未得到有效缓解。一方面,由于缺乏退出机制,D 大学不同学科之间并未形成高效且具有活力的竞争——踏入重点建设行列的学科容易丧失向上发展的积极性;而未能进入重点建设行列的学科由于竞争受挫而降低了积极性。另一方面,由于我国高等教育依然采用"上问下责"式的行政问责方式,政府始终占据着权威地位,高校和学科本身的主体性受到较大的限制。同时,由于政策发展中缺少"自下而上"的利益表达渠道,又使得高校和重点学科难以完全且畅通地表达其利益诉求,由此造成了 D 大学在学科建设政策发展中呈现出明显的路径依赖特征。

第四节　D 大学学科布局调整与建设小结

D 大学曾经是全国重点大学、机械工业部部属高校,后变成省属大学,以其为案例,研究在国家高等教育政策不断变迁和学科建设路径依赖的情况下近 20 年学科调整与建设经验,具有重要的意义。

一、D 大学学科调整与建设的成功之处

(一)狠抓内涵是学科建设持续发展的根本保障

学校切实把加强领导、科学规划、深化内涵作为学科建设的重要内容。从 2001 年三校合并以来,D 大学始终坚持学科建设的龙头地位,围绕高水平大学发展战略,坚持对各学科的现状、优势与不足进行持续分析;根据国家发展方向,对各学科的发展方向与目标定位进行了科学的规划,对促进学科发展的主要措施做出了科学的安排。同时,围绕搭建综合性大学学科框架体系,着重在理学、生命医学、人文社会科学等学科加强学位点布局,实现了全校学院硕士点的全覆盖。

（二）改革创新是学科建设快速发展的前提

学校从"1个博士点、5个硕士点、53名研究生",发展到今天的14个一级学科博士点、44个一级学科硕士点、12个硕士专业学位类别,各类研究生12 000余人,学位授权门类由当时单一的工学门类拓展到目前的十大学科门类,其发展快速的前提就是坚持改革创新,特别是三校合并以来,学校坚持以改革创新增强发展活力、破解发展难题,围绕综合性高水平大学建设需要,在机制体制上根据形势变化不断进行改革,研究出台了一系列创新性政策制度,深入实施了学科建设管理、学科校内评估、学科带头人遴选、导师遴选、研究生招生机制以及研究生培养模式等多个方面的改革,从而不断与时俱进,开拓创新,推动了学科建设的快速发展。

（三）抢抓机遇是学科建设快速发展的关键

一是紧紧抓住了历次学位点申报的机遇。从1981年国家首次设立学位点以来,一直到2017年,共经历了十二次学位点申报,学校抓住这十二次学位点申报机遇,实现了学科建设的快速发展。二是抓住了历次国家和省重点学科建设工程的机遇,特别是抓住了江苏省开展优势学科建设工程的机遇,新增了一批江苏省优势学科,获批了较为充足的建设经费,为学校学科建设提供了较高的平台。

二、D大学学科建设面临的问题与困境

D大学建校以来,学科建设尽管取得了突出的成就,但尚存在不少问题与困境,主要表现在以下方面。第一,学科建设高度不够,高峰学科还不突出,学科评估排名前两位或ESI前1‰的学科尚未实现突破,未能入选首批"双一流"建设高校。第二,学科建设特色不够明显,学科优势资源不够集中,围绕涉农特色的学科生态链尚未建立。第三,学科团队和学科成果支撑作用不够强,高端人才和高水平学术成果偏少,至今未实现院士人才的突破,各种学术人才总量不足,对建设"高峰"学科支撑不足。

出现这些问题的困境在于D大学作为地方高校,与部属高校相比,学科建设经费相对匮乏,特别是高端人才、平台等资源指标更为稀缺。学校地理位置为非省会和非人才吸引力高的城市,学科高端人才引进较为困难。三校合并以

后,学校学科与研究生规模总体较大,但特色和亮点有所淡化;学校传统特色所在学科均为国内一流高校的优势学科,要想有所突破,困难较大。

三、D大学学科建设的愿景与展望

（一）准确把握定位

深刻领会、学深悟透习近平总书记重要指示和全国研究生教育会议精神,准确把握新时代学科建设与研究生教育在党和国家事业发展中的重要地位,全面贯彻落实党和国家对学科建设和研究生教育的新要求,优化学科专业布局,注重分类培养,强化开放合作,培养创新型高层次人才。

（二）强化顶层规划

以建设"高水平、有特色、国际化"研究型大学为目标,紧密结合国家重大战略需求、区域经济社会发展重大需求,科学规划全校学科建设与研究生教育,明确全校高峰学科、高原学科、基础学科、新兴交叉学科的定位;提前谋划做好研究生教育的结构调整,切实强化研究生教育与学科建设的有机融合。

（三）坚持重点发展

以"双一流"建设为目标,对已有国际知名、国内一流的优势学科进行重点投入、重点打造,尽快实现高峰学科的突破;培育一批具有一定优势和特色的重点学科。进一步推动学科优势方向和涉农特色方向这"两个方向"的建设,着力培养特色化亮点和差异化优势,在涉及国家战略层面的方向上实现突破。

（四）坚持服务需求

聚焦国家重大战略和区域发展需求,优化学科研究方向和人才培养结构,大力发展专业学位教育,加快培养国家和地方紧缺高层次人才,支持国家科技创新战略发展需求,努力提升学科建设与研究生教育服务经济社会发展需求的契合度和贡献度。

比较研究篇

第九章　美国高校学科调整与发展

第十章　英国高校学科调整与发展

第十一章　德国高校学科调整与发展

第十二章　日本高校学科调整与发展

第九章
美国高校学科调整与发展

美国高校作为世界一流学科的聚集地,其学科发展的历程对于我国一流大学和一流学科的建设具有重要的参考价值和借鉴意义。美国高校学科发展的总体历程,大致有四个发展阶段,即殖民地学院以古典人文课程为主的发展时期、独立战争以后博弈中的裂变时期、南北战争以后的爆发式增长时期以及20世纪下半叶至今的调整时期。

从美国高校的学科发展历程中可以看出,影响学科发展的因素十分复杂。美国卡内基教学促进基金会曾把这些因素归结为高校外部因素和高校内部因素。其中,高校外部因素主要有公众舆论、通信媒介、教会、各行业对大学毕业生的期望、新产生的知识、学术和专业社团、基金会、中学教育、财政资源、各级政府、鉴定认可机构、高校间的竞争与合作;高校内部因素有系、学院或其他学术单位、校长与学术事务官员、教师、学生等。这些因素在不同历史时期,以不同方式、在不同程度上作用于大学的学科发展。有的时期是某种或几种因素发挥主要作用,另一个时期则是其他一种或几种因素起主要作用。[1]

芝加哥大学和麻省理工学院都是当今世界屈指可数的一流大学,这两所大学的大部分学科也处于世界一流水平。由于两者的学科发展历程均深嵌于美国整体高校学科发展的历史进程中,因而具有相同之处;但因为影响各自学科发展的因素有所差异,因而又呈现出"同中存异"的学科发展特色。

---

[1] 陈学飞.美国高等教育发展史[M].成都:四川大学出版社,1989:171.

第一节　美国高校学科调整与发展的总体历程

将美国高校的学科发展作为一个整体进行考察,会发现它总体上经历了从不断分化再到注重学科调整和交叉学科发展的历程。殖民地学院新建之时,主要是以古典人文学科为主的统整式教育,不存在现代意义上的学科,随着时间的推移,开始出现少量的自然科学课程和实用性课程;独立战争以后,很多新兴学科在争议中逐渐分化出来并开始立足于高校之中;19世纪中叶开始,在各种内外因素的综合推动下,美国高校学科呈现出爆发式增长的态势;而今的学科发展则转向学科的增长与分化、学科的收缩与综合以及学科的交叉这三者共存的调整局面。

一、美国古典学院中的学科发展

美国殖民地时期的大学产生于17世纪,"由于认识和历史的局限,当时的学科与课程往往处于同一个层面,没有显著差异。从某种程度上,有时学科(subject)本身就相当于一门课程或某一科目的名称"[1]。所谓医学、法学、神学和文理学院,只不过是中世纪大学的延续,与现代的学科概念毫无关联。[2] 但这种学院模式在相当大的程度上规范了大学所传播的知识和课程体系。

基于真理统一性的知识观,殖民地学院的教育者认为提供包括所有知识领域的一体化课程是达成目标的最佳途径,而统整的知识传授是基于古典人文学科所有领域的百科全书式的教育体系,这一体系是有顺序的,依次为辩证法、演讲和修辞学、数学和物理以及神学,上帝是这一教育体系的中心。1642年,哈佛校长邓斯特据此设计了殖民地学院的课程蓝本,其核心是人文学科,包括希腊语、拉丁语、希伯来语等古典语言,以及自然哲学、逻辑学、伦理学、政治学、物理学、数学、植物学和神学等课程。大学一、二年级学生主要学习语言、逻辑学、修辞学和自然哲学,大学第三年主要学习哲学以及地理学,第四年则主要学习教义问答,以及少量受文艺复兴影响的历史学和解剖学。其他殖民地学院的课程

---

[1] 王建华.学科的境况与大学的遭遇[M].北京:教育科学出版社,2014:74.
[2] 黄宇红.知识演化进程中的美国大学[M].北京:北京师范大学出版社,2008:193.

根据这一蓝本进行调整,但基本大同小异。

神学渗透于语言、艺术、科学之中,对上帝的崇尚、对知识归于上帝的认可是最重要的,即真理统一性的知识观。美国建立的殖民地学院基于明确的宗教目的,为宗教教派所控制,其最明显的特征就是为教会造就合适的人才,并明确知识必须服务于上帝的宗旨。最初的9所殖民地学院,除国王学院之外,均在清教徒倡导下创建或由清教徒直接创办,如当时的哈佛学院、耶鲁学院、达特茅斯学院属于公理会,威廉玛丽学院属于圣公会,新泽西学院属于长老会,等等。只有国王学院是唯一一所在圣公会和长老会斗争中获得特权的学院。虽然殖民地学院多由教派或教会创建,但并不是狭隘的宗教派别的学院,因为传播自己教派的教义、培养自己教派的教士远不如建立完美的基督教社会更重要。所以某一教派的教义不是单独作为一门课程而存在,而是相信宗教与其他知识是一体的。

总之,美国"独立战争"爆发前期,学院仍然是以古典人文学科的统整式教育为主。当时普遍认为古典人文学科是自古代经过中世纪、文艺复兴和宗教改革运动延续而来的,是一种固有的、绝对的、永远不变的真理。在真理统一性的知识观之下,教授是"万金油"式的,他们能胜任在任何年级教授从拉丁语到自然学科的任何学科;学生需要执行规定的课程计划,无法选择自己所学习的教程。专心学习被安排的一切知识,成为百科全书式的人,对于从事宗教、法律和医生等职业是不可缺少的,这也是有教养的象征和上层阶级地位的标志。殖民地学院的课程延续了百年之久,一直到"独立战争"之前,没有发生根本性的变化。

二、美国近代大学中的学科裂变

18世纪中叶以后,外部环境的变化影响了大学的学科发展,一是1776年美国"独立战争"之后,国家开始重视发展经济;二是受工业革命的影响,机器制造业、交通运输业、农业、冶金工业、商业都进入快速发展阶段。基于美国高校外部环境的改变,殖民地时期的传统高等教育观念开始受到实用主义和功利主义的冲击,社会强烈要求发展一种新型的高等教育,直接为青年从事各种职业做准备。至19世纪中叶,即南北战争之前,很多新兴学科逐渐从自然哲学和自由七艺的统整性知识中裂变出来另立门户。尤其是理工学科在美国高等教育系统中崭露头角,开始新建以理工学科为主的大学,如实用至上的技术类学院、赠地学院等新型学校,以此提供更多适应工商业发展的具有实际效用的理工类大学,为学生从事相应的职业做好准备。

19世纪初,新兴的州立大学打破殖民地学院崇尚的博雅教育,开始提供为职业人才准备的专业教育。1819年,在弗吉尼亚州创立的由州管理的弗吉尼亚大学,其课程设置包括英语、数学、管理、农业、商业、科学以及"推理和反思"等。[1] 康奈尔大学作为纽约州的赠地学院,以一种更激进和更坚决的方式使实用主义理念进入美国教育家的观念之中。康奈尔在建立康奈尔大学时认为,这所学校的使命是致力于为任何人提供任何学科的教学,科学、人文和实践课程处于平等的地位,学生可以在不同学科群中进行自由选择。1855年,宾夕法尼亚大学设立了矿物、工艺与制造系,而密歇根大学则成立了美国首个农业学院。

除州立大学外,各种致力于专门教育的学校开始兴起。19世纪上半叶,这类学校中最著名的有两所,一所是建立于1802年的美国军事学院——西点军校,该校创建初期完全是为军事服务的,1817年以后开始转为培养工程技术人员。1824年,美国第一所专门技术学院——伦塞勒多科技术学院成立,伦塞勒希望将理论与实用科学相结合,培养一批向本地农民和技工子女传授科学知识,并能把这些知识运用于家政、制造业和家庭经济的教师。1835年,该校开始设立市政工程专业,授出美国首批市政工程专业学士学位;1849年,又设立建筑、采矿、地形测量工程专业,从而变成一所多科性技术学院。该校在19世纪与西点军校一起为美国培养了许多工程技术领域的领军人才。[2] 1861年,美国最早的私立理工科大学,也是当今的世界一流大学——麻省理工学院成立。该校从创立之日起就雄心勃勃,致力于为未来的工程师和技术专家提供全面的科学教学与实验室研究。但从总体上看,当时新建的大多数学校规模较小,教育质量较低,教学形式与内容相比东部海岸的老学院显得更为落后。

原本致力于统整性教育的古典私立学院也在博弈中开始了渐进式变革。首先,表现在以选修制为依托的课程变革。外部环境的改变,以及工程与技术

---

[1] 王廷芳.美国高等教育史[M].福州:福建教育出版社,1995:3.
[2] 陈学飞.美国高等教育发展史[M].成都:四川大学出版社,1989:34-35.

教育作为一种独立的高等教育的出现和发展,迫使古老的私立学院开始做出变革,在选修课程中开展实用学科的教学。哈佛大学校长埃利奥特首创选修制,以便在教育中推广实用性理念,使学生能够选择最适合他们未来发展需要的学科。"选修制不仅使得新的学科开始被教授,而且也解除了对于如古典文学这样的传统学科的束缚,使之向一种更为专业和更为高级的形式发展。"① 由于师资的局限和传统理念的冲突,大多数古典学院不能像有着美国最杰出的教授的哈佛大学那样,将选修制实施得如此彻底,而是只能对现有的课程进行小小的补充。也有些学院开始设立实用类学科的学系、学院,如 1851 年,达特茅斯学院设立工学系;1847 年,耶鲁大学、哈佛大学、密执安大学设立理学院,并增设理学学士学位。② 其次,变革表现为开始设置独立的专业学院或学系。殖民地学院时期,为教士、律师和医生等职业准备人才并不是通过正式的专业教育实现,而是主要以学徒的方式实现的。而后开始出现了相关的专业讲座,例如,神学讲座最先产生于 18 世纪中叶以前的哈佛大学和耶鲁大学,法学讲座最早始于"独立战争"之后的威廉玛丽学院,医学讲座则最先始于 1765 年的费列德尔菲亚学院。不久,讲座的形式逐渐演变为设置独立的学科进行专门教学,或者建立独立的专业学院。例如,1820 年,化学开始成为大学内部的一种新的学术科目,接着又出现了天文学、物理学、生物学等学术科目,并开始固定为学生学习的主要科目。③ 哈佛大学和耶鲁大学还单独成立了"科学学院"。1845 年,联合学院建立了市政工程系;1847 年,哈佛大学劳伦斯理学院建立,自然科学在哈佛大学开始有了它们最重要和影响深远的立足点。1847 年,耶鲁大学建立了新的科学技术系,1854 年该系发展成为著名的谢菲尔德理学院,并于 1861 年授出美国第一个哲学博士学位。1852 年,达特茅斯学院建立了钱德勒理学院;同年,布朗大学组建了实用科学系。④

古典私立学院的这些变化只是局部的,不是根本性的。由于南北战争前的美国学院模式,大部分具有深厚的教派渊源,依然高度相信科学和宗教是可以

---

① [美]罗杰·L.盖格.增进知识——美国研究型大学的发展(1900~1940)[M].王海芳,魏书亮,译.保定:河北大学出版社,2008:6.
② 李战国,谢仁业.美国高校学科专业结构与产业结构的互动关系研究[J].中国高教研究,2011(7):46.
③ 阎光才.美国的学术体制:历史、结构与运行特征[M].北京:教育科学出版社,2011:27.
④ 陈学飞.美国高等教育发展史[M].成都:四川大学出版社,1989:35.

和解的,并花费了很大精力去调和自己的主张;此外,选修制也在哈佛大学之外的高等学校遇到强烈抵抗。诸如此类的因素阻碍了改革,即便有所改革,也是小心翼翼的,学院掌舵者或反对或犹疑的心态使其一直维系着原有模式。新的自然科学或其他实用学科课程都不被认为与传统古典学科课程具有同等价值,主修新学科的学生也被修习传统学科的学生所蔑视。新学科授予的学位也被反对者称为廉价学位。直至19世纪中期,绝大多数学院提供的仍然是普适性的生活训练课程。

美国在南北战争之前,无论是古典私立学院在博弈中的变革还是新建的专门学校,都开始设置理工类实用学科以及相应的组织机构。但这种尝试只是局部的,是在没有直接挑战古典课程支配地位的情况之下勉强取得的进步,旨在信奉智力训练和提供传统课程的基础学科仍然是主流。

三、美国现代大学的学科爆发式增长

19世纪末20世纪初,由于社会经济、政治以及文化诸领域的变化,现代大学的建立成为历史的必然。如果说美国近代大学仍然坚守知识的统整性,学科在博弈中产生的裂变只是附属品,那么在美国现代大学内部,学科发展则呈现出爆发式增长的态势,以古典人文学科为核心的课程体系让位于极度多样化的学科体系。

(一) 学科爆发式增长的诱因

1. 高等教育系统外部的变化

最显著的外部环境变化是美国经济进入飞速发展阶段。南北战争之后,美国经济和工业为适应以商业化、农业化及工业化为主的产业结构巨变而飞速发展。1860年到20世纪初的近半个世纪是美国资本主义取得决定性胜利的时代,是国家农业和工业实现现代化的时代。据统计,从1860年至1900年,美国耕地面积增加了两倍,农场数也增加了两倍。从1860年至1894年,美国工业总产值增长了四倍,从世界第四位跃居首位,生产了全世界三分之一的制造品。[1]

---

[1] 王英杰.美国高等教育的发展与改革[M].北京:人民教育出版社,2002:29.

除经济因素外,知识爆发式增长成为另一个重要因素。19世纪末至20世纪初的美国与其他国家一样,经历了人类历史上前所未有的新知识"大爆炸",自然科学、人文科学、社会科学构成三大领域的学科框架。知识的发展和专业化创设了拥有主权的深奥学说的学科体系。知识的增长需要不同的组织形式来适应这种变化,所以学科不得不在一种合法性的范围内或者根据其在大学课程中的相对地位来考虑其发展。

与此同时,两次世界大战对高校学科发展也产生了巨大影响。战争深刻地反映了大学的学术研究在战争中发挥的重要作用,如果把两次世界大战之间的时期作为一个整体来看,基金会看来是研究系统中最具活力的要素。20世纪20年代中期基金会的资助使大学研究活跃起来,到了末期,赠款的数额升至高峰,[1]通过巨额的资金投入以换取大学的科研成果,这一模式在两次战争期间,尤其是二战期间及之后的一段时期内,对大学的学科发展起到显著的作用。

2. 高等教育系统内部的原因

1900—1940年,美国高等教育系统自身通过一些重要的方式进行了变革,这些变革与外部环境有着必然联系,但也有部分是出于高等教育自身的原因。19世纪60年代以后,美国高等教育系统中出现了在学习德国大学的基础上加以创新的新机构——美国研究型大学,它们的崛起对于推动知识增长、学科分化是一种巨大的动力,成为学科实践的重要场所。研究型大学的功能使那些致力于发展知识的学术精英从课堂教学的职业情境中解放出来,他们的研究志趣促进了更多的知识专业化。在致力于通过研究生产知识的新大学理念引领下,一种与过去"知识作为一个整体"完全对立的学科发展观出现了,它强调人类知识的发展性和无限性,因为任何人不可能掌握全部知识,知识需要专业化。知识的专业化程度越高,越促使新学科不断从旧学科中分裂出来。而学科的建立和增长越迅猛,知识创造和更新的速度也越惊人。

另一件促使大学学科分化的事件几乎同时发生,即美国大学普遍建立起学系组织,学系的重要地位以及现代学系制度得以正式确立。自18世纪60年代开始,学系已成为美国大学标识教师身份的管理工具;到19世纪20年代,以弗

---

[1] [美]罗杰·L.盖格.增进知识——美国研究型大学的发展(1900~1940)[M].王海芳,魏明虎,译.保定:河北大学出版社,2008:162.

吉尼亚大学和哈佛大学为代表的部分高校开启了学系组织化的初步探索;但直至1890年至1910年间,美国大学才普遍设立学系组织。① 绝大部分系都是由曾经的课程和担任该课程的教员们发展而来,系从此被学科体系内的教师认为是一个安全的地方,因为在一所大学里,资源是通过系来获取和保护的。② 对于大学教员来说,学术公正始于系内,并由学科规则所塑造。在整个20世纪,现代大学发展的事实证明,在促进高深知识的发展方面,随着大学学科的不断增多与制度化,学系的建制相比讲座制有着较为明显的优越性。③

此外,美国高校实行选修制的步伐也不可阻挡。19世纪最后10年和20世纪初,由于大企业家向大学提供巨额资助,并要求大学发展科学和应用学科,以及进步主义教育思潮的广泛传播,选修制得到了极大发展。1901年的一项调查表明,在97所被调查的有代表性的院校中,选修课占全部课程70%以上的学校有34所,占50%~70%的有12所,占50%以下的有51所。④

总体而言,相较于近代大学,影响美国现代大学学科调整与发展的因素要复杂得多,任何一个单独的因素都不能成为学科调整与发展的决定性要素,而是多种因素综合发挥作用,但外部因素的推动力远胜于内部因素。

(二)学科爆发式增长的主要表现

美国高校学科呈现出爆发式增长的态势,主要表现在学科发展向世俗化、学术化、现代化、多元化发展,高校学科结构也随之开始发生巨变,学科数量尤其是应用学科数量迅速增加。

1. 应用学科的增长与地位提升

在美国本土实用主义理念影响下,农业、机械、工艺等应用学科在美国特色的赠地学院中茁壮成长,实用性高等教育作为主旋律在美国高校中迅速展开。在1862年莫雷尔赠地法的刺激下,到1922年阿拉斯加大学建立为止,当时美国共新建赠地学院69所。应用学科的增长及其地位的攀升不仅仅体现在赠地大学中,很多私立学院受到校友的影响以及为了与州立大学竞争,也很容易走上同样的道路。哈佛大学和宾夕法尼亚大学就率先开设了商学院。当时,在实

---

① 陈廷柱,吴慰.学系在美国大学的诞生与发展[J].高等教育研究,2018(12):76-85.
② Carolin Kreber. The University and its Disciplines[M]. New York:Routledge,2009:51.
③ 王建华.学科的境况与大学的遭遇[M].北京:教育科学出版社,2014:76-77.
④ 王英杰.美国高等教育的发展与改革[M].北京:人民教育出版社,2002:27.

用主义学术圈里,人们相对来说不太关注"公立"和"私立"的区别。① 世纪之交,很多大学都坚决开设了像教育学、家政学、商业管理、公共卫生学、体育和多种工程学等非传统课程。这些形形色色的实用型科目与经典文学在内的旧课程并存于美国大学中。在 19 世纪中叶之前,属于附属品的应用科学,开始在美国高等教育中享有它们自身的立足之处。工科学位授予数快速上升,包括本科生和研究生层次在内,主要上升的有化学材料工程、电机与电子工程、机械设备工程、民用与其他重型机械工程、地质与采矿工程等。当时美国高校授予学位的总数中,传统优势学科如文学、历史、艺术等人文社会学科所占比重呈现下降趋势,而化学、生物科学、经济学、物理学等新兴学科的比重不断增加。选修制的实施也打通了高等学校与社会和经济发展相联系的渠道,它的推行彻底改变了美国传统学院的贵族性质,使得与社会和经济发展息息相关的新学科不断进入高校,古典学科失去了它们在大学教育的中心和垄断地位。美国私立学院开始改变培养目标,不断培养出社会发展所需要的律师、医生、工程师、地质学家和经济学家等专门人才。

2. 三大主要学科群的专业化及其在大学的发展

这一时期,大学内部开始充斥着对自然科学的崇拜和对实验主义的追求。在研究方法上,社会科学、哲学和神学也开始向自然科学的研究方法靠拢,尤其是其实验方法和对数据收集的强调。在人才培养中,自然科学占据了主导地位。最早的博士学位是 1861 年由耶鲁大学的谢菲尔德科学学院授予的,耶鲁大学第二年授予的 20 个博士学位中有 14 个是科学领域的。霍普金斯大学最初 9 年授予的博士学位中有近 60% 分布在物理、生物和数学领域。1911 年至 1945 年间,物理学和生物科学一直较稳定地占有博士学位授予总数的 45% 左右。②

1865 年至 1920 年间,人文学科不断分化,古典语言、现代语言、历史、哲学、艺术和音乐等领域开始独立,并完成了组织上的标准化,学系、专业团体和专业期刊纷纷建立。20 世纪早期,一些人文学者开始质疑自然科学的研究方法无法

---

① [美]劳伦斯·维赛.美国现代大学的崛起[M].栾鸾,译.北京:北京大学出版社,2015:117.
② 黄宇红.知识演化进程中的美国大学[M].北京:北京师范大学出版社,2008:201.

完全适用于人文学科,他们希望在大学中重建文科教育,最终人文学科在大学道德教育的中心找到了彼此的共同之处,并凭借这一点成为大学教育中不可分割的一部分。

19世纪中叶之前,社会科学的5个主要组成学科——心理学、人类学、经济学、社会学和政治学在美国还没有独立。1865年以后,社会科学才从人文学科中分离出来,开始了专业化进程。① 相关课程的设置。1876年左右,第一个经济学教授职位出现在国王学院。19世纪80年代,社会科学的组成学科分别以独立学科的形式出现在大学中,如政治经济学在当时最优秀的大学中已成为必需的学科,哈佛大学教授威廉·詹姆斯引入哲学心理学,查尔斯·顿巴和弗兰克·斯沃勒克分别在哈佛大学和耶鲁大学教授政治经济学,社会学课程在耶鲁大学开设,宾夕法尼亚大学开始教授人类学。② 院系的设置。19世纪70年代,留学德国的学者赫尔巴特·巴克特·亚当斯在霍普金斯大学创办了历史和政治学系。1891年,德国留学归来的历史学家阿尔比恩·斯摩尔,在芝加哥大学创办了世界上第一个社会学系。除了开始拥有独立学系外,社会科学在美国大学开始了研究生教育。社会科学的第一个研究生计划是在哥伦比亚大学的政治学学院实施的,这所学院包括历史、经济学、地理学和政治学的课程。后来其他大学开始模仿哥伦比亚大学,社会科学的研究生教育由此迅速发展。社会科学学科的课程设置和相关院系的成立,标志着社会科学作为独立的、学术的学科领域,在美国大学扎根。

1890年,美国大学社会科学的新分支吸收了多数大学生,在选修制之下,社会科学是本科生的主选范围,如1926年的斯坦福大学经济系拥有最多数量的主修学生;经济系在哈佛大学和伯克利大学是重要性居第二位的院系,在耶鲁大学是排名第三位的重要院系。一战的爆发更加强了社会科学的教学需求,美国教育委员会的主席塞缪尔·P.卡本坚持认为,现代自由教育的核心必须是社会科学。在战争混乱和更大的骚动之外对学院的一个明确激励是受过教育的现代人必须了解自己的世界,无论其他学科的专家如何有用,自我发展的兴趣是什么,现在没有社会科学的背景就不能建构自由教育。①

---

① 黄宇红.知识演化进程中的美国大学[M].北京:北京师范大学出版社,2008:220.

3. 研究型大学的学科综合化

美国的研究型大学分为公立研究型大学和私立研究型大学。公立研究型大学的学科综合化以康奈尔大学为代表,康奈尔大学从建立起就着力向所有学科领域开放。康奈尔大学共分为两个部分:一个部分是特殊科学和技术部,包括农业、机械工艺、医学、法律和教育等 9 个系;另一个部分是科学、文学和艺术部,设有 5 种不同的普通课程计划和 1 个选修课程计划。学生可以选择上述学系中的任何学科进行学习。可见,康奈尔大学的学科设置将传统古典学科与现代实用学科置于同等重要的位置,体现了学科设置的自由与宽泛。传统的私立学院也在升格为研究型大学后,设立更多且质量更高的专业学院进行专业教育,以适应社会行业专业化的需求。哈佛大学是发起者,随后其他的私立学院也开始效仿哈佛大学的做法。专业学院规模的扩大和质量的提高也促使其扩展教授的课程,并开始从其他相关专业和学科中吸收营养,如医学院特别受益于化学、物理学、生物学、生理学、心理学等学科内容,法学院开始增加历史、哲学、社会科学等学科的内容。

随着研究型大学中专业学院声誉的大幅度提高,一些原本独立的专业学院为避免不利地位,不得不成为其他研究型大学的一部分,进而促进了研究型大学的进一步综合化。例如,利奇菲尔德法学院并入耶鲁大学,成为该校的一所专业学院,纽约市的内外科医学院于 19 世纪末并入哥伦比亚大学。到 20 世纪初期,美国的 100 所法学院中有 71 所成为隶属于大学的专业学院。[1] 与此同时,最早成立的技术学院——伦塞勒多科技术学院和麻省理工学院通过增加教授的科目来巩固自己的独立地位。如以工学起家的麻省理工学院后来相继设立了理学院、建筑设计学院、管理学院和人文社会科学学院,转型为一所理、工、文相结合的综合性大学。此外,一些农工学院和师范学院也采取了类似的综合化发展道路。

---

[1] 陈学飞. 美国高等教育发展史[M]. 成都:四川大学出版社,1989:89-90.

四、20 世纪 80 年代至今的美国高校学科调整

20 世纪 80 年代至今,美国高校的学科发展整体表现在学科的增长与分化、学科的收缩与消亡及学科的交叉这三个方面。这里主要通过美国高校学科专业分类目录(CIP)的变化来呈现美国高等教育系统学科发展的总体概况。美国高校学科专业分类目录是由美国国家教育统计中心编制、美国教育部发布的。CIP 比较全面、客观且及时地反映了美国学科专业的最新发展和变化。它每隔 5 年或者 10 年更新一次,自 1980 年首次发布以来,先后分别于 1985 年、1990 年、2000 年、2010 年和 2020 年进行了五次修订,最新版 CIP 于 2020 年定稿公布。2000 年以后的三个版本中,都为学科专业设置了专门代码,划分为三个层次:学科群—学科—专业(类似于我国的学科门类——一级学科——二级学科),分别用 2 位数代码、4 位数代码和 6 位数代码标示。

(一)学科的增长与分化

美国 CIP 的修订反映出的学科增长与分化,分别体现在学科群、学科和专业三个层面,这里仅分析学科群和学科层面的增长与分化。在学科群这一层面,学科的增长是指在原有学科群之外新建一个学科群;在学科这一层面,是指学科所属的学科群之下分化出更多的平行学科,是对该学科群的一种发展。

通过对美国 CIP 1990 年版、2000 年版、2010 年版和 2020 年版的统计分析可以看出,就学科群而言,其变化不是很大。如 2000 年版本较之 1990 年版本,新增了历史学学科群;2010 年版本较之 2000 年版本,没有增加学科群;2020 年版本较之 2010 年版本,增加了 3 个学科群,其中 2 个学科群没有名称,而是显示为"保留",另一个学科群为"医疗住院/奖学金计划"。学科这一层面增加的数量比较多。如 2000 年版本较之 1990 年版本,共增加 76 个学科。其中,在心理学学科群之下分化出 10 个学科,在外语、文学和语言学学科群下面分化出 7 个新的学科。2010 年版本较之 2000 年版本,增加了 49 个学科。其中,应用学科增加的数量占总增加数的三分之二,远远超过基础学科;并且在工程学学科群之下分化出 6 个新的学科。2020 年版的学科共增加了 83 个,是这 4 个版本中增加学科数最多的一次,其中,在新增的学科群——"医疗住院/奖学金计划"之下一次性分化出 28 个学科。从这 4 个版本修改的总体趋势看,增加的学科数

量远远超过移除的学科数量,可见近30多年来美国高校学科数量仍然处于不断增长的状态之中,如表9-1所示。

表9-1 1990年至2020年CIP学科群调整情况一览

CIP 2000年版对于CIP 1990年版的修改				CIP 2010年版对于CIP 2000年版的修改				CIP 2020年版对于CIP 2010年版的修改			
移除学科群		增加学科群		移除学科群		增加学科群		移除学科群		增加学科群	
编号	名称	编号	名称	编号	名称	编号	名称	编号	名称	编号	名称
02	农业科学	54	历史学(重点研究和解释过去的事件、机构、问题和文化)	21	技术教育/工业艺术	无		无		21	保留
08	市场营销运作/营销和分销	—	—	—	—	^	^	^	^	55	保留
20	职业家政学	—	—	—	—	^	^	^	^	61	医疗住院/奖学金计划

数据来源:National Center for Education Statistics. Resources[EB/OL].[2020-03-08]. https://nces.ed.gov/ipeds/cipcode/cipdetail.aspx? y=55&cipid=88419.

(二)部分学科的收缩与消亡

历史上,许多新的学术科目被添加到学院和大学,但很少删除旧的科目。然而,自20世纪后半叶开始,在一些新学科产生的同时,另一些学科则走向消亡,高校学科开始进入一个理性调整的时代。如何优化学科结构、形成优势学科,以适应人才培养、社会服务、学术研究的需要,对美国高校构成了新的挑战。

自20世纪七八十年代开始,人文学科和基础学科作为大学的智力核心,一直在收缩。美国高校学士学位授予的比例从1972年的45%下降到1988年的27%,博士学位授予比例从48%下降到37%,并且几乎全部集中在人文学科和社会科学领域。[1] 这种衰落集中发生在20世纪70年代,但并没有止于70年

---

[1] [美]罗杰·L.盖格.研究与相关知识——第二次世界大战以来的美国研究型大学[M].张斌贤,孙益,王晨,译.保定:河北大学出版社,2008:359.

代,而是一直在持续。赫伯特指出,在1963年至1992年间,选择传统人文和科学学科做专业的学生比例急剧下降,如哲学系的学生数少了60%,英语系少了72%,而心理学可以说是最软性的社会科学,增长了56%。[1] 史蒂文·布林特等人调查了1 120所四年制大学,发现在35年(1970年至2005年)的时间里,有22个学术领域在大学里开设核心专业课的比例减少了。这里的学术领域被定义为联邦政府教学计划分类中认可的学位授予学科。[2] 这22个学术领域包括10个核心领域(core fields)[3]:罗马语言学与文学(占比由75.6%降至58.6%)、历史(占比由91.6%降至81.6%)、社会学(占比由75.6%降至58.6%)、数学与统计(占比由89.3%降至80.3%)、英语(占比由94.7%降至86.0%)、化学(占比由80.3%降至72.6%)、经济学(占比由56.7%降至49.9%)、物理学(占比由53.2%降至47.4%)、教育学(占比由79.6%降至75.3%)、生物及生命科学(占比由88.5%降至84.7%);包括5个大众领域(mass fields)[4]:德国语言学与文学(占比由44.2%降至26.6%)、消费者科学(占比由28.7%降至22.2%)、古典语言与文学(占比由21.5%降至16.8%)、地理学(占比由22.3%降至19.3%)、地质学与地球科学(占比由27.7%降至27.2%);另外,还有7个小众领域(niche fields)[5],分别为行政助理/秘书学、动物学、图书馆学、斯拉夫语言学与文学、植物学、农学和农业工程。

从20世纪90年代起,学者们开始谈论大学经费紧张的问题,其中包括通过减少和取消学科来缩减开支。通过CIP可以看出从20世纪末至今的学科删减情况。2000年版较之1990年版移除了3个学科群,分别是农业科学、市场营销运作/营销和分销、职业家政学,并减少23个学科;2010年版较之2000年版,移除了技术教育/工业艺术这一个学科群,删减了33个学科,其中最引人注目的是2000年版增加的心理学学科群之下的10个学科,在2010年版中又删减了

---

[1] [美]雅克·巴尔赞. 美国大学:运作和未来[M]. 孟醒,译. 杭州:浙江大学出版社,2015:前言25.
[2] Steven Brint, Kristopher Proctor, Kerry Mulligan, etc. Declining Academic Fields in U.S. Four-Year Colleges and Universities, 1970−2006[J]. The Journal of Higher Education, 2012,83(4):582.
[3] 在1 120所大学中,半数以上大学开设的学科领域,称为核心领域,如罗马语言学与文学,社会学,经济学,历史和物理学等。
[4] 在1 120所大学中,20%以上但不到50%的大学开设的学科领域,称为大众领域,如德国语言学与文学、家政学、地理学、地质学与地球科学等。
[5] 在1 120所大学中,5%以上但不到20%的大学开设的学科领域,称为小众领域,包括行政助理/秘书学、动物学、图书馆学、植物学、工业工程、农学/作物科学、斯拉夫语言学与文学等。

其中的 5 个,这也在一定程度上反映了学科的调整过程;2020 年版较之 2010 年版,共删除 5 个学科,没有移除学科群。

  CIP 所反映出的学科删减并非只是单纯地减少,还在一定程度上反映了另一种删减的方式,就是将过度细分的学科重新整合成高度综合化的学科。2000 年版对于 1990 年版的修改中,将地质工程和地球物理工程两门学科合并成地质/地球物理工程;2010 年版对于 2000 年版的修改中,将英语写作、言语和修辞研究、创作三门学科合并成修辞学与创作/写作研究这一门学科,美国文学和英国文学都被纳入文学的范畴内;2010 年版将 2000 年之前心理学学科群之下增加的所有学科全部删除,共删除 21 门,其中的临床心理学、比较心理学、社会心理学、学校心理学、教育心理学、药物心理学、健康心理学、老年心理学等,合并成"研究和实验心理学"与"临床、咨询和应用心理学"两门高度综合性的学科。(如表 9-2 所示)

表9-2 1990年至2020年学科删减情况一览

CIP 2000年版对于 CIP 1990年版的删减			CIP 2010年版对于 CIP 2000年版的删减			CIP 2020年版对于 CIP 2010年版的删减		
序号	编号	名称	序号	编号	名称	序号	编号	名称
18	47.05	固定能源安装和操作	1	5.99	区域、种族文化与性别研究(其他)	18	42.09	工业和组织心理学
19	48.01	二维绘图	2	21.01	技术教育/工业艺术项目	19	42.10	人格心理学	1	45.14	农村社会学
20	48.02	印刷设备操作	3	23.04	英语写作	20	42.11	生理心理学/生物心理学	2	51.19	骨病医学/骨病学
21	51.03	社区卫生服务	4	23.05	创作	21	42.16	社会心理学	3	51.21	足病医学/足病学
22	51.13	医学基础科学	5	23.07	美国文学(美国和加拿大)	22	42.17	学校心理学	4	60.04	医疗住院计划(一般证书)
23	20.01	消费者和家庭教育(非中学后教育)	6	23.08	英国文学(英国和英联邦)	23	42.18	教育心理学	5	60.05	医疗住院计划(子专业证书)
	14.15	地质工程	7	23.10	言语和修辞研究	24	42.19	心理测量学和定量心理学			
	14.16	地球物理工程									

续表

CIP 2000 年版对于 CIP 1990 年版的删减			CIP 2010 年版对于 CIP 2000 年版的删减			CIP 2020 年版对于 CIP 2010 年版的删减		
序号	编号	名称	序号	编号	名称	序号	编号	名称
8	14.17	工业/制造工程	8	23.11	技术和商务写作	25	42.20	临床儿童心理学
9	14.29	工程设计	9	29.01	军事技术	26	42.21	环境心理学
10	14.30	工程/工业管理	10	30.24	神经科学	27	42.22	老年心理学
11	19.03	家庭和社区研究	11	42.02	临床心理学	28	42.23	健康心理学
12	23.03	比较文学	12	42.03	认知心理学和心理语言学	29	42.24	药物心理学
13	26.06	混合生物学	13	42.04	社区心理学	30	42.25	家庭心理学
14	39.01	圣经语言和神学语言和文献	14	42.05	比较心理学	31	42.26	法庭心理学
15	40.03	天体物理学	15	42.06	心理咨询	32	51.16	护理
16	40.07	混合物理科学	16	42.07	发展和儿童心理学	33	60.02	住院医疗计划
17	45.08	历史学	17	42.08	实验心理学			

数量来源: National Center for Education Statistics. Rescourses[EB/OL]. [2020-03-08]. https://nces.ed.gov/ipe-ds/cipcode/cipdetail.aspx? y=55&cipid=88419.

（三）交叉学科的迅猛发展

纵观美国 CIP 的修改状况，我们可以发现交叉学科的发展从 1985 年至今的 30 多年中，经历了从无到有的过程，并且增加的速度十分迅猛。CIP 1985 年版已经开始出现交叉学科与跨学科这一学科类目，但没有下设的分支学科。1990 年版首次单独将交叉学科与跨学科作为一个学科群来设置，下设 11 个交叉学科。CIP 2000 年版中单独设置了"交叉学科"和"跨学科"两个学科群，其中交叉学科与跨学科群下辖 21 个学科，较之 1990 年版增加了 10 个交叉学科，增加了近一倍，这些增加的学科都是发展得比较成熟的交叉学科，如系统科学与理论、行为科学、神经科学、认知科学等。"文理综合"学科群有 1 个学科和 4 个专业，主要包括通识教育专业和人文艺术综合专业。2010 年版较之 2000 年版，删减"神经科学"这一个交叉学科，新增了 8 个，共计 29 个，是 1990 年版的近 3 倍。2020 年版较之 2010 年版，没有删减学科，将国际/全球研究（30.20）修改为国际/全球化研究，增加了 22 个新的交叉学科，总数达 51 个。[①]（见表 9-3）总体来看，交叉学科一直处于飞速增长态势，而这种增长似乎才只是开端。（见表 9-4）

表 9-3 CIP 2020 年版"跨学科"与"交叉学科"学科群（代码 30）一览

序号	学科编号	学科名称	序号	学科编号	学科名称
1	30.00	跨学科与交叉学科综合	27	30.32	海洋科学
2	30.01	生物与物理科学	28	30.33	可持续性研究
3	30.05	和平与冲突研究	29	30.34	人与动物关系学
4	30.06	系统科学与理论	30	30.35	气候科学
5	30.08	数学与计算机科学	31	30.36	文化研究与比较文学
6	30.10	生物心理学	32	30.37	人体健康设计
7	30.11	老年学	33	30.38	地球系统科学
8	30.12	历史保护	34	30.39	经济学与计算机科学

---

① 根据美国 CIP 数据统计获得。

续表

序号	学科编号	学科名称	序号	学科编号	学科名称
9	30.13	中世纪与文艺复兴研究	35	30.40	经济学与外语语言/文学
10	30.14	博物馆学/博物馆研究	36	30.41	环境地球科学
11	30.15	科技与社会	37	30.42	地质考古学
12	30.16	会计与计算机科学	38	30.43	地球生物学
13	30.17	行为科学	39	30.44	地理与环境研究
14	30.18	自然科学	40	30.45	历史与语言/文学
15	30.19	营养科学	41	30.46	历史与政治学
16	30.20	国际/全球化研究	42	30.47	语言学与人类学
17	30.21	大屠杀及相关研究	43	30.48	语言学与计算机科学
18	30.22	古典与古代研究	44	30.49	数学经济学
19	30.23	跨文化/多文化和多样性研究	45	30.50	数学与大气/海洋科学
20	30.25	认知科学	46	30.51	哲学、政治与经济学
21	30.26	文化研究/批判理论和分析	47	30.52	数字人文与文本研究
22	30.27	人类生物学	48	30.53	死亡学
23	30.28	争议解决	49	30.70	数据科学
24	30.29	海事研究	50	30.71	数据分析
25	30.30	计算科学	51	30.99	跨学科与交叉学科（其他）
26	30.31	人机交互			

数据来源：National Center for Education Statistics. Multi/Interdisciplinary Studies[EB/OL]. [2020-03-08]. https://nces.ed.gov/ipeds/cipcode/cipdetail.aspx? y=55&cipid=88419.

注：因 CIP 版本更新，同一学科代码所代表的学科名称与表 9-4 略有差异。

表 9-4　30 年来跨学科与交叉学科（代码 30）变更情况一览

CIP 1990 年版对于 CIP 1985 年版变更情况			CIP 2000 年版对于 CIP 1990 年版变更情况			CIP 2010 年版对于 CIP 2000 年版变更情况					CIP 2020 年版对于 CIP 2010 年版变更情况		
删减	增加		删减	增加		序号	删减		增加		删减	增加		
	编号	名称		编号	名称		编号	名称	编号	名称		编号	名称	编号	名称
无	30.01	生物与物理科学	无	30.16	会计与计算机科学	1	30.24	神经科学	30.26	文化研究和批判理论和分析	无	30.34	人与动物关系学	30.45	历史与语言/文学
	30.05	和平与冲突研究		30.17	行为科学				30.27	人类生物学		30.35	气候科学	30.46	历史与政治学
	30.06	系统科学与理论		30.18	自然科学				30.28	争议解决		30.36	文化研究与比较文学	30.47	语言学与人类学
	30.08	数学与计算机科学		30.19	营养科学				30.29	海事研究		30.37	人体健康建设计	30.48	语言学与计算机科学
	30.10	生物心理学		30.20	国际/全球研究				30.30	计算科学		30.38	地球系统科学	30.49	数学经济学
	30.11	老年学		30.21	大屠杀及相关研究				30.31	人机交互		30.39	经济学与计算机科学	30.50	数学与大气海洋科学
	30.12	历史文物保护与建筑史		30.22	古典与古代研究				30.32	海洋科学		30.40	经济学与外语语言文学	30.51	哲学,政治与经济学
	30.13	中世纪和文艺复兴研究		30.23	跨文化多元化和多样性研究				30.33	可持续性研究		30.41	环境地球科学	30.52	数字人文与文本研究

续表

CIP 1990 年版对于 CIP 1985 年版变更情况					CIP 2000 年版对于 CIP 1990 年版变更情况					CIP 2010 年版对于 CIP 2000 年版变更情况					CIP 2020 年版对于 CIP 2010 年版变更情况				
删减		增加			删减		增加			删减		增加			删减		增加		
		编号	名称				编号	名称		序号	编号	名称	编号	名称		编号	名称	编号	名称
无		30.14	博物馆学/博物馆研究		无		30.24	神经科学								无		30.42	地质考古学	30.53	死亡学
							30.25	认知科学										30.43	地球生物学	30.70	数据科学
																		30.44	地理与环境研究	30.71	数据分析

数据来源：National Center for Education Statistics. Rescources[EB/OL]. [2020-03-08]. https://nces.ed.gov/ipeds/cipcode/cipdetail.aspx?y=55&cipid=88419.

交叉学科正在以不同的发展模式在美国大学中扮演着日益重要的角色,主要包括依赖模式和自主模式,并且正在实现从依赖模式到自主模式的渐进变革。更多的交叉学科表现为由多个学系或多个学科的教师主导的跨学科项目,也可能依附于某一个学系,没有独立的课程、教师和经费保障,这就是依赖模式。有的大学已经为某一交叉学科设立专门的学院或学系,成为一种自主模式,这种模式虽然比例不高,但正在作为一种新兴的方式。斯蒂文·布兰特(Steven Brint)等人对294所美国大学与学院的交叉学科进行了调查,发现1975年至2000年间,38个交叉学科中只有民俗研究、电影研究、医疗技术与拉丁裔美国人研究4个学科的学系化比例超过了三分之一。[1] 总之,当代的大学已经远不同于20世纪上半叶之前的大学。学科的交叉已经成为大学教学和科研中的规则,成了这个科学时代标准的研究范式。

第二节 麻省理工学院的学科调整与发展

麻省理工学院是举世公认的世界一流大学,它的所有学科都被认为是世界一流学科,包括人文社会科学学科。这所以理工科为特色、历史不太悠久的学院,如何在短时间内成为一所综合性的一流大学,是值得回味与深思的。麻省理工学院建立于1861年,1865年开始招收第一批学生,创办人是杰出的地质学教授、自然科学家威廉·巴顿·罗杰斯。19世纪初期,美国开始进行产业革命,工业开始迅速发展,罗杰斯洞察到美国急需工程技术人才,因此创办麻省理工学院,旨在建立一所"适于培养机械师、土木工程师、建筑师、矿冶工程师和实用化学师"[2]的理工科私立大学。麻省理工学院的学科发展大致分为两个阶段:建校至20世纪中叶以工科为主的发展时期,20世纪中叶以后的学科综合化发展时期。

---

[1] 万秀兰,尹向毅.美国高校交叉学科发展模式及其启示[J].比较教育研究,2014(12):20-25.
[2] [美]弗兰西斯·E.怀利.麻省理工学院史话[M].曹华民,译.武汉:华中工学院,1980:7.

一、以工科为主的发展时期

从建校至 20 世纪 30 年代左右,麻省理工学院的学科发展主要围绕培养人才的目标,发展以工科为主的应用科学和基础科学中的物理学、化学、数学、生物学等,少量人文和社会科学学科则作为培养具有科学素养的工程技术人员所必不可少的辅助学科而存在。

(一) 发展以工科为主的应用学科

麻省理工学院成立之初具有明确的定位,即作为一所工业科学学校,为培养将来从事机械工程、土木工程、应用化学、矿业工程和建筑工程的学生提供完整的科技教育和实际训练,因此以工科为主的应用科学是麻省理工学院最主要的发展方向。

麻省理工学院的第一份年度目录显示,最先开设的六门课程为:机械工程、土木和地形工程、应用化学、地质与采矿、建筑学、通识科学与文学。通识科学与文学课程在随后的年度目录中变成了简单的"科学与文学"。这里的课程并非我们所说的课程,而是课程项目,相当于中国高等教育领域中的专业,一个课程项目中涵盖若干课程。从建校至 1873 年,机械工程是麻省理工学院的第一专业;1873 年以后,土木工程成为最受欢迎的专业,大约有三分之一以上的毕业生是专攻土木的。

随着现代工业的进一步发展,麻省理工学院的工科进一步分化。自 1881 年沃克校长任职后,继续加强了其他一些工学类学科;1882 年,克罗斯教授开设了美国第一个电气工程专业课程,随着 90 年代电力工业不断发展,学电气工程的学生纷至沓来;1883 年,成立生物学系;1888 年,化学教授沃克开设了世界上第一个化学工程专业课程,1906 年建立应用化学研究实验室,十年后开办了利用工厂培养学生的化学工程学校;1889 年,麻省理工学院制定了第一个环境卫生工程的正式规划,土木工程系改为土木与环境卫生工程系。其中,建筑学课程在 MIT 建校时开始设置,后发展为建筑系,具有开创性的意义。1932 年,建筑系发展成建筑研究院,同时还成立了城市规划研究室。1921 年开始,该系入学新生人数为麻省理工学院各系之冠,此后一直保持不变。1890 年,地质学的专业课程设立。1893 年,机械工程系的皮博迪开设了造船学课程,并于同年建立造船学系。经过40余年的发展,麻省理工已经开设了13个工科领域的专业。

20世纪初至1930年间,为满足美国工业发展需求,麻省理工学院陆续设置了一系列工科类专业课程。电气工程系于1902年成立。土木工程方面增加了卫生工程、水利工程和铁路工程方面的选修课。建筑学方面新开设了建筑构造课程。1913年,与哈佛大学达成协议,共同在麻省理工学院开设土木与环境卫生工程、机械工程、电气工程、矿冶与冶金等课程。1927年,亨塞克开办了航空工程专业,这是当时全国同类专业中的首创。1929年,作为机械工程系一部分的航空工程,作为单独的系宣告成立,由亨塞克兼任主任。[①] 至20世纪30年代为止,共开设17个专业课程,以现在的美国高校学科专业分类目录为参考标准,工科类应用学科有11个,分别为土木工程学、机械工程学、矿业工程与冶金学、电气工程、化学工程、卫生工程、造船学、电化学、工程管理、航空工程学、建筑构造,加上同样属于应用科学门类的建筑学,应用科学共计12个,约占专业课程总数的71%。麻省理工学院1929年的专业课程设置如表9-5所示。

表9-5 1929年麻省理工学院专业课程设置一览[②]

课程编号	名称	课程编号	名称	课程编号	名称
Ⅰ	土木工程学	Ⅶ	生物学	ⅩⅢ	造船学
Ⅱ	机械工程学	Ⅷ	物理学	ⅩⅣ	电化学
Ⅲ	矿业工程与冶金学	Ⅸ	普通课程	ⅩⅤ	工程管理
Ⅳ	建筑学	Ⅹ	化学工程	ⅩⅥ	航空工程学
Ⅴ	化学	Ⅺ	卫生工程	ⅩⅦ	建筑构造
Ⅵ	电气工程	Ⅻ	地质学		

(二)基础学科作为工科必不可少的附属存在

20世纪初期之前的麻省理工学院,是一所实践性很强的工科学校,理学类基础学科作为必不可少的存在,为工程技术人才的培养提供基础理论的教学,但就地位而言,一直处于学校学科发展的边缘。1865年年底出版的麻省理工学院第一份报告宣告了学校的培养目标:"提供一般的教育,使其建立在数学、物理和自然科学、英语和其他现代语言以及心理学和政治学的基础之上,以便为

---

① [美]弗兰西斯·E.怀利.麻省理工学院史话[M].曹华民,译.武汉:华中工学院,1980:51-52.
② 孔钢城,王孙禺.创业型大学的崛起与转型动因[M].北京:社会科学文献出版社,2015:89.

学生在毕业后能适应任何领域的工作做好准备。"①基于这样的培养目标,学校的课程设置中基础学科所占比例较高。建立之初,大学一、二年级所有学生的学习科目都是一样的,主要以基础科学为主,其中侧重物理学、数学、化学等自然科学和人文社会科学课程的学习,以便使每个学生都对整个实践科学领域有足够的了解,这是在学校进一步学习所需要的;这些课程在第三年开始时成为选修课,每个学生可以选择为获得学位而规定的学习课程,但所有大学三年级的学生都要学习物理;20 世纪初,化学、物理、地质学、生物学被作为特别部分加入到大学四年级的选修课程中。麻省理工学院 1865 年本科前两年的课程设置如表 9-6 所示。通过教授基础学科知识,为各行业的工程师提供理论基础和统一框架,是麻省理工学院与当时其他更为实用的工程学校的区别。

表 9-6 1865 年麻省理工学院本科前两年课程设置②

年级	课程	备注
大学一年级	数学	代数学、平面三角法、立体几何、球形三角法
	机械制图	—
	自由绘图	—
	基础力学	运动和力学的一般学说、固体力学、液体和气体力学、声学现象和定律
	化学	无机化学元素的两门课程:非金属元素化学和金属元素化学,都有化学操作方面的实验室指导
	英语语言与文学	英语作文,英语语言的历史和结构,权威英语作家的评论学习
	现代语言	法语
大学二年级	数学	平面坐标几何学,三维解析几何学,微积分,积分学
	航海学与自然天文学	—
	测量	—
	画法几何及其应用	—
	机械制图	—

① 孔钢城,王孙禺.创业型大学的崛起与转型动因[M].北京:社会科学文献出版社,2015:81.
② Julius A. Stratton, Loretta H. Mannix. Mind and Hand: The Birth of MIT[M]. Cambridge: The MIT Press, 2005: 534-535.

续表

年级	课程	备注
大学二年级	自由绘图	—
	实验物理学	热、光、磁、电的现象和定律
	化学	结合实验室实践的定性分析
	英语语言与文学	一般和比较语法学,英语语言的历史和结构,权威英语作家作品阅读,继续进行英语作文学习
	现代语言	继续进行法语学习,开始学习德语

物理、化学、数学作为理科的主干学科,从建校开始就开设了相关课程。1865 年,麻省理工学院在波士顿开设了第一堂化学课,当时共 15 名学生,两名教员包括弗朗西斯·H.斯托尔和查尔斯·W.艾略特。1866 年,罗杰斯大厦在波士顿竣工后,化学系及其实验室在大厦的地下室成立。创始人罗杰斯是地质学家,他亲自担任物理学的教学工作。1866 年,爱德华·C.皮克林创办了物理教学实验室。随着新实验室的建立,物理学在麻省理工学院有了固定的场所,虽然还不是一个令人印象深刻的场所。自麻省理工学院建立以来,数学一直在该学院发挥着重要作用。在学院建立初期,在罗杰斯病重缺席期间,学院代理院长约翰·D.伦克尔负责数学课程的教学。伦克尔把数学看作工程师的"服务学科"。继伦克尔之后,哈里·斯廷杰在 1930 年之前一直担任数学系主任,并通过聘请顶尖数学家来促进该系发展。1933 年,在系主任弗雷德里克·伍兹的领导下,数学系开了第九门普通课程。

与理学类基础学科一样,人文和社会学科也作为必不可少的通识教育而存在,但也只是服务性的学科。在设计学院培养方案时,罗杰斯希望将文科和实用学科相结合来培养工程领域的领军人物,而不仅仅是技术人员,因此学院从创立之初就开设了人文类课程,但是学院开设的可以归类为"人文学科"的课程只有两门,即现代法语和现代德语。在 1866 至 1867 年度的报告中,一些通识课程在最后的两年对所有人开放:第三年开设逻辑学、修辞学和英国文学史,第四年开设历史、政治经济学、管理科学、精神和道德哲学,在这两年里现代语言是必须持续学习的课程。1873 年,人文学科领域又增设了哲学专业课程。[①] 继

---

① 孔钢城,王孙禺.创业型大学的崛起与转型动因[M].北京:社会科学文献出版社,2015:83.

罗杰斯之后担任校长的沃克加强了课程设置中的社会科学内容，但后来四十多年中又有所减弱。1930年上任的校长康普顿通过建立人文学研究室又给予了社会科学以新的重要地位，同时还保留了原来的三个系：经济学与社会科学系、英语与历史系以及现代语言系。

尽管如此，在二战以前，基础学科并没有受到与工科同等的重视。1919年，物理学专业仅能招收到15名本科生，从物理学系成立到第一次世界大战爆发，授予的本科学位不足60个。至20世纪20年代末，学校优秀的物理学家仍在电气工程领域。1919年，数学专业甚至连1个本科生也没有，数、理、化三个专业招收到的本科学生仅占学院招收学生总数的2%~3%，而其余新生则全部属于工程学与工程管理两个专业。虽然历任校长如欧内斯特·F.尼科尔斯、萨缪尔·W.斯特拉顿都曾多次提出纯科学研究的重要性，但以理科为主的基础科学一直未受到重视。

基础科学学科的地位不高，主要基于以下四方面原因：一是校长由于其任期较短等原因，并没有给予基础科学学科足够重视，也未在政策上给予落实；二是财政紧张使得基础研究缺乏资金支持，斯特拉顿校长曾建议学校设立一个面向纯科学领域的研究基金，却遭到了洛克菲勒基金会的拒绝，基金会认为麻省理工学院是一个工程学院，应该从工业界寻求支持；三是学院教师的薪酬长期处于较低水平，而毕业生就业后的薪资远高于教师，很多教师都将大量时间用在企业咨询上，以此增加自己的收入，而不能潜心于基础研究；四是作为技术学校，其目的是为了培养实践型的工程技术人才，而非从事基础科学研究的人才。

（三）20世纪初短暂的缓慢发展时期

1916年，麻省理工学院从波士顿迁至坎布里奇，学生入学人数平稳增加，在一战后的一段时间里，麻省理工学院招生数从稳步发展转而陷入短暂的下降时期，学科发展也进入停滞阶段，有的学科甚至面临危机。

学科发展缓慢的原因主要有以下两点：其一，领导人的不稳定和不得力，1920年麦克洛林院长的逝世对麻省理工学院是一次严重的打击。此后，校长的人选频繁更换，先是艾利胡·汤姆森被指定为代理院长，仅仅在一年后，就更换为欧内斯特·F.尼科尔斯博士，但他在就职5个月后便因严重的心脏病而辞去院长职务，汤姆森不得不再度出任代理院长。一年后，院长又更换为担任美国标准局局长的萨缪尔·W. 斯特拉顿。在斯特拉顿任职期间,麻省理工学院不是在稳步发展,而是在走下坡路。频繁的领导更换使学校的发展方向摇摆不定。

其二,学校面临严重的财政危机。有学者认为,一战后的麻省理工学院面临包括财政危机在内的各方面问题,1925 年之后明显缺乏的是类似于前几年的大量捐款。[①] 麻省理工学院是在私人基金会的资助下建立的,但基金会和大学之间的关系一度陷入僵局。20 世纪初,在卡内基和洛克菲勒两位慈善家的带动下,美国私有基金开始追求社会效益的制度化,其宗旨是促进知识的发展和传播,促进人类的福祉。而慈善家们认为,麻省理工学院这样的研究型大学,并不是真正做研究的地方,而是将研究用来改善教学,并不契合基金会的宗旨。只有建立研究院才能真正地以做研究为唯一目的,进而促进人类福祉。[②] 麻省理工学院的管理者也意识到过分强调工业支持深深地扰乱了学校的独立性和教育使命。这样的支持往往是变化无常的,目的过于实际,而且分散注意力,它引诱员工牺牲教学和大学服务来换取"金钱至上"的工业咨询和合同研究奖励。[③] 学校和基金会关系的僵化导致私有基金转向资助以基础研究为目标且能够达成基金会意愿的独立研究院,如洛克菲勒医学研究所和华盛顿卡内基研究院。这就意味着,包括麻省理工学院在内的美国众多顶级私立大学,失去了重要的捐赠资金。与此同时,一战后的美国经济大萧条也使工业界对大学的资助变得谨慎。大部分美国大学都暂缓学校的发展计划,采取厉行节约的预算政策。财政危机一直持续至 20 世纪 30 年代初,在 1934 年急剧下降到一个低点。除此之外,学生人数的下降也使学费收入大幅度下降。从 1932 年开始,用于资本支出的比例急剧下降,甚至普通用途和教育经费也开始下降。康普顿估计,1931 年至 1934 年间,全国范围内的研究基金减少了 25% 至 50%。

二、学科的综合化、爆发式发展阶段

20 世纪中叶,麻省理工学院经过了一段时间的沉寂后,迎来了高速发展时

[①] Larry Owens. MIT and the Federal "Angel": Academic R & D and Federal-Private Cooperation before World War Ⅱ[J]. Isis, 1990, 81(2):194.
[②] 周志发. 美国大学物理学科教学、科研史研究(1876—1950 年)[M]. 上海:华东师范大学出版社, 2012:90.
[③] Larry Owens. MIT and the Federal "Angel": Academic R & D and Federal-Private Cooperation before World War Ⅱ[J]. Isis, 1990, 81(2):198.

期,表现为各类学科领域的全面爆发式发展,包括基础学科地位的提升、工科的进一步强化、交叉学科的发展,学科的全面爆发式发展成就了麻省理工学院成为美国最好的以科学、工程、艺术为主干的综合性大学。

(一)理科类基础学科地位的上升

二战前对于基础学科的重视主要出于人才培养的需要,而二战开始后,研究和教学一起成为发展基础学科的主要动力。

20世纪前20年,美国对工程科学过度关注,忽视了其他科学尤其是基础科学的发展。早期学院的主要目标在于培养工业发展需要的专门人才,技术是主要的,基础科学只需给学生提供科学的基本法则即可,而这样的情况已经不再能够适应20年代末工业的发展,也不利于学校由一所工程技术类的本科院校向研究型大学转型,同时也阻碍了一流的科学家培养研究生及开展基础科学研究。当时有影响的实业家——贝尔电话实验室的弗兰克·朱厄特(电气工程系的咨询委员会成员)和通用电气董事长杰勒德·斯沃普(麻省理工学院董事会的运行委员会领导人)等人认为,工业界已经不再需要实践型工程师,而是需要更多具有牢固科学认知、能为技术和产业做出创造性贡献的工程师。基于此,他们首先在电气工程系推行改革,倡导在本科生和研究生课程中进一步加强对科学的重视,努力扩展物理研究项目,但物理学家仍然在电气工程系,这显得有些矛盾。康普顿担任院长后,接替了斯沃普和朱厄特的任务,引入更强大的基础理科元素。康普顿认为,学院必须强调基础科学作为自身研究及工程分支基础的必要性。

在康普顿的领导下,麻省理工学院终于开始顺应时代需求,强化基础学科的重要性,将基础学科提高到与工程学科同等重要的地位,强化了基础学科与应用学科之间的关系,指出应用学科的发展是以基础科学发展为基础的。康普顿首先加强了理科的人力资源,将工科的部分资源转移给理科,并亲自参加物理与化学研究实验室的设计。他还改革物理系,辞退年纪较大的教师,并将电气工程系的物理学家调入物理系,聘用国内著名物理界学者等。在一系列改革措施的推动下,物理系从只为工科学生开设基础课的地位跻身研究生培养及科学研究最先进的行列之中,培养了众多如肖克利、巴丁等杰出的物理学家。数学学科方面,为研究生和本科生增设了课程,最重要的是设立了课程XVIII,授予数学科学学士学位。

获得学位的本科生为深入进行数学方面或者物理、化学方面的学习打下了良好基础,成为其他很多学院的硕士研究生候选人。1933年,数学系已经成为最优秀的院系之一。数学系主任伍兹认为,无论是教学还是研究,麻省理工学院数学系已经成为美国最强的数学系之一。此后,数学系又进一步对课程XⅧ进行细分,提升数学系学生的培养质量,增强直接面向就业市场的本科毕业生的竞争力。[1] 化学科学方面,麻省理工学院虽然在20世纪20年代曾有较快的发展,但由于资金紧张,化学发展所需要的硬件缺乏,制约了学科发展。30年代初,在康普顿的努力下,建成了新的研究生实验室,并与物理系合建共用乔治·伊斯曼研究实验室,极大地改善了学生实验的空间和从事研究工作的设备条件。同时,引进了很多著名化学学科教授,重视培养化学科学领域的人才,其中包括在该校攻读本科和研究生的罗伯特·伯恩斯·伍德沃德,后获得了诺贝尔奖。总之,尽管由于经济大萧条的影响,很多方面的设想没有彻底实现,但到1939年,即二战前夕,麻省理工学院的基础科学已经获得了巨大发展。理科和工科分开,建立了独立的理学院。从学生人数来看,虽然工科与自然科学学科都获得增长,但自然科学学科的增长速度明显更快,特别是物理学、数学、化学等基础学科。[2]

二战期间以及之后的相当长的一段时间里,麻省理工学院将研究放在最先发展的位置上,尤其继续加强基础科学的研究,并重视基础科学与工程学科的紧密结合,因此为联邦机构战争需求和工业发展创造了大批量的研究成果。尤其是物理学,"物理学系的态度从微观角度反映出麻省理工学院作为一个整体所持有的战后哲学:研究是最重要的,其他培养科学家和工程师的职能、为工业和政府服务的职能在某种意义上说都是这一中心和首要任务的分支"[3]。各种因战时需求而与联邦政府签订的研究合约使麻省理工学院获得了巨大的动力,也获得了巨额研究资金。通过承担大量的军事研究工作,成立了一些基础研究和应用研究相互依赖的研究实验室,如辐射实验室、电子研究实验室、微波雷达研制机构。20世纪五六十年代,数学系在系主任威廉·马丁的领导下成长为一流的数学研究中心。

---

[1] 孔钢城,王孙禺.创业型大学的崛起与转型动因[M].北京:社会科学文献出版社,2015:135.
[2] 孔钢城,王孙禺.创业型大学的崛起与转型动因[M].北京:社会科学文献出版社,2015:155.
[3] [美]罗杰·L.盖格.研究与相关知识——第二次世界大战以来的美国研究型大学[M].张斌贤,孙益,王国新,译.保定:河北大学出版社,2008:68.

（二）人文与社会科学学科地位的提升

20世纪中叶,麻省理工学院对人文与社会科学学科的地位进行重新反思,主要源于本科生教育危机及其教育理念的更新。对本科生加强人文与社会科学教育成为提高人文与社会科学学科地位的原动力。

20世纪40年代,刘易斯委员会的报告指出,高校自主型研究的扩展导致人们的注意力从本科教育转移到研究生教育上。二战时期对研究的重视以及二战后研究生数量的指数倍增长,使麻省理工学院的本科教育面临危机。在二战后的麻省理工学院校园里,随处可以听到关于是否应该彻底放弃本科教育的议论。刘易斯报告否决了这一提议,对如何培养本科生进行了重新思考。其中一个重要提议就是加强基础科学教育,更加注重培养学生的创造性思维,而无论学生属于何种学科或领域。同时,加强人文与社会科学方面的教育,减轻麻省理工学院研究生的文化自卑感,以吸引更多曾经对麻省理工学院片面的技术教育失去兴趣的潜在申请人。因此,在刘易斯委员会的提议下,人文与社会研究学院得以建立。吉里安在院长就职仪式上说道:"我们需要在科学与人文学之间创造更好的联系,其目的就在于:把二者融合成一种以科学和人文学科为基础又不削弱任何一方面的广泛的人文主义,从而能从现代社会的各种问题所形成的障碍中找出一条道路来。"[1]人文与社会研究学院首先制定了四年制人文学科计划,作为科学和工程学学生通识教育教学计划,要求所有一、二年级学生都要学习人文学科类的基础课程,三、四年级可选四门选修课。学院成立后不仅重视教学工作,还为人文社会科学的教师提供了更好的研究环境。在吉里安的领导下,政治科学、经济学、心理学、语言学等学科教师,与其他学院教师开展了广泛的合作研究,一些学科开始独立发展并迅速获得了较高声望。例如,1950年,学校的一批研究人员开展了一项名为"特洛伊计划"的机密研究,主要研究如何扩大对"冷战时期"国家兵工厂的宣传,以及如何打好心理战。在此基础上,1951年成立了国际问题研究中心,其成立的结果显然有利于人文与社会研究学院与其他院系融为一体。[2] 1959年,人文与社会研究学院更名为人文与社

---

[1] 郝承远,刘宁.麻省理工学院[M].长沙:湖南教育出版社,1996:98.
[2] [美]戴维·凯泽.麻省理工学院的成长历程:决策时刻[M].王抒崗,雷郡,张志辉,译.北京:清华大学出版社,2015:110-114.

会科学学院,该学院与工程学院、理学院和建筑与规划学院在学校里享有同等地位,绝不再是一个附属品。因为刘易斯委员会要求的并不是传统文化与技术文化的机械结合,而是寻求两者真正的融合。

此后的几任校长都非常重视人文、艺术与社会科学学科,尽量平衡它们与自然科学、工程科学的关系。20世纪70年代,麻省理工学院的另一个最高专家小组再一次审视学校发展现状以及未来发展方向时,提出学校并没有像刘易斯委员会希望的那样解决了所有问题,尽管学校的行政机构努力将人文与社会科学和其他理工科放在同等位置,但师生普遍认为前者只是起到次要作用,而在有真正的研究工作时就会将它们丢在一边,不予考虑。至此,霍夫曼委员会又一次呼吁尽快转变人文社会科学在学校课程中的定位和影响。1973年,人文与社会科学学院增设了政治学系、心理学系和哲学系。人文学系本身作为一个分院,开设历史、文学、写作、人类学、音乐以及人文XXI等课程。之后,麻省理工学院培养了杰出的人文学学者,而另一些其他学科领域的杰出学者也将人文学同自己的研究领域结合起来。①

(三)与军事和工业相关的学科迅猛发展

二战给麻省理工学院带来了巨大的变化。麻省理工学院曾被认为几乎是战时唯一做出至关重要贡献的美国大学,是展示出解决联邦政府难题独特能力的精英大学之一。麻省理工学院介入战争越深,越要求它发展与之相关的学科。

与军事和工业紧密相关的学科由于在战争中能够发挥关键作用而声名鹊起,例如物理学、化学等基础科学,以及航空工程、电气工程等工程领域的学科。麻省理工学院积极参与为战争服务的军事技术研发,签署了一系列国防合约,雇佣一大批科研人员,建设了新的化学工程实验室、辐射实验室、德雷珀实验室等解决战争技术问题的研究机构。战争期间,全国20%的物理学家都在辐射实验室工作过。这一时期,麻省理工学院在自然科学领域的科研取得了非凡的成就,如辐射实验室的福瑞斯特开发出第一台实时数字计算机、航空工程系的德雷珀教授开发出革命性的新型瞄准器等。由于战争对国家飞机制造业的需求提高,麻省理工学院的航空工程系得到扩张,与其他院系的没落相比,航空工程

---

① [美]弗兰西斯·E.怀利.麻省理工学院史话[M].曹华民,译.武汉:华中工学院,1980:97-98.

系则呈现一片热闹的景象,这里有很多军人,教授们夜以继日地教授陆军和海军军官航空工程、仪器系统和气象学的基础知识。此外,基于为军方以及与气象、航空工程和化学工程等相关的政府机构开办特别培训课程的需要,新建了雷达学院。正如康普顿校长指出的那样,"以重要性而言,现在没有任何问题和活动能与打倒希特勒及其反民主、反人类的'纳粹运动'相提并论"①。

(四) 交叉学科的发展

20世纪三四十年代,科学发展的重要趋势就是专业化和学科交叉。一方面专业化已成为学术和专业活动的突出特点,另一方面科学研究的发展更多以不同学术领域之间学者的合作为基础。在科学领域里,不同学科间的界限越来越难以划分,交叉学科如生物化学和地球物理学以其快速成长反映出专业化研究的相互依赖。专业化和跨学科化使麻省理工学院必须形成新的组织结构,如跨系实验室和研究项目,从而为原子能科学、国际关系、电子学等学科提供一个综合发展的平台。②

20世纪30年代,麻省理工学院已经意识到学科融合的重要性和必要性,当时已经存在许多实验室,从事跨越院系界限的研究项目。战时和战后科研资助的经费急剧增长,以及战争对大学科学的依赖,极大地推动了跨学科研究。二战时期国家资助科研的经费大约占麻省理工学院运营经费预算的80%,而其中的大部分经费都投向了特殊的跨学科实验室以及与政府签订合同的研究中心。这些实验室与研究中心基本都是为了应对战争的需求,如仪器实验室致力于惯性制导系统的研究;与政府签订合同的研究中心成为物理系和电子工程系的联合科研机构,用于支持改进电子设备、通信、雷达和导弹遥测精度的研究项目。而后,又创立了由物理系、化学系、电子工程系、化学工程系和冶金系这5个系共同建成的核科学和工程实验室。这些研究极大地促进了基于现实需求的、跨越学系制度的交叉学科的发展。除了实体的跨学科实验室以外,还存在很多来自多个学科的教授联合研究项目,如化学工程系与机械工程系的教授联合开展新燃料研究,化学系和机械工程系的教授为战争供应的液氧开展了研究……这

---

① [美]戴维·凯泽.麻省理工学院的成长历程:决策时刻[M].王孙禺,雷环,张志辉,译.北京:清华大学出版社,2015:89.
② 孔钢城,王孙禺.创业型大学的崛起与转型动因[M].北京:社会科学文献出版社,2015:124.

些研究成果均在战争中做出了巨大的贡献。跨学科实验室和各类跨学科研究项目的成功,让麻省理工学院进一步认识到跨学科研究是一种必然趋势,并于战后陆续组建了各类跨学科研究机构,到1987年为止,相关机构无论规模、大小和归属,共计65个之多,有些组建不久便解散,而有的一直运行至今。

三、麻省理工学院学科发展现状

（一）学科布局现状

如今麻省理工学院的学科非常广泛,社会科学、人文学科和自然科学中的主体学科都比较齐全。以美国高校学科专业分类为参照,麻省理工学院涵盖4个基础学科大类,13个学科群中覆盖11个,除去区域、种族文化与性别研究、心理学;应用学科相对较集中,12个学科大类中只有5个。在四大关键专业学院中,没有医学院和法学院。就规模而言,工学规模最大,所含学科数有13个,授予学位种类也是最多的(除MBA之外);计算机与信息科学和工商管理紧随其后。(见表9-7)

表9-7　2019—2020年麻省理工学院授予学位情况一览

序号	学科大类	学科群	所含学科数/个	授予学位数 学士学位数/个	授予学位数 硕士学位数/个	授予学位数 博士学位数/个
学术型学位	交叉学科	交叉学科	3	34	1	11
		文理综合	1	3	—	—
	人文科学	英语语言文学	2	1	—	—
		外国语言文学	2	1	1	9
		哲学与宗教	1	3	0	6
	社会科学	历史学	1	—	—	—
		数学与统计学	2	81	100	23
		社会科学	3	9	3	33
	理学	生物学与生物医学科学	3	61	7	49
		计算机与信息科学	2	341	216	60
		物理科学	8	3	—	6

续表

序号	学科大类	学科群	所含学科数/个	授予学位数		
				学士学位数/个	硕士学位数/个	博士学位数/个
应用型与专业学位	工商管理	商业、管理、市场与相关支持服务	2	17	676	14
	工学	工学	13	411	561	305
	新闻学	传播、新闻和相关项目	3	1	55	15
	艺术学	视觉与表演艺术	2	—	—	—
	建筑学	建筑与相关服务	4	8	169	17

资料来源：NCES. Massachusetts Institute of Technology[EB/OL]. [2020-06-03]. https://nces.ed.gov/collegenavigator/? q=Massachusetts+Institute+of+technology&s=all&id=166683#programs.

当前，麻省理工学院的学科结构由学院和下属各系，以及与之平行的实验室、研究中心和项目构成。其中，学院设有理学院，斯隆管理学院，建筑与规划学院，工程学院，人文、艺术与社会学院和史蒂芬·A.施瓦茨曼计算学院。理学院下设6个系，建筑与规划学院下设3个系，工程学院由10个系组成，斯隆管理学院只有管理学一个系，人文、艺术与社会学院有13个系。与系相并列的60多个项目或实验室、研究中心，主要致力于基于问题的跨学科研究，这些中心、实验室和项目召集了众多跨学科的专家，探索新的知识领域，并解决重要的社会问题，如麻省理工学院林肯实验室、伍兹霍尔海洋研究所等，它们与各个行业积极建立研究关系，并展开广泛的全球合作。

值得关注的是，2018年10月麻省理工学院宣布成立施瓦茨曼计算学院（MIT Schwarzman College of Computing），并于2019年2月任命丹·哈滕洛彻（Dan Huttenlocher）为首届院长。该学院由学校出资11亿美元，全球资产管理公司百仕通（Blackstone）董事长、首席执行官兼联合创始人斯蒂芬·施瓦茨曼（Stephen Schwarzman）捐赠3.5亿美元。无论是在商业领域还是通过广泛的慈善事业，施瓦茨曼都致力于为全球范围的问题提供变革性的解决方案。麻省理工学院施瓦茨曼计算学院的创建是由麻省理工学院内外的主要发展趋势推动的。在学院内部，申报计算机专业和选相关课程的学生人数达到历史新高，计算机科学和其他领域，包括生物学和经济学，新创建的联合专业也很受欢迎。麻省理工学院施瓦茨曼计算学院将创建新的教育项目，培养具有文化、伦理和实践能力的创造性计算机思想家和实干家。同样,在远远超出工程和科学的领域——政治科学、语言学、人类学和艺术,目前和未来的研究都有从先进的计算机知识和能力中受益的蓬勃发展的机会。学院的目标是授权研究人员在计算机科学、人工智能和广泛的学科领域领导此类研究,他们的发现将在教育、环境、伦理、设计、金融、健康、音乐、制造、政策、安全、交通等方面留下不可磨灭的印记。与此同时,计算机科学和人工智能越来越多地融入全球经济的每一个部分,数字经济的增长速度远远快于整体经济的增长速度。在这些趋势的基础上,学院将加强许多领域的计算机前沿研究,并通过这些领域的洞察力塑造计算机研究和教育的方向。

(二)各学科领域实力

1. 横向比较各个领域在学校内部的综合实力

这一比较可以从某种程度上反映麻省理工学院对于各学科领域的重视程度和战略部署。以泰晤士高等教育世界大学排名为参照,该排名从引用、产业收入、国际声望、研究、教学五个指标,对人文与艺术、工程与技术、生命科学、物理科学、社会科学、商业与经济和计算机科学七个学科领域进行评分。从麻省理工学院各学科领域的总分情况可以看出,除人文与艺术学科以外,其他学科包括工程技术、生命科学、物理科学、社会科学、商业与经济、计算机科学的总分均在90分以上,而且这六个学科领域的总分并无明显差距,其中工程与技术得分最高,并且该领域在引用、产业收入、国际声望、研究、教学五个指标的得分都非常高,物理科学以微弱的差距紧随其后,表现出强劲的学科综合实力。人文与艺术则相对较弱,这与麻省理工学院的人文与艺术学科主要定位于教学职能紧密相关。尽管如此,如果与重视发展人文与艺术的芝加哥大学相比较,2020年麻省理工学院人文与艺术学科的得分(85.8)却高于芝加哥大学(82.0),且世界排名也超过了芝加哥大学,这充分说明以理工科为优势的麻省理工学院,在人文与艺术学科领域同样是世界一流的。(见表9-8)

表9-8 泰晤士高等教育世界大学排行榜(2020年)麻省理工学院各学科得分情况

指标	人文与艺术	工程与技术	生命科学	物理科学	社会科学	商业与经济	计算机科学
总分	85.8	94.5	93.7	94.2	93.9	91.9	91.0
引用	76.3	99.1	100.0	99.0	99.5	99.5	99.2
产业收入	56.5	91.6	60.5	72.9	100.0	94.0	92.7
国际声望	86.3	87.0	79.4	86.3	81.0	73.5	72.2
研究	88.8	91.9	90.4	95.1	91.1	91.3	92.8
教学	88.4	95.2	96.0	91.4	94.8	91.6	86.0

数据来源:Times Higher Education. World University Rankings[EB/OL]. [2020-02-21]. https://www.timeshighereducation.com/world-university-rankings/massachusetts-institute-technology.

2. 纵向比较各学科领域近十年全球大学学科排名中的综合实力

该比较可以反映近年来麻省理工学院各个学科实力的纵向发展态势。根据麻省理工学院2011—2020年各学科在泰晤士高等教育世界大学排名榜中的排名统计,工程与技术、生命科学、物理科学略有下降,人文与艺术、社会科学、商业与经济和计算机科学相对稳定。虽然排名略有波动,但麻省理工学院的所有学科领域近十年内均稳定在前十位,这说明麻省理工学院近十年学科发展一直保持着良好的态势,并且一直在世界所有大学中处于领先地位。(见表9-9)

表9-9 泰晤士高等教育世界大学排行榜2011—2020年麻省理工学院各学科世界排名

学科领域	2011	2012	2013	2014	2015	2016	2017	2018	2019	2020
人文与艺术	—	—	—	—	—	3	9	2	2	4
工程与技术	2	1	3	1	1	3	4	4	5	6
生命科学	1	2	1	2	2	8	5	5	4	4
物理科学	3	4	7	2	2	3	5	7	2	5
社会科学	—	—	1	2	2	1	6	2	3	1
商业与经济	—	—	—	—	—	—	1	2	1	1
计算机科学	—	—	—	—	—	—	4	2	5	4

资料来源:Times Higher Education. World University Rankings[EB/OL]. [2020-02-21]. https://www.timeshighereducation.com/world-university-rankings/massachusetts-institute-technology.

第三节 芝加哥大学的学科调整与发展

与麻省理工学院以理工科为建校特色不同,芝加哥大学以高度综合化为建校宗旨并延续至今,两所大学呈现出完全不同的学科发展历史和态势。相同的是它们都以各自的学科发展特色在世界大学中表现出一流水准。

在芝加哥城市的迅猛发展、教徒们的推动、石油巨头约翰·D.洛克菲勒的慷慨赞助以及首任校长威廉·雷尼·哈珀的宏伟规划等诸多因素的综合推动下,芝加哥大学于1890年在芝加哥的海德公园建立,它是一所综合性、研究型大学。自建立伊始,它就在当时的美国甚至世界上颇具影响,1910年时,如果要列举出领头的美国大学,人们也许会举出哈佛大学、芝加哥大学、哥伦比亚大学和约翰·霍普金斯大学——顺序就是如此。①

芝加哥大学的学科发展总体呈现出两个阶段:第一阶段是从1890年建立至20世纪上半叶,在现代科学萌芽出现的大背景之下,芝加哥大学的学科总体呈现逐步分化的趋势;第二阶段是从20世纪中叶开始,由于各种内外因素的影响,芝加哥大学的一些学科经历了从兴起到衰落再到繁荣的历程,也有一些学科历经辉煌后已经沉寂。总体来说,芝加哥大学从建立到现在,呈现良性生长的总体态势,当今芝加哥大学的大部分学科都在世界大学中位于顶尖水平。

一、建校至 20 世纪上半叶的学科专业化发展

(一)形成以基础学科为主体的综合性大学

与美国多数大学不同,芝加哥大学从一开始就以比较齐全的学科门类示人。正如洛克菲勒基金会的管理者——弗雷德里克·盖茨于1897年所言,"多数大学是从一个中心胚芽或内核开始逐渐成长起来的,它们年复一年地发展,在政策的指引和时代的要求之下慢慢地形成新的特色。而芝加哥大学的历史却截然不同……我们目前的状况可以看作以办一所相当完整的大学为代价换

---

① [美]劳伦斯·维赛.美国现代大学的崛起[M].栾鸾,译.北京:北京大学出版社,2015:179.

来的,当然,并不包括应用科学、法律、医学和技术"①。建校初期的芝加哥大学几乎涵盖了基础学科的所有主体②,其中包括自然科学中的物理、数学、化学、生物,社会科学中的政治学、经济学、社会学,人文科学中的文学。此外,芝加哥大学也涵盖了主要的应用学科,如医学、法学、艺术学等。据记载,建校初期就成立的学系有社会学系,政治经济学系,语言和文学系,科学系(包括物理系、化学系、天文系、数学系和生物系),地质系。③ 至1910年,芝加哥大学已经覆盖理学、法学、人文科学、社会科学、医学、神学、艺术学等学科大类,在同时期美国大学中学科种类是比较多的。

1. 人文科学学科

芝加哥大学在人文科学领域具有光辉的历史和令人称羡的成就,曾经培养了哈珀、布雷斯特德、安吉、雪瑞、塔夫茨、曼利、拉夫林等享誉世界的人文学者。之所以有如此辉煌的成就,与其初建时期引进卓越的学者密不可分。组建英国语言和文学系的是一批年轻学者,他们作为美国新一代的文学家,在后期为该系发展奠定了坚实基础。乌尔里希·米德尔多夫和路德维希·巴赫霍夫在1935年加入艺术系后,让芝加哥大学艺术史的教学达到了一个新的高度,学术方面也超越了此前美国在艺术欣赏方面的成果,成为学术与文化史一个异常博大精深的分支。神学院是芝加哥大学的第一个学院,是在浸礼联合神学院的基础上逐渐发展起来的,当浸礼联合神学院并入芝加哥大学后,专门培养牧师的学院发展成肩负培养牧师和教师双向职责的学院。

2. 社会科学学科

芝加哥大学的社会科学是以社会学为核心发展起来的,并呈现出跨学科研究的特点。社会学系由阿尔比恩·W.斯莫尔创立,是美国第一个社会学系。其毕业生和教师塑造了从分层和人口统计学到偏差和城市研究的社会学子领域,并创立了从路径分析和对数线性建模到城市人种学的方法。④ 虽然研究主

---

① [美]约翰·博耶.反思与超越:芝加哥大学发展史[M].和静,梁路璐,译.北京:生活·读书·新知三联书店,2018:128.
② 钱颖一.谈大学学科布局[J].清华大学教育研究.2003(6):2.
③ 张镧,杨撷.芝加哥大学[M].长沙:湖南教育出版社,1994:26-31.
④ University of Chicago. Breakthroughs[EB/OL].[2020-02-21]. https://www.uchicago.edu/breakthroughs/1890s/.

力一直是社会学系教师,但因为共同关心的社会现象,社会学从一开始就与心理学、政治学和地理学等学科工作紧密地交织在一起。1929年成立的人类学系也加入其中。经济学、历史学的专家们虽然没有与社会学接触,但也以他们自己的方式,成了所在领域出色的代表人物。20世纪20年代末期,建起了社会科学研究大楼,并组建了社会科学学部。基础社会科学系也不断壮大,公民学和慈善学学院并入芝加哥商业管理学院慈善科学部,与商业管理学院共同组成芝加哥大学社会服务管理学院。其主要进行大量城市社会问题研究,以至于在20世纪20年代,芝加哥大学社会学成了城市研究的同义语。当时的芝加哥大学与哈佛大学、哥伦比亚大学一起,被称为社会科学"三巨头",在整个美国大学系统中大放异彩。

其他社会学科也都是在芝加哥大学建立后的一二十年内,就有了自己的学科建制。政治经济学在建校初期便有。1902年,法学院正式创建,约瑟夫·H.比尔担任院长。法学院除了开设常规法学课程外,还在第二、三学年开设心理学、城市社会学、经济学和外交史方面的课程,这些课程均超出了传统法学课程的范围。1905年,芝加哥大学开创了美国第一个东方历史学研究席位,由考古学家和历史学家詹姆斯·亨利·布雷斯特担任,在此之前该领域的研究一直集中在欧洲地区。

3. 自然科学学科

建校初期,由于引进了当时著名的学术精英,自然科学中的很多学科从一开始就声名赫赫,如化学、物理学、地质学、生物学等。在威廉·奥格登的巨额捐助下,芝加哥大学创建了科学系,也称为奥格登科学研究院,包括物理系、化学系、天文系、数学系和生物系,其中生物系又细分为动物学、解剖学、神经病学和生理学等专业。艾伯特·A.米切尔森应邀来到芝加哥大学物理系,他早在1887年因米切尔森-莫利实验而闻名于世,该实验研究了相对速度对光速产生的影响,结果表明光速是个恒量,从而奠定了相对论的理论基础。威斯康星大学校长、著名地质学家托马斯·C.张伯伦被哈珀邀请来校创建了地质系,并创办了《地质学杂志》。张伯伦的同事罗琳·D.索尔兹伯里也被邀请来组建了地理系。植物学家亨利·钱德勒·考尔斯在1890年代后期对密歇根湖南岸印第安纳州沙丘上生态演替的研究开辟了自然科学的新研究领域——生态学。因为有了雄厚的师资队伍,自然科学领域在人才培养方面也成就斐然,芝加哥大学物理科学系授予的博士学位占了1918年到1931年间所颁发全部博士学位的30%,另外25%是生物科学学位……规模最大的单一博士项目是化学,颁发了183个博士学位;其次是植物学和数学,分别为112个和104个。①

4. 部分应用学科的发展

当时芝加哥大学的教育学由于约翰·杜威的存在而颇有声望。杜威于1894年创建教育系,于1901年成立教育学院,成为芝加哥大学社会科学学科群中的新成员,它的发展主要是为了满足国内各学院对教师和行政官员培训的外部需求。教育学院与学校其他部门合作开设各种科目的课程,在实验学校里训练学生,以便在讲授其他各种科目时,把主要精力投入到建设性的研究方面,以期实现教学方法的改进和教学内容的扩充,同时也期待国家的学校系统能够更加有效地组织起来。另外,也在基础教育领域提供一些研究和服务工作,如编写课本,提供咨询建议等。②

商学院建立于1898年,在此之前的名称是"商业和政治学院",因为它的创立主要由政治经济系的教师们发起,而商学院的所有课程均由社会科学领域的教师共同承担,1898年劳克林教授提出商学应与神学、医学、法学一样,作为一个专门职业培训的学科,以适应社会不断发展的需求,因而在1900年得以更名为商业管理学院,1916年在行政上开始独立,并正式成为芝加哥大学的专业学院,1932年更名为商学院。

医学在刚开始是与拉什医学院合作进行教学的,对于是否另外专门建立芝加哥大学医学院,其时分歧颇大。哈珀校长认为应将拉什医学院并入芝加哥大学,而多数教师认为芝加哥大学应专门建立一个新的医学院。直到1924年伯顿担任校长期间,医学院才得以创立。医学院刚成立时,只有医学系和外科学系。不久,解剖学系、生理学系、卫生学系、细菌学系和动物学系逐渐并入医学院,这些系的学者一直从事尖端科研工作,他们的地位奠定了芝加哥大学医学院在美国医学界的地位。③ 1927年,为使学校的研究制度化,也为了响应弗莱克斯纳改革医学教育的号召和达成洛克菲勒基金会的意愿,让医学训练科学化和系统化,建成了新的医学大楼。

---

① [美]约翰·博耶.反思与超越:芝加哥大学发展史[M].和静,梁路璐,译.北京:生活·读书·新知三联书店,2019:112-113.
② 张敏,杨援.芝加哥大学[M].长沙:湖南教育出版社,1994:37.
③ 张敏,杨援.芝加哥大学[M].长沙:湖南教育出版社,1994:54.

5. 交叉学科发展的萌芽

1930年以前的芝加哥大学表现出日益加剧的专业化。在分化的倾向大行其道之时,斯莫尔等人开始提出质疑和批评,对跨学科教育与研究的呼吁和尝试性改革不断涌现,尽管大部分都不幸夭折。变革的呼声在社会科学领域尤为突出,有远大抱负的社会学家们已经采取更有协作意义的研究架构和跨学科方法,包括在校内外建立新的跨学科联系,重新调整开展博士教育的途径,提高博士生项目的教育质量等。本科教学一线也开始发生激变,早期意大利文艺复兴文学的著名学者欧内斯特·威尔金斯担任本科生院院长时,试图通过大胆的计划来建立独特的通识教育项目,虽未成功,但他在跨学科实践基础之上提供的新的本科课程,为后来开发通识教育课程提供了范式。接替威尔金斯担任本科生院院长的布歇也制定了大胆的改革方案,试图挽救本科生教育被边缘化的危机,并强化本科跨学科概论课程的设置,但也遭到了强大势力的阻挠。同样,因为在研究方面受到慈善基金会的影响,芝加哥大学社会科学方面几个各自为政的系开始探寻如何打破学系之间的壁垒,并做了很多工作,例如将原来分散在不同地方的几个系集中安置在社会科学研究大楼里。

(二)基于学科专业化的组织架构

在哈珀时期直至哈钦斯担任校长之前,本科生教育呈现出通过分科管理鼓励专业化的态势。学校成立初期,本科生院的前两年为预科学院,学生要完成从高中开始针对高等教育的准备工作;后两年是高级学院,学生已完成所有预备阶段的学习并获得了从事大学阶段任务所需的技能和达到一定成熟度,同时,本科生院分为文学、人文学和理工学三大学部来进行分科分类管理,每一学部都有对应的学士学位体系(文学学士、哲学学士和理工学士)。预科学院实施的是通识教育,而高级学院的学生逐步开始专业化教育。1892年到1902年,高级学院的学生在选课方面获得了相当大的自由,但必须符合在同一个院系选修课程不能超过9门的规定。1905年,学部开始鼓励进一步的专业化,首先要求每个学生至少选修某个院系的6门课,同时将某个系的最高选课量从9门增加至15门。1912年,学校则要求高级学院学生主修一个学科领域的课程至少要达到9门。在芝加哥大学成立的第一个10年中,本科毕业生从刚开始主要从事教学工作,到后来变得更加多样化。20世纪20年代,男性职业分布在从商、法律、医药以及高等教育等各个领域。① 哈佛大学首创的选修制不仅使新的学科开始被教授,而且也解除了对于古典文学这样的传统学科的束缚,使之向一种更为专业和更高级的形式发展。②

与本科生教学相比,研究生层次的教学则更加专业化。学生被要求如何学得更少,而不是更多,多数学科阻断了自身与相邻领域之间的联系,导致研究历史的学生不懂政治学或社会科学,反之亦然。从授予的博士学位数量,可以窥见芝加哥大学研究生教育的高度专业化。至1910年为止,芝加哥大学授予的博士学位比美国大多数大学都要多;在1892年到1910年间共颁发了573个博士学位,平均每年30个。任何系取得博士学位都无须对其他系的知识有足够了解,只要他所在的群体教他作为门外汉应该从哪里跌跌撞撞地起步,何时或达到何种程度就可以具备足够能力成为一名专家。

同样,研究也主要在学科内部进行,高度专业化的研究在为芝加哥大学获得较高学术声望的同时,也引起学者对其研究生教育的狭隘进行批判。例如,一所大学的校长修斯对此批评道:"我们身处大学之中,要寻找的是那些在其领域内受过全面而扎实训练的人,他们应该对一般的科目抱有热情,对相关的科目有广泛的、包容的兴趣,我们不要那些经受高度专业化的训练,只关注自己的研究阶段,对自身科目以外的其他领域都提不起兴趣甚至表示轻视的人,对这些人而言,相关的知识领域就更不被放在眼里了。"③

与教学、研究相适应,研究生层次的组织机构也呈现出高度分化的趋势。研究生院共分为39个独立的系和并行的5个专业学院(法学院、神学院、东方研究院、医学院、教育学院)。由于资料局限,39个系无法尽数列举,其中包括人文和社会科学院系(社会学系、教育系、历史系、英语系、人类学系、政治科学系)和科学院系(化学系、数学系、经济学系),1923年芝加哥大学的教务主任

---

① [美]约翰·博耶.反思与超越:芝加哥大学发展史[M].和静,梁路璐,译.北京:生活·读书·新知三联书店,2018:103-106.
② [美]罗杰·L.盖格.研究与相关知识——第二次世界大战以来的美国研究型大学[M].张斌贤,孙益,王国新,译.保定:河北大学出版社,2008:6.
③ [美]约翰·博耶.反思与超越:芝加哥大学发展史[M].和静,梁路璐,译.北京:生活·读书·新知三联书店,2018:237.

斯莫尔将这些院系形容为一个个"筒仓"①,它们之间对理应去面对的最大也最有趣的学术问题缺乏共识。

二、20世纪中叶以后学科的不均衡发展

第二次世界大战期间,芝加哥大学转变成"全面为战争服务的一个工具"②,能够为战争助益的自然学科得到大力发展,人文社会科学学科进入发展的相对瓶颈期,明显呈现出学科发展的"黑白照"。

自然学科中的物理学和化学因为在战争中发挥了关键作用而声名鹊起,也促使芝加哥大学进入建校史上最为辉煌的时刻。与政府签署的合同为芝加哥大学带来了巨大的资金流,最大的政府资金流来自为了抢在德国之前成功造出原子弹的疯狂努力。在这项工作中,芝加哥大学的物理学家和化学家发挥了至关重要的作用。恩里科·费米等科学家成功研制出人类有史以来第一个可控核链反应,并因此获得诺贝尔奖,这使全世界物理学研究达到了一个新的顶峰,人类从此进入了原子能时代。作为与军方签署合同的交换条件,芝加哥大学要在校内为军方开设各种特别的培训课程。另外一些项目则涉及长时间的授课和相当传统的学术研究,其中3个重大的军事项目是气象学与天气预报、民政事务培训以及地区与语言培训。另一个影响到一些自然学科发展的因素是,涌入美国的学者为芝加哥大学某些学科的发展注入了新能量。在1941年后有大批避难者涌入,如天文学系吸引了荷兰、瑞典、印度等地有发展前途的年轻学者,使该系在哈钦斯时代以及后续岁月里保持了世界领先地位。

人文社会科学的没落与自然科学的辉煌形成鲜明对比。许多人文社会学科的教师都去为战争服务而脱离了原本的校园生活模式,经济学家成了海军陆战队的一名列兵,法语教师成了陆军情报官,甚至有历史学家也加入空军成为编写空军官方历史的编辑,人类学家则在校园里负责培训远东地区未来的民政事务官,还有一些教职工则请假去政府部门任职,东方研究院完全因原子能研

---

① [美]约翰·博耶.反思与超越:芝加哥大学发展史[M].和静,梁路璐,译.北京:生活·读书·新知三联书店,2018:238.
② William H. McNeill. Hutchins' University: A Memoir of the University of Chicago 1929 – 1950 [M]. Chicago and London: The University of Chicago Press, 1991:102.

究需要被占据。校园内,战时应急科目代替了一般为满足文化广度和智力发展的非专业性科目,学校的大部分学院都被来自各地的物理学家侵占了,人文科学学部和一些专业学院明显落在了后面。至1950年,人文学部和神学院都凋零了,图书馆学研究院和社会服务管理学院,都随着其他地方出现了一些与之竞争的类似学院,而失去了早先的独特地位。

此时的法学院也遭受了重创,据丹尼斯·哈钦森称,该学科曾濒临灭亡,因为其招生人数大幅减少,而学院的设施亦被征用于军事训练项目。20世纪30年代开始,特别是在20世纪40年代,商学院流失了一些不可轻易取而代之的教员。1943年,法学院仅有9名学生毕业,哈钦斯甚至考虑过将其关闭。在战后的一段时期,由于缺少预算支持,学院无法再获得早先享有的声誉。到了20世纪50年代,商学院的情况已经非常糟糕。

战后,由于联邦政府赞助的研究经费和在校生数量的激增,战时兴盛的学科得以持续发展,而曾经没落的学科也得以有机会开始复兴,只有少部分学科领域没有得到恢复,继续走向没落。

人文社会科学领域中的人类学、经济学和政治学都经历了战后的复兴阶段。美国的迅速崛起为芝加哥大学国际问题的研究开辟了新天地。一批科学家、政治学家、社会工作者组成了一支规模空前的研究队伍分赴世界各地,探究因工业化和城市化引起的各种各样的人群混杂所带来的众多社会问题。20世纪50年代以后,教授们把整个世界视为研究问题的新试验场地,随着大批学者对非西方国家研究的全面展开,芝加哥大学很快发展成为亚洲和非西方国家的研究中心。60年代初期,芝加哥大学又创建了三个新的语言和文学系,这三个系涉及东亚、斯拉夫国家和南亚等广大地区的语言和文学。历史系则突破了只在欧美研究领域内聘请教师的局限性,专门聘请那些非西方研究领域的学者。人文科学学部中的其他系大都江河日下,其学者虽然继续坚持学术的历史和哲学传统,却将它们应用到了越来越琐碎的文本上。其中,东方研究院是个特例。图书馆学研究院和社会服务管理学院虽然没有多少困扰,但战后的入学人数受到了影响,使它们无法再维持此前享有的全国性地位。[①]

---

① [美]威廉·H.麦克尼尔.哈钦斯的大学:芝加哥大学回忆录1929~1950[M].肖明波,杨光松,译.杭州:浙江大学出版社,2013:244.

芝加哥大学的物理学和化学延续了战争期间的繁荣景象。物理学和化学的教授们都处于原子能研究这一非常活跃的领域的最前沿,例如费米作为公认的领军人物,吸引了很多学生和教师参与研究。数学是战后重铸辉煌的一个领域,哈钦斯从哈佛大学引进了马歇尔·H.斯通,让他重建数学系,斯通则在担任系主任期间,招聘了一批杰出的年轻人和本校学生,使数学系处于美国大学的领先地位。生物科学领域在战后并没有繁荣起来,医院缺乏经费和员工的问题,继续严重地消耗着这所大学的资源。

作为以基础科学为上的芝加哥大学,其应用学科——商学、法学和医学,在经历了衰落后又重新得以兴盛。20世纪50年代末,在劳伦斯·金普顿善意的庇护下,商学院开始了战后的繁荣。在新院长W.艾伦·沃利斯和副院长詹姆斯·H.洛里的领导下,学院向校长劳伦斯·金普顿提交了一份旨在深刻改变学院活动规模和性质的长期发展规划,该规划提出要致力于社会科学的基础研究,并将其作为学院新特色的一个范例。在金普顿对商学院的财政支持之下,学院聘请了一批对基础研究感兴趣的杰出学者,还发起了一项积极的营销活动以吸引优秀的学生。在此基础上,设立了三大支柱学科:经济学、量化方法和行为科学。在院长沃利斯之后的继任者乔治·舒尔茨在任期间,商学院内部建立了一个可以匹敌美国顶尖研究生经济学院的经济系,在经济与金融学的理论研究方面树立了令人敬畏的名声,因此也成为美国少数几所真正有实力争取最优秀的年轻经济学家的学院之一。

1950年9月列维被任命为院长,在金普顿当政初期预算削减的年代里,作为法学院领导人的他十分精于捍卫自己学院的利益。法学院得到了最强劲的战后复兴,学生人数规模得以恢复,1955年达到了310名学生,尽管与美国当时其他顶尖法学院相比规模仍然较小。列维积极从其他学院聘请年轻有为的学术之星,建立了一支卓著的教师队伍,到了20世纪50年代末,这个教研团队似乎已成了最容易被其他同行学校觊觎的队伍。在福特基金会的支持下,列维极力主张他的同事们考虑那些将法律和其他社会科学学科及研究视角相联系的项目。这些项目对于芝加哥大学法律和经济学科的发展是至关重要的,该项目最初得到了沃克尔基金会的资助。

由于医学研究和临床实习涉及的范围和规模越来越大、越来越复杂,且人们对医疗的要求也不断提高,联邦政府对医学研究的费用从1940年的7%上升到1957年的54%,大学用于医学研究方面的费用出现惊人的增长。芝加哥大学在这一背景下,大力发展医学,医学大楼从4幢发展为10幢,改善了原有医学设施,重新规划医学研究实验室。芝加哥大学医学院和政府其他机构密切联系,开展了一系列高尖端的医学研究,在应用化学药品研究、治疗癌症等方面取得了突破性的研究成果。

三、芝加哥大学的学科发展现状

芝加哥大学作为一所高度综合性大学,形成了以基础学科为主,附带小规模应用学科的学科结构,学科种类比较齐全。以美国CIP为参照,芝加哥大学现有学科涵盖基础学科的4个学科大类以及下属的所有学科群;应用型学科中除了建筑学和图书馆学之外,其他10个学科群也都一应俱全,但除工商管理和公共管理之外,其他应用学科规模都比较小。芝加哥大学的培养机构包括7个专业学院(布斯商学院、神学院、哈里斯公共政策学院、法学院、普利茨克医学院、普利茨克分子工程学院、社会服务管理学院)和4个研究生部(生物科学部、人文科学部、自然科学部和社会科学部)[①],以及本科生院。本科生院包括4个专业学院(生物科学学院、人文科学学院、物理科学学院、社会科学学院)和1个新学院(跨学科学院)。

（一）学科规模现状

进入21世纪以后,芝加哥大学人文和社会科学的注册研究生数量超过其他任何私立大学,而在自然和数学科学领域,情况恰恰相反,芝加哥大学的招生数量低于其他顶尖私立大学的招生数量平均值。据统计,2013年秋,芝加哥大学录取的攻读硕士和博士学位的研究生中,进入布斯商学院的新生数量超过了所有研究生学部录取的新硕士和博士生的数量。2019年,工商管理硕士学位授予数达到1 333个,远远超过芝加哥大学所有学科领域授予学位数(包括本科、硕士和博士学位);同年,招收的硕士研究生达1 225人,占学校招收硕士研究生总数的38.8%。商学院还在伦敦和中国香港地区设立了两个研究中心。商学院的兴衰不仅会给学院本身造成影响,还会影响到整个学校,因为自20世纪70年代以来,芝加哥大学就一直依赖于布斯商学院带来的可观的学费收入。

---

① 张敏,杨援.芝加哥大学[M].长沙:湖南教育出版社,1994:123.

表9-10 2019—2020年芝加哥大学授予学位情况一览

序号	学科大类	学科群	所含学科数/个	学士学位数/个	硕士学位数/个	博士学位数/个
学术型学位	交叉学科	交叉学科	3	2	3	2
		文理综合	3	16	147	—
	人文科学	英语语言文学	2	57	3	9
		外国语言文学	9	51	12	39
		哲学与宗教	2	41	2	2
	社会科学	社会科学	11	514	383	70
		心理学	2	78	12	8
		历史学	3	56	11	13
	理学	区域、种族文化与性别研究	4	7	25	—
		自然科学(物理科学)	6	112	69	66
		计算机与信息科学	4	80	236	6
		数学与统计学	5	159	325	30
		生物学与生物医学科学	20	176	93	50
应用型与专业学位	工商管理	商业、管理、市场与相关支持服务	7	—	1 226	16
	教育学	教育学	2	—	24	—
	工学	工学	1	14	4	12
	新闻学	传播、新闻和相关项目	2	—	—	—
	医学	健康专业及相关项目	6	—	7	85
	法学	法学	3	—	82	208
	农学	自然资源与保护	2	17	17	—
	艺术学	视觉和表演艺术	6	40	3	12
	公共管理	公共行政和社会服务	3	105	536	17
	神学	神学与宗教职业	2	2	59	14
职业技术教育	职业技术	国土安全、执法、消防及相关保护服务	1	—	29	—

数据来源：NCES. University of Chicago[EB/OL]. [2021-06-03]. https://nces.ed.gov/collegenavigator/? q=University+of+Chicago&s=all&id=144050#programs.

一些学科已经不可避免地衰落了。例如,曾经因杜威而驰名天下的教育学,在杜威离开后就开始走下坡路。教育学院早已不复存在,现在被称为教育学委员会,是一个非实体单位,没有专职教师,兼职教师均来自芝加哥大学其他单位,如公共政策学院、城市教育学院、比较人类发展系、经济系、社会服务管理学院等社会科学领域的相关院系。2019年,该委员会没有招收本科生和硕士生,博士生仅1名[①],委员会仅仅为其他领域的本科生提供新的辅修课程,为相关学科领域的硕士生提供社会科学硕士课程(MAPSS),并提供研究经费,配合其他学院支持和培训有兴趣从事教育研究的其他相关学科的学生。与教育学一样,地理学也没有实体机构,只有地理科学委员会,教员以社会学系的兼职教师为主,主要为本科生和研究生提供地理科学领域的相关专业课程和辅修课程。

(二)各学科领域的实力

1. 横向比较各个领域在学校内部的综合实力

这一比较可以从某种程度上反映芝加哥大学对于各学科领域的重视程度和战略部署。以泰晤士高等教育世界大学排名为参照,该排名从引用、产业收入、国际声望、研究和教学五个指标,对芝加哥大学的人文与艺术、物理科学、生命科学、社会科学、商业与经济、计算机科学、法学、心理学以及临床、前临床与健康9个学科领域进行评分。(见表9-11)与麻省理工学院各学科领域总分较为相近不同,芝加哥大学各个学科领域的总分差距比较大。总分得分最高的是物理科学(89.7分),生命科学、商业与经济和社会科学紧随其后,得分最低的是临床、前临床与健康(71.4分),得分相对较高的均为芝加哥大学的传统学科。总体而言,芝加哥大学的基础学科较应用学科优势明显。

不过,近期芝加哥大学的应用学科开始取得新的进展。2019年,普利茨克基金会出资1亿美元支持成立普利茨克分子工程学院,这是美国第一所致力于这一新兴领域的学院。该学院建立在原普利茨克分子工程研究所(2011年)的基础上,学院将扩大在分子工程方面的研究、教育、技术发展和影响,在基础科学进步的基础上,从分子层面开始设计技术,从而为应对社会挑战提供关键的新途径。[②]

---

① NCES. The University of Chicago[EB/OL].[2020-02-20]. https://nces.ed.gov/collegenavigator/?q=University+of+Chicago&s=all&id=144050#enrolmt.
② The University of Chicago. Gift from Pritzker Foundation supports creation of nation's first school dedicated to molecular engineering[EB/OL].[2019-06-28]. https://annualreport.uchicago.edu/initiatives/.

表9-11 泰晤士高等教育世界大学排行榜(2020年)芝加哥大学各学科得分

指标	人文与艺术	物理科学	生命科学	社会科学	商业与经济	计算机科学	法学	心理学	临床、前临床与健康
总分	82.0	89.7	88.6	84.9	86.9	72.6	78.2	82.0	71.4
引用	59.3	97.7	99.4	90.9	98.5	97.1	64.4	80.2	64.7
产业收入	34.7	40.5	54.5	34.9	30.5	42.8	37.1	34.1	54.0
国际声望	56.1	84.0	73.4	54.8	61.2	64.8	30.8	50.8	47.8
研究	88.6	94.2	88.7	88.0	86.8	66.6	87.7	92.7	81.4
教学	92.9	81.0	81.9	87.9	89.5	63.2	96.0	86.5	77.7

数据来源：Times Higher Education. The World University Rankings[EB/OL].[2021-06-03]. https://www.timeshighe-reducation.com/world-university-rankings/university-chicago.

2. 纵向比较近十年来各学科领域的实力

该比较反映了芝加哥大学各个学科在世界大学学科排名中的表现，以及各个学科实力的纵向发展态势。与麻省理工学院近十年稳定的学科发展态势相较，芝加哥大学的一些学科略有上升或下降的波动，但并不是特别明显。例如，人文与艺术从2011年的第4名到2020年的第8名，物理科学从2011年的第7名到2020年的第10名，社会科学从2011年的第6名到2020年的第10名，生命科学从2011年的第25名到2020年的第13名，商业与经济从2017年的第4名到2020年的第8名等。(见表9-12)

表9-12 泰晤士高等教育世界大学排行榜2011年至2020年芝加哥大学各学科排名

学科领域	2011	2012	2013	2014	2015	2016	2017	2018	2019	2020
人文与艺术	4	3	3	5	3	8	10	7	8	8
物理科学	7	8	8	10	8	15	12	10	12	10
生命科学	25	12	12	20	23	18	13	11	16	13
社会科学	6	4	2	6	6	7	4	7	9	10
商业与经济	—	—	—	—	—	—	4	7	11	8
计算机科学	—	—	—	—	—	—	—	34	43	39
法学	—	—	—	—	—	—	—	4	6	5
心理学	—	—	—	—	—	—	—	—	4	5

续表

学科领域	2011	2012	2013	2014	2015	2016	2017	2018	2019	2020
临床、前临床与健康	23	26	31	29	28	30	24	22	22	25

数据来源：Times Higher Education. The World University Rankings [EB/OL]. [2021-06-03]. https://www.timeshighe-reducation.com/world-university-rankings/university-chicago.

3. 交叉学科发展现状

当今，芝加哥大学学科交叉融合的发展战略日益凸显。法学院和商学院为学科交叉和学术互联树立了良好的范例。法学院和商学院都经历了二战的衰落与战后复苏，战后担任商学院院长的沃利斯开始决定，发展与经济系和其他社会科学院系的关系，可以模糊专业学院与社会科学研究所之间的界限。20世纪90年代以来，布斯商学院与经济系之间的关系一直在持续稳定地加深。法学院也同样加强与社会科学院系以及其他部门的互动。两个学院均实现了自身课程体系的跨学科性，将社会科学的方法融入教学当中，不同的是法学院在这一过程中是循序渐进地完成的，并未与其基本的教学使命产生矛盾。相比之下，商学院的战略实践则并非一帆风顺。

不仅在商学院和法学院，整个芝加哥大学已经将学科融合作为固定的文化价值观念，刚成立的普利茨克分子工程学院也建立在跨学科的基础上，学院的学生将接受各种学科的教育和培训，从物理到化学、电气工程到材料科学等等，因为下一代科学家和工程师必须具备跨越传统界限的知识和技能，将科学的影响与技术和工程的进步紧密联系在一起。

现今的芝加哥大学不仅实现了哈珀曾坚持的"专业学院的课程特性和教育项目应与芝加哥大学的其他知识领域联系起来"的跨学科教学，而且已经实现了"在专业学院教书的教员所从事的研究工作也已模糊了传统的学科界限"这样一种跨学科研究文化。正如列维所说："芝加哥大学的精髓便在于：创始人洛克菲勒和哈珀坚信，自由的人类思想和完整的知识体系具有非凡的力量。芝加哥大学一直致力于基础学科的研究及多学科间知识的融合。"[①]

---

① [美]墨菲，布鲁克纳.芝加哥大学的理念[M].彭阳辉，译.上海：上海人民出版社，2007：50.

第十章
英国高校学科调整与发展

英国高等教育水平为世界所公认。在全球著名的大学排行榜中,英国诸多高校有着不俗的表现。从国别角度看,其整体实力稳居美国高校之后排名第二,其中牛津大学和剑桥大学更是多年位居前10名之内,成为英国高等教育的传奇。2019年泰晤士高等教育世界大学排行榜中,英国共有29所大学进入世界前200名;2019年上海交通大学世界大学学术排行榜中英国有20所高校进入前200名,英国大学及其学科的实力由此可见一斑。研究英国高校学科发展的特色和经验,对于理解世界一流大学和一流学科发展路径具有重要价值。

英国高等教育有着非常独特的治理结构,中央政府的政策及其中介机构的执行和指导对高等教育发展的影响十分关键,改变了大学及学科的生存环境。学科发展最核心的活动是科学研究与人才培养,结合这一特征,本章第一节选取对科研和教学活动具有最直接影响的"研究卓越框架"(Research Excellence Framework,REF)和"教学卓越框架"[Teaching Excellence (and Student Outcomes) Framework,TEF]以及泰晤士高等教育的"卓越排行榜"和"研究强度"排名,探讨它们的评价指标及评价制造的竞争机制给学科带来的影响,分析牛津大学临床医学学科有效增进研究卓越框架中"研究影响"指标表现的策略,爱丁堡大学艺术、人文和社会科学学部参与2020年研究卓越框架的战略,以及多所大学教育学科争取合法性和资源的策略,以彰显英国高等教育政策对学科发展的影响。第二节以著名的创业型大学华威大学为例,对英国高等教育中的跨学科研究现象进行分析,总结了其由研究目标与战略统领、建立多个跨学科中心、推进合作伙伴关系建设、投资高水平研究基础设施构成的跨学科组织架构,介绍了其城市研究所和制造业集团两个跨学科中心的研究活动。第三节以世界一流大学伦敦大学和华威大学为例,探讨了英国大学中的跨学科人才培养现象,独具特色的伦敦大学学院跨学科文理学士学位项目被视为跨学科人才培养的典范,而华威大学的经验是通过制度化力量推动其跨学科人才培养活动。其中,跨学科研究院主办的全球可持续发展领域的文理学士荣誉学位项目,以及高等教学和学习学院主办的人道主义工程理学硕士学位项目具有代表性。第二节和第三节展示了英国高校以解决实践问题为目标打破传统学科界限的跨学科研究战略,主要结合组织和制度方面的创新,在跨学科平台上重新诠释了教学与研究相结合、通过研究促进教学的现代大学理念。运用评估杠杆、使用有效政策工具促进学科之间对资源和声誉等有形资产和无形符号的竞争,从组织到制度再到文化维度的全方位跨学科活动,是英国高校学科发展的重要路径。

第一节 英国大学评估制度及其对学科发展的影响

自 20 世纪 70 年代末以来,英国政府治理方式经历了深刻变革,对高等教育体系的治理也发生了深刻的变化。在这一过程中,伴随着社会运行模式的重新构造,高等教育治理方式的变化极大地改变了大学及其学科所处的社会环境,促使它们生成新的行为模式。这其中非常重要的治理方式和活动就是评估,包括研究评估和教学评估两大评估活动。伴随着高等教育市场化进程的推进以及高等教育全球化浪潮的到来,英国也出现了数家大学排名机构,诸如泰晤士高等教育、卫报(Guardian)、QS 公司,都开展了大学排名工作。观察英国各大学网站可以发现,各大学(学院、学科)普遍在非常显著的位置标明自己在评估框架和排名活动中获得的评级与成绩,这种现象表明评估和排名对英国大学有非常直接和深刻的影响,受到了大学的认可。尽管评估和排名不同,但本质上它们都起到了相似的作用,即都通过排定位次并使之与声誉和资金相关联,从而将竞争机制融入大学和学科发展的环境,迫使或激励各大学采取某种策略进行角逐,以争取更大的发展空间。评估和排名尤其是评估改变了大学的社会形象,它们不再理所当然地接受拨款机构的一揽子拨款,而必须进行有质量的研究(Quality-related Research, QR),通过证明自己的实力去争取更多的资金,并精打细算地提高资金的使用绩效。大学和学科证明自己的途径,正是参与由第三方中介机构组织的针对研究活动开展的研究卓越框架和针对教学活动开展的教学卓越框架评估活动,以及由泰晤士高等教育和卫报等媒体组织的大学排名,因而评估和排名对大学及其学科发展影响深远。

一、绩效评估与数字化治理:两评估一排名

(一)研究卓越框架

英国中央政府在高等教育发展中扮演着重要的角色,尤其在促进高等学校科学研究方面发挥着极为重要的作用,其采取的主要措施包括颁布推进高等学校科学研究的政策、评估和监管高等学校科学研究活动、资助高等学校进行科学研究等。推进科学研究的政策至关重要,引导着高等学校重视科学研究战略规划和实际行动,比如采取提升科学研究水平、提升科学研究社会影响的策略等。除了颁布相关政策,中央政府评估与监管科学研究、资助科学研究活动的相互配合也十分关键,直接影响高等学校并使之形成新的行动,比如普遍参与研究评估活动、积极争取研究经费等。当然,中央政府促进科学研究的职能并不局限于依靠自身去实施,它还依托高等教育中介组织以及科学研究中介组织,诸如高等教育资助委员会、英国研究与创新委员会等。

研究卓越框架于2014年首次实施,取代了之前的"研究评估活动"(Research Assessment Exercise, RAE)。研究卓越框架由英国的四个高等教育资助机构负责:英格兰研究基金会(Research England),苏格兰资助委员会(The Scottish Funding Council, SFC),威尔士高等教育资助委员会(The Higher Education Funding Council for Wales, HEFCW)和北爱尔兰经济部(The Department for the Economy, Northern Ireland, DfE)。从政策制定角度看,研究卓越框架的目的是通过对英国高等学校研究活动的质量进行等级划分,建立研究基金的选择式分配制度,驱动大学和学科在研究质量和经费方面的竞争,从而确保在英国高等教育的整个学术领域中继续建立世界一流、充满活力和反应迅速的研究基地。

研究卓越框架评估结果的打星评级方式,是对评估单位(subject-based units of assessment,简称 UOA,可理解为大学学科)进行评级和分层,从而在学科和学校之间建立比较和竞争机制。这种竞争的主要内容是研究经费分配,比如,2014年研究卓越框架评估的结果会成为 2015 年开始接下来几年中资助机构进行研究经费分配的主要依据;评估结果提供的比较信息及其被匹配的相应(倒金字塔形)研究经费,成为学术声誉市场的重要来源。此外,研究卓越框架评估结果还被视为大学(学科)对公共研究投资负责任的证明,以及分配给其(学科)研究资金收益的证据,这些因素也影响着下一轮的资金分配。

就评估内容而言,研究卓越框架主要评估三个不同的要素:研究成果(例如出版物、展陈作品)的质量,其对学术界之外的影响,以及支持研究的环境,见表 10-1。研究卓越框架对研究成果质量的评价,与此前的研究评估活动相比基本一致;而研究影响是研究卓越框架的新增内容,评估的是研究活动所产生的社会、经济和文化影响,研究卓越框架对大学和其他高等教育机构的公共研究进行经费分配是以其研究活动的社会、经济和文化影响为基础的,这是研究卓越框架的一项重大革新。[1] 不过,对研究活动之影响评估的引入引起了一些争议,许多人特别是在社会科学和人文科学领域的学者认为,这是"对研究人员的自主权和基本学术自由的威胁"[2],因为不同学科之间研究环境及其评估方式之间存在较大差异,不应一概而论。

表 10-1 研究卓越框架评估内容(指标)及占比

评估要素	占比/%
研究质量	65
研究影响	20
研究环境	15

研究卓越框架评估结果显示,每个评估单位(学科)的研究活动都产生了广泛的"杰出"(四星级)和"重大"(三星级)的经济、社会及文化影响。2014 年,研究卓越框架评估内容(指标)中被评为世界领先(四星级)的评估单位的平均

---

[1] Higher Education Funding Council. Decisions on assessing research impact[R]. London, 2011.
[2] Simon Smith, Vicky Ward, Allan House. "Impact" in the proposals for the UK's Research Excellence Framework: Shifting the boundaries of academic autonomy[J]. Research Policy. 2011,40(10):1369-1379.

比例从2008年的14%上升到22%,被认为是国际一流(三星级)的平均比例从37%上升至50%。2014年,研究卓越框架共有154个高等教育机构参与评估,提交1 911个研究活动,其中包括191 150份研究成果和6 975个影响案例研究。研究质量整体情况如下:四分之一机构的参评研究活动中,至少有30%被评为世界领先(四星级);四分之三机构的参评研究活动中,至少有10%被评为世界领先(四星级);四分之一机构的参评研究活动中,至少有79%被评为国际优秀(三星级)或以上;四分之三机构的参评研究活动中,至少有49%获得国际优秀(三星级)或以上。[①] 这些结果彰显了英国高等学校的研究活动整体上处于非常高的水平。(见表10-2)

表10-2 研究卓越框架总体质量评估等级

评估等级	星标定义
四星级(4*)	在原创性、重要性和严谨性方面处于世界领先地位
三星级(3*)	在原创性、重要性和严谨性方面具有国际一流的品质,但没有达到卓越的最高标准
两星级(2*)	在原创性、重要性和严谨性方面享誉国际
一星级(1*)	在原创性、重要性和严谨性方面享誉全国
未分类(U/C)	质量低于国家认可的工作标准,或不符合该评估目的发表的研究定义的作品

数据来源:https://www.ref.ac.uk/.

虽然研究评估表面上是对大学进行评估,但实际上研究评估的对象是大学中的学科,并在研究卓越框架下被命名为评估单位,2014年研究卓越框架共对34个评估单位开展了评估。与2008年研究评估活动的评估单位(学科)相比,2014年研究卓越框架中使用的评估单位划分更为宽泛,有一些相近学科被划分到同一个评估单位中。(见表10-3)

---

① REF team. REF 2014. The results[EB/OL]. (2014-12-30)[2019-12-06]. https://www.ref.ac.uk/2014/pubs/201401/.

表 10-3　研究卓越框架评估单位(学科)

评估组	以学科为基础的评估单位
A	1. 临床医学 2. 公共卫生,卫生服务和初级保健 3. 专职医疗保健,牙科,护理和药学 4. 心理学,精神病学和神经科学 5. 生物科学 6. 农业,食品和兽医科学
B	7. 地球系统与环境科学 8. 化学 9. 物理学 10. 数学科学 11. 计算机科学与信息学 12. 工程
C	13. 建筑,建筑环境与规划 14. 地理与环境研究 15. 考古学 16. 经济学与计量经济学 17. 商业与管理研究 18. 法律 19. 政治与国际研究 20. 社会工作与社会政策 21. 社会学 22. 人类学与发展研究 23. 教育 24. 体育与运动科学,休闲和旅游
D	25. 区域研究 26. 现代语言学 27. 英语语言文学 28. 历史 29. 文化研究 30. 哲学 31. 神学与宗教研究 32. 艺术与设计:历史,实践与理论 33. 音乐,戏剧,舞蹈,表演艺术,电影和电视研究 34. 传播,文化与媒体研究,图书馆与信息管理

数据来源:https://www.ref.ac.uk/.

在研究资金分配方面,英国政府在 2003 年做出将资金分配集中在顶级大学的决定,这加剧了高等教育机构之间的分层。在1996年和2001年的研究评估活动(RAE)中,研究评估系统根据七点等级量表(5*、5、4、3a、3b、2、1)分配研究资金,2014年研究卓越框架(REF)将评分变为四档(4*、3*、2*、1*)。2003年之前,评级3a的高等教育机构获得了研究资助,而在接下来的几年中,只有四星级(RAE 2001)和三星级(RAE 2008和REF 2014)评级获得了研究经费。由于每年经研究卓越框架拨付的资金是固定的,2015年为16亿英镑[1],而且英国大学在研究力量和商业化活动方面存在很大差异,各大学(学科)之间在研究经费方面存在明显的竞争关系。这从研究资金数额分配中可见一斑,如在2008—2009年度拨付英国高校的价值41.45亿英镑的研究资助中,临床医学收入为13.47亿英镑,其中牛津大学收入1.74亿英镑[2],占12.9%。由此可见,英国大学研究资金分配呈现明显的倒金字塔形特征,存在着马太效应,这加剧了大学之间的分层与分化。

(二)大学(学科)排名

在研究卓越框架内,除了资金资源以外,象征性资产如声誉或声望也对高校和学科的发展产生重要的影响。与研究卓越框架并没有直接给出各大学的整体排名做法不同的是,在高等教育市场化浪潮下,大学排行榜通过排定大学和学科位次给大学带来无形资产,创造了学术声誉市场。目前英国主要有三家机构进行大学排名,分别是泰晤士高等教育、卫报和QS公司。

泰晤士高等教育开发的世界大学排名包括综合排名、国别排名、指标排名和学科排名,其中后三种排名建立在综合排名基础上。该排名还提供了国别、指标、学科等方面的排名及其详细分析。泰晤士高等教育在其世界大学排名中共有五个指标大类,即教学,研究(论文发表数量、收入和声誉),引用,国际声望,产业收入;学科排名也是如此,只是不同学科各指标的赋权有所不同,一般根据学科性质对指标赋权进行调整。学科排名将学科分为临床、预防医学,生命科学,物理科学,心理学,商业与经济,教育,法律,社会科学,计算机科学,工程与技术,人文与艺术等11个学科大类。比如临床、预防医学学科大类就包括

---

[1] Elizabeth Gibney. UK scientists celebrate slight rise in research budget[EB/OL]. (2015-11-25)[2018-12-12]. https://www.nature.com/news/uk-scientists-celebrate-slight-rise-in-research-budget-1.18878.

[2] Higher Education Information Database for Institutions(heidi):2004/05-2008/09 finance return: research grants & contracts-breakdown of income by cost centre, item 01 clinical medicine[EB/OL]. https://heidi.hesa.ac.uk/.

了医学和牙科以及其他涉及健康的学科;而人文与艺术学科大类涵盖的学科包括艺术、表演艺术和设计,语言、文学和语言学,历史、哲学和神学,建筑学,考古学。从这一角度讲,学科排名关于学科的划分较为宽泛,它通过对不同指标的赋权调整保持大学和学科排名评价的科学性、严谨性。以临床、预防医学,人文与艺术,教育学科大类为例,如表10-4所示,这三个学科大类在教学、研究、引用的指标赋权上差别较大,赋权的调整就好似对综合排名中位数的偏离,体现了学科差异;而学科排名对国际声望、产业收入两个指标的赋权完全与大学综合排名指标赋权保持一致,体现了学科评价中对学科发展共同特征的重视。

表10-4 泰晤士高等教育世界大学排名及学科排名指标

指标	评价内容	综合排名/%	学科		
			临床、预防医学/%	人文与艺术/%	教育/%
教学	学习环境	30	27.5	37.4	32.7
研究	论文发表数量、收入和声誉	30	27.5	37.6	29.8
引用	研究影响	30	35	15	27.5
国际声望	员工、学生和研究	7.5	7.5	7.5	7.5
产业收入	创新	2.5	2.5	2.5	2.5

数据来源:https://www.timeshighereducation.com/world-university-rankings.

为配合对大学研究的研究卓越评估框架的出台,泰晤士高等教育开发了专题类排名,深度评价研究质量和研究影响。自2001年以来,泰晤士高等教育创建了"研究评估活动排行榜"(RAE League Tables for RAE 2001)和"研究卓越排行榜"(Tables of Excellence for REF 2008 and for REF 2014),为科学评估的中介化做出了贡献。在研究卓越框架(2008)中,通过计算每个评估单位以及大学的平均绩点(GPA),不仅对大学本身,而且对各个评估单位进行排名。在研究卓越框架(2014)中,增加了一个名为"研究力量"(research power)的新指标,根据平均绩点与提交给研究卓越框架的全职员工当量相乘得出,用于评估英国各大学的科研力量。世界领先级别的学科、论文以及教师越多,则科研力量一般也越强,直接决定了科研经费拨款的数量,因而这些指标最为大学看重。研究评估绩点指标显示大学的平均科研质量,世界领先级别的学科、论文以及教师占比越高,则排名越高。同样,卫报大学排名自 2001 年以来就发布了 RAE/REF 排名。①

表 10-5 研究卓越框架 2014:机构综合排名

2014年GPA排名	2008年GPA排名	高等教育/研究机构	评估单位数量	提交的全职人员当量	4*	3*	2*	1*	U/C	平均绩点(0—4)	研究力量	2014年研究力量排名	2018年研究力量排名
1	1	癌症研究院	2	103	50	42	8	0	1	3.40	351	87	85
2	6	伦敦帝国理工学院	14	1 257	46	44	9	1	0	3.36	4 223	8	7
3	=4	伦敦政治经济学院	14	532	50	37	11	1	1	3.35	1 783	28	29
4	=4	牛津大学	31	2 409	48	39	11	1	0	3.34	8 047	2	1
5	2	剑桥大学	32	2 088	47	40	12	1	0	3.33	6 952	3	2
6	=22	卡迪夫大学	27	738	40	47	11	1	0	3.27	2 412	18	15
7	=22	伦敦大学国王学院	27	1 369	40	45	13	2	0	3.23	4 422	6	11
=8	7	伦敦大学学院	36	2 566	43	39	15	2	1	3.22	8 261	1	4
=8	9	沃里克大学	23	931	37	50	12	1	0	3.22	2 997	15	16
10	3	伦敦大学卫生与热带医学院	2	314	42	37	21	1	0	3.20	1 004	46	59

数据来源:Research Excellence Framework 2014: Overall Ranking Of Single-Subject Institutions[R]. https://www.ref.ac.uk/2014/pubs/201401.

泰晤士高等教育开发了研究卓越框架研究强度排名(REF 2014 research intensity ranking),这一排名展示了与全职人员当量比例相对应的研究力量。此

---

① Marcelo Marques, Justin J. W. Powell. Ratings, rankings, research evaluation: how do Schools of Education behave strategically within stratified UK higher education?[J]. Higher Education, 2019, Springer, https://doi.org/10.1007/s10734-019-00440-1.

外还开发了"可持续发展目标 2020 年影响力排名：工业、创新和基础设施（可持续发展目标 9）"①（Times Higher Education Impact Rankings 2020 by SDG：industry, innovation and infrastructure SDG 9），该排名关注的重点是大学在促进创新和满足行业需求方面的作用，详见表 10-6。其主要评价指标是高等教育机构在产业和创新方面的研究，专利和衍生公司的数量，以及从产业中获得的研究收入。数据取自科学技术工程与管理（STEM），医学，以及艺术、人文和社会科学三个主要领域的加权分数。在这一排名中，既有大学各指标上的表现，也有针对可持续发展目标活动的排名和大学的总体排名。这些排名从多种角度呈现或修正了大学的研究表现，使大学研究活动之间的比较变得更为细致、精准和深入。

表 10-6 可持续发展目标 2020 年影响力排名指标

指标	比重/%
工业、创新和基础设施研究	11.6
专利	15.4
大学衍生企业数量	34.6
从产业获取的研究收入	38.4

数据来源：https://www.timeshighereducation.com/impact-rankings-2020-sdg-industry-innovation-and-infrastructure-sdg-9-methodology.

英国政府一贯重视加强对大学科学研究的导向，鼓励和引导大学重视科学研究的社会应用和社会影响，创造经济和社会效益。在 2021 年研究卓越框架中，研究影响这一指标的占比已增加至 25%；用于评价知识转移工作的知识交换框架（Knowledge Exchange Framework for knowledge transfer work）也正在开发中，泰晤士高等教育的这一影响力排名先行一步。尽管泰晤士高等教育排名是全球性排名，但对英国大学产生了影响，这与研究卓越框架新增功能中重视研究的非学术影响是一致的，从这一角度看，英国媒体在紧跟高等教育政策方面是非常重视并有所作为的。

---

① 联合国可持续发展目标（Sustainable Development Goals, SDGs），是联合国制定的 17 个全球发展目标，指导 2015—2030 年全球发展工作，其中可持续发展目标为：建设有风险抵御能力的基础设施，促进包容的可持续发展工业，并推动创新。

(三) 教学卓越框架

上述研究评估活动创造了"指标浪潮",这是新管理主义在高等教育领域中的发展,这种浪潮的另一个重要表现是针对教学的评价——教学评估活动。英国一贯重视并开发了教学质量评估工具,最新的评价工具是教学卓越框架(TEF)。教学卓越框架在总结研究卓越框架经验和成就的基础上,独辟蹊径地提出了教学卓越水平的评价标准、技术路线和推进计划。

英国政府推行教学卓越评估政策的目的可以概括为以下几点:一是激励高校为全体学生提供卓越教学;二是通过树立榜样促进教学质量的提升;三是创建教学文化,使教学拥有与科研同等的地位;四是为学生择校提供关于教学质量的更清晰的信息;五是认可并尊重大学教学及其卓越标准的多样性。[①]

虽然教学卓越框架从一定程度上作为对高等教育机构过度重视研究活动的一种矫正,但作为一种度量标准,与研究卓越框架一样,它是促使高等学校对政府和社会负责的一种技术手段。教学卓越框架在高等学校之间制造的竞争远胜于协作。[②] 这种竞争在资金方面体现为,教学卓越框架虽然不直接分配资金,但它仍然对大学的经费活动产生了影响,因为它主要借助学费标准的上调来实现,如获得相应评级的高等学校可以结合通货膨胀水平将学费标准上调。在学费成为各高等学校重要经济来源,尤其是在当前和未来18—20岁适龄入学人口下降的情况下,各高等学校在教学卓越框架中竞相争取良好的表现。仅依靠教学卓越框架不可能改善教学,但是教学卓越框架的重点是要沿着定义何为教学卓越并进行评估的方向为高等教育建立一个竞争性的市场,因而其意义绝不仅是提高教学质量本身[③],更是建立一种使大学对社会负责的机制。

教学卓越框架的核心指标有3个,分别是教学质量、学习环境和学习成果(见表10-7),并有对应的具体指标。有评论指出,这些指标与教学卓越之间并没有直接的良好的因果相关性,在评估的有效性方面令人怀疑,尤其是它过度地强调了学生体验和学习成果的影响,即就业前景和成果被看作教学质量的衡

[①] 侯定凯.英国大学卓越教学评估:为何评、评什么、如何看[J].高校教育管理,2018(2):88-97.
[②] Rosemary Deem, Jo-Anne Baird. The English Teaching Excellence (and Student Outcomes) Framework: Intelligent accountability in higher education? [J]. Journal of Educational Change, 2019, Springer, https://doi.org/10.1007/s10833-019-09356-0.
[③] 侯定凯.英国大学卓越教学评估:为何评、评什么、如何看[J].高校教育管理,2018(2):88-97.

量指标,也即客户满意度成为一个重要指标。全国学生调查(National Student Survey,NSS)、个性化学习记录(Individual Learning Record,ILR)、大学生毕业去向调查(Destination of Leavers from Higher Education Survey,DLHE)等,是教学卓越框架相关指标的重要数据来源。

表 10-7 教学卓越框架指标体系

质量方面	数 据	数据来源
教学质量	1. 学生对教学评估和反馈的满意度 2. 学位等级通胀	1. 全国学生调查(NSS) 2. 提供者声明
学习环境	1. 学术支持 2. 学生保留率	1. 全国学生调查(NSS) 2. 高等教育统计局(HESA)个性化学习记录(ILR)
学习成果	1. 就业 2. 高技能就业 3. 继续学习 4. 持续就业 5. 高于平均收入	1. 高等教育资助委员会(HEFCE)相关数据显示的离校生去向 2. 大学生毕业去向调查显示的高技能就业与继续学习情况(DLHE)

数据来源:https://www.gov.uk/government/publications/teachingexcellence-and-student-outcomes-framework-specification.

此外,基于学科的教学卓越框架正在稳步推进。虽然教学卓越框架目前是以大学作为评估的基本单位,但它正在试点开展基于学科的评估活动,在2017—2018年度和2018—2019年度进行了基于学科的教学卓越框架评估试点。教学卓越框架所创造的教学卓越评估方式和竞争性市场将对大学学科发展产生更深刻的影响。

二、评估和排名影响下的大学学科发展战略

研究卓越框架和教学卓越框架以及大学排名活动极大地改变了英国高等教育机构的生存环境,也为新的高等教育行为模式提供了动力,创造了新的高等教育运行机制。评价创造了竞争市场,各大学竞争的对象是物质资源(资金)和符号资源(荣誉),就大学学科而言,还要竞争生存权和合法性。研究卓越框架和大学(学科)排名都是基于学科的,而教学卓越框架也正在开发基于学科的评估,这种基于学科的评价及其附带的资金奖励和惩罚措施给大学学科带来了

直接的激励,大学所受的刺激和压力也必然传导至学科层面,因而学科承受着来自大学外部和内部的双重压力。

在竞争性环境中,每个高等教育组织(大学、学院、系科)的行动都必须考虑其他组织。正如关于研究评估活动(RAE)前几轮对高等教育机构影响的研究表明的那样,新引入的以资源分配为目的的评估可能会影响高等教育机构和院系层次的战略决策。[1]

对包括罗素集团成员在内的获得2017—2018年度教学卓越框架金奖的英国54所大学在2018年泰晤士高等教育世界大学排名中的表现及其在2014年研究卓越框架中所获平均绩点的对比研究显示,罗素集团成员研究平均绩点都比较高,世界排名也比较靠前,而其他大学中的大部分学校平均绩点相对较低,世界排名也比较靠后,有的学校压根就没有进入研究卓越框架和世界大学排名。[2] 这表明,大学在研究卓越框架和大学排名中的表现具有一致性和高相关性,而在教学卓越框架中的表现具有相对独立性。英国高等教育发展中存在多种政策工具,而大学是复杂的组织、开展多样的活动,因而尽管高等教育政策和外部环境发生了巨大的变化,教学和科研的双重评估以及评估指标的多样化还是给大学带来了选择发展战略的空间。

(一)牛津大学临床医学有效增进研究卓越框架中"研究影响"指标表现的策略

"研究影响"指标在研究卓越框架中对整体结果产生影响的权重高达20%,这使得英国高等学校敏锐地意识到"研究影响"指标的重要性。而且,在研究卓越框架实施之前,并没有对研究的"影响"指标进行评价,在研究卓越框架实施之后,对"影响"指标的关注重点主要集中在如何体现因果关系,如何增强可操作性,如何跟踪长期影响,如何结合定量和定性指标,以及对不同案例之间可比性等方面的探讨。"研究影响"指标是否科学,如何在该指标下取得良好的成

---

[1] Pavel V. Ovseiko, Alis Oancea, Alastair M. Buchan. Assessing research impact in academic clinical medicine: a study using Research Excellence Framework pilot impact indicators[J]. BMC Health Services Research, 2012,12(1), https://www.biomedcentral.com/1472-6963/12/478.

[2] Rosemary Deem, Jo-Anne Baird. The English Teaching Excellence (and Student Outcomes) Framework: Intelligent accountability in higher education? [J]. Journal of Educational Change, 2019, Springer, https://doi.org/10.1007/s10833-019-09356-0.

绩,采用何种策略影响整体评估,成为英国高等学校科研活动、科研管理和科研规划的重点内容。

临床医学是英国最大的学科群,临床医学在研究卓越框架中的表现及其提升策略非常具有代表性。帕维尔·V.奥夫塞科(Pavel V. Ovseiko)等人通过研究牛津大学临床医学参加2010年研究卓越框架试点实验的经验数据和相关文献,对研究卓越框架的影响指标进行了严格的审查和评估。经验数据是从牛津大学行政资源中提取的,以及来源于医学部对289名临床医学系教师进行的在线调查。该项研究从生物医学视角评估了研究卓越框架对牛津大学临床医学影响的可行性和范围。经过研究,帕维尔·V.奥夫塞科等人分析了牛津大学医学院的现状,描述了其在2010年影响试点性实验活动的设计,解释了牛津大学临床医学对"研究影响"指标的批判性和建设性审查与建议,并对如何提升其在2014年"研究影响"指标评估上的绩效进行了系统的思考。

2010年,牛津大学医学部为进行试点工作进行了准备,并从大学获得了第一轮相关行政数据。此外,它还根据英格兰高等教育资助委员会影响指标的"通用菜单",在构成大学临床医学"评估单位"的教职员工中开展了在线行政调查。2011年它又从大学的相关行政部门和公开来源收集了第二轮数据,包括有关的商业化活动、临床试验和财务指标的最新数据。并对牛津大学在如下多个指标中的比较优势进行了分析:高技能人才供给,包括学术界与行业之间的员工流动,雇用博士后研究人员,通过共同撰写的成果与行业进行合作研究;知识产权收入,衍生公司,授予专利/许可并将其推向市场;从全球业务中吸引的研发投资;公共决策或公共服务的改善,包括立法、法规或政府政策的变更,参加公共政策咨询委员会,对公共政策辩论的影响;改善患者护理或健康状况;改善保健服务的措施;更改临床或保健培训、实践或指南;开发或改良药物;改变公众行为;改善健康结果的措施;丰富公众文化生活,包括改善公众对科学研究的参与等。在此基础上,指出"影响"指标和方法可以成功地用于确定"影响"(在REF方面)发生的许多领域以及它们采取的多种形式,从而为描述影响的案例研究建立证据基础和进行相应的影响陈述。牛津大学医学部为增进"研究影响"的研究表明,大学必须以透明、严格的方式连续不断地跟踪和比较其研究的影响,提升描述性案例研究质量,并将其作为社会责任战略的一部分。①

(二)爱丁堡大学艺术、人文和社会科学学部参与研究卓越框架的研究策略

爱丁堡大学艺术、人文和社会科学学部认识到,2014年研究卓越框架给大学学科生存环境带来了新的挑战,例如,资助机构要求大学建立起对资助要求的快速反应机制;从重视小规模个人研究转向加大对跨学科研究团队的资助力度;注重资助研究基础设施等。这就要求大学(学科)必须加强对研究的管理,确定其优先活动,对如何在获取资助方面高度敏锐并灵活地应对变化。

在这样的背景下,艺术、人文和社会科学学部研究理事会审视了2014年研究卓越框架及其排名情况,并于2016年7月出台了"研究与知识交流策略(2016—2021)",在声明研究愿景的同时,拟订了在下一个研究卓越框架开展评估活动之前的5年间拟采取的策略,为参与2021年的研究评估框架进行战略上的准备。②

爱丁堡大学艺术、人文和社会科学学部在研究方面的愿景是开展被同行认为是世界领先的研究,以促进知识的重大进步并产生影响。基于此愿景,该学部研究理事会设计了从文化、合作、沟通与协调四个途径入手的研究战略。在研究文化方面,坚持研究应遵循道德原则,并讲求诚信;鼓励研究"野心";大力支持研究人员发展,并在他们的整个学术生涯中给予支持;嵌入平等与多样性原则。在坚持合作方面,创建和维护国际合作机制;开展跨学科研究与合作;创建和维护协作空间;促进、支持和经营伙伴关系等。在沟通方面,要求增加与其他学者的联系;提高在决策者、从业者、行业和公众中的知名度;发展媒体形象。在加强协调方面,建设研究基础设施;更好地整合服务;加强研究管理;大力推行资源的数字化建设;开展专业发展和培训;增加赠款和咨询收入等。

具体而言,在人才政策上,学院通过提供高质量的研究生和博士后培训环

---

① Rosemary Deem, Jo-Anne Baird. The English Teaching Excellence (and Student Outcomes) Framework: Intelligent accountability in higher education? [J]. Journal of Educational Change, 2019, Springer, https://doi.org/10.1007/s10833-019-09356-0.

② College of Arts, Humanities and Social Sciences, the University of Edinburgh, Strategy for Research and Knowledge Exchange 2016 to 2021[EB/OL]. (2019-10-08)[2020-02-21]. https://www.ed.ac.uk/research-office/research-strategy.

境,招募和留住国际知名的优秀研究人员,培养新一代研究人员和未来的杰出领导者。在研究策略上,跨越学科界限,运用艺术、人文科学和社会科学的方法,与医学等科学与工程学科开展合作研究和跨学科研究;扩展学术网络,欢迎研究人员来访,积极推进研究的国际化。在研究基础设施建设方面,投资数字资源,建设虚拟空间,提升研究人员的数字化技能,为研究和学术合作提供更好的空间,使其将精力放在核心的研究活动中。在合作方面,充分发挥传统的优势合作关系,通过与产业、第三部门、政策制定者以及公众形成互动来开发研究的经济、社会、文化和环境方面的效益。同时,加强研究管理,建设内部管理机制,对内监管研究成本,加强内部同行评审程序和种子资金资助;对外拓宽资助信息搜寻视野,强化大学研究委员会、大学知识交流与影响委员会、大学研究办公室、知识交流办公室以及各级研究管理者的职能,形成支持研究活动的合力,为研究提供战略指导。

(三)教育学科争取合法性和资源的斗争

教育学科与诸如法学和商学等较著名的学术领域不同,它一直寻求其在高等教育体系内的合法性,特别在研究型大学内的教育学科更是如此。教育学本身具有实践特征,常常通过众多有时甚至是相互矛盾的学科视角来研究教育过程和实践,具有多学科领域的传统,但也存在着学术领域和实践领域之间的紧张关系。因而,教育学的科学合法性,以及作为高等教育系统和大学中一门学科的地位常受到质疑。采取战略以稳固学科地位并争取资源和合法性,是各大学教育学科的普遍选择。

马塞洛·马克斯(Marcelo Marques)等人运用访谈法和词汇分析法,讨论了参加2014年研究卓越框架的75所英国大学教育学科在研究和教学双重评估框架下以及大学排名的外部环境中的战略行为。他们对这些教育学科(学院)的网站使用的关于质量、评估、排名等相关词汇进行分析,以发现教育学院向世界展示自己及其研究成果的方式。分析结果表明,无论该学科如何描述评估和排名中的位置,其在竞争环境中都注重凸显奇异特征,使用诸如"领导者""卓越""质量""声誉""影响""创新"之类的标记,以及"最高""强"或"蓬勃发展"等强度标记。采用这些类似的组织词汇获取符号资源的尝试和战略,反映了教育学科受研究评估体系的影响越来越大。除了同质化战略外,词汇的分析还显示教育学科采取了差异化战略,排名最高和最低的教育学院在教学和研究活动中都策略性地将自己做了区别,而其他学院仅表明了它们在研究中的成就。此外,排名最高的教育学科往往使用更全面的国际或国家排名,而处于中等或更低位置的教育学科则更多地提到与教学活动相关的排名。

在评估和排名影响下,教育学科的战略在包括研究管理、人才聘用方面出现了新的变化。在研究管理方面,出现了教学与研究的分离,设立专门的研究管理部门,建立内部质量控制制度等。在聘用研究人员时,教育学科常倾向于招聘高产的教授,聘用具有某些特征(例如强大的定量研究技能)的人员,形成了教授转职市场、"被迫购买"研究人员的战略。此外,下一轮研究卓越框架中"研究影响"指标权重将提升5个百分点,在为下一轮评估做准备的过程中,教育学科常采取的策略是从很早就开始起草并完善潜在影响案例,以及将研究方向重新定向到增强研究结果可用性方面,以获取更好的评级。[①]

从上述对研究和教学双重评估和排名背景下,临床医学,人文、艺术与社会科学学部,以及教育学科的行动策略分析中,可以发现诸多相似之处,那就是不但大学而且学科也具备了"组织战略参与者"的结构和愿景并采取了战略行动,从而影响研究政策和研究评估活动,或争取物质和象征性资源。

第二节 创业型大学的跨学科研究

华威大学作为一所研究型大学,其研究涵盖艺术、人文、社会科学和科学领域,在以学科为基础的研究评估和排名中取得了不俗成绩,也凭借出色的创新创业活动成为全球瞩目的创业型大学。华威大学将科学研究、教育教学与创新创业紧密结合在一起。它依托传统的学科优势,进行研究方法论创新,全面开展了以解决全球性关键问题和达成人类可持续发展目标为战略统领的跨学科研究活动。华威大学坚持实践取向和职业取向的学科与课程,创业行为扎根于研究强项和学科强项,构建了发达的合作伙伴关系。

---

① Marcelo Marques, Justin J. W. Powell. Ratings, rankings, research evaluation: how do Schools of Education behave strategically within stratified UK higher education?[J]. Higher Education, 2019, Springer, https://doi.org/10.1007/s10734-019-00440-1.

跨学科包括两重含义:一是跨学科或跨学科界限的知识生产,另一含义是使知识产品更多地与非学术参与者产生关联。第二种跨学科活动特别与创业型大学产生了关联。华威大学将跨学科作为发展战略和影响品牌,在研究目标、方法论、组织结构、基础设施几个维度上全面建立了跨学科知识生产的新制度和新模式,并贯穿人才培养、科学研究和服务社会活动,体现了作为全球顶尖的研究型大学和创业型大学在学术创新和学科发展方面的战略特征。

一、跨学科研究的兴起与跨学科概念

(一)跨学科研究的兴起

跨学科活动最初的动力来自学术以外的领域。随着知识生产的增长,自第二次世界大战以来,大学接受的公共资金比例不断增长,公共资金问责制逐步确立。围绕知识有用性问题,知识与社会利益之间的关系发生了变化,从知识到技术再到应用的线性知识生产模式被打破,学科方法和标准不再绝对化,反而带来对过度专业化、缺乏社会相关性的担忧。在研究活动中出现了反学科潮流,成功解决问题的目的往往被放在首位。更根本地讲,跨学科是在复杂的、全球化的、快速创新的社会中维持或实现美好生活的一种手段。也就是说,跨学科性是知识的隐含哲学,是对知识是否可以以及在何种程度上可以帮助我们实现美好生活的长期目标的普遍反映。[①]

在这样的背景下,无论从知识进展本身还是从大学活动角度,跨学科方法都是必然的选择,也是学科发展的关键方法,是学科知识形成和转化的核心。从组织角度看,作为由不同学科构成的研究社区,大学天然就具有多学科特征,这为跨学科研究提供了便利,并能够通过融合人才培养、科学研究和服务社会的跨学科活动,对社会可持续发展做出全面贡献。

英国高等教育和研究资助机构将跨学科研究视为学科研究的补充、学科创新的关键和长期驱动力,鼓励大学开展跨学科研究,建议大学采取行动探索克服学科障碍、加强跨学科研究的方法。比如成立跨学科研究中心,开展跨部门合作;由经验丰富的、成熟的跨学科研究人员指导跨学科项目,并在促进跨学

---

① Robert Frodeman, Julie Thompson Klein, Carl Mitcham. The Oxford Handbook of Interdisciplinarity[M]. Oxford: Oxford Univesity Press, 2010: VIII-IX.

性的战略咨询中发挥作用;以进行教学项目和社会服务方式,将不同学科力量集合在一起;等等。

华威大学的许多学者和管理人员都将跨学科视为未来发展方向。学科知识是解决当今日益全球化的世界所面临的重大问题的必要手段,但不再是足够的手段,因为世界的复杂性决定了学术活动不能局限于单一的角度或焦点。[1]华威大学在新的发展阶段,在继续保持其学科研究优势之外,以跨学科方法作为其进一步推进研究、保持全球领先地位的战略选择。华威大学在跨学科活动中进行了卓越的尝试并取得了巨大的成就。

(二) 跨学科概念

英国科学院(British Academy)2016 年出版了研究报告《交叉学科:跨学科机构,职业,教育和应用》,该报告从"家族相似"的跨学科概念出发,着眼于实践的方式,提出跨学科研究(interdisciplinary research, IDR)的类型包括:① 个别研究人员从其他领域学习方法,并将其应用于自己学科中出现的问题。② 学科之间的探索性合作,以找到共同感兴趣的领域,或在每个学科内找出解决问题的新方法,例如经济学和政治科学,哲学和工程。③ 以挑战或问题为重点的研究需要一系列共同研究的学科的投入,例如,公共卫生或可持续性研究。④ 将不同领域的研究方法融合在一起的新兴学科,例如,生物医学工程学。报告《交叉学科:跨学科机构,职业,教育和应用》的研究中经常提到的数字人文学科,至少正在成为这种新兴学科。⑤ 由于所解决的问题范围或所采用的方法范围广泛,而被视为内在具有跨学科特征的学科,例如地理学科。[2]

华威大学的跨学科研究基本涵盖了上述几种跨学科研究类型,从其成立的大量跨学科研究中心中可见端倪。华威大学的跨学科研究中心有全球可持续发展研究所(IGSD)、文化与媒体政策研究中心、数字查询中心、跨学科方法学中心、心理健康与研究中心、行动警察研究中心、哲学文学与艺术研究中心、医学史中心、文艺复兴研究中心、妇女与性别研究中心、就业与工作研究中心、刑事司法中心、全球历史文化中心、华威分析科学中心、华威抗菌交叉学科中心、

---

① Institute for Advanced Teaching and Learning (IATL). Undergraduate Student Handbook 2019/20[EB/OL]. [2020-06-09]. https://warwick.ac.uk/fac/cross_fac/iatl/.
② The British Academy. Crossing Paths: Interdisciplinary Institutions, Careers, Education And Applications[R]. July 2016, http://www.thebritishacademy.ac.uk/publications/crossing-paths/.

华威癌症研究中心、华威应用健康研究与服务中心、华威综合合成生物学中心、华威环境系统跨学科中心、华威工业生物技术与生物提纯中心、华威城市科学研究所、华威国际发展跨学科中心、加勒比研究中心、系统生物学与传染病流行病学研究中心等。这些研究中心从事的工作,从简单形式的学科之间的探索性合作,以挑战或问题为重点的研究,如全球可持续发展研究所以全球可持续发展目标为主要对象的研究,到更为复杂的形态,如城市科学研究所以大数据收集转化为特色的研究,再到覆盖数个高端制造业领域的沃里克制造业集团综合化的先进科学技术研究,可谓集合了所有的跨学科形态。

二、华威大学的跨学科研究及构架

(一) 设定全球研究优先计划和研究战略重点

从制度上讲,培养世界一流的跨学科研究社区是华威大学最新的研究战略优先领域,该战略将可持续发展列为有待推进的关键研究主题。跨学科研究在华威大学无所不在——全球研究优先计划(Global Research Priorities,GRP)和研究中心网络使研究人员能够团结协作以应对世界上最紧迫的挑战,在定义知识前沿的同时为应对当今和未来的全球挑战提供变革性的解决方案。

为此,华威大学制定了六个研究战略重点,分别是:① 开展卓越的学科和跨学科研究,增强现有优势并发展其他优势;② 进行方法论创新,实现变革性的跨学科研究;③ 产生有影响力的卓越研究成果并扩展成果应用;④ 提升研究的全球影响力和现实意义,注重在世界舞台上进行研究和展示;⑤ 推进伙伴关系,与行业、国家和国际机构以及其他高等教育提供者开展合作;⑥ 将创新作为工作的核心目标和特征。

华威大学全球研究优先计划承载了这些研究目标和研究愿景。这是一个长期计划,是跨大学所有学院的真正的跨学科研究[①]。全球研究优先计划涵盖从文化到可持续城市,从能源到制造业等具有国际意义的关键领域,所设定的全球研究重点是当今世界面临的一些最具挑战性的问题,这种以解决全球性和人类面临的共同关键性问题为目标的研究愿景显示了华威大学的研究宏愿和

---

① University of Warwick. Our Research Strategy[EB/OL]. (2019-10-08)[2020-01-20]. http://warwick.ac.uk/research.

决心。以问题为导向的研究模式本质上是多学科活动,华威大学为研究社区提供了开展多学科研究的平台,使研究人员可以在具有全球重要性的问题上跨部门和院系开展合作。全球研究优先计划与各研究中心产生了紧密的关系,形成了跨学科的研究格局,重构了学科部门之间的关系。此外,华威大学还成立了全球可持续发展研究所,落实对联合国可持续发展目标的研究,这是华威大学全球研究优先计划的重要组成部分,而高等研究院(Institute of Advanced Study)则为华威大学研究社区新思想的创生提供了诸多资助。

(二)成立诸多跨学科研究中心

华威大学一共成立了56个研究中心,其中艺术研究中心4个,科学、工程和医学研究中心14个,社会科学研究中心12个,跨学科研究中心26个,跨学科研究中心数量占研究中心总数的46.4%。由跨学科研究中心数量几乎占半壁江山可见,华威大学非常重视跨学科研究。

在诸多跨学科研究中心中,有一个非常独特的研究中心,这就是跨学科方法论中心(Centre for Interdisciplinary Methodologies, CIM),它是连接华威大学所有跨学科研究实体的关键性节点。跨学科方法论中心于2012年成立,目的是通过对方法论的持续反思、批判和创新来促进知识生产。跨学科方法论中心在方法论方面的创新有两个维度,一个是知识,另一个是制度,在知识维度是进行方法论和认识论本身的创新,在制度上它创建了一个独特的跨学科空间,以方法论创新为突破口提升跨学科研究方法的社会和文化效应。

华威大学跨学科方法论中心的一项重要工作是推进跨学科研究评价的科学化和合理化。华威大学认为,与学科研究相比,在论文发表和项目评审的同行评价中,在研究卓越框架等评估活动中,以及在更广泛的研究文化中,跨学科研究都没有像学科研究那样得到积极合理的评价。基于引文数据和期刊影响因子为基础的绩效指标评估方式和评估文化以及以此为依据的政策决策,常常对跨学科研究产生负面影响。

目前,跨学科方法论中心正在开展一项实验性试点项目,即与其合作伙伴莱顿大学科学与技术研究中心联合开发一套衡量跨学科研究的指标。其目的是在科学计量化与可视化,以及在可评价的科学探究与有趣的研究方法之间建立关联,以便为跨学科及其电子评估设计可替代的、更相关的方法。该项设计敏锐地观察到指标评估为研究群体提供了潜在的强大参与手段,可通过相关研究群体和专家的讨论对问题进行重新定义,对指标进行设计和重新解释而赋予指标在方法创新方面的关键意义。跨学科方法论中心选择人工智能(AI)领域作为突破口,衡量人工智能研究与创新中的跨学科性,以支持华威大学的跨学科研究活动。①

跨学科方法论中心不仅有集中于方法论方面的跨学科研究,还有人才培养项目。借助其跨学科空间和方法论优势,跨学科方法论中心开发了一套先进的研究生学位项目,这些项目包括数字媒体和文化硕士,大数据和数字期货硕士,城市信息学和分析硕士,以及跨学科研究博士学位课程。②

(三)推进研究应用和伙伴关系建设

华威大学以创新的行业合作方式而著称于世,合作伙伴关系有助于促进其在所有学科领域开展世界领先的教学和研究。华威大学的一系列创新活动包括大学与产业界研究和技术人员的相互借调,争取与政府产业战略相关的研究资助,与公共和私营部门开展合作研究,以及开办创意产业并设立创意产业参与日等。不仅如此,华威大学还成立了专业的商业化团队——华威风险投资公司(Warwick Ventures),积极推进艺术、社会科学、科学、工程和医学各个学术部门的创新和商业化,支持其业务发展和产品服务交付,以推进学术创新并增进研究的社会影响力。自2000年4月以来,华威风险投资公司推进了1 500项创新,与外部企业达成156个许可协议,申请了750项专利,创建了100家衍生公司,并为这些公司筹集了1.2亿英镑的风险投资。③

华威大学在世界范围内开展研究活动,其合作伙伴也遍布全球。为了应对英国脱欧和欧洲资金的变化,华威大学关注欧洲研究委员会(ERC)的资助,还与Eutopia等组织建立了合作伙伴关系,以持续在欧洲区域内的合作。在英国国内,华威癌症研究中心与伯明翰大学医院、考文垂和沃里克郡大学医院就癌

---

① Centre for Interdisciplinary Methodologies. Inventing Indicators of Interdisciplinarity[EB/OL].(2018-05-18)[2019-06-09]. https://warwick.ac.uk/fac/cross_fac/cim/research/inventing-indicators-of-interdisciplinarity.
② Centre for Interdisciplinary Methodologies. Apply to study[EB/OL].(2020-04-30)[2020-05-01]. https://warwick.ac.uk/fac/cross_fac/cim/.
③ Warwick Ventures. Facts and Figures[EB/OL].(2020-04-08)[2020-04-10]. https://warwick.ac.uk/services/ventures/.

症临床试验相关工作开展合作,从而服务于考文垂和沃里克郡以及所有英国民众。其国内合作伙伴还包括中部地区创新(Midlands Innovation)、能源研究加速器(The Energy Research Accelerator)和中部地区健康创新协会(Midlands Health Innovation)。华威大学的合作对象非常广泛,有全球著名企业,如制造业集团与合作伙伴捷豹路虎汽车公司(Jaguar Land Rover)和塔塔汽车公司(Tata Motors)共同投资的国家汽车创新中心,开展领先的汽车研究和相关培训,以开发未来的汽车和提出移动问题的解决方案,推动汽车行业的发展;也有著名大学、学科或著名研究所,如阿兰图灵研究所,作为企业研究中心主要合作研究伙伴的阿斯顿大学商学院;还有政府部门如考文垂郡政府等。

（四）投资高水平研究基础设施

研究基础设施是科学研究的重要保障,开发高质量的设备、建立支持学术研究的文化对科学研究至关重要。华威大学采取三种方式确保研究人员发挥最大的潜力和积极性。首先,投资开发并集中维护最先进的无障碍研究基础设施;其次,为研究人员提供强大的分析科学技能培训;再次,培养技术承诺文化,为研究人员提供世界领先的研究和创新支持。

华威大学的研究基础设施主要有研究技术平台(Research Technology Platform,RTP),该研究技术平台是世界一流技术的集成网络,拥有最高端、最先进的设备,为学术人员提供最新的前沿技术和最新的数字技术。研究技术平台有8个子平台,包括先进的生物成像、生物医学服务、电子显微镜、聚合物表征、科学计算、光谱、WPH蛋白质组学、X射线衍射,包含最新的工具和设备,从而服务于多学科的研究群体。

研究技术平台的高端性还体现在其治理模式的先进性上,每个子平台都由一位该领域的专家担任学术主管,为平台使用提供宝贵的建议和指导;每个子平台都有专门的经理和技术团队,提供训练有素的技术支持和仪器维护与服务。子平台的使用要经过正式协议安排,具有标准化的操作程序,向所有学术界和工业界研究人员开放。这种标准化的平台建设方式,与华威大学具有高集成度的总体治理结构是协调一致的,也有助于监控校内的关键研究技术。此外,这种具有战略性和可持续性的重要基础设施投资符合政府和资助机构以及各种财团就长期资本进行互动的愿望。

研究基础设施的另一个关键组成是图书馆,拥有包括现代记录中心在内的丰富研究资源,该现代记录中心与英国主要的工会和雇主共同组织国家档案库;图书馆建成了开放访问研究资料库 WRAP,免费开放数据资源。华威大学还托管 TechNet 网站,作为信息存储与处理的校级资源中心,为研究活动提供信息和数据的空间与支持。此外,投资和建设研究基础设施的关键组成部分是技术支持和技术人员发展,为此华威大学技术人员对研究社区做出最高标准服务的庄重承诺,而技术人员也得到大学技术培训、专业注册、晋升教授级称号的机会。[①]

三、华威城市研究所与华威制造业集团的跨学科研究

(一) 城市研究所的跨学科研究

横山英子(Eiko Yokoyama)曾指出,创业型大学的重要特征之一是拥有实践取向的学科和课程。华威城市研究所的跨学科研究活动正体现了这一点。城市研究是一个以城市问题、城市发展和城市需要为导向的研究领域,具有典型的实践特征。华威城市研究所的主要工作方法是通过大规模收集城市数据并进行科学分析,借助大数据新兴发展带来的便利和优势,提出应对城市挑战的跨学科解决方案。此外,城市研究所的研究优势项目还包括传感器和无线网络、社交和媒体网络、健康科学与技术、视频和图像处理、智能基础设施、数据管理和隐私,以及能源解决方案,这些都是城市的新兴研究领域,具有高度复杂性和实践特征。

目前世界上有一千多个人口超过 500 000 人的城市,据英国商业创新与技能部估计,涉及城市事务的全球市场每年为 2 000 亿英镑,因而城市研究所非常重视与产业界的合作。华威城市研究所参与了纽约城市科学与进步中心(Center for Urban Science and Progress, CUSP)的全球合作研究,该中心由纽约大学领导,其成员均为全球一流机构,包括华威大学、卡内基梅隆大学、纽约城市大学、印度孟买理工学院和多伦多大学,行业合作伙伴包括国际商业机器公司(IBM)、思科(Cisco)、西门子(Siemens)、联合爱迪生电力公司(Con Edison)、

---

① University of Warwick. Research Infrastructure[EB/OL].(2020-04-13)[2020-04-20]. https://warwick.ac.uk/research/research-infrastructure/.

国家电网(National Grid)、施乐(Xerox)、奥雅纳(Arup)和艾奕康(AECOM)等全球著名公司。纽约城市科学与进步中心是纽约应用科学计划的重要组成部分,它开发的新技术预计将在未来30年内产生55亿美元的经济活动,并创造7 700个工作岗位。[1]

合作伙伴关系在华威城市研究所的学生培养项目中发挥着重要作用。英国工程与物理科学研究委员会(EPSRC)博士培训中心(CDT)为华威大学拨款375万英镑,为培养下一代城市科学家提供硕士和博士学位级别的教育。这使得城市研究所在提供教育项目、满足学生群体多样化需求的同时,还结合了培训未来城市科学家、使城市科学成长为学术研究领域和科学探究重点领域的工作。城市研究所现在拥有通信与信息工程、数据分析以及城市信息学与分析三个硕士课程。硕士生、博士生与纽约城市科学及进步中心,与IBM、微软、美国电话电报公司(AT&T)、阿托斯(ATOS)、英国地质调查局、英国运输研究实验室和捷豹路虎等来自英国和美国的产业合作者,以及与伯明翰、伦敦、纽约、孟买、多伦多和新加坡等城市合作者进行互动,学习改变城市环境的知识并开展改善城市居民生活的研究。

华威城市研究所开展的一项研究为降低城市噪声。噪声影响人们身心健康,很多城市出台减噪政策、采取措施降低噪声污染。在降低噪声污染的研究中,人们在研究方向上趋向于将噪声数据与投诉、犯罪、医疗方面的数据进行关联,使其发挥城市现象关联点的作用;在研究技术上,新的趋势是利用电信设备和计算机建模等来更有效地测量城市噪声。城市研究所与华威大学工程与计算机科学系合作开发了一项创新技术——微传感器技术和分布式无线传感器网络设计,使用基于第三代有机光伏(OPV)的自主无线传感器实时监测街道噪声,这项研究同时也是与纽约城市科学及进步中心生活实验室的合作研究项目之一,在降低和控制城市噪声方面取得了较好的成效。

城市研究所的另一项跨学科研究是对"2011年夏季骚乱"的成因和后果的研究。"2011年夏季骚乱"发生在伦敦的多个行政区以及英格兰各地的城镇中。该研究的目的是进行基于证据的社会研究,试图解释暴乱如何扩散,理解

---

[1] Warwick Institute for the Science of Cities. About[EB/OL]. (2018-11-18)[2019-06-30]. https://www.wisc.warwick.ac.uk/about/.

并阐明在历史性危机时刻社交媒体的重要性。这是一项以大数据分析为特色的委托研究,对多个城市的数百人进行了秘密采访。除此之外,罗伯·普罗克特(Rob Procter)教授和他的团队还分析了260余万与防暴相关的推文。目前他们还在与警察、情报服务机构和产业界开展合作,研究在知晓有人正在策划暴力、混乱和犯罪行为时,阻止人们的网站和通信服务是否合适。类似的跨学科研究方法本身对于理解和控制社会事态的发展具有重要价值。

(二)华威制造业集团的跨学科研究

华威制造业集团成立于20世纪80年代,其初衷是为了重振英国制造业,帮助企业克服创新障碍;其实现方式是进行开创性研究,将新的研究成果和新技术应用于技术和工程领域,并开发相应的人才培养项目,从而对经济增长产生真正的影响。目前,它已成为大学与企业成功合作的国际典范。

制造业集团研究团队由世界一流的学者和杰出的工程师领导,在开展基础科学研究的同时突破技术界限,将基础科学的知识转移到汽车、航空航天、铁路和国防等行业,帮助解决产业当中的运营和技术难题。它的研究主要集中在智能汽车、数字技术、产业组织和社会转型、材料与制造、能源五大领域,每个领域又有数个研究方向。以能源领域为例,包括电池系统工程,表征、建模和控制,电化学材料,电池放大,细胞工程,电力电子,机械和驱动器,以及车辆推进系统等研究子领域。这些研究领域很多都具有跨学科性质,比较典型的是产业组织和社会转型研究领域的应用工程心理学子领域,该子领域与制造业集团其他研究小组和外部合作伙伴开展了紧密合作,对员工福利、产品创新、精神健康进行深入研究,以优化工作场所和提升产品个性化。其开设的应用工程心理学项目还提供全日制和学徒制两种数字医疗科学学位,依托其研究特长和优势,支持开展临床实践和研究。

华威制造业集团自成立以来,持续拓展研究方向,开设多个研究中心,如1990年成立先进技术中心;1995年成立国际制造中心;2002年成立国家B2B中心、EPSRC创新制造研究中心;2008年与NHS和沃里克医学院合作成立数字医疗研究所;2012年设立国际产品和服务创新研究所;2014年设立能源创新中心,成立国际纳米复合材料制造研究所;2017年成立先进材料和制造中心;2018年成立材料工程中心。制造业集团还持续开发了教育项目,包括1981年的制造系统工程硕士,1990年的第一批海外课程,1992年的工程博士学位课程(EngD),2011年成立制造业EPSRC博士中心,2013年启动应用工程兼职学徒学位课程,2014年建成新的EPSRC可持续材料和制造博士学位培训中心,以及设立WMG年轻工程师学院,2018年开始新学位学徒培养等。此外,它还持续推进合作伙伴关系,其合作伙伴包括诸多世界著名企业和财团,以及印度工业联合会、西米德兰兹联合管理局等产业组织和政府机构。[1]

第三节 英国大学的跨学科人才培养

围绕现实议题和学术创新,大学的跨学科活动常常始于研究并围绕研究进行,跨学科研究成为英国大学当下的重要活动和未来趋势。与此同时,教学活动作为大学的核心功能之一也呈现了跨学科特征。虽然只有极少数的大学毕业生成为学者,但教学活动中的创新仍然是非常重要的,由于现代职业所需的社会技能是非常复杂的,这决定了依托教学活动培养创新型人才应当成为大学跨学科活动的重要目标之一。同时,蓬勃发展的跨学科教学和研究活动对大学的学术创新和社会职能的实施至为关键。在这样的背景下,教学与研究相结合,通过研究促进教学的洪堡大学理念获得了重新阐释。

在许多英国大学尤其是一流大学中,普遍开设了跨学科项目,这些依托跨学科研究、兼具教学和科研双重任务的学习项目,是当代英国大学在知识和社会深度变革的环境中,突破传统学科固有框架,更好地融入和服务社会,解决全球重大议题和全人类面对的共同挑战的重要途径,也是英国大学进行学术创新、保持世界一流的重要驱动力。

实际上,半个多世纪以来,英国在跨学科人才培养方面曾多次进行过尝试。20世纪六七十年代,在英国苏塞克斯大学、东英吉利大学和基尔大学开设的大学学位课程采取了大胆而富有创意的举措,跨越了学术界限。牛津大学(哲学、政治学、经济学、人文科学、心理学、哲学和生理学)和剑桥大学(自然科学、人文科学、社会和政治科学)的跨学科教育和跨学科学位课程非常成功。莱尔

---

[1] International Manufacturing Centre. Our Timeline[EB/OL]. (2019-03-26)[2019-04-05]. https://warwick.ac.uk/fac/sci/wmg/about/wmg_history/.

(Lyall)等人研究发现,将近一半的受访者估计他们所在的机构拥有"五个以上的跨学科本科课程"①。可见,在英国大学中跨学科人才培养创新有着良好的基础,本节拟以世界一流大学伦敦大学学院和华威大学为例,探讨英国大学中的跨学科人才培养活动。

一、伦敦大学学院的跨学科教学

伦敦大学学院蜚声世界,其艺术与人文学院的教学和研究工作非常卓越,享有世界一流的声誉,在2020年泰晤士高等教育世界大学排行榜中排名第六。艺术与人文学院的学科跨度很大,跨学科教学和研究是其特色。除了英语、哲学、希腊语和拉丁语的传统艺术和人文学科系,以及欧洲语言、文化和社会学院(SELCS)之外,还拥有斯莱德美术学院,希伯来语和犹太人研究,信息研究学院等机构,开设有欧洲和国际社会政治研究专业的本科课程,文理学士学位(BASc)以及许多跨学科的文学硕士课程等。其中,文理学士学位曾被作为英国人文和社会科学国家机构的英国科学院称之为典型的跨学科课程,并面向全英予以经验介绍。

文理学士学位是伦敦大学学院的通识教育课程,于2012年启动,第一批87名学生已于2015年毕业,他们中的大多数人进入了研究生学习阶段,其余的人则获得了良好的就业岗位。从2016年9月开始,BASc的学生数一直稳定保持在450名左右。②文理学士学位获得了巨大成功,它成为英国新一轮的文理科学学位改革浪潮的引领者。

伦敦大学学院的文理学士学位分为两种,一种是三年制,另一种是四年制。三年制和四年制学位的区别是四年制学位增加了一年的海外学习计划,四年制学生的第三年学习将在欧洲、美国、加拿大、澳大利亚或东亚地区的某一所大学完成,以拓展视野和获得宝贵的域外学习体验。该文理学士学位最吸引人的地方在于学生可以根据自己的学术兴趣,依托艺术与人文学院的课程模块设计基础定制自己的学习计划。这一学位的突出特点是将科学与人文和社会科学课程结合起来,形成了既包含艺术科目,也包含科学科目的跨学科、综合性课程模

---

①② The British Academy. Crossing Paths: Interdisciplinary Institutions, Careers, Education And Applications[R]. July 2016, http://www.britishacademy.ac.uk.

式,并加强外语教学、定性和定量技能培养,注重满足学生的学科兴趣和应对复杂的职业挑战所需的技能,以及参与蓬勃发展的全球社会所需的丰富知识等要求。

伦敦大学学院的文理学士学位由模块(Pathways)和核心课程(Core courses)组成。这种设计的主要目的是在不同学科领域之间建立联系,并为学生提供在文理科目之间进行跨学科学习所必需的工具,既拓展了教学的广度,也有助于开展深度的跨学科学习。学位模块分为四个,它们是文化、健康与环境、科学与工程、社会,学生需在这四个模块中选择两个作为主修专业,其余两个则作为辅修专业,比如,如果选择文化、社会作为主修,则需要辅修健康与环境、科学与工程专业,反之亦然。该模块中的文化部分、健康与环境部分、科学与工程部分以及社会部分包含的亚模块,如表10-8所示。

表10-8 伦敦大学学院文理学士学位(BASc)模块及其亚模块

模块	文化	健康与环境	科学与工程	社会
亚模块	艺术史、文化学习、人类学、设计与可视化、电影、历史、语言能力、文献、哲学	人类学、生物化学、生物医学、环境科学、地理、生命科学、药理、心理学、科学技术研究	化学、计算机科学、地球科学、经济学、工程、数学、物理、科学技术研究、统计	考古学、经济学、地理、历史、国际关系

数据来源:https://www.ucl.ac.uk/basc/current/pathways.
注:亚模块比课程涵盖面宽,可理解为课程大类或方向。

以文化模块为例,要求学生从主修专业中选择三个亚模块,从辅修专业中选择一个亚模块。第一学年的学习模块是以菜单形式出现的,学生可以进行选择。如艺术与人文学院下属的欧洲语言、文化和社会学院,在人文模块中开设了包括物质文化与视觉文化概论A、社会人类学概论Ⅰ、社会人类学概论Ⅱ、纪录片制作、制作和沟通、设计与创作实践Ⅰ、建筑研究Ⅰ、创意写作(视频)、语言研究导论、古代世界的情感、英国文学概论、欧洲艺术史Ⅰ——古典至早期文艺复兴、欧洲艺术史Ⅱ——当今的文艺复兴、欧洲近代史上的宗教和国家与社会、科学哲学Ⅰ、现代科学史、古代哲学、早期现代哲学、绘图方法等课程,其内容跨度非常大,涉及多种学科和综合问题。第二学年和最后学年,学生可以从伦敦大学学院全校范围内选择任何模块进行学习。①

第二部分是核心课程。核心课程以新的方式将伦敦大学学院的传统学科联系起来,旨在增进对不同知识分支之间相互联系的理解,使学生能够掌握跨多个学科有效工作所需的技能和概念,或者探索艺术与科学之间在概念和方法上的差异。核心课程模块主要针对所学"模块"中的主修专业进行专门设计,例如"定量方法和数学思维"主要为社会、健康与环境以及科学与工程等多个模块提供支持。其方法上可以分为两类:一种是可供跨所有学科领域使用的专门技术,典型的是"定量方法和语言";另一种是跨越学科和思想领域边界的跨学科/多学科研究的模块,典型的是"知识方法""定性思维"和"基于对象的学习"。②

表 10 - 9　文理学士学位(BASc)核心课程模块

学年	核心课程模块
第一学年	知识方法:跨学科介绍 跨学科研究方法 定量方法与数学思维 语言
第二学年	利用馆藏进行知识学习与交流 定量方法 2:数据科学和可视化 定性思维:文化分析研究方法 语言
第二学年末之夏	实习
第三学年(四年制学生)	海外学习 BASc 海外学习评估 BASc 海外研究项目
最后学年	知识经济:咨询项目 论文 语言

数据来源:https://www.ucl.ac.uk/basc/current/core.

以定量方法与数学思维为例,该课程面向希望增加定量技能的跨学科学

---

① University College London. Cultures[EB/OL]. (2018 - 10 - 11)[2019 - 02 - 16]. https://www.ucl.ac.uk/basc/current/pathways/cultures/cultures-year-1.
② University College London. Degree Core[EB/OL]. (2018 - 07 - 03)[2018 - 10 - 23]. https://www.ucl.ac.uk/basc/current/core.

生,是所有文理学士学位的必修模块。该课程向学生介绍各种用于探索和分析数据的定量工具,探索和交流定量思想,学习计算机编程的基本概念并学习将此类方法应用于跨学科工作。它涵盖以下主题:处理量化问题、交流定量论证、数据分析简介、统计工具包(例如线性回归、聚类分析、假设检验)、计算机编程入门、博弈论导论、日常生活中的统计数据解读等。该课程由20个一小时的讲座和10个一小时的研讨会组成,其中研讨会分为互动活动、计算机编码研讨会和口头演讲;此外,学生将在研讨会负责人的指导下准备个人研究项目。①

在学习时间分布上,学习时间的50%用于专业模块中主修和辅修课程的学习,剩余的50%用于核心课程的学习。在学分要求方面,三年制的文理学士学位要求学生要修满360分,四年制的学生要修满480分。在学位结构上,学生应在主修专业中选择3个亚模块,在辅修专业中选择1个亚模块。

表10-10 文理学士学位(BASc)学分结构

	核心课程					主辅修模块				
	15学分	15学分	15学分	15学分	15学分	15学分	15学分	15学分		15学分
第一学年	知识方法	跨学科研究方法	定量方法与数学思维	语言		主修	主修	主修		辅修
第二学年	利用馆藏进行知识学习与交流	定量方法:数据科学和可视化	定性思维:文化分析研究方法	语言	跨学科选修课	主修	主修	主修	辅修	辅修
	学生必须选择上述1~2个核心课程模块				学生必须选择1~2门选修课					
	需达到45~60个学分					可选4主修+1辅修,3主修+2辅修,2主修+2辅修,总学分应达60分				

---

① University College London. Degree Core[EB/OL]. (2018-07-03)[2018-10-24]. https://www.ucl.ac.uk/basc/current/core.

	核心课程			主辅修模块				
海外学习	四年制学生							
最后学年	知识经济	学位论文	语言		主修	主修	主修	辅修	辅修

数据来源：https://www.ucl.ac.uk/basc/prospective/structure.

来自英国全国学生调查（NSS）的数据显示，有88%的学生对该培养项目的质量感到满意。学生普遍认为该学位课程把来自不同主题的信息和思想融合在一起，有趣而富有挑战，提供了深入探索思想或观念并将所学知识进行应用的机会[1]。学生在第二年实习完成后反馈，文理学士学位课程涵盖各个学科并教授多种定量和定性技能，非常适应工作需要，被称为工作世界中最有价值的大学课程。[2] 这一主观评价也得到了该学位课程毕业生就业和升学良好状况的印证。文理学士学位毕业生在众多领域都取得了巨大的成功。许多人进入公司领域，如大型银行、国际性管理咨询公司和精算公司；有些学生从事新闻业（例如《时尚》杂志、BBC）、慈善事业或创办自己的企业；还有学生从事公共部门的工作，例如英国的财政部以及新加坡政府的卫生事务工作等。伦敦大学学院也认为，在英国及全球愈加灵活的劳动力市场中，文理学士学位课程的毕业生具有广泛技能和能力，充分表现出活力、兴趣和创造力。此外，还有一些学生继续研究生阶段的深造，攻读硕士和博士学位，比如苏格兰爱丁堡大学计算认知神经科学、美国康奈尔大学社会学、牛津大学气候变化适应力、德国马克斯·普朗克研究所进化人类学、美国加州大学洛杉矶分校的中世纪拉丁语等专业，伦敦大学学院宇宙与天体物理学、生态大脑、人工智能和能源消耗等专业。[3] 研究生阶段深造专业分布的多样化，也从侧面证实了致力于培养跨学科和综合能力的文理学士学位课程毕业生具有广泛的兴趣和能力。

---

[1] Discover Uni. BASc (Hons) Arts and Sciences [EB/OL]. (2017 – 11 – 20) [2018 – 05 – 30]. https://discoveruni.gov.uk/course-details/10007784/UBBASCSING18/FullTime/.

[2] University College London. Arts and Sciences (BASC) [EB/OL]. (2019 – 08 – 23) [2019 – 10 – 12]. https://www.ucl.ac.uk/basc/careers-and-further-study.

[3] University College London. Arts and Sciences (BASC) [EB/OL]. (2019 – 08 – 23) [2019 – 10 – 12]. https://www.ucl.ac.uk/basc/careers-and-further-study.

二、华威大学的跨学科教学

华威大学是世界一流的研究型大学,并且作为创业型大学的典型榜样而为全世界所熟知。作为研究型和创新型大学的华威大学在追求卓越的道路上不断进取,其创新创业活动所依托的科学研究活动不断创新,形成了非常有特色的跨学科科学研究,并成为华威大学学术活动的核心模式。作为核心发展战略之一的跨学科研究,也惠及了华威大学本科生和研究生的教学与培养,二者进行了有机的结合,使华威大学的教学活动也呈现出鲜明的跨学科特征。其中最典型的是由跨学科研究院(School for Cross-faculty Studies)提供的多种 BASc 本科学位课程,以及由高等教学和学习学院提供的人道主义工程硕士学位课程(Humanitarian Engineering MSc)。可以说,华威大学独具特色的跨学科人才培养活动是建立在其跨学科研究活动基础之上的,这一创新诠释了使教学与研究相结合、通过研究促进教学的经典大学理念。

华威大学研究活动的目标是要解决全球可持续发展问题,为实现联合国可持续发展目标做出贡献。这一目标背后的愿景是,站在知识创造的最前沿,进行世界领先的研究,从而促使世界向更可持续、更繁荣、更健康、更公正转型。在此目标和愿景的引导下,华威大学进行了世界领先的跨学科研究和能力开发,开展了跨越人文科学、自然科学和社会科学学科界限的研究项目,并通过与全球研究人员和非科学利益相关者建立公平的伙伴关系,发展跨学科的、协作的学习和研究能力,为应对全球挑战并实现人与环境相互作用的变革做出了贡献。正因为如此,华威大学的跨学科研究活动并不是个别研究人员自发的活动,而是一种制度化的模式,受到了一种整体性的力量推动,形成了从组织、资金、技术支持到方法论层面的一系列安排。跨学科人才培养和教学活动也是这一系列安排之中的重点之一,全球可持续发展研究院、高等教学与学习学院等组织是华威大学依托跨学科研究促进跨学科人才培养的重要组织和活动载体。

(一)全球可持续发展领域的荣誉学位 BASc GSD

华威大学开设的全球可持续发展领域的荣誉学位 BASc GSD 是英国第一个该类学位,该学位课程瞄准当今时代重大问题,如粮食、水和能源安全,生物多样性丧失,性别平等,气候变化,可持续经济增长和国际治理等,开展独特的跨学科教育,并为学生提供必要的支持和工具,使其具备多学科多角度探索和理解问题的能力。

跨学科研究院承担主要培养和管理工作,作为中心和主力联合校内其他提供跨学科课程的学院和研究中心,开发和提供独具特色的可持续发展文理学士学位。跨学科研究院既提供单一的 BASc GSD 跨学科课程,同时也与其他学院合作开发联合的 BASc GSD 跨学科课程。这些学位课程要求学生学会运用一系列从自然科学、社会科学和人文科学中汲取的理论方法,对当今世界各种发展问题和现象进行批判性理解和认识,并研究在政治上合理、经济上公平的前提下将可持续发展活动与发展政策结合在一起的可能性。表 10-11 展示了可持续发展单一文理学士学位(BASc GSD)的课程结构。

表 10-11 华威大学可持续发展单一文理学士学位(BASc GSD)课程结构

学年	核心课程	可选课程	证书
第一学年	全球可持续发展的经济原理(15学分,第1学期) 全球可持续发展的环境原则(15学分,第2学期) 全球可持续发展的社会原则(15学分,第1学期) 全球可持续发展项目(15学分,第1学期)	生物多样性和生态(15学分,第2学期) 与水共存(15学分,第2学期)	数字素养证书(第1学期) 可持续发展证书 工作实习专业沟通证书
第二学年	健康与可持续发展(15/30学分,第1/2学期) 全球粮食系统中的安全、主权和可持续性(15/30学分,第1/2学期) 不平等与可持续发展:所有人的包容与尊严(GD303)(15/30学分,第1/2学期) "海外学习部分"模块(60学分,第1/2学期)	(仅针对荣誉学位) 可持续的城市(30学分,第1和第2学期) 气候变化带来的挑战(15学分,第1学期) 债务、金钱和全球可持续发展(15学分,第1学期) 语言多样化和可持续发展 实现可持续发展 生存启示录 管理自然资源 达成可持续:可能和限制 劳动世界:劳动力和生活的全球观点 能源	执业证书(第2学期) 工作实习专业沟通证书

续表

学　年	核心课程	可选课程	证　书
	学位论文(30学分)	—	—

数据来源:https://warwick.ac.uk/fac/arts/schoolforcross-facultystudies/.

可持续发展联合学位项目(GSD Joint Honours Programmes)包括BASc经济研究与全球可持续发展,BASc教育研究与全球可持续发展,BASc全球可持续发展与商业研究,BASc历史与全球可持续发展,BASc生命科学与全球可持续发展,BASc哲学与全球可持续发展,BASc政治、国际研究与全球可持续发展,BASc心理学与全球可持续发展,BASc社会学与全球可持续发展,以及BASc剧院和表演研究与全球可持续发展,如表10-12所示。

表10-12　华威大学可持续发展文理学士联合学位(BASc GSD)项目

学位项目	核心议题或主要学习内容	方法
BASc经济研究与全球可持续发展	环境成本以及发展的影响,经济增长的性质,收益分布不均	定量和定性方法
BASc教育研究与全球可持续发展	—	—
BASc全球可持续发展与商业研究	—	—
BASc历史与全球可持续发展	财富分配不均;人员、资本和思想的流动如何影响当今世界的全球挑战;殖民帝国扮演的角色	历史分析的技能和内容
BASc生命科学与全球可持续发展	人类对环境的空前影响之后,自然界将面临哪些挑战?生命科学领域的新研究和创新将如何通过应对传染病和生物多样性丧失来确保可持续社会的未来?	可选生物科学或生态学途径
BASc哲学与全球可持续发展	关键的伦理理论和概念,例如生物权和存在主义	推理和交流的技能
BASc政治、国际研究与全球可持续发展	国际政府的关键政治概念、意识形态和实践对于提供可持续发展解决方案的重要性:为什么国家将人权边缘化而不是地缘政治目标化?为什么水和粮食安全成为各国政府的重要外交政策考虑因素?为什么在有关气候变化的讨论中经常出现国家和国际政治僵局?	政治学的理论和分析方法

续表

学位项目	核心议题或主要学习内容	方法
BASc 心理学与全球可持续发展	个人行为与全球挑战的关系：人们以何种方式思考、表现和理解自己？对人类行为的更全面理解如何帮助所有人实现更可持续的未来？	—
BASc 社会学与全球可持续发展	当前的社会组织本身可能不可持续的原因，发展对环境危害较小的社会—环境关系	—
BASc 剧院和表演研究与全球可持续发展	戏剧和娱乐的激进以及革命性艺术力量	—

数据来源：https://warwick.ac.uk/fac/arts/schoolforcross-facultystudies/gsd/prospectivestudents/jointhonours/.

（二）高等教学和学习学院人道主义工程理学硕士学位课程

高等教学和学习学院是华威大学的重要教学机构之一，它也是校内开展跨学科学生培养的主要机构之一，其主要职能是通过跨学科和国际学习环境中的协作式教学与学生研究，支持华威大学的教育创新。在华威大学的各部门中存在这样的共识，即当今世界面临的挑战是需要各个学科合作应对的挑战。跨学科的教学和科研活动是华威大学的工作核心和主要模式，因此在教学方面，高等教学和学习学院开发了多种跨学科学位课程模块，为跨学科教育实践实验和创新提供包括学术、资金在内的各种支持。

人道主义工程理学硕士诞生的基础是华威大学的学者一直在开发一种创新的整体性人道主义工程方法。结合资金和研究支持，华威大学开发了人道主义工程理学硕士这一新颖的学位项目，拟培养能够针对世界上最复杂多样的人道主义问题提出设计和工程解决方案的工程师。该项目招收的学生本科专业背景多样化，如法律、科学、教育、工程、人文、医学等，从而达成该项目培养多学科背景的工程师能够以其独特的专业知识和技能来应对全球人道主义危机的目标。华威大学人道主义工程理学硕士项目的培养目标是培育具有广阔的视野和技能，并致力于解决现实世界人道主义问题的各个方面的训练有素的专业人员。它包括三个不同培养方向：人道主义理学硕士，人道主义工程与可持续发展，人道主义工程与管理。这三个方向在课程模块上有着共同的跨学科安排，也有着各具特色的课程方向。整体上，课程模块主要由核心模块、专业核心模块和可选模块组成,详见表 10-13。

表 10-13 华威大学人道主义工程理学硕士项目课程模块

课 程	人道主义理学硕士	人道主义工程与可持续发展	人道主义工程与管理
课程描述	专为希望探索人道主义挑战的所有专业和学科方面的学生而设计	对工程学有浓厚兴趣和背景的学生的理想之选,它专注于可再生能源、可持续城市和紧急情况基础设施	对于想要发展管理领域专业知识,探索项目管理、沟通和领导能力的学生而言,这是一个完美的选择
核心模块	① 人道主义工程:伦理学、理论与实践 ② 全球卫生简介 ③ 水与环境管理 ④ 一种人性:共同责任 ⑤ 灾害、复原力和城市数据 ⑥ 可再生能源		
专业核心模块	不适用	① 可持续运营与人道主义供应管理 ② 可持续城市和突发事件基础设施	① 可持续运营与人道主义供应管理 ② 项目管理
可选模块	2 个可选模块(来自列表 A 的 1 个和来自列表 B 的 1 个): A ① 可持续城市和突发事件基础设施 ② 可持续运营与人道主义供应管理 B ① 沟通与领导 ② 可持续性设计 ③ 项目管理	1 个可选模块或 1 个扩展版本的核心模块: ① 灾害与复原力以及城市数据 ② 可再生能源 ③ 可持续城市和突发事件基础设施 ④ 可选清单 ⑤ 人道主义法 ⑥ 可持续性设计	1 个可选模块或 1 个扩展版本的核心模块: ① 可持续运营与人道主义供应管理 ② 可选清单 ③ 人道主义法 ④ 可持续城市和突发事件基础设施 ⑤ 沟通与领导
项目	最终研究项目		

数据来源:https://warwick.ac.uk/fac/cross_fac/iatl/study/humanitarianengineering/study/humengsust。

如上所述,人道主义工程理学硕士学位课程的出现是由华威大学研究人员和社会实践需要共同培育和促成的。从学习方法上来看,它天生具有跨学科的特征,汇集了来自多个学科的独特专业知识,促成学生从整体角度和运用批判性思维审视与解决复杂的实践问题。学生在课程学习过程中,不是被动地接受信息,而是作为参与人根据所学内容积极创建新知识和解决方案。此外,该跨学科课程也创设了开放的学习空间,鼓励学生将自己视为新知识的共同创造者,从而培育出专家知识和技能。

半个多世纪以来,英国大学发展的外部环境发生了巨大的变化,大学的学科在遭遇外部环境变迁的同时,还要应对来自系科间的竞争压力。然而,机遇与挑战共存,以解决社会问题为核心的逆学科潮流打破了学科制度化进程中制造的学科边界和障碍,人员交流和协作研究蔚然成风,解决复杂问题的跨学科研究自然发生,并且已经在组织、制度方面具备了初步的特征。此外,为培养未来社会所需的能够处理实践问题的人才,必须依托跨学科研究活动开展跨学科人才培养模式的设计,重新诠释教学与研究相结合、通过研究进行教学的现代大学理念。外部规制如研究卓越框架和教学卓越框架的发展,也促使大学重视质量提升、响应外部社会的需要,形成了创新创业文化,推动了跨学科活动的开展。因而,英国大学的跨学科活动不仅仅限于特定的学科,它涵盖了多种学科,覆盖从活动到组织再到治理和制度建设全流程,具有基础性文化的创新意义,并且越是优秀的大学和学科,越是重视跨学科活动。可以说,跨学科是英国一流大学和一流学科的重要发展战略,值得学习和借鉴。

第十一章
德国高校学科调整与发展

本章主要关注"卓越计划"(Exzellenzinitiative)时代(2006—2017)德国高校的学科发展。与"双一流"建设相似性极强的重点大学建设政策"卓越计划"是德国当下最重要的高等教育发展政策。"卓越计划"通过外部指导的方式,对德国高等教育产生了根本性的影响。截至2017年,"卓越计划"资助共实施了两个周期。2019年,新一轮的大学重点资助政策"卓越战略"(Exzellenzstrategie)开始施行。

"卓越计划"与"985""双一流"等大学重点资助政策的相似性,使得"卓越计划"受到了中国研究者的高度关注。陈洪捷将"卓越计划"的特点概括为基于学术自治原则的政府行为,基于评选、竞争和项目的资助计划。[1] 孔捷基于德国高等教育的传统特征,认为"卓越计划"打破了现有体制的平衡,放弃了传统的平等均衡发展理念。[2] 张新科、刘辕从政策形成的角度出发,认为"卓越计划"是在各方博弈下形成的,但仍然受到资源的约束,其推动高校之间加大竞争力度的战略意义远大于现实意义。[3] 朱佳妮结合高校科研产出、制度变迁和世界排名中的变化,对"卓越计划"的实施效果进行评价,认为"卓越计划"提高了德国大学科研论文的发表数量,激发了德国大学的竞争文化和机制,促进了高校

---

[1] 陈洪捷.德国精英大学计划:特点与特色[J].华东师范大学学报(教育科学版),2016(3):4-6.
[2] 孔捷.从平等到卓越——德国大学卓越计划评析[J].现代大学教育,2010(3):52-57.
[3] 张新科,刘辕.从均衡发展到追求卓越——德国高等教育"卓越计划"评析[J].高等教育研究,2011(9):98-102.

与校外科研机构的合作,并使得德国大学的世界排名显著提高。①

从学科视角出发,能够帮助我们更好地了解以"卓越计划"为代表的大学重点资助政策对于高等教育发展产生的影响。不同于以个人为申请者的传统资助形式,"卓越计划"的投入单位是学校。从"卓越计划"的三类项目中,我们可以看到不同的资助形式对于学科发展产生的影响。更进一步,新的资助形式使以讲席教授为核心的传统德国大学学科组织形式发生了根本性的变化。

第一节 德国大学发展与"卓越计划"

德国大学,与其将之理解为一个地理或政治区域内的大学,不如将之理解为一种大学模式,学术自治与国家管制是这一模式中最重要的两根支柱。19世纪初,威廉·洪堡提出的"寂寞与自由"理念,宣布了德国大学与政府之间的关系,成为德国大学传统的精神图腾。

对于现代德国大学治理模式最为经典的概括,莫过于伯顿·R.克拉克提出的政府、市场和学术寡头组成的三角模型。就治理而言,德国大学受到了国家和学术寡头的巨大影响。② 朗格(S. Lange)和施曼克(U. Shimank)将克拉克提出的模型再次延展,"治理均衡器"理论将学校内部治理分为学术自治与科层治理,将国家治理分为国家的直接规制和外部调控。因此,大学治理可以从五个维度加以分析。第一,国家规制(Staatliche Regulierung),即国家以科层制的形式,对大学进行直接管理或监督。第二,外部调控(Aussensteuerung),包含两种常见形式,一种是国家以科层制的形式提出宏观政策,确立政策目标,并提供相应的资源。在实施过程中,政府尽可能地减少干预,不直接进行管理或监督,为大学达成目标提供尽可能多的自由裁量空间。另一种形式是政府组织第三方机构,为高等教育的发展提出咨询或评价服务。第三方机构通常由专业人士组成,可以最大限度地代表各方面的利益。外部调控可以最大限度地减少行政干

---

① 朱佳妮.追求大学科研卓越——德国"卓越计划"的实施效果与未来发展[J].比较教育研究,2017(2):46-53.
② [美]伯顿·R.克拉克.高等教育系统——学术组织的跨国研究[M].王承绪,等译.杭州:杭州大学出版社,1994:159.

预对大学发展可能产生的影响。第三,学术自我组织(Akademische Selbstorganisation),通常以教授或科研人员的自我组织和管理为基础。第四,科层制的自我调控(Hierarchische Selbststeuerung),即大学之中以科层制组织形式进行的行政活动。第五,竞争压力(Konkurrenz),即大学以竞争方式争取资金、人员等资源。

从这五个方面出发,洪堡大学教授沃尔特(A. Wolther)将改革之前的德国大学归纳为以下几个特征:① 高度的国家规制,或者是以国家法令的方式过度规制;② 除了极少数的顾问单位,没有目标导向的外部间接调控;③ 学术自我组织有很高的地位,是除国家之外大学治理的第二根支柱;④ 个人在形式上高度的自主权,保证了他们的专业合法地位,内部管理往往是以协作和共识为导向的;⑤ 低程度的竞争。[1]

与历史上的辉煌相比,进入新世纪后的德国大学却面临重重困难。如缺乏国际知名度,特别是顶尖科研项目的影响力逐渐下降;在学术就业市场上缺乏吸引力,鲜有国际顶尖的研究者选择德国大学;培养过程缺乏质量控制,毕业生不被就业市场看好;科研成果无法满足现实需要……种种问题使得大学改革成为全社会的共识。面对高等教育发展过程中出现的问题,德国在高等教育领域进行了一系列改革,"最终要用竞争打破一视同仁的大学系统"[2],让德国大学参与到"世界一流大学"(Weltklasse)的竞争之中。

出于"学术自由"传统和民主社会治理的信念,德国大学很少受到来自德国政府的具体和直接的行政指令。但是不进行直接的影响,并不意味着政府对于高等教育的发展采取放任的态度。特别是在德国高等教育发展面临困境,具体表现为国际排名不断后退的情势下,德国社会也对德国政府提出批评,主要集中在高等教育投入不足上。

受到新公共管理主义思想的影响,包括德国在内的欧洲国家都开始推行高等教育改革,主要内容为:① 国家规制减少,机构自治增强;② 更多的质量评价、评审和公共问责制度;③ 越来越认同竞争和类市场机制;④ 新的基金和分配

---

[1] Andrae Wolter. State, Market and Institution in German Higher Education—New Governance Mechanisms Beyond State Regulation and Market Dynamics[M]//Hans G. Schuetze, Germán Lvarez Mendiola, Diane Conrad. State and Market in Higher Education Reforms. Sense Publishers, 2012:129.

[2] Michael Hartmann. Die Exzellenzinitiative—ein Paradigmenwechsel in der deutschen Hochschulpolitik[J]. Leviathan, 2006(4):447–465.

制度。① 在这一改革动向之下,德国大学也出现了新的特征,张源泉认为,治理改革后,传统德国大学的二元管理模式对大学的调控强度减弱,而大学内部的行政调控中,外部调控和竞争调控均被强化。②

在德国大学改革中,最为人们关注的莫过于以"卓越计划"为代表的外部调控。2005年施行的"卓越计划"将国家投入与学校可以被量化的科研产出直接联系起来③,集中体现了德国高等教育改革的竞争导向。截至2017年,德国政府共投入46亿欧元打造"卓越计划",用于支持"日耳曼常春藤联盟"的建设。"顶尖研究需要具有创造性的准备、现代组织形式和科学的管理过程。因此治理改革是必需的。"④借助大学重点资助政策的"结构塑造的功能"(strukturbildende effekte),德国政府希望革除高等教育发展中出现的弊端。"卓越计划"正以独特的方式改变着德国大学。

从学科的视角出发,我们可以更好地了解"卓越计划"。与传统的以课题为主的资助形式相比,"卓越计划"将过去以申请者作为第一责任人,改为由大学、研究生院或集群作为第一责任单位。这就使得学科的发展由过去的申请者间的相互竞争变成了组织间的相互竞争,因而产生了一些新的特征。

一、 德国科学基金会与学科发展

传统上,德国科学基金会(Deutsche Forschungsgemeinschaft,简称DFG)是德国高等教育发展最重要的资源分配机构。德国科学基金会的基金占德国大学整体外部收入的40%。⑤ 基金会支配的科研经费是由国家财政和地方财政平均分担的。因此,德国科学基金会的投入代表着总体上德国高等教育中各个学科的外部

---

① Andrae Wolter. State, Market and Institution in German Higher Education—New Governance Mechanisms Beyond State Regulation and Market Dynamics[M]//Hans G. Schuetze, Germán Lvarez Mendiola, Diane Conrad. State and Market in Higher Education Reforms. Sense Publishers, 2012:129.
② 张源泉.德国高等教育治理之改革动向[J].教育研究集刊,2012(4):124.
③ Diana Hicks. Performance-based university research funding systems [J]. Research Policy, 2012, 41(2): 251–261.
④ Jan-Hendrik Olbertz. Die Exzellenzinitiative hat enorme Dynamik in die Universitaet gebracht[M]. Spuren der Exzellenzinitiative. Berlin: Humboldt Universitaet, 2015:14.
⑤ Kuhlmann S, Heinze T. Evaluation von Forschungsleistungen in Deutschland: Erzeuger und Bedarf[J]. Teil II: Produktion und Verwendung evaluativer Information sowie Moeghchkeiten ihrer zukuenftigen Organisation. Wissenschaftsrecht, 2004(27): 218–238.

资源投入。基金申请一般采取个人申请的方式,因此申请者本人成为课题的第一责任人。能否获得课题的投入,也依照申请者个人及其团队的竞争力加以评判。

在2006—2014年的9年中,受德国科学基金会资助最多的学科是医学,占总数的23.6%。紧随其后的是生物学和物理学,分别占总数的12.8%和9.8%。从学科门类出发,占比例最大的是生命科学类,占总数的38.5%;其后分别是自然科学、工程科学、人文和社会科学,分别占总比例的25%、21.8%和14.6%。[1]以医学为代表的生命科学,是各个学科中投入最多的。这些学科具有更强的资源动员能力。

在德国科学基金会投入的基础上,德国从2005年开始施行"卓越计划"。与基金会的投入不同,"卓越计划"的投入与德国高等教育的发展策略息息相关。各个高校依据自身的需求,确定投入的比例。从科学基金会投入和"卓越计划"投入的对比中,我们可以看到顶层设计与自下而上的学科发展策略的差异。表11-1反映了德国"卓越计划"(2005—2019)资金和德国科学基金会投入资金在不同学科间的比例。人文科学、物理学及电力工程与科学基金会的设计有较大的差异,说明这些学科更受到学校的重视。因此,有研究者指出外部资金的重要性让德国高校的科研目标和框架变得越来越狭窄。[2]

表11-1 德国"卓越计划"(2005—2019)分学科投入水平

学科领域	共投入 资金/亿欧元	比例/%	研究生院 资金/亿欧元	比例/%	"卓越集群" 资金/亿欧元	比例/%	比较:DFG投入,不含未来计划(2006—2014) 比例/%
人文与社会科学	6.102	18.7	2	34.7	4.1 021	15.3	14.6
人文科学	5.203	16.0	1.101	19.1	4.102	15.3	8.6
社会和行为科学	0.899	2.8	0.899	15.6	—	—	6.0

---

[1] Deutsche Forschungsgemeinschaft, Wissenschaftsrat. Bericht der Gemeinsamen Kommission zur Exzellenzinitiative an die Gemeinsame Wissenschaftskonferenz[R]. 2015:25.
[2] Richard Whitley, Jochen Glaeser, Grit Landel. The Impact of Changing Funding and Authority Relationships on Scientific Innovations[J]. Minerva, 2018,56(1):109-134.

续表

学科领域	共投入 资金/亿欧元	共投入 比例/%	研究生院 资金/亿欧元	研究生院 比例/%	"卓越集群" 资金/亿欧元	"卓越集群" 比例/%	比较:DFG投入,不含未来计划(2006—2014) 比例/%
生命科学	11.008	33.8	1.68	29.1	9.328	34.8	38.5
生物学	4.245	13.0	0.61	10.6	3.634	13.6	12.8
医学	6.763	20.8	1.07	18.5	5.6947	21.2	23.6
农业、园林、动物医药	—	—	—	—	—	—	2.1
自然科学	8.008	24.6	1.22	21.2	6.788	25.3	25.0
化学	1.235	3.8	0.239	4.1	0.996	3.7	6.9
物理	4.133	12.7	0.626	10.9	3.507	13.1	9.8
数学	0.961	2.9	0.287	5.0	0.674	2.5	2.8
地球科学	1.679	5.2	0.068	1.2	1.611	6.0	5.5
工程科学	7.465	22.9	0.87	15.1	6.595	24.6	21.8
机械制造和生产技术	2.4	7.4	0.609	10.6	1.791	6.7	5.1
热工程、工艺工程	1.15	3.5	0.059	1.0	1.09	4.1	3.6
材料科学和原料技术	1.07	3.3	—	—	1.07	4.0	4.7
电力、信息、系统技术	2.845	8.7	0.201	3.5	2.644	9.9	7.2
土木和建筑	—	—	—	—	—	—	1.2
共计	32.583	100	5.77	100	26.813	100	100
非学科划分	0.343	—	0.343	—			

数据来源:Deutsche Forschungsgemeinschaft, Wissenschaftsrat. Bericht der Gemeinsamen Kommission zur Exzellenzinitiative an die Gemeinsame Wissenschaftskonferenz[R]. 2015:25.

"卓越计划"的归属是由德国科学基金会和国家科学理事会(Wissenschaftsrat)组成的委员会确定的。其中德国科学基金会的专业委员会(Fachkommission)从科学和专业的角度出发。专业委员会由来自德国科学基金会评议会的14位成员组成,委员会的首席是德国科学基金会的主席。专业委员主要审议研究生院和"卓越集群"的项目。战略委员会(Strategiekommission)由国家科学理事会组成,这一委员会由6位国家科学理事会成员组成,另外有6位成员来自其他部门。国家科学理事会的主席是战略委员会的主席。他们主要审定"未来概念"的项目。这26位成员,以及来自联邦州和联邦的17位科学家,共同组成了"卓越计划"资助委员会(Bewilligungsausschuss Exzellenzinitiative)。其中来自联邦的1位代表拥有16票的投票权,来自16个联邦州的代表分别具有1票的投票权,来自联合委员会的每位成员拥有1.5票的投票权。德国科学基金会主席和国家科学理事会主席是会议组织者,但是他们没有投票权。[①]

二、"卓越计划"的执行

"卓越计划"第一阶段共投入19亿欧元,时间跨度为2006年至2011年。"卓越计划"第二阶段共投入27亿欧元,时间跨度为2012年至2017年。两个阶段共投入46亿欧元,这些资金中,有75%来源于联邦,25%来源于联邦州。

在两次"卓越计划"资助项目中,共有80所学校提交了827份申请。最后,共通过249份申请和84份持续支持申请。两个阶段共有45所学校的51个"研究生院"、49个"卓越集群"和14所"精英大学"受到资助。从这两期的结果中可以看出,有3个联邦州没有得到任何的资助,分别为梅前州、萨克森-安哈尔特州和勃兰登堡州,它们都是前东德所在的联邦州。

"卓越计划"的效果主要体现在:① 促进科学的进步(包括经济和社会中的转化);② 维持科学中男性和女性的公平地位;③ 研究导向的教学;④ 合作网络的建设(内部和外部,国内和国际,跨学科,大学与学校外合作);[②]等等。

图11-1展示了德国高校受资助项目的数量及学科门类。

---

① Deutsche Forschungsgemeinschaft, Wissenschaftsrat. Bericht der Gemeinsamen Kommission zur Exzellenzinitiative an die Gemeinsame Wissenschaftskonferenz[R]. 2015:9.

② Deutsche Forschungsgemeinschaft, Wissenschaftsrat. Bericht der Gemeinsamen Kommission zur Exzellenzinitiative an die Gemeinsame Wissenschaftskonferenz[R]. 2015:109.

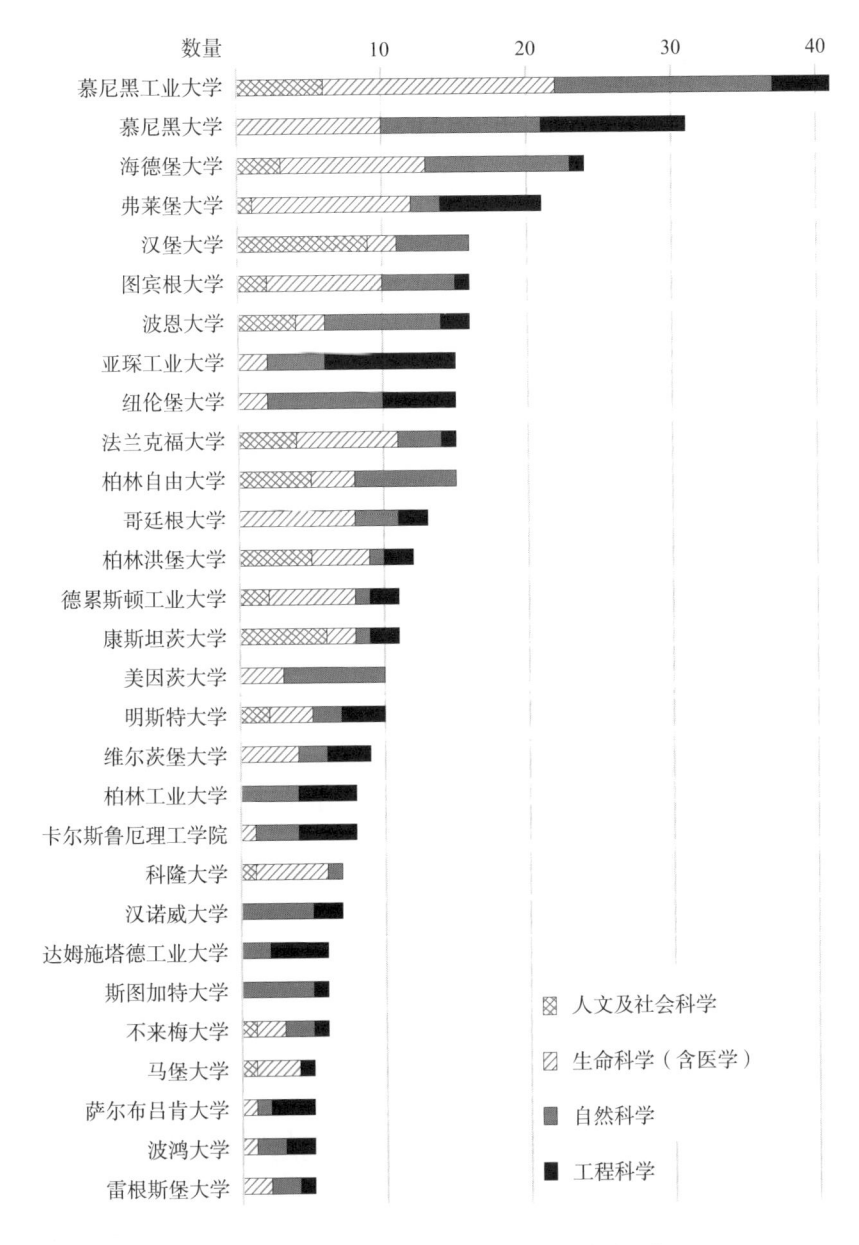

图 11-1　受资助项目数量及学科门类

从大学的角度出发，2011 年到 2013 年，德国排名前 20 位的高校拿走了近 60% 的投入。[①] 成为"未来概念"资助对象的学校，也同样是"研究生院"和"卓

---

① Deutsche Forschungsgemeinschaft, Wissenschaftsrat. Bericht der Gemeinsamen Kommission zur Exzellenzinitiative an die Gemeinsame Wissenschaftskonferenz[R]. 2015:27.

越集群"的资助对象,它们在学科上体现为均衡发展。未能受到"未来概念"资助的学校,则一般集中在某几个学科领域之上。

2013年,"卓越计划"约63%的投资被用于人员费用,19%用于购置物品,18%用于固定投入。[①] 因而"卓越计划"最为重要的投入部分是人员费用。在人员投入中,41%的投入用于招聘2 000名博士候选人,36%的投入用于招聘800名博士后。此外,还有350位教授的薪资是由"卓越集群"资助的。

三、"卓越计划"与学科

"卓越计划"以外部指导的方式促进德国高等教育的发展,其分学科投入的水平详见表11-1。

与传统的资助方式相比,受益最大的学科为人文与社会科学,而一些工程类学科的投入则低于德国科学基金会的投入标准。

从学科大类出发,在人文与社会科学、工程科学、自然科学、生命科学四个学科门类中,占比最大的是生命科学。在生命科学之中,占比最大的是医学。其比例超过"卓越计划"投入的五分之一。生物学是仅次于医学的受到资助最多的专业。这一分布与德国科学基金会的投入分配相似。这一结果说明,生命科学依然是德国最受重视的学科门类。但是与德国科学基金会的投入相比,其所占比例有所下降。

在四个学科门类中,投入比例提升最大的是人文与社会科学。2006—2014年,德国科学基金会的投入占其总投入的14.6%,"卓越计划"占其总投入的18.7%,表明"卓越计划"在资金分配过程中,特别注重加强人文与社会科学的投入比例。特别是"研究生院"项目投入共2亿欧元,占总投入的34.7%。这说明大量的资源被分配在了人文与社会科学的研究生培养之中。

同人文与社会科学相比,工程科学和自然科学的投入基本与德国科学基金会的投入相仿。具有较大差异的生命科学,在德国科学基金会的课题投入中,占比为38.5%,而"卓越计划"的比例为33.8%。

在不同学科的分配中,提升最大的也是人文与社会科学,两期共投入

---

① Deutsche Forschungsgemeinschaft, Wissenschaftsrat. Bericht der Gemeinsamen Kommission zur Exzellenzinitiative an die Gemeinsame Wissenschaftskonferenz[R]. 2015:60.

5.203亿欧元,占"卓越计划"总投入的16%,是德国科学基金会课题投入占投入比例的1.86倍。"研究生院"项目共投入1.101亿,占"研究生院"投入的19.1%。由此可见,人文与社会科学学科成为"卓越计划"增量改革的受益者。

就增量而言,紧随人文与社会科学之后的是机械制造和生产技术以及物理学,在"卓越计划"中没有接受项目资助的学科包括农业、园林和动物医药,以及土木和建筑两个学科。在德国科学基金会的资助中,两者所占比例分别为2.1%和1.2%。在自然科学、工程科学和生命科学之中,基础设施建设费用占据了很大部分,因而德国"卓越计划"也在探索如何能够提高平台的使用效率。

第二节 "卓越计划"与学科发展

本节将以"卓越计划"的三个项目类型,"研究生院"(Graduiertenschule)、"卓越集群"(Exzellenzcluster)和"未来概念"(Zukunftskonzept)为例,分析不同的资助项目对于学科发展的不同影响。

一、"研究生院"与学科发展

"研究生院"项目的主要目标是为了培养博士候选人。在"卓越计划"资助的第一阶段,共有39所研究生院受到了资助。到第二阶段,共有来自35所大学的51个研究生院受到了资助。两个阶段的项目惠及了2 200位教授、170位青年教授,280位博士后,6 500名博士候选人。[①]

在"卓越计划"实施前,德国科学基金会以及其他机构,如联邦州、德意志学术交流中心、马克斯·普朗克协会等机构和组织,已经施行了类似的支持项目。因而"研究生院"项目可以被视为德国高等教育资助计划的延续。

在"研究生院"项目的评价标准之中,培养是最为重要的目标,其他如生源质量、科研产出、国际交流和公平都是"研究生院"项目评价过程中的重要标准(见表11-2)。

---

① Deutsche Forschungsgemeinschaft, Wissenschaftsrat. Bericht der Gemeinsamen Kommission zur Exzellenzinitiative an die Gemeinsame Wissenschaftskonferenz[R]. 2015:33.

表 11-2 "研究生院"项目评价标准

研究和环境
1. 参与科学家的质量
2. 科学环境的质量
3. 跨专业机构和跨学科多样性
4. 对于高校科学特色的贡献
培养概念
5. 培养项目的质量和吸引力
6. 博士候选人的招募、培养和地位
7. 博士培养的成绩
8. 与大学人才培养概念的融合
9. 国际网络
10. 平等概念
结构
11. 与其他机构合作的多样价值
12. 组织、管理和基本设施
13. 研究生院的执行和可持续性

数据来源：Deutsche Forschungsgemeinschaft, Wissenschaftsrat. Bericht der Gemeinsamen Kommission zur Exzellenzinitiative an die Gemeinsame Wissenschaftskonferenz[R]. 2015:16.

从学科的角度出发，人文、社会科学领域的研究生院数量最多，在两个周期的资助中，共有 18 个研究生院受到资助，占总比例的 35%。紧随其后的是生命科学、自然科学和工程科学。此外，还有两个研究生院是以跨学科门类的形式组织起来的。（见表 11-3）

表 11-3 研究生院的学科类别及数量

年份	人文与社会科学	生命科学	自然科学	工程科学	跨学科
2006—2017	9	11	6	5	2
2006—2012	2	1	2	1	—
2012—2017	7	2	2	1	—
共计（比例）	18(35.3%)	14(27.5%)	10(19.6%)	7(13.7%)	2(3.9%)

数据来源：Zuordnung der Graduiertenschulen zu den vier Wissenschaftsbereichen entsprechend der DFG-Fachsystematik. Quelle：DFG-Bewilligungen im Rahmen der Exzellenzinitiative 2006—2017. 转引自：Deutsche Forschungsgemeinschaft, Wissenschaftsrat. Bericht der Gemeinsamen Kommission zur Exzellenzinitiative an die Gemeinsame Wissenschaftskonferenz[R]. 2015:31.

按照规模大小,受到资助的研究生院分为三种类型。第一类是一个相对集中的学科专业领域,例如"综合肿瘤学"(integrative Onkologie)研究生院。与之相似的研究生院大约有 4 个,它们的特点是一般相对规模较小,博士候选人不超过 30 位。

第二种研究生院一般会选择一个相对较为广阔的题目或领域,如柏林自由大学的"穆斯林文化与社会"、耶拿大学的"微生物通讯(mikrobielle Kommunikation)"、萨尔布吕肯大学的"信息研究生院"、威尔茨堡大学的"生命科学研究生院"和比勒菲尔德大学的"历史和社会学研究生院"等。此类研究生院的学生相对较多,一般在 50 到 500 位之间。

第三种研究生院与美国大学的研究生院相似,是跨学科的研究生院。例如波鸿·鲁尔大学的"鲁尔大学研究生院"(Ruhr-Universitaet Research School),整合了整个学校的研究生培养;慕尼黑工业大学的"慕尼黑工业大学研究生院"则是建立在"科学与工程国际研究院"(IGSSE)的基础上,被纳入到整个慕尼黑工业大学的研究生培养之中。

跨学科的研究生院是"研究生院"项目重点资助的对象,主要以研究生院作为博士的培养单位,是对德国传统博士培养模式的革新。在受到资助的 35 所大学之中,有 29 所大学以跨学科的形式建立了研究生院。在这些研究生院中,学校尝试推出统一的博士培养标准,对培养过程进行统一的规定。

"柏林意识与大脑研究院"(Berlin School of Mind and Brain)集合了神经病学、神经生物学、哲学、心理学和语言学等诸多方向。"海德堡基础物理学研究院"将物理研究的不同方向结合到一起,提倡大实验(Grossexperimente)。基尔大学"情景中的人类发展综合研究院"涵盖了人文、自然、生命、工程等多个领域,研究生院想要通过外部环境的变化和人类的发展,讨论人与环境之间的关系,因而其研究涵盖了远古史、古代人类学、考古学、历史学、社会学、心理学、分子生物学、地理学、地理信息、同位素研究、经济史和法医病理学等信息。①

国际化是"研究生院"项目遴选过程中的重要标准,"卓越计划"的一个重要目标是提高德国科研的国际影响力。研究生培养的模式提供了跨学校合作

---

① Deutsche Forschungsgemeinschaft, Wissenschaftsrat. Bericht der Gemeinsamen Kommission zur Exzellenzinitiative an die Gemeinsame Wissenschaftskonferenz[R]. 2015:35.

和跨国合作的可能性,迄今为止,有 9 个研究生院是由两所大学合办的。例如柏林洪堡大学和柏林自由大学联合建立的柏林查理特医学院。2013 年,在对德国研究生院学习的 6 500 名学生的调查显示,有 36.3%(2 357 名)的学生是非德国籍学生,这些学生来自 125 个国家[①]。"研究生院"项目还鼓励学生们参加国际交流。具体措施包括鼓励博士候选人参加国际会议,到国外机构学习、交流。举办国际会议是提高国际影响力的重要方式。斯图加特的"先进工学研究生院"(Graduate School of advanced Manufacturing Engineering, GSaME)与来自欧洲、美洲、非洲、亚洲和澳洲的 40 个国际机构建立了联系。

二、"卓越集群"与学科发展

在 3 个资助项目中,"卓越集群"是最具有创新性的资助项目,它不以学校或者学院作为资助单位,而是将一个项目作为资助对象。第一个资助阶段共资助了 37 个"卓越集群"。从 2012 年到 2017 年,有 43 个"卓越集群"被支持。两个资助阶段中,共有来自 35 所大学的 49 个"卓越集群"被资助,获得了 27 亿欧元的经费,占"卓越计划"的 58%。2013 年,共有 8 800 名科学工作者参与到"卓越集群"项目之中,其中包括 1 940 位教授、1 550 位博士后、3 660 位博士候选人。

表 11 - 4 "卓越集群"评价标准

研究
1. 国际比较视野下的研究项目质量
2. 原创性与风险准备
3. 在该研究领域的影响
4. 跨学科带来的多元价值
5. 应用、知识转化和国内外合作伙伴
参与研究者
6. 参与科学家的质量
7. 在学术培养和就业过程中对年轻学者进行支持
8. 科学工作中的男女平等问题

---

① Deutsche Forschungsgemeinschaft, Wissenschaftsrat. Bericht der Gemeinsamen Kommission zur Exzellenzinitiative an die Gemeinsame Wissenschaftskonferenz[R].2015:50.

续表

结构
9. 对大学结构发展的影响
10. 和其他机构合作带来的多元价值
11. 组织、管理和基本设施
12. "卓越集群"的执行和可持续性

数据来源：Deutsche Forschungsgemeinschaft, Wissenschaftsrat. Bericht der Gemeinsamen Kommission zur Exzellenzinitiative an die Gemeinsame Wissenschaftskonferenz[R]. 2015:16.

"卓越集群"旨在支持顶尖研究，因此研究的质量、原创性、学术影响以及成果的转化成为评价中最为重要的标准。此外，参与者的质量、学生的培养以及性别平等也为评价者所重视。

跨学科是"卓越集群"的一个重要特点。在"卓越集群"项目中，只有12%的"卓越集群"集中在一个学科领域之中，39%的"卓越集群"由2~3个学科组成，35%的"卓越集群"由4~5个学科组成，而14%的"卓越集群"甚至集合了6个以上的学科。[①]

"卓越集群"超越了原有组织，不仅囊括了本学校中的组织，还包括其他大学和非高校组织。例如基尔大学的"卓越集群""未来海洋"，就是和中国海洋大学的"海洋科学中德合作研究中心"、基尔海洋研究中心（Helmholtz Zentrum fuer Ozeanforschung Kiel）、不来梅大学（Universitaet Bremen）、莱布尼茨海洋研究中心（Leibniz-Institut fuer Meereswissenschaften）共同组成的。

斯图加特大学的"仿真技术"（Simulationstechnik）成功地将斯图加特大学的8个学科囊括其中。慕尼黑大学的"纳米系统创新"（Nanosystems Initiative），集合了物理学、生物物理、物理化学、生物化学、生物学、电学和医药等学科。基尔的"无边界的炎症"（Entzuendungen an Grenzflaechen）是由石乐施卫格赫尔施坦因大学医学院于2009年创办的，由不同的医学专业组成，包括肠胃病学、皮肤病学、呼吸科疾病学、心脏病学、风湿病学和牙医学。但是在组织过程中，一个显著的特征是这些跨学校合作没有超越联邦州的范围。

在"卓越集群"的报告中，许多单位都以"人才引进"（brain gain）作为关键

[①] Deutsche Forschungsgemeinschaft, Wissenschaftsrat. Bericht der Gemeinsamen Kommission zur Exzellenzinitiative an die Gemeinsame Wissenschaftskonferenz[R]. 2015:56.

词,"卓越集群"的一个重要目标,就是吸引更多具有世界影响力的知名学者。聘任这些知名教授的目标,就是让德国大学具有国际竞争力。在2006年11月到2013年12月的7年间,共有1 320名教授被聘任,平均每个集群新招聘27位教授。在2006年至2013年新招聘的940位教授中,有30%(285名)的教授的薪资部分或整体来自"卓越集群"的经费。有四分之三的新受聘教授供职于新成立的研究机构。

为了提升聘任国际化的比例,德国大学采取了多种聘任的策略,包括国际招聘日(International Recruitment Days)、青年学者日(Young Researcher Days)、就业市场(Career Fairs)、暑期招聘会(Recruitment Summer Schools)等方式。在2006—2013年招聘的285位教授中,有大约将近一半(48%)的教授来自海外。其中有10%来自美国,6%来自英国,其他则来自瑞士、奥地利、法国和荷兰。在2013年参与"卓越集群"的1 940位教授中,有12.5%的研究者不是德国公民。与之相比,德国大学中,外国教授所占的比例是6.3%(2012)[1]。在"卓越集群"招收的博士候选人中,有27%来自国外。其中中国是德国之外博士候选人最多的来源国。(见表11-5)从受资助人的群体而言,"卓越集群"最大的受资助群体是博士群体,超过一半的资金被用于博士培养。

表11-5 2013年"卓越集群"中获博士学位者来源国

国家	数量/个	比例/%
中国	37	11.1
印度	35	10.5
意大利	29	8.7
美国	22	6.6
英国	18	5.4
俄罗斯	13	3.9
瑞士	13	3.9
荷兰	11	3.3
法国	10	3.0

---

[1] Deutsche Forschungsgemeinschaft, Wissenschaftsrat. Bericht der Gemeinsamen Kommission zur Exzellenzinitiative an die Gemeinsame Wissenschaftskonferenz[R]. 2015:75.

续表

国家	数量/个	比例/%
……	……	……
共计	332	100

数据来源：Deutsche Forschungsgemeinschaft, Wissenschaftsrat. Bericht der Gemeinsamen Kommission zur Exzellenzinitiative an die Gemeinsame Wissenschaftskonferenz[R]. 2015:76.

在人员投入之外，"卓越计划"还提升了项目高校的基础投入。几乎所有的"卓越集群"项目都进行了基础设施建设。特别是对于"卓越集群"这样的项目而言，建立新的实验室能够帮助各个项目有序展开，并使得科研项目可以长久施行。在自然科学、工程科学和生命科学之中，基础设施建设费用占据了很大部分，因而德国"卓越计划"也在探索如何提高平台的使用效率。除此之外，一些经费以科研启动金的形式被发放。"卓越集群"投入资金如表11-6所示。

表11-6 "卓越集群"投入资金

项目	时间	总计投入/欧元	"卓越集群"投入/欧元
研究基础设施建设	2007—2013	32.323亿	6.119亿(18.9%)
设施中的大型研究设备	2009—2013	2.549亿	0.89亿(34.9%)
联邦州大型研究设备	2007—2013	12.667亿	0.06亿(4.7%)
研究大型设备，DFG设备	2007—2013	6.23亿	1.39亿(22.3%)
共计	—	53.769亿	9亿(16.7%)

数据来源：Deutsche Forschungsgemeinschaft, Wissenschaftsrat. Bericht der Gemeinsamen Kommission zur Exzellenzinitiative an die Gemeinsame Wissenschaftskonferenz[R]. 2015:63.

三、"未来概念"与学科发展

在"卓越计划"之中，最受瞩目的项目莫过于"未来概念"项目。在人们对于高等教育的传统认知中，大学是最为稳定的组织。因此，能够获得"未来概念"资助的大学，被视为德国的"精英大学"，能够获得更高的国内和国际关注。

表 11-7 2007—2019 年"未来概念"受资助大学名单

中文学校名	2007—2012	2012—2019
慕尼黑大学	1	1
慕尼黑工业大学	1	1
海德堡大学	1	1
亚琛工业大学	1	1
弗莱堡大学	1	1
柏林自由大学	1	1
康斯坦茨大学	1	1
哥廷根大学	—	1
德累斯顿工业大学	—	1
图宾根大学	—	1
柏林洪堡大学	—	1
科隆大学	—	1
不来梅大学	—	1
卡尔斯鲁厄理工学院	1	—

表 11-7 是 2007—2019 年"未来概念"受资助大学的情况。在两期"未来概念"资助计划中,共有 14 所大学进入资助名单,其中有 7 所高校在两个资助周期中一直接受"卓越计划"资助,有 6 所大学从 2012 年开始接受第二个阶段的资助。卡尔斯鲁厄理工学院在第一个周期中接受了资助,但是在第二个周期中未能接受资助。在最近的第三期资助阶段中,卡尔斯鲁厄理工学院再次受到资助。

"未来概念"特别关注学校的特色发展,因此在评价过程中,一所学校的发展特色备受重视。此外,在"未来概念"的评价过程中,能否吸引顶尖研究者成为最为重要的一项标准。新入选"未来概念"的大学评价标准如表 11-8 所示。

表 11-8 新入选"未来概念"的大学评价标准

一、现状
1. 科学成就 (1) 大学中的相关领域 (2) 大学中的其他领域

续表

2. 对于不同职业阶段顶尖研究者的吸引力 (1) 研究组织的结构和过程 (2) 基本设施 (3) 青年学者的支持 (4) 聘任过程 (5) 国际化和国际可视度 (6) 公平 (7) 外部合作
3. 研究导向下的教学(如果提出了研究导向下的教学概念)
4. 大学的行动能力 (1) 结构上差异化自我评估的能力 (2) 战略建设(Strategiebildung)和特色建设(Profilbildung)的能力 (3) 控制能力 (4) 内部沟通过程
二、未来概念
5. 合理性:根据项目目标和现状评价未来概念的合理性 6. 相关性:根据目标、战略和措施考虑未来概念的相关性 7. 措施中的创新成分 8. 依据目标群体和结构,确定措施的效果 9. 对教学产生的影响 (1) 在顶尖研究的过程中:正面影响,以及尽可能减少非预期的副作用 (2) 达成研究导向的教学 10. 在管理层面和工作层面的项目组织和管理 11. 上报项目财务额度的稳定性 12. 可持续性
三、大学持续支持顶尖研究的潜力(总体估计)
13. 大学长期发展规划和未来概念的吻合程度 14. "卓越概念"对于大学、大学所在地和整个科学系统中的顶尖研究的影响 15. 大学在国际竞争中可能的发展机会

数据来源:Deutsche Forschungsgemeinschaft, Wissenschaftsrat. Bericht der Gemeinsamen Kommission zur Exzellenzinitiative an die Gemeinsame Wissenschaftskonferenz[R]. 2015:19.

除了新申请"卓越计划",继续申请"卓越计划"也有独特的标准(见表11-9)。考察的重点是大学在资助过程中的表现。

表 11-9 继续入选"未来概念"的大学评价标准

一、现状和转化状态
1. 科学成就的提高 （1）大学中的特色领域 （2）大学中的其他领域 （3）自身的特色优势
2. 对于不同职业阶段顶尖研究者的吸引力（包括通过未来概念的措施） （1）研究组织的结构和过程 （2）基本设施 （3）青年学者的支持 （4）聘任过程和结果 （5）国际化和国际可视度 （6）公平 （7）外部合作
3. 研究导向下的教学（如果提出了研究导向下的教学概念）
4. 大学的行动能力 （1）结构上差异化自我评估的能力 （2）战略建设和特色建设的能力 （3）控制能力 （4）内部沟通过程
5. 第一阶段的平衡：转化状态和目标达成
二、未来概念
6. 合理性：根据项目目标和现状评价未来概念的合理性 7. 相关性：根据目标、战略和措施考虑未来概念的相关性 8. 措施中的创新成分 9. 依据目标群体和结构，确定措施的效果 10. 对教学产生的影响 （1）在顶尖研究的过程中：正面影响，以及尽可能减少非预期的副作用 （2）达成研究导向的教学 11. 在管理层面和工作层面的项目组织和管理 12. 上报项目财务额度的稳定性 13. 可持续性
三、大学持续支持顶尖研究的潜力（总体估计）
14. 大学长期发展规划和未来概念的吻合程度 15. "卓越概念"对于大学、大学所在地和整个科学系统中的顶尖研究的影响 16. 大学在国际竞争中可能的发展机会

数据来源：Deutsche Forschungsgemeinschaft, Wissenschaftsrat. Bericht der Gemeinsamen Kommission zur Exzellenzinitiative an die Gemeinsame Wissenschaftskonferenz[R]. 2015：20.

"未来概念"以学科为单位,达到了跨机构的协同增效(Synergien)。"科学是在合作与竞争之中生存的,'卓越计划'也是如此,一方面是竞争,另一方面合作又是获得竞争胜利的重要因素。因为许多研究问题只有在合作和不同竞争者的合作中才能获得成功和有效的结果。"①

在大学受到资助的同时,"未来概念"也加强了各个高校与德国各研究机构之间的合作。德国高等教育体系的一个重要特征是,在大学之外,还活跃着许多科研组织。综合性的研究机构包括赫尔莫兹学会(Helmholtz-Gemeinschaft)、马克斯·普朗克协会(Max-Planck-Gesellschaft)、弗豪霍夫协会(Fraunhofer-Gesellschaft)、莱布尼茨学会(Leibbniz-Gemeinschaft)等。在德国的18个赫尔莫兹中心(Helmholtz-Zentren)中,其中8个和德国的18所大学联合进行科研活动。在马克斯·普朗克协会的83个研究所中,有三分之一与高校形成合作。弗豪霍夫学院(Fraunhofer-Institute)的67个研究所中,有四分之一参与了"未来概念"。"根据对第二阶段资助项目的估计,在德国境内最常见的合作单位是企业,排第二位的是大学,处于第三位的机构是马克斯·普朗克协会,此外是赫尔莫兹学会和莱布尼茨学会。可以看到的合作包括共同聘用,跨机构使用器材(例如大型器械、数据库、材料库),交流项目,以及紧密合作的博士培养项目。"②

除了知名的综合性研究机构之外,德国还有大量的专业研究机构。这些机构包括德国健康研究中心(Deutsche Zentren der Gesundheitsforschung,DZG)、德国传染治疗中心(Deutsches Zentrum fuer Infektionsforschung,DZIF)等。尤利希和亚琛工业大学研究中心(Forschungzentrum Juelich)共同建立了尤利希亚琛研究联盟(Juelich Aachen Research Alliance,JARA)。

除了学术机构间的相互合作之外,与企业间的合作也是"未来概念"的一个重要特点。在"未来概念"中,与企业间的合作项目包括资助教授和青年学生的校园产业(Industry-on-Campus)。一些研究生院和"卓越集群"也与企业有着密切的联系。除了企业之外,一些大学还与政治、文化领域的机构,例如政府、博物馆等进行合作。也有医学院与医院之间的合作。

---

①② Deutsche Forschungsgemeinschaft, Wissenschaftsrat. Bericht der Gemeinsamen Kommission zur Exzellenzinitiative an die Gemeinsame Wissenschaftskonferenz[R]. 2015:127.

在"未来概念"中,许多大学都将与国外高校的合作作为重要的发展策略。通常一所学校的合作高校为4~10所,合作的大学很少有欧洲大学,主要集中在美国、印度和中国。

第三节 "卓越计划"与学术组织改革:以德国洪堡大学为例

2019年7月19日,德国教育部宣布了第三轮"卓越计划"中"建立大学顶尖研究未来概念"项目(Zukunftskonzepte zum projektbezogenen Ausbau der universitaeren Spitzenforschung,简称"未来概念")的入选名单。柏林洪堡大学、柏林自由大学、柏林工业大学和柏林大学查理特医学院组成的柏林大学联盟(Berlin University Alliance)不出意外地成功入选,与其他10所大学共同入选新一轮"精英大学"名单。位于东柏林地区的洪堡大学与位于西柏林地区的自由大学同根所生,却一直处于竞争之中。两德统一后,就有人提出要关闭洪堡大学,"以柏林自由大学为核心,建立全新的柏林大学"[1]。近年来,两校又因为纠葛于谁是柏林大学的真正继承者,而被某大学排行榜双双割弃,未能入选。在"卓越计划"面前,兄弟阋墙的两所大学终于握手言和,足见"卓越计划"对于德国大学产生的巨大影响。但其影响不仅如此,通过洪堡大学近年来的改革,我们可以发现,以"卓越计划"为代表的外部调控对德国大学产生了巨大影响。

一、科研机构改革

洪堡大学新一轮改革的一项重要内容是在已有研究机构之外建立新的研究院所。其中,最具代表性的就是综合研究院(Integrative Research Institute,IRI)。这些学院通常以某一领域为研究对象,打破了学科和科层管理体系的限制。迄今为止,洪堡大学已经建立了三所综合研究院,包括2009年在阿德勒霍夫(Adlershof)校区建立的科学综合研究院(IRI for the Sciences),主要从事新型混合动力系统的研究[2];2013年,生命科学综合研究院(IRI fuer Lebenswissen-

---

[1] Neidhardt, Friedhelm. Konflikte und Balancen. Die Umwandlung der Humboldt-Universitaet zu Berlin 1990—1993 [M]//Renate Mayntz (Hg.). Aufbruch und Reform von oben. Frankfurt am Main:Campus Verlag, 1994:33-60.

[2] IRIS Adlershof. Organisation[EB/OL].[2019-06-06]. http://www.iris-adlershof.de/de/home.html.

schaften)和人类—环境转换系统(Transformation of Human-Environment Systems)综合研究院成立。生命科学综合研究院专注于系统生物学的研究,人类—环境转换系统综合研究院专注于资源的可持续使用、城市化过程、气候变化等问题。与洪堡大学原有的科研组织相比,这三所研究院体现出新的组织和学科特征。

第一,管理相对独立。以科学综合研究院为例,由全体成员选举产生的委员会负责科研和教学相关的学术事务,例如研究人员的聘任工作。研究院日常行政工作由洪堡大学直接管理的分支办公室完成,他们可以对委员会的工作提出建议。[①]

综合研究院是洪堡大学治理改革的试验田。进入"卓越计划"之后,洪堡大学所承诺的改革面临着科研、教学、管理等领域的诸多矛盾。对于具有悠久历史的洪堡大学来说,传统既是荣耀,也是改革的桎梏。在新的管理体制尚未得到完全认可的时候,相对独立的研究机构可以避免由于改革中出现问题而使改革偃旗息鼓的情况。

第二,着重与大学外的研究机构合作。与科研院所合作,是"卓越计划"背景下德国高校纷纷施行的一项重要举措。德国有大量未被列入大学排名的研究院所,它们集聚了德国最知名的学者和研究力量。各个大学借助"卓越计划"加强了和非高校科研机构的合作,以提升自身的科研实力,释放德国科研的存量。

科学综合研究院的合作伙伴包括马克斯·普朗克协会、莱布尼茨研究所、柏林数学学院(Berlin Mathmatical School)等知名研究院所。生命科学综合研究院是洪堡大学与德国国家分子医学中心(Max-Delbrueck-Centrum fuer Molekulare Medizin)合作建立的。人类—环境转换系统综合研究院的合作机构则包括莱布尼茨研究所、波兹坦环境影响研究所(The Potsdam Institute for Climate Impact Research)等知名科研机构。这些综合研究院整合了柏林及周边地区科研院所的研究力量。

第三,研究院主要关注医学、生物学和环境科学等研究领域。"卓越计划"要求大学从事顶尖研究,恰如前任德国教育部部长布尔曼(Bulmahn)所言:"支

---

① IRIS Adlershof. Organisation[EB/OL].[2019 - 06 - 06]. http://www.iris-adlershof.de/de/innere3ruktur.html.

持常规研究不是'卓越计划'作为第三方资助的职责。"①当"卓越计划"的资助发放到学校之后,学校通常要在一两个主要方向上积累力量。这些研究领域通常和他们长期关注的研究领域息息相关②,但并不意味着重点发展的必然是学校的优势学科。以洪堡大学为例,其生命科学和化学在2012年的QS世界大学学科排名中都在全球150名以外,医学排名略高,但也排在了全球100名之外,但是洪堡大学仍然将医学和生物学作为"卓越计划"的重点支持学科。

"卓越计划"的施行改变了大学的学科发展策略。在"卓越计划"背景下,"每个学校都找到自己的一个'卖点',这些特长通常能够吸引他们教学和研究的潜在用户。同时,这些特长要么为自身独有,要么就是其他学校已经获得了巨大成功。但是想要在已有优势学科上有所发展,往往需要好的发展思路,并解决内部矛盾。只有极少数大学会在已有的优势基础上继续发展。"③如果学校选择的学科没有获得人们期待的发展,决策者自然难辞其咎,发展政府倡导的热门学科则可以将责任推向政府。有鉴于此,许多研究者都认为,外部资金让德国高校的科研目标和框架变得越来越狭窄。④

德国高等教育的一个显著发展特征是各个大学建立了大量的研究中心,这些研究中心通常具有跨学科的特征。越来越多的研究机构开始关注于某一特殊领域或研究问题。这些研究领域通常和他们所关注的研究领域息息相关。⑤但是在学科设置上,一个显著的特点是研究中心集中于一些较为热门的研究问题,例如纳米技术和生物技术。

---

① KOCH R. "Sie hat frischen Wind in die Hochschulen gebracht"—Podiumsdiskussion ueber die Zukunft der Exzellenzinitiative an der HU[EB/OL]. [2019-05-27]. https://www.exzellenz.hu-berlin.de/de/exzellenzinitiative/zwischenbilanz-2015/oeffentliche-diskussion-zur-zwis.
② Laurens K. Hessels, John Grin, and Ruud E. H. M. Smits. The effects of a changing institutional environment on academic research practices: three cases from agricultural science[J]. Science and Public Policy, 2011, 38(7): 555-568.
③ Uwe Schimank, Stefan Lange. Germany: A latecomer to new public management[M]//Catherine Paradeise, Emanuela Reale, Ivar Bleiklie, etc. University Governance. Springer, Dordrecht, 2009:51-75.
④ Richard Whitley, Jochen Glaeser, Grit Laudel. The Impact of Changing Funding and Authority Relationships on Scientific Innovations[J]. Minerva, 2018,56(1): 109-134.
⑤ Laurens K. Hessels, John Grin, and Ruud E. H. M. Smits. The effects of a changing institutional environment on academic research practices: three cases from agricultural science[J]. Science and Public Policy, 2011, 38(7): 555-568.

二、学院治理改革

大学重点资助政策加强了德国高校的中层管理。传统的德国大学模式限制了大学中科层制的发展①,一般情况下,学院中具有决定性权力的是院务委员会。依据洪堡大学的大学章程,每个院系的院务委员会由13人组成,其中7人是教授。院长的责任通常是在教师之间进行协调,"学术职业中流行的合作(concensus)导向,会迫使处于领导地位的学者表现得好像没有任何力量。在教授中寻求合作,是校长和院系主任最重要的责任"②。

在"卓越计划"的背景下,校长权力加大,因而需要强有力的中层执行体系,院长责无旁贷地承担起这一责任。与其他德国大学相比,洪堡大学加强学校中层治理也有其独特的优势。两德统一后,洪堡大学对于过去的治理模式并没有采取一刀切似的改革方式,而是对学术传统有所保留,这其中就包括东德时期洪堡大学治理过程中"学校中间层(Mittelbau)的积极参与"③。在新的变革过程中,洪堡大学继续加强院长的权力:一方面,院长任期制度发生变化,院长地位逐渐明确;另一方面,学校治理中的许多权力,如财务权和人事权更多地集中到了院长手中。院长从过去的象征性虚职变成具有实际影响力的决策者和执行人。

第一,院长任期制度改革。2013年10月,洪堡大学颁布了最新修订的《柏林洪堡大学章程》(*Verfassung der HU Berlin*),其中一个重要变化是院长和副院长的任期由之前规定的两年改为"由院务委员会确定"④。先前两年的固定任期说明院长只是学院名义上的代表,不能对学院进行任何实质性的改革。而新颁布的大学章程,为院长施行实质性的管理提供了制度保障。

第二,学院财务制度改革。洪堡大学在各个学院成立了财务委员会(Haushaltskommission)。洪堡大学各个学院的财政原本是由各个系、所的财政

---

①② Uwe Schimank, Stefan Lange. Germany: A latecomer to new public management[M]//Catherine Paradeise, Emanuela Reale, Ivar Bleiklie, etc. University Governance. Springer, Dordrecht, 2009:51-75.
③ Dieter Simon. Die Quintessenz. Der Wissenschaftsrat in den neuen Bundeslaendern. Eine vorwaertsgewandte Rueckschau[J]. Aus Politik und Zeitgeschichte, 1992(51):29-36.
④ Der Praesident der HU Berlin. Verfassung der Humboldt-Universitaet zu Berlin (Fassung vom 24. Oktober 2013)[Z]. Der Praesident der Humboldt-Universitaet zu Berlin:12.

组成的。成立财务委员会之后,全院的财务权相对集中,学院可以进行一揽子分配。①

第三,召开院长联席会议(Concilium Decanale)。院长权力的增加不仅体现在对学院内部事务的管理上,在学校的整体事务上,院长也开始发挥作用。由各个学院院长组成的院长联席会议开始成为洪堡大学重要决议的诞生地点。在人事工作中,特别是在教授延聘问题上,院长联席会议具有决定权。②在经费使用上,洪堡大学设置了申请制的科研资助,支持那些与洪堡大学发展策略相一致的顶尖研究,特别是具有国际可视度的研究,这一项目也由院长联席会议审议。"加强院长联席会议对大学治理的影响,已经成为洪堡大学'卓越计划'建设最为重要的工作。"③

科层体系的逐步完善,正在悄然打破德国大学最为根深蒂固的传统。在德国大学的传统中,大学是由若干学术寡头组成的,拥有教席的教授是整个学术网络的权力节点。伯顿·R.克拉克将德国大学视为国家治理和学术寡头自治并重的典型。④为了抵御来自外部的威胁,特别是来自国家权威的挑战,学术组织内部通常会保持团结。同时,每个人都知道,自己不可能永远处于胜利者的一侧⑤,因此教授群体常常极为保守,避免出现巨大的变革。在以讲席教授为核心的大学中,"决策通常需要很长的时间。只有每一个人都受益,至少是没有人受到损失的时候,现状才能发生改变。除了妥协,达不到任何的结果,通常会引发无效率和流于表面的政策"⑥。

如今,权力集中后的院长成为学校规划最为核心的中层施行者。恰如德国高等教育研究者乌威·施曼克(Uwe Schimank)对德国大学改革特点总结的那样:"大学校长、学院院长和国家政府三者互动,形成大学中的科层制管理,带来竞争压力。同时采取放权(财务、人事、制定考试规则),并限制学术自我组织的

---

①②③ Hans-Christoph Keller, Ljiljana Nikolic, Heike Zappe (hg.). Spuren der Exzellenzinitiative[M]. Berlin: Humboldt Universitaet, 2015(8):74.
④ [美]伯顿·R.克拉克.高等教育系统——学术组织的跨国研究[M].王承绪,等译.杭州:杭州大学出版社,1994:159.
⑤⑥ Uwe Schimank, Stefan Lange. Germany: A latecomer to new public management[M]//Catherine Paradeise, Emanuela Reale, Ivar Bleiklie, etc. University Governance. Springer, Dordrecht, 2009:51-75.

影响。"①在这一过程中,院长不仅向上代表着院系的利益,向下也成为校长和学校在院系中的代表,"尽管许多院长还没有认清他们的角色,但是他们已经成为科层制的一部分"②。

三、 学校治理改革

洪堡大学是德国最具盛名的高校之一,但是洪堡大学的"精英大学"之路并不平坦。2007年,在第一轮"未来概念"评选中,洪堡大学未能入选。洪堡大学不仅损失了一亿欧元的政府资助,更错失了"卓越计划"带来的巨大的荣誉③。在名利双失的背景下,洪堡大学尴尬地度过了自己的200周年校庆。

尽管包括时任洪堡大学校长的马克西斯(Christoph Markschies)在内的许多洪堡大学师生,都将洪堡大学失利的原因归结为"卓越计划"忽视了原东德地区的高校④,但更多的指责还是直指洪堡大学的管理问题。《每日镜报》在结果公布后曾对一位"卓越计划"评审专家进行采访,这位不愿意透露姓名的专家指出,洪堡大学虽然提出了宏伟的发展蓝图,但是缺乏具体的落实措施,"在组织和理念上,仍然有许多基本问题没有答案"⑤。学校的发展特色、国际化、跨学科、对于青年和女性的支持,以及内部竞争都是人们不得不关注的问题。⑥

面对着全社会的质疑,洪堡大学启动了全方位的改革。结合著名的"科研与教学相统一"理念,洪堡大学提出了"经由科学,达至教养"(Bildung durch Wissenschaft)的方针,并将洪堡大学的特征归纳为"个性—开放—方向"(Persoenlichkeit-Offenheit-Orientierung)。2010—2016年担任洪堡大学校长的欧博兹(Jan-Hendrik Olbertz)这样阐释道:"大学中的成员经由科学,接受更多的

---

① Uwe Schimank. Oekonomisierung der Hochschulen: eine Makro-Meso-Mikro-Perspektive[M]. Rehberg, Karl-Siegbert. Die Natur der Gesellschaft. Frankfurt am Main: Campus Verlag, 2008:625.
② Uwe Schimank, Stefan Lange. Germany: A latecomer to new public management[M]. University governance. Springer, Dordrecht, 2009:51-75.
③ Humboldt-Universitaet zu Berlin. Die Exzellenzinitiative an der HU[EB/OL]. [2019-05-19]. https://www.exzellenz.hu-berlin.de/de/exzellenzinitiative.
④ Welt. Die FU Berlin ist deutsche Elite-Universitaet[EB/OL]. (2007-10-19). http://www.welt.de/103213153.
⑤ Anja Kuehne. Eine Reihe von offenen Fragen[EB/OL]. Der Tagesspiegel. [2019-09-11]. https://www.tagesspiegel.de/wissen/humboldt-universitaet-eine-reihe-von-offenen-fragen/1097224.html.
⑥ Katharina Teutsch. Protokoll einer Enttaeuschung[N]. Franfurter Allgemeine Zeitung, 2007-11-13(41).

(自我)教育,并为社会中的工作做准备……我们希望大学中的所有成员都能自由发展(entfalten),将个人创造潜力的发挥和学校的成功结合起来。"①支持顶尖研究、培养最优秀的学术继承人、管理结构和过程的现代化成为洪堡大学新一轮"未来概念"申请中最重要的目标。2012年,洪堡大学顺利进入了"未来概念"的资助名单,但洪堡大学改革的步伐没有就此停歇,"卓越计划"正在进一步地推动洪堡大学改革的深入。

(一)校长身份:从学术精英到政治精英

2016年,曾经主管勃兰登堡州科学、研究、艺术事务的女部长昆斯特(Sabine Kunst)出任洪堡大学校长。昆斯特在德国学界和政界有着丰富的经历,她曾任波茨坦大学校长,在进入政府之前,还主持过德意志学术交流中心的工作②。无独有偶,她的前任欧博兹也有着类似的经历。曾经执掌维腾堡高等教育研究所的欧博兹2002年进入政界,在萨克森-安哈尔特州担任了8年文教部部长后,2010年就任洪堡大学校长。③"卓越计划"时代的两任洪堡大学校长的共同点都在于,他们在进入洪堡大学之前都是政府官员,而不是产生于洪堡大学内部的科学精英。

由政治精英担任洪堡大学校长并非偶然,强有力的领导者恰能满足"卓越计划"的独特需要。传统的组织结构中,学者是德国大学的中心节点,以校长为代表的行政人员扮演着服务者的角色。但是在"卓越计划"的背景下,大量的科研资金不是以课题形式发放给教授的,而是分配给学校或者学校联盟。"'卓越计划'对于联邦政府和州政府而言,可能是一个特例,因为这些资金是直接分配给大学的。"④学校的地位被前所未有地加强,学校既是资源的竞争者,也是资源的分配者。科研规划重心上移,学校的领导人自然成为科研工作的组织者。因此,大学需要一位对内动员全体成员,对外纵横捭阖的优秀政治家。

与来自学术领域外部的领导者相比,大学内部产生的校长往往缺乏改革动

---

① Jan Hendrik Olbertz. Die Exzellenzinitiative hat enorme Dynamik in die Universitaet gebracht[M]. Spuren der Exzellenzinitiative. Berlin: Humboldt Universitaet, 2015:13.
② HU Berlin. Prof. Dr.-Ing. Dr. Sabine Kunst[EB/OL].[2019-06-21]. https://www.hu-berlin.de/de/einrichtungen-organisation/leitung/praesident.
③ 孙进.德国一流大学的校长选任制度:柏林洪堡大学的个案分析[J].外国教育研究,2014(2):78-86.
④ Uwe Schimank, Stefan Lange. Germany: A latecomer to new public management[M]//Catherine Paradeise, Emanuela Reale, Ivar Bleiklie, etc. University Governance. Springer, Dordrecht, 2009:51-75.

力。德国大学中的教授通常是在德国大学体制中成长起来的佼佼者,也是德国大学传统的真正继承人。"因此聘任校长,特别是从学术领域之外聘任校长,成为革除文化桎梏的唯一可能。这一文化桎梏,已经成为德国大学体系治理的阻碍。"① 来自政界的领导者受到学术领域痼疾的困扰较少,拥有的政治资源也相对充足,因此洪堡大学的改革也就从校长开始。

为了迎接来自学术体系外的大学校长,洪堡大学调整了校长聘任制度:"2011 年修订后的柏林《高等学校法》并没有将学术成就列入大学校长的聘任条件,甚至都不要求大学校长须是博士或大学教授,而只要求大学毕业即可。"② 也是从 2011 年开始,洪堡大学的校长不再享受教授薪资,而是享受公务员薪资。聘任和薪资制度的革新,为政治精英出任洪堡大学校长做好了准备。

(二)公共关系:与核心组织的交流与沟通

2014 年,洪堡大学收到的"卓越计划"资助为 2 190 万欧元,占洪堡大学科研经费的五分之一。③ 如果没能进入"卓越计划",学校会面临巨大的舆论压力,因为德国大学将接受国家的资助作为学校健康发展的标志。④ 为了提高洪堡大学与"卓越计划"目标的契合度,洪堡大学加强了与"卓越计划"评审者间的交流和联系。"卓越计划"项目最终的归属是由德国科学理事会和德国科学基金会组成的委员会所确定的。因此,加强与两个组织间的交流与合作,成为洪堡大学在"卓越计划"申请过程中的一项重要工作。

确定精英大学名单的"未来概念"战略委员会,是由 6 位来自德国科学理事会的委员和 6 位来自其他部门的成员组成的,德国科学理事会的主席担任战略委员会主席。以科学理事会为召集人,洪堡大学成立了顾问集团,为洪堡大学制定了长期规划⑤。2010 年,洪堡大学与德国科学理事会合作,提出了"卓越计划"申请草案。洪堡大学还为"卓越计划"专门举办了"卓越计划论坛"(Forum

---

① Uwe Schimank, Stefan Lange. Germany: A latecomer to new public management[M]//Catherine Paradeise, Emanuela Reale, Ivar Bleiklie, etc. University Governance. Springer, Dordrecht, 2009:51-75.
② 孙进.德国一流大学的校长选任制度:柏林洪堡大学的个案分析[J].外国教育研究,2014(2):78-86.
③ Hans-Christoph Keller, Ljiljana Nikolic, Heike Zappe. Spuren der Exzellenzinitiative[M]. Berlin: Humboldt Universitaet, 2015(8):18.
④ Uwe Schimank, Stefan Lange. Germany: A latecomer to new public management[M]//Catherine Paradeise, Emanuela Reale, Ivar Bleiklie, etc. University Governance. Springer, Dordrecht, 2009:51-75.
⑤ Humboldt-Universitaet zu Berlin. Chronologie-Die Exzellenzinitiative an der Humboldt-Universitaet[ED/OL]. [2019-05-19]. https://www.exzellenz.hu-berlin.de/de/exzellenzinitiative/chronologie.

Exzellenzinitiative),就与"卓越计划"相关的主题不定期进行公开讨论。与德国科学理事会之间的合作,让洪堡大学的发展规划与"卓越计划"的要求更加契合。

对于德国大学而言,德国科学基金会是最重要的第三方资助机构。基金会的14位成员组成"专业委员会",审议"卓越计划"中的"研究生院"和"卓越集群"项目,德国科学基金会主席担任委员会主席。此外,科学基金会还以传统课题资助的形式为科研项目提供帮助。为了加强与科学基金会的联系,提高研究人员争取基金的能力,洪堡大学建立了研究服务中心(Servicezentrum Forschung),专门为科学基金会以及欧盟的科研资助申请服务。服务中心所关注的工作包括研究者"第一次申请科研基金到成果的最终转化"[1]。洪堡大学对于第三方资助申请的重视,收到了立竿见影的效果,近年来洪堡大学获得的第三方资助数量总体呈上升趋势(见表11-10)。

表11-10　2006—2015年洪堡大学第三方资金使用情况

单位:万欧元

年份	2006年	2007年	2008年	2009年	2010年	2011年	2012年	2013年	2014年	2015年
资金	5 301.1	5 596.4	6 566.2	7 636.8	9 260.9	8 909.7	8 126.7	8 795.7	9 997.6	10 321.7

数据来源:Humboldt Universitaet zu Berlin. Drittmittelausgaben 2010 bis 2014 Hochschulbereich (in TEUR)[R]. Berlin, 2015-05-28; Humboldt Universitaet zu Berlin. Drittmittelausgaben 2006 bis 2010 Hochschulbereich (in TEUR)[R]. Berlin, 2011-04-27.

(三)绩效导向:加快教师薪酬制度改革

2002年,德国制定了《教授薪资改革法》(*Gesetz zur Reform der Professorenbesoldung*),引入了W型薪资,W即德语科学(Wissenschaft)的首字母,专门针对大学和科研院所中的科研人员。与原来的公务员C型薪资相比,薪资的数量没有发生变化,但"W型工资引入了绩效工资,而C型工资依据年龄和资历"[2]。与"卓越计划"的目标相一致,薪资改革也是为了激发高等教育体系内部的竞争性。在"卓越计划"实施的背景下,洪堡大学继续加大薪资改革力度,越来越多

---

[1] Servicezentrum Forschung. Das Servicezentrum Forschung im Ueberblick[EB/OL].[2019-06-13]. https://www.hu-berlin.de/de/forschung/szf.

[2] 叶强.德国高校人事制度改革中W型工资的创设、争议与启示[J].湖南师范大学教育科学学报,2019(2):48-55.

的教师进入到新的薪资体系之中。

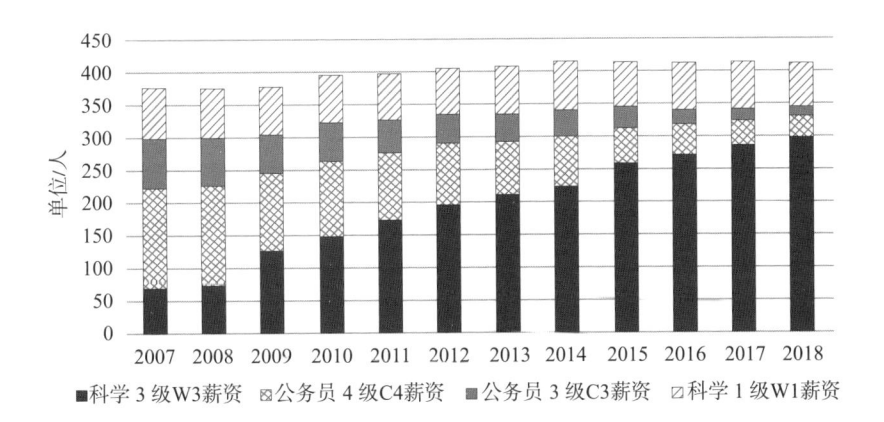

图 11-2　柏林洪堡大学教授人数及薪酬分类

资料来源：Humboldt-Universitaet zu Berlin. Haushaltsplan fuer die Haushaltsjahre 2018/2019[R]. Senatskanzlei-Wissenschaft und Forschung, 2017:45; Humboldt-Universitaet zu Berlin. Haushaltsplan fuer die Haushaltsjahre 2016/2017[R]. Senatskanzlei-Wissenschaft und Forschung, 2015:39; Humboldt-Universitaet zu Berlin. Haushaltsplan fuer die Haushaltsjahre 2014/2015[R]. Senatskanzlei-Wissenschaft und Forschung, 2013:38; Humboldt-Universitaet zu Berlin. Haushaltsplan fuer die Haushaltsjahre 2012/2013[R]. Senatskanzlei-Wissenschaft und Forschung, 2011:32; Humboldt-Universitaet zu Berlin. Haushaltsplan fuer die Haushaltsjahre 2010/2011[R]. Senatskanzlei-Wissenschaft und Forschung, 2009:34; Humboldt-Universitaet zu Berlin. Haushaltsplan fuer die Haushaltsjahre 2008/2009[R]. Senatskanzlei-Wissenschaft und Forschung, 2007:40.

图 11-2 显示了 2007 年至 2018 年洪堡大学教授薪资类别的变化，在教师总数基本保持稳定的情况下，享受科学 3 级 W3 薪资的教授数量越来越多，享受公务员 3 级 C3 和 4 级 C4 薪资的教授数量逐步减少。2018 年，科学 3 级 W3 和公务员 3 级 C3 薪资的年薪水平均为 10.58 万欧元。同时，洪堡大学引入了青年教师（Junior Professor）制度，这种制度更类似于美国的终身轨制（Tenure Track），他们享受科学 1 级 W1 薪资。2018 年，科学 1 级 W1 薪资的年薪水平为 6.2 万欧元。

学校中与日俱增的竞争性不仅体现在薪资制度上，还表现在科研资助中。从 20 世纪 90 年代开始，德国就开始以竞争性课题申请的方式，激发研究者的科研动力。有研究者批评说，越来越多的学术研究依赖于科学家吸收外部资源的能力。为了让自己的研究能够获得源源不断的支持，教授开始成为"申请基金的专家"[1]。绩效薪资改革和竞争性课题申请,表明了德国教授群体所面临的效率导向的竞争环境。有限的资源被分配给生产效率更高的科研单位,对于学校而言,研究资源则被分配给更有效率的研究者。"卓越计划"的实施更进一步加剧了教授群体之间的竞争。

以讲席教授作为科研活动的核心,强调大学的均衡发展曾经是德国大学最为鲜明的特征。然而在大学重点资助政策的推动下,德国大学告别传统,开始经历"范式转换"[2]。自上而下的科研规划代替了研究者的兴趣,成为科学发展的动力;以学校为单位的科研组织形式取代了以学者为核心的科研形态;大学由学者间的松散组合转变为效率导向的科层制组织。从德国"卓越计划"的案例之中,我们可以发现大学重点资助政策的一般特征。

第一,大学重点资助政策以效率为导向。科研竞争是国际化的竞争,各个国家加大科研投入,建立具有国际竞争力的高等教育体系。为了提高教育资源的使用效率,政府采取了外部调控措施,避免伴随投入增加而带来过多的行政干预。竞争性的大学重点资助政策是行政权力与资源使用效率调和的产物。

第二,大学重点资助政策强化了目标责任制。政府作为资源分配者,提出重点资助政策的目标和标准,大学提出相应的实施方案,以竞争性方式申请资助。在大学重点资助政策中,政府根据项目的实际完成情况,对大学进行评价,并实施相应的奖惩,即延续或中止新一期的重点资助。大学开始面临着"高风险、高收益"的类市场竞争。

第三,大学重点资助政策使得科研资助的主体由个人变为学校。以课题项目为代表的传统科研资助形式以课题申请人为科研项目的第一责任人。科研人员是科研组织的决策者,决定了整个科研发展的方向。与之相比,大学重点资助政策则将学校作为资助的基本单位。因而,校长成为科研工作的第一责任人。大学重点资助政策以大学作为最基本的竞争单位,因而要求大学组织得更加紧密。学校中的科层组织不断增强,学术自我组织的力量则相应减弱。

在大学重点资助项目在全世界范围内开始广泛施行的同时,我们应该认

---

[1] Grit Laudel. The art of getting funded: how scientists adapt to their funding conditions[J]. Science and Public Policy, 2006(7):489-504.

[2] Michael Hartmann. Die Exzellenzinitiative—ein Paradigmenwechsel in der deutschen Hochschulpolitik[J]. Leviathan, 2006(4):447-465.

识到这一类型政策对于高等教育组织产生的影响。重点资助政策会加剧学校之间的竞争,为了参与学校之间的竞争,学校会相应进行改革。同时,外部调控会对大学的竞争压力、科层组织和学术自我组织产生影响。"卓越计划"背景下的洪堡大学改革,正体现了大学重点资助政策对于大学的影响。

1. 大学重点资助政策使得高校科研的方向越来越集中

通过第三方投入,政府以外部指导的方式参与到大学的发展之中,科研工作呈现出"自上而下"的组织特征。"卓越计划"让大学承担起科研发展规划的责任,如何最大限度提高资源的使用效率,避免可能出现的失败,决定了德国大学在"卓越计划"中的发展策略。"教育部和大学委员会的外部指导让大学的特色朝着同质化的道路发展。因为一旦这些具有特色的项目出现了失败,决策者就要承担责任。"①更多的科研项目不再以个人的兴趣或学科自身发展需要为动力,而是建立在更高层次的学科发展规划之上。那些能够满足国家和社会发展需要、具有更高科研产出效率的科研项目可以吸引更高的投资。

2. 大学重点资助政策改变了研究者在科研体系中的位置

包括"卓越计划"在内的重点大学和学科支持制度,都是用大学或学科取代了传统的以个人申请为主的科研资助体系。以学校为单位的科学组织活动,要求学校内部建立更加密切的联系网络。研究者从过去的科研活动的核心,开始逐渐成为科研组织的一个有机部分。

与之相对应的还有教学工作的地位下降,尽管"卓越计划"实施后,德国不乏对于"卓越教学"的呼吁②。但科研成果已成为判断大学重点资助效果的唯一标准,"卓越计划"的根本目标是支持学校中的顶尖研究,是一场卓越科研的竞争。研究者需要将更多的时间和精力投入到科研,以及未来的科学研究者——博士研究生的培养之中,以期获得更多的科研成果。在这一过程中,教学,特别是本科阶段的教学被忽略。

3. 大学重点资助政策助推了大学中的科层治理

长期以来,德国大学改革一直处于博弈之中。政府以及大学中的校长属于

---

① Uwe Schimank, Stefan Lange. Germany: A latecomer to new public management [M]//Catherine Paradeise, Emanuela Reale, Ivar Bleiklie, etc. University Governance. Springer, Dordrecht, 2009:51-75.
② Deutsche Forschungsgemeinschaft, Wissenschaftsrat. Bericht der Gemeinsamen Kommission zur Exzellenzinitiative an die Gemeinsame Wissenschaftskonferenz[R]. 2015:99.

改革派,希望改变现有的大学制度;大学中的教授则是保守派,力求保持现状,维护德国大学的传统。两者间的对抗像是一场高等教育领域的"冷战","双方尝试在任何时间,以任何方式来要求对方进行改变"。①

大学重点支持政策通常以学校为资助单位,要求学校提高整体竞争力,因而就需要一位具有较强动员能力的校长,承担更加艰巨的领导责任。校长权力的增加,要求学校强化包括院长在内的中层管理体系,以提升学校的整体治理能力。洪堡大学新一轮改革表明,在"卓越计划"的背景之下,德国大学中的学术自治权在逐渐减弱,学者不得不面对更多的内部竞争和外部影响。与之相对应的,院长由过去的象征性职位变成了学校治理的中坚力量。

"卓越计划"的制定和实施,体现了德国自上而下的学科发展规划。各个学校积极配合,发展与国家战略相契合的学科。在这一过程中,作为科研基本单位的学者对于学术发展规划的话语权逐渐降低。而以讲席教授为代表的"学术寡头"在高等教育中的巨大话语权曾是德国高等教育的标志所在。在"卓越计划"的影响下,德国大学正开始发生新的变化。②

---

① Uwe Schimank, Stefan Lange. Germany: A latecomer to new public management[M]//Catherine Paradeise, Emanuela Reale, Ivar Bleiklie, etc. University Governance. Springer, Dordrecht, 2009:51-75.
② 王世岳,蒋凯.告别"洪堡":"卓越计划"下的洪堡大学改革[J].教育研究,2019(11):91-99.

第十二章
日本高校学科调整与发展

日本大学的学科和我国不同,没有一级学科和二级学科之分,但文部科学省在进行学校基本调查时,通常将大学学科系统分为十个领域:人文科学、社会科学、理学、工学、农学、保健、商船、家政、教育、艺术以及其他。同时,每个领域都有相应的具体学科。以2019年学校基本调查为例,人文科学包括文学相关学科(67个)、史学相关学科(19个)、哲学相关学科(41个)及其他(207个)。[1] 可见,更多的学科没办法纳入传统的学科分类中,而被划入其他学科之列。这一方面是因为现代科技发展涌现了许多新兴学科,另一方面是大学为了追求个性进行创造性建设的结果。

为了厘清日本高校的学科发展,本章主要对学科发展的理念(1949年以来)、政府的相关政策以及在学科建设与调整方面取得重大成效的东京大学和北里大学的实践案例进行研究,希望能够从理念到政策、从政策到实践对日本高校学科发展进行比较全面的梳理。

第一节 日本大学学科发展的理念变迁

日本大学学科调整与建设大致可以分为四个阶段:第一阶段从东京大学建立到二战结束,是学部以及学科制度的建立时期;第二阶段从20世纪50年代

---

[1] 文部科学省学校基本调查:学科系統分類表[EB/OL].(2019-08-05)[2021-05-20]. https://www.mext.go.jp/component/b_menu/other/__icsFiles/afieldfile/2019/08/05/1407357_5.pdf.

至80年代,是学科大发展时期;第三阶段是20世纪90年代以后,即"设置基准大纲化"以后,各个大学的学科个性化建设时期;第四阶段是2015年以来,"社会5.0"构想所带来的大学学科整合和新兴交叉学科的大发展时期。

1877年,日本参照德国模式建立了第一所大学——东京大学。二战以前,各个大学原则上都是以东京大学为模板的"同型繁殖",而且新设大学也都是高度标准化的。[①] 从制度层面看,20世纪上半叶的日本大学主要秉承德国大学的专业教育理念,以培养大学教授、学者和学术人员为目的。学生在入学后直接学习专业课程,教授们则只专注于自己的研究领域。而且教授在以讲座为核心的人、事、财等方面拥有绝对的权威,很少关心政治和社会,而旨在将本领域的研究不断推向新的高度。由此也产生了一批世界著名的研究者,如细菌学家北里柴三郎、野口英世、秦佐八郎,数学家高木贞洁,物理学家汤川秀树等。

二战之后,日本大学尤其是高水平大学的学科发展先后经历了理工科大发展时期(1945—1990年)、个性化建设时期(1991—2015年)和超智能化探索时期(2015年以后)三个阶段。

一、理工科大发展时期(1945—1990年)

战后的日本大学按照美国建议,建立起基于民主主义观念的自由教育课程体系,在大学中引入"一般教育"(通识教育),进而带来了一场自上而下的、带有强制性的学科结构变革,并调动了一些具有远见卓识的大学校长成为"一般教育"的推动者。例如,东京商科大学校长上原专禄,在他的论文《大学的职能》(1947)和《大学教育的人文化》(1948)中积极响应在课程改革中引进通识教育的理念。1949年5月,东京大学设立了教养学部,这在当时是日本大学中唯一独立的教养学部,它以一般教育理念为指导,为一、二年级学生提供前期基础教育课程。1951年,一桥大学设立社会学部,旨在以人文科学、社会科学的综合化为目标,为本校培养的商学、经济学等社会精英提供人文社会科学的相关知识。

20世纪60年代以后,随着劳动力不足以及资本自由化等企业经营环境的

---

① [日]関正夫.日本の大学教育改革——歴史・現状・展望[M].东京:玉川大学出版部,1988:32.

变化,产业界开始要求大学培养产业社会急需的各种专业人才,而且这种人才必须集教养与专业能力于一身。1965年,日经联("日本经营者团体联盟"的简称)总会指出:"最大限度地开发、利用每位劳动者的能力,让不同学历、年龄、工作年限的劳动者发挥能力,通过真正意义上的平等的待遇,唤起他们的积极性,同时确立以少数精英为目标的人事劳务管理。"①

为适应产业社会对大学教育的要求,尤其是为了大力发展重化工业和机械制造业,20世纪60年代中后期,日本大学中开始出现美术工艺、酪农、基础工学、卫生看护、产业社会、营养、生产工学、艺术工学等学部。大学的理学部、工学部等也纷纷设置适应产业发展的学科和专业。理科、工科学部的学科增设更是出现了一个高峰,仅20世纪70—80年代的10年时间里,理学领域就新增40个学科、工学领域新增158个学科(见表12-1)。与此同时,理工科学生数也明显增长,1950年理科学生数6 000人、工科学生数29 000人;60年代各自增加了2.5至3倍;80年代理科学生达到55 000人,扩大了9倍,工科学生达到340 000人,扩大了12倍。②

表12-1 国立、公立、私立大学学科增设数的变化③

单位:个

区分		20世纪50—60年代				20世纪60—70年代				20世纪70—80年代			
		国立	公立	私立	合计	国立	公立	私立	合计	国立	公立	私立	合计
理学领域	学科 增设数	3	4	4	11	42	1	13	56	20	0	5	25
	新设数	0	1	5	6	1	0	28	29	12	2	1	15
	合 计	3	5	9	17	43	1	41	85	32	2	6	40
	学部增加数	0	1	2	3	1	0	12	13	3	2	1	6

---

① [日]饭吉弘子.戦後日本産業界の大学教育要求——経済団体の教育言説と現代の教養論[M].东京:东信堂.2008:132.
② [日]関正夫.日本における理工系大学制度の展開——1950—80年:学部学科構成の変遷に関して[C]//广岛大学大学教育研究中心.大学論集(第10集).1981:43.
③ [日]関正夫.日本における理工系大学制度の展開——1950—80年:学部学科構成の変遷に関して[C]//广岛大学大学教育研究中心.大学論集(第10集).1981:49.

续表

区分		20世纪50—60年代				20世纪60—70年代				20世纪70—80年代			
		国立	公立	私立	合计	国立	公立	私立	合计	国立	公立	私立	合计
工学领域	学科 增设数	75	0	23	98	123	5	50	178	56	1	39	96
	新设数	2	0	10	12	48	0	151	199	30	0	32	62
	合计	77	0	33	110	171	5	201	377	86	1	71	158
	学部增加数	3	-2	3	4	10	0	37	47	6	0	9	15

注：增设数是指在已有的学部中新增加的学科数。新设数指在新设立的学部中设立的学科数。

不得不承认，日本高校从20世纪50年代到80年代的学科调整，尤其是理工科的大扩充，对日本的经济腾飞发挥了重要作用。但同时也应该看到大部分学科完全对应工业生产的各领域，学科与学科之间壁垒森严，学生在本学科能够学到的无外乎是理论、材料、加工、系统、设计、管理等由各个要素构成的本领域的具体物象，由此形成了学部和学科之间基本上没有交流的自我完结型的封闭体系。进入20世纪80年代，随着主要尖端技术领域的复合化、综合化，日本大学开始思考学部和学科之间技术与方法的共通性问题。这就为后来的学科综合化以及个性化建设奠定了基础。

二、个性化建设时期（1991—2015年）

20世纪90年代，日本开始由产业社会进入知识社会。一般而言，由产业社会进入知识社会的重要指标是制造业的就业人数增加。1992年，日本制造业就业人数达到顶峰，占整体就业人数的25%；此后不断下降，1994年服务业就业人数首次超过制造业人数。① 与此同时，日本大学开始"设置基准大纲化"，不断推进大学的"个性化"建设。

1998年，大学审议会向文部科学大臣提交了《21世纪的大学和今后的改革方案》的审议报告，该报告的副标题为"在竞争的环境中闪耀个性的大学"。这个副标题非常具有深意，它向各个大学暗示着，由于18岁人口的减少，大学有

---

① 大学评价学位授予机构.大学評価文化の定着——日本の大学は世界で通用するか[M].东京:株式会社きょうせい,2014:8.

可能面临被淘汰的危险。在知识转型时代，各个大学不可能进行整齐划一的教育，也不可能获得同等的发展，所以个性化将是大学改革的基本方向。当然个性化建设不仅限于学科，还涉及学生招生、课程设置、教师聘任、管理运营等大学的方方面面。学科方面的个性化建设主要表现为设置了很多新学部和新学科，并不断推进课程及课程实施体制改革。据统计，1992—2000年的8年时间里，包括国立大学在内的学部种类由104个增加到228个。① 2005—2015年的10年时间里，理学学科系统中无法划入传统分类的"其他"学科数由73个增加到91个；工学学科系统中无法划入传统分类的"其他"学科数从199个增加到317个。为了更好地展示学科的调整与建设，在此以秋田大学矿山学部为例进行说明。

秋田大学矿山学部的前身是1910年设立的矿山学校，也是日本唯一的矿山专科学校。二战之后，按照"一府县一大学"的政策要求，矿山学校成为秋田大学矿山学部。从20世纪50年代到80年代，矿山学部的学科数量不断增加。1950年，矿山学部有3个学科，分别是矿山学科、冶金燃料学科、矿山电机学科，但到1980年时，学科数已经增加到10个。这种扩张多是学科细分导致的，比如，50年代的冶金燃料学科，在60年代被分为冶金学科和燃料化学科两个学科；再比如1970年的机械工学科，在1980年时被分为机械工学科和生产机械工学科两个学科。

1990年，随着"设置基准大纲化"，矿山学部开始进行学科升级（见表12-2），主要体现为学科数量的减少，学科变得更为综合化。如1990—1991年，矿山学部用两年时间完成了所有学科的改革，使学科数量由90年代以前的10个减少为6个。2014年改称理工学部后，学科数量再由8个减为4个，但原有的师资力量仍然是新学科的重要支撑。目前4个学科的主要课程包括生命科学、应用化学、材料理工学、数理科学、电气电子、人类环境工学、机械工学、创造生产工学、土木环境工学等。

---

① 日本高等教育学会.高等教育改革の10年[M].东京:玉川大学出版部,2003:12.

表 12-2 秋田大学矿山学部的学科变迁[1]

学部名	时间	主要事件	学科构成
矿山学部	1990 年以前	不断增加学科数量	采矿学科/矿山地质学科/冶金学科/金属材料学科/燃料化学科/机械工学科/生产机械工学科/电气工学科/电子工学科/土木工学科
	1990 年	改革采矿学科、矿山地质学科、冶金学科、金属材料学科、燃料化学科	机械工学科/生产机械工学科/电气工学科/电子工学科/土木工学科/资源·材料工学科/物质工学科/信息工学科
	1991 年	改革机械工学科、生产机械工学科、电气工学科、电子工学科、土木工学科	机械工学科/电气电子工学科/土木环境工学科/资源·材料工学科/物质工学科/信息工学科
工学资源学部	1998 年	改称工学资源学部	地球资源学科/环境物质工学科/材料工学科/信息工学科/机械工学科/电气电子工学科/土木环境工学科
	2008 年	改革环境物质工学科	地球环境学科/环境应用化学科/生命化学科/材料工学科/信息工学科/机械工学科/电气电子工学科/土木环境工学科
理工学部	2014 年	改称理工学部	生命科学科/物质科学科/数理·电气电子信息学科/系统设计工学科

昔日的采矿、冶金学科一去不复返,学科的个性化建设却刚刚起步。按照秋田大学校长在描述本校特色时所言,秋田大学设置国际资源学部和理工学部,培养为区域和世界做贡献的人才。[2] 不仅秋田大学,每所大学都在用自己的方式诠释"个性"。例如,北海道大学强调培养活跃于国际社会的领导人才,为此新设了新渡户学院;东京大学为追求文科和理科所有领域均达到世界最高水准,以"卓越性"和"多样性"为理念,提出"东京大学构想 2020"。大学为追求个性的做法千差万别,但大学追求个性化的脚步永不停歇。

---

[1] 国立大学法人秋田大学大学院理工学研究科·理工学部.学部·大学院の沿革[EB/OL].[2021-05-29]. http://www.riko.akita-u.ac.jp/intro/history.html.
[2] 读卖新闻教育部.大学の实力 2015[M].东京:中央公论新社,2014:90.

三、超智能化探索时期（2015 年以来）

1956 年，达特茅斯会议上第一次提出"人工智能"的概念，此后半个世纪中，从人们的衣食住行到经济生产的各个领域无不与智能息息相关。在网络、大数据、物联网和人工智能等技术的支持下，人类的各种需求被无限地激发和满足。事物所具有的能动地满足人们各种需求的属性，通常被称为智能化。比如，扫地机器人、无人驾驶汽车等就是智能化的事物，它们将传感器、物联网、移动通信、互联网、大数据分析等技术融为一体，从而能动地满足人们的需求。其之所以是能动的，是因为它们不像传统的机器，需要被动的人为操作。

简单说来，人工智能的发展大致经历三次高潮，第一次是 20 世纪五六十年代，人工智能概念的提出以及完成了自然语言处理，并开始以数学原理为代表进行逻辑理论的探索。第二次高潮是 20 世纪 80 年代以后，开始以很多的数据和知识为基础对现实问题提出适当的解决方法，但难以应对突发问题。后来，随着网络的发展和计算能力的飞跃，可以从大数据中寻找出概率最高的解决方法。第三次高潮是 2010 年以后，深度学习被广泛接受并应用在产品开发中。2015 年，谷歌（Google）开发了利用大数据完成任务的第二代学习平台。2016 年，阿尔法狗（AlphaGo）战胜世界冠军棋手李世石，这一次的人机对弈让人工智能为世人所熟知，它也像导火线一样，引爆了世界各国在人工智能领域的激烈竞争。从世界范围来看，随着新一轮科技革命在全球的兴起，各国纷纷提出全新发展思路。如德国"工业 4.0"主要聚焦制造业，发挥其全球领先的制造技术优势；美国"工业互联网"基于强大的信息技术产业优势，将互联网应用延伸至人、数据和机器，打通研发端和服务端，从而提升整个产业生态；"中国制造 2025"以制造数字化、网络化、智能化，带动"工业 2.0""工业 3.0""工业 4.0"并行推进，力争实现战略性突破和跨越。①

日本政府在 2016 年 1 月发布的《第五期科学技术基本计划》中，首次提出"社会 5.0"。同年 5 月，在《科学技术白皮书》中正式提出"超智能社会到来"，并就超智能社会的前景以及为实现超智能社会的施政方向做了详细的说明。

---

① 丁曼."社会 5.0"：日本超智慧社会的实现路径[J].现代日本经济,2018(3):1-2.

自2017年12月1日至2018年5月25日，文部科学大臣先后9次就"面向社会5.0的人才培养"这一问题召开座谈会。在座谈会讨论内容的基础上，2018年6月5日形成了《面向社会5.0的人才培养——社会变革、人才变革》的报告。该报告指出，未来社会所需要的能力包括：正确地解读文章和信息的能力，科学地思考领会的能力，产生价值的感性、好奇心、探求力。而引领新社会的人才包括：发现和创造超越性知识的人才，这种知识是技术革新和价值创新之源；为联结技术革新和社会问题而创造平台的人才；在各个领域能最大限度地利用和展开人工智能力量的人才。① 同时，该报告也为从幼儿园到大学教育以及体育文化等方面的未来发展给出了方向性的建议。

伴随着理工化、个性化和超智能化的理念变迁，日本高校包括学科在内的很多领域都发生了激烈的变革，当然这种变革在很大程度上受到了政府的政策引导。虽然没有纯粹的学科政策，但通过对其教育领域的政策梳理，我们发现卓越中心计划（"COE计划"）、"博士课程教育引领计划"、"全球顶尖大学项目"、"指定国立大学法人制度"这些重点建设政策对日本大学的学科产生了很大影响，尤其是这些政策的实施在事实上催生了类似于我国重点学科的一批高水平学科。这些学科或者说研究领域分布在各个大学，目前已经成为或即将成为世界最高水平的研究基地。

第二节　日本大学学科发展和调整的政策支撑

学科大致包含知识和组织两方面含义，一是作为一门知识的学科，二是围绕这些学科而建立起来的组织。日本没有严格意义上的学科分类体系以及纯粹的学科政策，其学科的发展是与课程、教学、科研以及组织的政策变迁紧密联系在一起的。那么，到底有哪些政策或制度直接影响和推动了日本高校的学科建设与调整呢？通过梳理，我们发现"COE计划""博士课程教育引领计划""全球顶尖大学项目"以及"指定国立大学法人制度"直接影响和带动了大学的高水

---

① 文部科学省.Society 5.0に向けた人材育成に係る大臣懇談会：Society 5.0に向けた人材育成～社会が変わる、学びが変わる～[R].（2018-06-05）[2021-05-29］. https://www.mext.go.jp/a_menu/society/index.htm.

平学科建设,并在事实上形成了一批高水平研究基地和学科。

一、"COE 计划":对卓越学科领域的资助

"COE 计划"(Center of Excellence Program)最早见于1992年日本学术审议会的咨询报告——《关于展望21世纪学术研究综合推进方案》,该咨询报告指出要在适当情况下建设卓越的教育与科研基地。[①] 1995年,为应对日趋激烈的国际竞争,日本发布了"科学技术创造立国"战略。2001年6月11日,文部科学省向国会提交了《大学结构改革方针》(又称"远山计划")。作为"远山计划"的具体举措,2002年,文部科学省设立了"研究基地建设费补助金"制度,由此开始了通过高额资助引导大学进行高水平学科建设之路。"COE 计划"先后经历了"21 世纪 COE 计划"(2002—2008)和"全球 COE 计划"(2007—2015)两个阶段。

(一)"21 世纪 COE 计划"

"21 世纪 COE 计划"的制定目的是在大学中建立若干不同学科的世界最高水平的研究基地,由国家提供重点财政资助,并借此建设具有国际竞争力、特色鲜明的大学。基地申请按照学科进行,由各学科领域的评审委员会负责评审。教育与科研基地的申报工作开始于2002年,分别于2002年、2003年、2004年进行了3次评审。经过评审,共有93所大学的274个项目获得文部科学省的批准(见表12-3)。

表12-3 "21 世纪 COE 计划"历年评审情况[②]

年度	大学申请数	项目申请数	学科领域
2002—2006	163(50)	464(113)	①生命科学;②化学、材料科学;③信息、电气、电子;④人文科学;⑤跨学科、复合、新领域
2003—2007	225(56)	611(133)	①医学;②数学、物理学、地球科学;③机械、土木、建筑、其他工学;④社会科学;⑤跨学科、复合、新领域
2004—2008	186(24)	320(28)	革新性的学术领域

注:括号中的数字为选定的数字。

[①] 周丽琪.日本"COE 计划"发展研究[D].长春:吉林大学,2017.
[②] 文部科学省.21世纪COEプログラム(平成16年度採択拠点)事後評価について[R].[2021-06-01]. https://www.mext.go.jp/a_menu/koutou/coe/1288235.htm.

表 12-4 "21 世纪 COE 计划"立项前十位的大学[1]

排序	学校名称	基地数量	基地内容(简称)				
			生命	化学	信息	人文	交叉
1	东京大学	11	3	2	2	3	1
	京都大学	11	2	2	2	2	3
3	大阪大学	7	2	2	1	1	1
	名古屋大学	7	2	2	2	1	0
5	东北大学	5	1	2	1	1	0
	庆应义塾大学	5	1	1	1	1	1
	早稻田大学	5	0	1	1	2	1
8	东京工业大学	4	1	2	1	0	0
	九州大学	4	1	1	1	1	0
	北海道大学	4	1	0	1	1	1

从表 12-4 中可以看出,东京大学和京都大学的基地立项数量遥遥领先,大阪大学和名古屋大学也表现颇佳。从 2002 年获得批准的 113 个基地来看,具体学科领域的分布数如下:生命科学 28 项、化学及材料科学 21 项、信息和电气电子 20 项、人文科学 20 项、交叉学科及新领域 24 项。每个研究基地的资助经费一般每年为 1 亿~5 亿日元,连续资助 5 年。从具体内容来看,新领域、独特性和世界领先性是基地评审的核心。可以说,"21 世纪 COE 计划"是日本对高水平学科的第一次摸排。

(二)"全球 COE 计划"

2006 年 3 月,日本内阁会议通过的第 3 期《科学技术基本计划》和学术振兴会发布的《"21 世纪 COE 计划"验证结果报告书》都强调要继续开展"COE 计划"。于是,2007 年文部科学省开始实施"全球 COE 计划"。申请"全球 COE 计划"需要满足一系列要求:第一,"全球 COE 计划"基地的建设者应为大学法人,申请主体为大学校长,项目经费的资助以大学法人为单位;第二,卓越基地建设的负责人应为该卓越基地的专门成员,并作为推进该基地建设的核心角色,能承担相关责任;

---

[1] 杨栋梁.日本《21 世纪 COE 计划》述要[J].日本研究论集,2003:4.

第三,卓越教育与科研基地的每个负责人只能负责一个项目;第四,在"21世纪COE计划"和"全球COE计划"中不正当使用资金的人,或在"21世纪COE计划"中未能实现预期成果的,不能担任项目负责人;第五,"全球COE计划"经过5年完成后,仍然以卓越基地的身份制定教育与科研计划,并能够自主、持续完成计划;第六,国际性优秀研究基地和特色专业研究基地应以独创性、超前性研究为基础,能制定对将来的发展有预见的计划,拥有能够培养优秀研究者的教育与研究基地;第七,一般情况下卓越教育与研究基地在同一大学内部进行,合作性机构也可建设卓越基地,包括已建成卓越基地的大学(或研究机构)间的合作或与将要建设卓越基地的大学(或研究机构)的合作,但需提出具体建设计划,如怎样合作培养博士研究生、开展研究等;第八,对于交叉学科及新领域,如未来的研究领域以及研究方向的再构建等组织改革、课程改革等,能提出具有发展性的计划。①

不同于"21世纪COE计划","全球COE计划"明确提出培养年轻的国际化顶尖科技人才的目标,突出人才培养在学科建设中的重要地位。同时,"全球COE计划"强调研究基地建设的继承性与协作性,即对"21世纪COE计划"资助的基地确有建设成效的项目将由"全球COE计划"继续资助,并鼓励大学与其他国际高水平大学合作共同申请研究基地。经过遴选,共有41所大学的140个项目获得"全球COE计划"资助(见表12-5)。

表12-5 全球COE计划遴选情况②

年份	大学数/个	项目数/个	各领域项目数/个
2007年	111(28)	281(63)	生命科学(13),化学及材料科学(13),信息电气、电子(13),人文科学(12),跨学科、复合、新领域(12)
2008年	130(29)	315(68)	医学(14),数学、物理、地球科学(14),机械、土木、建筑及其他工学(14),社会科学(14),跨学科、复合、新领域(12)
2009年	85(9)	145(9)	跨学科、复合、新领域(9)

注:大学数和项目数指大学的申请数和项目的申请数,括号内的数字为获得资助的数量。

---

① 赵俊芳,周天琪.日本"全球COE计划"研究[J].外国教育研究,2016(9):108-109.
② 日本学术振兴会.グローバルCOEプログラム[R].[2021-06-01].https://www.jsps.go.jp/j-globalcoe/data/H26_phanphlet.pdf.

总体来说,"COE 计划"(包括"21 世纪 COE 计划"和"全球 COE 计划")所资助的以学科方向为重点的教育与研究基地建设与我国教育部主持的研究基地评审有所差异,我国的基地建设主要参照二级学科的规模和内容,而日本的教育与研究基地则是学科大类下面的某一具体研究方向,而且特别强调研究方向的世界领先性。以京都大学交叉学科领域的三个研究基地为例,由加藤刚教授负责的"领先世界的综合区域研究基地",隶属于亚非区域研究东南亚区域研究方向;由笠原三纪夫教授负责的"与环境融合的能源研究教育基地",隶属于能源科学研究科能源社会科学方向;由河田惠昭教授负责的"灾害理论的探索和防灾学的构建",以防灾研究为主。理论上讲,以学科的某一研究方向为突破口,通过点的创新带动面的飞跃,更容易实现学科整体建设水平的提升。通过"COE 计划"的实施,日本政府已经完成了对大学高水平学科以及未来可能的创新领域的框定。

二、"博士课程教育引领计划":以一流人才支撑高水平学科

"博士课程教育引领计划"的目标是引导学生具有前瞻力和独创力,使学生成为广泛活跃在全球产、学、官领域的领导者。通过集结国内外一流的教师、学生,学生可以获得到产业、学校、政府学习的机会,并超越专业领域的限制,实施硕博一贯的世界通用的高质量学位计划,从而促进研究生教育的根本性变革,建成与最高学府相适应的高水平研究生院。[①] 从 2011 年起,文部科学省共投入"博士课程教育引领计划"资金 1 116 亿元(见表 12-6)。主要的资助领域包括三种类型:一是全局性领域,主要面向文理综合型学位项目;二是复合型领域(环境、生命健康、物质、信息、多文化共生社会、安全、横向课题),主要面向交叉、复合型的学位项目;三是专向型领域,主要以开拓新的领域,以有效利用独特的优势资源为目标的学位项目。资助年限为 7 年,目前已对 44 个项目完成资助(见表 12-7)。

---

① 日本学术振兴会.博士课程教育リーディングプログラム[EB/OL].[2020-05-20]. https://www.jsps.go.jp/j-hakasekatei/index.html.

表 12-6　博士课程教育引领计划预算额①

年份	预算额/亿日元	年份	预算额/亿日元
2011 年	39	2016 年	170
2012 年	116	2017 年	150
2013 年	178	2018 年	71
2014 年	185	2019 年	29
2015 年	178		

表 12-7　博士课程教育引领计划的资助领域

单位:个

类型·主题		2011 年（已完成）	2012 年（已完成）	2013 年	合计
全局性领域		3	2	2	7
复合型领域	环境	4	2	—	6
	生命健康	4	2	—	6
	物质	—	3	3	6
	信息	—	3	4	7
	多文化共生社会	—	3	3	6
	安全安心	1	2	—	3
	横向课题	2	2	2	6
专向型领域		6	5	4	15
合计		20	24	18	62

　　整体来说,"博士课程教育引领计划"主要是对高水平教师和学生的研究活动进行资助。截至 2018 年底,已有 67 名研究生通过该计划的资助取得了博士学位。② 当然,资助范围还包括学生参与国际会议、学生在读期间的生活援助以及研究项目资助等。例如,北海道大学的"开拓物质科学边界的最高领域培养计划"将资助费用的一部分用于对博士生的经济援助,为了让博士生专心于学业和研究,从读博士第一年开始,每月资助额为 15 万~20 万日元。再如,北海

---

① 日本学术振兴会.博士課程教育リーディングプログラム制度概要[EB/OL].[2021-05-20]. https://www.jsps.go.jp/j-hakasekatei/gaiyou.html.
② 文部科学省.「博士課程教育リーディングプログラム」修了者に授与される学位比について[EB/OL]. [2021-05-29]. https://www.mext.go.jp/a_menu/koutou/kaikaku/hakushikatei/1359313.htm.

道大学的"贡献全球健康的兽医科学全球领导培养计划"将资助费用的一部分用于博士生自主开展研究项目,每个项目的资助额在30万~50万日元。

对于日本大学而言,学科的界定是非常宽泛的,它既是各个研究基地独自开展的高水平研究,又是学者自我开拓的研究领域。从"COE 计划"所划定的高水平学科领域,到对高水平人才的研究资助,日本大学正在用自己的方式进行着一流学科建设。这里的学科已经超越了狭义的学科定义,而是指以学科方向为核心,将高水平教师和学生凝聚在一起进行学术创新的共同体。

三、全球顶尖大学项目:用高水平学科支撑高水平大学

在"COE 计划"以及其他多个有关提升大学教育和研究质量项目的基础上,2014 年以建设世界一流大学为直接目标的新计划——"全球顶尖大学项目"(Top Global University Project)出台了。如果说"COE 计划"是以学科领域为单位进行建设的("21 世纪 COE 计划"设置了 10 个学科领域,各大学在这 10 个学科领域内申报项目),政府按照学科领域实施经费资助的话,那么"全球顶尖大学项目"则是以大学整体为单位,对获得立项的高水平大学进行重点资助。

日本政府为实施"全球顶尖大学项目"制定了明确的目标,即"以提高本国高等教育的国际竞争力为目的,与制度改革相结合,重点支持与世界一流大学开展合作、实施大学改革、深入推进国际化的教育与研究达到世界水平的顶尖大学和引领国际化的全球大学"[1]。"全球顶尖大学项目"于 2014 年正式启动。这一项目的制度设计内容主要包括:① 重点支持的大学分为两类,A 类为教育与研究达到世界水平的顶尖大学,现在或者将来能够进入世界大学排行榜前 100 名;B 类为引领社会发展的全球化的大学。② 重点支持的大学数量为 A 类 10 所左右,B 类 20 所左右。③ 重点支持的经费数量,A 类大学每所每年 5 亿日元;B 类大学招生规模 1 000 人以上的每所每年 3 亿日元,招生规模 1 000 人以下的每所每年 2 亿日元。④ 重点支持的期限为最长 10 年。⑤ 为了保证项目实施的效果,除了项目完成之后的评价之外,分别于 2017 年、2020 年两次实施中期评价,中期评价的结果将影响后续经费的投入以及项目本身的持续与否。

---

[1] 日本学术振兴会. スーパーグローバル大学創成支援事業[EB/OL]. [2020-01-04]. http://www.jsps.go.jp/j-sgu/index.html.

2014 年进行了"全球顶尖大学项目"的申报与评审工作。申报 A 类项目的大学有 16 所,其中国立大学 13 所,私立大学 2 所,公立大学 1 所;申报 B 类项目的大学有 93 所,其中国立大学 44 所,私立大学 38 所,公立大学 11 所。[①] 从申报大学的构成来看,在私立大学占四分之三的日本,国立大学的申报数量却超过了总数的一半,尤其是申报 A 类项目的大学中国立大学占了 80% 以上,这充分说明了日本大学结构的一个重要特点,即私立大学以数量见长,而国立大学以水平占优。

文部科学省设立了全球顶尖大学项目委员会及评审委员会,负责申报项目的评审工作。评审包括书面评审与会议评审,评审的关注点主要在于项目的创造性、是否有明确的目标、是否构建了实现目标的相应体制、是否有提升国际评价水平的举措、是否具有在国际评价中进入前列的教育与研究水平等。经过约半年的申报、评审,2014 年 9 月 26 日"全球顶尖大学项目"的评审结果正式公布。A 类项目 13 所大学入选,其中国立大学 11 所,私立大学 2 所;B 类项目 24 所大学入选,其中国立大学 10 所,私立大学 12 所,公立大学 2 所。[②] 入选 A 类顶尖大学项目的大学是:东京大学、京都大学、东北大学、大阪大学、名古屋大学、北海道大学、九州大学、东京工业大学、东京医科齿科大学、筑波大学、广岛大学、早稻田大学、庆应义塾大学。

入选"全球顶尖大学项目"的大学制订了详细的规划,这些规划不仅是项目实施的依据,同时也是政府评价项目实施状况的指标。例如,东京大学制订的项目规划题目为"东京大学全球校园样本的构建"。规划中提出的东京大学项目建设目标是:全球化时代世界最高水平的研究型综合大学。这一总目标具体化为:① 在各学术领域推进具有世界最高水平的尖端研究;② 构建适应全球化时代的教育体系和富有流动性与多样性、以培养具有全球视野的知识精英为目的的课程体系;③ 加强英语学位项目和系统的英语教学与课程;④ 在用本国语开展高水平的教育与研究的同时,加强多种语言的教学;⑤ 在师生构成日益多样化的校园实施平等且富有多样性的教育、研究及管理活动;⑥ 构建能有力推进全球校园规划的组织体系。规划中不仅有这些定性的目标,还制订了定量目

[①] 平成 26 年度　スーパーグローバル大学等事業「スーパーグローバル大学創成支援」申請状況[EB/OL].[2020-01-04]. http://www.jsps.go.jp/j-sgu/data/download/h26_sgu_shinseijoukyou.pdf.
[②] 平成 26 年度　スーパーグローバル大学等事業「スーパーグローバル大学創成支援」申請・採択状況一覧[EB/OL].[2020-01-04]. http://www.jsps.go.jp/j-sgu/data/shinsa/h26/h26_sgu_kekka.pdf.

标。例如,到项目结束的 2023 年,外籍教师比例要从 2013 年的 8.5% 提高到 20%;外国留学生数的比例从 2013 年的 11% 提高到 24.7%;用外语教学的课程数比例从 2013 年的 8% 提高到 18.6%;国际交流英语考试(TOEIC)成绩 800 分以上的职员人数比例从 2013 年的 5.2% 提高到 25%;国际合作发表论文数从 2013 年的 2 652 篇增加到 6 500 篇等。① 为了实现在尖端领域开展研究,规划中还列出了包括与世界一流大学开展战略合作、通过推进综合教育改革构建新的教育体系、实施大学治理改革等诸多具体的举措。

四、指定国立大学法人制度:在高水平大学中遴选世界一流

众所周知,日本于 2004 年颁布《国立大学法人法》,此后所有国立大学都成为具有独立法人资格的实体。校长代表国立大学法人,统领所有业务。当然,校长在决定重要事项时,必须经由校长、理事组成的理事会的审议。同时,按照法律规定,所有的国立大学法人要设置理事会、经营协议会和教育研究评议会,并通过这三个组织机构对大学进行法人化管理。2016 年 5 月,日本国会修订了《国立大学法人法》,新增了第五章关于创设"指定国立大学法人制度"的条款,并于 2017 年 4 月 1 日正式实施。此次修订旨在提升日本大学的教育、科研水平和创新能力,使"指定国立大学法人"开展世界最高水平的教育与科研活动、设定更高的目标、加强财政基础、更好地运营大学。该法第 34 条第 4 项规定,文部科学大臣综合考察申请大学法人的教育与研究实绩、管理运营体制、财政基础,在听取国立大学法人评价委员会意见的基础上,将有相当可能开展世界最高水平教育、科研活动的大学法人认定为"指定国立大学法人"。认定时必须通过文部科学省省令公开。第 34 条第 2、3 项允许指定国立大学法人在不影响教育、科研活动的情况下,经文部科学大臣同意,可以向第三方出租土地等,并可将自营收入运用的对象范围扩大至有更高收益的金融产品。第 34 条第 8 项要求指定国立大学在充分考虑确保国际一流人才的前提下设定教师工资、报酬标准。第 9 条第 3、4 项规定国立大学法人评价委员会委员可以任命精通大学运营的外国人。法律同时也规定,当指定国立大学法人不再具备指定理由时,文

---

① 平成 26 年度　スーパーグローバル大学等事業「スーパーグローバル大学創成支援」構想調書(タイプ A) [EB/OL]. [2020 - 01 - 04]. http://www.jsps.go.jp/j-sgu/data/shinsa/h26/sgu_chousho_a04.pdf.

部科学大臣有权取消。①

依据修订的《国立大学法人法》,日本文部科学省于2016年11月30日公布了"第3期中期目标期间指定国立大学法人"募集公告,从研究能力、社会合作、国际协作三个领域,以及"人才培养与人才引进、研究力强化、国际协作、与社会的合作、大学治理、财务基础"等六个要素,详细规定了申报大学所需条件、各指标排名参照标准和评审流程。评审委员会对申请对象在科研能力、社会合作、国际合作交流等方面的办学水平进行严格考察。有关国立大学对照"指定国立大学法人"的评审指标进行了自评,自评结果显示仅有表现突出的7所顶尖大学符合条件,这7所大学在规定时间内提交了申请。文部科学省于2017年6月30日在评审委员会评审的基础上认定了其中的3所为指定国立大学法人,即东京大学、京都大学和东北大学。另外3所大学,东京工业大学和名古屋大学、大阪大学在其后的第二批、第三批中相继被认定为指定国立大学法人。在公布大阪大学为指定国立大学法人的通知中,文部科学省要求未获批的国立大学法人一桥大学,继续完善与充实建设规划,待条件成熟后再接受审查。

文部科学省在计划实施的首年度拨付项目经费10亿日元,用于建设"指定国立大学法人"。虽然文部科学省未对"指定国立大学法人"的数量做上限规定,但设定的评审指标十分严格。依据"第3期中期目标期间指定国立大学法人"公开招募通知,评审除了考察申报大学对自身优势和特色的把握程度、目标设定之外,还包括考察科学研究、社会合作和国际协作三大领域、六大要素,即在人才培养与人才引进方面,吸引优秀教师和学生,并为之设定具体目标和活动;在强化研究力方面,开展跨领域合作,开拓新兴领域;在国际合作交流方面,通过与国外大学和机构等的合作,扩大自身教育、研究领域;在社会合作方面,开展真正的产学合作,将产学合作的成果回馈社会,并为之设定必要的目标和活动;在大学治理方面,改善大学组织体制,为大学建设目标和人才培养服务;在财务基础方面,确保财源充足。② 并对三大领域分别制定了具体的参考依据

---

① 国立大学法人法の一部を改正する法律(2016年1月4日)[EB/OL].(2016-01-04)[2019-04-01]. http://www.mext.go.jp/b_menu/houan/kakutei/detail/1374391.htm.
② 文部科学省 第3期中期目標期間における指定国立大学法人の指定について(国立大学法人東京大学、東北大学、京都大学)(別紙3)[EB/OL].(2017-06-13)[2017-08-01]. http://www.mext.go.jp/b_menu/houdou/29/06/1387558.htm.

量表和国内排名参考值。评审指标规定,科学研究、社会合作、国际协作三大领域中每个领域至少有1个以上的指标排名位于日本国内大学前十位。北海道大学和九州大学,按评审指标自评后,因个别单项未达标,主动放弃了申报。文部科学省虽未公布获批指定国立大学法人6所大学的各项指标数值,但具体的评审内容从文部科学省公布的各指定国立大学法人获评理由和各大学的"未来构想概要"中可见一斑。

从以上可以看出,无论是"COE 计划",还是"全球顶尖大学项目"、指定国立大学法人制度,其目标都是帮助大学确定高水平创新领域,进而向世界一流大学迈进。

五、日本高校学科发展的逻辑

(一)以学科大类为依托,框定高水平学科基地

2001 年 6 月,文部科学省按照内阁会议确立的"国立大学民营化"构想,提出了对 99 所国立大学的结构进行改革的方针。该方针是由时任文部科学大臣远山敦子提出的,所以又被称为"远山计划"。该计划具体包括三项内容:① 大胆地推进国立大学的整合、重组(以拆旧造新的方式促进大学活性化);② 在国立大学中引入民营方式(尽早地向国立大学法人过渡);③ 在大学中引入第三方评价的竞争机制(培养世界高水平的国立、公立、私立 TOP 30)。而其中的第三项计划,即建立 30 所世界高水平大学的计划在 2002 年发展成为"21 世纪 COE 计划"。

TOP 30 演化为"21 世纪 COE 计划",这既是一个理论问题,也是一个实践问题。对于政府而言,必须确定用什么标准来认定大学是否是高水平的,以及是否值得进行重点资助。毫无疑问,教育和研究是大学的根本,所以对于大学教育、科研的评价以及对大学教育、科研的资助就成为建设一流大学的出发点。

为了进一步遴选高水平的教育与研究基地,"COE 计划"(包括"21 世纪 COE 计划"和"全球 COE 计划")将大学的学科按照领域进行了划分,2002 年和 2007 年分别资助了五个领域(① 生命科学;② 化学、材料科学;③ 信息、电气、电子;④ 人文科学;⑤ 跨学科、复合型新领域)。2003 年和 2008 年分别资助了五个领域(① 医学;② 数学、物理学、地球科学;③ 机械、土木、建筑、其他工学;

④ 社会科学;⑤ 跨学科、复合型新领域)。2004 年和 2009 年只资助了跨学科、复合型新领域。从资助的学科领域可以看到,跨学科、复合型新领域是"21 世纪 COE 计划"的资助重点,这当然也是学科最重要的生长点和创新点。通过"21 世纪 COE 计划"成功遴选了 93 所大学的 274 个教育与科研基地,通过"全球 COE 计划"成功遴选了 41 所大学的 140 个项目,这样日本政府就完成了对所有大学高水平教育与研究基地的第一次框定。

(二) 以教育与科研基地为中心,加强人才培养和合作研究

从 2002 年的"21 世纪 COE 计划"到 2007 年的"全球 COE 计划",对教育与研究基地的遴选程序以及资助的学科领域都没有发生变化,只是教育与研究基地的建设重点发生了变化,主要表现在:第一,强调与教育、科研基地相配套的高水平人才培养。比如,东京工业大学和东京大学联合创办的卓越基地项目"从地球到地球:关于生命行星的综合科学"被遴选为 2008 年"全球 COE 计划"资助项目。但其实该基地早在"21 世纪 COE 计划"时期就用"以信赖关系为基础的团队人才培养"成功获得资助,让年轻的研究人员参加实际的尖端研究活动,培养青年学者的实践能力和交叉学科综合研究能力。此次"全球 COE 计划"中,该卓越基地延续比较成熟的培养模式,设置针对 50 名博士生的特别课程,着重培养该领域拥有国际视野的年轻研究人员。[①] 换句话说,在前一期资助的基础上,后一期的资助更加倾向于高水平人才的培养。第二,强调高水平研究机构之间的强强合作研究。比如,庆应义塾大学的"存储空间支援基础技术合作"项目与美国哈佛大学、中国西安交通大学、法国里昂中央理工大学建立了合作关系,推进该领域的国际先导研究。庆应义塾大学的"伦理与感性的尖端教育与研究基地"与英国的剑桥大学、奥地利的维也纳大学、德国的比勒费尔德大学、美国的康涅狄格大学等机构建立合作关系,每年定期举办国际性学术研讨会。[②] 由此可见,"全球 COE 计划"是在人才培养、合作研究领域对"21 世纪 COE 计划"的发展与补充。事实证明,"COE 计划"确实使教育与研究基地的人才培养和科学研究取得了巨大进步(见表 12-8)。所有教育与研究的指标均有增长,尤其是对博士生的资助增长率为 138.7%。

---

① 赵俊芳,周天琪.日本"全球 COE 计划"研究[J].外国教育研究,2016(9):111.
② 赵俊芳,周天琪.日本"全球 COE 计划"研究[J].外国教育研究,2016(9):112.

表 12-8 教育与科研基地建设前后 5 年的指标变化①

指标		建设前	建设后 5 年	增长率
关于"教育"的指标	基地博士生的就职数	1 653 人	1 903 人	15.1%
	基地博士生作为研究助手获得经费的人数	1 447 人	3 454 人	138.7%
	基地博士生在有评审制度的期刊上发表的论文数	4 803 篇	6 529 篇	35.9%
	基地博士生在国际学术会议上做报告的次数	4 045 次	5 643 次	39.5%
关于"研究"的指标	基地负责人在有评审制度的期刊上发表的论文数	16 681 篇	18 922 篇	13.4%
	基地实施的共同研究数量	17 698 项	23 800 项	34.5%
	上述项目中与海外共同研究的数量	3 711 项	4 964 项	33.8%
	基地负责人在国际学术会议上演讲的次数	4 254 次	5 267 次	23.8%
国际性的指标	隶属于基地的外国教师人数	1 295 人	1 775 人	37.1%

（三）在学科和人才的基础上，加速建设世界一流大学

2001 年的"远山计划"中提出了 TOP 30 的构想，2002 年 11 月 24 日日本的《周日》杂志公布了前 30 位大学[2]：第 1 位，东京大学；第 2 位，京都大学；第 3 位，大阪大学；第 4 位，东北大学；并列第 5 位，早稻田大学、庆应义塾大学；第 7 位，东京工业大学；并列第 8 位，一桥大学、九州大学、名古屋大学；第 11 位，神户大学；第 12 位，北海道大学；第 13 位，筑波大学；第 14 位，中央大学；第 15 位，上智大学；第 16 位，立命馆大学；并列第 17 位，大阪大学、横滨国立大学；第 19 位，广岛大学；并列第 20 位，同志社大学、东京都立大学、千叶大学；并列第 23 位，同治大学、东京理科大学；并列第 25 位，金泽大学、关西学院大学、立教大学；并列第 28 位，日本大学、青山学院大学、冈山大学、法政大学。[3] 这 31 所大学是日本媒体第一次框定的一流大学。

但不无巧合的是，随着 2002 年开始的"COE 计划"的推进，这些大学的排序

---

① 日本学术振兴会.グローバルCOEプログラム[R]. https://www.jsps.go.jp/j-globalcoe/data/H26_phanphlet.pdf, 2014:6.
② 由于有 4 所大学并列第 28 名，因此实际上是公布了 31 所大学的排名。
③ 杨栋梁.日本《21 世纪 COE 计划》述要[J].日本研究论集，2003:16.

似乎越来越固定下来。而且"21世纪COE计划"获得资助项目数排序前10位的大学(东京大学、京都大学、大阪大学、名古屋大学、东北大学、庆应义塾大学、早稻田大学、东京工业大学、九州大学、北海道大学)与TOP 30相比,这里居前10位的大学中,只有全文科的一桥大学未能进入教育与研究基地前10位,而由居第12位的北海道大学所取代。此外,成为"指定国立大学法人"大学的也是"21世纪COE计划"获得资助项目数排序前10位大学中的6所,即东京大学、京都大学、东北大学、东京工业大学、名古屋大学、大阪大学。由此可见,"COE计划"一方面框定了各个大学的高水平学科领域,并完成了与学科领域相配套的人才培养工作;另一方面也在事实上完成了对高水平大学的进一步遴选。而"指定国立大学法人"制度更是将东京大学等6所高校作为向世界一流大学进军的旗舰大学予以重点建设。至此,日本政府确定了自己的"双一流"建设规划。

第三节　学科发展与调整的案例

学科围绕其知识体系的分化、渗透融合、整合化发展,形成了三种知识生产模式,即传统学科知识生产模式、跨学科知识生产模式、超学科知识生产模式。[①] 传统学科知识生产模式本质上是以学科知识不断分化,新的学科理论体系和外在建制不断创生为特征的。跨学科知识生产模式是研究者们在尝试不同学科之间的渗透、合作、融合的基础上,由两门或两门以上不同学科之间的相互联系而催生的。超学科知识生产模式是将经济社会发展中的实际问题与丰富的学科、跨学科知识相结合,实现科学、技术、生产的融合与创新,它的核心思想是不同学科的学者与从业者一起工作去解决现实世界的问题。鉴于本章主要研究大学的学科建设与调整,暂不考虑学科的实用化以及学科是如何解决现实世界问题的,所以下面仅以一流学科为例,介绍其传统学科和交叉学科的成长史。

一、传统学科的成长:北里大学感染控制学科

传统学科知识不断分化并衍生出新的学科领域,逐渐从原有学科体系中分

[①] 张德祥,王晓玲.学科知识生产模式变革与"双一流"建设[J].江苏高教,2019(4):1-7.

化出来成为新的自成体系的分支学科,进而实现知识生产和创新。从国际上来看,很多学科都是沿着这一路线走向一流的。下面仅以北里大学感染控制学科为例,介绍其走向一流之路的历程。

北里大学感染控制学科的前身是由日本近代医学之父、细菌学之父——北里柴三郎博士于1914年创立的北里研究所,1962年正式开设大学教育,2002年开设感染控制科学专业博士前期(硕士)课程,2004年开设感染控制科学专业博士后期(博士)课程。2015年,大村智团队因发现了线虫感染症的新型治疗方法被授予诺贝尔生理学或医学奖(见表12-9)。由此,北里大学成为感染控制科学领域世界最高水平的研究基地。

表12-9 大村智纪念研究所·感染控制学科的历史[①]

时间	主要事件
1914年	创立北里研究所
1918年	北里研究所被认定为社团法人
1962年	社团法人北里研究所为纪念其创立50周年,创立了学校法人北里学园,并设置北里大学,正式开始大学教育
1972年	在社团法人北里研究所内部,设立"东洋医学综合研究所"
1991年	将社团法人北里研究所、研究部抗生素小组改组为"生物机能研究所"
1993年	将社团法人北里研究所、研究部门改称"基础研究所";将技术部门改称"生物制药研究所",搬迁到北本市
2001年	作为北里大学的附属研究所,设立北里生命科学研究所,大村智任所长;以基础研究所、生物机能研究所、东洋医学综合研究所为基础,成立"北里大学研究生院感染控制研究科"
2002年	北里大学研究生院感染控制研究科开设感染控制科学专业博士前期(硕士)课程;"依据天然材料抗感染药的研制和基础研究"入选"21世纪COE计划"的资助(生命科学领域:2002—2006)
2004年	研究生院感染控制研究科完成感染控制科学专业博士前期(硕士)课程;研究生院感染控制研究科开设感染控制科学专业博士后期(博士)课程
2007年	感染控制科学专业博士后期(博士)课程完成;设立北里大学感染控制研究中心

---

① 北里大学.大村智記念研究所·感染制御科学府の歴史[EB/OL].[2020-07-21]. https://www.kitasato-u.ac.jp/lisci/life/summary/Lisci_History.html.

续表

时间	主要事件
2009年	北里大学"世界性感染控制教育与研究基地的强化整备事业"获得文部科学省"为援助教育与研究高度化体制整备事业"的资助
2015年	大村智的团队因发现了线虫感染症的新型治疗方法被授予"诺贝尔生理学或医学奖"
2017年	"以耐药性(AMR)菌感染症治疗药为目的的创药研究"获日本医疗研究开发革新机构(AMED)基础创成事业(CICLE)采纳(代表机构:大日本住友制药;共同研究单位:北里大学)
2020年	变更机构名称,将北里生命科学研究所更名为"大村智纪念研究所"

表12-9简要介绍了北里大学感染控制学科的百年发展历程,但如果从其正式成为大学并开始培养学生算起的话,其发展历程仅有50多年的时间。整体说来,大致有以下三个特点。

(一)适时确立高、精、尖的学科发展方向

目前,北里大学共有7个学部、7个研究科。学部包括:① 进行生命科学基础研究的理学部;② 动植物与环境相关的领域——兽医学部、海洋生命科学部;③ 人类生命与健康相关的领域——药学部、医学部、护理学部、医疗卫生学部。研究科包括药学研究科、兽医学系研究科、海洋生命科学研究科、护理研究科、理学研究科、医疗研究科、感染控制研究科。从学部与研究科构成来看,除感染控制研究科外,其他学部与研究科实际上处于一体化的状态,而只有感染控制研究科只从事研究生培养,没有本科生。换句话说,感染控制研究科只进行高水平的人才培养与科学研究。而且早在2001年,北里大学以基础研究所、生物机能研究所、东洋医学综合研究所为基础成立"北里大学研究生院感染控制研究科"时,这个学科方向的精准定位就已经被确定下来。另外,从所开设的课程也可以看出其学科方向的"精"与"尖"。目前的感染控制学科只开设两类专业课程:① 感染控制、免疫学专业课程,包括疫苗学、分子病毒学、分子细菌学、感染症学、免疫机能控制科学;② 创药科学专业课程,包括微生物创药科学、生物有机化学、细胞机能控制科学、和药中药利用科学、微生物机能科学、热带病控制科学。也许按照我国一级、二级学科的划分标准,这些课程基本上很难划入特定的学科,但认准学科方向,并根据学科方向凝练和选择最合适的课程来培养学生,也许这才是北里大学感染控制学科走向一流的重要特点。

(二)受益于政府的政策支持和经济激励

从表 12-9 中可以看出,2002 年,北里大学的感染控制学科获"21 世纪 COE 计划"资助(生命科学领域:2002—2006),使北里大学成为名副其实的感染控制学科的研究基地。2009 年,感染控制学科又获得"为援助教育与研究高度化体制整备事业"的资助。该项资助以国立、公立、私立大学为对象,其目的是实现大学内部教育、研究高度化。申请者仅限于设有博士学位课程的大学,而且博士生在校人数为 200 人以上,或者是获得科学研究补助金的项目数为 100 项以上的大学才可以申请。由这两个条件可以看出,这项事业实际上是文部科学省为那些实施高水平研究生教育的大学提供的设施设备资助。正如其项目公募要领所言:"为促进大学的教育、研究高度化,与世界高水平大学为伍,提高大学该学术领域的国际竞争力和教育、研究质量,必须完善大学教师、研究者、博士生安心地从事教育、研究业务和项目管理的体制机制。"[1]作为一所私立大学,北里大学从未进入世界各类大学排行榜的前 500 名,在日本的各类大学排行榜中,北里大学的排名也在 20 位之外。但就是这样一所整体实力并不突出的大学,却凭借其独特的学科方向成为世界感染控制科学领域最重要的研究基地,不得不说这与文部科学省的政策支持和经济激励是分不开的。

(三)基础研究与技术开发并行

到 1993 年时,北里大学就已经形成了基础研究部门和技术部门的并列格局,一方面从事基础研究,另一方面从事技术开发和生物制药工作,当然这种基础研究与应用研究并行的状况也与医学的自身特点有关。但正是这种格局为后来大学与产业的合作打下了坚实的基础,2017 年北里大学与大日本住友制药合作,"以耐药性(AMR)菌感染症治疗药为目的的创药研究"被日本医疗研究开发革新机构(AMED)基础创成事业(CICLE)采纳。北里大学不仅是高水平的科学研究基地,也成为关注人类福祉的重要基地。从理论上讲,北里大学基础研究与生物制药的并行实际上也是对大学职能的最好诠释。

---

[1] 平成 21 年度 教育研究高度化のための支援体制整備事業 公募要領[EB/OL].(2019-06-01)[2020-01-04]. https://www.mext.go.jp/component/a_menu/education/detail/__icsFiles/afieldfile/2009/06/01/1266928_1.pdf.

二、 交叉学科的创新：东京大学新领域创成科学研究科

东京大学新领域创成科学研究科开设于1998年,主要致力于对物质、物质材料、能源、信息、复杂性、生命、医疗、环境、国际合作等传统学术体系中无法解决的跨学科课题进行研究。按照东京大学的说法,该研究科在教育研究上的主要目的是通过学科交叉创造新的学术领域,适应现代社会的要求及其变化,勇敢地面对人类迫切需要解决的问题,培养具有跨领域理念和高度的问题解决能力的国际性人才,积极为社会做贡献。[①] 该研究科没有学部,不培养本科生,而只进行研究生教育,截至2018年共有7 333名硕士和1 606名博士被授予课程学位。该研究科现拥有185名教师、1 414名研究生[②],是东京大学所有研究科中规模最大的研究科之一。总结而言,东京大学新领域创成科学研究科作为跨学科人才培养和科学研究基地,其主要特色体现在如下方面。

（一）以校区之力推进新领域探索

1991年4月至1997年4月推行的"研究生院重点化"政策,极大地促进了东京大学研究生教育的发展。据统计,东京大学从1991年到2011年的20年时间里,研究生规模从6 048人增长到12 821人。[③] 研究生数量和规模的大发展,使东京大学不得不做出新的规划和定位。1994年,东京大学获得了千叶县柏市北部柏叶公园附近的土地,用以建设新的校区。同年3月,在研究生院问题座谈会上,东京大学第一次提出"在新的柏校区设置新研究院的构想"。1997年5月,东京大学评议会通过了《关于新的柏校区整体构想的报告》;次年,新领域创成科学研究科正式设立。

2003年,东京大学制订了《东京大学宪章》,决心以"为世界的公共性做贡献的大学"为目标发展东京大学。在这一理念指导下,东京大学进一步规划了三个校区的学科定位:本乡校区以深入推进传统学术领域为重点,柏校区以创造新的

---

① 东京大学大学院新领域创成科学研究科.研究科、研究系及び専攻における教育研究上の目的[EB/OL].[2020-01-02]. https://www.k.u-tokyo.ac.jp/gsfs/purpose.html.
② 东京大学大学院新领域创成科学研究科.研究科紹介[EB/OL].(2014-12-15)[2020-08-16]. https://www.k.u-tokyo.ac.jp/pros/index.html.
③ 東京大学フォトンサイエンス・リーディング大学院[R].文部科学省説明資料より,https://www.mext.go.jp/component/b_menu/shingi/giji/_icsFiles/afieldfile/2014/12/15/1353735_4.pdf,2014:38.

学术领域为重点,驹场校区以开拓新的交叉领域为重点。2006年,新领域创成科学研究科正式迁入柏校区,使柏校区成为跨学科人才培养和新学术领域创造的基地。为了充分支持研究科的发展,学校为研究院建设了综合研究大楼、新领域生命大楼、新领域基础科学实验大楼、新领域基础大楼、新领域环境大楼、信息生命科学实验大楼。除此以外,很多专业都配备了先进的实验设备,比如尖端能源工业专业拥有世界最高水准的等离子实验设备 RT-1 和 UTST,超音速高焓风洞以及电动汽车实车行走实验场等大规模实验设备。如果说大楼和实验设备为新领域探索提供了物质基础,那么,其他三个综合性研究所和一个国际高等研究院在柏校区的落户,则为柏校区的新领域创造提供了精神食粮。它们是以创造"支撑现代产业发展的多样化新物质"为目标的物性研究所、以"探寻宇宙和物质起源为目标"的宇宙线研究所、"进行大气海洋基础研究并推进地球表面圈层探索"的大气海洋研究所和以综合性高精尖著称的国际高等研究院。这些研究所和国际高等研究院不仅与新领域创成科学研究科的教师开展学术合作,而且还与相关专业合作开设联合讲座,为学生提供跨学科知识涵养。可以说,正是这些跨学科、综合性研究机构与新领域创成科学研究科共同支撑了东京大学的新领域探索。

（二）以特别讲授、跨学科讲座和国际合作为主的课程体系

新领域创成科学研究科有基础科学研究系、生命科学研究系、环境学研究系的11个专业以及覆盖所有系的可持续性全球领导研究生项目和2个研究中心(见表12-10)。

表12-10 新领域创成科学研究科的专业构成

研究系	专业构成
基础科学研究系	物质系专业
	尖端能源工学专业
	复杂理工学专业
生命科学研究系	尖端生命科学专业
	媒体信息生命专业
环境学研究系	自然环境学专业
	海洋技术环境学专业
	环境系统学专业

续表

研究系	专业构成
环境学研究系	人类环境学专业
	社会文化环境学专业
	国际合作学专业
	可持续性全球领导研究生项目
生涯体育运动健康科学研究中心	
生命数据科学中心	

值得说明的是,"可持续性全球领导研究生项目"虽然在名字上不称作专业,但却与专业基本相同,有自己独特的课程,并进行研究生招生和学位授予。具体来说,"可持续性全球领导研究生项目"是培养为可持续性社会做贡献,并拥有国际视野的人才。授课、讨论等全部采用英语,学生的一半以上由留学生构成,研究最尖端的可持续性学问,并与国内外大学机构(例如国际联合大学、伦敦大学)进行紧密合作,同时该项目也被列入文部科学省公费资助外国留学生优先支持计划。[1]

新领域创成科学研究科的研究生必须修习的课程主要有两大类,一类是共通科目,相当于所有研究科学生必须修习的专业基础科目,包括特别讲授、习明纳、科学技术英语、海外实习、压力管理和健康体育科学。另一类是专业科目,由本专业的教师针对本专业的学生开设,一般为30学分。(见表12-11)

表12-11 新领域创成科学研究科学生课程设置[2]

科目类别	具体科目及其学分
共通科目	新领域创成科目特别讲授(1—6):2学分 新领域创成科学特别讲授(跨学科习明纳1—3):1学分 新领域创成科学特别讲授(科学技术英语):1学分 新领域创成科学海外实习(1—4):10学分 压力管理:2学分 健康体育科学(1—2):2学分
专业科目	各专业自行规定:30学分

---

[1] 东京大学大学院新领域创成科学研究科.环境研究系サステイナビリティ学グローバルリーダー養成大学院プログラム[EB/OL].[2020-01-29].https://www.k.u-tokyo.ac.jp/pros/sustaina/index.html.
[2] 全学開放科目および新領域創成科学研究科共通科目 令和3年度 講義要目[EB/OL].[2021-07-21]. https://www.k.u-okyo.ac.jp/j/syllabus/common/index.html.

从表 12-11 中可以看出,研究院的课程设置已经突破了传统的学术学科框架,突出特别讲授和海外实习。特别讲授有 6 个科目,"特别讲授 1—4"是大部分专业的必修科目;"特别讲授 5"和"特别讲授 6"是尖端生命科学专业、媒体信息生命专业和人类环境学专业的硕士和博士的必修科目。按照规定,研究院的所有硕士和博士的毕业要求是海外实习 10 学分。也就是说,学生必须有大量的海外学习和实习经历才能够毕业。由此,研究院与里昂大学、普林斯顿大学、伦敦帝国理工大学、麻省理工学院、浙江大学、同济大学等建立了长期的教育合作关系,以帮助学生在海外进行学习。

此外,各个系自行开设的专业科目主要由讲座、实习等组成,并深刻体现综合性、跨学科、前沿性的特点。比如,基础科学系物质专业的专业课程由四大讲座和一个合作讲座构成。四大讲座包括物性、光科学讲座,新物质、界面科学讲座,材料、机能设计学讲座,多次元计测科学讲座;而合作讲座则是与物性研究所的 16 位教师合作完成的。[①] 再比如,生命科学研究系医学信息与生命科学专业由旧的信息生命科学专业和医学基因专业整合而成。整合之后的新专业由五大科目群组成,即基础科目群、发展科目群、医学特论科目群、信息生命特论科目群和生物知识产权科目群。[②]

(三) 以研究生教育为抓手的发展理念

东京大学新领域创成科学研究科以交叉学科研究为其课程特色,培养了大量复合型人才。当然,研究生的集聚和规模扩张主要得益于文部科学省的"研究生院重点化"政策。1991 年,文部科学大臣提出"研究生院的量的整备"的咨询请求。此后,在"研究生院重点化"政策下,各个国立大学纷纷设置研究生院,扩大研究生规模。2003 年,东京大学制订了《东京大学宪章》,确立了"为世界的公共性做贡献的大学"目标。在这一理念指导下,新领域创成科学研究科以交叉学科研究为突破口开始了快速发展之路。

2013 年 7 月 3 日,东京大学研究生院教育研讨会指出,东京大学研究生教育面临的问题主要有:研究生教育质量低下;卓越性和国际性不够充分;僵化的

---

① 东京大学大学院新领域创成科学研究科.自己点検・外部評価報告書[R].東京大学大学院新領域創成科学研究科,2017:13.
② 东京大学大学院新领域创成科学研究科.自己点検・外部評価報告書[R].東京大学大学院新領域創成科学研究科,2017:39-40.

学位系统；对没有取得学位的、优秀的在职人员的关注不够；缺乏稳定的援助体制；引领研究生院的恒久性方案有待完善。未来研究生院改革的方向包括：检查完善定员并推进国际化；构筑研究生支持系统；修业年限弹性化；强化附属研究所的研究推动力；培养研究生的俯瞰力和问题解决能力。① 此后，东京大学不断提升研究生教育质量，并逐步推动研究生教育走向国际化。为进一步推动研究生教育改革，2014年，东京大学启动了"国际卓越研究生院计划"。该计划的主要目的是培养具有高水平研究能力和专业性，并为人类社会做贡献的博士人才，进行硕博一贯的国际通用的研究生培养。由于经历了跨学科的专业训练，东京大学新领域创成科学研究科的毕业生非常受欢迎。以2015年为例，当年的387名硕士毕业生中有267名直接就业，81名选择了升学。② 截至2019年9月，16个"国际卓越研究生院计划"中，有8个计划接收新领域创成科学研究科所属的研究生，当然，这主要得益于该研究科学生所具备的交叉学科的知识基础。

为适应"社会5.0"的战略构想，东京大学于2017年7月成立了由东京大学校长为本部长的未来社会协创推进本部，该部门的设立旨在实现《东京大学宪章》中所写的，"将东京大学建成为世界的公共性做贡献的大学"，有效推进协同创新，为地球和人类社会的未来做贡献。东京大学正在以高水平人才培养为世界、为未来做好准备，正如东京大学网站首页上醒目显示的"志在卓越"。大力发展交叉学科和进行高水平人才培养，从建立交叉学科到大力发展研究生教育，也许这就是东京大学正在探索的走向卓越之路。

---

① 東京大学フォトンサイエンス・リーディング大学院［R］.文部科学省説明資料より，https://www.mext.go.jp/component/b_menu/shingi/giji/__icsFiles/afieldfile/2014/12/15/1353735_4.pdf，2014:7.
② 东京大学大学院新领域创成科学研究科.自己点検・外部評価報告書［R］.2017:12.

结　语

自1985年《中共中央关于教育体制改革的决定》中提出"为了增强科学研究的能力,培养高质量的专门人才,要改进和完善研究生培养制度,并且根据同行评议、择优扶植的原则,有计划地建设一批重点学科"以来,随着国家重点学科政策的实施、学科评估的推进以及"双一流"建设的展开,学科在高校办学中的重要性日益凸显,学科水平对高校发展在很大程度上具有了指标性意义。因此,学科制度、学科建设、学科评估等成为近年来我国高校办学实践探索与理论研究的重要领域。几十年的学科建设,虽然取得了许多成效、积累了不少经验,但是在科学知识迅速发展、知识生产方式不断变化的背景下,需要对学科及学科建设的理念、制度等做进一步深入的探讨与反思。在本书前面各章有关"双一流"建设与高校学科调整、发展的理论研究、案例分析和比较研究的基础之上,这里就高校学科发展的一些理论、实践问题和交叉融合、跨学科发展趋势下高校学科的调整与改革等做进一步分析,以为全书的结语。

一、知识学科与组织学科的调适

所谓知识学科,主要是指学科的知识形态。大学中的学科以知识为基础,学科是体系化的知识在大学中的存在形式,学科与大学是共生的。中世纪大学的诞生与神学、法学、医学息息相关,神学院、法学院、医学院、文学院作为早期大学中的"学科组织"伴随着大学的成长。由于学科自身发展的阶段性,近代之前大学中的学科与现代大学的学科有着很大的不同。譬如,有学者认为早期的学科可以归入哲学的统辖之下,形成了一个"学科的哲学体系",包括形而上学、物理学、数学等理论学科,伦理学、经济学、历史学等实践学科,以及逻辑学、修辞学、雄辩术等诗歌类这三大组成部分构成,①所谓的"哲学时代"也许是对近代之前大学学科特点的一种比较贴切的概括。"18世纪自然科学的发展,不仅对经济、工业、采矿业、农业和军事科学的发展产生了巨大的影响,而且也使得物理学和化学的发展突破了大学的围墙,从之前单纯的辅助性学科,发展成为独立的基础科学。而它们在19世纪的进一步分化,产生出了许多新兴的专业,进而也影响到了大学。"②大学的学科发展遂进入了"科学时代"。在西方大学几百年的历史演进中形成的"大学自治"与"学术自由"的传统孕育了西方大学学科发展的两个基本特征:一是学科发展是各大学的内部事务,包括政府在内的外部社会虽然有时会对大学的学科发展产生影响,但是这种影响一般来说不是决定性的;二是知识进化是影响大学中学科发展的规定性因素,因此如何遵循知识发生、发现与进化的规律对于大学中的学科发展十分重要。

知识作为学科的本质存在,其对大学中的学科设置与发展起着重要甚至决定性的影响作用。从大学的发展来看,无论在什么时代,大学中的学科所包含的知识都只是人类知识体系中的一部分。什么样的知识可以进入大学、构成学科,这在很大程度上取决于知识的性质。德国哲学家费希特在19世纪初对什么性质的知识可以进入大学、成为大学的学科做了明确的阐释。费希特把知识分为学术的知识与实务的知识两类,即使在神学、法学、医学中也有学术的知识与实务的知识之分,而大学中所学习、研究的知识应是学术的知识,例如,法学中法的历史、法的理论等,医学中的解剖学、植物学等,神学中的语言学、宗教史等。在费希特看来,"牧师所需要的技法,诸如教义解答、说教以及与普通人在社交场合交往的方法,这些是与大学的科学学习的目的相反的,因此应该把它们从大学中分离出去,由经验丰富的牧师指导训练最为适宜"③;"实际生活中

---

① [比]希尔德·德·里德-西蒙斯.欧洲大学史:第二卷·近代早期的欧洲大学(1500—1800)[M].贺国庆,王保星,屈书杰,等译.保定:河北大学出版社,2008:521.
② [瑞士]瓦尔特·吕埃格.欧洲大学史:第三卷·19世纪和20世纪早期的大学(1800—1945)[M].张斌贤,杨克瑞,付轶,等译.保定:河北大学出版社,2014:530.
③ J. G. Fichte. ベルリン創立予定の、科学アカデミーと緊密に結びついた、高等教育施設の演繹的プラン[M]//J. G. Fichte,等.大学の理念と構想.梅根悟,译.东京:明治图书出版株式会社,1970:54.

运用法律的方法之传授是大学以外的事情,对于希望学习这类知识与方法的学生,应为他们设立专门的训练机构,使他们有可能为将来的职业做准备"[1];"医术应该从学术学校即大学中分离出来,另外设立一个独立的机构,在那里不与科学混合,只学习医生所需要的实际经验与知识。设立这样的独立机构,对于过去经常处于医术的侍女地位的自然科学,对于医术自身,对于整个学术社会来说,都有无法估量的好处"[2]。在近代之前的大学,人们依据对大学的理解(理念)以及对知识性质的认识,构建了统辖于哲学之下的"学科体系"。进入现代之后,随着科学的不断进步、知识的迅速膨胀,大学中的学科体系日渐庞大,学科数量持续增长。尽管如此,知识的性质仍然是影响知识进入大学成为学科的重要因素。有学者认为:"知识可以大致划分为两个层次,其一为一般性知识,其二是高深知识。而且通常说来,普通教育传授的知识属于一般性知识,而高等教育传授和研究的对象是高深知识。"[3]高深知识与一般性知识之所以具有层次上的不同,在很大程度上是它们各自的不同性质使然。高深知识对于现代大学来说十分重要,不仅"是学术系统中人们赖以开展工作的基本材料"[4],而且是大学学科构成的基础。

所谓组织学科,主要是指学科的组织形态。学科的组织形态大体上可以分为两大类。一类是在大学之外的学会、科学院等。众所周知,早在17世纪,英国皇家学会、法兰西科学院等机构就已出现。学会按照知识领域构成,学会对于其成员虽然没有人事归属上的强制性要求,但是对于学者的学术声望有着近乎决定性的影响作用。学会是知识交流、思想碰撞、真理探究的重要场所,有无学会是一个知识领域能否成为学科的主要标志之一。学会、科学院在科学发展史上的作用也是不容忽视的。譬如,W. C. 丹皮尔在论述19世纪科学时写道:"法国科学的中心是科学院,而德国科学的中心在大学之中。"[5]

---

[1] J. G. Fichte.ベルリン創立予定の、科学アカデミーと緊密に結びついた、高等教育施設の演繹的プラン[M]//J. G. Fichte,等.大学の理念と構想.梅根悟,译.东京:明治图书出版株式会社,1970:50.
[2] J. G. Fichte.ベルリン創立予定の、科学アカデミーと緊密に結びついた、高等教育施設の演繹的プラン[M]//J. G. Fichte,等.大学の理念と構想.梅根悟,译.东京:明治图书出版株式会社,1970:51.
[3] 陈洪捷.论高深知识与高等教育[J].北京大学教育评论,2006(4):2-8.
[4] [美]伯顿·R.克拉克.高等教育系统——学术组织的跨国研究[M].王承绪,等译.杭州:杭州大学出版社,1994:25.
[5] [英]W.C.丹皮尔.科学史及其与哲学和宗教的关系[M].李珩,译.北京:商务印书馆,1975:389.

学科的另一类组织形态是大学中的学术组织。"大学体系中的核心组织是按照知识领域构成的",大学中"最重要的组成部分是教师与研究人员的组织,教师与研究人员依据知识领域(学科)形成组织"。① 在约 900 年的大学发展过程中,依据知识领域构成的学科组织通常以学院、讲座、系、研究所的形式存在于大学之中。大学内的学科组织(学院、系等)与大学外的学科组织(学会等)有着许多不同之处。首先,两种组织的构成不同。大学外的学科组织的构成比较松散,且对于组织成员不具有体制上、人事上的约束力;而大学内的学科组织的构成是紧密的,组织成员受到制度、人事的约束,必须履行成员应尽的责任和义务。其次,两种组织的功能不同。大学外的学科组织的功能基本上是单一的,即围绕某一知识领域开展活动,为了知识的交流与发展;大学内的学科组织的功能则是多样的,除了知识的交流与发展之外,还在于人的培养,即为知识领域的发展以及社会某一行业、职业的发展培养后继人才。

大学中的学科组织在不同制度、文化的环境中,其形式与结构具有不同的特征。譬如,欧洲大学传统的讲座与美国大学的系之间存在差别。讲座与系都是大学的基层学术组织,讲座与系皆以知识领域为基础,因此也可以说是大学的学科组织。传统的讲座制以讲座教授全权负责讲座内的诸般事务为主要特征。关于讲座制的形成,伯顿·R.克拉克认为:"讲座组织的历史十分悠久。大部分欧洲与拉丁美洲的大学以讲座制作为组织运营的传统形式。讲座制的来源在于中世纪大学最初的组织——行会之中,行会是由授课的教授、若干作为徒弟的助手和为数不多的学生组成的。讲座制内部的等级制即是行会模式的特征之一。"②这里,我们似乎可以看到讲座制所反映出的欧洲大学的制度与文化传统。欧洲中世纪大学最初的雏形是在巴黎、博洛尼亚等城市由讲学的教师与听课的学生所组成的行会组织,在中世纪的欧洲是先有教师、学生,后有大学,以教授组织为核心的大学自治制度和以讲座教授为尊的学术文化逐渐成为欧洲大学内部组织结构(包括学科组织结构)的基本特征。与欧洲相比,美国是大学的后发国家。美国的大学、学院是欧洲移民以欧洲大学为蓝本建立起来的。1636 年,美国历史上第一所高等教育机构——哈佛学院成立。"哈佛学院

---

① Burton R. Clark. 高等教育システム——大学組織の比較社会学[M]. 有本章,译. 东京:东信堂,1994:39.
② Burton R. Clark. 高等教育システム——大学組織の比較社会学[M]. 有本章,译. 东京:东信堂,1994:54.

完全是按照英国大学的模式创建的。具体来说,剑桥大学伊曼纽尔学院对哈佛影响最大。从哈佛创办者留下来的明确的声明中,可以发现哈佛的章程是直接取自伊丽莎白时期的剑桥大学章程的。'按照英格兰大学的方式'这个用语出现在第一个哈佛学位方案中。"①然而,欧洲大学以教授组织为核心的大学自治制度和讲座制的学科组织方式没有在美国的大学"生根开花"。美国大学的基层学术组织发展出一种新的形式——系。与讲座制中的教授一人全权负责讲座事务不同,"系的责任与权力分散在许多教授手中,而且副教授与助理教授参与一些系的事务也是被允许的"②。为什么美国的大学整体模仿欧洲,而大学内部的学科组织却"另辟蹊径"呢?"19世纪的美国,成长中的众多学院与逐步兴起的大学皆在理事会及管理者的控制之下,分系制正是产生于这一背景之中。"③从分系制的产生中,我们可以看到美国大学制度的历史与文化传统。如上所述,"欧洲的大学是从教师或学生的自治团体发展而来","在自治机构中,教师和学生获得了与中世纪行会类似的特权"。而在17世纪的美国,"不是根据教员、教师、导师或教授来建立他们自己的学院","殖民地学院是由院外人士,即由牧师和地方法官组成的董事会进行管理"。哈佛学院"在1639年成立了董事会作为初始的管理机构。董事会成员包括州长、副州长、殖民地财务总管以及3位地方法官和6位牧师"。④ 殖民地时期的美国是先有大学(学院),后有教师、学生,在此基础上逐步形成了理事会(董事会)领导下的大学自治制度和建立在"平权"文化基础上的分系制基层学科组织。

随着时代的发展,作为基层学科组织的系与讲座在不断发生着变化,现以日本大学的讲座制为例去探寻这种变化。日本是近代高等教育的后发国家,1877年成立的东京大学是日本第一所近代大学。日本的近代大学制度模仿德国大学模式而建立,讲座制是日本大学内部学术组织的基础。1956年文部省(现为文部科学省)制定的《大学设置基准》明确了讲座制的目的、组织结构等基本要素。"讲座制是确定教育与研究所必需的专业领域,并依据这些专业领域配置教师的制度","讲座内设教授、副教授及助教职位。根据讲座的类别,如

---

① 贺国庆.德国和美国大学发达史[M].北京:人民教育出版社,1998:82.
② Burton R. Clark.高等教育システム——大学組織の比較社会学[M].有本章,譯.東京:東信堂,1994:54.
③ Burton R. Clark.高等教育システム——大学組織の比較社会学[M].有本章,譯.東京:東信堂,1994:56.
④ [美]亚瑟·科恩.美国高等教育通史[M].李子江,译.北京:北京大学出版社,2010:37.

有必要,可以设置讲师,也可以不设副教授和助教。讲座由专职教授负责。如果没有合适的负责讲座的教授,专职副教授、讲师或者兼职教授、副教授、讲师可以作为讲座的负责人"。① 这一制度设计规定了日本大学讲座制的基本特征,即讲座以某一知识领域(学科)为依据设置,通常一个讲座由教授一人负责,成员可以包括副教授一人、助教等。负责讲座的教授如果不去职(退休、调离等),副教授则不能在该讲座内晋升教授。日本国立大学教育学部教育学科设置的讲座一般有教育原理、课程学、比较教育学、教育史、教育社会学、社会教育学、教育行政学等。随着高等教育发展与改革的不断深入,讲座制所存在的问题逐渐引起人们的关注。1971 年,日本中央教育审议会在咨询报告中指出,在学术研究的水平不断提升和专业持续分化的进程中,"学部""讲座"这样的传统学术组织陷入了"割据主义"的状态,难以应对高等教育大众化的发展与大学改革的需要。② 在 20 世纪 90 年代初开始的日本新一轮高等教育改革中,大学内部组织问题是焦点之一。1998 年,大学审议会在《21 世纪的大学像与今后的改革策略》报告中将"建立大讲座制"作为大学学术组织改革的一个主要对策。③ 所谓"大讲座制",即将若干传统的小讲座合并为一个大讲座,大讲座中通常包括几个相近的学科领域以及一定数量的教授、副教授,一改传统讲座制过于垂直、僵硬的权力、学术、人事体制和过于狭窄的学科构成的模式,使得学科发展、教师晋升、人员编制等具有了更多的灵活性。这一"大讲座制"的改革已经在日本许多大学中实施。例如,名古屋大学教育学部教育学科将过去的 10 多个小讲座合并组成 3 个大讲座,即终身发展教育学讲座,包括教育史、教育行政学、社会教育学、终身教育学和技术教育学;学校信息环境教育学讲座,包括课程学、教育方法学、教育经营学和教师教育学;相关教育科学讲座,包括人的发展学、教育人类学、比较教育学、教育社会学和大学论。④

从上述有关知识学科与组织学科的分析中可以看出,知识学科与组织学科的关系在一定意义上说是"里"与"表"、"内在"与"外在"的关系,即知识是学科的"里"与"内在",组织是学科的"表"与"外在"。没有知识的进步,学科发展无

---

① [日]天诚勋,庆伊富长.大学設置基準の研究[M].东京:东京大学出版会,1983:321.
② [日]天野郁夫.大学改革を問い直す[M].东京:庆应义塾大学出版会,2015:282.
③ [日]天野郁夫.大学改革を問い直す[M].东京:庆应义塾大学出版会,2015:284-285.
④ 名古屋大学教育学部.教员紹介[EB/OL].[2020-03-20].http://www.educa.nagoya-u.ac.jp/faculty/.

从谈起。组织的存在以知识探究、知识生产为目的,组织的状态如何会对学科发展产生比较大的影响作用,这种影响作用可能是正向的,推进知识探究与学科发展;也可能是负向的,对知识探究产生阻碍。因此,如何调适知识学科与组织学科的关系,是大学学科发展时常会遇到的问题。调适知识学科与组织学科的关系,在多数情况下主要是组织的改革问题,即改变组织的结构、形态等以使之更加适应知识以及学科的发展规律。日本由"小讲座制"到"大讲座制"的改变,可以看作组织学科改革的一个实例。调适知识学科与组织学科的关系,也能使两者在大学的发展过程中保持一种动态的平衡。

作为现代高等教育的后发国家,我国百余年来高等教育发展艰难曲折,尤其是"文化大革命"拉大了我国高等教育与世界高等教育先进水平的差距。我国实施改革开放的政策之后,为了跟上世界高等教育发展的步伐、逐步缩小与世界高等教育先进水平的差距、让高等教育在经济和社会各个方面的发展中发挥应有的作用,我国高等教育开始采取"超常规"的发展方式,走中国特色的发展道路。这种"超常规"的发展方式与中国特色的发展道路的实质就是政府主导、目标导向、计划先行、管理保障。在学科发展领域,"超常规"的发展方式与中国特色的发展道路明确了"学科建设"的基本指导思想与思路,将学科发展看作一项可以影响高校水平的工作、项目、工程来实施与建设,政府为此不断出台促进学科建设的政策,高校为此不断实施改革策略以推动学科建设的进行。20世纪80年代初,以重点建设的思路来建设重点学科成为政府推动高校发展学科、通过发展学科带动高校整体水平提升的基本政策与指导思想。1983年,教育部在武汉召开全国高等教育工作会议后下发了《关于调整改革和加速发展高等教育若干问题的意见》的文件,其中提到,"要采取有力措施,逐步建设好一批重点大学、重点学科(专业),使之成为国家的教育和科研中心与高教事业的骨干。它们除了为国家培养水平较高的本科生以外,还要努力培养出一批相当于国际水平的硕士、博士生,并在科学研究方面为国家做出重大贡献。各校的主管部门和有关部门应当像对待重点建设项目那样,优先保证重点大学、重点学科所需要的师资、经费、基建、设备等办学条件,使之为国家做出更大贡献"。从此,学科建设正式成为我国高校办学的重要任务之一,政府通过实施重点学科建设来推动全国高校学科建设工作的开展。从1987年2月国家教委发出

《关于在试点学科中进行评选高等学校重点学科申报工作的通知》，正式启动遴选国家重点学科，到 2014 年 1 月国务院发布《关于取消和下放一批行政审批项目的决定》，取消教育部的国家重点学科审批，这期间历时 27 年，教育部组织实施了 3 次国家重点学科的申报审批工作，第三次(2007 年)共评选出 286 个一级学科国家重点学科、677 个二级学科国家重点学科、217 个国家重点(培育)学科。2015 年 10 月，国务院印发《统筹推进世界一流大学和一流学科建设总体方案》，标志着我国高校学科进入了建设"世界一流学科"时期。2017 年 9 月，教育部、财政部、国家发展改革委联合发布的《关于公布世界一流大学和一流学科建设高校及建设学科名单的通知》中所确定的 465 个一流建设学科成为国家重点学科的"升级版"。近 40 年来，在政府主导下，以重点学科建设为龙头的高校学科发展取得了颇为丰硕的成果，不仅推动了高校人才培养与科学研究的进展，而且提升了高校的学术水平。譬如，从学科的国际排名来看，在 QS 世界大学学科排行榜中，2017 年我国大陆 74 所大学的 560 个学科进入全球排名前 500，其中有 6 个学科进入排名前 10 位，有 93 个学科进入排名前 50 位。[①] 3 年之后的 2020 年排名又有了一些进步，我国大陆 84 所大学的 653 个学科进入全球排名前 500，其中有 5 个学科进入排名前 10 位，有 100 个学科进入排名前 50 位。[②] 学科排名当然不能涵盖学科发展水平的全部，但可从一个侧面表明学科在国际比较中所处的基本位置。

我国高校的学科水平尤其是一部分研究型大学的学科水平在不太长的时间内提升到一定的高度，其主要原因应该说除了政府的学科建设特别是重点学科建设政策的推动与多额经费投入之外，学科建设的组织化也是不可忽视的。所谓学科建设的组织化，主要是指在组织学科上下功夫。在知识学科与组织学科两者的关系上，学科的"天平"偏向了组织学科一头，以至于在一定程度上产生了学科"过组织化"现象。

在近 40 年的学科建设过程中，学科"过组织化"现象也许可以从以下两个方面去认识。第一，学科建设目的异化。学科建设的目的是什么？从理论上讲

[①] 青塔.QS 发布世界大学学科排名，中国大陆 74 所高校入选！[EB/OL].(2017－03－09)[2020－03－25]. https://www.cingta.com/detail/2866.
[②] 青塔.2020 年 QS 世界大学学科排名出炉，中国高校表现亮眼！[EB/OL].(2020－03－05)[2020－03－25]. https://www.cingta.com/detail/16567.

应该是清楚的,学科建设的主要目的应该是在体现学科内在本质的知识及其体系上不断有所发展、有所进步,丰富人类的知识大厦。为了实现这一学科建设的根本目的,需要组建一支能够在知识发现、科学研究方面有能力的人员队伍,需要为开展知识发现、科学研究提供必要的经费、图书、房屋设备等物质条件,需要为知识发现、科学研究的持续进行培养后备力量。知识贡献是学科建设的目的,而队伍发展、条件保障、后备人才培养是学科建设的主要手段,或者说是"抓手"。评价学科建设的成效也应该以知识贡献作为基本标准。在这一意义上讲,QS世界大学学科排行榜的评价指标设计是有道理的,其学科评价指标4项中的3项都与知识贡献有关,即学术声誉、篇均引用、高被引次数。但在我国一些高校的学科建设实践中,常常出现将手段作为目的的现象,过多地关注如何引进人才、组建队伍、争取经费、购置设备,而对如何提升学科的知识贡献度重视不够。第二,学科管理指标化。学科建设对于高校发展来说如此重要,从政府到高校都加强了学科管理,建立了学科管理体系,政府及高校设置了专门负责学科管理的机构;规范了学科设置标准,政府发布了高校学科目录,学科目录成为遴选国家重点学科、"双一流"建设学科和设置博士、硕士学位点的基本依据;开展了学科评估工作,按照一定的学科评价指标体系定期评估高校学科建设状况与发展水平,学科评估指标体系成为影响高校学科管理的一大重要因素。在学科管理日益加强的背景下,学科管理的指标化问题凸显出来。学科建设项目制、学科管理工程化进一步强化了学科管理的指标化。学科管理的指标指向大多是易于表现与观察的学科外在指标、组织指标,学科评价的周期性又使得学科评估指标易于短期化,这种指标的短期化倾向同样传导至高校的学科管理上。而体现学科本质的知识发展、知识贡献,由于其具有比较难以判断的特点、效果真正显现需要较长时间等,往往在学科管理中得不到应有的重视。

学科"过组织化"对于高校学科的长期发展,尤其是提升高校学科的知识发展能力与知识贡献度会起到负面的影响作用。有时在高校的学科建设上虽然项目风生水起、工程轰轰烈烈、规划有条有理、数据漂亮光鲜,但是学科的内在表现难以尽如人意。学科发展需要有组织、有制度、有管理,在现代大学中没有组织、制度、管理是不可想象的;但是组织、制度、管理对于学科发展来说都是外在的条件与保障,学科发展更需要能够激发研究者自由探索知识的学术文化与环境。10年前出台的《国家中长期教育改革和发展规划纲要(2010—2020年)》中明确写道:"尊重学术自由,营造宽松的学术环境。"这一完善中国特色现代大学制度的重要任务如何在学科建设的实践中真正落实,还需要长期的努力。

二、交叉融合、跨学科发展背景下的学科调整与改革

高校学科组织的发展与科学发达程度、知识生产方式有着密切的关系。现代科学与19世纪初德国大学的讲座制成型或是20世纪初美国大学的"系"建制的发展时代的科学相比,无论在形式、结构,还是内容上都有着不可同日而语的差别。有学者认为,在大学历史发展中形成的"学院科学模式"正在向"后学院科学模式"转变。"学院科学是科学最纯粹形式的原型"[1],"学院科学是高度个人主义的文化(individualistic culture)"[2]。在"学院科学模式"下,学者的研究往往以个人对科学的兴趣为出发点,研究活动的展开也往往以个体自由自在的形式体现,学者们组成了一个属于他们自己的学科组织——学术共同体。"学院科学作为整体是一种建制,在此没有书面法规,没有法定身份,没有首席执行官,没有共同计划。本质上,它是极大地依赖于个人信任和机构信任的既定关系的一种社会秩序。尽管如此,它仍然保持着团结,作为一个'执行机构'运转着,并朝向其成员的共同目标。"[3]

20世纪60年代之后,随着科学与社会的关系日益密切,科学的社会经济作用日益增大,各国政府愈来愈多地通过法律、经费资助等手段规划科学研究活动的展开,"在不足一代人的时间里,我们见证了在科学知识、管理和实施方式中发生的一个根本性、不可逆转的、遍及世界的变革"[4],所谓"后学院科学"兴起了。"后学院科学"与"学院科学"相比,研究活动发生了许多变化,出现了一些新的特征,例如,研究活动的"集体化"。"专门研究人员之间的团队合作、网

---

[1] [英]约翰·齐曼.真科学:它是什么,它指什么[M].曾国屏,匡辉,张成岗,译.上海:上海科技教育出版社,2008:36.
[2] [英]约翰·齐曼.真科学:它是什么,它指什么[M].曾国屏,匡辉,张成岗,译.上海:上海科技教育出版社,2008:85.
[3] [英]约翰·齐曼.真科学:它是什么,它指什么[M].曾国屏,匡辉,张成岗,译.上海:上海科技教育出版社,2008:37.
[4] [英]约翰·齐曼.真科学:它是什么,它指什么[M].曾国屏,匡辉,张成岗,译.上海:上海科技教育出版社,2008:80.

络化或其他合作模式不仅是时尚,更受到了即时全球电子通信乐趣的激励。它们是知识和技术累积的社会结果。科学已经发展到一个无法依赖个体独立工作来解决突出问题的阶段。"①由于网络通信的不断发展,合作研究愈来愈超出学校、地域、国界,跨单位、跨国合作研究、发表论文成为研究的一种趋势。

超学科或跨学科研究是"后学院科学"的又一个主要特征。"在'常规'学院科学中,研究的问题在既定的学科边界之内被表述和解决。但'应用语境'并不是如此划界的,后学院科学正是在这种语境中发现它的问题。它们几乎总是超学科的(transdisciplinary)。后学院科学拒绝把大学比喻为一个概念大脑的隐喻——其固定模块是学术设施和院系,各自按其专业整齐分布。而这并不能阻止那些基础的或应用的问题很自然地从传统学科互动或交叠的地区冒出来。"②超学科或跨学科研究之所以成为当代科学研究的发展趋势,其"主要动力来自两个方面:综合性理论的产生与解决复杂的现实问题的需要,而后者是跨学科研究的灵魂和生命力之所在"③。

"学院科学"向"后学院科学"的转变、科学知识生产模式的变化,使得高校的学科组织形式也在进行相应的变革。归纳与总结学科组织变革与发展的趋势,将有助于我们深入思考"双一流"建设背景下我国高校的学科建设及学科组织改革问题。

(一)复合学科组织的发展

在现代大学的学术组织构造中,一般情况下系或者讲座仍然是最基础的单元。而系与讲座的设置基本上是依据学科的分类。这种从大学近代化以来就形成的按照学科分类,以系或讲座为基本学术研究单位的组织形式所具有的基本特征是"单一性",即所谓单一的学科、单一的部门。在跨学科研究兴起之初,研究的展开实际上还只是在研究者个体之间,基本上是一种没有组织参与的自发行为。当跨学科研究成为一种潮流,许多重大的科学与实践问题没有多学科人员参与就无法解决的时候,如何组织跨学科研究、如何使跨学科研究制度化、

---

① [英]约翰·齐曼.真科学:它是什么,它指什么[M].曾国屏,匡辉,张成岗,译.上海:上海科技教育出版社,2008:84.
② [英]约翰·齐曼.真科学:它是什么,它指什么[M].曾国屏,匡辉,张成岗,译.上海:上海科技教育出版社,2008:255.
③ 金吾伦.跨学科研究引论[M].北京:中央编译出版社,1997:116.

如何成立跨学科的学科组织这样一些课题就摆在了大学管理者与研究者的面前。跨学科研究机构的出现使得大学的学术组织增加了"复合"的色彩。

成立跨学科的研究机构在高等教育发达国家的大学尤其是研究型大学受到了广泛重视。例如,美国加州大学自20世纪70年代起就在州政府的支持下,开始设立跨学科研究机构(Organized Research Unit,ORU)。现在,加州大学的每个分校都有数十个ORU,如加州大学伯克利分校的ORU就达到36个。ORU在加州大学的科学研究中发挥了重要作用。据统计,加州大学伯克利分校的ORU在1996年至2000年间,每年获得的研究经费都在1亿美元之上,占全校研究经费的比例达到30%~52%。洛杉矶分校1986年成立的中国研究中心就是ORU之一。该中心成员包括洛杉矶分校10个系和3个学院的28位教授及150多名研究生。中心负责管理和组织实施有关中国的研究项目,为组织合作研究和相关会议提供资助,并依靠自身良好的学术声誉争取校外基金。中心组织的系列研讨会汇集了世界范围内多学科领域的有关中国问题的前沿研究成果。ORU以研究课题为中心,吸引不同院系、不同学科的教授就某一课题开展研究,充分发挥了综合性大学多学科的优势。[1]

又如,德国柏林工业大学为了促进学科整合与前沿科学的发展,在德国大学传统的学术组织结构的基础上,成立了包括跨系研究中心(Interdepartmental Research Centers)、跨学科研究组(Interdisciplinary Research Group)、独立研究所(An-Institutes)、跨学科研究协会(Interdisciplinary Research Association)等在内的多种跨学科研究机构。这些跨学科研究机构不仅推动了适应解决复杂科学与社会实践问题需要的跨学科研究活动的开展,而且还在培养复合型人才方面发挥了重要作用。[2] 德国2005年开始实施的"卓越计划"更加重视跨学科研究的投入与发展。在2012—2017年的"卓越计划"中,"卓越集群"是三大主要项目之一。跨学科研究是"卓越集群"的一个重要特点,如在"卓越集群"项目中,只有12%的"卓越集群"集中在一个学科领域中,39%的"卓越集群"由2~3个学科组成,35%的"卓越集群"由4~5个学科组成,而14%的"卓越集群"甚至集合了6个以上的学科。[3]

---

[1] 吴镝.加州大学跨学科研究机构及对我们的启示[J].研究与发展管理,2001(5):67-70.
[2] 张炜.德国柏林工业大学的跨学科学术组织[J].比较教育研究,2003(9):60.
[3] Deutsche Forschungsgemeinschaft, Wissenschaftsrat. Bericht der Gemeinsamen Kommission zur Exzellenzinitiative an die Gemeinsame Wissenschaftskonferenz[R]. 2015:56.

（二）学科成员流动制度的形成

作为一名大学教师或研究人员，进入大学之后总要加入到一个基层学术组织中，成为该学术组织的成员。一所大学所拥有的学院、系或讲座之类的学术组织也是相对稳定的。这种相对固定的人事隶属关系、相对稳定的学术组织结构是大学得以正常运转的基础，也是科学研究活动可以顺利进行的基本保证。但是，当我们面临的社会变化愈来愈迅速，社会日益强烈地要求大学能够应对社会的变化，为解决各种领域不断出现的新问题提供理论与技术方法时，就需要大学对稳定的学术组织结构做出一些具有灵活性的调整，增强人员的流动性，以利于跨部门、跨学科研究的顺利进行。因此，如何提高学科组织的开放性、增强研究人员的流动性，成为国外一些研究型大学学科组织的新的发展动向。

日本名古屋大学工学部在近年来的大学改革中，尝试建立了"流动型研究生教育体制"与"流动型研究组织"。所谓"流动型研究生教育体制"的主要内容是：工学部下设两大研究生专业群，一为学科专业群（如化学·生物工学专业、电子信息系统专业、机械理工学专业、航空宇宙工学专业、社会基础工学专业、城市环境学专业等），另一为复合专业群（包括能源理工学专业、量子工学专业、计算理工学专业、结晶材料工学专业、物质控制工学专业等），并在两大专业群之间设立了"跨群讲座"（复合专业群教师在学科专业群设立的讲座）。名古屋大学工学部对于建立"流动型研究生教育体制"的意义进行了如下的阐述："通过设立'学科专业群''复合专业群'以及'跨群讲座'，不仅可以使传统的学科领域得到持续发展，不断为那些受到传统学科支撑的产业部门输送新鲜血液（人才），而且也将为那些在传统学科基础上发展起来的复合学科以及适应社会需要的尚处在萌芽状态的学科的开拓与发展培养研究与技术人才。'跨群讲座'的设立在使'学科专业群'的各专业内容更加充实与加强的同时，还将促进教师与学生在两大专业群之间的流动，使研究更具活力。这种具有多样化、灵活性的教育与研究体制的建立，必将更加有力地推进既高度专门化又富有综合力的人才的培养。"[①]

现代大学的研究生教育是与学科研究紧密结合在一起的。因此，名古屋大学

---

① 名古屋大学工学部.流動型大学院システム[EB/OL].[2018-05-20]. http://www.engg.nagoya-u.ac.jp/graduate.

工学部在建立"流动型研究生教育体制"的同时,还根据研究项目和研究经费,设立了"流动型研究组织"。流动型研究组织具有自发成长的机能。一个新成立的研究组开始处在"卫星"(周边)的位置,成长壮大之后可以成为核心研究组,核心研究组继续发展就逐渐成为研究中心。名古屋大学工学部的这一类研究中心包括理工科学综合研究中心、高温能量变换研究中心、尖端技术共同研究中心等。[①]

让大学内的教师、研究人员为了研究的需要流动起来,这是国内外许多大学在推动科学研究,尤其是跨学科研究以及跨学科发展时所采取的重要措施之一。如有些学校设立"高等研究院"之类的机构,为有研究经费资助的教师提供一个跨学科组合的平台。研究人员流动不是目的,只是一种手段,为的是促进跨学科研究真正开展起来。

(三) 虚拟学科组织的发展

虚拟性是网络时代的一个重要特征。这一特征在大学的学科组织形式上也有所反映。众所周知,大学的学术研究组织如系、讲座、研究所等从来都是实体性的。所谓实体性,主要是指组织有稳定的成员、结构、规则,一般来讲成员在同一大学内,并形成一定的组织文化。而虚拟学科组织是"多个独立企业、大学、研究所的研发资源围绕特定目标、利用计算机网络和通讯工具,以关系契约为基础连接起来而构成的一个动态研发网络组织,从而打破时间、地域或组织边界的限制,实现设备、人才等资源的互利共享"[②]。

虚拟研究组织成为国外一些研究型大学发展跨学科研究的一种新的形式。例如,美国麻省理工学院2003年设立的计算机系统生物学创新工程(CSBI)就是这样一个虚拟学科组织。麻省理工学院设立CSBI的目的是加强与计算机系统生物学相关的学术组织之间的合作,通过生物学、计算机科学和工学、管理学的相互交叉、渗透和融合,借助高新技术平台开展大型跨学科项目研究。参与CSBI的有300多人,但是只有21人主持日常工作,其余都是通过全球公开招聘的专、兼职研究人员。CSBI的虚拟性主要表现在:第一,没有自己的专门研究队伍、试验设备和工作场所;第二,各个学术组织研发资源之间的联络主要借助于

[①] 张炜,邹晓东.现代大学跨学科学术组织新型模式研究——名古屋大学的流动型教育和研究系统(编译)[J].比较教育研究,2003(6):20-22.

[②] 郑忠伟,李文,孔寒冰.虚拟科研组织:理工科大学的一种选择[J].高等工程教育研究,2010(2):16.

信息技术;第三,它是一个围绕特定目标、基于成员共同兴趣连接起来的一个组织边界模糊的动态联合体。①

又如,由美国普渡大学、加州大学伯克利分校、西北大学、伊利诺伊大学、诺福克州立大学、得克萨斯大学等6所大学联合支撑的纳米中心(nanoHUB)是一个更大规模的虚拟学科组织。nanoHUB最初只为研究者提供与纳米研究相关的在线模拟工具,现今已发展到研究、教育与合作三个领域,除了在线模拟工具外,还提供更多的资源(动画、教程、讲演等),满足人们对纳米科学技术教育与合作的需求。nanoHUB已成为向研究者、教师和学生等用户提供纳米科学与技术相关资源的一站式门户网站。nanoHUB是以网站为纽带联系起来的一个无边界的网络组织,其核心成员是上述的6所大学。nanoHUB带来了革命性的共享、资源使用与合作的手段,汇聚了昂贵的仪器设备、丰富的纳米相关知识及众多的科学家、教育专家,成为纳米领域教学、研究与合作的最完善的虚拟科研组织。②

虚拟学科组织的出现与发展,为科学研究在更大范围内的合作提供了更多的可能性。而虚拟研究组织的形成以及发挥作用,不仅需要硬件的支撑,如良好的网络平台,更需要软环境的改善,如政府的政策支持、学科理念的更新等。

三、"双一流"建设背景下我国高校学科组织调整与发展趋势

"双一流"建设项目的实施为我国高校学科调整与组织改革提供了良好的契机。教育部在有关"双一流"建设的文件《关于高等学校加快"双一流"建设的指导意见》中,对于大学的学科发展与调整做出了较为具体的指示:"构建协调可持续发展的学科体系。立足学校办学定位和学科发展规律,打破传统学科之间的壁垒,以'双一流'建设学科为核心,以优势特色学科为主体,以相关学科为支撑,整合相关传统学科资源,促进基础学科、应用学科交叉融合,在前沿和交叉学科领域培植新的学科生长点。与国家和区域发展战略需求紧密衔接,加快建设对接区域传统优势产业,以及先进制造、生态环保等战略型新兴产业发展的学科。加强马克思主义学科建设,加快完善具有支撑作用的学科,突出优势、拓展领域、补齐短板,努力构建全方位、全领域、全要素的中国特色哲学社会

---

① 刘念才,赵文华.面向创新型国家的高校科技创新能力建设研究[M].北京:中国人民大学出版社,2006:124-125.
② 郑忠伟,李文,孔寒冰.虚拟科研组织:理工科大学的一种选择[J].高等工程教育研究,2010(2):17.

科学体系。优化学术学位和专业学位类别授权点布局,处理好交叉学科与传统学科的关系,完善学科新增与退出机制,学科的调整或撤销不应违背学校和学科发展规律,力戒盲目跟风简单化。"教育部在文件中要求相关大学整合传统学科资源,发展新的学科生长点;适应国家经济发展需要,加快发展与战略性新兴产业相关的学科;加强马克思主义学科建设,构建中国特色的哲学社会科学体系;调整与撤销学科时应充分考虑学校办学的实际和学科发展的规律等。在教育部的指导与安排下,获得"双一流"建设项目的大学各自制定了一流大学和一流学科建设方案,启动了在"双一流"建设背景下的学科建设与调整。从"双一流"建设大学所制定的学科建设方案中,可以看到各大学根据教育部的要求、立足于建设世界一流学科的高度,对各自学校的学科发展与调整的目标、思路等做出了明确的规划。其中,体现重视学科交叉融合、跨学科发展的学科发展与调整的思路尤为引人关注。

(一)集群组合

将有关联或相近的几个学科组合成学科群来促进学科的调整与发展是多数"双一流"建设大学所采用的主要方式。例如,清华大学发布的《一流大学建设高校建设方案》中写道:"随着知识的增加,学科划分越来越细,现代社会出现的复杂问题往往需要多个学科的协同与合作才能解决。学科间的交叉融合,也能为学科自身的发展提供可持续的动力,保持学科的活力。学校根据已有学科的基础和国际学科发展趋势,集成学科领域内相近的学科,突出优势学科,形成20个相互支撑、协同发展的学科群,共涉及48个学科。"清华大学建设的20个学科群包括建筑学科群,土木水利学科群,核科学技术与安全学科群,环境学科群,计算机学科群,机械、制造与航空学科群,仪器与光学学科群,材料与化工学科群,电子信息科学与技术学科群,数学与统计学科群,艺术与设计学科群,公共政策与管理学科群,政治、社会与国际关系学科群,马克思主义理论与哲学学科群,管理科学与工程学科群,工商管理学科群,经济与金融学科群,现代语言学与文学学科群,出土文献与历史学学科群和健康科学与工程学科群。[①]

一流大学建设高校通常在规划学科调整与发展时,从建设一流大学的整体

---

① 清华大学.一流大学建设高校建设方案[EB/OL].[2019-02-20]. http://www.tsinghua.edu.cn/publish/newthu/openness/jbxx/2017syljsfa.htm#_Toc500145649.

出发,规划的学科群涵盖学校的部分或大部分学科。而一流学科建设高校由于建设项目大都只限于个别学科,因此学科发展规划围绕立项学科,突出单个学科群的调整与建设。如北京协和医学院的医学基础学科群,东北农业大学的畜产品生产与加工学科群,对外经济贸易大学的开放型经济学科群,福州大学的化学科学与工程学科群,哈尔滨工程大学的船舶与海洋学科群,湖南师范大学的语言与文化学科群,宁波大学的海洋生物技术与海洋工程学科群,首都师范大学的数学学科群,四川农业大学的农业科学学科群,太原理工大学的煤炭绿色清洁高效开发利用学科群,西南财经大学的经济与管理学科群,北京工业大学的现代城市建设与环境工程学科群,内蒙古大学的草原资源利用与北方生态安全学科群,南京邮电大学的电子信息科学与工程学科群,南昌大学的新材料技术学科群,海南大学的热带农业学科群等。从各大学组合的学科群来看,大致存在这样几种形态:一是围绕某一主干学科并以其命名的学科群,如数学学科群、化学科学与工程学科群等;二是由两个主要学科联合而成并以它们命名的学科群,如经济与管理学科群、语言与文化学科群、数学与统计学学科群等;三是以某一研究领域为主要对象的学科群,如现代城市建设与环境工程学科群、煤炭绿色清洁高效开发利用学科群、草原资源利用与北方生态安全学科群、船舶与海洋学科群等。应该说,学科群的组合在一定意义上弥补了我国现有学科分类过细的不足,适应了综合、交叉、协同的科学发展趋势。不过,如何将学科群的理念由规划转为制度,并落实于学科调整与发展的实践,这是"双一流"建设大学需要认真面对的课题。

(二) 领域构建

大学中学科的发展在相当长时间内以科学知识体系自身的逻辑为出发点,每一个学科基本上都有着区别于其他学科的研究对象、理论体系、研究方法,因此学科间界限分明。这种"画地为牢"的学科发展方式随着人类社会的日益进步面临着愈来愈多的挑战。社会问题的日趋复杂要求科学研究突破原有的学科边界,跨学科、多学科、"知识生产模式Ⅱ"应运而生,问题导向成为学科发展的新的出发点。

所谓领域构建,即指突破现有的学科分类、围绕着一些"问题域"调整学科布局,组合新的学科(群)。北京大学在《一流大学建设高校建设方案》中将"优化提升学科水平"作为主要建设内容之一。如何优化提升学科水平？其中的第三点是以两个重大领域为导向,带动学校学科布局的整体调整。一个重大领域是"临床医学+X","充分发挥临床、基础学科双重优势,对临床医学发展中的难题进行联合攻关,探索与创新基础科研成果向临床应用转化的路径和解决方案。重点支持新体制中心建设、人才集群聘任与交叉研究专项。其中,交叉研究专项重点支持临床医学'高峰工程'学科与研究方向、新兴学科或方向,支持推动创新性前沿技术的临床应用与转化,重点支持前期已有良好基础的交叉项目与方向"。另一个重大领域是"区域与国别研究","围绕国家'一带一路'倡议与建设的重大问题和重点攻关项目,打造高水准的研究队伍、研究成果和人才培养体系。以'中东研究''俄罗斯和中亚研究'为建设重点,引领相关领域的基础研究和智库成果转化,使之成为中国乃至世界相关领域研究的中心和样板。充分发挥区域与国别研究委员会的作用,协调学校各方面资源和需求,逐步带动学科结构、机构的调整与新设"。[①] 不难看出,北京大学这两个学科发展重大领域的确定至少考虑了两个主要因素。首先是解决社会重大问题的需求,"临床医学+X"关乎治病救命、健康生存,"区域与国别研究"聚焦国家"一带一路"倡议;其次是学校已有的学科基础,这两个重大领域所依托的相关学科都是北京大学重点建设的国内领先、国际一流的优势学科。领域构建的学科发展与调整方式进一步拉近了大学学科发展与社会需求之间的距离,也将更加凸显大学作为社会"轴心机构"的地位,加强与扩展大学服务社会的职能。

（三）生态布局

学科的调整与发展通常有宏观与微观两个层面。宏观层面主要指一个国家大学学科的整体,微观层面则指一所大学。每所大学的学科种类与数量通常是不一样的,即使有些大学的学科种类与数量相同,但学科的水平与质量也是有差别的,可以说大学的学科是千校千面。每所大学的学科种类、数量和水平都是建立在学校长期发展的基础之上的,由学校的发展历史使然。就一所大学内部而言,学科的发展与调整不是个别学科的事,涉及大学内的所有学科,因此如何形成一个适合不同学科生存、有利不同学科发展、不同学科相互关联的学

---

① 北京大学.北京大学一流大学建设高校建设方案[EB/OL].[2019-02-25]. https://www.pku.edu.cn/tzgg/tzggxx/index.htm? id=292394.

科体系是各大学在学科调整与发展时需要认真考虑的。

所谓生态布局,即是指在现有学科的基础上,通过调整、整合构建新的学科集群,形成有利于各学科发展的良性学科生态系统。南京大学在《一流大学建设高校建设方案》中给我们展示了南京大学构建的学科生态布局。"根据文理工医特色发展的总体战略,南京大学按照三层次构建学科生态布局。第一层次:以达到教育部专家委员会认定标准的15个学科为建设基础,建设23个学科。第二层次:在第一层次基础之上,重点组建9个特色发展的学科群,分别为理论创新与社会治理、文化传承与创新、数据服务与经济管理、物质科学与量子调控、数天基础与空间科学、地球系统与资源环境、生命科学与医药技术、环境科学与工程、计算机科学技术。第三层次:依托9个学科群,在物质科学和新一代信息技术、地球科学和宇宙探索、哲学和文化传承创新、绿色发展和生命健康、国家治理现代化5个领域形成一批国际一流、国内领先的学科高峰。"[①]南京大学这一学科生态布局所形成的学科体系为一个金字塔形结构,底部是涵盖文、理、工的23个优势学科,中部是通过23个底部学科交叉、协同、融通形成的9个学科群,上部是在9个学科群的基础上通过进一步交叉、协同、融通形成的5个新的学科领域。这一学科生态布局发展学科思路的主要特点是突破传统学科分类的框架,不是简单地将现有学科按照性质相近组合成若干相互独立的部分并以此形成体系,而是强调学科交叉、协同、融通,构建以"问题域"或领域导向的新的学科(群)。

总之,"双一流"建设项目的实施对我国大学学科调整与发展的影响是重大的,且这种影响将持续相当长一段时间。在"双一流"建设政策的引导与经费的支持下,我国高校的学科发展究竟能取得什么样的成效,还需要时间来检验。有一点可以肯定的是,政策引导与经费支持只是为高校学科发展创造了必不可少的外部条件,学科的不断赶超与长期发展更需要高校遵循学科发展规律、优化学科发展环境以及坚持不懈的持续努力。

---

① 南京大学.一流大学建设高校建设方案[EB/OL].[2019-02-25]. https://xxgk.nju.edu.cn/8f/d9/c159a233433/page.htm.

主要参考文献

一、中文文献

[1][美]阿尔文·托夫勒.未来的冲击[M].黄明坚,译.北京:中信出版社,2018.

[2][英]阿什比.科技发达时代的大学教育[M].滕大春,滕大生,译.北京:人民教育出版社,1983.

[3][美]爱德华·格兰特.近代科学在中世纪的基础[M].张卜天,译.长沙:湖南科学技术出版社,2010.

[4][美]艾里丝·瓦尔纳,琳达·比默.跨文化沟通[M].高增安,马永红,孔令翠,译.北京:机械工业出版社,2006.

[5][英]安东尼·塞尔登,奥拉迪梅吉·阿比多耶.第四次教育革命:人工智能如何改变教育[M].吕晓志,译.北京:机械工业出版社,2019.

[6][美]奥斯特罗姆,菲尼,皮希特.制度分析与发展的反思:问题与抉择[M].王诚,等译.北京:商务印书馆,1992.

[7][美]伯顿·R.克拉克.高等教育系统——学术组织的跨国研究[M].王承绪,等译.杭州:杭州大学出版社,1994.

[8][美]伯顿·克拉克.探究的场所:现代大学的科研和研究生教育[M].王承绪,译.杭州:浙江教育出版社,2001.

[9][英]伯特兰·罗素.权力论[M].吴友三,译.北京:商务印书馆,2012.

[10][法]布尔迪厄.国家精英:名牌大学与群体精神[M].杨亚平,译.北京:商务印书

馆,2018.

[11] 陈洪捷.观念、知识和高等教育[M].合肥:安徽教育出版社,2012.

[12] 陈平原.大学何为[M].北京:北京大学出版社,2006.

[13] 陈学飞.美国高等教育发展史[M].成都:四川大学出版社,1989.

[14] 陈颖健,张惠群.新思维范式[M].北京:科学技术文献出版社,2003.

[15] [美]达里尔·E.楚宾,爱德华·J.哈克特.难有同行的科学:同行评议与美国科学政策[M].谭文华,曾国屏,译.北京:北京大学出版社,2011.

[16] [美]戴维·凯泽.麻省理工学院的成长历程:决策时刻[M].于孙禹,雷环,张志辉,译.北京:清华大学出版社,2015.

[17] [美]道格拉斯·C.诺思.制度、制度变迁与经济绩效[M].杭行,译.上海:格致出版社,上海三联书店,上海人民出版社,2014.

[18] [美]德里克·博克.大学的未来[M].曲强,译.北京:中国人民大学出版社,2017.

[19] 杜君立.现代的历程:一部关于机器与人的进化史笔记[M].上海:上海三联书店,2016.

[20] [美]E.M.罗杰斯.创新的扩散[M].唐兴通,郑常青,张延臣,译.北京:电子工业出版社,2016.

[21] [美]冯达旋.全球化下的教育复兴:冯达旋谈高等教育[M].魏晓雨,译.哈尔滨:哈尔滨工业大学出版社,2018.

[22] [美]弗兰西斯·E.怀利.麻省理工学院史话[M].曹华民,译.武汉:华中工学院,1980.

[23] [美]弗雷德·鲁森斯.组织行为学[M].王垒,等译.北京:人民邮电出版社,2003.

[24] 郝维谦,龙正中.高等教育史[M].海口:海南出版社,2000.

[25] 贺国庆.德国和美国大学发达史[M].北京:人民教育出版社,1998.

[26] [美]亨利·埃兹科维茨.麻省理工学院与创业科学的兴起[M].王孙禹,袁本涛,等译.北京:清华大学出版社,2007.

[27] 胡建华.现代中国大学制度的原点:50年代初期的大学改革[M].南京:南京师范大学出版社,2001.

[28] 胡建华,陈列,周川,等.高等教育学新论[M].南京:江苏教育出版社,2006.

[29] 胡建华,王建华,王全林,等.大学制度改革论[M].南京:南京师范大学出版社,2006.

[30][美]华勒斯坦,等.学科·知识·权力[M].刘健芝,等编译.北京:生活·读书·新知三联书店,1999.

[31]黄发玉.学术论:学术的文化哲学考察[M].深圳:海天出版社,2015.

[32]黄宇红.知识演化进程中的美国大学[M].北京:北京师范大学出版社,2008.

[33][美]霍尔登·索普,巴克·戈尔茨坦.创新引擎:21世纪的创业型大学[M].赵中建,卓泽林,李谦,等译.上海:上海科技教育出版社,2018.

[34][日]吉川弘之,内藤耕.产业科学技术哲学[M].王秋菊,陈凡,译.沈阳:辽宁人民出版社,2015.

[35]金吾伦.跨学科研究引论[M].北京:中央编译出版社,1997.

[36][德]卡尔·雅斯贝尔斯.大学之理念[M].邱立波,译.上海:上海人民出版社,2007.

[37][美]克莱顿·M.克里斯坦森,亨利·J.艾林.创新型大学:改变高等教育的基因[M].陈劲,盛伟忠,译.北京:清华大学出版社,2017.

[38][美]劳伦斯·维赛.美国现代大学的崛起[M].栾鸾,译.北京:北京大学出版社,2015.

[39][美]W.理查德·斯科特.制度与组织——思想观念与物质利益(第3版)[M].姚伟,王黎芳,译.北京:中国人民大学出版社,2010.

[40]联合国教科文组织.反思教育:向"全球共同利益"的理念转变?[M].联合国教科文组织总部中文科,译.北京:教育科学出版社,2017.

[41]林建华.校长观点:大学的改革与未来[M].上海:东方出版中心,2018.

[42]林玉体.欧洲中世纪大学[M].台北:文景书局,2008.

[43]刘复兴.国外教育政策研究基本文献讲读[M].北京:北京大学出版社,2013.

[44]刘念才,赵文华.面向创新型国家的高校科技创新能力建设研究[M].北京:中国人民大学出版社,2006.

[45]刘英杰.中国教育大事典[M].杭州:浙江教育出版社,1993.

[46][美]罗伯特·波斯特.民主、专业知识与学术自由:现代国家的第一修正案理论[M].左亦鲁,译.北京:中国政法大学出版社,2014.

[47][美]罗杰·L.盖格.研究与相关知识——第二次世界大战以来的美国研究型大学[M].张斌贤,孙益,王国新,译.保定:河北大学出版社,2008.

[48][英]罗纳德·哈里·科斯,王宁.变革中国:市场经济的中国之路[M].徐尧,李哲民,译.北京:中信出版社,2013.

[49]罗云.中国重点大学与学科建设[M].北京:中国社会科学出版社,2005.

[50] [德]马克斯·韦伯.学术与政治:韦伯的两篇演说[M].冯克利,译.北京:生活·读书·新知三联书店,2005.

[51] [英]玛丽·道格拉斯.制度如何思考[M].张晨曲,译.北京:经济管理出版社,2013.

[52] [美]玛莎·努斯鲍姆.功利教育批判:为什么民主需要人文教育[M].肖聿,译.北京:新华出版社,2017.

[53] [英]迈克尔·吉本斯,卡米耶·利摩日,黑尔佳·诺沃提尼,等.知识生产的新模式:当代社会科学与研究的动力学[M].陈洪捷,沈文钦,等译.北京:北京大学出版社,2011.

[54] [美]美国科学院研究理事会.会聚观:推动跨学科融合——生命科学与物质科学和工程学等学科的跨界[M].王小理,熊燕,于建荣,译.北京:科学出版社,2015.

[55] 美国商务部创新创业办公室.创建创新创业型大学:来自美国商务部的报告[M].赵中建,卓泽林,译.上海:上海科技教育出版社,2016.

[56] [美]莫顿·凯勒,菲利斯·凯勒.哈佛走向现代:美国大学的崛起[M].史静寰,钟周,赵琳,译.北京:清华大学出版社,2007.

[57] 倪梅,陈建华.参与式规划与学校发展[M].北京:北京大学出版社,2010.

[58] [英]法拉.四千年科学史[M].黄欣荣,译.北京:中央编译出版社,2011.

[59] 潘懋元,王伟廉.高等教育学[M].福州:福建教育出版社,1995.

[60] 庞青山.大学学科论[M].广州:广东教育出版社,2006.

[61] [美]乔治·凯勒.大学战略与规划:美国高等教育管理革命[M].别敦荣,主译.青岛:中国海洋大学出版社,2005.

[62] [美]塞缪尔·亨廷顿,劳伦斯·哈里森.文化的重要作用:价值观如何影响人类进步[M].程克雄,译.北京:新华出版社,2010.

[63] 孔钢城,王孙禺.创业型大学的崛起与转型动因[M].北京:社会科学文献出版社,2015.

[64] 孙益.西欧的知识传统与中世纪大学的起源[M].北京:北京师范大学出版社,2012.

[65] 汤尧,成群豪.高等教育经营[M].台北:高等教育文化事业有限公司,2010.

[66] [日]天野郁夫.大学的诞生[M].黄丹青,窦心浩,等译.南京:南京大学出版社,2011.

[67] [美]托马斯·库恩.科学革命的结构[M].金吾伦,胡新和,译.北京:北京大学出版社,2003.

[68] [英]托尼·比彻,保罗·特罗勒尔.学术部落及其领地:知识探索与学科文化[M].

唐跃勤,蒲茂华,陈洪捷,译.北京:北京大学出版社,2015.

[69][瑞士]瓦尔特·吕埃格.欧洲大学史:第三卷·19世纪和20世纪早期的大学(1800—1945)[M].张斌贤,杨克瑞,林薇,等译.保定:河北大学出版社,2014.

[70][瑞士]瓦尔特·吕埃格.欧洲大学史:第四卷·1945年以来的大学[M].贺国庆,王保星,屈书杰,等译.保定:河北大学出版社,2019.

[71]汪丁丁.新政治经济学讲义:在中国思索正义、效率与公共选择[M].上海:上海人民出版社,2013.

[72]汪子嵩,范明生,陈村富,等.希腊哲学史:第3卷[M].修订本.北京:人民出版社,2014.

[73]王建华.学科的境况与大学的遭遇[M].北京:教育科学出版社,2014.

[74]王鹏.集体行动理论视角下中国大学战略规划有效性研究[M].北京:人民出版社,2014.

[75]王廷芳.美国高等教育史[M].福州:福建教育出版社,1995.

[76]王英杰.美国高等教育的发展与改革[M].北京:人民教育出版社,2002.

[77][美]威廉·E.伯恩斯.知识与权力:科学的世界之旅[M].杨志,译.北京:中国人民大学出版社,2015.

[78][美]威廉·H.麦克尼尔.哈钦斯的大学:芝加哥大学回忆录1929~1950[M].肖明波,杨光松,译.杭州:浙江大学出版社,2013.

[79][美]墨菲,布鲁克纳.芝加哥大学的理念[M].彭阳辉,译.上海:上海人民出版社,2007.

[80][美]沃尔特·W.鲍威尔,保罗·J.迪马吉奥.组织分析的新制度主义[M].姚伟,译.上海:上海人民出版社,2008.

[81]吴国盛.什么是科学[M].广州:广东人民出版社,2016.

[82][比]希尔德·德·里德-西蒙斯.欧洲大学史:第一卷·中世纪大学[M].张斌贤,程玉红,和震,等译.保定:河北大学出版社,2008.

[83][比]希尔德·德·里德-西蒙斯.欧洲大学史:第二卷·近代早期的欧洲大学(1500—1800)[M].贺国庆,王保星,屈书杰,等译.保定:河北大学出版社,2008.

[84]谢桂华.高等学校学科建设论[M].北京:高等教育出版社,2011.

[85]熊培云.重新发现社会[M].北京:新星出版社,2011.

[86][美]休·戴维斯·格拉汉姆,南希·戴蒙德.美国研究型大学的兴起:战后年代的精英大学及其挑战者[M].张斌贤,於荣,王璞译.保定:河北大学出版社,2008.

[87][美]雅克·巴尔赞.美国大学:运作和未来[M].孟醒,译.杭州:浙江大学出版社,2015.

［88］［美］亚瑟·科恩.美国高等教育通史［M］.李子江,译.北京:北京大学出版社,2010.

［89］阎光才.美国的学术体制:历史、结构与运行特征［M］.北京:教育科学出版社,2011.

［90］阎光才.精神的牧放与规训:学术活动的制度化与学术人的生态［M］.北京:教育科学出版社,2011.

［91］［加］伊夫斯·金格拉斯.大学的新衣？——对基于文献计量学的科研评价的反思［M］.刘莉,董彦邦,王琪,译校.上海:上海交通大学出版社,2019.

［92］［美］沃勒斯坦.知识的不确定性［M］.王昺,等译.济南:山东大学出版社,2006.

［93］［美］伊藤穰一,杰夫·豪.爆裂:未来社会的9大生存原则［M］.张培,吴建英,周卓斌,译.北京:中信出版社,2017.

［94］袁曦临.知识管理［M］.南京:东南大学出版社,2009.

［95］袁曦临.学科的迷思［M］.南京:东南大学出版社,2017.

［96］［美］约翰·博耶.反思与超越:芝加哥大学发展史［M］.和静,梁路璐,译.北京:生活·读书·新知三联书店,2018.

［97］［英］约翰·齐曼.真科学:它是什么,它指什么［M］.曾国屏,匡辉,张成岗,译.上海:上海科技教育出版社,2008.

［98］翟亚军.大学学科建设模式研究［M］.北京:科学出版社,2011.

［99］张陈.我国当代学位制度的传统与变革［M］.重庆:重庆大学出版社,2014.

［100］张国兵.高等教育重点建设政策研究［M］.北京:北京大学出版社,2010.

［101］张侃.中国大学制度变迁研究［M］.北京:社会科学文献出版社,2017.

［102］赵文华.高等教育系统分析:高等教育结构、规模、质量、效益的系统观［M］.上海:复旦大学出版社,2000.

［103］［韩］郑俊新,［美］罗伯特·K.陶克新,［德］乌尔里希·泰希勒.大学排名:理论、方法及其对全球高等教育的影响［M］.涂阳军,译.长沙:湖南大学出版社,2018.

［104］郑永年.郑永年论中国:中国的知识重建［M］.北京:东方出版社,2018.

［105］周其仁.改革的逻辑［M］.北京:中信出版社,2017.

［106］周志发.美国大学物理学科教学、科研史研究(1876—1950年)［M］.上海:华东师范大学出版社,2012.

［107］［日］竹内弘高,野中郁次郎.知识创造的螺旋:知识管理理论与案例研究［M］.李萌,译.北京:知识产权出版社,2006.

二、外文文献

[1] Andrae Wolter. State, Market and Institution in German Higher Education—New Governance Mechanisms Beyond State Regulation and Market Dynamics[M]//Hans G. Schuetze, Germàn Lvarez Mendiola, Diane Conrad. State and Market in Higher Education Reforms. Sense Publishers, 2012.

[2] Burton R. Clark. 高等教育システム——大学組織の比較社会学[M]. 有本章,译. 东京:东信堂,1994.

[3] Carolin Kreber. The University and Its Disciplines[M]. New York:Routledge,2009.

[4] Deutsche Forschungsgemeinschaft, Wissenschaftsrat. Bericht der Gemeinsamen Kommission zur Exzellenzinitiative an die Gemeinsame Wissenschaftskonferenz[R]. 2015.

[5] Keiko Yokoyama. Entrepreneurialism in Japanese and UK universities:Governance, management, leadership, and funding[J]. Higher Education, 2006, 52(3).

[6] Hans-Christoph Keller, Ljiljana Nikolic, Heike Zappe(hg.). Spuren der Exzellenzinitiative[M]. Berlin:Humboldt Universitaet, 2015.

[7] Laurens K. Hessels, John Grin, Ruud E. H. M. Smits. The effects of a changing institutional environment on academic research practices:three cases from agricultural science[J]. Science and Public Policy, 2011, 38(7).

[8] Higher Education Funding Council. Decisions on assessing research impact[R]. London, 2011.

[9] Jan-Hendrik Olbertz. Die Exzellenzinitiative hat enorme Dynamik in die Universitaet gebracht[M]. Spuren der Exzellenzinitiative. Berlin:Humboldt Universitaet, 2015.

[10] J. G. Fichte,等. 大学の理念と構想[M]. 梅根悟,译. 东京:明治图书出版株式会社,1970.

[11] Clark Kerr. The Uses of the University[M]. 5th edition. Cambridge:Harvard University Press. 2001.

[12] Marcelo Marques, Justin J. W. Powell. Ratings, rankings, research evaluation:how do Schools of Education behave strategically within stratified UK higher education? [J]. Higher Education, 2019, Springer, https://doi.org/10.1007/s10734-019-00440-1.

[13] Neidhardt, Friedhelm. Konflikte und Balancen. Die Umwandlung der Humboldt-Universitaet zu Berlin 1990—1993[M]//Renate Mayntz (Hg.). Aufbruch und Reform von oben.

Frankfurt am Main: Campus Verlag, 1994.

［14］Robert Frodeman, Julie Thompson Klein, Carl Mitcham. The Oxford Handbook of Interdisciplinarity[M]. Oxford Univesity Press, 2010.

［15］Rosemary Deem, Jo-Anne Baird. The English Teaching Excellence (and Student Outcomes) Framework: Intelligent accountability in higher education? [J]. Journal of Educational Change, 2019, Springer, https://doi.org/10.1007/s10833－019－09356－0.

［16］F. Rudolph. Curriculum: A History of the American Undergraduate Course of Study Since 1636[M]. Jossey-Bass Publishers, 1977.

［17］Steven Brint, Kristopher Proctor, Kerry Muligan, etc. Declining Academic Fields in U.S. Four-Year Colleges and Universities, 1970－2006[J]. The Journal of Higher Education, 2012, 83(4).

［18］Uwe Schimank, Stefan Lange. Germany: A latecomer to new public management[M]// Catherine Paradeise, Emanuela Reale, Ivar Bleiklie, etc. University Governance. Springer, Dordrecht, 2009.

［19］Uwe Schimank. Oekonomisierung der Hochschulen: eine Makro-Meso-Mikro-Perspektive[M]. Rehberg, Karl-Siegbert. Die Natur der Gesellschaft. Frankfurt am Main: Campus Verlag, 2008.

［20］William H. Mcneill. Hutchins' University: A Memoir of the University of Chicgo, 1929—1950[M]. Chicago and London: University of Chicago Press, 1991.

［21］大学評価学位授与機構.大学評価文化の定着——日本の大学は世界で通用するか[M].东京:株式会社きょうせい,2014.

［22］读卖新闻教育部.大学の実力2015[M].东京:中央公论新社,2014.

［23］飯吉弘子.戦後日本産業界の大学教育要求——経済団体の教育言説と現代の教養論[M].东京:东信堂.2008.

［24］関正夫.日本の大学教育改革——歴史・現状・展望[M].东京:玉川大学出版部,1988.

［25］日本高等教育学会.高等教育改革の10年[M].东京:玉川大学出版部,2003.

［26］天诚勋,庆伊富长.大学設置基準の研究[M].东京:东京大学出版会,1983.

［27］天野郁夫.大学改革を問い直す[M].东京:庆应义塾大学出版会,2015.

后　记

经 2015 年 8 月中央全面深化改革领导小组会议审议通过,2015 年 10 月国务院印发了《统筹推进世界一流大学和一流学科建设总体方案》;2017 年 1 月,经国务院同意,教育部、财政部、国家发展改革委联合印发《统筹推进世界一流大学和一流学科建设实施办法(暂行)》;同年 9 月,教育部、财政部、国家发展改革委联合发布《关于公布世界一流大学和一流学科建设高校及建设学科名单的通知》,对我国高等教育发展具有重要影响意义的"双一流"建设项目正式实施。"双一流"建设不仅是项目实施高校的重要任务,而且在高等教育的诸多领域引起了一连串的连锁反应。同时,学术界也围绕"双一流"建设开展了深入、广泛的研究。根据中国知网刊载的论文,以"双一流"建设为主题进行搜索,我们统计出 2017 年发表的论文有 433 篇,2018 年发表的论文有 816 篇,2019 年发表的论文有 983 篇,2020 年发表的论文有 997 篇。正是在这样的背景下,我们在 2017 年申请获批了国家社科基金"十三五"规划 2017 年度教育学重大招标课题"'双一流'建设背景下高校学科调整与建设研究"。本书即是在课题组成员的共同努力下,经过 3 年研究形成的最终成果。2020 年 12 月,该课题通过全国教育科学规划领导小组办公室组织的结项鉴定评审,获得"优秀"等级。

在此,首先要感谢全国教育科学规划领导小组办公室及参与课题立项评审的各位专家,由于你们的信任与支持,我们才有机会获得课题,推进研究工作;同时也要感谢参与结项鉴定评审的专家给予课题研究成果的充分肯定。其次要感谢参与课题开题、中期检查等环节的诸位专家对课题研究工作提出了宝贵的意见并给予了真挚的指导。2021年,本书入选国家出版基金项目;2022年,本书入选国家"十四五"重点图书出版规划项目。在此还要感谢南京师范大学出版社张春编审与于丽丽编辑为本书出版所付出的辛勤努力。

参与本课题研究与本书撰写的人员分工如下:胡建华(引言、结语及全书统稿),徐高明(第一章),王建华(第二章),李海龙(第三章),何淑通(第四章),蒋凯、张心宇、莫子又、冯静、倪晓畅(第五章),陈廷柱、褚飞飞(第六章),姚荣(第七章),王宝玺(第八章),马培培(第九章),崔艳丽(第十章),王世岳(第十一章),李昕(第十二章)。

"双一流"建设是我国政府确定的21世纪上半叶高等教育发展的重要项目之一,现在还处于起步阶段,因此无论在实践中还是理论研究上都存在着许多需要深入探讨的问题。由于我们对"双一流"建设和高校学科发展的认识深度和研究的理论水平有限,书中难免存在一些不当之处,敬请批评指正。

胡建华
2024年8月